U0133489

本书由国家自然科学基金项目（81660309）及贵州省一流大学（一期）重点建设项目（法医病理学）资助出版

法医颅脑损伤研究与鉴定

Research and Identification of Forensic Craniocerebral Injury

汪家文　夏　冰　**主编**

王慧君　王　杰　**主审**

河南科学技术出版社

· 郑州 ·

图书在版编目（CIP）数据

法医颅脑损伤研究与鉴定 / 汪家文，夏冰主编. —郑州：河南科学技术出版社，2023.7

ISBN 978-7-5725-0840-0

Ⅰ.①法… Ⅱ.①汪…②夏… Ⅲ.①颅脑损伤–法医学鉴定 Ⅳ.①D919.4

中国版本图书馆CIP数据核字（2022）第163456号

出版发行：河南科学技术出版社
　　　　　地址：郑州市郑东新区祥盛街27号　　邮编：450016
　　　　　电话：（0371）65788613　　65788629
　　　　　网址：www.hnstp.cn
责任编辑：邓　为　张　晓
责任校对：董静云
封面设计：中文天地
责任印制：朱　飞
印　　刷：河南瑞之光印刷股份有限公司
经　　销：全国新华书店
开　　本：787 mm×1 092 mm　1/16　印张：33.75　字数：698千字
版　　次：2023年7月第1版　2023年7月第1次印刷
定　　价：298.00元

如发现印、装质量问题，影响阅读，请与出版社联系并调换。

主编：汪家文

法医学博士，副教授，硕士研究生导师，青年博士研究生导师，博士后合作导师，贵州医科大学法医病理学教研室主任。主要从事法医病理学/法医临床学教学、科研及鉴定工作。目前为贵州省司法鉴定专家库专家，贵州省司法鉴定协会法医病理专业委员会委员。主要研究方向为颅脑损伤、心源性猝死及法医生物力学。近年来主持国家自然科学基金及省市级科研基金项目6项，参与公安部国家重点研发计划项目1项。主持完成贵州省高等学校教学内容和课程体系改革项目1项，作为项目主要成员完成《法医病理学》慕课制作并上线"学堂在线"供学生选修。在SCI和核心期刊发表论文20余篇。参与项目获得广东省科学技术进步奖三等奖1项。作为第一申请人获国家实用新型专利2项。指导学生参加首届"全国法医学本科技能竞赛"，学生获个人一等奖、二等奖及三等奖各1项，团队获二等奖；指导学生参加第十五届和第十七届"挑战杯"贵州省大学生课外学术科技作品竞赛，团队获得三等奖、一等奖各1项。

主编：夏冰

副教授，硕士研究生导师，现为贵州医科大学法医学院副院长。

主要从事法医病理学、法医毒理学、法医临床学的教学、科研及法医鉴定工作。目前为贵州省司法鉴定协会法医病理专业委员会副主任委员、贵阳市司法鉴定协会副会长。主持完成贵州省省级一流课程法医病理学的建设，作为主要参与人参与并完成贵州医科大学国家级一流本科专业——法医学专业的建设。参与编写国家卫生和计划生育委员会"十三五"英文版规划教材《法医学》、教育部高等学校法医学专业教学指导委员会规划教材《高级法医学》。目前主持贵州省省级教改项目2项，主持完成省部级科研项目4项，参与完成国家自然科学基金项目、省部级科研项目8项，发表专业学术论文20余篇。

副主编：于晓军

法医学博士，教授，主任法医师，博士研究生导师，博士后合作教授，美国马里兰大学和马里兰州法医局访问学者。从事病理学和法医学教学、科研和法医鉴定工作40余年。现兼法医病理和法医临床执业鉴定人/授权签字人，教育部高等学校法医学类专业教学指导委员会委员，司法鉴定科学研究院法医病理学能力验证技术专家，中国法医学会法医病理学专业委员会委员，广东省精准医学应用学会法医学分会常委，海峡两岸医药卫生交流协会法医学分会委员，广东省司法鉴定专家库专家，广东省、汕头市医学会医疗事故技术鉴定专家库成员，广东省、汕头市疾病预防控制中心预防接种异常反应调查诊断专家组成员。

主持完成国家级和省部级科研项目10余项，发表论文290余篇，参编教材10部、专著6部，获发明专利1项，主持国家级继续教育项目4期/次，主持项目获省级科学进步奖三等奖3项，市级科学进步奖一等奖2项、二等奖2项，主持教改项目获汕头大学医学院教学成果一等奖1项，参与项目获教育部教学成果二等奖1项，获2021、2022年度广东省精准医学应用学会法医学分会优秀个人会员。

副主编：邹冬华

医学博士，副研究员，副主任法医师，硕士研究生导师，美国马里兰大学访问学者，现为司法鉴定科学研究院质量管理处副处长、鉴定质量负责人，兼任中国法医学会法医损伤学专业委员会委员、中国合格评定国家认可委员会认可评审员、国家级资质认定评审员、《法医学杂志》编辑等。

主要从事法医病理学鉴定与研究工作，在国内率先开展道路交通事故现场重建、虚拟解剖技术应用及人体损伤生物力学仿真等法医学数字化技术研究。主持国家自然科学基金项目3项，主持"十三五""十四五"国家重点研发计划项目子课题及上海市自然科学基金项目各1项，参与国家自然科学基金项目及省部级课题10余项，在国内外发表学术论文50余篇，其中SCI收录论文20余篇，主编《法医病理学研究前沿》《法医病理学医疗损害责任司法鉴定实务》专著2部，参编专著2部，参与制定行业标准3项，获实用新型发明专利2项，先后获上海市科学技术进步奖三等奖、二等奖各1项。

序

　　颅脑损伤是法医鉴定领域出现频次最多的损伤类型之一，因其致死率、致残率高，在法医鉴定实务中分析颅脑损伤成伤机制时，既要考虑原发性损伤，又要考虑并发症和后遗症。如果并发脑水肿、颅内感染、脑积水，以及癫痫、精神障碍、认知功能障碍等，还需要将颅脑损伤与脑科学、生物力学、法医精神病学等有机结合，所以颅脑损伤鉴定是法医学界的重点和难点。

　　今有幸提前拜读汪家文、夏冰主编的《法医颅脑损伤研究与鉴定》，本不敢动笔作序，但该书图文并茂、引人入胜。其科学性、系统性、前瞻性地阐述了创伤性颅脑损伤、特殊类型的颅脑损伤、颅脑损伤机制、颅脑损伤模型与鉴定技术等内容。本书共四篇、28章、60余万字，多幅精美图片，完整性地总结了参编作者自身的研究与鉴定经验，以及国内外相关的颅脑损伤前沿理论和方法技术，对法医学乃至医学领域所有从事颅脑损伤研究、鉴定、教学、诊断及治疗等相关工作者大有裨益。

　　该书参编作者来自国内十余所知名医科院校、科研院所，均从事法医病理学、法医临床学、法医精神病学等教学、鉴定与科研工作。他们中既有法医鉴定及科研领域经验丰富的资深专家，也有近些年来在国内外法医学界思维活跃、崭露头角的青年才俊。其中，半数以上作者具有主持或参与国家自然科学基金等国家级项目的经历，具备较为扎实的科研功底，对学术前沿的嗅觉灵敏，在国内外学术期刊上发表了系列论文，自身研究及鉴定经验丰富，能够准确把握学科发展前沿及方向。

　　《法医颅脑损伤研究与鉴定》的出版，将填补国内近20年来相关专著缺乏的空白，对促进脑科学及神经科学的发展具有重要意义，尤其将对高质量提升法医学鉴定水准起到重要的促进作用。

　　感谢主编们的信任，也希望广大读者喜欢并收藏此书。

罗　斌

2023 年 6 月 20 日

于广州中山大学

目录
Contents

第二篇 特殊类型的颅脑损伤

第三篇　颅脑损伤机制

第四篇 颅脑损伤模型与鉴定技术

第 一 篇
创伤性颅脑损伤

第一章

头面部与颅脑损伤

法医鉴定中，头面部损伤最常见，病死率居所有暴力性死亡之首。据统计，严重颅脑损伤者的病死率为 30%~50%。这主要是因为头部位置突出，大脑又是人体最重要的生命器官，常成为被攻击的目标和各种意外事故伤及的部位。头面部的生理解剖结构复杂、特殊，主要包括颜面部的上、下颌诸骨及其间的眼、耳、鼻、口，头皮部的颅盖和颅底诸骨及颅内的脑组织、脑血管和脑神经。这些部位器官组织的损伤既可单独发生，又可同时发生。

第一节　颜面部损伤

除机械性损伤概述中讨论的各类皮肤创伤和骨折的共性形态学变化之外，颜面、头皮及皮下组织的形态结构特点，决定了其创伤形态的特殊性。

（1）耳郭、鼻腔、口腔、口唇等部位易发生穿透皮肤的贯通性创；颜面部呈半球体，表面凹凸不平，眉弓、颧弓、鼻部、下颌部隆起突出，较大面积钝器打击、摔跌伤和交通事故损伤时，常以这些突出部位擦挫伤、骨折为著，擦伤的划擦痕和皮瓣反转方向可反映致伤物作用的方向。

（2）上、下眼睑皮下组织明显比周边皮肤疏松、组织间隙压力低，眼眶周围皮肤挫伤出血多扩散在眼睑内，造成眼睑瘀斑肿胀，即所谓的"熊猫眼"或"眼镜征"。

（3）眼球、睑结膜出血，鼻腔、外耳道和口腔出血或血性分泌物流出，除相应局部组织损伤外，还应注意其他远隔部位的伤病。例如：①眼眶顶部额骨及其额窦的骨折，颅前窝眶上板骨折（若眼球后出血可见眼球突出、运动受限），鼻腔顶部的颅前窝筛板骨折，颅中窝及颞骨岩部骨折，颅后窝颅底骨板骨折，各处颅底骨折常伴有相应的脑神经损伤（表1-1）。②心脏性猝死、机械性窒息等急性死亡过程中的上腔静脉阻塞综合征，急性肺淤血水肿，呼吸道和肺创伤出血和渗液，上消化道出血等，这些伤病情况均可导致生前和死后口、鼻腔流血或溢出血性分泌物。

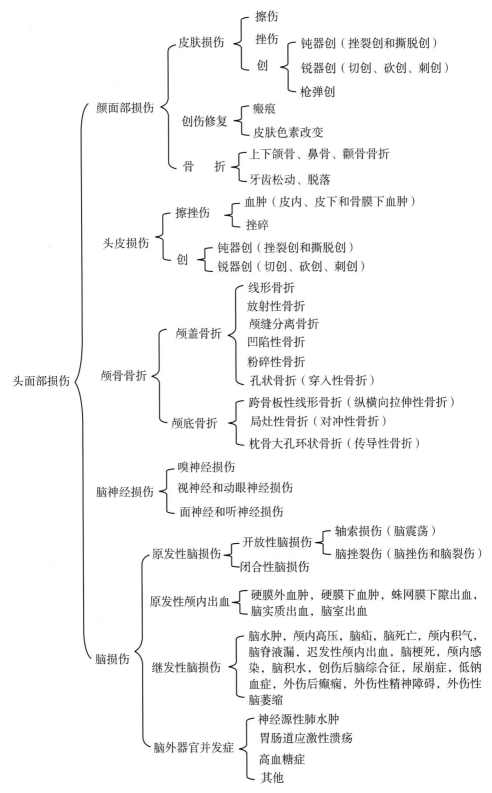

注：其中视力、听力、嗅觉、口腔、咽喉构音的损伤，属于相关眼、耳、鼻、咽喉专科内容（略）。

表 1-1 颅底骨折的颜面部定位表现

部位	瘀斑	脑神经损伤	脑脊液漏
颅前窝	鼻腔黏膜、眼睑、球睑结合膜	Ⅰ、Ⅱ、Ⅲ	鼻腔
颅中窝	乳突皮肤（Battle 征）	Ⅱ、Ⅲ、Ⅳ、Ⅴ、Ⅵ、Ⅶ、Ⅷ	外耳道
颅后窝	咽后壁黏膜	Ⅸ、Ⅹ、Ⅺ、Ⅻ	咽后腔

（4）颜面部为人体容貌最重要的体现部位，广受审美的影响和法律的重视。损伤程度和伤残程度标准中，均有针对不同程度的面部创伤及其愈合后残留的瘢痕和明显变色的愈合创面长度和面积大小的评定标准。

创口在创后修复过程中，一般可缩小 15%~30%。一般的创伤在愈合过程中，瘢痕形成会经历增生活跃期、静止期和缓解期，胶原纤维合成与降解达到动态平衡需要 6 周。而增生性瘢痕则需数月甚至 1 年以上。增生性瘢痕为人类特有的创伤修复现象，相关因素有：①创口越深形成增生性瘢痕的可能性越大。②创口感染、残留异物等均可刺激瘢痕增生。③有色人种易发生瘢痕增生，存在家族遗传性。④年轻者易形成。⑤皮肤张力大和活动多的部位易形成，如颌面部、颈肩部、胸前区、四肢大关节和手足部等。

瘢痕疙瘩为病理性瘢痕增生。与增生性瘢痕不同，其特征是原损伤部位向周边正常组织呈浸润性生长，边界不清。

（5）损伤部位颜色变化，包括明显脱色（白斑）和色素沉着，与损伤部位表皮内色素细胞数量及色素代谢变化有关。

综上所述，影响创伤愈合的因素很多，个体差异性大，如创伤严重程度、创口污染和感染情况、损伤部位、年龄、种族和遗传因素、营养状态、代谢状态（孕妇和青少年）、慢性刺激、医疗用药情况等，因此，根据瘢痕大小推测原创伤大小可能不准确。对于需要检测新鲜创口大小的案例，应及早在医生清创缝合前后进行检验鉴定。对于需检测瘢痕大小的案例，要求在创伤修复期（约 3 个月）后鉴定。此外，有关损伤部位颜色变化的鉴定条款"面部损伤留有明显色素沉着或者明显色素减退""影响面容的色素改变"等定性指标，不可避免地给鉴定人提供了主观臆断结论，现代计算机可精确用于量化测算色彩和图像的灰度值，实施较精确量化损伤部位色素变化，从而一定程度上避免了鉴定人的主观臆断。

第二节　头皮损伤

头皮是指颅骨外面覆盖于头顶穹窿部的组织，表面有毛发生长覆盖。头皮前方与面部皮肤相接，后方与颈部皮肤相连。头皮既柔软又有较大的弹性和韧性，对压力和牵张力均有较强的抗力，是颅脑组织抵抗外界暴力的第一层保护屏障。绝大多数的颅脑损伤首先涉及头皮。头皮损伤的重要性并不限于头皮本身，可见的头皮损伤常为推断颅内损伤的可靠依据，了解、熟悉头皮及其损伤特点对颅脑损伤分析具有重要意义。

一、头皮的解剖结构

（一）头皮的分层

头部不同的位置，其头皮的结构略有差异，典型的结构如额顶枕区头皮，分为皮肤、皮下组织、帽状腱膜、帽状腱膜下蜂窝组织及颅骨骨膜五层。成人头皮厚度为0.2~1 cm，婴幼儿则＜3 mm。就部位来说，顶枕区头皮较厚而颞部头皮较薄。

1. **皮肤层**　头皮皮肤层是头皮的最外层，此层皮肤有三个较显著的特点，即其角质层薄而真皮层厚且致密，血管和淋巴管丰富，含大量毛囊、皮脂腺和汗腺。皮肤层力学强度不高，但损伤后愈合能力强。

2. **皮下组织层**　头皮的皮下组织层由纤维结缔组织束和纤维间脂肪粒相互交织而成。致密的纤维结缔组织形成许多纵行的结缔组织小梁，与表浅的皮肤层和深层的帽状腱膜层紧密相连，使三者不易分离。同时，三者间形成的无数小格内充满团状脂肪粒，内含头皮中主要的血管和神经。

3. **帽状腱膜层**　帽状腱膜位于颅顶上部，是致密、坚韧的胶原纤维，前连额肌、后连枕肌，两侧在颧骨弓上方与颞顶筋膜融合。帽状腱膜向上与皮下组织层连接，向下与颅骨骨膜疏松连接。在头皮各层中，帽状腱膜的强度最大，张力最高，是构成和运动头皮、开大睑裂的主要动力层次结构。

4. **帽状腱膜下蜂窝组织层**　由疏松结缔组织构成，移动性大，又称帽状腱膜下层，帽状腱膜下层与帽状腱膜和颅骨骨膜连接不牢固，为上三层与颅骨之间的分离提供了良好的条件。此层疏松结缔组织范围广，易剥离，含有许多直接与板障静脉和颅内静脉窦相通的导血管。

5. **颅骨骨膜层**　颅骨骨膜由胶原纤维构成，薄而致密坚韧，其强度在头皮各层中仅次于帽状腱膜。颅骨骨膜与颅骨间有少量结缔组织相连，相互之间连接疏松易剥离，在颅骨骨缝处连接紧密。

颞部头皮层次稍有不同。一般情况下，颞线以上分为五层，颞线以下分为七层。颞线以上分层与额顶枕区相通，颞线以下头皮由浅至深分别为皮肤、皮下组织、颞浅筋膜、疏松结缔组织、颞深筋膜、颞肌和颅骨骨膜七层。帽状腱膜与颞浅筋膜为同一结构的筋膜组织并相互连续。颞肌较额肌和枕肌发达。

另外，根据头皮结构的特殊性，人们习惯以帽状腱膜为界，将帽状腱膜与头部表皮之间的范围称头皮内，而将帽状腱膜与骨膜之间的范围称头皮下。这种分界和命名在法医学实践中常具有重要意义。

（二）头皮的血管与神经

头皮的血管、神经丰富，大多位于皮下组织内。头皮的供血来自颈内、颈外动脉系统，有额动脉、眶上动脉、颞浅动脉、耳后动脉及枕动脉，各分支之间有广泛的吻合。头皮的静脉无静脉瓣，可借导静脉、板障静脉与颅外静脉窦相通，故头皮感染可波及颅内，引发严重的并发症。头皮的神经除面神经分布于额肌、枕肌和周围肌外，其他神经都是感觉神经。这些感觉神经主要由三叉神经的分支和颈丛神经的分支支配。头皮的动脉、静脉和神经伴行，分前、后、外侧三组，由下而上向颅顶集中，吻合成网。

前组位于额区，在距正中线约 2 cm 的眶上缘处，有滑车上动、静脉和滑车上神经，在其稍外侧还有眶上动、静脉和眶上神经，这些血管神经主要分布于上睑、眶区和额区。两动脉均为眼动脉的终支，两神经均为三叉神经第一支眼神经的分支，两静脉经眼上静脉、面部浅静脉分别汇入海绵窦和颈外静脉。

后组位于枕区，由枕动、静脉和枕大神经构成。在枕外隆凸与乳突的连线上，距中线约 2 cm 为枕大神经，靠其外侧为枕动脉。枕动脉为颈外动脉的分支，枕静脉汇入颈外静脉，枕大神经为第 2 颈神经的后支。

外侧组位于颞区，其血管、神经又分为耳前及耳后两组。耳前组有颞浅动、静脉和耳颞神经。三者伴行，于腮腺上缘穿出，经耳屏前方、颧弓后端（由前向后依次为动脉、静脉和神经）上行达颞区，分支至额、顶区。耳后组有耳后动、静脉和枕小神经，分布于颞区后部。耳后动脉起自颈外动脉，耳后静脉汇入颈外静脉，枕小神经来自第 2、3 颈神经，属颈丛的分支。

（三）头皮的淋巴

头皮淋巴管较丰富，但颅顶部没有淋巴结，因此头部浅淋巴管均注入头颈交界处的淋巴结。颅顶额区的淋巴管向下后方汇入耳前淋巴结。顶、颞区的淋巴管在耳的前、后方向下行，淋巴汇入耳前淋巴结、颈浅淋巴结及耳后淋巴结，或直接汇入颈深上淋巴结。枕区大部分淋巴管汇入枕淋巴结和颈深上淋巴结。上述淋巴结肿大疼痛，常提示在头皮中隐藏感染灶。

二、头皮的保护功能

头皮对颅骨和脑组织具有十分重要的保护功能，早年有试验证实，如果没有头皮，引起颅骨骨折的外力仅需约 8 kg/cm^2，而在头皮存在时则需 80~160 kg/cm^2，其差异达 10~20 倍。另有研究通过模拟试验测量头皮对模拟颅脑的影响，发现头皮对头颅受撞击时颅内压的变化起重要的减缓作用。在硬物（钢铁）锤击时，头皮可使颅内压峰值降低 50% 左右；在软质物（尼龙）锤击时，头皮可使颅内压峰值降低 17%~32%。尤其对锤击对冲点处的最大负压值有大幅度的降低。头皮对颅骨和脑组织的保护作用主要通过三条途径实现：①吸收一部分冲击能量；②增大颅骨的承受面积；③延长作用时间。

在头皮上生长的毛发（头发）对头皮表层的损伤有一定的保护作用，如不易出现表皮剥脱等，但头发对颅骨和脑组织的保护作用极小。

三、头皮损伤特点

根据头皮的组织结构特性，头皮损伤有以下特点。

（一）容易出血、创口开裂大

由于头皮皮肤角质层薄，真皮层和皮下组织层富含血管，加上头皮有颞肌、额肌和枕肌牵连而张力较高，故损伤极易出血，一旦形成创口，则开裂较大；如果张力最大的帽状腱膜破裂，则创口更大。

（二）出血范围因损伤累及部位不同而各异

由于头皮皮下组织脂肪层由纤维束呈纵行分割状，故帽状腱膜以上皮肤损伤后尽管血管不易收缩而出血多，但不易扩散。如损伤累及帽状腱膜下，因蜂窝组织疏松多孔，故血液极易扩散，充血量最高可达数百毫升并覆盖整个颅盖骨表面。如损伤累及骨膜，因骨膜在骨缝处与颅骨连接紧密，故骨膜下出血一般局限在一块颅骨表面的范围。

（三）无法真实反映致伤物的形态特点

由于头颅的球体结构，致伤物作用于头部接触的往往是曲面，因此除了颞部相对较平坦以外，其他位置难以充分反映致伤物的完整接触面。因此，多数情况下头皮层的损伤反映致伤物形态不充分。另外，由于帽状腱膜下出血容易扩散，往往出血范围较致伤物接触面积大得多而不能真实反映致伤物的形态特点。

四、头皮损伤机制

头皮损伤均因直接暴力作用所致，即头皮损伤处为暴力作用点。不同的暴力作用方式以及暴力的性质，可产生头皮擦伤、头皮挫伤、头皮挫裂创、头皮撕脱伤、头皮血肿等不同形态的损伤。

（一）打击与冲撞

打击是由火器（枪弹或弹片）和钝器（运动的石块、棍棒、车辆等）击伤头部所致。冲撞是由运动着的头部撞击于外物（车辆、地面、墙壁等）所致，常见于车祸、跌伤、坠落伤等。当致伤物体积较大而速度较慢时，常造成头皮擦伤、挫伤或头皮血肿；当致伤物体积较大而速度较快，且暴力强度超过组织应力极限时，则常致头皮挫伤及裂伤伴创口周围头皮擦伤、挫伤；当致伤物体积较小时，无论速度快慢，易致头皮挫裂伤，创口周围可以伴有头皮擦挫伤。

（二）摩擦与牵扯

摩擦是由于暴力呈切线方向作用于头部所致（如头部在地面强力拖行等），除造成严重头皮擦伤和挫伤外，甚至可引起部分头皮撕脱伤。牵扯是由于头皮受到强大的牵拉力量作用所致（如车轮碾压头部、发辫卷入转动的机轮中等），发根受到猛烈的牵扯，加之自身的保护性反应及本身体重的对抗作用，常造成着力部位头皮挫伤或头皮血肿，当暴力强大时亦可造成头皮撕脱伤。个别可造成颈椎骨折或脱位，颈髓损伤，或因颅骨变形造成脑损伤。

（三）挤压

挤压伤是由相对方向的钝性暴力同时作用于头部所致（如塌方事故、车辆倾覆压迫等），除造成着力部位头皮挫伤和头皮血肿外，常合并颅骨骨折和脑损伤。值得注意的是，胎儿头部因通过狭窄产道或施行产钳，头部受挤压而变形，可引起头皮血肿或局限性头皮水肿。

（四）切砍与刺戳

切砍是由于锋利的致伤物刃口作用于头部所致，常见为刀斧砍伤，往往造成边缘整齐的头皮裂创。刺戳是由于尖锐的致伤物尖端作用于头部所致，常见于锄耙伤、玻璃瓶击伤等，往往造成规则或不规则的头皮裂创。

五、头皮损伤的形态改变

（一）头皮擦伤

头皮擦伤是头皮受切线方向的暴力摩擦而形成的一种浅表损伤，表现为损伤局部轻微疼痛，创面少量血清渗出，可有点状出血。擦伤主要发生在无头发的头皮上（图1-1）；当头皮有长发覆盖时，一般不形成大片擦伤，仅在挫裂创、砍创、切创和枪弹创边缘可见不同宽度和不同程度的擦伤带，这些擦伤带可以反映力的作用方向。

（二）头皮挫伤

头皮挫伤为头皮受钝性暴力作用引起的皮内、皮下出血。由于头皮下有脂肪组织，其中又有大量与皮肤垂直的结缔组织隔将脂肪分为小块，故皮下出血不易扩散，表现为局部肿胀、压痛，在致伤物接触面凹凸不平时头皮挫伤常伴有头皮擦伤（图1-2）。头皮受到外力作用可造成皮内出血，因真皮结缔组织致密而不易形成血肿，出血仅局限于损伤处局部头皮内，常可反映出致伤物着力部位的特征形态，有助于致伤物推断，在检查时应剃除毛发仔细观察和分析。

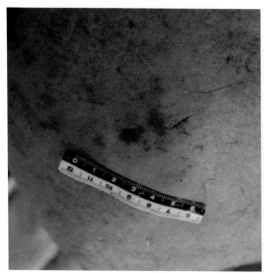

图1-1　头皮擦伤

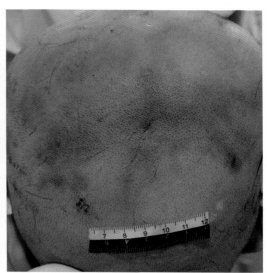

图1-2　头皮挫伤

（三）头皮裂创

头皮裂创包括头皮挫裂创与头皮撕裂创。由于头皮下有颅骨衬垫，钝器可造成头皮裂创。表现为头皮组织断裂，伴有不同程度的出血。它与锐器造成的砍创或切创不同。一般锐器伤创口边缘整齐（图1-3），不伴有或仅一侧伴有狭窄的带状擦伤；而钝器造成的头皮挫裂创，有的粗看虽极像锐器创，仔细观察则发现边缘不整齐，创口不规则，常伴有擦伤和挫伤，而且创内两创壁间有组织间桥相连，还常见头发被压嵌入创内（图1-4）。当强大暴力牵拉头发时，可使头皮连同帽状腱膜与其下方的疏松结缔组织层分离，造成头皮广泛性撕裂创。此种撕脱主要发生在长发特别是有发辫者。撕脱常从枕部发际开始，可撕脱到额部。

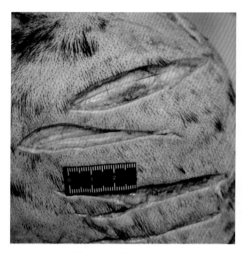

图1-3　头皮砍创

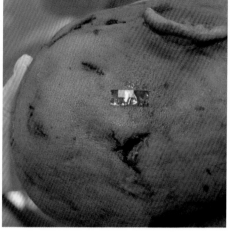

图1-4　头皮挫裂创

（四）头皮血肿

头皮富含血管，遭受钝性暴力作用后可使组织内血管破裂出血，血液聚集于皮下组织中、帽状腱膜下或骨膜下形成血肿。根据血肿发生的部位不同，分为头皮下血肿、帽状腱膜下血肿和骨膜下血肿3种类型。①头皮下血肿：血液聚积于皮下组织内，因皮下组织层和帽状腱膜层连接紧密，限制了血肿的扩大，所以一般血肿范围较小而局限，血肿中央略软，有波动感，血肿周围组织因水肿而变厚，相对较硬（图1-5）。②帽状腱膜下血肿：帽状腱膜下为疏松结缔组织，其间有连接头皮静脉、颅骨板障静脉及颅内静脉窦的导血管。当头部遭受斜向暴力时，头皮发生剧烈的滑动，引起层间的导血管撕裂，血液聚积于帽状腱膜与颅骨骨膜之间，形成血肿。由于帽状腱膜下层疏松，血肿易扩展，严重时可蔓延至整个帽状腱膜下层，波动感明显（图1-6）。③骨膜下血肿：常

图1-5　头皮下血肿

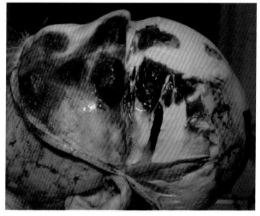

图1-6　帽状腱膜下出血

发生于颅骨变形或骨折处，出血来源多为板障出血或因骨膜剥离而致，出血量较少，血液积聚于骨膜与颅骨外板之间。由于骨膜在颅缝处附着牢固，故血肿范围一般不超过颅缝。以上 3 种血肿可以同时发生或互相混杂发生。

第三节　颅骨骨折

颅骨的物理特性比软组织强很多，与毛发、头皮和脑膜相比，颅骨对脑组织具有最为重要的保护作用。颅骨骨折是法医学实践中常见的损伤，根据颅骨骨折的特点可以推断致伤物、打击点、打击方向、打击次数和次序等。了解、熟悉颅骨骨折对颅脑损伤分析具有重要意义。

一、颅骨的解剖结构

颅骨分为脑颅骨和面颅骨两部分，前者位于颅的后上部，构成容纳脑的颅腔；后者为颅的前下部，包括眼、鼻、口等结构。因本书涉及的颅脑损伤多与脑颅骨有关，故本节讨论的颅骨骨折均指脑颅骨骨折，也将脑颅骨简称为颅骨。

解剖学上将颅骨分成颅盖和颅底两部分，其分界线是沿枕外隆凸、乳突根部、外耳门上缘点、额骨泪突、眶上缘及额骨鼻缘标志点构成的连线。

颅盖由额骨鳞部、顶骨、颞骨鳞部、蝶骨大翼一部分和枕骨鳞部构成，并由矢状缝、冠状缝、人字缝和鳞状缝相互连接。这些颅缝间主要靠胶原纤维连接，随年龄增长而逐渐骨化愈合。与骨组织相比，颅缝间的胶原纤维是颅骨上的相对薄弱区。大部分颅盖骨为扁骨，由外至内依次为外板、板障和内板。外板和内板为密质骨，板障为疏质骨。外板厚且富有弹性，内板较薄易碎，板障内含有大量的板障静脉。

颅底部由额骨眶部、筛骨、蝶骨、颞骨岩部以及枕骨等构成。颅底内面因沟嵴和孔隙较多而凹凸不平，由高到低呈阶梯状，借蝶骨小翼后缘、视神经沟前缘及颞骨岩部上缘、鞍背分为颅前窝、颅中窝和颅后窝。

二、颅骨骨折的机制

（一）颅骨的生物力学特点

颅骨对脑组织具有最为重要的保护作用，颅骨的生物力学特点是颅骨具有重要保护作用的基础。人类颅骨的发育特点和结构特点与动物差异较大，而且在整体研究和动态受力研究的方法学上局限和难点较多，因此对人体颅骨的生物力学特性的研究至今仍以局部、静态和模拟等为主。

闵建雄利用欧罗巴人种的颅骨对颅骨在静力学中的性能进行了较为系统的试验研

究。研究表明，颅骨的抗压缩强度最强，抗弯曲、抗拉伸强度次之，而抗剪切强度最弱。不同性别的颅骨在力学性能上有明显差异，女性颅骨比男性颅骨具有更强的抗弯曲性和抗拉伸性，但抗压缩性较弱，说明女性颅骨弹性较好但硬度较差。年龄也是影响颅骨力学性能的重要因素，总体来说，随着年龄的增长，颅骨的抗压缩强度和抗弯曲强度均呈下降趋势，反映颅骨硬度和弹性的下降。不同部位的颅骨在力学性能上也有明显差异，总体上就抵抗外力的能力而言，顶骨强于额骨，额骨强于颞骨。

上述有关颅骨在静力学中的研究结果有助于我们了解颅骨受力及其变化，但局部颅骨在静态受力试验研究中的性能与整体颅骨在实践中动态受力情况下相比有较大差异。因此，国内外不少学者一直致力于研究在整体和动态条件下颅骨的生物力学特性，但因试验材料来源、试验条件及其模拟物相似性等多方面受限，难有突破性研究进展。根据目前的研究结果，人体颅骨力学性能从整体而言具有以下特点：

（1）颅骨的球体结构，尤其是颅盖骨的拱形结构有利于作用力向四周传播，分散在颅腔壁上，减少作用力对直接受力部位的损伤。颅骨内板、外板和板障的结构，不仅能缓冲外力作用的时间和面积，而且能吸收外力冲击的部分能量。

（2）颅骨近似不可扩张的球体，除了具有一定的硬度之外，还有一定的弹性，颅骨之间的颅缝是颅骨具有弹性的基础。研究发现，当两个相对方向的力在两侧颞部均匀加压到颅骨的弹性极限（未发生骨折）时，额枕径平均延长 1 cm；当额枕部受力时，颞间距平均延长 1.17 cm。由此可知，当颅骨受到外力作用时，弹性使其对外力有较强的缓冲能力，以保护颅骨局部和整体的完整性。颅骨的弹性随着年龄的增长而减小。

（3）颅骨受动态外力作用后，力的传导和颅骨的应力应变具有一定的规律性。研究发现：①当颅骨正面受到均匀冲击的外力作用时，冲击力可通过三条途径传播，一是通过额骨沿上矢状窦方向传播，二是通过两侧颧骨、颞骨沿水平方向传播，三是通过上下颌骨沿颅底方向传播；其中以额结节、翼点和颞骨受到的（拉）应变最大。②下颌部正面冲击力通过颞下颌关节传播到两侧颞骨后再分散到颅骨其他部位；其中以颞骨受到的（拉）应变最大。③当颅骨侧面受到均匀冲击力作用时，在翼点和颞骨上产生的应变值较正面均匀冲击时更大。该试验结果强烈提示作为颅骨薄弱区的颞部是应力集中区，是颅骨整体受力的特殊敏感位置。

（二）颅骨骨折的力学机制

1. 颅骨局部变形　颅骨遭受暴力作用时，若暴力强度未超过颅骨的弹性限度，仅会造成单纯的颅骨变形（可回复），在暴力作用消失后，颅骨弹回原位。若暴力超过了颅骨的强度极限，会引起颅骨局部发生不可复性变形，颅骨破裂发生骨折。以颅盖骨为例，局部变形的过程大致可分为 4 个阶段：

（1）外力作用于局部颅骨时，受力部位即发生局部凹曲变形，中心区呈圆锥形向颅腔内陷入，位于圆锥顶部的颅骨内板因曲度变大而受到较大的拉伸力，而对应位置的颅骨外板，则受到强力压缩。

（2）由于颅骨抗压缩强度大于抗拉伸强度，加之与颅骨外板相比，颅骨内板较薄且质地脆。因此位于圆锥顶部的颅骨内板受到的拉伸力超过其抗拉伸强度，出现十字形或放射状骨裂，颅骨内板首先发生骨折。如果此时外力减弱或撤销，颅骨外板可发生可复性变形而弹回原位，仅颅骨内板发生骨折。

（3）如果此时暴力持续作用，颅骨外板受到的压力也会超过其抗压缩强度，随之发生骨折。至此涉及颅骨内板、外板的线形骨折已经形成。

（4）如果暴力仍持续作用或加大，圆锥底部的骨质向外围挤压，形成反向弯曲隆起变形，此处颅骨外板因受到拉伸先发生骨折，骨折线常沿着圆锥形内陷的底部呈环状分布。同时，此处相应的内板位置本已变形，加上压缩作用而失去支持，向下呈漏斗状塌陷甚至碎裂脱落呈洞状，形成粉碎性/凹陷性骨折。

颅骨局部变形所产生的颅骨骨折类型根据作用力和作用物形态不同而不同，几乎包括所有类型。颅骨局部变形所引起的骨折常常并不局限于与作用物相接触处，在中心区环形凹陷的同时，外侧区受辐射向推挤和环向拉伸作用产生辐射向骨折，其骨折线沿最大拉伸主应变的垂直方向扩展并常见于颅骨薄弱区和应力集中区（如颞骨翼点等）。由于内板所受的拉应力较外板早且明显，故通常内板骨折较外板骨折更明显，如凹陷性骨折通常表现为内板骨折线数量多而长。而当颅骨出现洞形骨折时，一般内板缺损面积比外板大且呈喇叭口状。

2. **颅骨整体变形**　颅骨的骨质结构及形状，近似一个具有弹性的球体。颅骨整体变形是指颅骨受作用力后局部的变形，是可复性的（不发生骨折），但引起颅骨整个球体的形态发生改变，导致颅骨的薄弱区和应力集中区域发生骨折。

（1）颅骨整体变形的基本条件为外力较大（能引起颅骨前后或左右周径发生明显改变）且接触面也较大（受力局部并不发生骨折）。

（2）颅骨整体变形在颅盖和颅底均可发生，但颅底更容易发生。这是因为颅底骨不规则、结构复杂，连接疏松且弹性差，易使应力集中。

（3）一般情况下，颅骨一次整体变形所致的骨折为线形单条，但当暴力过大时可发生崩裂性骨折。当多次整体变形发生时，即使受力位置不变，也可能改变骨折线位置。

颅骨发生整体变形的基本原理和过程为：如颅骨侧方受到相对方向的外力，则颅骨的左右径变短，其垂直径和矢状径则相对增大。这种颅腔整体弹性变形的结果就是使颅骨沿外力垂直方向向外膨出，以保持颅腔空间的恒定。当外力超出了颅骨的弹性极限，则在张应力最大处的颅骨膨出位置（非外力直接作用处）首先发生骨折。之后骨折线沿着张应力的大小行走。一般情况下，骨折线以首先骨折的位置为起点，沿作用力的方向向两侧延伸。如果作用力大且持续时间长，靠近受力处的骨折线可延伸至受力处，否则骨折线终止于受力处以外。

需要指出的是，上述只是理想条件下的颅骨整体变形原理和过程的模拟，在实际案件中，由于外力作用的多样性、个体差异、个体上颅骨结构对称性的差异以及各颅骨间的差异，颅骨首先膨出位置将更为复杂，沿外力方向的骨折线既非直线状，也非完全对称。

3. 颅骨局部变形和整体变形的特点

（1）颅骨局部变形和整体变形的鉴别。由于引起颅骨局部变形和整体变形的机制不同，损伤的特点也必然有差异。表 1-2 对颅骨局部变形和整体变形的特点和差异点进行归纳。从表中可以明显看到，在七个特点要素中，除了骨折线沿受力方向走向一致以外，其他六个要素均不相同，这就为我们鉴别颅骨局部变形和整体变形提供了参考依据。

（2）颅骨局部变形和整体变形共存。虽然我们可以在理论上从颅骨变形的形成机制和特点对颅骨局部变形和整体变形进行区分，但是在实际检查案例中，两种变形方式常同时出现。如果局部变形引起的骨折和整体变形引起的骨折分离共存，互不交错重叠，而且受力方式比较简单明了，那么我们通过观察骨折线的宽度和颅骨内、外板骨折线的长度等情况，可以相对容易地判定骨折线的起源。但如果局部变形和整体变形混合共存，两者引起的骨折互相交错重叠，而且受力方式复杂多样，此时则较难准确地鉴别骨折线的起源和形成机制。

表 1-2　颅骨局部变形和整体变形形成的骨折的特点

	局部变形	整体变形
引起骨折的方式	小平面，直接作用	大平面，间接作用
骨折起点的位置	着力点处	非着力点处
骨折的基本类型	所有类型	线性骨折
骨折线与受力点	连接	可不连接
内板与外板长度	内板等于或长于外板	外板等于或长于内板
骨折线的最宽处	着力处	非着力处
骨折线的走向	沿受力方向	沿受力方向

（三）影响颅骨骨折的因素

外力作用于颅骨后是否会导致骨折，导致骨折的类型和骨折线分布等主要取决于颅骨的自身结构和外力性质两个方面。前者是指颅骨本身的硬度、弹性和厚薄，后者则是指致伤物的质量、速度、大小和形状等。此外，外力作用于头部时的作用方向、受力部位和接触面积，以及外力作用时头部是否固定等均会影响颅骨骨折的表现。

1. 颅骨自身解剖结构对骨折的影响　颅盖骨和颅底骨均有许多增厚部分构成颅骨的支架，起着支持和保护作用。当颅骨受到暴力作用时，这些支架结构的存在，可使暴力分散或缓冲。骨折常沿着骨质薄弱的部位走行，除非暴力十分强大，否则骨折线一般不会跨越这些支架结构。颅骨骨折发生时，骨折线常曲折或为不规则形。

颅缝连接多块骨头构成颅骨，当暴力传导至颅缝时，颅缝会使暴力分散，故骨折一般不跨越颅缝。

蝶鞍位于颅底的中心，颅底许多增厚的骨架多以蝶鞍为中心向外周呈放射状分布。但当颅骨受暴力作用时，沿骨架走行的骨折线也多集中于蝶鞍，因此蝶鞍是颅底骨折的好发部位。

2. 致伤物速度、接触面积对骨折的影响　当致伤物质量一定时，其作用速度对动量大小起决定性作用。由于骨组织对速度和时间具有敏感性，骨组织在外力缓慢作用时所能承受的载荷，要比迅速作用时大得多。

致伤物和头部的接触面积与致伤物的速度和动量共同决定颅骨变形的形式和颅骨骨折的类型。较大面积的致伤物作用较易使颅骨周径发生改变而引起颅骨的整体变形，而较小面积的致伤物作用则较易引起颅骨的局部变形。致伤物作用于头部的加速伤造成的骨折情况如表1-3所示。

表 1-3　致伤物速度、接触面积与骨折性质

	速度快	速度慢
接触面积大	环状凹陷性骨折或粉碎性骨折	线形骨折
接触面积小	孔状骨折	锥形凹陷性骨折

3. 外力作用位置与作用方向对骨折的影响　头颅近似一个球体，由几块骨板借骨缝互相连接而成，其骨质厚薄不均，弹性不一，从结构特点来看，颅底与侧壁之间有增厚的骨柱起着拱架支撑作用，介于骨柱之间的骨板质地薄弱。因此，颅骨不同部位的坚韧性和弹性强度有很大的差异，故不同部位接受暴力的后果各有不同。当外力作用于前额部时，常见两侧眼眶线性骨折，骨折线可能合并起来由中线横行越过筛板，再向后通过蝶鞍，直至枕骨大孔；当外力作用于顶骨前方时，常见骨折线向前下方延伸造成颞前区骨折；当外力作用于颅顶中部时，骨折线可跨越蝶鞍，累及蝶骨小翼而至颅前窝；当外力作用于颅顶后部时，骨折线常越过颞骨岩部，并延伸至颅中窝；当外力作用于枕部

时，骨折线既可能穿过枕骨大孔越过颞骨岩部延伸到颅中窝，也可能向颞骨、颅面骨延伸；当外力作用于颞部时，以左右方向的横行骨折和斜行骨折多见，而前后纵行骨折少见；当外力作用于颞骨上部时，骨折线常横穿颅盖骨，向前指向额骨，向后指向枕骨或顶骨；当外力作用于颞骨下部时，骨折线常指向颅底蝶骨中部附近；当外力由下方脊柱传来时，一般会造成枕骨大孔附近的骨折。

暴力垂直作用于颅盖部，多造成凹陷性骨折或粉碎性骨折；暴力斜行呈切线作用于颅盖部，多造成线形骨折，并向力轴的方向延伸，可至颅底。

4. 头部状态和颅骨骨折的关系　颅骨借寰枕关节与脊椎相连，外围有坚韧的寰枕韧带，使头部可以完成前屈、后伸、侧屈、旋转等动作。当人的头部处于可以自由活动的静止状态而受到外力打击时，颈部不仅可以吸收致伤物的部分能量，还可以在头颅由静止转为加速状态时，使头部沿外力方向有一定程度的活动，延长外力的作用时间，减弱颅骨所承受的能量。当头部在固定状态下受到外力打击时，除了外力本身造成的加速作用力外，随后由于头部不能持续运动而突然减速时所产生的猛烈的反作用力也将集中作用于头部，这种情况不仅常常造成严重、广泛的颅骨骨折，还会造成严重、广泛的脑损伤。此外，当头部在固定状态下受到外力打击时，还可能发生"对冲性"颅骨骨折。这是因为颅骨在受力点发生向内凹陷变形时，受力点对侧颅骨可能会发生向外膨出变形。由此可见颅骨骨折的表现与头部是否固定有密切的关系。

三、颅骨骨折类型

颅骨和人体其他骨骼一样，骨折是其最常见的损伤形式。颅骨骨折占颅脑损伤的15%~20%，骨折可发生于颅骨任何部位，其中顶骨骨折最多见。骨折可发生于一块颅骨，也可以同时发生于多块颅骨。由于颅骨特殊的结构和各块颅骨间的骨缝连接，颅骨骨折类型较多且更为典型。按照骨折部位和特征不同，颅骨骨折主要可分为颅盖骨骨折和颅底骨骨折。本节主要介绍钝器所致的颅骨骨折，质地坚硬的锐器（菜刀、利斧等）砍击头部可导致颅骨砍削创，创面较平整。

（一）颅盖骨骨折

颅盖骨骨折多为外力直接作用造成，包括各种不同形状的骨折类型。

1. 颅骨压痕和擦痕　颅盖骨受到钝性致伤物垂直打击时，受力处的颅骨外板向板障内轻度凹陷称为颅骨压痕（图 1-7），在法医学上可作为推断致伤物的参考。而当钝性致伤物以切线方向与颅骨发生擦蹭时形成的颅骨外板骨质缺损称为骨质擦痕，在法医学上可反映致伤物着力部位和作用力的方向。轻度的骨质压痕和擦痕仅累及骨质表面，严重的骨质压痕和擦痕可累及颅骨外板全层，甚至深及板障，造成范围和深度较大的骨质缺损。

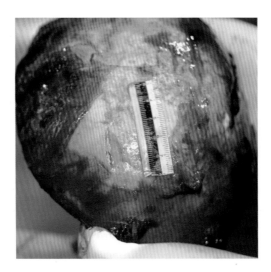

图1-7　颅骨压痕

2. **线形骨折**　线形骨折是指暴力作用于颅骨造成线形骨板裂开而无骨板错位和凹陷。据报道约占颅盖骨折的61.3%。线形骨折的骨板裂隙粗细不一、长短各异、形态多样，可有直线形、弧形、环形、星芒状及不规则形等（图1-8、图1-9）。有时可见多条线形骨折线交叉时相互截断，形成龟裂样骨折，可推断为暴力多次作用所致，并可推断暴力作用的先后顺序。

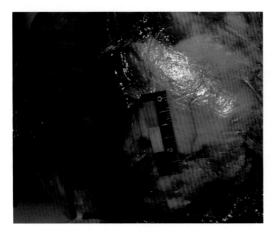

图1-8　线形骨折

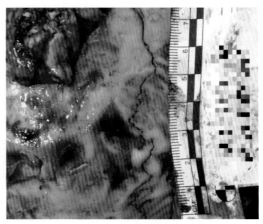

图1-9　线形骨折

3. **凹陷性骨折**　凹陷性骨折是指钝性致伤物突入骨质面造成骨板全层的骨折错位，并向颅腔凹陷。凹陷性骨折约占颅盖骨折案例的28.6%。致伤物的形状、外力大小、打击部位以及打击角度等不同可导致凹陷性骨折的不同形态。最常见为半圆形或圆锥形，也可呈舟状、角状及阶梯状等，凹陷深度不一，凹陷的形态特征（以颅骨外板为主要依据）对法医学鉴定推断致伤物具有特殊意义（图1-10、图1-11）。例如，棍棒类钝器在相对较平坦的颅骨上可形成舟状凹陷性骨折；在颅骨较厚的部位，球形钝器打击可形成同心圆形塌陷骨折。

小儿颅骨的凹陷性骨折有其显著的特殊性。因婴幼儿骨质发育不完全，板障缺乏而骨板薄，含骨胶多而含钙少，颅骨薄而软，有纤维隔，弹性大，缓冲力强，整体上表现出硬度小而弹性大的生物力学特点，故外力作用时容易造成凹陷，但一般骨板不会断裂，无骨折线，即所谓"乒乓球样凹陷"骨折，也称"软性骨折"。

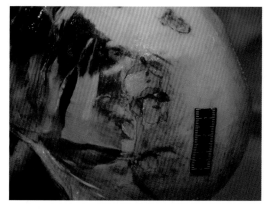

图1-10 凹陷性粉碎性骨折（颅骨外板）

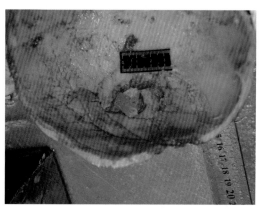

图1-11 凹陷性粉碎性骨折（颅骨内板）

4. **粉碎性骨折** 粉碎性骨折是指在较大的暴力作用下，引起局部骨质粉碎而呈两块或两块以上游离骨片的状况。据报道约占颅盖骨折的 2.5%，以额骨最常见，顶骨次之。粉碎性骨折常发生于暴力作用点处，骨碎片的大小、数量和形状不一，可一次形成，也可多次作用所致。一次形成多见于接触面较大的钝性物体，打击速度较凹陷性骨折与孔状骨折稍慢。粉碎性骨折的骨折线呈网状不规则形，其骨碎片有时位于原处不发生位移，有时可脱落于颅内（图1-12、图1-13）。

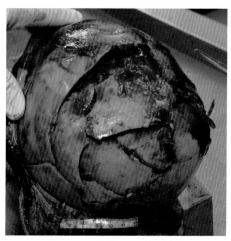

图1-12 颅骨粉碎性骨折

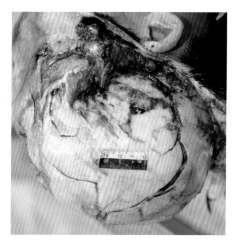

图1-13 颅骨粉碎性骨折

5.**孔状骨折**　孔状骨折是指在暴力造成的骨折区内骨片完全断裂并脱落至颅内，颅骨洞穿形成孔状缺损，也称为洞形骨折、穿透性骨折。孔状骨折均发生于颅骨局部变形，多见于致伤物作用面小而速度快的枪弹伤或作用面小、质硬、便于挥动、打击力集中的钝器损伤，较尖锐的棍棒戳击头部也可造成孔状骨折（图1-14、图1-15）。由于引起孔状骨折的力量均较大而集中，所以在孔状骨折周围一般都有不同程度的放射状线形骨折或环状线形骨折。

 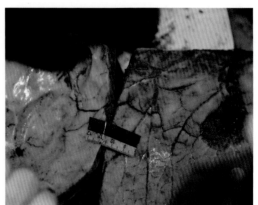

图1-14　孔状骨折（颅骨外板）　　　　图1-15　孔状骨折（颅骨内板）

（二）颅底骨骨折

颅底骨骨折约占颅骨骨折的1/3，绝大部分为线形骨折（图1-16）。颅底与硬脑膜连接紧密，骨折时易使硬脑膜撕裂；颅底与鼻旁窦相邻，骨折线常通向鼻旁窦或颞骨岩部乳突气房，骨折后极易使蛛网膜下隙与鼻腔或者外耳道相通，故多属于开放性骨折，称为"内开放性颅骨骨折"。

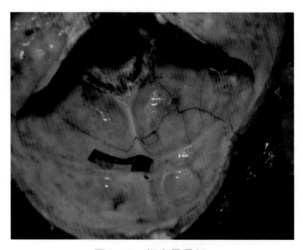

图1-16　颅底骨骨折

颅底骨骨折依其发生的部位不同，可分为颅前窝骨折、颅中窝骨折和颅后窝骨折。各部位骨折各有其特征。分述如下：

1. **颅前窝骨折** 颅前窝由额骨的眶板、筛板、蝶骨体前部和蝶骨小翼构成，其中筛板和眶板为骨折的好发部位。颅前窝骨折患者伤后常有不同程度的口鼻出血，有时因血液吞入胃内而呕吐黑红色或咖啡色液体。筛板中的筛前动脉可因骨折撕裂，伤后数小时出现"熊猫眼"征（眶周皮下和球结膜下紫蓝色瘀斑）。若骨折累及额骨眶板、筛骨时，容易将硬脑膜与蛛网膜撕裂，引起出血或脑脊液经前鼻孔流出，而形成脑脊液鼻漏。外伤性脑脊液漏的发生率为2%~9%，成人多见。因颅前窝骨折而受累的脑神经可有嗅神经、视神经和动眼神经，可出现不同程度的嗅觉障碍和（或）视力下降。

2. **颅中窝骨折** 颅中窝由蝶骨大小翼、蝶骨体、颞骨鳞部和岩部构成。颅中窝骨折，当蝶骨受累、脑膜破裂时，血液及脑脊液可从蝶窦经上鼻道由鼻孔流出，形成脑脊液鼻漏或颅内积气。当颞骨岩部受累时，脑膜和硬膜破裂，脑脊液可以经咽鼓管至鼻、咽、口腔，若鼓膜同时撕裂，则脑脊液流经中耳，再由鼓膜裂孔流出，形成脑脊液耳漏。若骨折累及海绵窦区，引起颈内动脉在海绵窦破裂，则可引起海绵窦动静脉瘘，形成搏动性突眼。颈内动脉如果在破裂孔或颈内动脉管处破裂，可发生致命性的鼻出血或耳出血。

当颅底骨折累及蝶骨小翼时，可致视神经、动眼神经和滑车神经损伤，可导致视力下降或视野缺损，眼球下视时产生复视等视觉功能障碍。当骨折累及鞍背时，可致视交叉神经纤维受压或断裂，出现双侧偏盲的典型视交叉损伤。颅中窝颅底骨折累及海绵窦、圆孔、卵圆孔，可致三叉神经的眼神经、上颌神经、下颌神经受损。损伤三叉神经后，出现神经受压，所支配区域的感觉麻木、消失或者过敏、疼痛。颅中窝骨折累及颞骨岩部时，易导致走行于面神经管中的面神经损伤，表现为患侧表情肌瘫痪、额纹消失、睑裂扩大、鼻唇沟变浅、口角下垂、同侧舌前2/3味觉丧失。

3. **颅后窝骨折** 颅骨于枕部内壁光滑，加上小脑膜光滑又富有弹性，起到很好的支撑作用，相比前、中颅底，颅后窝损伤相对发生率较小。颅后窝由枕骨和颞骨岩部后面构成。颅后窝骨折患者常有枕部直接承受外力的外伤史，枕部头皮可有挫裂伤。枕骨深部骨折，出血向颈肌浸润，并向乳突处蔓延，故临床出现枕颈后软组织显著肿胀和乳突区迟发性皮下淤血（Battle征）；咽部检查可发现咽后壁黏膜下血肿或瘀斑。颅后窝骨折导致邻近脑神经损伤较为少见，但当骨折线累及舌下神经孔和颈静脉孔后，可致部分或全部后组脑神经（舌咽神经、迷走神经、副神经和舌下神经）受损，出现声音嘶哑、吞咽困难等临床症状。骨折线累及枕骨大孔时，会出现脑干和小脑损伤的相应症状。

（三）崩裂性骨折

颅骨崩裂性骨折指巨大暴力作用于头部，造成颅盖骨和颅底骨广泛的粉碎性骨折，头颅崩开，脑组织挫碎，多在短时间内致死，也称为全颅崩裂。崩裂性骨折的特点是颅骨显著变形和骨折遍布整个头颅。颅骨崩裂性骨折可以是一次打击形成，也可以是多次作用所致，常见于高坠伤和交通意外。当头颅被固定于硬质物体表面，多次反复打击颅骨的不同部位也可能形成崩裂性骨折。

（四）颅骨骨缝分离

颅骨近似球形，由几块骨板借骨缝互相连接而成。颅缝分离是指颅缝受到暴力后失去原有状态而裂开的现象（图1-17）。颅缝分离可单独存在，因为颅缝是颅骨上的相对薄弱区，颅骨受力后变形尚未骨折时，颅缝就可能已经分离。颅缝分离的部位除受生长发育愈合程度不一（个体差异和各颅缝之间的差异）的影响外，主要与受力部位和颅骨变形方式有关。一般来说，颅骨局部变形时，邻近受力部位的颅缝易分离；颅骨整体变形时，则根据受力变形的方向，易在颅缝受最大拉应力处发生颅骨骨缝分离。

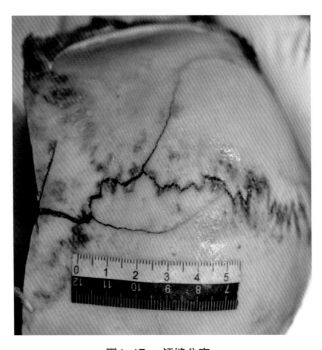

图1-17　颅缝分离

（五）尸体冷冻引起的颅骨骨折

与国外一些发达国家要求短期内尸体保存的温度必须为2~6 ℃不同，目前我国尸体保存的主要方式为冷冻保存，冷冻保存能够有效避免冷藏保存尸体时出现的不同程度低温下的腐烂，延长尸体的有效保存时间。但在实际检案中，由冷冻所造成的非特异性的死后变化——颅骨骨折现象时有发生，了解学习尸体冷冻引起的颅骨骨折的机制与特点，对在法医病理实际鉴定工作中鉴别颅骨骨折是生前造成的还是冷冻造成的具有重要意义。

1. **尸体冷冻引起的颅骨骨折的机制** Torimitsu 等人研究发现，尸体冷冻—解冻过程本身并不会改变颅骨的机械性能进而导致骨折。人体的颅腔是一个相对封闭的类球形体，颅腔内的脑组织含有大量水分、脑脊液。在尸体冷冻时，脑组织中的水分、脑脊液预冷膨胀，体积变大，颅内压增加。同时，由于脑组织水肿，在密闭的颅腔内压力无法通过枕骨大孔得到释放，进而形成作用于颅骨内板的由内向外的压力，当颅内压力超过颅骨所受的应力极限时，即出现颅骨骨折。有研究指出，综合脑组织成分及颅骨骨质的物理性质等各因素，当颅内温度为 8℃时，脑组织与颅腔体积比增加至最大限度，即使尸体未完全冷冻，颅骨骨折亦有可能发生。

2. **颅骨骨质特点及骨折好发部位** 颅腔是一个相对密闭的空间，尸体冷冻后脑组织体积增加，压力由颅腔向外部传导，由于颅盖骨骨质相对致密，尸体冷冻较少引起颅盖骨骨折；而在骨质疏松、结构较薄弱的颅底骨和颅缝处则较易形成骨折。据文献报道，尸体冷冻导致的颅底骨骨折最易发生于颅前窝，主要集中于脆弱的含气骨筛骨的鸡冠、筛板、额骨中骨质极薄的眶面和骨质为三角形薄板的蝶骨小翼。在颅中窝则主要集中于蝶骨大翼、蝶鞍部。颅缝间靠胶原纤维连接，亦属颅骨相对薄弱的部位，尤其是颅骨侧面由额骨、顶骨、颞骨和蝶骨经"H"形骨缝连接，解剖上称为"翼点"的区域，是颅缝分离的主要好发部位。婴幼儿颅缝之间生理骨缝未完全发育，颅缝间仍有纤维连接或仍有部分颅缝未完全闭合，这些区域也是颅缝分离的好发部位。

3. **骨折类型和特点** 尸体冷冻引起的颅骨骨折形态多样，常见的类型有线形骨折、凹陷性骨折和颅缝分离等。在尸体冷冻引起的颅骨骨折中，引起骨折的作用力方向是由颅内向颅外，骨碎片一般凸向颅外。骨折可为单发或多发，单发的骨折多位于右侧，多发的骨折可呈对称或非对称分布。

4. **冷冻引起的颅骨骨折与生前颅骨骨折鉴别** 前颅骨骨折常造成严重后果，在法医病理实际鉴定工作中鉴别尸体的颅骨骨折是生前骨折还是尸体冷冻造成的骨折十分重要（表 1-4）。

表 1-4 生前颅骨骨折和尸体冷冻引起的颅骨骨折的鉴别

	生前颅骨骨折	冷冻引起的颅骨骨折
骨折范围	范围广泛,颅盖骨、颅底骨、颅缝均可发生	范围较局限,可出现在颅底、颅缝等结构薄弱处,无颅盖骨骨折
骨折类型	各种类型的骨折可在单个尸体上同时出现	各种类型的骨折均可发生,但在单个尸体上出现的骨折类型较单一
造成骨折的作用力方向	既可由颅外向颅内,也可由颅内向颅外	由颅内向颅外
骨折处生活反应	有相应的生活反应,血迹沿骨折断面上的细微骨折裂线渗入、浸润骨质	无生活反应
骨折处周围组织变化	骨折部位周围组织及骨折对应处头皮及帽状腱膜等头皮下软组织一般有出血、血肿等,可能会有硬膜外或硬膜下出血,骨折对应的脑组织具有生活反应	骨折部位周围组织及骨折对应处的头皮和脑组织均无生活反应;无硬膜外或硬膜下出血

值得注意的是,尸体冷冻后是否会使生前形成的颅骨骨折扩大或形态发生改变,还有待证实。

第四节 颅内出血

颅内血肿是最常见的颅脑损伤,约占颅脑损伤的90%。根据出血的解剖部位可分:硬脑膜外、硬膜下隙、蛛网膜、脑组织和脑室出血或血肿。不论何种类型的外伤性颅内出血,均应有外力作用着力点处的创伤、创伤路径组织的损伤及其出血源和血液聚集区,以及血肿挤压周边形成的占位性压迫及颅内高压等症状体征,严重者因引起脑疝及相关并发症而死亡。原发性脑损伤较重,可致原发性昏迷;原发性脑损伤较轻,可经过时间长短不一的清醒过程(中间清醒期),当出血量增加到一定程度后,因颅内高压超过代偿临界和脑疝致二次昏迷或迟发性昏迷,称为迟发性颅内出血。由于脑组织的功能性分区不同,不同部位的颅内出血可有不同的病理改变和临床表现。

一、外伤性硬脑膜外出血

外伤性硬脑膜外出血(traumatic extradural hemorrhage,TEH)指颅骨与硬脑膜之间的出血或血肿,多发生在颅骨全层或单纯内板骨折处,即外力直接作用部位,多有局部头皮损伤和颅骨骨折，为内板骨折断缘刺破脑膜中动脉及其分支血管、板障血管、静脉窦和导血管所致。其中50%为脑膜中动脉及其分支血管破裂出血，常位于颞部与颞顶部；矢状窦破裂引起大脑中线区矢状窦旁出血；横窦破裂引起颅后窝出血。硬脑膜外出血部位发生率依次为颞部、额顶部、颞顶部和矢状窦、额部及枕部。

一般情况下，有致密结缔组织的硬脑膜与颅骨内板紧密贴附，特别是儿童和老年人，贴附更紧密，硬脑膜沿矢状窦与颅骨和大量蛛网膜粒结合，硬脑膜外腔实际呈闭合性潜在腔隙，故硬脑膜外出血不易扩散。出血仅限于矢状缝一侧、相应骨折的骨板局部，出血少者呈条片状，出血多者沿颅骨内板形成高张力的半圆形或新月形血肿，若小脑幕上区短时间内出血量超过100 mL可致死，幕下区出血量超过30 mL可致死。

硬脑膜外出血的损伤，若伴脑震荡性损伤，多有一过性昏迷。约1/3伤者不伴有原发性昏迷，因硬膜外腔张力大，破裂血管可因早期轴突反射性痉挛或硬膜弹性压闭而中断出血，经过一段中间清醒期之后，由于炎性渗出等作用，血管破裂口再度开放，出现持续性继发出血或血肿增大，造成颅内压增高、脑疝，而呈迟发性昏迷或二次昏迷，甚至死亡。硬脑膜外血肿死亡率报告不一，儿童较低，为3%~10%，超过40岁伤者高达35%~50%。若合并其他颅内出血和脑挫裂伤，死亡率增加4倍。开颅手术时伤者意识清楚者，术后几乎全部存活。

硬膜外出血呈一定的伤后时序性变化，新鲜出血多呈暗红色，存活者伤后10 d以上呈灰红褐色，较大的血肿呈肉芽组织膜包裹的红褐色液体。伤后持续时间更久者，血肿周围纤维膜可有钙化。镜下，出血2~3 d，血肿边缘近硬膜侧少量白细胞浸润，血肿周围纤维蛋白网形成，成纤维细胞增生，进入血肿周边；1周内吞噬细胞内含铁血黄素颗粒出现；10 d以上明显的肉芽组织包膜形成，以后逐渐纤维化增厚和完全机化。

二、外伤性硬脑膜下出血

外伤性硬脑膜下出血（traumatic subdural hemorrhage，TSH）指硬脑膜与蛛网膜之间出血。外伤性硬脑膜下出血可发生于外力作用着力点处（即冲击伤处），也可发生于外力作用的对极部（即对冲伤处），多为桥静脉、静脉窦或脑挫裂伤伴蛛网膜破裂出血，出血流入硬膜下隙。

硬膜下隙除大脑镰和小脑幕处的腔隙紧密黏着外，其他部位的腔隙均较疏松空虚、内压小，血液容易扩散，可容纳较大量出血，围绕出血点多呈梭形血肿或弥漫性分布。急性出血量超过小脑幕上的大脑区空间较大。少量出血可完全吸收，不留痕迹；出血量较多时，血液逐渐分解形成含铁血黄素颗粒，浸染硬脑膜呈棕褐色，局部蛛网膜和硬脑膜均可纤维化、机化增厚或粘连。缓慢大量出血的血肿可被增生的纤维膜包裹呈囊状。

硬脑膜下出血常伴皮质脑挫裂伤，伤后可能立即出现原发性昏迷，持续时间较长，可有或无中间清醒期，若持续性大出血，可导致颅内高压、脑疝，甚至死亡。一般出血量超过 300 mL 可致死，幕下出血量超过 30 mL 可致死。临床上，根据伤后出血速度和临床表现可分 3 种类型：①急性硬脑膜下出血，最多见，伤后 3 d 内出现明显占位性症状，多为脑挫裂伤合并蛛网膜较大动静脉、静脉窦或多个桥静脉破裂出血所致，伴持续原发性昏迷和进行性颅内高压，预后差。如新生儿产伤致小脑幕的血窦或大静脉撕裂，造成硬膜下大出血。②亚急性硬脑膜下出血，由于出血较缓慢，伤后 3 周，继发性脑组织损害和脑水肿协同达到一定张力，逐渐出现脑组织受压症状，致颅内高压和脑疝。③慢性硬脑膜下出血，可延迟 3 个多月发病，多见于老年人的原发性脑损伤，损伤程度较轻，损伤的小静脉出血缓慢。因脑萎缩，老年人颅内各腔隙均不同程度扩大，可以容纳或缓冲较大量出血，故中间清醒期较长。

急性和亚急性出血较广泛，以大脑半球的背侧面多见，可累及额叶、顶叶、枕叶及颞叶腹侧面，亦可发生于大脑半球纵裂和颅后窝。慢性硬脑膜下出血主要位于额顶部，或弥散至整个大脑半球表面。少量出血可完全吸收。较大的血肿，可被肉芽组织逐渐包裹，形成液化血肿囊，囊壁毛细血管极易破裂而再次出血，血肿体积增大，导致颅内压进行性增高，引起海马沟回疝，因中枢性衰竭而死亡。血肿的血液被吸收后仍残留空囊壁附着于大脑表面，与蛛网膜粘连。原发性假动脉瘤、脑血管畸形可自发破裂发生病理性硬脑膜下出血，需鉴别。

较大的血肿，根据大体形态变化可以粗略估计血肿时间。外伤后 10 h 以内，血肿呈典型湿润半液状紫红色血凝块；伤后 3 d，血肿呈暗紫红色，较干燥，与硬脑膜有粘连；伤后 10 d 左右，血肿呈巧克力色，与硬脑膜粘连并含黄色液体，血肿周围有新生纤维包膜形成；伤后 1 个月以上，血肿完全被纤维包膜包裹成典型囊状，呈巧克力色，含有褐色液体；伤后数月，血肿逐渐溶解吸收，机化，包膜玻璃样变，钙化。

三、外伤性蛛网膜出血

一般，约定俗成地称之为外伤性蛛网膜下隙出血（traumatic subarachnoid hemorrhage，TSAH）。其指较轻微外力作用于头颈部引起大量致死性蛛网膜出血。基于脑组织学，蛛网膜本身就包括表面的菲薄透明膜和内面的软脑膜，以及连接两者之间的结缔组织小梁和充盈的脑脊液，是穿行于皮层支脑血管的疏松网格腔隙，即蛛网膜下隙（subarachnoid space）。其并非独立组织结构，而只是蛛网膜的一个组成部分，因此，外伤性蛛网膜下隙出血亦可简称为外伤性蛛网膜出血（traumatic arachnoid hemorrhage，TAH）。理论上，蛛网膜出血可区分为 3 种类型：

1. **外伤性蛛网膜出血（典型的蛛网膜下隙出血）** 是指较轻微的头面颈部外伤，引发的致死性蛛网膜弥漫性大量出血，而不伴有脑挫裂伤或其他颅内出血的一种情况。出血多聚集于后颅窝脑干周围，可沿脑脊液流动路径，通过第四脑室，扩散或聚集于各脑室，亦可扩散到脊髓蛛网膜。据报道，外伤性蛛网膜出血87%与伤前短时间内饮酒有关，85%以上为青壮年男性，多为椎动脉、基底动脉及其分支出血，更多的是难以发现的多发性脑表面小血管损伤破裂性出血。

2. **病理性蛛网膜出血**（pathological arachnoid hemorrhage，PAH）　是指各类原发性脑血管破裂所致的蛛网膜出血。如在各类脑血管畸形、血管瘤、高血压性或粥样硬化性脑血管病变的基础上，由于遭受轻微的头面部外力，或者情绪性血压波动，引发的蛛网膜出血。

3. **脑挫伤性蛛网膜出血**（cerebral contusion arachnoid hemorrhage，CCAH）　是指脑皮质挫裂伤所致的局部蛛网膜出血。多为较大外力作用引起挫裂伤区脑皮质及其局部血管破裂出血，其与脑挫裂伤分布特征一致，呈局限性、多发性、冲击性和对冲性分布。严格地讲，这类蛛网膜出血属于脑挫裂伤组织损伤的一部分，而不是独立的外伤性蛛网膜出血。

这3种类型的蛛网膜出血，从发生原因、机制和相关伤病，以及因果关系及其原因力分析等诸方面均不相同，需要法医鉴定时加以鉴别。其中，最常引起争议的是与酗酒相关的外伤性蛛网膜出血。因此，阐释酗酒与头颈部外力共同作用导致TAH的发生机制和死亡机制，对于相关案例的法医学鉴定，特别是因果关系及其原因力分析十分重要，可为司法审判量刑提供科学证据。

（一）外伤性蛛网膜出血的生物力学机制

基于颅内脑血管主要为肌性小动脉，管壁较薄、管腔较大（即管壁厚度与管腔半径之比较小），外弹力膜退化而发育不良，血管行程弯曲且分支多，主要靠平滑肌维持和调节血管壁张力、舒缩状态等生理组织特性。颅骨内板不平整、存在许多与脑沟区对应的锐利骨嵴，易导致扩张的脑表面血管擦挫伤等组织形态特性。加之，脑血流量大，对管壁冲击作用大；呈液态黏弹性流体的脑组织，对血管壁支持作用小，综合构成了蛛网膜内血管对酒精与外力协同作用的高敏感性，而易破裂发生TAH的解剖生理和生物力学基础。

研究证实，酒精扩张脑血管达20%~30%，增加脑血流量达50%。生物力学的动脉系统弹性腔模型（elastic chamber model）可从几方面解释酒精增加脑血管对外力作用的敏感性和出血危险性。

1. **动脉顺应性公式**

$$C = \mathrm{d}V/\mathrm{d}P$$

公式中：C代表血管顺应性；V代表血管腔容积；P代表血压。从公式中可看出，在一定范围内，血管顺应性不变时，血压升高、血流加速，血管扩张越大，越易发生血管破裂出血。

2. 血管的顺应性与血压之间关系公式

$$C = ab^e bP$$

公式中：C 代表血管顺应性；a 代表种属差异系数；b 代表函数系数；e 代表自然对数；P 代表血压。从公式中看出，C 与 P 呈指数函数关系，血压升高明显影响血管顺应性，即血管壁脆性增加，易发生血管破裂出血。

3. Navier 流体运动公式

密度 ×（瞬时加速度 + 对流加速度）– 压力梯度 + 应力张量扩散度 + 单位体积力

提示：同一种属个体的血液密度恒定、单位体积力基本不变。当外力作用于头部时，压力及其能量在脑组织扩散的过程中，某些部位脑血管瞬间痉挛或被压闭，局部血管近端血流传递的瞬时加速度和对流加速度将急剧增加。根据能量守恒定律，局部应力张量扩散度亦急剧增大、压力梯度瞬间阶跃性增大，血管壁膨胀力也急剧增大，易导致脑血管破裂。同时，酒精破坏血管壁的组织结构、降低血管壁生物力学性状的毒理学作用，使血管壁的易损性或脆性增加，更易发生 TAH。

4.Navier–Stokes 流体动力学公式

瞬时加速度 + 传送惯性力 ＝ 体积力 + 压力 + 黏滞力

公式中：当外力作用于头部时，由于某部位脑血管瞬间痉挛或被压闭，血流受阻，该处近端血流的瞬时加速度和传送惯性力急剧增加，根据能量守恒定律，体积力和压力相应增加，血管瞬间膨胀，易导致脑血管破裂。

同时，根据酒精抑制凝血的血液毒理学作用，血液黏滞性下降，进一步增加体积力和压力，使发生 TAH 的概率增加。此外，发生 TAH 后，因为酒精抑制凝血的作用，破裂血管不易止血，可致持续致死性 TAH。

（二）外伤性蛛网膜出血的试验研究

于晓军等系统地研究了在饮酒与脑震荡性打击的共同作用下，致死性外伤性蛛网膜出血的机制。主要研究目的是针对法医病理鉴定工作中，与人类酗酒相关的外伤性蛛网膜出血死亡案件的死因及其原因分析，探讨酗酒的毒理学作用与头颈部外伤的物理学作用，如何相互作用导致 TAH 的发生和其死亡机制，以期指导相关案件的因果关系及其原因分析，为法医学鉴定和审判量刑提供科学依据和实践指导，以及为其他多因素死亡和伤残案件的量化提供法医学鉴定新思路。

1. 试验设计

（1）基于以下两个方面：①前期研究，于晓军等建立了单摆式定位定量打击的大鼠脑震荡模型，证实了大鼠发生脑震荡性损伤时头部吸收的能量约为 2.35 J。②脑震荡为最轻型的颅脑损伤，下面是建立的灌酒＋脑震荡性打击的 TAH 大鼠模型（图 1-18）。

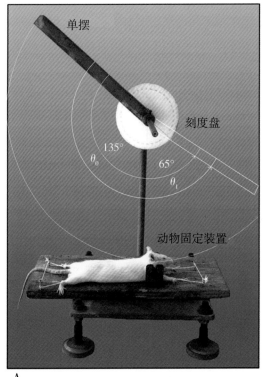

图1-18 单摆打击装置诱发大鼠外伤性蛛网膜下隙出血模型示意图

注：铁质均匀长方体单摆质量（m）为1500 g，重心半径（R）为15 cm。单摆起始角度约135°，打击后单摆角度（θ_1）约65°，单摆系统摩擦损耗角度约5°，打击能量初始角度（θ_0）为 135° － 5° ＝ 130°。根据能量守恒定律公式：$E_0-E_1=WRg\,(\cos\theta_1-\cos\theta_0)$，大鼠脑震荡性损伤时头部吸收的能量约为2.35 J

经试验证实，用纯乙醇溶液（50%V/V）给大鼠灌胃后，给予脑震荡性打击，TAH 的发生率和死亡率均不高。给大鼠灌胃用的溶液为四川江津白酒（50%V/V）和北京二锅头白酒（52%V/V），TAH 的发生率较高。考虑饮酒促发的 TAH，应为食用酒，是其中成分乙醇与黄酮类、酚类等其他化合物成分协同的整体生理学和毒理学效应，与外力共同作用的结果。

（2）鉴于以下几点考虑：①人类 TAH 的死亡案例多为长期经常性酗酒者。②已证实，大鼠的代谢速率约为人类的 7 倍。设计了相当于人类中度醉酒的剂量给大鼠灌酒，每次 10 mL/kg，将灌酒后 2 h 的急性酗酒组和连续灌酒 1 个月的慢性酗酒组（相当于人类酗酒 7 个月时间的长期酗酒）进行比较，比较急慢性酗酒的毒理学效应、血酒精浓度与 TAH 发生率和死亡率的剂量－效应关系。

（3）①基于鉴别酗酒与脑震荡性打击协同作用引发 TAH，设计了单纯灌酒而不打击组、灌酒＋打击组。②为排除抓捕、打击操作等因素的影响，设计了灌食用酒与灌食用水对照。③为统计死亡率，将打击后静观 2 h 内死亡的归为死亡组，2 h 后未死的归为存活组，而后断颈处死。④基于鉴别酒精及其代谢物的时效性影响、长期酗酒的病理性影响，设计了灌酒后 2 h、24 h、48 h 打击组。⑤为探讨急性酗酒致死亡的机制，设计了灌胃＋腹腔注射致死组（表 1-5）。

表 1-5　本项目试验分组及其 TAH 发生率和死亡率与血酒精浓度关系表

组别		例数	TAH 例	发生率 /%	死亡率 /%	血酒精含量 /（mg/dL）
慢性组	慢性灌酒＋打击死亡组	102	81	79.4	76.2	180.1 ± 6.5
	慢性灌酒＋打击处死组	16	8	50	0	150.6 ± 5.4
	灌酒后 24 h+ 打击组	16	14	87.5	62.5	16.43 ± 8.20
	单纯慢性灌酒	88	3	3.4	0	178.5 ± 5.8
	停灌酒 48 h 组	16	0	0	0	0
	慢性灌水打击	48	3	6.3	0	0
	单纯慢性灌水	37	0	0	0	0
急性组	急性灌酒打击	63	17	27.0	4.8	170.5 ± 12.2
	单纯急性灌酒	52	1	1.9	0	181.3 ± 10.7
	急性灌水打击	42	1	2.4	0	0
	单纯急性灌水	17	0	0	0	0
	急性酒精中毒死亡组	7	0	0	100	425.6 ± 12.7

（4）鉴于人类出血性伤病涉及血管壁组织结构、凝血机制和血流动力学三方面因素，设计了观测血管壁和血脑屏障的组织结构、血管壁生物力学性状、内源性和外源性凝血指标、血液流变学的相关指标，探讨急性和慢性酗酒与脑震荡性损伤相互作用下TAH 的发生机制（图 1-19、图 1-20）。

（5）鉴于人类伤病死因，特别是颅脑损伤的死亡机制，最终共同通路均是生命中枢功能停止，设计了观察脑干生命中枢部位的神经元、神经纤维及其突触、胶质细胞的代谢、功能、形态三方面损伤性检测指标。

图1-19　慢性灌酒组与对照组胸主动脉生物力学检测

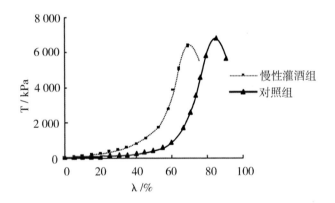

图1-20　应力-应变曲线图

（三）主要研究成果

自制单摆式定位定量打击装置，建立了大鼠急性酗酒/慢性酗酒+脑震荡性打击共同作用下的外伤性蛛网膜出血动物模型，较好地模拟了人类外伤性蛛网膜下隙出血的实际情况：①中国人日常食用白酒，参照人类轻、中度醉酒剂量，造成给大鼠一次性灌胃的急性酗酒和连续4周每天灌胃的慢性酗酒的情况。②头皮颅骨完整条件下，将脑震荡性打击作用于枕外隆凸部位，不造成颅骨骨折和脑挫裂伤，单纯性TAH的发生率和死亡率均较高，特别是慢性酗酒组TAH的发生率和死亡率均显著高于急性酗酒组，两者均显著高于灌水对照组。

1.**饮酒协同头部外力致外伤性蛛网膜出血的发生机制**　应用生物力学的理论和技术，证实了急性酗酒/慢性酗酒大鼠的脑血管壁纤维组织形态结构变化及其与血管壁组织生物力学性状降低的构效关系，阐释了酗酒+轻微脑损伤促发 TAH 的多方面发生机制：①破坏血管壁纤维组织形态结构，降低血管壁组织生物力学性状。②明显扩张脑血管，增大血流量，管壁相对变薄。③全方位抑制血管收缩性止血，特别是外源性和内源性凝血机制，激活纤溶系统，降低脑血氧分压。④脑血管壁内、外弹力膜本身比机体其他部位血管壁的发育差，更易遭受酗酒的毒理学和外力的物理学损害（图 1-21 至图 1-35）。以上原因综合导致脑血管壁对机械性外力的抵抗力/耐受性降低，易于损伤破裂出血，同时，在酗酒作用下，破裂的脑血管不能有效地反应性收缩止血和凝血止血，以致形成快速、大量、弥漫的 TAH，构成酗酒与轻微脑损伤促进 TAH 高发生率的重要机制（图 1-36）。

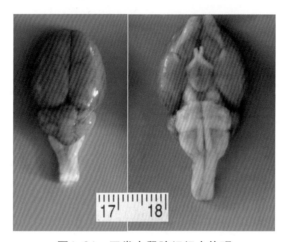

图1-21　正常大鼠脑组织大体观

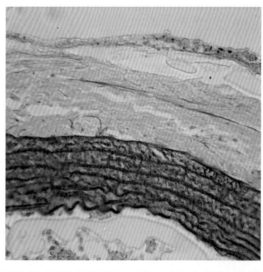

图1-22　正常大鼠血管壁弹力纤维粗细、排列均匀（弹性-胶原纤维染色，×40）

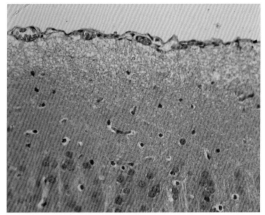

图1-23 正常大鼠脑组织（HE染色，×40）

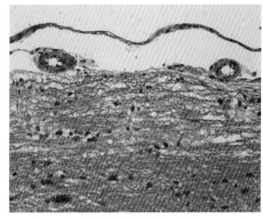

图1-24 正常大鼠脑干（HE染色，×20）

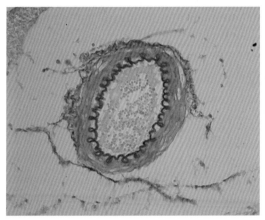

图1-25 正常大鼠脑血管（弹性-胶原纤维染色，×20）

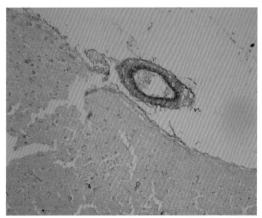

图1-26 正常大鼠脑干小动脉（HE染色，×20）

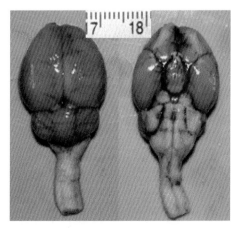

图1-27 急性灌酒组大鼠TAH脑外观，脑干腹侧面

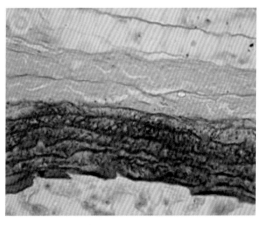

图1-28 急性灌酒大鼠胸主动脉：弹力纤维不规则间隙疏松，宽窄不均（弹性-胶原纤维染色，×40）

图1-29　急性灌酒大鼠脑组织：蛛网膜弥漫疏松、淤血，可见部分脑蛛网膜下隙出血，脑实质内神经元及胶质细胞轻度水肿，实质血管淤血（HE染色，×40）

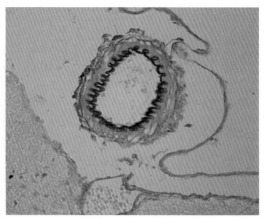

图1-30　急性灌酒大鼠脑血管：结构未见异常（弹性-胶原纤维染色，×40）

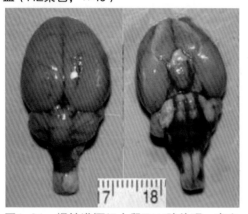

图1-31　慢性灌酒组大鼠TAH脑外观，出血较弥漫，集中于脑干腹背侧、基底部，出血量多

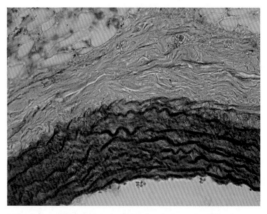

图1-32　慢性灌酒大鼠胸主动脉：内膜疏松，内皮细胞不规则脱落，中膜弹性纤维排列紊乱扭曲、染色不均，外膜疏松增厚（弹性-胶原纤维染色，×40）

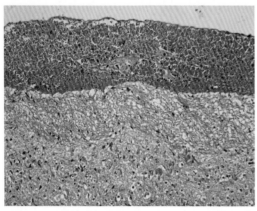

图1-33　慢性灌酒大鼠脑组织：多见脑蛛网膜弥漫的厚层出血

图1-34　脑实质内神经元及胶质细胞水肿，皮质神经元细胞核轻度固缩（HE染色，×40）

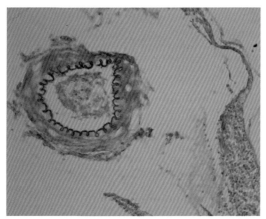
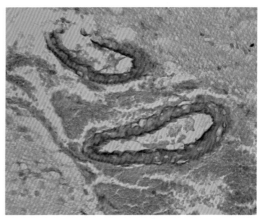

图1-35　慢性灌酒大鼠脑血管：部分蛛网膜下隙小动脉管壁疏松增厚，内弹力膜厚薄不一，出现断裂，外膜胶原纤维增生（弹性-胶原纤维染色，×40）

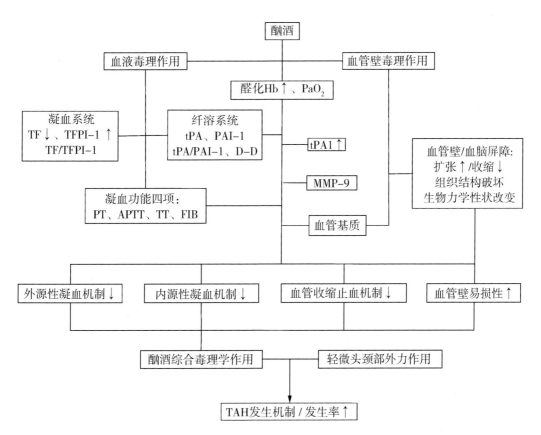

图1-36　酗酒抑制凝血系统、激活纤溶系统、破坏血管组织形态结构及其生物力学性状而促发TAH的综合性作用机制示意图

2. **饮酒协同头部外力致外伤性蛛网膜出血的死亡机制**　在大鼠急性酗酒 / 慢性酗酒 + 脑震荡性打击的外伤性蛛网膜下隙出血动物模型的基础上，较系统地研究了脑干生命中枢部位神经元 – 神经纤维 – 突触的神经网络形态结构、组织代谢、功能状态三方面的变化，证实了酗酒毒理学作用促进 TAH 的多方面死亡机制：①抑制脑组织 Ngb、HIF-1α、EPO、Na⁺-K⁺-ATPase 氧利用氧代谢通路。②激活 Calpain 及其 Ca^{2+} 超载信号系统的细胞损伤。③上调 tPA、MMP-9 信号系统，破坏脑血管壁基质和血脑屏障。④上调 Cyt-C、Caspase-3/ Caspase-9、Bcl-2/Bax 的神经元凋亡信号通路。⑤降低 MBP、升高 S100-β，破坏神经元和神经纤维骨架。⑥减少突触素和突触后致密物，增宽突触间隙。⑦增高血清血栓烷 A2 含量及其脑干受体表达，激活 5- 羟色胺能生命中枢功能抑制信号通路。⑧上调 NMDA-PSD-95-NOS-NO 信号系统，促进氧化应激性损伤。⑨中枢神经核团中暗细胞（dark cell）神经元增多、正常神经元减少。⑩脑室管膜细胞核星形胶质细胞 AQP4、CX43 表达异常，血脑屏障的星形胶质细胞脚板（foot plate of astrocyte）损伤，促进脑组织水肿等（图 1-37 至图 1-41）。综合导致脑干中枢的神经元 – 神经纤维 – 神经突触的神经网络结构破坏，神经核团自律性合力的呼吸心跳调节效能降低，应激代偿性降低和损伤易感性增加，以致轻微的外力损伤和出血的刺激作用，就会导致脑干功能衰竭而死亡，构成酗酒的毒理学效应与外伤的物理学效应相互作用，促进外伤性蛛网膜下隙出血死亡的重要机制（图 1-42）。

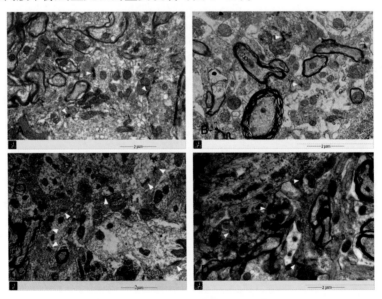

图1-37　大鼠延髓超微结构观察

注：A.灌酒组，神经纤维不规则扭曲、粗细不匀，轴浆疏松、空泡变，髓鞘电子密度低、不规则分层，神经毡突触数量较少、PSD较致密，间质疏松；B.灌酒打击组，髓鞘明显网状疏松、扭曲、分层、断裂，神经毡突触数量减少，突起空泡变，PSD电子密度低；C.灌水组，神经纤维髓鞘致密、电子密度高，突触丰富，PSD较致密，未见明显异常；D.灌水打击组，神经纤维髓鞘部分疏松，突触数量较少，余同C（TEM，×20 000）

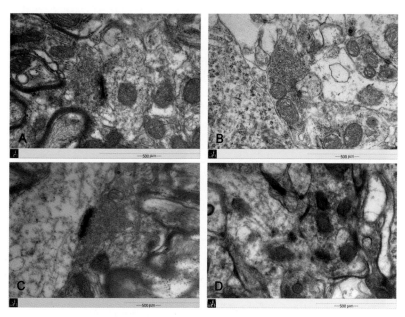

图1-38 延髓突触超微结构观察

注：A.灌酒组，神经纤维轴浆疏松、空泡变，髓鞘疏松分层，神经毡突起空泡变，PSD较致密，间质疏松水肿；B.灌酒打击组，神经毡突起明显空泡变、线粒体空泡变，终扣突触囊泡聚集，PSD电子密度降低，余同A；C.灌水组，突触囊泡聚集，PSD电子密度高，未见明显异常；D.灌水打击组，神经毡突起空泡变，突触囊泡相对减少，PSD电子密度较高（TEM，×50 000）

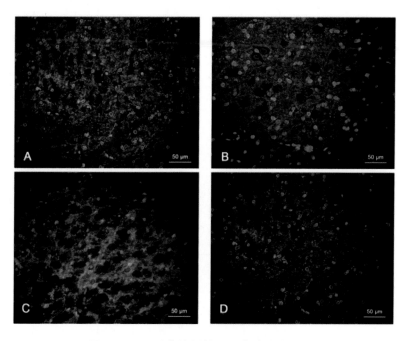

图1-39 延髓背外侧核SYP表达改变

注：A.灌酒组，神经毡点状或颗粒状阳性表达；B.灌酒打击组，较A表达减弱；C.灌水组，神经毡弥漫强阳性表达；D.灌水打击组，较C表达减弱（IF，×400）

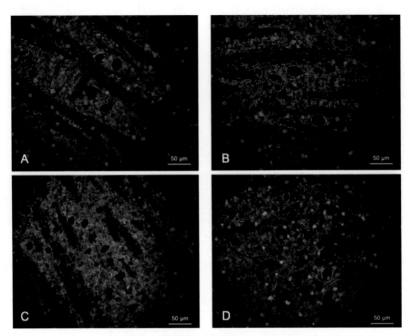

图1-40　延髓腹后外侧核SYP表达改变

注：A.灌酒组，神经毡点状或颗粒状阳性表达；B.灌酒打击组，较A表达减弱；C.灌水组，神经毡弥漫强阳性表达；D.灌水打击组，较C表达减弱（IF，×400）

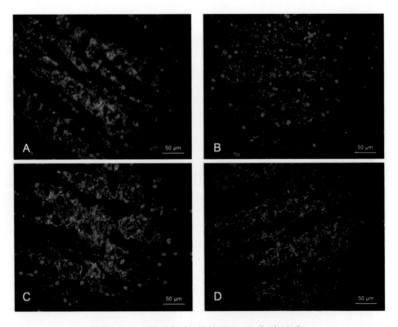

图1-41　延髓网状激动区SYP表达改变

注：A.灌酒组，神经毡点状或颗粒状阳性表达；B.灌酒打击组，较A表达减弱；C.灌水组，神经毡弥漫强阳性表达；D.灌水打击组，较C表达减弱（IF，×400）

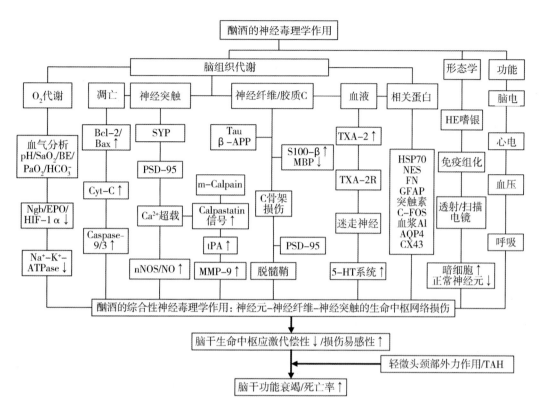

图1-42 酗酒的脑组织代谢、功能、形态的神经毒理学效应协同脑震荡性损伤促发TAH的死亡机制示意图

此外，酗酒者的表现达成的共识有：①共济失调，防卫打击的反应能力差；②全身骨骼肌张力差，特别是头颈部弛缓，难以缓冲颅脑组织损伤的加速度；③自制力和情绪不稳定，易因琐事激惹而与人打斗。以上几条构成了酗酒者易于发生TAH及死亡的精神心理因素。

3. 外伤性蛛网膜出血的饮酒与外力作用的因果关系及其原因力分析 在不考虑人文社会的法律因果关系的前提下，仅从客观科学的事实因果关系考量，饮酒作用下的外伤性蛛网膜出血死亡的案件，属于典型的多因一果的偶然性条件致命伤。判断饮酒毒理作用与头颈部外力作用的因果关系及其原因力时，可参考损伤程度的相关规定，依据头颈部外力强度与血酒精浓度的综合分析：

（1）酗酒+轻微伤情况的TAH死亡，酗酒为根本死因、损伤为诱因，原因力分别≥80%、≤20%。

（2）酗酒+轻伤情况的TAH死亡，两者为协同根本死因，原因力各≈50%。

（3）酗酒+重伤情况的TAH死亡，酗酒为辅助死因、损伤为根本死因，原因力分别≤30%、≥70%（表1-6）。

表 1-6　外伤性蛛网膜出血的酗酒与头颈部损伤程度的因果关系及其原因力分析（基于损伤程度）

损伤程度	因果关系		原因力	
	酗酒	损伤	酗酒	损伤
轻微伤	根本死因	诱因	≥ 80%	≤ 20%
轻伤	协同根本死因	协同根本死因	≈ 50%	≈ 50%
重伤	辅助死因	根本死因	≤ 30%	≥ 70%

亦可参考醉酒驾驶机动车的相关规定，依据血中酒精浓度与外力强度的综合分析：

（1）饮酒 < 80 mg/100 mL+ 损伤情况的 TAH 死亡，饮酒为死亡诱因、损伤为根本死因，原因力分别 ≤ 20%、≥ 80%。

（2）醉酒 80~200 mg/100 mL+ 轻伤情况的 TAH 死亡，两者为协同根本死因，原因力各 ≈ 50%。

（3）酒精中毒 > 200 mg/100 mL+ 重伤情况的 TAH 死亡，酗酒为根本死因，损伤为辅助死因，原因力分别 ≥ 70%、≤ 30%（表 1-7）。

表 1-7　外伤性蛛网膜出血中，血中酒精浓度与损伤的因果关系及其原因力分析（基于血中酒精浓度）

酒精浓度	因果关系		原因力	
	饮酒	损伤	饮酒	损伤
饮酒 < 80 mg/100 mL	诱因	根本死因	≤ 20%	≥ 80%
醉酒 80~200 mg/100 mL	协同根本死因	协同根本死因	≈ 50%	≈ 50%
酒精中毒 > 200 mg/100 mL	根本死因	辅助死因	≥ 70%	≤ 30%

尽管如此分析判断可能不够精准、科学，但是基于目前尚缺少相关的多因一果的科学研究，即真理相对性。不一定也不可能任何伤病情况都存在精准、科学的理论依据和循证证据，因此，可以依据相关的法规条款和相当因果关系分析的观点，推断性引用更易达成统一共识的操作指南，亦符合法律平等公正，以及法医鉴定的时效性要求，更具有可行性和可操作性。

这也为其他的损伤 - 疾病、损伤 - 中毒等多因一果的死亡和伤残案件的量化法医学鉴定及其审判量刑和协商调解，提供了理论实践的新思路和科学指导。

基于：①本项目研究证实了酗酒可明显地降低血氧分压，抑制脑红蛋白活性。有报道乙醇的一级氧化代谢产物乙醛，可与血红蛋白结合形成醛化血红蛋白而丧失载氧能力，推测乙醛可与脑红蛋白结合形成醛化脑红蛋白等，而通过多途径导致脑缺氧。酗酒后性犯罪率高发（有报道高达 30% 以上），可能存在类似于人类"性窒息"的脑缺氧机制。②在上述血氧分压降低和脑有氧代谢抑制的基础上，乙醛可与肌红蛋白结合形成醛化肌红蛋白，从而导致血氧分压降低、呼吸肌缺氧、生命中枢缺氧三者相辅相成的恶性循环，特别是生命中枢的缺氧性抑制，构成急性酒精中毒死亡的重要机制。此外，本项成果也为酗酒相关性疾病，特别是为酒精性脑病的临床防治提供了有益的基础性探讨。

外伤性蛛网膜出血法医尸检时，取出脑组织之前要仔细观察出血分布情况，取时保护好脑血管，可用流水轻轻冲洗蛛网膜下隙积血较重或有凝血部位，查找血管破裂口。亦可向主干血管注入清水或深色染料液体，观察暴露出血处，并取材进行组织学检查。若解剖时不细查新鲜脑组织，而将脑组织固定，以后就很难查找出血部位。轻度出血，由于脑脊液的稀释和抗凝作用，蛛网膜出血多不聚集成血肿。通常经过 1 d，红细胞呈泡影样球形肿胀，周边皮质红细胞（为吞噬血红蛋白的胶质细胞）聚集；2 d 后，红细胞溶解，出现炎细胞浸润和巨噬细胞（所谓格子细胞或泡沫细胞）吞噬现象；1~2 周，炎性反应达高峰，成纤维细胞和胶原纤维增生，局部蛛网膜纤维化，含铁血黄素颗粒沉积；2 个月后，红细胞全部消失，蛛网膜致密纤维化增厚，可与软脑膜和皮质表面粘连。

四、外伤性脑出血

因为脑血管壁组织结构比脑实质组织的坚韧，单纯的外伤性脑出血（traumatic cerebral hemorrhage）少见，多位于脑组织内外力传播路径中，原有一定程度病变的脑血管破裂出血，如脑组织毛细血管瘤、海绵状血管瘤，或高血压浆果状小血管瘤等破裂出血，即病理性脑出血。其特征性病理表现是以破裂的病变血管为中心、向外周张力性挤压扩散的出血，血肿周边呈平滑的圆弧形，不伴有脑实质破裂或脑挫裂伤病变。

而较严重的脑挫裂伤伴脑实质内大片出血和血肿较多见，多位于冲击性与对冲性脑挫裂伤之间的路径上，表现为血肿局部和周边脑组织破裂严重，血肿边缘不规则破裂。

脑血肿多因脑实质内出血，周边组织浆液浸染。出血可向外破溃入蛛网膜和硬脑膜下，形成混合血肿；亦可向内破入脑室，引起脑室内积血。临床上，根据出血部位分为小脑幕上脑出血和小脑幕下脑出血，前者主要表现为颅内高压和定位性颅脑损伤。后者多为暴力直接打击枕部所致，其中脑干出血较危重。小脑出血可有中间清醒期。根据血肿形成速度和脑挫裂伤轻重，亦分为急性、亚急性和慢性脑出血。

五、外伤性脑室出血

单纯的外伤性脑室内出血（traumatic intraventricular hemorrhage）很少见，多为深部脑组织血肿溃破脑室壁，血液流入脑室，以及大量蛛网膜出血经第四脑室外侧孔和中央孔循脑脊液循环路径进入各脑室。

同时，发生两处或两处以上颅内血肿称为多发性血肿，约占颅内血肿的 15%。多为脑组织冲击伤和对冲伤部位以及两者之间的外力传播路径上的颅内血肿的组合，以额极、颞极、枕极部位多见，多合并广泛的脑挫裂伤。根据血肿部位和类型可分三型：①同一部位不同类型的多发血肿，同时有硬脑膜下血肿和脑内血肿的多发生于对冲伤部位，有硬脑膜外血肿与硬脑膜下血肿的多发生于冲击部位（即着力部位）。②不同部位的同一类型的多发血肿，在着力点的不同骨折部位都可发生硬脑膜外血肿；在对冲伤部位可发生两侧的硬脑膜下血肿或脑内血肿。③不同部位的不同类型血肿，如冲击伤部位为硬脑膜外血肿，而对冲伤部位则发生硬脑膜下血肿或脑内血肿。

第五节　原发性脑损伤

脑组织损伤简称脑损伤，包括轴索损伤和脑挫（裂）伤两大类型的脑实质损伤。

一、轴索损伤

Strich（1956）最早报道了白质损伤（white matter damage）。1982年Adams等提出弥漫性轴索损伤（diffuse axonal injury，DAI）的概念及其损伤程度分级标准。1级为大脑半球、胼胝体和脑干的DAI，可合并小脑的DAI；2级为在1级基础上，合并胼胝体局限性挫伤；3级为在1级基础上，合并脑干局限性挫伤。说明单纯性DAI很少见。目前，基本上把以DAI为主的脑外伤统称为弥漫性轴索损伤。从生物力学角度，脑组织的生物力学性状属于液态黏弹性流体，当头部受到打击后，作用力在脑组织呈类似于水波纹状的波动式传播，极易拉伸和扭曲，从而引起脑实质中细长而脆弱的神经纤维性轴索损伤，可能不只是造成DAI，而更常见的是脑组织中某一局部的轴索损伤，即局限性轴索损伤（local axonal injury，LAI）。因此，DAI和LAI应归为轴索损伤（axonal injury）的两个不同程度损伤的类型。

轴索损伤几乎伴发于所有颅脑损伤，只是其他更明显的颅脑损伤往往掩盖了不易观察到的轴索损伤。法医鉴定实践中，局限性轴索损伤比弥漫性轴索损伤更常见，特别是脊柱活动度最大的枕骨大孔–寰椎–枢椎内的延髓与颈髓上部交界区的轴索损伤最多见，有时甚至是致死性的。颅脑损伤中轴索损伤是原发性昏迷的最常见原因。据统计，81%的轴索损伤为交通事故损伤（即所谓挥鞭伤，whiplash injury），坠落伤的约占10%，打击头部的约占8%，其他的约占1%。

（一）脑震荡与局限性轴索损伤

以往认为脑震荡（cerebral concussion）属于中枢神经系统的功能性损伤，特别是网状结构上行激活系统功能障碍。目前，学者认为脑震荡应为轻度弥漫性轴索损伤的表现。于晓军等（1992）应用单摆式打击装置建立了大鼠脑震荡模型，观察到脑震荡后立即出现心搏、呼吸暂停，血压波动，证实了常规HE切片染色，结合嗜银染色和免疫组化染色，可观察到一系列明显的原发性及继发性轴索损伤，可发生于脑组织各处，尤其是脑干、脑室旁、胼胝体、前联合、内囊神经纤维，呈大鼠脑震荡性打击枕部脑组织的损伤分布，冲击部位为小脑后极－脑干中下部，对冲部位为脑室周边中央区，枕极、颞极、额极呈弥散性、冲击性、对冲性、向心性分布特征（图1-43、图1-44）。按伤后各相关损伤类型出现的时间顺序表现为：①伤后立即发生神经纤维束聚集或弥散的节段性波浪样扭曲、变形、断裂、增粗，呈深嗜碱性染色，周隙扩大，排列紊乱，局部组织疏松水肿（图1-45、图1-46）；脑震荡性打击神经纤维粗细不均，髓鞘疏松分层、间隙疏松水肿，轴浆空泡变性（图1-47）。神经纤维轴索突触结构损伤（图1-48，图1-49）；神经纤维轴索髓鞘节段性剥脱，局限性梭形肿胀，轴索断裂、皱缩（图1-50）。②伤后立即发生脑实质小血管痉挛，目前认为脑干生命中枢血管痉挛可构成脑震荡的死亡机制（图1-51、图1-52）。③伤后早期发生血脑屏障损伤的围血管性水肿、围血管性白蛋白渗出、围血管性出血和围血管性神经纤维损伤，"红细胞"聚集（图1-53至图1-56）；脑干小血管破裂出血，血栓形成（图1-57、图1-58）。④伤后早期发生神经细胞皱缩（图1-59、图1-60）；神经元胞膜破裂、穿孔，周隙扩大（图1-61）；神经细胞球形肿胀（图1-62至图1-64）；神经细胞、胶质细胞浆白蛋白免疫组织化学染色阳性（图1-65）。⑤伤后1 d以上发生神经纤维轴索断端收缩球、串珠样肿胀（图1-66至图1-69）。⑥伤后3 d，轴索损伤以远神经纤维Waller变性，呈脱髓鞘、轴索碎裂（图1-70）。⑦伤后15 min至3 d，血清髓鞘碱性蛋白含量持续性增高（图1-71）。⑧大鼠脑震荡性损伤后伤后7 d，脑干神经纤维轴索断端的葡萄样增生／"芽生现象"（图1-72）。

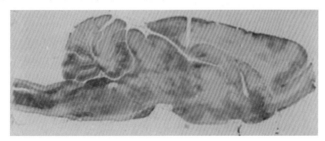

图1-43 打击大鼠枕外隆凸部位的脑震荡模型全脑正中切面：小脑后极-脑干、脑室周边中央区、枕极、颞极、额极的冲击伤和对冲伤，特别是脑干、脑室周边中线区深黑色部位为DAI部位（嗜银染色）

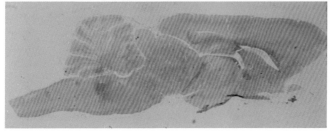

图1-44 打击大鼠枕外隆凸部位的脑震荡模型全脑正中切面：小脑后极、脑干、脑室周边中线区白蛋白渗出性阳性反应明显（白蛋白免疫组化染色）

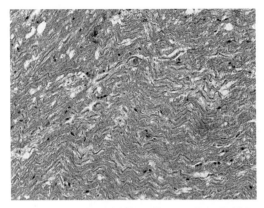 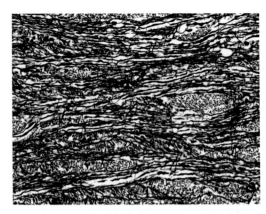

图1-45　人颅脑损伤尸检，延髓下段神经纤维轴索大片波浪样扭曲、节段性增粗、断裂，周隙扩大（HE，×20）

图1-46　人颅脑损伤尸检，延髓下段神经纤维轴索大片波浪样扭曲、节段性增粗、断裂，周隙扩大（嗜银染色，×20）

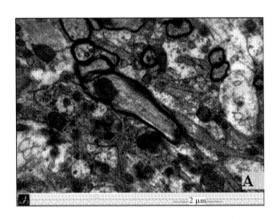 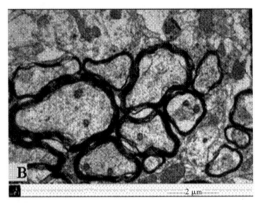

图1-47　大鼠延髓神经纤维

注：A.正常对照组，神经纤维髓鞘致密、厚薄均匀，微管微丝粗细均匀、排列规则；B.脑震荡性打击组，延髓神经纤维粗细不均，髓鞘疏松分层、间隙疏松水肿，轴浆空泡变性（SME）

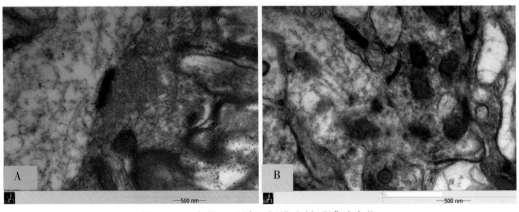

图1-48　大鼠延髓神经纤维突触后膜致密物

注：A.正常对照组，突触囊泡聚集，电子密度高；B.脑震荡性损伤后，神经纤维突触毡空泡变，突触小泡减少，电子密度降低（TEM）

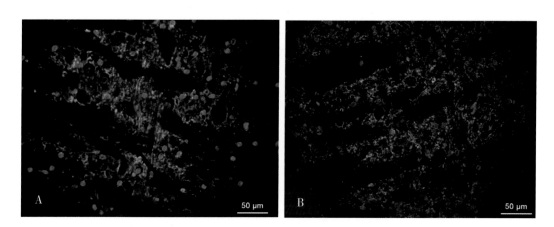

图1-49　大鼠延髓神经纤维突触小泡蛋白

注：A.正常对照组，表达强阳性；B.脑震荡性损伤组，表达明显减弱（IF，×400）

图1-50　大鼠脑震荡脑干模型

注：A.神经纤维轴索髓鞘节段性剥脱；B.神经纤维轴索断裂；C.神经纤维轴索局限性梭形肿胀；D.神经纤维轴索断裂、皱缩（扫描电镜）

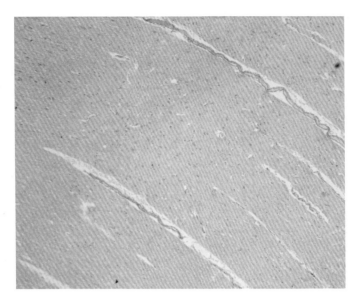

图1-51　人脑损伤后立即死亡，延髓中上部血管聚集性痉挛扭曲（HE，×10）

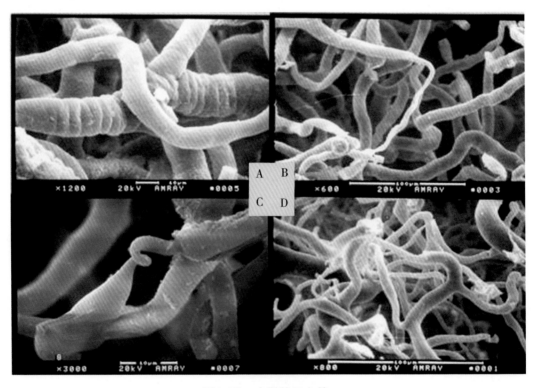

图1-52　大鼠脑干血管

注：A.正常对照组小动脉粗细均匀。B~D.脑震荡模型，小动脉节段性收缩变细；小动脉螺旋状扭曲痉挛；毛细血管前括约肌收缩，血管变细（扫描电镜）

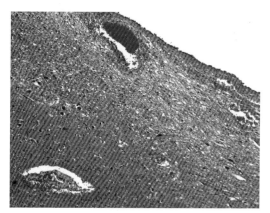

图1-53　人侧脑室壁聚集性围血管性出血（HE，×10）

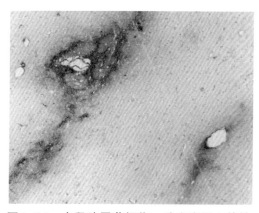

图1-54　大鼠脑震荡损伤，脑室旁围血管性神经纤维损伤（嗜银染色，×4）

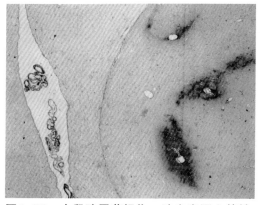

图1-55　大鼠脑震荡损伤，脑室旁围血管性白蛋白渗出（白蛋白免疫组化染色，×4）

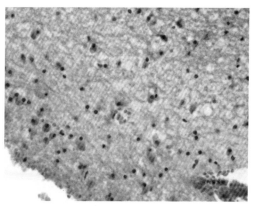

图1-56　人侧脑室壁脑震荡性围血管性出血，红细胞聚集性增生（HE，×20）

图1-57　大鼠脑震荡性损伤后，脑干小血管破裂出血（SME）

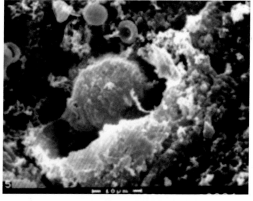

图1-58　大鼠脑震荡性损伤后，脑干小血管破裂出血，血栓形成（SME）

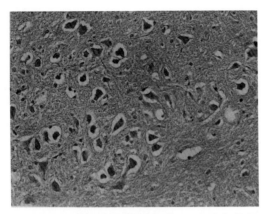

图1-59 大鼠脑震荡性损伤，延髓上部巨细胞网状核区神经元聚集性固缩、周隙扩大（HE，×40）

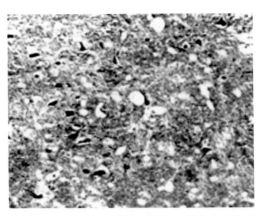

图1-60 大鼠脑震荡性损伤，延髓上部巨细胞网状核区神经元聚集性固缩、周隙扩大（嗜银染色，×40）

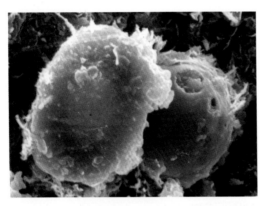

图1-61 大鼠脑震荡性损伤，延髓上部巨细胞网状核区神经元聚集性固缩、周隙扩大（嗜银染色，×40）

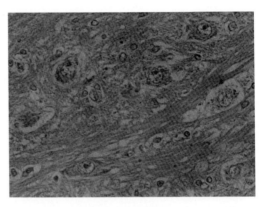

图1-62 大鼠脑震荡性损伤15 min，延髓上部巨细胞网状核区神经元聚集性肿胀，周边组织疏松水肿（HE，×40）

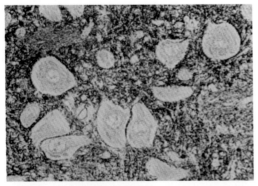

图1-63 大鼠脑震荡性损伤，延髓上部巨细胞网状核区神经元聚集性肿胀，周边组织神经纤维轴索损伤深染（嗜银染色，×40）

图1-64 大鼠脑干组织神经元胞体肿胀，表面光滑，突触脱落，周隙扩大（扫描电镜）

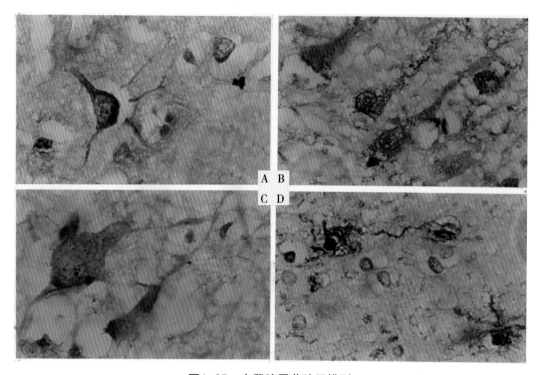

图1-65 大鼠脑震荡脑干模型

注：A~C.神经元固缩、周隙扩大，胞体、轴突、树突白蛋白阳性反应；D.星形胶质细胞胞体、足突白蛋白阳性反应（白蛋白免疫组化染色，×40）

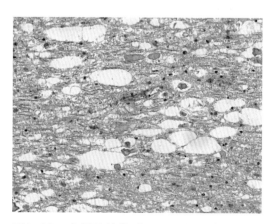

图1-66 人颅脑外伤后14 d死亡，脑干组织网状疏松水肿，多见散在轴索断端收缩球，局部周隙扩大（HE，×40）

图1-67 人颅脑外伤后14 d死亡，脑干组织网状疏松水肿，多见散在轴索断端收缩球，局部周隙扩大（嗜银染色，×40）

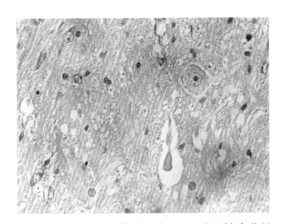

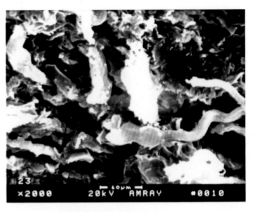

图1-68　大鼠脑震荡性损伤3 d，脑干轴索收缩球，串珠样肿胀，周隙扩大（HE，×40）

图1-69　大鼠脑震荡性损伤3 d，脑干轴索收缩球，串珠样肿胀，周隙扩大（扫描电镜）

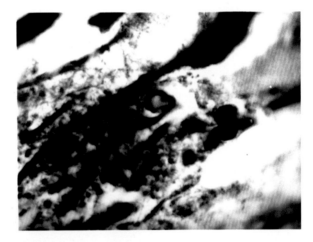

图1-70　大鼠脑震荡性损伤后3 d，轴索损伤以远神经纤维Waller变性，呈脱髓鞘、轴索碎裂（髓鞘染色，×40）

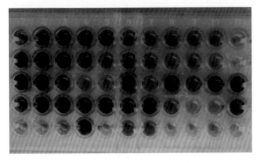

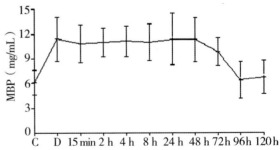

图1-71　大鼠脑震荡性损伤后15 min至3 d血清髓鞘碱性蛋白（MBP）增高（ELISA法）

注：C为正常对照组，D为死亡组

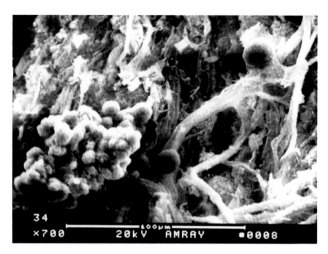

图1-72 大鼠脑震荡性损伤后伤后7 d，脑干神经纤维轴索断端的葡萄样增生/"芽生现象"（SME）

迄今仍认为，常规大体和 HE 染色检查很难观察到明显的轴索损伤改变，仅可见散在小出血灶。但是，于晓军等从 1989 年至今，基于脑震荡的动物实验研究和系统法医病理尸检实际应用，一直采取平行于神经纤维长轴的脑组织取材方法，有效地提高了脑干 - 脊髓轴索损伤的检出率和准确率。因此，认为常规尸检的轴索损伤检出率低，主要是由于现行的传统尸检最大周径开颅和脑 - 颈髓组织横断面取材法，不适于轴索损伤的检查，妨碍了人体轴索损伤的常规尸检取材及其病理组织学观察的结果。

基于这些脑震荡动物实验研究和法医病理学系统尸检实践，于晓军等提出了脑震荡损伤病变及其生物力学发生机制：脑组织呈液态黏弹性流体，机械力在脑组织中呈类似水波震荡式传播过程中：①由于神经纤维轴索细长、集束的走行分布，最易遭受机械力牵拉而呈波浪样扭曲变形、断裂。②引发脑室内脑脊液波动震荡，其波峰呈正压冲击脑室壁组织，其波尾形成瞬间真空，呈负压抽吸或牵拉脑室壁组织而导致轴索损伤，导致脑室周边中线区网状结构轴索损伤，特别是神经纤维薄弱的生物电 - 化学连接 - 突触结构可逆性和（或）可代偿性破坏。③脑血管结缔组织与脑组织获得不同步加速度运动形成的剪切力，引起血脑屏障及其血管周边脑组织损伤，均可构成脑震荡性损伤基础。因此，实质上，传统的脑震荡应属于轻微的网状结构区局限性轴索损伤。

人们一直试图从颅脑损伤的生物力学方面，研究和解释脑震荡的发生机制。通常用外力引起脑组织发生旋转和变形，产生压缩力、拉伸力和扭曲力，特别是剪切力等，进而导致脑组织结构完整性破坏，解释了这种机械性脑损伤。上述力学机制虽可解释一些组织结构水平的脑损伤，但难以解释试验观察到的闭合性脑损伤的神经细胞膜和脑血管壁穿孔状破裂现象。Ommaya 等报道，以 25 psi（约 1.76 kg/cm²）的力打击未固定的猴头部可引起脑震荡，而以 50 psi 的力打击用一种特制颈套固定的猴头，未发生脑震荡。打击时间＞200 ms 的"静力负荷（static loading）"不易引起脑震荡，却可导致局限性脑挫伤。而打击时间＜200 ms 的"动力负荷（dynamic loading）"则容易引起脑震荡。试验还发现，使头部获得"旋转或成角加速度（rotatory or angular acceleration）"比"直线加速度（linear acceleration）"容易发生脑震荡。打击枕部比打击头的其他部位容易引起脑震荡。越高等的动物越易发生脑震荡，这些可能与不同种属动物的脑质量、大脑纵轴和脑干纵轴交角大小、脑组织分化程度及其中枢整合依赖程度等生理解剖结构差异有关。

此外，脑震荡性打击还可刺激跨膜电位逆转和震落细胞膜表面的突触。试验发现人类和猴、黑猩猩等较高等的动物比其他动物更容易发生脑震荡，可能不仅与人类和猿类的脑组织解剖结构特点和较大的脑质量有关，还与其中枢神经系统功能高度发达分化有关。

临床上，由于脑震荡损伤轻微，目前尚无特征性客观诊断指标。法医学鉴定时，仍主要依据回顾性追述调查，综合判断。诊断要点为：①明确的头部外伤史。②伤后立即发生的一过性意识丧失，多为数秒至十余分钟，一般不超过 30 min。③无定位性器质性神经系统病变，有一定程度的逆行性或顺行性遗忘。④由于神经纤维损伤的病理基础，有学者应用"事件相关电位（event-related potential，ERP）"的识别诱发电位 P300（cognitive evoked potential P300）检测发现脑震荡后 4 d 内 P300 潜伏期明显延长。

对拳击者反复脑震荡性损伤的研究发现，由于脑组织损伤的"积累效应（build-up effect）"，拳击者发生退行性脑病或脑萎缩，引起"拳击手脑病综合征（punch-drunk syndrome）"，表明脑震荡性损伤时有不同程度的神经细胞坏死。

（二）弥漫性轴索损伤

理论上，弥漫性轴索损伤的病理变化类型与脑震荡性轴索损伤基本一致，只是前者头部遭受更为强烈的加速性外力打击，以致脑组织神经纤维轴索损伤更为严重和广泛。一般认为，弥漫性轴索损伤应同时发生于脑干、胼胝体、左右内囊以及左右大脑半球放射冠等神经纤维束聚集分布区。临床表现因损伤程度而异，重者呈持续性昏迷、中枢性瘫痪，甚至呈植物状态或死亡。其无中间清醒期，无明显脑挫伤及颅内压增高表现，若无其他原因所致的休克，其血压、呼吸、脉搏均正常。死亡率为 15%~51%。恢复后，多遗留不同程度的脑外伤后综合征，若额叶或边缘系统受损，可导致精神障碍。若皮质脊髓束、内侧丘系或脊髓丘脑系等受损，可导致相应的躯体运动或感觉障碍。

二、脑挫（裂）伤

理论上，脑挫伤（cerebral contusion）和脑裂伤（laceration of brain）的概念不同，前者指外伤引起以脑组织围管性出血或小灶状出血为主要表现的脑间质组织损伤；后者指以脑组织破裂、坏死和出血为主要表现的脑实质组织损伤。实际上，两者常并存，通常不需区分。由于脑血管的生物力学强度远大于神经纤维，因此，闭合性脑挫伤均伴有一定程度的弥漫性轴索损伤，而归类于脑震荡。

脑表面的挫裂伤灶，局部脑组织破裂、出血，伤后立即在脑回顶面出现大小不一的出血灶。脑实质内的挫裂伤灶形态多不规则，密集分布，重者可伴发外伤性脑内血肿，此为出血期改变。经过伤后 1~2 d 进入坏死期，出血区染色逐渐变暗，组织溶解、神经元坏死明显，呈暗红色楔形灶状，底部朝向脑表面，尖端深入脑实质，可累及一个或数个脑回，脑回略微隆起，呈聚集性分布。脑膜及实质内小动脉反射性痉挛。伤后 4~5 d 进入液化期，挫裂伤部位的脑组织坏死逐渐明显，大部分神经细胞消失、数量减少，挫裂伤灶液化吸收，形成筛网状软化灶，呈灰色凹陷灶。较大的挫裂灶呈液化囊肿，其内含黄色及黄褐色液体。残存的神经细胞体积肿大水样变性、尼氏体消失，胞核固缩，核仁消失，细胞周隙扩大，周边有大量的格子细胞，星形胶质细胞增生，出现噬神经现象和卫星现象。纤维细胞及毛细血管亦增多，小血管淤血，周围间隙扩大，浆液渗出。伤后 5~6 周，小的挫裂伤灶可以完全胶质瘢痕修复，大的挫裂伤及软化灶则由胶质纤维膜包裹，呈囊肿状残留。如上所述，脑挫裂伤均可伴有不同程度的弥漫性轴索损伤。

陈旧的脑挫裂伤灶应与脑梗死软化灶相鉴别，脑挫裂伤多位于脑皮质表面，伴局限性蛛网膜下隙和硬膜下隙出血，囊腔与蛛网膜下隙相同。脑梗死软化灶多位于脑实质内的血管末梢部位，皮层完整，伴脑血管硬化。

脑挫裂伤的临床或病理诊断并不困难。尸体解剖时，如顺着暴力打击的方向切取脑组织，可更易检查脑实质内的微小挫伤灶，分析脑损伤机制。

从生物力学角度分析，颅脑生理解剖结构十分复杂，在外力作用下的应力、应变和位移场不易确定，力学参数和损伤改变之间的联系难以建立。但是，颅脑的主要生物力学特性在于颅腔内面坚硬、凹凸不平的类球形腔和液态黏弹性流体的脑组织。其决定了脑组织对外力打击的损伤具有特殊性表现。当头部遭受暴力打击时，位于打击部位着力点下的脑挫裂伤称冲击伤（coup injury），而发生于着力点对侧部位的脑挫裂伤称对冲伤（contre-coup injury）。实际案例中，对冲伤往往比冲击伤的程度重，有时甚至无冲击伤而单独发生对冲伤。许多试验研究提示，这与两者发生的机制和影响因素有关。

1. 加速性损伤（accelerative injury） 直线高速运动的物体打击相对静止的头部时，脑组织在颅腔内沿相应的直线运行，由静止状态突然转变为加速运动状态而发生的脑损伤称为加速性脑损伤，如常见的砖石、棍棒等造成的钝性暴力打击头部。在这种受力方式下，受击部位承受力量较大，造成颅骨瞬间变形或骨折，冲击打击点下的脑组织，两者发生作用力与反作用力而造成局部脑挫裂伤。颅骨骨折断端直接机械性刺伤局部脑组织，可致脑挫裂伤沿骨折线分布。同时，由于头部及其连接的颈部和躯干沿暴力方向大范围运动，延长组织与外力的接触时间及各层组织缓冲扩散动能时间，传导入组织的暴力能量得到相应的衰减，故冲击点发生的脑损伤多较严重。除脑皮质挫裂伤外，脑白质亦常被累及。而传导到对冲部位的外力能量很低，局部脑组织与颅骨之间撞击和摩擦的范围也较小，故对冲部位脑损伤较轻，或者无对冲性脑损伤。此为一般加速性脑损伤特点。

2. **减速性损伤（decelerative injury）**　运动的头部撞击相对静止的物体时，脑组织由加速运动突然转变为静止状态而发生的脑损伤称为减速性脑损伤，如撞墙、跌倒、高处坠落等头部碰撞到较大静物的情况。这种受力方式下，高速运动的头颅及由躯干传导到颅骨的动能瞬间终止，静物的作用力和反作用力叠加形成强大暴力，可致颅骨广泛变形或骨折内陷，脑组织因惯性作用仍继续向前运动，在着力点下面与颅骨内板相冲撞而致冲击伤。同时，由于颅腔顺外力方向的径短缩变形，与从着力处反弹回的脑组织组合运动（mass movement），在力轴指向的对侧与对冲部位（对极部）相互作用，特别是位于对冲部位底面的脑组织与颅前窝和颅中窝底凹凸不平的颅骨内板大范围地撞击摩擦，产生对冲性脑损伤，在脑表面注入静脉窦的桥静脉可发生撕裂。此型伤的特点是冲击点伤和对冲伤均较严重，通常对冲伤更为严重。有时，仅有对冲性脑损伤，无冲击性脑损伤或冲击伤轻微。这种情况，亦与着力的颅盖骨厚实坚硬不易变形，其内板较平滑，以及位于大脑半球中央的上矢状窦分隔缓冲等解剖结构有关。

上述加速性暴力或减速性暴力引起的冲击伤或对冲伤，为暴力呈垂直方向作用于头部引起脑组织产生线加速运动的情况，能量主要沿脑组织的重心轴线向远处传播，由于颅骨内面各部位解剖结构不同，即使暴力强度相同，冲击伤和对冲伤的程度亦有所不同。例如：①枕部着地的摔伤，常引起额颞前部的对冲伤。而额部着地时，虽亦属减速性损伤，由于枕叶位于有弹性的小脑幕上，起到了缓冲作用，加之枕骨内面较平滑，枕叶后极的对冲伤往往不严重或不出现，故一侧额部的加速性打击，常致同侧为主的冲击伤，而对冲伤较轻。②头颅侧方受力引起的直线运动脑损伤，由于双颞侧解剖结构相同，只要暴力大小、方向一致，脑损伤的部位和程度基本相似，即一侧颞部减速性碰撞，常引起对侧为重的对冲伤，而同侧则损伤较轻。可见，对冲伤多见于颅底面不平整的部位，如位于颅前窝突起的鸡冠、粗糙不平的筛板和眶面处的额叶，颅中窝突起的蝶骨小翼、眶上裂、破裂孔和岩枕裂处的颞叶，颅后窝的乙状沟、横沟的枕叶和小脑。此外，大脑镰周边的扣带回、小脑幕裂孔边缘的中脑、枕骨大孔处的脑干和颈髓上段常发生挫裂伤，形成中间冲击伤（intermediate coup injury）。

3. **旋转性损伤（rotative injury）**　由于大脑呈球形，暴力从切点方向作用于头部，无论哪个方向的钝性暴力，主要能量均沿非脑组织重心轴线传播，引起脑组织围绕中轴线做旋转运动（即引起着力点和对极点处脑组织获得不同的径向运动或旋转力矩），而获得角加速度。由于脑组织波动性传播能量的生物力学特性，决定了越远离着力点部位旋转运动幅度越大、力矩越大，从而与周边颅骨等粗糙结构相互作用引起的损伤越重。

4. **剪切性损伤（shearing injury）** 不论暴力引起脑组织获得的是线加速运动还是角加速运动，由于脑组织各部位的成分密度不均匀，脑损伤除发生于大脑表面外，还常发生于深部脑组织，如冲击伤和对冲伤部位深部的皮质 – 白质交界处，以及脑干、胼胝体、脑室壁和血管周围。这主要是因为：①皮质与白质、血管与脑组织、脑脊液与脑组织之间均为生物力学性状不同的组织成分"界面连接"区，在同一外力作用下，获得不同的动能而产生不同步运动（包括加速度、位移和运动方向等物理参数不同），"界面"处产生类似剪刀两叶片相对移位的力（称为剪切力或剪应力，shearing force），引起局部组织破裂。②由于脑干伞形支柱和胼胝体哑铃柄样特殊的解剖结构，决定了其为最常发生旋转和剪切运动的受力部位。③由于脑干是呈中轴样支持大脑的支柱样结构，任何引起大脑旋转的外力均可集中作用到脑干，引起脑干损伤。④颈部活动度较大，外力打击头部时，较大的往复运动容易传导到邻近的脑干，使脑干发生扭曲 – 拉伸或旋转剪切移位而损伤。交通事故中常出现的挥鞭伤的发生机制应与此有关。试验证明，剪应力是比平移力更易导致脑组织损伤的生物力学原因，主要是脑组织的剪切模量远小于其体积模量（表 1–8）。因此，多数闭合性颅脑损伤多呈广泛弥漫散在性、向心性和对冲性分布。

表 1-8　人脑组织的生物力学性能

条件	剪切模量	体积模量
5 Hz	0.69 N/cm^2	2.10 × 10^5 N/cm^2
350 Hz	8.83 N/cm^2	2.10 × 10^5 N/cm^2

通常，颅脑损伤时常兼有几种暴力，如交通事故时车内乘员常发生的脑干和颈髓挥鞭伤应为加速性、旋转性和剪切性等诸种力综合作用所致，还伴有脑实质弥漫性轴索损伤。强烈暴力挤压头颅时，两侧挤压力同时作用在头颅上，并无加速或减速的作用，造成的损伤主要为颅骨压挫脑组织所致，故不属于脑组织的冲击伤和对冲伤。此外，头部受到多次打击和交通事故中行人头部碰撞车体后又抛出摔到地面，亦呈直接暴力与间接暴力、直线运动与旋转运动、加速损伤与减速损伤等各种作用力综合叠加作用，颅脑损伤改变严重而复杂，较难对损伤情况作出正确判断，有时尚需根据全身系统尸体剖验观察与现场及致伤物情况综合分析。

通过头皮和颅骨的损伤情况与颅内损伤的病理改变对照观察分析，即根据头皮、颅骨、脑膜、脑血管和脑组织的损伤病理，可发现一定的成伤规律性。例如：引起枕部头皮挫伤或血肿的暴力常致额、颞前部的脑挫裂伤；通过脑膜中动脉血管压迹的线形骨折，容易发生硬膜外血肿；穹隆部粉碎凹陷骨折多呈开放性脑损伤，伴有硬脑膜破裂、局部脑挫裂伤及颅内出血；反之，慢性硬脑膜下血肿则常常缺乏头皮和颅骨创伤的征象。脑组织受损的主要临床依据为：伤后有意识障碍；神经系统阳性体征；颅内压进行性升高和生命体征的相应变化；可见脑脊液及／或脑组织外溢；腰椎穿刺检查脑脊液含血性成分。

5. **空穴性损伤（hole injury）**　外力打击后，脑组织产生向周围扩散的压力波，并于"颅－脑界面"处反射（脑组织反弹），因此，①在压力梯度作用下，不同力学特性组分中产生速度梯度，各自界面处发生剪切力而相对运动，导致局部脑组织破裂。②压力波在颅骨和脑组织交界处瞬间多次反射和叠加，特别是集中于着力点下及对极点处，而导致这两处脑损伤最重。③打击后，由于脑组织向着力侧惯性瞬间运动而与颅骨发生正压冲撞，形成冲击伤。同时，在对极点处颅骨与脑组织之间分离而产生负压空腔（称为"空穴"），空穴区强大"真空式吸引力"使局部血管和神经组织破裂。在空穴负压作用下，局部血液、脑脊液和组织细胞中物理溶解的气体析出聚集成"气泡"并发生迸裂，进一步导致局部组织损伤，形成对冲伤。此为目前脑损伤机制中比较流行的"压力梯度空穴假说"。

以上脑组织损伤的各种机制均不能完全解释实际上复杂的颅脑损伤情况，尚需进一步临床影像学和病理解剖学观察，以及生物力学分析研究。目前，对颅脑损伤的生物力学研究包括计算机模拟三维图像解析方法和有限元或差分数值运算方法。由于颅脑系统非常复杂，如几何形状极不规则、颅骨呈弹性模量很大的黏弹性固体、脑组织呈体积模量很大的黏弹性流体，又有颈部和躯干复杂的弹性支持系统、外力荷载瞬间剧烈变化，以及受伤个体差异性等，因此，要完全准确地分析颅脑损伤机制几乎不可能，只有通过一些简化理论方法进行研究。

第六节　继发性脑损伤及其脑外损害

继发性脑损伤（secondary brain injury）是指在原发性脑损伤基础上，引起的一系列相关的脑内外代谢、功能和形态病理变化。一般在前述的各类原发性脑外伤（primary brain injury）后立即发生，分为伤后 3 d 内（严重者可持续性 1~2 周）的急性期局限性加重，3 d 至 3 个月的亚急性期，3 个月以上的慢性期（即医疗终结的后遗症）。继发性脑损伤既可发生于原发伤的部位，又可发生于远离原发伤的部位，亦可累及全脑和脑外神经－内分泌系统的效应器官。可表现出代谢功能性损害，又可是形态结构性损害。

一、脑水肿

脑组织中淤积的液体过多形成脑水肿（brain edema），为颅内高压的最主要原因。许多脑组织损伤因素均可引起脑水肿，如创伤、缺氧、梗死、炎症、中毒、肿瘤等。脑组织易发生水肿，与其生理解剖特点有关：①血脑屏障具有限制血浆胶体渗透压回流脑组织水分的渗透性交换作用。②脑组织淋巴回流系统不发达，吸收转运过多的组织液能力较差。③脑组织血管及血流量最丰富，脑血管与其他器官相比管腔大、内外弹力膜退化，管壁薄软，张力差，易受压闭塞，特别是脑血管均经狭窄骨性间隙进入颅腔，管壁菲薄的静脉窦和静脉回流系统易受压闭塞，发生脑淤血水肿。④脑组织代谢旺盛，对缺血缺氧等最敏感。⑤脑组织位于骨质坚硬的颅腔内，淤血水肿及其他占位性病变时，难以获得充足的扩张缓冲压力的空间，而进一步加重脑水肿，形成恶性循环。

脑水肿分为血管源性脑水肿和细胞毒性脑水肿两种类型。前者为血管通透性增加的结果，当血脑屏障受损或新生毛细血管血脑屏障尚未完善时，血浆中的水分渗入血管周隙和细胞外间隙，白质水肿较灰质水肿更为明显。后者多见于缺血缺氧或中毒时，细胞膜钠钾 ATP 酶失活，细胞内水钠潴留，引起神经细胞、胶质细胞、内皮细胞肿胀，细胞外间隙减小，此型水肿灰质较重。一般情况下，两种类型水肿常同时存在。脑水肿时，脑体积和质量增加，密度减轻（据作者统计，正常成人脑组织密度约 $1.200\ kg/m^3$ 以上，严重脑水肿时脑组织的密度可降至约 $1.050\ kg/m^3$ 以下），脑回宽平、脑沟狭窄、脑室缩小，严重脑水肿可致脑疝。镜下，脑组织网状疏松，细胞周隙和血管周隙扩大，白质疏松较灰质明显。电镜下，细胞外间隙增宽，血管源性水肿时星形胶质细胞足突肿胀，细胞毒性水肿时细胞肿胀。

（一）脑水肿的发生机制

脑损伤后继发脑水肿的机制较复杂，包括刺激脑内神经递质及其受体系统，主要有神经递质异常释放、突触前或突触后结合异常和神经元内信息传递异常等，参与脑血流异常、脑组织代谢异常和脑水肿，直接或间接地损害神经元和神经胶质细胞。这些脑损伤后组织内产生的有害物质称为自身损害因子。

1. 脑损伤后神经元兴奋性细胞毒性损害 此类损害主要有：

（1）乙酰胆碱释放↑→神经元乙酰胆碱能受体兴奋→G 蛋白激活→钙依赖磷酸肌醇 / 蛋白激酶 C ↑→ K^+–Ca^{2+} 通透性和 N– 甲基 –D 天冬氨酸受体依赖 Ca^{2+} 通道开放→ Ca^{2+} 内流，细胞内 Ca^{2+} ↑→ Ca^{2+} 超载性神经元损害。

（2）下丘脑–交感肾上腺髓质轴→儿茶酚胺（去甲肾上腺素、5- 羟色胺和多巴胺）↑→BP ↑、心律失常、肺水肿→缺血缺氧性神经元损害。

（3）兴奋性氨基酸（谷氨酸、天冬氨酸、甘氨酸）↑→3 种离子型和 5 种代谢型谷氨酸受体，细胞膜长时程去极化→离子型 N– 甲基 –D 天冬氨酸受体依赖 Ca^{2+} 通道↑→水、Na^+、Cl^-、Ca^{2+} 内流↑→急性神经元水肿。

（4）

内源性阿片肽 → β– 内啡肽↓→ μ 受体、δ 受体 ↘
内源性阿片肽 → 脑啡肽↓→ δ 受体 → 脑损伤保护作用↓
内源性阿片肽 → 脑啡肽↑→ κ 受体→脑血流量↓、神经元损害。

（5）蛋白酶激活分解前体激肽原，生成激肽类物质（小分子赖氨酸缓激肽和大分子缓激肽）→作用于靶细胞膜缓激肽受体（B_1、B_2），多种细胞内磷脂代谢的活化剂→肌醇-1，4，5-三磷酸酯和二酰甘油酯↑→启动第2、第3信使cGMP、cAMP↑→细胞膜Ca^{2+}通道开放，Ca^{2+}大量内流→多种细胞损伤。此外，激肽类物质还可有刺激释放P物质、前列腺素、芳香族类物质、组胺和氧自由基等炎性介质，趋化白细胞、扩张小动脉、收缩小静脉，引起组织水肿、疼痛等诸多作用。

脑损伤后，脑组织细胞内Ca^{2+}增多可激活多种细胞损害性酶系（包括磷脂酶、核酸酶、黄嘌呤氧化酶等）和促进释放兴奋性神经递质，Ca^{2+}能启动多种细胞内源性杀伤机制，包括激活磷脂酶、阻断ATP产生、刺激氧自由基生成、破坏细胞膜和溶酶体膜，导致溶酶体酶、蛋白酶和磷脂酶耗竭。因此，认为Ca^{2+}细胞大量内流产生所谓"钙超载"，可能为继发性脑损害、组织细胞坏死的共同途径。脑损伤后，神经细胞内外Ca^{2+}异常可持续2 d以上，Ca^{2+}可通过四种途径进入细胞：①刺激跨膜电位调节的Ca^{2+}通道；②刺激受体闸门Ca^{2+}通道；③逆转Na^+/Ca^{2+}交换通道；④通过细胞膜破损的"孔洞"，细胞外Na^+、Ca^{2+}非特异性内流。

2. 脑损伤后自由基毒性损害　此类损害主要有：

（1）脑组织缺血→线粒体细胞色素氧化酶C的氧化磷酸化↓→ATP↓、AMP↑→>1%氧形成自由基。

（2）脑组织缺血→单胺氧化酶分解儿茶酚胺类产生大量电子+氧→过氧化氢、羟氧自由基。

（3）组织缺血→钙依赖蛋白激酶→黄嘌呤脱氢酶转变为黄嘌呤氧化酶$+O_2$，催化黄嘌呤→氧自由基↑。

（4）组织缺血→烷烯氧化酶催化反应物生成尿酸和氧自由基↑。

（5）中性粒细胞↑　还原型烟酰胺腺嘌呤二核苷酸磷酸（NADPH）氧化酶催化NADPH　髓过氧化酶催化过氧化氢　→超氧阴离子。

（6）环氧化酶、脂氧化酶催化花生四烯酸→氧自由基　→多种血管活性物（前列腺素、前列环素、血栓烷等）。

（7）哈伯·韦斯反应。

H_2O_2在细胞内Fe^{2+}或Cu^+的存在下可通过哈伯·韦斯（Haber-Weiss）反应转变为羟自由基。

$$O_2^- + H_2O_2 \xrightarrow[H^+]{\text{Haber-Weiss 反应}} O_2 + H_2O + \cdot OH$$

（8）氧自由基及其他血管活性物质（缓激肽、组胺、5-羟色胺、花生四烯酸、白三烯等）→血管通透性↑→血管源性脑水肿↑。

在这些自身损害因子中，氧自由基引起的脂质过氧化反应在继发性脑损伤中具有重要作用，主要是由于：①脑组织富含胆固醇和多价不饱和脂肪物质，易被氧自由基破坏。②脑组织中超氧化物歧化酶和谷胱甘肽过氧化酶含量低，清除氧自由基能力差。③金属离子是促进氧自由基损害的启动因子，脑组织中金属离子含量多，其中铁离子催化 Haber-Weiss 反应为脂质过氧化的起始点。④脑组织中溶酶体丰富，氧自由基破坏溶酶体膜，释放溶酶体酶→损害脑组织。⑤超氧自由基不但直接损害脑组织，还可促进产生更多的自由基，促进生成自由基循环。因此，脑损伤后有多种途径产生氧自由基介导的脂质过氧化反应参与继发性脑损害。

3. 脑损伤后脑血循环紊乱　此类紊乱主要有：

（1）刺激脑血管壁平滑肌压力感受器→脑血管持续痉挛。

（2）刺激交感神经兴奋→血管活性胺分泌↑。

（3）脑损伤出血，血红蛋白释放 Fe^{2+}↑→氧自由基反应↑→抑制内皮细胞松弛因子活性。

（4）脑血管和呼吸中枢化学感受器对血二氧化碳浓度的敏感性↓。

（5）创伤应激性血液黏稠性↑、失血→脑缺血。

（6）脑组织代谢产物、组织坏死产物、酸性物质堆积→脑血管扩张、淤血。

（7）各种炎性介质和血管活性物→脑血管扩张、淤血。

（8）机械性、代谢性、炎性等机制↑→血脑屏障破坏，血浆渗出→血源性脑水肿。

上述各种因素综合导致脑血管自身调节功能紊乱，以致脑组织先缺血后充血。试验证明，50% 以上的脑损伤后早期存在脑缺血，持续时间可达 10~30 h。伤后 1 d，又发生急性脑充血，因此，易促发严重的脑缺血缺氧再灌注性自由基损伤。

4. 脑损伤后酸中毒　此类酸中毒主要有：

（1）细胞内外离子分布异常→主动跨膜转运离子↑→葡萄糖氧化产生 ATP↑→酸性代谢产物↑。

（2）脑组织血流↓→葡萄糖无氧酵解↑→乳酸产生多，转运少→乳酸堆积。

（3）脑缺血缺氧再灌注性损伤→细胞内线粒体氧化磷酸化↓→ATP↓。

原发性脑损伤后脑组织神经细胞内环境病理改变不明显，可逆性受损神经元仍能存活。若原发性脑损伤后脑组织神经细胞内环境恶化，则加重可逆性受损神经元损伤而导致这些神经元死亡。正常脑组织细胞外间隙 pH 值为 7.24±0.02、细胞内 pH 值为 7.03±0.02，脑缺血数小时后，细胞内外 pH 值均可降至 6.4±0.02，严重时可降至 3.9~4.5，表明神经细胞内外均呈酸中毒状态。脑脊液乳酸清除率下降，脑脊液中乳酸含量升高持续至伤后 8 h。伤情越重，乳酸含量升高越显著，乳酸含量越高，患者残死率越高。持续时间长短与患者预后明显相关。因此，目前认为，颅脑损伤后脑组织乳酸堆积是造成脑组织神经元内环境恶化的原因之一。颅脑损伤后脑组织中乳酸堆积的病理作用：①神经细胞膜结构破坏、功能丧失和生化代谢停止。②血脑屏障复合性破坏。③神经元和神经胶质细胞变性坏死，其半数坏死量（LD_{50}）pH 值为 4.95。

此外，脑损伤后神经元坏死和轴索崩解还常引起星形胶质细胞水肿和过度增殖。其主要发生于脑实质小血管周围。有多种途径参与脑损伤后星形胶质细胞水肿：①细胞外 K^+ 大量内流，促进 Na^+/K^+ 跨膜交换，细胞内水钠潴留。②细胞内酸性物质蓄积，促进 Na^+/H^+ 跨膜交换，细胞内水钠潴留。③谷氨酸及其他兴奋性氨基酸毒性作用，细胞内 Na^+ 和谷氨酸堆积。④多价不饱和脂肪酸以及氧自由基的损害作用，Ca^{2+} 内流，激活磷酸酯酶 A 诱导形成大量氧自由基，破坏细胞膜，水钠内流。⑤血小板激活因子，血脑屏障破坏，神经胶质细胞水肿坏死。此外，星形胶质细胞增殖反应对于神经元的再生，特别是轴索再生具有十分重要的促进作用。

（二）脑水肿防御机制

脑损伤后尚存在一些与上述有害因素相拮抗的保护机制：

（1）腺苷及其类似物作用于神经元膜上的腺苷受体（A1、A2 及其亚型受体），拮抗兴奋性氨基酸 NMDA 作用，调节 cAMP 含量，以及细胞内外 K^+、Na^+、Cl^- 交换及磷脂代谢。脑损伤后脑组织腺苷受体被激活可能会引起一系列病理效应，其主要作用有：

1）增加脑组织血流量和营养供应，阻断脑损伤引起的神经元兴奋性毒性，减轻继发性脑组织神经元损害。

2）腺苷受体 A1 和 A2 的效应不完全相同。腺苷受体 A1 兴奋的主要作用：①调节突触前神经递质的释放，特别是抑制兴奋性氨基酸释放。②抑制突触后膜神经元长时间去极化。③使星形细胞处于超极化状态，减少星形细胞谷氨酸和 K^+ 过度内流。腺苷受体 A2 兴奋的主要作用：①松弛脑血管平滑肌，增加脑血流量和脑组织营养供应。②抑制血小板聚集，防止脑血栓形成。③抑制中性粒细胞炎性反应，防止其附壁血栓形成。因此，腺苷及其类似物属于内源性脑保护因子。

（2）神经节苷脂类物质是含亲水性和疏水性两种不同特性阴离子的唾液酸，是构成神经细胞膜双脂层的最主要脂质，位于脊椎动物细胞膜的外脂层。其主要保护功能有：①抑制兴奋性毒性产物对神经元的损害。②促进神经纤维轴索生长，激活神经营养因子。③促进受损神经元的结构和功能恢复等。表明神经节苷脂对中枢神经系统损伤有明显的保护作用。

（3）Mg^{2+} 是人体内必不可少的微量元素之一。脑组织内 Mg^{2+} 参与多种重要代谢，如细胞糖酵解、氧化磷酸化、细胞内呼吸链、DNA、RNA 和蛋白质的合成等所有与酶相关的生化代谢过程，以及维持细胞线粒体膜的完整性。此外，Mg^{2+} 还参与调节神经元 Ca^{2+} 的转运和储存等功能。试验证明，脑外伤后脑组织 Mg^{2+} 含量下降程度与伤情有明显的相关性。

（4）热休克蛋白（HSP）出现于高热、缺血缺氧、外伤、癫痫和中毒等多种应激状态下，故又称应激蛋白。其有 90s、70s、20s 等多种亚型。已经发现脑外伤后热休克蛋白表达及其作用有：①防止细胞蛋白质之间的不协调，促进受损细胞蛋白质的修复。②协调细胞蛋白质的构型变化，稳定和保护蛋白质结构和功能。③介导蛋白质的跨膜转移。④调节类固醇受体功能等。目前，已将热休克蛋白作为脑损伤的标志物，用于判断损伤部位、程度和时间。

二、颅内高压

各种原因导致的颅内容物体积增大，超过颅腔的扩容代偿极限，均可引起颅内高压（intracranial hypertension）。颅内压增高的主要原因是颅内占位性病变和脑水肿。常见的占位性病变有脑出血、脑积水、肿瘤、炎症等。其后果与病变的大小及其增大的速度，以及脑疝部位有关。颅内压升高可分 3 个时期：

（1）代偿期。通过反应性血管收缩，以及脑脊液吸收增加和形成减少，使血容量和脑脊液容量相应减少，颅内空间相对增加，缓冲的脑容积增加，临床症状不明显。

（2）失代偿期。脑占位性病变和脑水肿使颅内容物体积增大，超过颅腔所代偿容纳的程度，可引起头痛、呕吐、视神经盘水肿、意识障碍、血压升高、反应性缓脉和脑疝。

（3）血管运动麻痹期。颅内压严重升高压迫脑血管，脑组织灌流压降低，脑缺血缺氧引起脑水肿和血管扩张，进而血管运动麻痹和脑水肿加重，促进颅内高压恶性循环。临床上可引起昏迷及脑疝等严重并发症，甚至死亡。

三、脑疝

弥漫性或局部性颅内压明显升高，可推挤脑组织向压力较低的部位移动，进而使移位的脑组织受压称为脑疝（brain hernia）。根据脑组织移位进入的部位不同，脑疝可分以下类型：

（一）大脑镰下疝

一侧大脑半球特别是额叶、顶叶、颞叶血肿或水肿等占位性病变，推挤大脑半球内侧面的扣带回及其邻近组织经大脑镰中线向对侧膨出移位，同侧扣带回被大脑镰下游离边缘卡压。疝出的扣带回背侧受大脑镰边缘压迫，受压处脑组织出现压迹、出血或坏死，故又称扣带回疝。大脑冠状切面上可见对侧的侧脑室抬高，同侧侧脑室闭塞，第三脑室新月状变形。可引起大脑镰中线向对侧移位，对侧肢体偏瘫、精神障碍和大小便困难等，很少致死。此外，大脑前动脉胼胝体支受压可引起相应部位脑组织梗死。

（二）小脑幕裂孔疝

小脑幕以上的额叶、顶叶、颞叶出血和水肿等占位性病变，引起幕上脑组织体积肿大，推挤颞叶海马沟回经小脑幕裂孔向下膨出移位，疝入中脑脚尖池，可达 2.0 cm 以上，故又称海马沟回疝（或小脑幕下疝）。为颅脑损伤中最为常见的一类脑疝。可见于颅后窝的小脑、脑干损伤出血、水肿等，推挤小脑幕下的小脑蚓部等脑组织向上疝入小脑幕裂孔，又称小脑蚓部疝（或称为小脑幕上疝）。疝部脑组织可有淤血、水肿，甚至出血性梗死，具有诊断意义的病理征象为肿胀的海马回钩出现平直的沟形压迹，呈双侧对称。若两侧大脑半球压力不均衡可形成单侧脑疝或一侧轻一侧重。主要临床表现：

（1）穿过小脑幕裂孔的动眼神经受压，引起同侧瞳孔一过性缩小，继之散大固定，同侧眼上视和内视障碍。

（2）中脑受压影响到网状结构激活系统，导致意识丧失。

（3）挤压局部脑干血管可引起中脑和脑桥上部出血梗死，影响到呼吸中枢和心血管运动中枢，可导致死亡。

（4）挤压大脑后动脉和小脑上动脉，可引起同侧枕叶距状沟组织出血性梗死。

（5）中脑侧移使对侧大脑脚锥体束挤压小脑幕游离缘，使之受压出血坏死（形成 Kernohan 压迹），导致原发病同侧肢体瘫痪（假定位征）。

（6）中脑导水管受压，脑脊液循环受阻，侧脑室及第三脑室脑脊液淤积，可致颅内高压进行性增高，形成恶性循环加重脑疝。

（三）小脑扁桃体疝

颅内高压或颅后窝占位性病变引起小脑和延髓向下移位，使小脑扁桃体和延髓下部疝入枕骨大孔，甚至嵌入颈椎管上部，致使小脑扁桃体和延髓呈圆锥形黏着变形，故又称枕骨大孔疝。病理形态为小脑扁桃体后外侧面出现枕骨大孔缘的弧形压迹，局部脑组织淤血、肿胀，严重时出现出血和坏死软化。由于延髓受压，可表现为：①生命中枢及网状结构受损，可引起呼吸变慢，甚至骤停，随后因心脏停搏而死亡。②锥体束症状和体征，以及肌张力增高和深反射亢进。③刺激迷走神经和副神经可引起脉缓、血压升高、喷射状呕吐，以及颈项强直等。

（四）脑膨出疝

颅骨和硬脑膜缺损的开放性颅脑损伤时或颅骨开窗术后，颅内高压推挤脑组织从颅骨缺损处疝出，亦称颅骨开窗疝。可产生相应部位的脑定位体征。

四、损伤性颅内积气

头皮非全层破裂的颅骨骨折为闭合性颅骨骨折。而伴头皮全层和／或硬脑膜破裂的开放性颅骨骨折时，空气可进入颅腔形成大片或散在聚集的气泡，称为外伤后颅内积气（traumatic intracranial accumulate air），亦称气颅。气体可积于硬脑膜外、硬膜下隙、蛛网膜下隙、脑实质或脑室，常伴有脑脊液漏，亦可引起颅内压增高症状而表现出占位效应。其发病机制可能为：开放性骨折合并硬脑膜破裂使颅腔与外界相通。①破裂的头皮或硬脑膜向内翻转形成活瓣，空气仅单向进入颅腔而大量积气，可致颅内高压（张力性气颅）。②脑脊液流失过多等因素造成颅内压降低或负压，而产生平衡压力的颅内积气（非张力性气颅）。③除外伤当时气体可进入颅内之外，伤后擤鼻涕、打喷嚏时气体亦可因鼻咽腔内瞬间高压而进入颅内。积气达一定容积，特别是外界寒冷的气体进入颅腔后，气体在体温影响下进一步扩张膨胀，亦可发生相应的占位性症状。

五、外伤迟发性颅内出血

原发性颅脑损伤后短时间内未发现颅内出血，经数小时，亦可 1 d 后逐渐出现继发性颅内出血，称为外伤迟发性颅内出血（delayed traumatic intracranial hemorrhage）。其发生率约占颅内出血的 2%，一般多发生于伤后 1 周内。一般短时间内出血量超过70 mL，即可有占位性脑压迫症状；出血量超过 100 mL，可有颅内高压。经手术清除的颅内血肿原部位又重新发生的血肿称为复发性颅内血肿。有许多因素可促进迟发性脑出血的发生，因此，法医鉴定时，需要具体问题具体分析：

（1）原发脑血管损伤：由于脑部小血管损伤后轴突反射性痉挛闭塞、凝血堵塞管壁破裂口，以及出血和局部脑组织水肿机械性压闭损伤血管等综合作用，可暂时止血。之后，继发局部炎性反应，在各种炎性介质和水解酶作用下，损伤血管扩张、凝血块溶解，出血和水肿被吸收，致原发止血机制缓解，二次出血。

（2）原发脑血管壁不完全损伤：受伤当时仅血管壁部分破损或未全层破裂，但部分损伤的血管壁张力减低，经过一段时间，受血流和血压的影响，逐渐扩张形成外伤性假性血管瘤，局部管壁变薄，在此基础上导致出血。

（3）原发脑组织损伤软化：原发性脑外伤致脑血管周围组织的坏死退变，对血管的支持和营养作用下降，加之局部炎症作用，继发血管瘤而导致血管破裂出血。

（4）在原发性脑组织损伤的修复、机化过程中，新生毛细血管和小血管壁发育不完善、张力低，而继发出血。

（5）原发血肿液化，新生纤维包膜薄弱，加之炎性渗出或与蛛网膜连通的脑脊液漏入，致张力性破裂扩大，而继发出血。

六、外伤性脑梗死

脑梗死是急性脑血管闭塞而致脑组织缺血引起的脑组织坏死。外伤性脑梗死（traumatic cerebral infarction）发生机制有：

（1）外力作用时，脑组织挫裂伤伴发脑血管内膜损伤，血小板聚积于损伤处形成血栓，堵塞血管，此种情况多在伤后 4 h 逐渐开始，表现出脑梗死的症状和体征。

（2）颅脑损伤引起脑血管反射性、持续性痉挛致血管闭塞或继发血栓形成，此种情况多在伤后 1~2 周发生。

（3）脑组织水肿或颅内出血持续压迫脑血管致局部循环障碍，如颞叶沟回疝引起枕叶大片梗死。

（4）脑外伤导致脑血管壁不完全破裂继发假性血管瘤，局部血流状态改变，引起血栓形成。

（5）颅外血管损伤，特别是颈部过度伸屈致颈部血管内膜损伤，血栓或粥样斑块破碎脱落致脑栓塞。

（6）颅外创伤导致血栓、气体、脂肪（外伤后脑脂肪栓塞综合征）或组织碎片等栓子脱落，经血液循环进入脑血管导致急性脑血管栓塞。

此外，创伤后应激反应过程中血液呈高凝状态，伤后卧床，活动受限，原患的某些血管疾病（如脑动脉硬化、脑血管畸形等）继发感染、低血压，伤者较长时间脱水治疗致血液浓缩，以及打官司索赔等引起的精神焦虑等心理因素等，均对外伤性脑梗死有一定的促进作用。

脑梗死程度和发生时间，依损伤部位、损伤程度和侧支循环形成情况等因素，在堵塞血管的供血区脑组织发生全区梗死或小梗死。低血压时，由于末梢血供障碍而发生边界带（border zone）梗死，均称为缺血性梗死（ischemic infarction）。一般脑血管闭塞后，闭塞动脉的供血区随着时间的推移而发生一系列病理变化，最初 2~8 h，以缺血区神经元细胞毒性水肿为主；8~24 h，细胞坏死，血脑屏障破坏，出现脑水肿，并开始出现格子细胞；2~3 d，组织坏死和脑水肿达到高峰，神经纤维脱髓鞘，局部吞噬细胞浸润，开始建立侧支循环；第 4 天，胶质细胞明显增生，呈明显修复反应。2~3 周，脑水肿逐渐减轻，坏死的脑组织液化形成软化灶，同时吞噬脂质的格子细胞聚集，周围胶质细胞增生，肉芽组织形成。其后，坏死组织完全被吞噬、吸收，形成腔隙。1~2 个月，较大的软化灶被胶质纤维膜包裹形成含液体的囊腔。较小的梗死灶形成蜂窝状胶质瘢痕，CT 影像可不留痕迹。稍大者坏死组织可被完全吸收，残留直径为 1.0 cm 左右的细小腔隙，称为腔隙性脑梗死（lacunar cerebral infarction）。梗死区血管可合并出血，形成很多小出血灶或较大范围出血，称为出血性脑梗死（hemorrhagic cerebral infarction）。

引起外伤性脑梗死的原发性脑外伤程度不一定很大，临床上大多在伤后数小时或 2 周内逐渐出现中枢神经系统定位症状和体征。不同梗死部位可有不同的临床表现，如完全或不完全瘫痪、纯感觉性综合征、运动性或感觉性失语、短暂意识障碍。如较小的梗死灶位于大脑半球的额叶或白质等盲区，可发生无症状性腔隙性脑梗死。

脑 CT 扫描显示梗死区呈低密度影像。一般，发病 24 h 后可在梗死区显示低密度影，但有报道称最早可于发病后 2 h 显示由淡变浓的影像。7~10 d 时影像可有一过性模糊（树雾征）。之后，影像再度出现并清晰。数月后影像呈低密度区。采用 CT 增强扫描示 5~6 d 病变无增强，7 d 后出现增强。

若伤者较年轻，既往无高血压、脑动脉硬化等病史，确证头、颈部伤后数小时至 2

周内逐渐出现偏瘫等神经系统损害的临床表现，经脑部影像学和／或脑血管造影证实脑梗死或脑血管闭塞，可以诊断为损伤性脑梗死。

若伤者为中老年人，既往已存在高血压、脑动脉硬化、高血脂、高血糖等脑梗死高危因素，伤后出现迟发性脑梗死，甚至导致死亡或伤残的，进行原发性脑损伤与继发性脑梗死因果关系鉴定时，依据损伤程度鉴定标准规定，脑梗死伴有神经系统症状及体征的评定为重伤，无明显临床症状和体征的评定为轻伤。判定原发性脑外伤与迟发性脑梗死之间的因果关系及其原因力，可综合考虑脑外伤与原发病等相关因素，进行分析判断：

（1）若原发性脑外伤为轻微伤程度，且存在较重的脑血管病危险因素（高血压病、脑血管粥样硬化等），则外伤为诱因，原发病为根本原因。

（2）若原发性脑外伤为轻伤程度，且存在一定的脑血管病危险因素（高血压病、脑血管粥样硬化等），则外伤与疾病为协同根本原因。

（3）若原发性脑外伤达重伤程度，且存在一定的脑血管病危险因素（高血压病、脑血管粥样硬化等），则外伤为根本原因，原发病为辅助原因。

例如：一位患高血压病的68岁行人，交通伤当时仅发现头面及四肢散在擦挫伤，医院门诊处置后，独自行走回家。之后，多次与肇事者和交通事故办案人员交涉事故处理事宜，伤后2周，早晨起床时出现大面积外伤性脑梗死，治疗后遗留肢体瘫痪。委托鉴定伤残等级，鉴定意见：在高血压病及脑动脉硬化等原发性病基础上，轻微交通伤诱发脑梗死。交通伤为诱因，原因力为20%，原发性疾病为根本原因。

七、外伤性颅内感染

外伤性颅内感染（traumatic intracranial infection）包括外伤性脑膜脑炎（traumatic meningoencephalitis）和外伤性脑脓肿（traumatic brain abscess）。

（1）外伤性脑膜脑炎多为化脓性感染，常见于开放性颅脑损伤、脑脊液漏，头皮、颅骨感染的致病菌直接进入颅内，或者开颅手术后继发感染。病原菌有金黄色葡萄球菌、致病性大肠杆菌及厌氧菌等。临床表现有急性感染中毒征象，如头痛、畏寒、高热、恶心、呕吐、脉搏细速等，重者出现昏迷。可出现脑膜刺激征（颈项强直、克氏征、布鲁辛斯基征）阳性。末梢血及脑脊液中白细胞总数及中性粒细胞增多等。

（2）颅脑损伤后颅内感染继发的脑脓肿称为外伤性脑脓肿，为脑损伤的常见并发症。多见于脑组织非贯通伤和穿通伤，偶见闭合性脑损伤。其原因为：①开放性脑损伤清创不彻底，脑内有异物存留，如碎骨片、木屑、毛发最易引发脑脓肿。②创伤愈合较差，机体抵抗力弱，机体其他部位的致病菌扩展至脑内。③颅底骨折伴脑脊液漏，继发细菌感染。④脑挫裂伤灶周围血管内形成的细菌栓子，随血液循环在脑深部形成脓肿。其病理学可分三期：

　　1）急性炎症期。多出现在伤后 3~5 d，病灶局部出现炎性细胞浸润，致脑组织变性、坏死，周围形成明显充血、水肿区。

　　2）化脓期。多出现在伤后 1~2 周，坏死组织软化、液化，周边胶质细胞逐渐增生，周围组织仍有水肿。

　　3）包膜形成期。多出现在伤后 3 周以上，液化区外围出现弥漫胶质增生并纤维化，围绕脓液形成包膜，脓腔多为单房性，也可呈多房性。脓肿包膜的形成一般于伤后 3~4 周完毕，以后逐渐吸收、机化。临床表现为颈项强直、克氏征及布氏征阳性；局部创口迁延不愈，脓肿部位相应的脑损害症状，如运动、感觉异常，视力、视野改变，失语、癫痫等；头痛、恶心、呕吐等颅内压增高症状；全身表现为高热及炎症反应。血常规及脑脊液化验示白细胞总数及中性粒细胞增多，急性期最明显。

　　影像学检查，X 线平片见残留异物，异物随时间可发生移位。CT 平扫可见边界相对清楚的低或略高密度病灶，增强后见脓肿包膜成环状强化，其外周有低密度水肿区，多房脓肿具有明显强化的纤维隔。脑 MRI 可见，脑炎期 T1 相可见脑白质内有灶性低信号区，T2 相病灶为明显高信号。脓肿形成期 T2 相可见脓肿周围特征性低信号带。超声检查示中线波移位，可见脓肿波形。

八、外伤性脑积水

　　外伤性脑积水（traumatic hydrocephalus）主要原因是脑脊液循环通路被阻，导致脑脊液淤积。其中，脑室管通路堵塞引起的脑积水称为阻塞性脑积水。脑室管腔通畅而蛛网膜颗粒粘连闭塞或脑静脉系统回流受阻，吸收脑脊液障碍引起的脑积水称为交通性脑积水。外伤性颅内积液多为颅内脑脊液局限性淤积所致，有以下几种情况：

　　（1）原发性硬膜下积液（primary subdural effusion），一般为颅脑损伤时蛛网膜活瓣性撕破，脑脊液单向流入硬膜下隙，积液量可达 100 mL 以上，多无包膜，呈局限性脑占位压迫改变，可引起进行性颅内高压，甚至脑疝。

　　（2）慢性硬脑膜下水囊瘤（chronic subdural hydroma），慢性硬脑膜下血肿时，周围形成纤维膜囊状包裹，囊壁外侧为致密胶原纤维，内侧为新鲜肉芽组织或半透膜性蛛网膜，囊内血液水解后渗透压增高，加之肉芽组织毛细血管炎性浆液渗出或出血，血肿可逐渐增大，形成充盈黄褐色液体的硬脑膜下水囊瘤。由于囊内渗透压高，积液仍不断增多，而囊腔扩大，引起占位性压迫症状。

　　（3）脑积水（hydrocephalus），主要原因是脑脊液的循环通路被阻断。很多原因可引起脑脊液循环受阻，如先天畸形、炎症、外伤、肿瘤、蛛网膜下隙出血等。各类颅脑损伤恢复后，由于凝血阻塞、血肿压迫或坏死组织机化挛缩闭塞等因素，阻碍脑积液循环和炎性渗出，可导致局限性脑实质、脑室积液，蛛网膜下隙、硬膜下隙和硬脑膜外积液，如脑基底池、外侧裂蛛网膜下腔出血，以及矢状窦旁蛛网膜粒粘连闭塞等继发的外伤性脑积液。此外，脉络丛乳头状瘤分泌过多脑脊液也可导致脑积水。侧支循环比较好的脑积水可不引起高颅压症状。脑室轻度扩张，局部脑组织呈压迫性萎缩。严重时，脑室高度扩张，脑组织受压萎缩、变薄。婴幼儿颅骨缝闭合前发生脑积水，可出现进行性头颅变大，颅骨缝增宽，前囟扩大。颅内压增高较轻，头痛、呕吐、视神经盘水肿也出现较晚。由于大脑皮质萎缩，患儿可出现智力减退，肢体瘫痪。成人脑积水，因颅腔不能扩大，颅内压增高的症状发生较早且严重。

九、外伤后癫痫

头部外伤引起的癫痫称为外伤后癫痫（post-traumatic epilepsy）。其可发生于颅脑外伤的急性期，也可在伤后数日至数年发生。按伤后发作时间不同，分为早期癫痫、延期癫痫和晚期癫痫。

（1）早期癫痫：伤后1周内发作，多因脑挫裂伤、颅内血肿、蛛网膜下隙出血、凹陷性骨折、急性脑水肿等引起。

（2）延期癫痫：伤后1周至3个月期间发作，多因脑手术后颅内异物存留、迟发性颅内血肿、脑膜炎、脑脓肿及肉芽肿等引起。

（3）晚期癫痫：伤后3个月以后发作，因脑膜－脑瘢痕、脑室穿通畸形、脑萎缩、脑积水、脑内有碎骨片或金属异物存留、继发感染等引起。一般情况下，与外伤后癫痫有关的危险因素：①开放性脑损伤较闭合性脑损伤的癫痫发病率高。②损伤后颅内压增高者较压力正常者的发病率高。③硬膜有破损者和脑实质性损害者的发病率高。④儿童颅脑损伤引起的癫痫发生率高于成人。⑤颅内有异物存留和瘢痕形成者发病率高。⑥损伤部位在中央回附近及海马等处发病率高。⑦凹陷性骨折者发病率高。⑧颅内血肿者较无颅内血肿者发病率高。⑨并发颅内感染者发病率高。⑩早期清创不彻底者发病率高。

发作类型有：①大发作又称全身发作，典型发作可分为四期：前驱期、先兆期、痉挛期和恢复期。癫痫持续状态，指大发作在短期内连续出现或持续30 min以上，在发作间歇期意识未恢复者，意味着伤情严重，最具有危险性，甚至可致死。②小发作又称失神发作，包括短暂意识障碍或丧失、突然发呆、茫然若失、面色发白、呼之不应、手中的东西脱落，一般持续数秒钟，无全身痉挛现象。③局灶性发作，外伤后癫痫以本类型较多，发作时症状局限，常由脑部局灶性病变所致。又可分为局灶性运动发作、局灶性感觉发作、内脏性发作和精神运动性发作。精神紧张、代谢变化、饮酒、妇女月经期均可能引起痫性活动的扩散而导致一次发作。④Jackson癫痫（Jacksonian epilepsy，杰克逊癫痫），大脑皮质运动区皮质损伤可引起对侧躯体相应部位出现发作性抽搐，严重时抽搐可向同侧及对侧扩散，引起全身性抽搐。为了纪念此疾病发现者英国神经学家John Hughlings Jackson而由此命名。症状发作时，大脑神经异常放电导致部分神经中枢短路，从局部开始向邻近的皮质扩散，如放电沿大脑皮质运动区分布扩展，临床表现为抽搐以拇指—腕部—前臂—肘—肩—口角—面部顺序逐步发展，又称为杰克逊发作。影响身体某部分的运动性癫痫发作，可表现为手舞足蹈，一般先影响上肢，逐渐扩展为全身。运动亦可诱发性杰克逊癫痫，主要症状为下肢起步走路时，突然出现足趾端抽搐、麻木，逐渐向近心端沿右侧躯干、右上肢至手指末端扩展，患者自感右侧上、下肢"脱落"，抽搐发展到面部，双眼向右侧凝视等。

十、外伤性脑萎缩

颅脑损伤数月后发生的脑萎缩性改变称为外伤性脑萎缩（traumatic brain atrophy）。其表现类型与不同的脑损伤情况有关，例如，弥漫性轴索损伤（弥漫性白质损伤）可继发弥漫性白质萎缩；弥漫性全脑灰白质萎缩可见于拳击者脑病、幼儿期颅脑损伤后脑发育停滞；局灶性脑萎缩见于脑挫裂伤或脑内血肿吸收后，以及外伤性脑梗死后。

外伤性脑萎缩的诊断，应注意了解病史，特别是与颅脑损伤后早期头颅 CT 片对照，发现新出现的脑萎缩性改变。临床表现为原发性脑损伤症状的延续，如智能降低、精神障碍等。头颅 CT 扫描，皮质萎缩显示蛛网膜下隙增宽，脑回变窄、脑沟增宽。白质萎缩显示各脑室扩大。半侧脑萎缩显示病侧脑室、脑池和脑沟扩大，中线结构向病侧移位，同侧颅骨骨质增厚，颞骨岩部及蝶骨大小翼上升。脑干、小脑萎缩显示脑干周围各蛛网膜下隙池及第四脑室扩大。

根据确凿的颅脑损伤史和头颅 CT 扫描检查所见，判定损伤与脑萎缩之间存在直接因果关系。外伤参与程度为 75% ~100%。评定程度时，根据脑萎缩的范围及临床表现可以评定为重伤或者轻伤。

许多疾病情况可引起脑萎缩，需加以区别，如缺血后萎缩、炎症后萎缩、合并动静脉畸形的萎缩、家族性阿尔茨海默病、亨廷顿病、帕金森病、克雅氏病、皮克病性痴呆、肝豆状核变性及 Hallervorden — Spatz 病、进行性核上性麻痹、多发性硬化、皮质下动脉硬化性脑病、肾上腺脑白质病、多发性脑梗死性痴呆、大脑缺氧症、进行性多灶性白质脑病、副肿瘤综合征、代谢疾病、药源性疾病、长期饮酒、长期吸毒等。

十一、创伤后脑综合征

创伤后脑综合征（post-traumatic brain syndrome）是头部外伤后的常见表现。常在头部受伤 3 个月后，仍然存在或者出现的一系列神经精神症状，患者表现为头昏、头痛、疲乏、睡眠障碍、记忆力下降、精力及工作能力下降、心慌、多汗、性功能下降等。神经系统检查无阳性体征。应根据发病机制、临床表现的变化，结合辅助检查作动态分析判断。

各种类型的颅脑损伤均可继发创伤后脑综合征。即使脑震荡的轻微脑伤亦可发生，称为脑震荡后综合征（postconcussional syndrome）。临床上，创伤后脑综合征发生和持续时间、表现类型和程度，不一定与原发性脑损伤类型和程度正相关。有报道称，脑外伤后综合征的发生率，失业者比就业者高，智商高和具有专业知识的人较低，说明身心因素、社会影响、生活和工作等社会心理状态均与本病密切相关。

一般认为，创伤后脑综合征的发生存在脑组织器质性病理基础，同时也与个人素质和社会环境的影响有关。外力打击头部，无论轻重都将引起一系列不同程度的脑组织病理生理变化过程。各类原发性脑外伤及其继发性病变，如轴索损伤、脑挫裂伤、颅内血肿，继发脑缺血、缺氧、颅内外小血管沟通、轴突断裂、髓鞘崩解、坏死软化灶、脑膜－脑粘连、瘢痕形成、蛛网膜绒毛封闭、退行性病变，以及颅颈关节韧带和肌肉损伤累及脑神经等病理形态变化，均可引发不同程度的脑组织生物化学代谢、神经网络功能方面的变化，特别是自主神经功能失调，从而引起相应的症状，导致脑外伤后综合征。

脑外伤后综合征的诊断，应首先排除原发性疾病，注意与颅脑器质性病变和全身慢性疾病相鉴别。经系统治疗半年以上，仍有上述症状者，才可诊断为脑外伤后综合征。应耐心询问病史，了解伤后病情发展的全过程，包括受伤时间、致伤原因、伤时情况，伤后有无昏迷和近事遗忘、昏迷时程长短，有无中间好转或清醒期，有无呕吐及其次数，有无大小便失禁，有无抽搐、癫痫发作，肢体运动情况，接受过何种处理。伤前有无酗酒、精神失常、癫痫、高血压、心脏病、脑卒中等。

临床表现和辅助检查有助于鉴别，包括各项检查结果、治疗经过、手术发现，以及既往诊断和疗效。神经系统检查常为阴性体征，但需找到病因或排除器质性损害。根据病史和检查有目的地进行辅助检查，如腰椎穿刺明确颅内压高低、脑脊液异常；脑电图发现局灶性损害及异常波形；CT明确有无脑萎缩、脑积水、脑梗死等病灶；MRI发现脑实质内微小出血点或软化灶；放射性核素脑脊液成像了解脑脊液循环情况。还需与神经症鉴别。神经症发病与神经症素质、人格特征和精神应激有关，病程多迁延，呈发作性，自主神经功能失调症状相对较轻，神经电生理学、影像学检查均正常。神经症患者对抗焦虑和抗忧郁治疗缺乏特异性，但对其相信的任何治疗和暗示安慰疗法均能取得很好的效果。

十二、外伤性精神障碍

重型颅脑损伤可继发各类表现不一的心理和精神障碍。脑损伤急性期主要表现为意识障碍，为脑干网状结构激活系统和大脑皮质的器质性损伤或功能性损害所致。轻微的脑损伤只有轻度意识模糊或一过性意识丧失（如脑震荡），较重的脑损伤引起持续性意识丧失（昏迷）。意识丧失时间的长短常可以表明脑损伤程度的轻重。

慢性期可表现出各种心理和精神障碍，因伤害部位和程度等情况而不同。主要表现有：①意识障碍，包括昏迷、嗜睡、意识模糊、谵妄（"急性脑衰竭"的表现）、朦胧。②智力障碍，主要有记忆障碍、智能降低，见于优势半球损害。③性格改变，表现为自私、言语及行为低级、情绪不稳、易激惹、冲动、残忍、古怪等。④外伤性精神病（traumatic psychosis），包括幻觉、妄想（以被害妄想和关系妄想为多）及非癫痫性发作等。此外，常有头痛、头晕、睡眠障碍、失眠多梦等脑外伤后综合征。

十三、脑死亡

人类关于死亡的现象和本质及其判断标准的认识，经历了从原始的整体生命活动丧失，到现代的心肺循环、呼吸功能停止的历程。死亡的认识过程是在生命科学发展推动下，人类从表观征象向器官生理功能，再向生命本质属性的唯物主义认识论的进步过程。目前，一些国家已对脑死亡概念及其诊断标准进行立法。20 世纪 70 年代前，各国医学和法律一直将心搏、呼吸停止作为人体死亡的诊断标准。之后，随着人工呼吸机、人工心脏、心脏起搏等现代医疗技术的进步，特别是除人脑外，几乎所有器官均可移植成功，心肺功能停止不再意味着个体必然死亡。1968 年，美国哈佛大学医学院首先提出了脑死亡的概念：脑的严重外伤或疾病，使全脑功能不可逆地停止而导致的死亡。至今，各国公认的脑死亡诊断标准主要包括四方面：

（1）明确不可救治的脑损害，包括各种颅脑伤病，特别是脑干严重损害。

（2）意识丧失，即不可逆性深昏迷（irreversible coma）。必须排除神经镇静药物中毒、内分泌代谢性疾病（糖尿病、甲状腺功能减退症等）和低温麻醉等可逆性昏迷情况。

（3）自主呼吸丧失，即脑干呼吸中枢功能丧失，必须依赖呼吸机维持呼吸，关闭呼吸机 3 min 后，循环血液 PCO_2 分压 > 50 mmHg，仍不能刺激呼吸中枢反射性活动。

（4）脑干反射消失，包括：①瞳孔散大固定、对光反射消失，提示中脑水平的功能丧失。②角膜反射、头眼反射、前庭眼反射消失，提示脑桥水平的功能丧失。③吞咽、呃逆、咳嗽等咽反射消失，提示延髓水平的功能丧失。去大脑强直、肌张力增高等，只能说明脑干神经通路的功能障碍，不能诊断脑死亡。

此外，有些国家还要求脑死亡的辅助检查诊断标准：①脑超声多普勒血流仪示脑血液循环呈停止状态。②脑电图或脑干听觉诱发电位呈平直的等电位线，躯体感觉诱发电位 P14 以上波形消失。③脑血管造影示脑内呈无对比剂的"冷脑"状态。

英美等国提出脑死亡诊断的权利分离原则（principle of right separation）：①至少两名以上医生负责进行脑死亡诊断，其中一位必须是经治医生，另外一位应有 5 年以上临床经验，必要时请神经科医生会诊。②至少进行两次脑死亡诊断检查，具体间隔时间应根据死因而定。一般，脑内出血者间隔 6 h，心搏、呼吸完全停止者间隔 30 min，药物中毒者间隔 3~4 d，均符合脑死亡标准。③鉴于脑死亡者的脑外其他器官组织均可作为器官移植供体，因此，拟为死者进行移植器官的医生不能参与脑死亡诊断。④诊断脑死亡时应报告医院主管部门，可指派专业医生复查，共同签署死亡证明书。

各国公认，脑干死亡或全脑死亡即为脑死亡，为临床死亡的诊断标准。但大脑死亡或皮质死亡指左右大脑半球新老皮质区广泛损害和功能丧失，呈意识活动、运动功能丧失，皮质下中枢及其自主呼吸和循环功能存在的症候群，亦称为植物状态（vegetative state），处于这种状态者称为植物人（vegetative patient）。尽管脑死亡的原因和症状与植物状态有一定相似，但植物状态不属于真正的脑死亡。植物状态的一般诊断标准：①无正常的意识，不能进行正常的沟通，对简单刺激有非定向性反应或发声。②不能有意识地自主运动肢体和眼球。③不能自主进食，大小便失禁。④生命中枢的自主活动可持续 3 个月以上，平均存活 3 年，也有存活 10 年以上病例（表 1-9）。

表 1-9 脑死亡与植物状态的区别

项目	脑死亡	植物状态
概念	全脑功能丧失	脑认知功能丧失
病理基础	脑干或全脑损害	广泛大脑皮质损害
意识状态	意识丧失	无意识醒觉状态
自主呼吸	无	有
脑干反射	无	有
复苏可能	无	有
自主心肺功能	短，< 72 h	长，> 3 个月

我国关于脑死亡立法问题已研讨多年，但至今尚未立法。但是，脑死亡概念具有深刻而广泛的理论和实际价值，因为：①脑死亡概念体现了现代医学发展促进人们的生死观、伦理观、价值观，乃至法制观的进步，阐释了唯物主义认识论"存在决定意识"的哲学真谛。②有利于合理地节约、分配、使用日益匮乏的自然和社会资源，减轻死者亲友的人力、财力负担。③单纯脑死亡者，脑组织以外的其他器官可作为器官移植供体，拯救更多人的生命。

需要指出，脑死亡作为个体死亡的诊断标准之一，没有完全取代传统心肺死亡的诊断标准，两者是相互补充的关系。一般情况下，心搏、呼吸停止 5~6 min 即可导致脑生命中枢不可逆性丧失的脑死亡，现代医疗水平几乎难以在如此短时间内有效地进行抢救复苏。因此，临床上有心脏性猝死"黄金 4 min"的有效救治时限之说。在临床实践中，多数脑部伤病者，仍可将心搏、呼吸停止作为诊断死亡的标准或确定死亡的标志，即继发性脑死亡诊断。只有原发性脑干或全脑严重伤病时，心肺等脑外器官通过医疗辅助长期维持，才适用脑死亡诊断，即原发性脑死亡诊断。理论上，死亡类型（types of death）有两种情况：一种为人体最基本功能单位的细胞全部死亡，即细胞死亡（cell death）；另一种为充当一定社会角色的有意识个体的整体生命活动不可逆终止，即躯体死亡（somatic death）。从现代医学和法律上来说，不论心肺死亡，均属于躯体死亡诊断标准。按传统死亡概念，脑死亡（brain death）者体内的脑外器官组织细胞代谢活动本质上应属于超生反应。但是，由于目前尚无正式法律规定脑死亡的概念，临床脑死亡者多有一定人工维持呼吸、心搏的医疗期，这期间脑以外的器官可保持生前的新陈代谢和生理功能，故有些损伤和疾病可表现出生活反应样病变，如出血、炎症、血栓形成、栓塞、修复反应等。因此，脑死亡的病理变化与确定死亡和尸检的时间有关。若按脑死亡诊断标准较早确定死亡，除原发性损伤外，无继发性病理改变。若脑死亡 48 h 后确定死亡，则出现"呼吸机脑"改变，大体观察为弥漫性脑水肿、脑回高度增宽、脑沟高度变窄、脑室狭窄，福尔马林固定不良，瘫软，皮质混浊肿胀，灰质、白质交界不清，供血末梢的脑组织可见散在大片软化灶，海马旁回和小脑扁桃体可出现坠积性脑疝样压迹。镜下：①广泛神经元溶解性坏死、消失，顶叶中央前后回区、枕叶、海马区皮层和小脑浦肯野氏皮质神经元表现得早而重。②组织网状疏松，以白质为著。由于脑血流阻断，脑损害与炎症反应不平衡，表现轻微或缺乏。③弥漫细胞毒性和血管源性脑水肿。④脑血管弥漫麻痹样扩张扭曲淤血，大量脱色的球形肿胀红细胞（红细胞泡影）和浆液淤积。⑤内皮细胞肿胀、围管性出血，血管周隙扩大，浆液渗出。

十四、脑外器官损害

脑损伤后，除上述各类原发性和继发性脑组织损害外，尚可引起多种脑外器官和全身性代谢、功能障碍和器质性损害。

（一）神经源性肺水肿

严重脑损伤后，特别是颅内高压时，肺脏是最常见和最先受累的器官，即神经源性肺水肿（neurogenic pulmonary edema）。肉眼观，数小时至 1 d，肺体积膨隆增大，重量可超过正常的 50%，弥漫暗红色淤血，表面光滑膨隆、弥散瘀点瘀斑，其弹性增强，切面湿润、水肿液流出。2~4 d，肺体积及重量仍增加，重量可超过正常肺的 3 倍，出现散在支气管肺炎病灶及肺不张等实变区。1 周以后，淤血、水肿病变减轻，因肺间质及肺泡纤维化，使其体积变小、变硬，严重者可形成"固缩肺"。病理组织学表现为肺泡壁毛细血管及肺间质弥漫充血、淤血，小血管内白细胞积聚、充塞管腔，即中性粒细胞"扣押现象（sequestration）"，微血栓（透明血栓）形成；肺泡急性浆液渗出，漏出性出血，肺泡腔内均匀粉红染色蛋白颗粒淤积，严重者肺泡腔表面被覆一层粉染的纤维蛋白构成的透明物质，称为透明带膜（zona membrane）；肺间质水肿，肺小叶间隔疏松变宽，支气管旁小血管周围间隙加宽、疏松透明形成"水肿袖套"。肺泡水肿呈弥漫性、小片状，胸膜下呈带状分布。部分肺泡萎陷不张，与肺表面活性物质减少、肺泡表面张力增高，以及肺间质水肿压迫等有关。肺泡腔内可见白细胞及脱落的肺泡上皮细胞，构成临床上呼吸窘迫综合征（respiratory distress syndrome）的病理基础。1周以后，上述病变减轻，肺泡Ⅱ型上皮细胞及成纤维细胞明显增生。成纤维细胞增生可使透明带膜及肺泡内渗出物机化，肺泡隔纤维化，引起气血屏障功能严重障碍，可造成肺弥漫性纤维化。成纤维细胞增生的原因，据认为与肺水肿有关，肺水肿愈重者纤维组织增生愈明显；淋巴液的积聚也是导致纤维组织增生的原因之一。

一般认为，神经源性肺水肿的主要发生机制是脑损伤、脑缺血和颅内高压刺激丘脑下部－垂体－肾上腺皮质轴和交感神经－肾上腺髓质等神经体液系统，分泌大量儿茶酚胺类应激激素，如肾上腺素、去甲肾上腺素、多巴胺等，随血液循环聚集并作用于肺毛细血管，引发肺水肿等过度应激反应（恶性应激，malignant stress）。此外，机体内环境的一系列变化，尚可引起心脏兴奋、糖利用受限、蛋白质消耗增加、代谢率升高等，激活免疫系统，血清补体以及中性粒细胞、单核巨噬细胞、淋巴细胞等免疫系统细胞呈高度活化状态，释放大量炎症介质，补体和凝血系统活化，应激激素等各种细胞和体液因子水平升高，引起全身炎症反应。此外，组织脂质过氧化反应增强的自由基损害，亦参与其中。从生理解剖结构方面讲，肺组织毛细血管丰富，特别是呼吸过程中肺泡内呈正负压交替的情况，亦是重要的致病因素。

（二）应激性溃疡

胃肠道也是重型颅脑损伤后受累的常见器官，易发生肠道损伤。肉眼观察，胃肠黏膜早期显示充血、水肿，进而出现弥漫性黏膜出血、坏死、糜烂，甚至黏膜溃疡。镜下，胃、肠早期表现主要为黏膜及黏膜下层充血、水肿，黏膜尖端黏膜上皮下部形成一疏松的水肿区。胃肠黏膜上皮可脱落，形成糜烂和小灶性出血。严重时，黏膜出现多处表浅溃疡。其主要机制为，颅内高压时，应激反应激素使胃肠黏膜小动脉血管强烈收缩，刺激胃酸和浆液性消化液分泌，引起小血管末梢和黏膜坏死，黏膜和黏液屏障功能丧失，消化液逆流、自身消化等，亦称为应激性溃疡（stress ulcer）。

（三）其他脑外伤继发性损害

严重脑损伤除脑组织损伤外，还会因下丘脑、垂体等神经内分泌中枢损害，导致机体代谢紊乱，主要表现为：基础代谢率升高、能量消耗增加、负氮平衡状态、低蛋白血症和高糖血症等。这些代谢紊乱会加重继发性脑损伤，增加脑损伤的死亡率和后遗症的发生率。其主要发生机制有：

（1）严重脑损伤后，能量消耗显著增加，与伤情有明显相关，伤情越重，能量消耗越大，基础代谢率为正常值的100%~200%。去大脑状态或去大脑皮质状态的能量消耗值最高。通常持续2周左右，少数可持续1年以上。目前认为，其机制可能与颅脑损伤后神经内分泌功能紊乱有关，然后血浆儿茶酚胺和可的松含量明显升高，患者尿中儿茶酚胺类物质排出量也显著升高。血浆儿茶酚胺类物质升高程度与患者基础代谢率升高以及能量消耗值增加呈正相关。此外，颅脑损伤后出现白介素-1、白介素-6也可能与伤后能量代谢障碍有关，并可能参与颅脑损伤患者基础代谢升高和能量消耗增加的发病过程，还可能参与脑损伤组织修复、星形胶质细胞增生和免疫功能调节等病理生理过程。

（2）严重脑损伤后尿氮排出量显著增加，持续 2~3 周，峰值在伤后 10~14 d。由于尿氮排出量增加，蛋白质摄入量不足，处于严重负氮平衡状态。重型脑损伤者常发生低蛋白血症，尤其低白蛋白血症会加重脑水肿，阻碍患者脑组织结构和功能修复。机体通过分解肌肉蛋白质以维持机体蛋白质基本代谢需要。目前认为，脑损伤后出现负氮平衡的主要原因可能包括：患者处于制动或瘫痪状态、应用类固醇激素药物治疗、儿茶酚胺类物质大量释放等。此外，处于昏迷、人工冬眠等静止状态时，前列腺素或白介素-1和白介素-6 等物质会使肌肉蛋白质分解增加，继而使尿氮排出增加。血浆中儿茶酚胺升高程度同尿儿茶酚胺类物质排出增加有明显相关，血浆中儿茶酚胺含量升高越明显，尿儿茶酚胺排出越多，尿氮排出就越多，负氮平衡就越严重，这充分说明颅脑损伤后儿茶酚胺类物质参与患者蛋白质代谢、尿氮排出和负氮平衡等病理过程。另外，环氧化酶抑制物、白介素-1、白介素-6 以及外源性输注氨基酸也可能与颅脑损伤患者伤后尿氮排出增加有一定关系。

（3）严重脑损伤者血糖升高，为临床很常见的现象。伤后血糖立即升高，24 h 达到峰值，持续数小时或数天后逐渐降至正常范围。颅脑损伤后 24 h 血糖升高峰值与颅脑损伤的伤情和预后有显著相关。伤情越重，血糖升高越明显，高血糖持续时间越长，患者死亡率和致残率越高，预后越差。脑损伤患者伤后儿茶酚胺类物质、可的松和胰高血糖素释放增加是导致伤后血糖升高的主要原因。此外，脑损伤后血糖含量升高，可加重脑组织病理损害程度，增加脑缺血梗死灶范围。血糖越高，脑缺血梗死灶范围越广泛。采用禁食或胰岛素治疗的动物，使血糖降至正常值，伤后脑组织病理损害程度也明显减轻。血糖升高会加重脑缺血后血脑屏障损害，说明血糖含量在脑损伤发病过程中起重要作用。高糖血症加重脑组织损害的确切机制尚不清楚，试验提示脑组织乳酸堆积、酸中毒和能量代谢障碍是高糖血症加重脑损害的主要机制。脑损伤后血糖升高能抑制腺苷的生成和释放，引起 Ca^{2+} 代谢异常等，也可能与高血糖症加重脑损害的发病机制有关。尽管颅脑损伤后胰岛素处于正常范围或略升高，但仍不足以拮抗胰高血糖素的作用，故颅脑损伤后胰高血糖素大量释放造成胰岛素含量相对不足是导致颅脑损伤患者血糖升高的基本原因。

此外，①颅内高压或直接伤及丘脑下部，尚可引起体温调节中枢功能紊乱（下丘脑后区和外侧区损害），产生中枢性高热。②伤及视上核、室旁核或垂体束和神经部可引起外伤性尿崩症。③下丘脑腹内侧核损害，可出现外伤性食欲亢进和肥胖症。

第七节　展　望

　　基于中枢神经系统的解剖组织结构、生理功能和病理生理等各方面均极其复杂，既通过神经 – 内分泌系统整合性调节全身其他器官系统，又受到全身其他器官系统反馈性影响，以致各类颅脑损伤及其继发性合并症的发生、发展、转归均比其他器官组织损伤复杂得多。迄今，仍存在诸多尚不清楚的情况。如各类颅脑损伤及其合并症的发生和持续时间、表现类型和程度，不一定与原发性脑损伤类型和程度正相关，一定程度上受受伤前酗酒、心身因素、精神状态、既往脑外伤和脑血管病变等自身伤病情况，以及社会、生活和工作等外部因素的影响。因此，颅脑损伤及其继发合并症既有脑组织结构、生理功能和生化代谢的病理生理性损害，又有心理智力、心身因素、精神状态的社会 – 心理 – 精神方面的损害。需要指出，综合颅脑损伤生物力学、神经生理学、神经病理学、神经毒理学、神经病学、精神病学、心身疾病学，以及神经分子生物学、多组学和影像学等，深入探讨颅脑损伤及其合并症的多因素相互作用、互为因果的机制，特别是这些复杂情况的法医学鉴定的客观性指标，应该是法医颅脑损伤学的研究发展方向。

（于晓军　汕头大学；赵乾皓　中山大学）

参考文献

[1]闵建雄.法医损伤学［M］.2版.北京：中国人民公安大学出版社，2010.

[2]梁曼，张海东，刘艳，等.冷冻尸体致颅底骨折3例［J］.中国法医学杂志，2011，26（2）：167-168，174.

[3]邹志虹，张磊.冰冻致颅底骨骨折1例［J］.法医学杂志，2007，23（3）：212.

[4]靳国硕，赵淼，蔡博策，等.冷冻尸体致颅前窝筛板骨折2例［J］.中国法医学杂志，2006（4）：247，261.

[5]黄启智.外伤致颅骨骨折和冷冻尸体颅骨骨折的区别［C］// 厦门：中国法医学会全国第十一次法医临床学学术研讨会论文集，2008：29-30.

[6]王博维，周亦武，刘良.冰冻尸体致颅底骨折1例［C］// 长沙：全国第七次法医学术交流会，2004：121-122.

[7]李勇亚.尸体冷冻导致眶板骨裂1例［J］.刑事技术，2009（3）：78-79.

[8]梁曼，张洋，许小明，等.CO中毒合并冷冻尸体致颅底骨折1例［J］.刑事技术，2011（2）：65-66.

[9]王勇，李红卫，喻永敏，等.冷冻尸体颅骨骨缝分离骨折1例［J］.中国法医学杂志，2012，27（3）：251，265.

[10]于晓军，赵福弟，刘卯阳，等.大鼠脑震荡模型的建立及病理学研究［J］.法医学杂志，1992（3）：119-123，145，148-149.

［11］于晓军，吴家馼.脑震荡的实验研究（综述）［J］.法医学杂志，1993（2）：67-71.

［12］于晓军，吴家馼.酗酒后外伤性蛛网膜下腔出血及其死因分析［J］.法律与医学杂志，1995（1）：27-28.

［13］于晓军，肖飞，颜有仪，等.大鼠外伤性蛛网膜下腔出血模型的建立及其与酒精关系的研究［C］//.第五次全国法医学交流会论文集，1996：58-61.

［14］于晓军，吴家馼，吴梅筠.闭合性弥漫性脑损伤早期病理变化的实验研究（Ⅰ）［J］.法律与医学杂志，1998（1）：27-30.

［15］于晓军，吴家馼，吴梅筠.闭合性弥漫性脑损伤早期病理变化的实验研究（Ⅱ）［J］.法律与医学杂志，1998（3）：79-82.

［16］于晓军，吴家馼，吴梅筠等.外伤性蛛网膜下腔出血的研究现状［J］.法医学杂志，1998（1）：46-50.

［17］于晓军，肖飞，吴家馼，等.大鼠闭合性弥漫性脑损伤脑血管铸型的扫描电镜观察［J］.法医学杂志，1998（2）：65-66，122.

［18］于晓军，彭雪梅，肖飞等.大鼠闭合性脑损伤扫描电镜观察［J］.法医学杂志，1999（1）：3.

［19］于晓军，陈国弟，苟清，等.大鼠闭合性脑损伤后血清髓鞘碱性蛋白研究［J］.法医学杂志，1999（2）：67.

［20］于晓军，肖飞，吴家馼，等.大鼠闭合性脑损伤酯化银和白蛋白组织化学研究［J］.法医学杂志，2001（2）：69-73，76.

［21］袁先厚，蒋先惠.脑震荡的生物力学及其神经细胞的变化［J］.中华神经外科杂志，1986（2）：67-70.

［22］吴家馼，汪秉康，万奕，等.脑皮质挫伤组织的定量自动图象分析——存活时间与神经细胞及胶质细胞反应的关系［J］.中国法医学杂志，1989（1）：1-4.

［23］袁绍纪，朱诚，陈柏林，等.大鼠急性创伤性脑水肿的建立［J］.上海医学，1989（5）：276-279.

［24］姚凤升，于建立，赵以诚，等.豚鼠脑震荡实验模型的建立和形态观察［J］.中国法医学杂志，1992（1）：14-18，68.

［25］王以进，郭宝良.人颅脑在静动态载荷下应力分析和创伤研究［J］.中华创伤杂志，1993（5）：255-257，314.

［26］张荣伟，朱诚.脑损伤病人脑脊液中强啡肽A的含量变化及临床意义［J］.解放军医学杂志，1993，18（1）：61-62.

［27］胡深，赵崇智，董宝印.猫蛛网膜下腔出血性脑血管痉挛——模型与脑血管造影［J］.中华神经外科杂志，1993（4）：27-29，66，69.

［28］胡深，赵崇智，隋长江，等.猫蛛网膜下腔出血性脑血管痉挛的光镜电镜观察［J］.中华神经外科杂志，1994（1）：25-27，C4.

［29］刘敏，汪秉康，吴家，等.脑挫伤区及其远离部位脑组织中纤维蛋白的免疫组化观察［J］.华西医科大学学报，1994（2）：138-141.

［30］王向宇.蛛网膜下腔出血继发脑血管痉挛的病理机制新进展［J］.国外医学（脑血管疾病分册），1994（3）：161-164.

［31］汪秉康，吴家馼，许普.11例脑皮质挫伤远区及脑干病变的光镜和扫描电镜观察报告［J］.中国法医学杂志，1995（2）：76-79.

［32］毛庆，陈俊杰，李能德，等.血清髓鞘碱性蛋白对急性闭合性脑损伤程度的判断价值［J］.华西医科大学学报，1995（2）：135-137.

［33］董红心，朱粹青，郑小平，等.脑创伤组织提取液对培养星形胶质细胞的形态特征及FOS基因表达的影响［J］.神经解剖学杂志，1995（3）：190-194，280.

［34］段亚清，王晓峰，徐晶华，等.大鼠脑缺血再灌流损伤在脑震荡脑损伤中作用的研究［J］.白求恩医科大学学报，1995（2）：134-136.

［35］段亚清，王晓峰，李占国，等.大鼠脑震荡海马区 LPO、SOD 含量的变化［J］.白求恩医科大学学报，1995（3）：269-271.

［36］梁勇.氧自由基与脑损伤和脑水肿［J］.国外医学·神经病学神经外科学分册，1995（2）：81-84.

［37］史有才.内皮素在 SAH 后脑血管痉挛中的作用［J］.国外医学·神经病学神经外科学分册，1995（2）：81-84.

［38］冯元桢.生物力学——运动、流动、应力和生长［M］.邓善熙，译.成都：四川教育出版社，1993.

［39］杨桂通.医用生物力学［M］.北京：科学出版社，1994.

［40］江基尧.现代脑损伤学［M］.3 版.上海：第二军医大学出版社，2010.

［41］祝家镇.法医病理学［M］.2 版.北京：人民卫生出版社，1999.

［42］黄克维，吴丽娟.临床神经病理学［M］.北京：人民军医出版社，1999.

［43］赵凯华，罗蔚茵.新概念物理教程：力学［M］.北京：高等教育出版社，1999.

［44］吴家馼.法医学［M］.3 版.成都：四川大学出版社，2009.

［45］闵建雄.法医损伤学［M］.北京：中国公安大学出版社，2001.

［46］Torimitsu S，Nishida Y，Takano T，et al. Effects of the freezing and thawing process on biomechanical properties of the human skull［J］. Legal Medicine，2014，16（2）：102-105.

［47］Zhang J，Yan Y，Chen Y，et al. Basilar fracture due to frozen corpse: a case report［J］. Am J Forensic Med Pathol，2016，37（3）：218-220.

［48］Gan Y C，Charkravarty D，Flint G. Ring fracture of the skull base: case report and review of the literature［J］. Br J Neurosurg，2002，16（3）：300-303.

［49］Russell W R. Experimental cerebral concussion［J］. J Physiol，1940，99（1）：153.

［50］Clark S L，Ward J W. The effect of rapid compression waves on animals submerged in water［J］. Surg Gynec Obstet，1943，77：403.

［51］Holbourn A H S. Mechanics of head injuries［J］. Lancet，1943，2：483.

［52］Denny-Brown D. Cerebral concussion［J］. Physiol Rev，1945，184：119.

［53］Gurdjian E S，Lissner H R，Webster J E，et al. Studies on experimental concussion: Relation of physiologic effect to time duration of intracranial pressure increase at impact［J］. Neurology，1954，4（9）：674-681.

［54］Strich S J. Diffuse degeneration of the cerebral white matter in severe dementia following head injury［J］. J Neurol Neurosurg Psychiat，1956，19（3）：163-185.

［55］Strich S J. Shearing of nerve fibres as a cause of brain damage due to head injury: a pathological study of twenty cases［J］. Lancet，1961，278（7200）：443-448.

［56］Ommaya A K，Rockoff S D，Baldwin M. Experimental concussion: a first report［J］. J Neurosurg，1964，21：249-265.

［57］Echlin F A. Spasm of basilar and vertebral arteries caused by experimental subarachnoid hemorrhage［J］. J Neurosurg，1965，23（1）：1-11.

［58］Lindgren S，Rinder L. Experimental studies in head injuryⅡ: pressure propagation in "percussion concussion"［J］. Biophysik，1966，3（2）：174-180.

［59］Isreal Y，Kalant H，Leblanc A E. Effects of lower alcohol on potassium transport and microsomal adenosine-triphosphate activity of cat cerebral cortex［J］. Biochem J，1966，100（1）：27-33.

［60］Simonsen J. Fatal subarachnoid hamorrhage in relation to minor head injuries［J］. J Forensic Med，

1967, 14（4）: 146-155.

[61] Inoue F, Frank G B. Effects of ethyl alcohol on excitability and on neuromuscular transmission in frog skeletal muscle [J] . Brit J Pharmacol, 1967, 30（1）: 186-193.

[62] Contostavlos D L. Massive subarachnoid hemorrhage due to laceration of the vertebral artery associated with fracture of transverse process of the atlas [J] . J Forensic Sci, 1971, 16（1）: 40-56.

[63] Cameron J M, Mank A K. Fatal subarachnoid hemorrhages associated with cervical trauma [J] . Med Sci Law, 1972, 12（1）: 66-70.

[64] Mant A K. Traumatic subarachnoid haemorrhage following blows to the neck [J] . Forensic Sci Int, 1972, 12（4）: 567-572.

[65] Ommaya A K, Letcher F S, Corrao P G. Head injury in the chimpanzee. Part 1: Biodynamics of traumatic unconsciousness [J] . J Neurosurg, 1973, 39（2）: 152-166.

[66] Tatsuno Y, Lindenberg R. Basal subarachnoid hemorrhage as sole intracranial lesions [J] . Arch Pathol, 1974, 97（4）: 211-215.

[67] Miyazaki M. Circulatory effect of ethanol, with special reference to cerebral circulation [J] . Jpn Cir J, 1974, 38（5）: 381-385.

[68] Ommaya A K, Gennarelli T A. Cerebral concussion and traumatic unconsciousness.Correlation of experimental and clinical observations of blunt head injures [J] . Brain, 1974, 97（4）: 633-654.

[69] White R P, Hagen A A, Morgan H, et al. Experimental study on the genesis of cerebral vasospasm [J] . Stroke, 1975, 6（1）: 52-57.

[70] Simonsen J R, Mmary S U. Massive subarachnoid haemorrhage and fracture of transverse process of the atlas [J] . Med Sci Law, 1976, 16（1）: 13-16.

[71] Bakay L, Lee J C , Lee G C, et al. Experimental cerebral concussion . Part 1: an electron microscopic study [J] . J Neurosurg, 1977, 47（4）: 525-531.

[72] Palfreyman J W, Thomas D G, Ratcliffe J G. Radioimmunoassay of human myelin basic protein in tissue extract, cerebrospinal fluid and serum and its clinical application to patients with head injury [J] . Clin Chim Acta, 1978, 82（3）: 259-270.

[73] Barry K J, Scott R M. Effect of intravenous ethanol on cerebral vasospasm produced by subarachnoid blood [J] . Stroke, 1979, 10（5）: 535-537.

[74] Hillbom M, Kaste M. Alcohol intoxication: a risk factor for primary subarachnoid hemorrhage [J] . Neurology, 1982, 32（7）: 706-711.

[75] Marek Z. Isolated subarachnoid hemorrhage as a medicolegal problem [J] . Am J Forensic Med Pathol, 1981, 2（1）: 19-22.

[76] Gennarelli T A, Thibault L E, Adams J H, et al. Diffuse axonal injury and traumatic coma in the primate [J] . Ann Neurol, 1982, 12（6）: 564-574.

[77] Bakay R A, Ward A A. Enzymatic changes in serum and cerebrospinal fluid in neurological injury [J] . J Neurosurg, 1983, 58（1）: 27-37.

[78] Davis J M, Zimmerman R A. Injury of the carotid and vertebral arteries [J] . Neuroradiology, 1983, 25（2）: 55-69.

[79] Krog M, Almgren B, Eriksson I, et al. Vascular complication in the Ehlers-Danlos syndrome [J] . Acta Chir Scand, 1983, 149（3）: 279-282.

[80] Harland W A, Pitts J F, Watson A A. Subarachnoid hemorrhage due to upper cervical trauma [J] . J Clin Pathol, 1983, 36（12）: 1335-1341.

[81] Coast G C, Gee D J. Traumatic subarachnoid hemorrhage: an alternative source [J]. J Clin Pathol, 1984, 37 (11): 1245-1248.

[82] Simonsen J. Fatal subarachnoid hemorrhages in relation to minor injuries in Denmark from 1967 to 1981 [J]. Forensic Sci Int, 1984, 24 (1): 57-63.

[83] Farrell M A, Gibert J J, Kaufmann J C. Fatal intracranial arterial dissection: Clinical pathological correlation [J]. J Neurol Neurosurg Psychiatry, 1985, 48 (2): 111-121.

[84] McLean J M, Wright R M, Henderson J P, et al. Vertebral artery rupture associated with closed head injury. Report of two cases [J]. J Neurosurg, 1985, 62 (1): 135-138.

[85] Simpson R H, Berson D S, Shapiro H A. The diagnosis of diffuse axonal injury in routine autopsy practice [J]. Forensic Sciense International, 1985, 27 (4): 229-235.

[86] Povlishock J T, Becker D P. Fate of reactive axonal swellings induced by head injury [J]. Laboratory Investigation, 1985, 52 (5): 540-552.

[87] Longstreth W T Jr, Koepsell T D, Yerby M S, et al. Risk factors for subarachnoid hemorrhage [J]. Stroke, 1985, 16 (3): 377-385.

[88] Deck J H, Jagadha V. Fatal subarachnoid hemorrhage due to traumatic rupture of the vertebral artery [J]. Arch Pathol Lab Med, 1986, 110 (6): 489-493.

[89] Dolman C L. Rupture of posterior inferior cerebellar artery by single blow to head [J]. Arch Pathol Lab Med, 1986, 110 (6): 494-496.

[90] Dixon C E, Lyeth B G, Povlishock J T, et al. A fluid percussion model of experimental brain injury in the rat [J]. J Neurosurg, 1987, 67 (1): 110-119.

[91] Vanezis P, Chan K K, Scholtz C L. White matter damage following acute head injury [J]. Forensic Sic Int, 1987, 35 (1): 1-10.

[92] Sherman M R, Smialek J E, Zane W E. Pathogenesis of vertebral artery occlusion following cervical spine manipulation [J]. Arch Pathol Lab Med, 1987, 111 (9): 851-853.

[93] Lighthall J W. Controlled cortical impact: a new experimental brain injury model [J]. J Neurotrauma, 1988, 5 (1): 1-15.

[94] Dowling G, Curry B. Traumatic basal subarachnoid hemorrhage: Report of six cases and review of literature [J]. Am J Forensic Med Pathol, 1988, 9 (1): 23-31.

[95] Liu H M, Sturner W Q. Extrasation of plasma proteins in brain trauma [J]. Forensic Science International, 1988, 38 (3-4): 285-295.

[96] Erb D E, Povlishock J T. Axonal damage in severe traumatic brain injury: an experimental study in cat [J]. Acta Neuropathol, 1988, 76 (4): 347-358.

[97] Inao S, Marmarou A, Clarke G D, et al. Production and clearance of lactate from brain tissue, cerebrospinal fluid, and serum following experimental brain injury [J]. J Neurosurg, 1988, 69 (5): 736-744.

[98] Mokri B, Houser O W, Sandok B A, et al. Spontaneous dissections of the vertebral arteries [J]. Neurology, 1988, 38 (6): 880-885.

[99] Ellis E F, Police R J, Rice L Y, et al. Increased plasma PGE2, 6-keto-PGF1α, and 12-HETE levels following experimental concussive brain injury [J]. J Neurotrauma, 1989, 6 (1): 31-37.

[100] Adams J H, Doyle D, Ford I, et al. Diffuse axonal injury in head injury: definition, diagnosis and grading [J]. Histopathology, 1989, 15 (1): 49-59.

[101] Gross A. Traumatic subarachnoid hemorrhage: autopsy material analysis [J]. Forensic Sci Int, 1990, 4 (1-2): 53-61.

［102］Sproge-Jakobsen S, Falk E. Fatal thrombosis of the basilar artery due to a minor head injury［J］. Forensic Science International, 1990, 45（3）: 239-245.

［103］Karhunen P J, Kauppila R, Penttila A, et al. Vertebral artery rupture in traumatic subarachnoid hemorrhage detected by postmortem angiography［J］. Forensic Sci Int, 1990, 44（2-3）: 107-115.

［104］Cold G E. Cerebral blood flow in acute head injury.The regulation of cerebral blood flow and metabolism during the acute phase of head injury, and its significance for therapy［J］. Acta Neurochir, 1990, 49: 1-64.

［105］Van dnn pol A N, Gallyas F. Trauma-induced Golgi-like staining of neurons: a new approach to neuronal organization and response to injury［J］. The J Comparative Neurology, 1990, 296（4）: 654-673.

［106］Yuan X Q, Wade C E, Clifford C B. Immediate hypertensive response to fluid percussion brain injury may be relate to intracerebral hemorrage and hypothalamic damage［J］. J Neurotrauma, 1991, 8（3）: 219.

［107］Loberg E M, Torvik A. Uptake of plasma proteins into damaged neurons: an experimental study on cryogenioc lesions in rats［J］. Acta Neuropathol, 1991, 81（5）: 479-485.

［108］Bostrom K, Helander C G, Lindgren S O. Blunt basal head trama: Rupture of posterior inferior cerebellar artery［J］. Forensic Science International, 1992, 53（1）: 61-68.

［109］Crooks D A, Scholtz C L, Vowles G, et al. Axonal injury in close head injury by assault: a quantitative study［J］. Med Sci Law, 1992, 32（2）: 109-117.

［110］Yaghmai A, Povlishock J. Traumatically induce reactive change as visualized through the use of monoclonal antibodies targeted to neurofilament subunits［J］. J Neuropathol Exp Neurol, 1992, 51（2）: 158-176.

［111］Gallant P E. The direct effects of grade axonal compression on axoplasm and fast axoplasmic transport［J］. J Neuropathol Exp Neurol, 1992, 51（2）: 220-230.

［112］Loberg E M, Torvik A. Neuronal uptake of plasma proteins in brain contusions: an immunolhistochemical study［J］. Acta Neuropathol, 1992, 84（3）: 234-237.

［113］Brinker T, Brinker T, Seifert V, et al. Subacute hydrocephalus after experimental subarachnoid hemorrhage: Its prevention by intrathecal fibrinolysis with recombinant tissue plasminogen activator［J］. Neurosurgery, 1992, 31（2）: 306-311; disscussion 311-312.

［114］Thibault L E, Meaney D F, Anderson B J, et al. Biomechanical aspects of a fluid percussion model of brain injury［J］ Neurotrauma, 1992, 9（4）: 311-322.

［115］Gallyas E, Zoltay G. An immediate light microscopic response of neuronal somata, dendrites and axons to non-contusing concussive head injury in the rat［J］. Acta Neuropathol, 1992, 83（4）: 386-393.

［116］Gallyas F, Zoltay G. An immediate light microscopic response of neuronal somata, dendrites and axons to contusing concussive head injury in the rat［J］. Acta Neuropathol, 1992, 83（4）: 386-393.

［117］Sahay K B, Mehrotra R, Sachdeva U, et al. Elastomechanical characterization of brain tissues［J］. J Biomechanics, 1992, 25（3）: 319-326.

［118］Loberg E M, Torvik A. Plasma proteins in normal neurons. Immunohistochemical studies on autopsy material and experimental animals［J］. APMIS, 1992, 100（5）: 431-436.

［119］Gallyas F, Zoltay G, Horvath Z. Light microscopic response of neuronal somata, dendrites and axons to post-mortem concussive head injury［J］. Acta Neuropathol, 1992, 83（5）: 499-

503.

[120] Mccormick D, Hall P A. The complexities of proliferating cell nuclear antigen [J]. Histopathology, 1992, 21（6）: 591-594.

[121] Zhang X, Niu W Y, Zhang X M. A study enzymohistochemistry of cerrebral cortical injury [J]. Forensic Sci Int, 1993, 59（1）: 19-24.

[122] Plant J R, Butt J C. Laceration of vertebral artery. An historic boxing death [J]. Am J Forensic Med Pathol, 1993, 14（1）: 61-64.

[123] Johnson C P, Burns J. The medicolegal significance of proteoglycans in the tunca media of the certebral artery [J]. Am J Forensic Med Pathol, 1993, 14（2）: 165-169.

[124] Juvela S, Hollbom M, Numminen H, et al. Cigarette smoking and alcohol consumption as risk factors for aneurysmal subarachnoid hemorrhage [J]. Stroke, 1993, 24（5）: 639-646.

[125] Ruan J S, khalil T, King A I. Dynamic response of the human head to impact by three-dimensional finite element analysis [J]. Journal of Biomechanical Engineering, 1994, 116（1）: 44-50.

第二章

脑挫裂伤

脑挫裂伤（contusion and laceration of the brain）指头颅遭受外力作用后，脑实质血管破裂和组织损伤，可发生于大脑、脑干、小脑的任何部位。严格地讲，脑挫裂伤可分为脑挫伤和脑裂伤：前者仅为脑血管及其血脑屏障损害，表现为周围血管性出血、水肿和点灶性出血，未伤及血管周边脑组织；后者为脑血管及其周边脑实质同时破裂。脑挫裂伤分为开放性脑损伤和闭合性脑损伤两种。开放性脑损伤指头皮、颅骨、硬脑膜同时破裂，脑组织外露的损伤。闭合性损伤指头皮、颅骨、硬脑膜全部或其中任一层结构完整的脑损伤，即损伤处脑组织未外露。

第一节　脑挫裂伤形成机制

目前，有多种脑挫裂伤的成伤机制假设学说，包括旋转剪切力、压力梯度、振动、脑移位、空穴等。综合起来，脑挫裂伤的三要素包括颅骨变形、颅内压改变、脑的运动。

（1）颅骨变形。当头颅受到外力击打后，势必会引起受力部位颅骨的形状发生改变，表现为沿力的方向凹陷，当凹陷达到一定程度时，变形的颅骨会直接碰撞脑组织，造成局部接触的脑组织损伤。除这种骨传导方式的直接作用形成脑组织损伤外，外力往往传导至脑组织的深部造成冲击伤，呈尖端朝内、底面朝外的楔形挫裂伤形态。

（2）颅内压改变。颅内压，即颅腔内脑脊液的压力，正常为 80~180 mmH$_2$O（0.78~1.76 kPa）。如前所述，颅骨遭受外力作用后，形成的冲击力会通过骨传导方式传递至颅腔内，包括两个过程，即冲击压力波及颅内压的正负变化。早在 20 世纪 90 年代已有试验证实，颅内压力响应曲线与冲击载荷响应曲线基本一致。当头部在临界冲击载荷 2 490 N 作用时，颅内压在冲击后 60 ms 时达到峰值，其中额部 669.12 mmH$_2$O、枕部 718.08 mmH$_2$O、脑干附近 708.56 mmH$_2$O，可以说明部分间接性暴力通过颅内压力波变化引起冲击伤和对冲伤的形成机制。

（3）脑的运动。脑组织的体积略小于颅腔的体积，所以头颅受到外力作用后往往会引起脑组织与颅骨的相对运动。由于脑脊液的存在，颅腔内脑组织的运动一般呈直线运动和旋转运动两种方式。

1）惯性作用的直线加速或减速运动：见于静止或运动的头颅受到同向或反向的变速或静止的外力作用后，引起的加速或减速运动。直线运动的特点是脑组织的运动方向与外力方向为同一轴向，由于脑干与脊髓相连，故在延髓与颈髓交界区，脑组织的直线运动均呈水平的横向运动。因此，引起高动能脑损伤的外力必须通过脑的重心或枕寰关节起作用。当加速或减速力量较大、头颅瞬间加速度很大时，脑组织会因为惯性作用与颅骨内面撞击并形成作用力与反作用力的往复冲击式接触，从而形成直线运动中其对极部脑组织的冲击伤和对冲伤，如枕部外力打击可致小脑后极或枕极部位的脑组织冲击伤、颞极和额极对冲伤。一般对冲伤往往比冲击伤的损伤重，有时甚至只有对冲伤而无冲击伤的情况。

只有通过脑的重心或枕寰关节的作用力才能使脑产生直线运动。但多数情况下，大脑发生的运动还包含一定程度的旋转运动。与直线运动类似，旋转运动时产生颅脑损伤的机制仍属于惯性作用。脑组织的旋转方式与整个头颅的旋转方式不完全一致。当下颌或者后枕部受到外力打击时，以枕寰关节为中心点，头颅会迅速被动做出后仰或低头的动作，而大脑的运动略迟于头颅的运动，两者之间形成不同步的相对移位，使大脑顶部表面与颅腔内面发生摩擦，造成顶叶的挫裂伤。同理，当头颅受外力作用突然发生水平旋转时，额叶、颞叶、枕叶往往发生脑挫裂伤。根据物理学原理，在角速度相同的情况下，半径越大，离心力越大，所以旋转运动造成的脑挫裂伤，越靠近大脑表层损伤越重。

实际上，由于脑组织在颅腔内直线运动的限制，颅脑受力后旋转运动更为常见，或者说脑组织的运动多数属于直线和旋转的混合性运动。由于颅腔、脑膜和脑干等组织结构的限制，以及脑组织的各部分形态、质量和固定程度的差异，脑组织旋转运动时也会发生各位置不同步，而产生相对移位界面的剪切力。旋转幅度、阻力越大，剪切力也越大。由于脑组织呈液态黏弹性流体的生物力学性状，具有不耐压缩、易于扭曲变形的特性，对于外力的耐受性特别差，往往很小的作用力就会破坏脑组织结构，所以大脑镰、小脑幕游离缘处的脑组织也容易受到损伤。

2）空穴效应：上述的脑组织损伤属于惯性机制。但试验证实，颅骨受外力作用后会在对极部脑表面与颅骨内板之间形成负压区，称为空穴效应。负压区域的脑组织因吸力作用发生撕裂。虽然加速运动与减速运动造成脑挫裂伤从原理来讲均与惯性因素有关，但其结果存在明显差异。加速运动时头部能做相对运动，延长了作用时间，从而使头颅运动速度降低，负压的大小和持续时间均受限制，故损伤相对较轻；而减速运动时，由于人体惯性力的影响，脑与颅骨不同步运动的幅度明显增大，故对撞部位的损伤较为严重。已有试验证明，在相似的撞击力下，加速和减速（打击和坠落）形成的负压峰值差别不大，但持续时间后者是前者的 5 倍，从而解释了高坠为什么比打击更易发生对冲伤。

综上所述，尽管脑损伤的机制有多种，但任何单独的一种机制均难以解释所有的脑损伤类型。如在现实案件中会遇到颅骨在一次外力作用发生骨折后，脑组织却表现出了多发性损伤的特点；冲击性损伤好发于额、颞部而少见于枕部，这也是颅压改变机制不能完全解释的一种现象。因此，脑损伤的机制在更多的情况下是一种混合机制。

第二节　脑挫裂伤后继发性损伤机制

脑挫裂伤发生后继发的损伤机制十分复杂，从病理生理学角度，主要分为以下几点：

（1）激活炎症反应。目前研究证实，炎症反应在脑损伤发生后的不同阶段有着不同的作用。脑挫裂伤急性期时，过度的炎症反应会加重脑组织的损害，而在挫裂伤中晚期，炎症反应的存在则会促进组织的修复。挫裂伤时出现的神经炎症反应包括细胞性炎症反应和介质性炎症反应两个方面。脑挫裂伤发生后，炎症因子的出现呈时序性。从整个的修复过程来看，首先是代表促炎因子的 IL-1β（IL：白介素）、IL-6、TNF-α（TNF：肿瘤坏死因子）进行表达，随后是以 IL-8、ICAM-1（ICAM：细胞间黏附因子）为代表的趋化、黏附因子表达，最后是 IL-4、IL-10、TGF-β（TGF：转化生长因子）等抑制炎症因子的表达。多项研究均提示挫伤灶周围的炎性细胞可通过释放髓过氧化物酶、诱导型 NOS（NOS：一氧化氮合酶）、细胞和趋化因子等造成神经细胞的损伤。

小胶质细胞是广泛分布于中枢神经的巨噬细胞，是脑组织内的固有免疫细胞，呈梭形或椭圆形，表面有棘突，对脑内环境变化非常敏感。脑挫裂伤发生后，外来抗原物质或神经元细胞碎片可迅速将其活化，发生形态和功能上的改变，对刺激迅速做出反应，发挥吞噬作用，同时也能促进炎症反应的发生和发展，是参与急性炎症反应重要的组成成分。

生理情况下，小胶质细胞处于活化状态和静息状态的动态平衡，对维持神经免疫稳态起重要作用。小胶质细胞处于活化状态时可分为 M1（经典激活）和 M2（替代激活）两种功能表型。M1 型小胶质细胞主要产生各种促炎因子，起促进炎症反应发生的作用；M2 型小胶质细胞通过产生 IL-10、TGF-β 等抑炎因子，发挥抑制炎症反应、促进组织修复的作用。已有报道证实，在脑挫裂伤时，小胶质细胞会被过度激活，通过向 M1 型或 M2 型活化，发挥对神经免疫稳态的调节作用。同时，过度激活的小胶质细胞，会导致 M1 极化异常增强，释放大量炎性介质，加重脑挫裂伤后损伤的程度。

中脑星形胶质细胞源性神经营养因子（mesencephalic astrocyte-derived neurotrophic factor，MANF）是一种中脑星形胶质细胞的内质网和高尔基体分泌的神经营养因子。有文献报道，脑损伤可诱导神经元 MANF 表达上调，同时，外源性 MANF 可抑制发生损伤的神经元细胞凋亡并促进其增殖，提示 MANF 的表达可能是因脑损伤发生后神经细胞自身的保护性调节所诱发的。另外，也有研究发现，脑缺血亦可诱发内源性 MANF 在小胶质细胞中的表达，且其表达量的高低与小胶质细胞的激活和形态变化密切相关，提示 MANF 作为诱导性蛋白可能参与了脑缺血后神经炎症反应的调节。

（2）诱发脑水肿。血脑屏障的破坏导致脑水肿的出现。血脑屏障是由脑毛细血管内皮细胞、基底膜和毛细血管周围的星形胶质细胞足突构成。脑毛细血管内皮细胞之间的紧密连接（tight junctions）是血脑屏障的重要形态学基础。脑挫裂伤发生后血脑屏障的结构和功能遭到破坏，表现为脑毛细血管内皮细胞微绒毛形成，吞饮小泡增多，作用增强，紧密连接开放，从而使血脑屏障的通透性增加，细胞外间隙渗透压升高，大量水分从毛细血管内渗出，积聚于血管周围间隙和神经细胞外间隙中，形成血管源性脑水肿。

脑组织中的水通道蛋白能加速水肿液的聚集，分布于脑组织的水通道蛋白（aquaporin，AQP）共有 6 种，分别是 AQP1、AQP3、AQP4、AQP5、AQP8 和 AQP9，其中 AQP4 的含量最高。通过免疫组化法、Northern 印记法、原位杂交技术法，发现 AQP4 主要位于血管周围的星形胶质细胞表面和星形胶质细胞的终足处，并紧密包绕形成一层胶质界膜，构成了血脑屏障的第二道隔膜，在胶质细胞、脑脊液以及血管之间起调节水运输的作用。

AQP4 和其他水通道蛋白一样，在生理状态下基本处于激活状态，保障组织中水向高渗方向快速转运。研究表明，AQP4 等水通道蛋白易受到外伤、缺血、缺氧以及渗透压变化等的影响，脑挫裂伤发生后，脑组织中水的含量在 6 h 时已有明显的改变，72 h 达高峰。有报道称，大鼠发生脑挫裂伤后，损伤区 AQP4 在 24 h 内的表达量明显降低，3 d 后从损伤区边缘开始 AQP4 的表达又开始增强。此时损伤区的脑组织以血管源性水肿为主，所以推测脑挫裂伤早期 AQP4 表达量下降是一种适应性的脑保护反应，以阻止更多的体液进入损伤区，从而减轻挫裂处脑组织的水肿程度。

除以上机制外，兴奋性递质毒性、Ca^{2+} 超载、凝血酶学说等也是可以造成脑水肿的公认机制。

第三节　脑挫裂伤的类型

根据病理形态学特点将脑挫裂伤分为三种类型：

（1）表浅性脑挫裂伤，指挫裂伤表浅，通常不累及脑白质的点状或小灶状红色或褐色的脑皮质损伤，多见于脑回顶部。

（2）楔形脑挫裂伤，指挫裂伤形态呈锥形，其锥尖深达脑白质，而锥底位于脑皮质，多系颅骨局部变形所致的冲击伤。

（3）弥漫性脑挫裂伤，指挫裂伤灶广泛分布，多数较浅表，常伴有蛛网膜下隙出血，多见于脑在颅内的旋转运动所致的脑损伤。

参考闵建雄主编的《法医损伤学》，根据挫裂伤形成机制将脑挫裂伤分为以下6种类型：

（1）冲击性脑挫裂伤（coup contusion）：指头部受外力作用而发生加速运动时，着力处的脑组织发生损伤（图2-1）。冲击性脑挫裂伤多见于挥动致伤物打击头颅的情况，少见于跌倒所致的头颅撞击地面。局部外力大，而致伤物作用面较小时，冲击性脑挫裂伤重。造成凹陷性骨折和粉碎性骨折的暴力常造成严重的冲击性脑挫裂伤。

（2）对冲性脑挫裂伤（contrecoup contusion）：指头部受外力作用时，着力点的对侧部位的脑组织发生损伤（图2-2）。对冲性脑挫裂伤多由于跌倒时头颅撞击外界物体而形成。

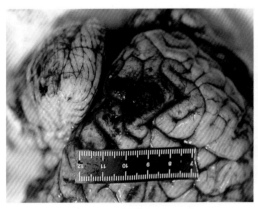 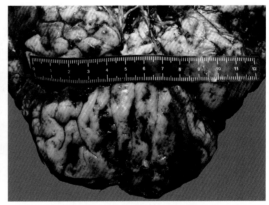

图2-1　冲击性脑挫裂伤　　　　　图2-2　对冲性脑挫裂伤

（3）中间性脑挫裂伤（inner cerebral trauma）：或"脑内损伤"，指着力部位与对冲部位之间的脑组织所发生的脑挫裂伤，这些伤可发生于胼胝体、前连合、丘脑、下丘脑及脑干等部位，可呈点状、线状，甚至形成血肿，常形成广泛性损伤。

（4）滑动性脑挫裂伤（gliding contusion）：指脑表面对着骨嵴，即颅骨内面不平整处，外力作用时脑因惯性移动而与骨嵴发生摩擦，致脑表面发生的挫裂伤。这种挫伤主要发生在额叶的眶面和颞叶的底面。也有学者认为额顶部皮质下的出血系脑滑动时固定的蛛网膜粒牵扯脑组织致白质内静脉破裂所致。

（5）疝性脑挫裂伤（herniation contusion）：指头部受暴力打击时，颅内压突然升高，将小脑扁桃体压向枕骨大孔，可引起小脑扁桃体的挫裂伤。这种挫裂伤的形成机制与枪弹创形成的疝性脑挫裂伤类似。其他颅内压升高时继发的脑疝也可发生出血，属于继发性疝性脑挫裂伤。

（6）骨折性脑挫裂伤（fracture contusion）：指颅骨受冲击力作用发生骨折时，骨折边缘受压迫并与脑表面摩擦形成的脑挫裂伤。

第四节 脑挫裂伤的程度

根据严重程度将脑挫裂伤分为轻度、中度、重度三种。

（1）轻度脑挫裂伤：脑组织的损伤及出血程度轻微，仅出现短暂的意识障碍，可能是合并脑震荡的表现。

（2）中度脑挫裂伤：受伤后在短时间内未死亡，昏迷可持续数小时至数日以上。受伤后出现神经系统阳性症状，这些症状可反映出脑挫伤的部位，从而可推测暴力作用的部位。顶叶皮质受伤，可出现对侧精细感觉障碍。额叶皮质受伤，可出现双目同侧视运动障碍（凝视麻痹）。额颞叶受伤，可出现运动性或感觉性失语症。枕叶皮质受伤，可出现偏盲。脑干受伤，可出现去大脑强直症状。丘脑下部损伤，可使体温调节中枢紊乱，并出现严重的中枢性高热。颅底部损伤可使某些脑神经损伤。若伤及大脑皮质运动区和锥体束，可发生偏瘫。若伴有蛛网膜下隙出血，尚可发生呕吐及颈项强直。

（3）重度脑挫裂伤：受伤后立即发生深度昏迷，并可于短时间内出现中枢性呼吸衰竭，或并发重度神经源性肺水肿而死亡。

第五节 脑挫裂伤的临床表现

脑挫裂伤因损伤部位与程度的不同而临床表现各异。

（1）头痛、呕吐，可能与颅内压增高、自主神经功能紊乱或蛛网膜下隙出血刺激脑膜等有关。

（2）局灶症状和体征，依损伤部位和程度不同而异，如伤及脑皮质功能区，伤后立即出现与损伤部位相对应的神经功能障碍体征，如瘫痪、肢体抽搐或锥体束征阳性、感觉障碍、失语、视野缺损及局灶性癫痫等。若伤及脑垂体可出现尿崩症；若仅伤及额颞叶前端等所谓"哑区"，不出现局灶症状和体征。如脑挫裂伤早期无神经系统阳性体征，之后出现新的体征，提示可能发生继发性损伤。

（3）脑膜刺激征，伴有蛛网膜下隙出血时出现脑膜刺激征，表现为颈项强直等。颈项强直一般于伤后1周左右逐渐消失，如仍不消失，应排除颈项部损伤或继发颅内感染。

（4）生命体征变化，可出现短暂脉搏细速、血压偏低和呼吸缓慢等，多数短期逐渐恢复正常；若不恢复，可能合并其他损伤。

（5）意识障碍，是脑挫裂伤的最主要表现之一。正常的意识状态是由脑干上行网状激活系统（ascending reticular activating system，ARAS）和大脑皮质神经元共同维持的。受伤当时立即发生，其程度和持续时间与脑挫裂伤的程度和范围直接相关，多数超过半小时，可持续数天、数月，严重者长期昏迷直至死亡。少数范围局限的脑挫裂伤可不出现意识障碍。国外流行病学研究显示，脑损伤后昏迷的发生率为 0.5%~1.8%。在我国，各种原因引起的脑损伤后意识障碍患者每年约有 200 万人。目前的研究已经证实，脑挫裂伤发生后脑组织缺血、缺氧、水肿以及微循环障碍等是影响意识障碍患者预后的最重要因素。

（6）睡眠障碍，是脑挫裂伤发生后常见的并发症。睡眠障碍是指在合适的睡眠环境中睡眠时间不正常或睡眠中出现异常行为，主要表现为入睡困难、维持睡眠困难、过早觉醒和睡后无恢复感。可发生于伤后的任何阶段，且可长久存在，其主要表现为不同程度的失眠、嗜睡、昼夜节律失调等。颅脑外伤后患者发生睡眠障碍达 28.2%~70.0%，研究表明，睡眠障碍的程度与脑挫裂伤部位并无联系。

（7）认识障碍，是脑挫伤后较为常见的一种并发症。已有报道证实，发生脑挫裂伤的患者中约 70.0% 会伴有不同程度的精神障碍，颅脑损伤后 1 年精神障碍发生率可达 18.34%。颅脑损伤导致缺氧、贫血、代谢异常及颅内高压，进而引发脑内兴奋性氨基酸及花生四烯酸代谢物的释放、氧自由基的产生以及单胺类和 5-羟色胺类神经递质的瓦解等，这些变化均可引发大脑功能紊乱，造成患者出现颅脑损伤后精神障碍。颅脑损伤引发精神障碍的类型较为复杂，包含器质性遗忘、器质性人格改变、器质性痴呆、器质性精神病症状、器质性神经症样综合征及器质性情感障碍，损伤部位和损伤程度不同，所引发的精神障碍类型也有差异。

第六节　脑挫裂伤的病理形态变化

根据尸体解剖资料，脑挫裂伤后大体观察可见：脑挫裂伤多发生于额极、额叶眶面、颞极及其外侧面等部位，表现为大小不等且较为局限的皮层及皮层下挫裂伤。切面可发现在脑回凸起部位的皮层呈大小不一、深浅不同的圆形、椭圆形或长条状出血灶，有的呈楔形，楔形底部朝上、尖部伸入皮层下，其范围为一至数回，在出血灶的下方尚可见到完整的脑皮层。较严重的挫裂伤可见软脑膜的撕裂和血液流入硬膜下隙，形成硬膜下血肿。

脑挫裂伤在早期呈出血改变，1~2 d 后，出血灶的颜色逐渐模糊，组织坏死逐渐明显，颜色由紫红色变为紫蓝色，5 d 左右开始液化，5~6 周后液化达到高峰。最初该区呈凹陷状，继而变为囊状，其中含有黄色或棕黄色液体。小的挫裂伤可被胶质瘢痕充填，大的挫裂伤灶一般形成囊状。当挫裂伤出血形成硬脑膜下血肿时，可因血肿机化而变厚并与脑组织粘连。

脑挫裂伤的病理形态改变可分三种：

（1）出血：常位于脑皮质，可呈点状或与脑表面垂直的细条状，一般在脑回的嵴部，或脑沟的底部。如存活稍久，出血灶可互相融合，使范围扩大。

（2）坏死：在脑回嵴部形成三角形坏死灶，尖端向着白质，底部在脑的表面。在损伤后 3~5 h 即形成境界清晰的坏死。坏死区直达皮质表层，说明它是由暴力直接作用所致，这一特点可与继发于血栓或血管痉挛的病变相鉴别。

（3）裂隙：多见于 5 个月以下的小儿，因其颅骨尚软，脑内水分多，常不形成成人型的脑损伤，而在皮层下的白质内形成裂隙，内有少量出血。此种裂隙较易发生在大脑额极及颞叶。成人脑内裂隙主要是在高坠时见于胼胝体，其他部位不易形成。

上述三种形态改变以出血最多见。坏死需在伤后生存时间较长时才会发生。

根据病理变化的程度，可将脑挫裂伤分成早期、中期、晚期三类。

（1）早期脑挫裂伤：在伤后数天，脑组织病理变化以出血、脑水肿、脑坏死为主。肉眼可见脑回突起，顶端有点状或片状出血，受伤部位的软脑膜破坏、脑血管出血或血栓形成。脑组织出血、脑水肿和脑坏死变化呈楔形，基底部向脑皮质表面，尖端指向白质深部。显微镜下可见脑组织出血，脑皮质分层不清或消失；神经细胞大片消失或呈缺血性改变；神经轴索肿胀、断裂，崩解为粒状，髓鞘脱失；星形细胞变性，少突胶质细胞肿胀；血管充血、水肿，血管周围间隙扩大等。

（2）中期脑挫裂伤：约在头部伤后数十天或数周，损伤部位逐渐可见修复性病理变化。肉眼见损伤灶脑组织液化，出血灶呈紫黑色，周围组织内有小出血点，因血红蛋白分解，含铁血黄素变为铁锈红斑。脑水肿处可见液化及坏死区，由瘢痕组织修复；蛛网膜因出血增厚，并与脑组织粘连。显微镜下显示：皮质内有大小不等的出血，损伤区皮质结构消失，在坏死或退行性变的神经细胞周围出现卫星现象；损伤灶渐次出现小胶质细胞增生，形成格子细胞（小胶质细胞或巨噬细胞吞噬神经组织崩解产物后胞体增大，胞质中出现大量的脂质小滴，HE 染色切片中呈空泡状），吞噬崩解的髓鞘细胞碎片；星形细胞增生肥大，少突胶质细胞亦增生肿胀。血管旁常有中性多形核细胞渗出及小圆细胞浸润。较大挫裂伤灶则由肉芽组织参与修复过程。

（3）晚期脑挫裂伤：脑挫裂伤经数月或数年，挫裂伤灶陈旧，但部分可转变较好或萎缩。挫伤灶吸收不良者，偶可形成囊肿；亦可从表面的脑膜开始，与脑组织粘连，影响脑脊液循环及吸收，也可刺激脑皮质发生外伤后癫痫。

第七节　脑挫裂伤的辅助检查及法医学鉴定

脑挫裂伤后辅助检查主要包括影像学检查和实验室辅助检查。

（1）影像学检查：头颅 X 线平片可发现是否有颅骨骨折及其部位、类型；CT 扫描可见脑实质内有片状或散在混杂密度或低密度区，较大的脑挫裂伤灶因水肿明显可产生占位效应，表现为脑室、脑池受压变窄、移位等；MRI 扫描可见脑实质内点片状异常信号，其中水肿和软化表现为长 T1 和长 T2 信号，出血信号随时间延长而变化。

（2）实验室检查：血常规可见白细胞计数增高、红细胞比容降低，血总蛋白下降，血糖增高，血乳酸增加；血气分析可见氧分压降低和二氧化碳分压升高等；脑脊液检查压力增高，可见数量不等的红细胞、乳酸、蛋白增高等。腰穿可见脑脊液呈血性。

在涉及住院相关患者时，以上检查可作为法医鉴定的辅助诊断。

脑挫裂伤后的法医学鉴定主要包括以下几个方面：

（1）损伤认定：脑挫裂伤的认定主要依据头部外伤史和影像学所见，脑 CT 或 MRI 扫描具有确诊价值。脑 CT 或 MRI 扫描不但能够明确有无脑挫裂伤，而且还能显示脑挫裂伤的部位、程度和范围，以及与其他类型颅脑损伤相鉴别。

（2）损伤转归：若损伤较重，伤后立即陷于深昏迷，并于短时间内死亡。轻者只出现短暂的昏迷，可能为脑震荡的反应。一般情况下，昏迷时间长短与损伤严重程度及预后有很大关系。脑挫裂伤病理上轻者可见脑皮质表面点片状出血、水肿，蛛网膜或软脑膜常有裂口，脑脊液呈血性；严重者脑实质挫碎，局部出血、水肿、坏死。

一般伤后 4~5 d 坏死的脑组织开始液化，血液分解，脑组织坏死、液化区逐渐吸收囊变，周围脑胶质细胞增生修复，附近脑组织可萎缩，最终形成脑胶质瘢痕，病变区常与脑膜粘连。损伤后形成的瘢痕、囊肿或脑膜之间的粘连会引发外伤后癫痫；如果蛛网膜与软脑膜粘连影响脑脊液吸收和循环可导致外伤性脑积水；广泛的脑挫裂伤不仅可导致外伤性脑萎缩，还可遗有神经系统功能障碍或导致精神和智能方面的障碍。

（3）损伤鉴定标准：根据《人体损伤程度鉴定标准》中关于损伤程度与伤残等级的规定，单纯脑挫（裂）伤为轻伤一级；脑挫（裂）伤伴神经系统症状和体征为重伤二级；导致更严重功能障碍的可评定为重伤一级。

脑挫裂伤的伤残等级主要根据治疗终结后是否遗留神经系统功能障碍（包括运动、感觉、精神与智力方面的障碍）及其障碍程度进行评定。《劳动能力鉴定 职工工伤与职业病致残等级》（GB/T 16180—2014）规定，脑挫裂伤无功能障碍的为九级伤残，对于遗留有运动、感觉、大小便以及精神、智力障碍的，根据其障碍程度评定。

（孙俊红　山西医科大学）

参考文献

[1] Hinson H E, Rowell S, Schreiber M . Clinical evidence of inflammation driving secondary brain injury: a systematic review [J] . Journal of Trauma and Acute Care Surgery, 2015, 78（1）: 184–191.

[2] 闵建雄 . 法医损伤学 [M] . 北京: 中国人民公安大学出版社, 2001.

[3] Rassovsky Y, Levi Y, Agranov E, et al. Predicting long-term outcome following traumatic brain injury（TBI）[J] . Journal of Clinical and Experimental Neuropsychology, 2015, 37（4）: 354–366.

[4] Loane D J, Kumar A. Microglia in the TBI brain: The good, the bad, and the dysregulated [J] . Experimental Neurology, 2016, 275（3）: 316–327.

[5] Navegantes K C, de Souza Gomes R, Pereira P A T, et al. Immune modulation of some autoimmune diseases: the critical role of macrophages and neutrophils in the innate and adaptive immunity [J] . Journal of Translational Medicine, 2017, 15（1）: 36.

[6] Kabba J A, Xu Y, Christian H, et al. Microglia: Housekeeper of the Central Nervous System [J] . Cellular and Molecular Neurobiology, 2018, 38（1）: 53–71.

[7] Salter M W, Beggs S S. Sublime Microglia: Expanding Roles for the Guardians of the CNS [J] . Cell, 2014, 158（1）: 15–24.

[8] Wolf S A, Boddeke H W, Kettenmann H. Microglia in Physiology and Disease [J] . Annual Review of Physiology, 2017, 79（1）: 619–643.

[9] Boche D, Perry V H, Nicoll J A R. Review: Activation patterns of microglia and their identification in the human brain [J] . Neuropathol Appl Neurobiol, 2013, 39（1）: 3–18.

[10] Cherry J D, Olschowka J A, O'Banion M K. Neuroinflammation and M2 microglia: the good, the bad, and the inflamed [J] . Journal of Neuroinflammation, 2014, 11（1）: 98.

[11] Ginhoux F, Jung S.Monocytes and macrophages: Developmental pathways and tissue homeostasis [J] . Nature Reviews Immunology, 2014, 14（6）: 392–404.

[12] Glembotski C C, Thuerauf D J, Huang C, et al. Mesencephalic astrocyte-derived neurotrophic factor protects the heart from ischemic damage and is selectively secreted upon sarco/endoplasmic reticulum calcium depletion [J] . J Biol Chem, 2012, 287（31）: 25893–25904.

[13] 姜广宇, 董航, 张文辉, 等 . 脑挫裂伤后水通道蛋白 -4 与血脑屏障通透性的相关性 [J] . 黑龙江医药科学, 2015, 38（6）: 27–28, 30.

[14] Mclntosh T K, Vink R, Noble L, et al. Traumatic brain injury in the rat: characterization of a lateral fluidpercussion model [J] .Neuroscience, 1989, 28（1）: 233–244.

[15] Castejón O J. Electron microscopic study of capillary wall in human cerebral edema [J] . Journal of Neuropathology and Experimental Neurology, 1980, 39（3）: 296–328.

[16] Saadoun S, Papadopoulos M C. Aquaporin-4 in brain and spinal cord oedema [J] . Neuroscience, 2010, 168（4）: 1036–1046.

[17] 雷普平, 瞿勇强 . 法医病理学鉴定实用图谱 [M] . 北京: 科学出版社, 2017.

[18] 郭景元 . 中国医学百科全书法医学 [M] . 上海: 上海科学技术出版社, 1982.

[19] Liu J T, Lee J K, Chang P J, et al.Increased regional cerebral perfusion in contralateral motor and somatosensory areas after median nerve stimulation therapy [J] . Acta Neurochirurgica Supplement, 2008, 101（101）: 65–70.

［20］Maas A P，Didden R，Korzilius H，et al. Exploration of differences in types of sleep disturbance and severity of sleep problems between individuals with Cri du Chat syndrome，Down's syndrome，and Jacobsen syndrome: a case control study［J］. Research in Developmental Disabilities，2012，33（6）：1773–1779.

［21］Ay Z Y，Yilmaz G，Ozdem M，et al. The gingival crevicular fluid levels of interleukin–11 and interleukin–17 in patients with aggressive periodontitis［J］. Journal of Periodontology，2012，83（11）：1425–1431.

［22］王德玺，刘红，张宗平.创伤性脑损伤后睡眠障碍研究进展［J］.海南医学，2013，24（13）：1961–1963.

［23］张正保，覃川，晏怡，等.创伤性颅脑损伤后睡眠障碍与损伤部位的相关性研究［J］.重庆医学，2015，44（9）：1206–1207，1210.

［24］Huo J，Liu J，Wang J，et al.Early hyperbaric oxygen therapy inhibits aquaporin 4 and adrenocorticotropic hormone expression in the pituitary gland of rabbits with blast–induced craniocerebral injury［J］. Neural Regeneration Research，2012，7（22）：1729–1735.

［25］Levine J M，Flanagan S R. Rehabilitation of traumatic brain injury［J］. Psychiatric Clinics Of North America，2010，33（4）：877–891.

［26］周小萍，邵艳霞，孙航，等.创伤性颅脑损伤相关因素与精神障碍关联性的研究进展［J］.局解手术学杂志，2017，26（5）：370–373.

［27］Zhao R，Wang C，Wang Y. Changes in serum cellular adhesion molecule and matrix metalloproteinase–9 levels in patients with cerebral infarction following hyperbaric oxygen therapy A case and intergroup control study［J］. Neural Regeneration Research，2008，3（11）：1245–1248.

［28］李伟媚，李向芳，陈小清.高压氧治疗脑卒中后认知障碍的疗效观察与护理［J］.临床护理杂志，2012，11（2）：24–26.

［29］吴恩惠.医学影像学［M］.北京：人民卫生出版社，2006.

［30］赵经隆.法医学颅脑损伤［M］.北京：群众出版社，1980.

第三章
脑神经损伤

颅脑外伤时可合并单根或多根脑神经损伤，以嗅神经、视神经、面神经和听神经损伤常见，动眼神经、滑车神经、展神经次之，其他脑神经尤其是后组脑神经损伤少见。若是多根同时受累，最常见于视神经、动眼神经、滑车神经与展神经的组合，展神经和面神经的组合，面神经和听神经的组合。

第一节　脑神经的解剖

人体共有 12 对脑神经，其中 10 对起于脑干，2 对起于端脑。详细了解脑神经的走行和支配区域，对于理解脑神经损伤机制和临床表现有重要意义（图 3-1）。

一、嗅神经

嗅神经为特殊内脏感觉纤维，起源于上鼻甲和鼻中隔上部黏膜内的嗅细胞，其中枢突聚集成 20 多条嗅丝，穿过鼻顶壁的筛板筛孔进入颅前窝，连于嗅球，传导嗅觉。

二、视神经

视神经为传导视觉信息的特殊躯体感觉纤维。感应神经元是视网膜的节细胞，其轴突于视网膜后部集中形成视神经盘，穿过巩膜筛板后形成视神经。视神经向后内行经视神经管进入颅中窝，再经视交叉、视束至外侧膝状体。由于眼在胚胎发育过程中由脑向前突出而成，因此，视神经外包有三层脑膜延续而来的三层被膜，蛛网膜也随之伸入视神经周围。所以，当颅内压增高时，压力可经蛛网膜下隙传至视神经，导致视神经盘水肿。

三、动眼神经

动眼神经含一般躯体运动和一般内脏运动（副交感）两种纤维成分，一般躯体运

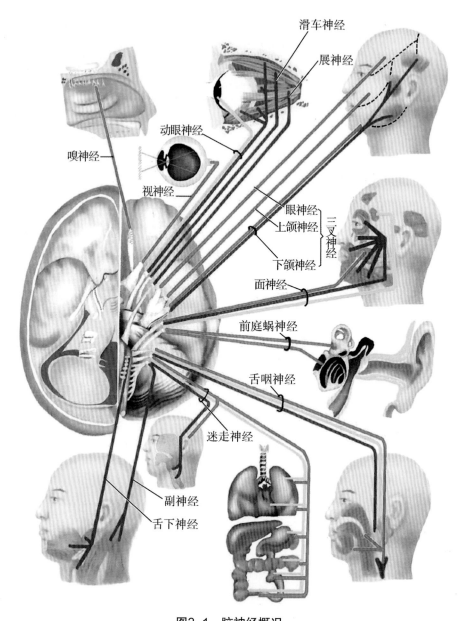

滑车神经

展神经

动眼神经

嗅神经

视神经

眼神经
上颌神经
下颌神经
三叉神经

面神经

前庭蜗神经

舌咽神经

迷走神经

副神经
舌下神经

图3-1　脑神经概况

注：红色.运动纤维；黄色.副交感纤维；蓝色.感觉纤维

动纤维发自中脑动眼神经核，一般内脏运动纤维发自中脑的动眼神经副核。两种运动纤维合并组成动眼神经，其由中脑脚间窝出脑，紧贴小脑幕切迹缘和后床突侧面前行进入海绵窦外侧壁上部，穿过眶上裂入眶，分上、下两支。上支细小，分布于上直肌和上睑提肌；下支粗大，支配下直肌、内直肌和下斜肌。动眼神经中的副交感纤维由下斜肌支单独以小支分出，称睫状神经节短根，进入睫状神经节交换神经元后，节后纤维进入眼球支配瞳孔括约肌及睫状肌，参与瞳孔的对光反射和眼的调节反射。

四、滑车神经

滑车神经为运动性脑神经，较为细小。起于中脑下丘平面对侧的滑车神经核，自中脑下丘下方出脑，绕过大脑脚外侧前行，穿经海绵窦外侧壁向前，经眶上裂入眶，越过上直肌和上睑提肌向前内侧走行，支配上斜肌。

五、三叉神经

三叉神经感觉神经元为三叉神经半月节，中枢突组成较粗的感觉根自脑桥基底部与小脑中脚交界处进入脑桥的三叉神经感觉核，周围突分三支：眼神经、上颌神经和下颌神经。运动纤维发自脑桥的三叉神经运动核，组成较细的运动根，在三叉神经半月节的下方参与下颌神经。因而三叉神经的眼神经、上颌神经为纯感觉神经，而下颌神经为混合神经。

（1）眼神经：经海绵窦外侧壁，伴行于动眼神经、滑车神经的下方，经眶上裂入眶，再经眶上切迹穿出，分布于睑裂以上的皮肤，在眶内分支分布角膜、泪腺等处。

（2）上颌神经：经圆孔出颅，进入翼腭窝上部，从眶下裂入眶，成为眶下神经，穿眶下孔达面部，分布于睑裂、口裂之间的皮肤，并分布到上颌骨、上颌牙及牙龈等处。

（3）下颌神经：为混合神经，由卵圆孔出颅，感觉纤维主要构成舌神经及下牙槽神经，舌神经分布于口腔底及舌前2/3的黏膜，传导黏膜的一般感觉，舌神经还接受来自面神经鼓索的纤维，传导舌前2/3的味觉及管理舌下腺、下颌下腺的分泌。下牙槽神经穿下颌孔进入下颌骨，分布于下颌牙及牙龈，末支自颏孔穿出，称为颏神经，分布于口裂与下颌骨下缘之间及耳前的皮肤。运动纤维分布于咀嚼肌（咬肌、颞肌、翼外肌和翼内肌）。

六、展神经

展神经由一般躯体运动纤维组成，起于脑桥的展神经核，自脑桥延髓沟中线两侧出脑，前行至颞骨岩部尖端，穿入海绵窦，在窦内沿颈内动脉下方前行，经眶上裂入眶，支配外直肌。

七、面神经

面神经连于脑桥延髓沟外侧部，经内耳门、内耳道达内耳道底，穿内耳道底入面神经管，在面神经管内发出鼓索、镫骨肌神经、岩大神经三大主要分支。最后从茎乳孔出颅后进入腮腺深面，由此发出的颞支、颧支、颊支、下颌缘支、颈支呈放射状分布于表情肌（包括颈阔肌）。

面神经为混合性脑神经，含有特殊内脏运动、一般内脏运动、特殊内脏感觉和一般躯体感觉等四种纤维成分：①特殊内脏运动纤维发自面神经核，主要支配面部表情肌；②一般内脏运动纤维起自上泌涎核，分别经翼腭神经节和下颌下神经节换元，节后纤维分布于泪腺、舌下腺、下颌下腺以及鼻腔、口腔黏膜的腺体；③特殊内脏感觉纤维的神经元胞体位于膝神经节，其周围突支配舌前 2/3 的味蕾，中枢突入脑后止于孤束核；④一般躯体感觉纤维主要传导耳部小块皮肤的浅感觉和面肌的本体感觉。

八、听神经

听神经连于脑桥延髓沟外侧部，位于面神经外侧，由传导平衡觉的前庭神经和传导听觉的蜗神经两部分组成。

前庭神经位于内耳道底的前庭神经节，由双极感觉神经元组成，其周围突穿内耳道底，分布于内耳的椭圆囊斑、球囊斑和壶腹嵴中的毛细胞，中枢突组成前庭神经，经内耳门入颅，在脑桥小脑三角处经延髓脑桥沟外侧部入脑，终止于前庭神经核群和小脑等部位，传导平衡觉。

蜗神经位于耳蜗蜗轴内的蜗神经节，由双极感觉神经元组成，其周围突分布于内耳螺旋器的毛细胞，中枢突形成蜗神经，经内耳门入颅，伴前庭神经入脑，终止于蜗神经前、后核，传导听觉。

九、舌咽神经

舌咽神经连于延髓橄榄后沟上部，与迷走神经、副神经同穿颈静脉孔前部出入颅腔，颈静脉孔内神经干上有膨大的上神经节，孔外有稍大的下神经节。经颈静脉孔出颅后，于颈内动、静脉之间下行，随后呈弓形向前绕茎突咽肌外侧，至舌骨舌肌深面达舌根。其主要分支有：鼓室神经，颈动脉窦支，舌支，咽支，扁桃体支，茎突咽肌支等。

舌咽神经为混合性脑神经，含 5 种纤维成分：①特殊内脏运动纤维，起于疑核，支配茎突咽肌。②一般内脏运动纤维，起于下泌涎核，在耳神经节内交换神经元后，节后纤维支配腮腺分泌。③一般内脏感觉纤维，其神经元胞体位于颈静脉孔处的下神经节，周围突分布于咽、舌后 1/3、咽鼓管和鼓室等处黏膜，以及颈动脉窦和颈动脉小球。中枢突终于孤束核下部，传导一般内脏感觉。④特殊内脏感觉纤维，其神经元胞体位于颈静脉孔处的下神经节，周围突分布于舌后 1/3 的味蕾，中枢突终止于孤束核上部，传导味觉。⑤一般躯体感觉纤维，其神经元胞体位于颈静脉孔处的舌咽神经上神经节，周围突分布于耳后皮肤，中枢突入脑后止于三叉神经脊束核。

十、迷走神经

迷走神经是行程最长、分布范围最广的脑神经，连于橄榄后沟，舌咽神经下方，与舌咽神经和副神经一起经由颈静脉孔出颅。在颈部，迷走神经行于颈内静脉与颈内动脉或颈总动脉之间后方，下行经胸廓上口进入胸腔。在胸腔内，左迷走神经越过主动脉弓前方下行并分成许多细支，构成左肺丛和食管前丛，于食管下段延续为迷走神经前干。右迷走神经沿气管右侧下行，分支构成右肺丛和食管后丛，继续下行又集中构成迷走神经后干。迷走神经前、后干与食管一同进入腹腔，在腹腔中分成许多小支分布于自胃至横结肠的消化管及肝、胰、脾、肾等实质性脏器，支配内脏的感觉和运动。

迷走神经含四种纤维成分：①一般内脏运动纤维起自迷走神经背核，主要分布到颈部、胸腔脏器和腹腔大部分脏器，其节后神经元胞体位于所支配器官组织的内节，节后纤维支配所在器官的平滑肌、心肌和腺体的活动；②一般内脏感觉纤维的神经元胞体位于颈静脉孔下方的迷走神经下神经节，周围突随内脏运动纤维分布，中枢突终止于孤束核；③特殊内脏运动纤维起自疑核，支配软腭和咽喉肌；④一般躯体感觉纤维的神经元胞体位于颈静脉孔的迷走神经上神经节，周围突分布于硬脑膜、耳郭和外耳道，中枢突终于三叉神经感觉核。

十一、副神经

副神经为运动性神经，含特殊内脏运动纤维和一般躯体运动纤维，分别起自疑核（延髓根）和副神经核（脊髓根），连于延髓橄榄后沟下部。延髓根出脑后于静脉孔出颅，即与迷走神经伴行，支配咽肌运动。脊髓根自脊髓前、后根之间出脊髓，在椎管内上行，经枕骨大孔入颅腔，与延髓根合成副神经一起经颈静脉孔出颅。然后绕颈内静脉行向外下，经胸锁乳突肌深面分出一支入该肌后，终支在胸锁乳突肌后缘上、中 1/3 交点处浅出，继续向外下后斜行，于斜方肌前缘中、下 1/3 交点处进入该肌深面，分支支配此两肌。

十二、舌下神经

舌下神经为运动性神经，含一般躯体运动纤维，起自延髓舌下神经核，在延髓锥体与橄榄体之间出脑，经舌下神经管出颅。出颅后向下行于颈内动、静脉之间至舌骨上方，呈弓形行向前内，沿舌骨舌肌浅面分支进入舌内，支配舌内肌和大部分舌外肌。

第二节　脑神经损伤的机制

在颅脑损伤案例中，单纯外伤导致脑神经损伤的情况少见，常为外伤后颅脑损伤的合并症。脑神经损伤多由颅底骨折导致，其次是火器的直接损伤。颅脑损伤时脑组织在颅腔内的移动引起的牵拉、出血或血肿压迫以及颅内高压等也可造成脑神经损伤。

一、嗅神经损伤

在颅脑损伤中，嗅神经损伤多半是由额部直接暴力伤所致，常伴有颅前窝颅底骨折，导致位于筛板出颅处的嗅神经丝被撕脱，且多同时伴有鼻旁窦骨折。枕部受伤也是常见原因，系枕部受力所引起的对冲性额叶底部挫裂伤所致，可撕裂损伤嗅囊和嗅球。此外，脑组织与颅骨的相对位移造成嗅神经在穿过筛板处离断损伤，这也是外伤引起嗅觉障碍的机制之一。

二、视神经损伤

视神经损伤大多发生于单侧，常因额部或额颞部的损伤特别是眶外上缘的直接暴力所引起，往往伴有颅前窝及颅中窝骨折。视神经可分为眶内段、视神经管内段和颅内段。其中视神经管内段最易受伤。由于管内段视神经同骨膜紧密相连，所以骨折可以直接损伤视神经轴突或（和）影响视神经的血液循环而造成视神经挫伤性坏死。颅内段神经紧贴于粗糙的颅前窝底，其位置相对固定，易受颅底骨折牵拉、血肿压迫、碎骨片及视神经鞘内出血的压迫引起视神经挫伤或断裂致视力减退甚至失明。

三、动眼神经损伤

颅脑损伤导致动眼神经损伤的原因有多种，直接暴力损伤常为颅前凹骨折累及蝶骨小翼或颅中窝骨折穿过海绵窦而引起动眼神经直接牵拉、挫裂伤，继发性损伤多由于颅内血肿、水肿、脑疝造成动眼神经卡压于小脑幕裂孔缘，除造成动眼神经本身损伤之外，还可造成动眼神经滋养血管受压、损伤，导致神经血运障碍及水肿。

还有研究认为，颅脑外伤时脑干和幕上结构的不同步运动也可导致动眼神经损伤。这种运动可使神经伸展，引起远端神经束损伤。这种损伤的机制与该神经的走行和毗邻直接相关。动眼神经从动眼神经三角穿过海绵窦硬脑膜，动眼神经三角由前、后斜突和岩尖组成。该三角形的内侧缘由斜突间韧带构成，它从前面延伸到后面的斜突；外侧缘由前岩斜韧带形成的前斜突延伸至岩尖；后缘由后岩斜韧带构成，后岩斜韧带从后斜突延伸至岩尖。动眼神经穿过坚硬的后岩斜韧带，此时头部轻微损伤可直接损伤动眼神经，损伤时脑干向下运动，神经肿胀，神经穿入海绵窦硬脑膜处的硬脑膜收缩可引起局部缺血。

四、滑车神经损伤

滑车神经是最薄、最长的眼部运动神经，也是唯一从背侧脑干发出的神经。滑车神经损伤不多见，多数系蝶骨小翼骨折或眼眶骨折所致。在部分伤者中，眶后出血或脑干后移也可引起滑车神经受压损伤。

五、三叉神经损伤

三叉神经颅内段损伤不多见，常合并邻近神经损伤，如动眼神经、展神经。在严重的颌面部和颅底损伤中，三叉神经的损伤最常发生在周围支，其中眶上支损伤最多见。眶上缘周围的头皮挫伤和骨折可引起三叉神经眶上支的挫伤或断裂，眶下支损伤常伴发于颌面部损伤尤其是上颌骨骨折。颅中窝底部骨折累及圆孔、卵圆孔和眶上裂时可引起相应神经根的损伤。颞骨岩部纵行骨折到岩尖时可损伤三叉神经节和感觉根。

六、展神经损伤

展神经在颅脑损伤中经常受累，它是控制眼球运动最常见的受伤神经。首先是因为它在颅底行程长，位于颞骨岩部嵴上方，损伤的概率大，颅中窝颞骨岩部尖端或蝶鞍底骨折是导致其损伤的最常见原因。其次是由于展神经与海绵窦处的硬脑膜黏附紧密，导致它对拉伸和位移也较为敏感。此外，展神经还容易遭受继发性损伤，如血液或炎症的刺激，甚至颅内高压的压迫而导致损伤。

七、面神经损伤

面神经损伤最常见的原因是颞骨骨折造成的间接损伤，也可见于部分直接损伤如发生在面部的动物咬伤、锐器伤、枪伤、爆炸伤等。此外，还可见于医源性损伤如唾液腺和耳科手术中，以及产钳分娩过程中导致的新生儿面神经损伤。

面神经穿过颞骨的路径长，当颞骨骨折（颞骨岩部和乳突）时面神经很容易受伤。由于听神经在颞骨岩部的位置与面神经接近，因此当面神经损伤时，也经常发生听神经损伤。颞骨骨折可分为纵行骨折和横行骨折，其中纵行骨折导致面神经损伤更为多见。纵行骨折的骨折线与颞骨岩部走向平行，可从颞骨鳞部开始一直向下延伸到乳突和耳道，甚至达岩尖部。纵行骨折尤其是与颞骨岩部长轴平行的纵行骨折时，面神经最容易遭受牵扯、挫伤或骨折片挤压而导致损伤。严重的纵行骨折可累及中耳、面神经管和听骨链。横行骨折的骨折线和颞骨岩部垂直，骨折可发生在颞骨岩部长轴的各部位，由内向外可依次累及内耳道、内耳迷路、面神经管和听骨链。相对纵行骨折而言，横行骨折几乎都会引起迷路损伤，但中耳、鼓膜和外耳道受累的机会较少，因此耳道出血和脑脊液耳漏也较少。

八、听神经损伤

听神经损伤在颞骨岩部横行骨折中常见，多由于额部或枕部遭受暴力所致，以中耳部受伤多见。

九、后组脑神经损伤

后组脑神经位于颅后窝，从延髓发出。毗邻的舌咽神经、迷走神经和副神经经颈静脉孔离开颅腔，相邻的舌下神经经舌下神经管离开颅腔。外伤性后组脑神经损伤多为复合性损伤，大多数此类患者伴有复杂的脑或颈动脉损伤，因此死亡率高。

后组脑神经损伤多为单侧，最早由 Collet 报道发生在乳突部遭受枪伤的一个案例中，常伴有颅底骨折，尤其是累及枕髁的骨折。通常认为，骨块压迫神经和血管损伤引起的神经缺血、水肿是其损伤的主要机制。在没有颅底骨折的情况下，颈部过度伸展而导致的拉伤也是可能的机制之一。舌下神经尤其容易发生过伸损伤，因为其毗邻寰椎横突，容易遭受牵拉。闭合性颅脑损伤后双侧后组脑神经损伤少见，即使有也与颅底骨折有关。寰椎爆裂性骨折一般很少引起后组脑神经损伤，但是在合并有先天性颅底凹陷的情况下也容易引起损伤。

第三节　脑神经损伤的法医学鉴定

单纯脑神经损伤并不直接危及生命，但常遗留后遗症，因此常见于法医临床司法鉴定实践中。

一、脑神经损伤的诊断

脑神经损伤基本都有特定的临床表现，医生和鉴定人系统地进行脑神经体格检查，配合嗅觉、视力、视野及电测听等检查，诊断一般不难，部分需做神经电生理检查确诊。高分辨薄层 CT 或 MRI 检查对进一步评估、定位及确诊伤情有重要意义。

（一）临床表现

颅脑外伤合并脑神经直接损伤时，一般伤后立即出现受损神经功能障碍，表现出相应的临床症状与体征。因血肿压迫等原因造成脑神经损伤时，神经功能障碍一般出现较晚。当血肿等压迫解除后，神经功能可有不同程度的恢复。

（二）影像学检查

高分辨薄层 CT 扫描及 MRI 检查在诊断脑神经损伤方面有重要意义。脑神经损伤多系颅底骨折或因脑干损伤累及脑神经核，普通 CT 扫描层较厚、成像质量粗糙，对颅底骨折及脑干病变常出现遗漏，高分辨薄层 CT 能减少漏诊。高分辨薄层 CT 辅以重建图像还可以清晰显示颅底骨折情况，如眶上裂、视神经管、蝶骨体、眼眶、颞骨岩部骨折情况，有利于分析判断可能发生的脑神经损伤、判断预后和指导治疗。MRI 可精确显示颅底、脑干内的微小病变，损害及轴索的损伤，甚至可以清楚显示脑神经根，只要患者病情相对稳定，疑有脑神经或脑干损伤者应尽量检查。

（三）电生理检查

脑神经的电生理检查主要有肌电图和诱发电位。在 12 对脑神经中，有 5 对运动神经（动眼神经、滑车神经、展神经、副神经、舌下神经），3 对感觉神经（嗅神经、视神经、听神经），4 对混合神经（三叉神经、面神经、舌咽神经、迷走神经），目前常规行肌电图检查的脑神经有面神经、三叉神经、副神经、舌下神经。对于嗅神经、视神经、听神经等感觉神经损伤的诊断和评估，诱发电位检查则具有重要作用，分别有嗅觉事件相关电位（oERPs）、视觉诱发电位、听觉诱发电位等。

二、脑神经损伤的法医学鉴定

（一）鉴定时机

不同程度的脑神经损伤临床表现存在差异，根据损伤的严重程度可分为完全性损伤和部分性损伤。脑神经属于周围神经，损伤后的神经功能可以部分或全部恢复。恢复的时间一般需要数月。因此涉及脑神经损伤导致的相应功能障碍鉴定时限一般要求在伤后 6 个月。

（二）损伤认定

一般来说，根据外伤史和临床表现可以认定脑神经损伤，但有时需要注意与非外伤性或既往脑神经功能障碍相鉴别，特别是因血肿压迫等原因导致迟发神经功能障碍时更需要与炎性、肿瘤等病变所致脑神经功能障碍相鉴别。在法医鉴定中，应尽可能采用客观检查来确认脑神经功能是否有障碍及其障碍程度。近年来，关于嗅觉、视觉、听觉功能的客观检查和判断的研究已有不少。

嗅觉障碍已经作为残疾情形写入 2016 年制定的《人体损伤致残程度分级》标准当中。有学者提出，嗅觉障碍的法医学评定应该标准化，确定嗅觉障碍程度应使用现有的嗅觉功能检查技术和方法，尽可能采用多种检查项目组合，多种检查结果互相印证。目前，嗅觉事件相关电位在技术成熟度、实验室数据积累、检查费用方面均优于嗅觉刺激下的功能磁共振成像及正电子发射计算机断层成像检查，因此如需明确是否存在嗅觉功能完全丧失，应当采用嗅觉事件相关电位对嗅觉功能进行客观检查 oERPs 是一项客观、准确的电生理检查，它反映的是嗅觉信号产生、传导及整合的电生理过程，可对嗅觉进行定性、定量分析。

（三）致伤方式判断

法医鉴定还应考虑脑神经损伤的原因和机制，与案情提供的致伤方式相吻合。由于绝大多数脑神经损伤都是颅底骨折的合并症，因此确认颅底骨折的部位与程度至关重要。薄层扫描与三维重建对于颅底骨折的诊断具有重要价值，还可以给脑神经损伤提供影像学证据。

第四节 展 望

脑神经损伤后遗留相应的神经功能障碍是司法鉴定实践中最为常见的问题，因此客观评定其神经功能障碍仍将是今后研究的重要方向，尤其是涉及嗅觉、味觉、视觉、听觉及平衡觉等特殊感觉功能障碍的客观评估是鉴定实践中的难点问题，因此，这些方面仍将是今后法医学研究的热点。相信随着各种影像学技术、电生理技术手段的完善和成熟，真正能实现"无需伤者配合"的客观功能评估，为司法鉴定提供科学技术支持。

（郑剑　南昌大学）

参考文献

［1］刘技辉. 法医临床学［M］.5 版. 北京：人民卫生出版社，2016.

［2］Coello A F，Canals A G，Gonzalez J M，et al. Cranial nerve injury after minor head trauma［J］. Journal of Neurosurgery，2010，113（3）：547-555.

［3］丁文龙，刘学政. 系统解剖学［M］.9 版. 北京：人民卫生出版社，2018.

［4］苏百晗，孙智甫，陈忠维，等.18F-FDG 用于评估外伤性嗅神经损伤对药物经鼻脑通路运输的影响［J］. 临床耳鼻咽喉头颈外科杂志，2019，33（12）：1148-1152.

［5］李忠，王清平，刘迎锋. 颅脑外伤合并视神经损伤的临床研究［J］. 国际神经病学神经外科学杂志，2016，43（1）：19-21.

［6］张宗胜，石祥飞. 颅脑损伤致动眼神经麻痹 15 例临床分析［J］. 中外医学研究，2016，14（35）：25-26.

［7］Nakagawa Y，Toda M，Shibao S，et al. Delayed and isolated oculomotor nerve palsy following minor head trauma［J］. Surgical Neurology International，2017，8：20.

［8］Lee L N，Lyford-Pike S，Boahene K D. Traumatic Facial Nerve Injury［J］. Otolaryngologic Clinics of North America，2013，46（5）：825-839.

［9］Jin H，Wang S，Hou L，et al. Clinical treatment of traumatic brain injury complicated by cranial nerve injury［J］. Injury，2010，41（9）：918-923.

［10］Chacko J，Brar G，Mundlapudi B，et al. Bilateral Lower Cranial Nerve Palsy after Closed Head Injury：A Case Report and Review of Literature［J］. Indian Journal of Critical Care Medicine，2018，22（12）：879-882.

［11］Finsterer J，Grisold W. Disorders of the lower cranial nerves［J］. J Neurosci Rural Pract，2015，6（3）：377-391.

［12］杨先文，王凡，张跃.30 例颅脑损伤所致颅神经损伤患者临床诊疗分析［J］. 西部医学，2013，25（10）：1502-1504，1507.

［13］王珏. 肌电图在司法鉴定中的应用［J］. 现代电生理学杂志，2014，21（3）：164-191.

［14］陈芳，杨小萍，范利华，等. 嗅觉障碍法医学评定标准化探讨［J］. 法医学杂志，2019，35（5）：613-618.

［15］曹甲甲，张阳，万雷，等. 嗅觉功能障碍的法医学检验与评定［J］. 中国司法鉴定，2018（4）：83-86.

第四章

弥漫性轴索损伤

弥漫性轴索损伤（diffuse axonal injury，DAI）是闭合性颅脑损伤中最常见的损伤形式之一，常见于急性或重复性创伤性颅脑外伤。DAI 会造成可逆性或不可逆性的脑神经纤维损伤，常合并出现损伤后昏迷；主要损伤部位常见于脑干、胼胝体、脑皮质及白质交界处。DAI 的病理诊断标准为脑实质内多发灶性轴索损伤及伤后轴索离断，并可随着病情的进展出现认知、运动及感觉功能障碍。DAI 因镜下可见轴索结构病变而被归类于器质性疾病，但 DAI 导致的许多功能性改变不仅表现为与物理因素相关，还与机体代谢、神经电生理、离子通道异常及免疫炎症等因素相关。尸检发现，颅脑创伤后出现昏迷的死者中，轴索损伤广泛存在于大脑、小脑及脑干，主要病理学特征为轴索肿胀扭曲、螺旋化及收缩球形成。病理生理学机制研究发现 DAI 主要由各种外力导致颅脑瞬间加速或减速运动所致，但仍与其他多种因素有关，故有关其病理生理机制研究结论尚未达成明确共识。在 DAI 临床诊断及死后诊断的研究方面，有关 DAI 的相关蛋白表达、基因表达、影像学诊断等取得了一些研究成果，其中部分已初步应用于临床诊断、法医病理、法医临床检案实践当中。在此，我们将 DAI 的定义演变、流行病学数据、诊断标准、病理生理学研究进展、分子生物学标志物及影像学研究进展等内容系统综述如下，以期为法医病理检案中 DAI 的死后诊断、法医临床检案中 DAI 后神经功能评估及临床实践中 DAI 患者的诊疗、预后评估提供参考。

一、DAI 相关概念及流行病学

1. DAI 的定义 DAI 的定义经历了数十年的更名变迁。首次描述是 20 世纪 50 年代，神经病理学家 Strich 对一例严重脑外伤持续昏迷后死亡患者的脑组织进行病理学观察，发现患者脑组织中脑白质纤维缺失和明显变性，将其定义为弥漫性白质变性。20 世纪 60 年代，Strich 再次通过观察一例脑外伤 48 h 后死亡患者的脑组织病理改变发现，其脑组织轴索肿胀伴收缩球形成。这些组织病理学的发现为后续临床观察和基础实验研究的不断深入奠定了基础。1982 年，Adams 等人正式确立 DAI 的定义为：突发的外力作用于头部，脑组织间因密度不同而发生相对移位，因其产生的剪应力造成神经轴索损伤。目前，随着对 DAI 这一严重的颅脑外伤研究的不断深入，国际上采用的 DAI 定义为：头部受到暴力作用后发生的脑白质广泛性轴索损伤，是一种头部加速运动引起的深部脑组织出现剪切力和牵拉作用引起的应变性损伤。其中，加速度损伤包括直接加速度损伤、角加速度损伤、离心力损伤及旋转力损伤。

2. DAI 严重程度分级　目前学术界对 DAI 的严重程度有不同的分级标准，主要是基于组织病理学改变、损伤后病情严重程度这两方面制定的分级标准；也有学者提出了其他尚未统一的学术观点。

（1）基于 DAI 组织病理学改变的严重程度分级标准：1982 年，Adams 等人正式确立 DAI 的定义，同时根据其组织病理学改变对其严重程度进行分级，并被一直沿用至今。具体分级标准如表 4-1 所示。

表 4-1　基于组织病理学改变的分级标准

分级	组织病理学改变
Ⅰ级（轻度DAI）	轴索损害常见于大脑半球白质、胼胝体、脑干，偶见于小脑
Ⅱ级（中度DAI）	Ⅰ级 + 胼胝体局灶性病变
Ⅲ级（重度DAI）	Ⅱ级 + 脑干上端背侧（小脑上脚）局灶性病变

（2）基于 DAI 损伤后病情严重程度的分级标准：DAI 根据其损伤后病情的严重程度可分为轻度、中度、重度三大类型，三者均可出现外伤后昏迷，伴或不伴去大脑强直 / 去皮质强直，且在昏迷阶段无法鉴别。主要鉴别要点如表 4-2 所示。

表 4-2　基于损伤后病情严重程度的分级标准及鉴别要点

严重程度	昏迷持续时间	占所有重型颅脑外伤比例	占所有 DAI 比例	出现去大脑 / 去皮质强直发生占比	预后
轻度	6~24 h	8%	19%	30%，很快消失	较好
中度	> 24 h	20%	45%	35%，一过性	约38% 痊愈
重度	即刻深昏迷且持续时间长	72%	36%	持续出现	多数死亡

（3）其他：目前随着对 DAI 研究的不断深入，有关 DAI 与原发性脑干损伤和脑震荡的关系在学术界也引起了一定争议。有学者认为原发性脑干损伤是最重的（Ⅲ级）DAI，而脑震荡是较轻的一类。

3. DAI 流行病学　DAI 是严重闭合性颅脑损伤的一种特殊类型，突出的临床特点是伤后原发性昏迷，严重者表现为去大脑强直或去皮质强直，意识恢复较慢。目前报道其发病率尚不统一。病变多为挫伤、水肿及出血，主要出现在大脑中轴的胼胝体、脑干等部位；DAI 多见于交通意外、高处坠落伤等，是颅脑外伤后造成残疾、植物状态以及死亡的重要原因，病死率高且预后差。因此，在神经科学及法医学研究领域，DAI 一直是研究的热点和重点，现将其发病率、死亡率、病变分布及病因构成总结分析如下。

（1）DAI 发病率：DAI 发病率目前文献报道尚不一致。有报道认为，因儿童与成年人颅骨硬度及其他因素存在差异，导致 DAI 在不同年龄段的发病率不同，如数项研究数据显示 DAI 在成年人重型颅脑损伤中占 29%~43%，在儿童中 DAI 发病率约占 4%。但如果将脑震荡作为 DAI 的最轻型，则缺乏相应的流行病学调查数据，同时，由于 DAI 诊断标准不同，目前多基于重症颅脑损伤乃至死亡病理检查诊断为 DAI 的患者计算其发病率，以上原因均会导致 DAI 的发病率难以准确统计。

（2）DAI 死亡率：DAI 的致死率及致残率很高。据报告，几乎所有植物状态生存的脑外伤患者以及约 1/3 的脑外伤死亡病例，均由 DAI 引起。国内资料显示，DAI 的死亡率高达 64%。

（3）DAI 病变分布及病因构成：DAI 病变主要与角加速度损伤有关，因头部角加速度运动时，脑组织易受剪切力作用发生应变，使神经轴索和血管过度牵拉导致扭曲损伤。因此，DAI 好发于不同密度组织结构之间的神经轴索聚集区域，常见部位分别为胼胝体、脑干、灰白质结合处、小脑 、内囊、基底核等部位。DAI 病因构成统计研究发现，交通事故损伤位居首位，其次为坠落伤或打击伤。

二、DAI 病理改变及病理生理机制

1. **DAI 病理学改变**　　DAI 的基本病理学病变可见到神经轴索节段性肿胀、断裂、轴索浆外溢、收缩球形成等。DAI 三联征包括神经轴索的弥漫性损伤（灰白质交界处）、胼胝体及脑干上端背侧局灶性损伤。目前认为大量的轴索收缩球形成，为诊断 DAI 的主要组织病理学依据。

（1）DAI 大体病理改变：既往尸检的脑组织大体标本检查发现，组织间隙的血管撕裂性出血灶是 DAI 大体肉眼观最常见的病理改变。较为多见的损伤如下：①胼胝体的局灶损伤：脑冠状切面标本上观察，胼胝体的损伤常位于下方，呈偏心状，向一侧，损伤部位通常有 2~3 mm 的出血点，并前后延续数厘米；②一侧或两侧脑干上部背外侧 1/4 的局灶性损伤，常累及小脑上脚或大脑脚。

（2）DAI 显微及超微结构病理改变：显微镜下可观察到 DAI 主要累及海马、穹隆、内囊、脑室旁和小脑脚等，主要特征为轴索收缩球形成。同时 DAI 患者的伤后存活时间不同也可出现不同的组织病理学改变：①短期（数天）存活患者，死后可在大脑半球、小脑和脑干的白质等部位，通过 HE 染色及镀银染色看到大量的轴索收缩球形成。②中期（几天至几周）存活患者，甲酚紫染色可在同一部位发现成簇的小胶质细胞形成。③长期（数月）存活患者，Marchi 制剂染色，可在大脑半球、脑干和脊髓长传导束观察到

神经纤维的非特异性退行性变，并可发现脑萎缩改变。电镜对 DAI 超微结构改变观察发现，轴索肿胀区有细胞器和轴浆积聚等轴浆运输障碍后发生的组织病理学改变。

2. DAI 病理生理机制　DAI 的病理生理机制尚未明确，根据前期文献及试验研究的总结分析，目前有学者针对其病理生理机制提出几种可能的学说，包括机械应力学说、沃勒变性学说、线粒体损害学说、Ca^{2+} 内流学说等。

（1）机械应力学说：细胞和组织的力学特性及其对机械力的响应，与疾病的发生发展有着密切联系。DAI 是瞬时外力（剪切力或牵拉力）作用于头部产生剪应力，导致神经轴索和脑组织微血管受到过度牵拉、扭曲而损伤。随着人们对 DAI 生物力学机制的深入研究，研究人员通过设计神经元离体损伤模型验证了机械应力学说在 DAI 发病中的病理生理学机制。其中，Lucas 采用钟摆样的装置，产生加速度制作神经轴索损伤模型。Kilinc 等人采用流体静力进行轴索损伤后的通透性观察，发现该模型应用特制水槽产生流体静力，使细胞承受静水压力后可导致轴索损伤的发生。Morrison 等人在试验过程中将细胞置于弹性膜培养基中，通过牵拉弹性膜培养基间接损伤细胞，建立了二维牵拉离体细胞模型，并发现轴索损伤程度与培养基张力存在一定关联。国内董红梅教授课题组通过改良 Ellis 等人的神经元牵拉损伤模型，采用真空负压机代替细胞损伤控制器，利用负压引起弹力膜形变，间接对神经元产生牵拉力建立离体神经元轴索损伤模型。此外，部分研究者也采用平行板流室或锥形板流室等，对神经元施加流体剪切力，建立弥漫性轴索损伤细胞模型。总之，细胞力学模型在 DAI 病理生理机制研究中起到了重要作用，有望通过这些模型的深入研究进一步明确其发病机制。

（2）沃勒变性学说：颅脑外伤时轴索局部肿胀，其远端与胞体中断联系，轴浆运输中断导致"沃勒变性"的发生。沃勒变性通常是指远离损伤部位的轴突变性，基于大量试验研究发现，沃勒变性病变发生部位在颅脑外伤发生后 24~72 h 内仍较好地保持了组织形态的稳定，但随着时间的延长会产生类似急性变性的组织病理学改变。体外试验研究发现，在原代神经元细胞培养过程中沃勒变性的发生速度约为 0.4 mm/h，其发生方向也因神经损伤方式不同而存在一定差异，在外周神经横断性损伤中沃勒变性呈顺向发生，而在外周神经挤压性损伤中沃勒变性却呈逆向发生，由损伤部位的远侧端向损伤部位发生，继而形成轴索收缩球。

（3）线粒体损害学说：线粒体的形态学改变包括线粒体嵴与膜的肿胀和破裂，这一病理学改变与线粒体膜通透性转换孔的开放密切相关。颅脑外伤后 Ca^{2+} 超载可导致线粒体跨膜电位的消失，使线粒体膜通道孔开放，另外钙蛋白酶本身可直接开放线粒体膜通道孔，使得小分子量物质进入，导致水的过度摄入和线粒体的肿胀。轴膜损伤部位线粒体渗透转运通道的开放可导致维持轴膜离子泵所必需的能量急骤耗竭，出现高能磷酸化合物的破坏，最终导致氧化磷酸化合物的分解。线粒体的进一步肿胀与死亡也是轴索损伤和裂解的重要标志。

（4）Ca^{2+} 内流学说：颅脑损伤瞬时产生的剪切力和牵张力可牵拉轴索骨架，造成轴索膜通透性增加，启动 Ca^{2+} 通道，发生 Ca^{2+} 超载后可促进释放凋亡前体物质，进一步加重颅脑损伤，这一学说已被大量研究证实。DAI 后脑组织神经细胞内总钙及游离钙含量均明显上升。国内一项基于原子吸收分光技术检测发现，大鼠脑挫裂伤后脑组织总钙含量伤后 2 h 即显著增高，24 h 左右达高峰，可持续约 48 h，这可能与血浆钙进入受伤脑组织有关。试验性颅脑外伤模型研究发现，受伤神经细胞外钙含量在伤后数秒钟降低 90%，伤后 1 周内脑脊液 Ca^{2+} 浓度呈下降趋势且与颅脑损伤程度呈正相关。总之，前期研究结果认为颅脑外伤后细胞外钙含量降低的主要原因与细胞外钙大量流入神经元内有关；后期随着钙成像技术在 DAI 中的研究发现，神经元牵拉损伤后轴索内 Ca^{2+} 浓度在损伤后 2 h 明显增加，24 h 达到峰值后持续 48 h；荧光离子成像法检测大鼠 DAI 后不同时间段神经元 Ca^{2+} 浓度改变后证实，病变过程中存在严重 Ca^{2+} 超载现象，并进一步证实 Ca^{2+} 超载是导致轴索结构变化的重要原因。

三、DAI 分子生物学标志物

DAI 在早期诊断、早期治疗、疾病预后评估及病因分析、死因鉴定等领域一直困扰着临床工作者和法医学者。目前尚未有明确的用于诊断和治疗的特异性分子生物学标志，但随着蛋白组学、转录组学、代谢组学等多组学技术的飞速发展，DAI 分子生物学生物标志物的探索研究已取得了部分成果，并为解决这一难题提供了思路。现将 DAI 后蛋白分子生物标志物、基因表达以及代谢组学的研究进展综述如下。

1. DAI 蛋白分子生物标志物　蛋白分子生物学标志物在 DAI 诊断、治疗、预后评估、死后病因鉴定等领域有着重要作用，目前广泛用于 DAI 早期诊断的蛋白分子生物学标志物主要为 β-淀粉样前体蛋白及神经丝蛋白。近年来随着蛋白组学的开展，国内外基于蛋白组学技术开展的 DAI 差异表达蛋白研究取得一定成果。

蛋白组学是指大规模研究蛋白质的特征，其中包括蛋白质的表达、修饰、蛋白质之间的相互作用等，由此获得蛋白质水平上认知疾病发生的机制、细胞代谢等的一门学科。此方法具有灵敏度高、操作简便、准确性高、所需时间短的优点。

（1）β-淀粉样前体蛋白：淀粉样前体蛋白（amyloid precursor protein，APP）是神经细胞胞质中合成的一种跨膜糖蛋白，可通过快速轴浆转运至突触。β-APP 在细胞黏附、神经元的生长和损伤后修复中发挥着重要作用。研究发现，DAI 时 β-APP 可在轴索收缩球内迅速、大量积累，可标记脑白质中损伤的轴索和收缩球。β-APP 在法医病理学检案中被认为是诊断 DAI 的有效生物标志物，检出率达 85%。前期大量试验及人体验证发现，β-APP 可在伤后数小时以内检出，同时也有研究表明 β-APP 存在标记损伤轴索率低的缺陷。除此之外，其他原因导致的轴索病变也可出现 β-APP 阳性表达，因此，在法医病理诊断 DAI 时，评估 β-APP 阳性表达的意义，须先完成完整的生前病史资料和损伤分析。

（2）神经丝蛋白：神经丝蛋白（neurofilament protein，NFP）位于轴突，是细胞骨架的主要组成部分，由轻、中、重链3条多肽链构成。每个NFP亚单位中均含有大量高度磷酸化的羧基末端；非磷酸化的NFP亚基位于神经元胞体内，可随轴突运输流动累积于轴突断端。NFP磷酸化程度与轴突直径、运输速度呈正相关，其亚基的磷酸化、去磷酸化平衡在调节轴突组织结构和功能过程中发挥着重要作用。颅脑外伤发生后，细胞膜通透性增高，Ca^{2+}内流进入轴索进而激活钙调磷酸酶，影响NFP亚基的磷酸化状态，使神经元细胞骨架完整性被破坏。有部分研究者关注NFP在DAI表达中的变化规律，Jafari等人通过建立猪DAI模型，发现DAI后NFP含量在外周间隙降低约52.9%，同时发现数小时内NFP轻链蛋白会降解为多肽片段。动物实验研究还发现在DAI后30 min至6 h，胼胝体内的磷酸化NFP轻链蛋白表达水平降低约50%。有关NFP用于诊断DAI的灵敏度和特异度研究结果显示，NFP轻链蛋白用于诊断DAI的灵敏度和特异度最高。也有研究发现在脑脊液中检测到NFP轻链蛋白，且具有较好的拟合校正曲线。在NFP重链蛋白的研究中发现，DAI后血清中磷酸化NFP重链蛋白表达变化规律可能与原发性和继发性轴索断裂相关，提示与原发性轴索断裂相比，继发性轴索断裂可能对轴索的损害程度更为严重，故其有望成为评估患者DAI后轴索损伤新的、特异性潜在标志物。在NFP中链蛋白的研究方面，动物实验发现DAI损伤24 h后可出现NFP中链蛋白阳性表达，是否仍可作为DAI小分子生物学标志物仍需进一步研究。

（3）外周蛋白：神经丝结构紊乱是DAI最早出现的超微病变，DAI后数分钟内即可观察到神经丝致密性变化。外周蛋白作为NFP第四亚基参与合成N异构体，是一种Triton-x100可溶性蛋白，属于Ⅲ型中间纤维丝蛋白家族，外周蛋白与波形蛋白、肌间线蛋白和胶原纤维酸性蛋白等在内的家族其他成员具有70%以上序列同源性，但只有胶原纤维酸性蛋白具有神经元特异性。外周蛋白一般为周围神经系统表达，而在中枢神经系统为选择性表达，主要表达于负责信息传递的脑区。外周蛋白能够自行合成、构建成熟的细胞质网络系统，该过程呈现出动态变化过程并通过一系列包括单聚体、二聚体、四聚体等重叠聚合作用，将原纤维合成成熟中间丝。以上过程主要依赖于Ⅲ型中间纤维丝的含量变化，而外周蛋白自身可选择性自行聚合组装或与其他Ⅲ型中间纤维丝整合。研究发现在轴索发育的神经突触生发阶段，即可观察到外周蛋白的阳性表达，因而推断外周蛋白在轴突生发及稳定性维持等方面起重要作用。目前有关外周蛋白生物学功能的研究尚未明确，但已有报道显示其在轴索离断或局灶性缺血、运动神经元病等神经元损伤性疾病中出现表达上调。国内周亦武教授课题组研究发现DAI大鼠胼胝体外周蛋白表达在伤后1 h即出现明显升高，且损伤12 h以内外周蛋白表达维持在较高水平，24 h后出现表达降低，损伤48 h及72 h后表达量再次升高。这一结果在一定程度上提示DAI为可逆性损伤，24 h可能为其最佳治疗窗口期，但有关具体机制尚需进一步验证。

（4）髓鞘碱性蛋白：髓鞘碱性蛋白作为脑白质中含量最多的蛋白质之一，约占髓磷脂蛋白的 30%，主要由分子量分别为 21.5 kDa、18.5 kDa、17 kDa、14 kDa 的 4 个亚基组成。髓鞘碱性蛋白能使带正电荷的氨基酸残基丛集并合成髓鞘，DAI 发生后钙蛋白酶、基质金属蛋白酶和溶酶体蛋白酶等激活后会导致其降解。Ottens 等人研究发现大鼠 DAI 后 2 h 受损皮质髓鞘碱性蛋白表达降低，伤后 48 h 达到谷值，伤后约 3 d 至 1 周表达逐步增加并可恢复至正常水平。髓鞘碱性蛋白作为 DAI 的潜在小分子生物学标志物在过去很长一段时间得到了一定程度的应用，但随着研究的不断深入，发现脑脊液中髓鞘碱性蛋白降解产物的检测可用于 DAI 病情评估，但其敏感性远不如脑组织病灶。此外，由于血脑屏障，血清髓鞘碱性蛋白水平在损伤后 2~3 d 才出现表达升高，1~2 周后仍无明显下降趋势。因此，髓鞘碱性蛋白作为 DAI 小分子生物学标志物的应用存在灵敏度低的缺点，限制了其在临床诊疗及法医病理检案中的应用和普及。

（5）钙依赖蛋白酶：DAI 后可出现细胞内 Ca^{2+} 浓度骤升，研究表明 DAI 介导细胞骨架系统崩解中主要的钙依赖蛋白酶，为钙蛋白酶及细胞凋亡蛋白酶。研究发现原发性及继发性轴索损伤后钙蛋白酶活性均呈显著升高趋势，且继发性损伤诱导的神经元坏死中，钙蛋白酶表达量可再次升高。在此基础之上，多项研究表明钙蛋白酶抑制剂在大鼠 DAI 中具有轴突保护作用，均表明钙蛋白酶与 DAI 发生发展存在关联。DAI 后细胞凋亡蛋白酶表达的研究结果显示，DAI 后内源性及外源性信号通路及氧化应激，使细胞凋亡蛋白酶 3 表达上调，其中细胞凋亡蛋白酶 3 在伤后 8~12 h 出现表达上调，24 h 左右达到峰值，72 h 后表达逐步下降。故钙依赖蛋白酶的表达变化规律对损伤时间的推断有一定研究价值。

（6）免疫球蛋白 κ 轻链 C：免疫炎症反应在脑缺血、颅脑外伤等疾病中起重要作用，颅脑损伤后免疫炎症反应与 Ca^{2+} 内流、氧化应激、兴奋性氨基酸释放及线粒体障碍等关系密切，且相互促进并产生级联反应，导致损伤加重。因此，免疫炎症反应在 DAI 继发性损伤中可起到加重作用。颅脑损伤继发的炎症反应被认为是继发性脑损伤的主要原因之一，而 DAI 后神经炎症性改变已成为本领域研究热点。Kadhim 等人指出免疫炎症反应是颅脑损伤后病理生理学进程的关键环节，而细胞因子作为上述反应的主要介质，在损伤早期极大程度参与了脑损伤的转归。DAI 后，损伤局部多种免疫反应细胞发生活化，并与轴索损伤之间存在空间时序性相关性。胶质细胞及外周血巨噬细胞的增生及活化，是 DAI 主要的免疫细胞反应，当然淋巴细胞及单核细胞却并不常见，轴索损伤后血脑屏障、炎细胞浸润等均可引起胶质细胞功能改变导致病变部位胶质细胞聚集。免疫球蛋白 κ 轻链 C 属于不完全性抗体球蛋白，分子量为 22 kDa。既往研究显示 DAI 组大鼠胼胝体免疫球蛋白 κ 轻链 C 表达量在伤后显著升高，在伤后 1 h 达到峰值，随后 3~12 h 表达量逐步降低，24 h 后并未出现表达回升，这在一定程度上提示免疫球

蛋白 κ 轻链 C 可作为 DAI 超急性期损伤时间的分子标记物。

（7）神经元特异性烯醇化酶：神经元特异性烯醇化酶是糖酵解酶烯醇酶的同工酶，分子量为 78 kDa。主要位于神经元细胞质中，参与神经元慢速轴浆转运。生理状态下，神经元特异性烯醇化酶不会被分泌到细胞外，轴索损伤后上调的神经元特异性烯醇化酶会被释放到细胞外。动物实验证实，神经元特异性烯醇化酶可于轴索损伤后 2 h 内出现免疫组化阳性表达，提示神经元特异性烯醇化酶可作为 DAI 早期的潜在分子生物学标志物。随着研究的不断深入，发现红细胞及血小板中也存在神经元特异性烯醇化酶，这在一定程度上限制了神经元特异性烯醇化酶在 DAI 诊断中的应用。尽管如此，临床研究发现神经元特异性烯醇化酶作为生物标志物，在重症颅脑损伤患者预后评估、治疗效果监测的临床应用中得到了很好的验证，尤为重要的是神经元特异性烯醇化酶在 DAI 患者的死后诊断中也得到了证实，故其有望作为 DAI 患者生前诊断、预后评估、死后诊断的分子生物学标志物。

（8）血红素结合蛋白：血红素结合蛋白是一种血浆糖蛋白，分子量为 60 kDa，该蛋白对血红素具有很强的亲和力。血红素结合蛋白是外周血中血红素的有效清除剂，主要通过形成血红素 – 血红素结合蛋白复合物消除血红素的氧化还原毒性，防止血红素发生自由基反应。Dong 等人研究发现血红素结合蛋白在局灶性脑损伤患者中具有潜在的神经保护作用。国内李剑波教授课题组研究发现，大鼠 DAI 后 6 h 至 1 周血浆中血红素结合蛋白表达降低，可能与继发性轴索损伤有关，在一定程度上提示颅脑损伤后监测血红素结合蛋白表达变化可为 DAI 早期诊断提供参考。

（9）3– 磷酸甘油醛脱氢酶：3– 磷酸甘油醛脱氢酶是一种糖酵解蛋白，可催化 3– 磷酸甘油醛氧化（脱氢）和磷酸化，生成 1，3– 二磷酸甘油酸，是糖代谢的中心环节，对糖代谢起着重要的作用。3– 磷酸甘油醛脱氢酶在膜融合和运输、谷氨酸在突触前囊泡中的蓄积、提高细胞定位中也发挥重要作用。同时，它也可作为氧化应激的细胞传感器以及一氧化氮压力感受器。张鹏等采用蛋白质组学的方法筛选 DAI 脑组织中蛋白表达改变的研究发现，3– 磷酸甘油醛脱氢酶在大鼠颅脑损伤后脑组织中表达呈降低趋势，其中在 DAI 后 1 h、6 h 血浆中表达上调，而在 1~7 d 血浆中表达下调，上述结果提示 3– 磷酸甘油醛脱氢酶表达可能与继发性轴索损伤有关。

2. DAI 基因表达改变　颅脑创伤过程中的基因表达改变非常复杂，并不是单一信号通路的改变，而呈现错综复杂的立体网络变化。颅脑创伤可瞬间迅速激发多个基因的表达改变，上游基因表达改变又可以引起下游相关基因的表达改变，出现级联瀑布反应和扩大效应。在如此复杂庞大的基因表达网络中，寻求可能用于 DAI 诊断、治疗、死后鉴定的基因表达体系有着非常重要的意义。现将目前文献报道中有关 mRNA、miRNA，以及基因多态性的研究进展综述如下。

（1）Homer 基因与 DAI：Homer 基因于 1997 年首次被发现后被命名，其 mRNA 片段大小约 6.5 kb，3′ 端为多个 AUUUA 重复片段，具有即早基因的特点。Homer-1a 由 186 个氨基酸组成，截至 2023 年共有 10 余种 Homer 基因剪切变异体被发现，其作为 3 种不同基因 Homer-1、Homer-2 和 Homer-3 的产物，依据编码蛋白质的结构不同分为两类，即短 Homer 和长 Homer 或包含螺旋卷曲结构域的 Homer，同时发现其表达与神经元兴奋性突触活动调节有关。研究显示，DAI 后 10 min 至 72 h 之间损伤的神经元均出现 Homer-1a mRNA 差异表达，也有研究发现 DAI 刺激可诱导 Homer-1a 基因快速表达，并与神经突触稳态失衡存在关联，且这一过程与大量谷氨酸释放、细胞兴奋性增加、酪氨酸磷酸化等有关。国内开展的一项研究证实 Homer-1 在 DAI 早期即可出现高表达，故通过 Homer 基因表达检测预测及评估 DAI 的严重程度，可作为早期临床诊断的敏感性指标之一。

（2）IL-6 mRNA 表达与 DAI：IL-6 作为重要的炎性细胞因子，与中枢神经系统的损伤反应有关。Hans 等人在大鼠 DAI 模型中，对 IL-6 mRNA 原位杂交，发现 IL-6 mRNA 在皮质锥体细胞、丘脑核神经元和蛛网膜下隙巨噬细胞中出现阳性表达。Rhodes 等人在大鼠 DAI 模型中发现，损伤后 6 h 脑组织 IL-6 mRNA 表达水平增加，且 IL-6 mRNA 阳性表达的细胞主要在海马、齿状回等部位。综上，前期动物实验中有关 IL-6 mRNA 在 DAI 中的表达得到证实，但其具体病理生理过程及其作用机制仍需进一步研究证实。

（3）miR-21 表达与 DAI：生物信息学分析及数据库文献检索发现 miR-21 可能是脑创伤后修复性基因，在促进神经细胞增殖和抑制凋亡方面影响脑创伤患者的预后。miR-21 可能通过正负向干预包括 RECK、TIMP3、TPMI、PDCD4、MASPIN、SPRY2、PTEN、BCL2 等在内的 100 多个靶基因参与颅脑损伤病理生理进程。国内亢晓燕等通过建立脑创伤模型筛查创伤区脑组织中 miRNA 的表达差异，寻找与创伤后果密切相关的 miRNA，发现颅脑创伤后 6 h、24 h、48 h、72 h 均有大量 miRNA 表达，推测 miR-21 可能在颅脑创伤病理过程中扮演了非常重要的角色。国外开展的一项有关 DAI 死后脑组织包埋后石蜡切片行 miR-21 的检测结果发现，颅脑外伤死亡患者脑组织 miR-21 表达较对照组降低 3 倍。这均在一定程度上说明 miR-21 检测可作为 DAI 诊断的分子生物学标志物。此外，动物实验水平研究发现 miR-21 在成年鼠与老年鼠颅脑外伤后存在差异表达，DAI 成年鼠模型中发现损伤后 miR-21 表达升高，在 24 h 达到最大峰值，而老年鼠 miR-21 表达降低。这提示临床诊疗以及法医病理学检案中要注意年龄相关性差异表达，同时具体机制也需要后续试验进一步验证。

（4）BDNF 基因与 DAI：BDNF 为脑源性神经生长因子，在成年大脑中枢神经突触形成过程中发挥着重要作用，与神经精神网络系统、认知功能存在一定关联。Val66Met 多态性导致 BDNF 基因第 66 位密码子上的普通缬氨酸取代蛋氨酸，既往认为这种取代可通过干扰细胞内运输，影响 BDNF 的活性依赖性分泌。蛋氨酸取代通常存在剂量依赖性，故纯合基因型比杂合基因型分泌的 BDNF 显著减少。在临床人群研究中，DAI 发生后 Val66Met 多态性与疾病预后的研究不多，但认为 BDNF 多态性与 DAI 后异常的神经化学级联反应有关。一项通过 BDNF 基因型对脑震荡风险进行评估的研究发现，轻度 DAI 与 Met/Met 多态性存在显著关联。目前也有临床研究发现 BDNFrs1157659 次要等位基因纯合子与 DAI 后神经退行性疾病存在显著关联，关于其具体机制后期仍需通过更大样本研究验证。

（5）载脂蛋白 E 基因多态性与 DAI：载脂蛋白 E（apolipoprotein E，ApoE）基因于 20 世纪 90 年代首次被发现并报道，与胆固醇及甘油三酯转运密切相关。其定位于人类第 19 号染色体，是一种复等位共显性基因，共包含 3 种等位基因：ε2、ε3 及 ε4，其中 ε3 在人群中的表达率达到 70%～78%，而 ε2 和 ε4 的基因频率分别为 5%～10% 和 14%～20%。其 3 种等位基因组合形成 6 种基因型，包括 3 种纯合子（ε2/ε2、ε3/ε3、ε4/ε4）和 3 种杂合子（ε2/ε3、ε2/ε4、ε3/ε4），编码合成 3 种主要的异构体：ApoE2、ApoE3、ApoE4。不同个体因其等位基因不同而合成不同亚型的 ApoE，杂合子体内可以存在 2 种亚型 ApoE。ApoE 的多态性来源于其一级结构中第 112 位及第 158 位氨基酸的替换，ApoE2 在 2 个位点均为半胱氨酸，ApoE3 的 2 个位点分别为半胱氨酸和精氨酸，ApoE4 则均为精氨酸。不同 ApoE 亚型中单个氨基酸的变化会使其结构和功能产生明显的改变。第 112 位及第 158 位氨基酸的改变，使 ApoE 的三级结构中形成不同的离子键，从而改变了 ApoE 蛋白的空间构象，造成其不同亚型对脂质及 ApoE 受体的亲和力差异。ApoE3 与 ApoE4 对低密度脂蛋白（LDL）受体的亲和力较为相似，而 ApoE2 与 LDL 受体的结合力只有 ApoE3 的 2% 甚至更低。在结合脂质的功能方面，ApoE2 和 ApoE3 倾向于结合小分子，如富含磷脂的高密度脂蛋白（HDL），而 ApoE4 则倾向于结合大分子，如富含甘油三酯的极低密度脂蛋白（VLDL）。ApoE 的氨基末端（第 1～191 位氨基酸残基）形成一个结构域，包括受体结合区和肝素结合区。同样，羧基末端（第 225～229 位氨基酸残基）也形成一个独立的结构域，是脂质结合的主要区域。这两个独立的功能区由一段铰链结构分开。X 线晶体分析发现，ApoE3 与 ApoE4 关键区域的侧链向明显不同的方向延长，ApoE4 第 112 位精氨酸能够使第 61 位精氨酸侧链暴露，并与第 255 位谷氨酸之间产生相互作用，从而改变 ApoE 的空间结构，形成 ApoE4 亚型独特的异常结构特征，称为蛋白质区域相互作用。这种异常的空间结构导致 ApoE4 对脂质的运输能力明显低于 ApoE3，使得 ApoE4 在伤后不能满足脑内代谢的需要。因此，携带 ApoE4 基因被认为是创伤性脑损伤及神经退行性病变中预后不良的原因之一。Lawrence 等人开展的一项回顾性研究发现，ApoE4 基因与 DAI 不良预后有密切关联，其表达升高常提示 DAI 远期预后不良，故 DAI 发生后检测 ApoE4 基因对疾病诊断、病情评估有一定作用，关于其在死后鉴定中的作用仍需进一步研究。

3. DAI 代谢组学分子生物学标志物　代谢组学是研究关于生物体被干扰或者损伤

后，如基因的改变或者环境变化等因素，导致其内源性代谢产物种类、数量及其动态变化的规律的科学。代谢组学着重研究的是生物整体、器官或组织内源性代谢物质的代谢途径及其受内外因素影响及随时间变化的规律。代谢组学通过揭示内在和外在因素影响下代谢整体的变化轨迹来反映某种病理生理过程中所发生的一系列生物事件。DAI 后因机体缺血缺氧、自由基损伤等可导致氨基酸代谢、脂肪酸代谢、胺类代谢等多代谢途径受损。现主要将 DAI 损伤后氨基酸代谢、脂肪酸代谢、胺类代谢研究进展综述如下。

（1）氨基酸代谢与 DAI：DAI 后氨基酸代谢损伤途径主要与赖氨酸、色氨酸、谷氨酸、组氨酸、精氨酸代谢有关。其中赖氨酸与色氨酸与酮体代谢存在关联，DAI 导致局部出血、水肿，致组织缺氧的同时启动机体氧化应激发生，进一步增加脑组织能量需求，反馈性导致酮体生成量增加。研究显示 DAI 后血清赖氨酸和色氨酸浓度升高，并在一定程度上缓解了脑组织对酮体需求量的增加。谷氨酸作为一种兴奋性氨基酸，在机体损伤早期，在谷氨酰胺合成酶的催化下与氨气作用生成谷氨酰胺，谷氨酰胺可通过血脑屏障，并与机体损伤后代谢异常明显相关。研究发现早期 DAI 血清谷氨酰胺表达升高，并能够提示其损伤严重程度。组氨酸是二价金属离子的螯合剂，通常存在于血红蛋白结合位点，可由饮食获得，在骨骼肌及脑中的合成依赖肌肤合成酶，参与氨回收、氨基酸代谢等，组氨酸在体内经组氨酸脱羧酶作用可产生组胺，增加毛细血管通透性，从而导致组织水肿、出血，故推测 DAI 后弥漫性脑肿胀的发生与组氨酸代谢异常密切相关。精氨酸作为半必需或条件性必需氨基酸，在氨中毒的过程中起着重要作用，其表达量减少可致机体严重氨中毒症状，出现多器官功能衰竭，多提示预后不良。DAI 后因能量代谢受损以及急性应激性消化道损伤，导致精氨酸合成减少，加重脑损伤严重程度，既往研究发现 DAI 后 24 h 内会出现精氨酸表达严重减少，故早期检测血清精氨酸代谢产物可有助于早期评估病情及预后。

（2）脂肪酸代谢与 DAI：脂肪酸代谢与细胞代谢密切相关。DAI 后因局部缺血缺氧、离子内流，常导致细胞膜及细胞器膜降解增加，进而引起细胞膜及细胞器膜的构成成分在损伤早期的蓄积。研究显示十四烷酸和磷脂酰胆碱作为构成细胞膜和细胞器膜的重要脂肪酸，与细胞结构完整性、细胞增殖分化等病理生理过程密切相关。DAI 代谢组学研究发现损伤后十四烷酸即刻表达升高，而磷脂酰胆碱呈表达降低趋势，这一发现提示脂质过氧化在 DAI 损伤中发挥着一定作用。

（3）胺类代谢与 DAI：胺类代谢中，苯胺的毒性作用主要与其代谢产物苯基羟胺有关，后者有很强的高铁血红蛋白形成能力，使血红蛋白失去携氧能力，导致机体缺氧、溶血，引起中枢神经系统、血管系统及其他器官损伤，故苯胺代谢与神经毒性作用密切相关。DAI 代谢组学研究发现，苯胺在伤后早期显著上调，并可加重损伤后脑缺氧。研究还发现，吡哆胺在 DAI 后的表达下调改变，推测其可通过影响谷氨酸在体内的蓄积从而发挥神经毒性作用。

四、DAI 影像学诊断

影像学检查尤其是 CT 和 MRI 技术，在弥漫性轴索损伤的临床诊断过程中起着举足轻重的作用。CT 可通过对患者的颅底至颅顶进行连续性扫描，准确评估局部的受伤状况，尤其是对于出血性病灶有着很好的辅助诊断价值。MRI 能明确 DAI 的具体病变情况，主要是观察弥散性轴索损伤的早期影像学改变。随着影像学技术的不断发展，近年来开展了大量 CT 和 MRI 在 DAI 诊断中的比较研究，尤其是在法医学检案中的应用探讨方面也取得了一些成果，现将二者的研究现状及各自优势综述如下。

1. CT 影像学检查在 DAI 临床诊断中的应用　CT 即电子计算机断层扫描，它是利用精确准直的 X 线束与灵敏度极高的探测器围绕人体的某一部位，进行连续的断面扫描，每次扫描过程中由探测器接收穿过人体后的衰减 X 线信息，再由快速模 / 数（A/D）转换器将模拟量转换成数字量，经电子计算机得出该层面各点的 X 线吸收系数值，再经图像显示器将不同的数据用不同的灰度等级显示出来，这样该断面的解剖结构就可以清晰地显示。由于 CT 影像完全屏除了重叠干扰，利用窗口技术使密度分辨率大大提高，对软组织及实质性器官的显示能力明显优于普通 X 线检查。

CT 是临床常用诊断仪器，具有扫描便捷、价格低廉、可重复操作的特点，目前在临床工作中成为诊断颅脑损伤的首选方法。研究证实，颅脑损伤评估、CT 影像、预后之间存在相关性。早期 CT 扫描结果对颅脑损伤预后评估具有重要的参考价值，目前采用较多的是 Marshall CT 分级及 Rotterdam CT 评分。Marshall 分为 1~6 级，主要是基于 3 个 CT 征象和出血量的处理（外科手术清除与否），DAI 只要做过颅内血肿清除术即可归为 5 级，未行血肿清除且出血量 ≥ 25 mL，无论其他 CT 征象如何都将其归为 6 级（表 4-3）。Rotterdam CT 评分主要包括四项参数：①基底池的分类：正常（0 分），受压（1 分）和消失（2 分）。②中线移位：在室间孔平面测量颅内腔的宽度，测量偏移侧颅骨到透明隔的长度，中线偏移即为室间孔平面测量的颅内腔宽度的一半减去偏移侧颅骨到透明隔的长度，0~5 mm（0 分），＞5 mm（1 分）。③硬膜外血肿：有（1 分），无（0 分）。④脑室出血 / 蛛网膜下隙出血：无（0 分），有（1 分）。Rotterdam 总得分基础上加 1 分为最终得分，最高 6 分。基于基底池情况、中线移位、外伤性蛛网膜下隙出血、脑室出血、不同类型颅内占位性病灶等影像学改变，与 Marshall 分级比较，Rotterdam CT 评分更能全面反映颅脑损伤情况。但因 CT 检查在早期轻度 DAI 诊断治疗中显示出一定局限性，主要表现在无颅内出血性病灶的 DAI 患者无法通过 CT 扫描发现。

表 4-3 Marshall CT 分级

Marshall CT 分级	定义
弥漫损伤Ⅰ级（正常）	颅脑 CT 未见任何异常
弥漫损伤Ⅱ级	颅脑 CT 见基底池及脑实质密度基本正常，中线结构偏移 5 mm 以内，和 / 或混杂及高密度影体积不超过 25 mL，可能会有骨碎片或异物
弥漫损伤Ⅲ级（肿胀）	颅脑 CT 见基底池受压，但中线结构偏移在 5 mm 以内，混杂及高密度影体积不超过 25 mL
弥漫损伤Ⅳ级（中线）	中线结构偏移超过 5 mm，混杂及高密度影体积不超过 25 mL
局灶损伤Ⅴ级	无须外科手术处理的病灶（已清除血肿）
局灶损伤Ⅵ级	混杂及高密度影病变体积大于 25 mL，需要手术治疗

2. MRI 影像学检查在 DAI 临床诊断中的应用　MRI 又称磁共振成像，是继 CT 后医学影像学的又一重大进步，自 20 世纪 80 年代应用以来取得了快速发展。其基本原理是将人体置于特殊的磁场中，用无线电射频脉冲激发人体内氢原子核，引起氢原子核共振并吸收能量。在停止射频脉冲后，氢原子核按特定频率发出射电信号，并将吸收的能量释放出来被体外接收，经电子计算机处理获得图像。MRI 提供的信息量大于其他医学影像学技术，因此，它对疾病的诊断具有很大的潜在优越性。它可以直接做出横断面、矢状面、冠状面和各种斜面的体层图像，不会产生 CT 检查中的伪影、不需注射对比剂、无电离辐射、对机体没有不良影响。这两项技术的最大特点是检查无创和结果客观。

急性 DAI 早期表现为血源性水肿，故患者血脑屏障破坏后，细胞外间隙血浆量会出现上升现象，脑组织中自由水含量增加，可以通过 MRI 诊断进行判断。也有研究发现头颅 MRI 检查中通过髓鞘磷脂映射评估既往有无 DAI 损伤病史，这提示我们 MRI 检查对于早期 DAI 诊断及 DAI 后神经精神评估有较高的敏感度。MRI 检查主要包括常规磁共振、弥散加权成像（diffusion weighted imaging，DWI）、磁敏感加权成像（susceptibility weighted imaging，SWI）等检查方法。常规磁共振检查包括 T1 加权像（T1 weighted image，T1WI）、T2 加权像（T2 weighted image，T2WI）自旋回波序列、液体抑制反转恢复序列（fluid attenuated inversion recovery sequence，FLAIR sequence）检查等。传统 MRI 检查 DAI 损伤早期，可表现为长 T1、长 T2 信号，FLAIR 序列则为斑点状高信号。多项研究显示，MRI 用于颅脑损伤的诊断优于 CT，但在实际工作中应根据具体情况选择适合的影像学检查方法。随着 MRI 检查中 DWI、SWI 等方法的不断发展和广泛应用，发现 DWI 用于颅脑损伤后缺血病变敏感性较高，SWI 用于颅脑损伤后出血病变敏感性较高，故多序列 MRI 检查有助于发现 DAI 损伤早期缺血、出血病变，更好地评估 DAI 情况。

五、傅里叶变换红外光谱技术在 DAI 死后法医病理诊断中的应用

傅里叶变换红外光谱仪（Fourier transform infrared spectrometer，FTIR）主要由光学探测部分和计算机部分组成。当样品放在干涉仪光路中，由于吸收了某些频率的能量，使所得的干涉图强度曲线相应地产生一些变化。傅里叶变换红外光谱技术可将干涉图上每个频率转变为相应的光强，从而得到整个红外光谱图，根据光谱图的不同特征，可检定未知物的功能团、测定化学结构、观察化学反应历程、区别同分异构体、分析物质的纯度等，其具有高检测灵敏度、高测量精度、高分辨率、测量速度快、散光低以及波段宽等特点。近年来，通过虚拟解剖，收集尸体的影像学信息，可由计算机生成彩色的体表损伤及体内损伤图像，并结合现场勘验和尸表检验，虚拟解剖技术无疑会极大地帮助法医解决死亡原因和死亡方式等法医学难题。FTIR 在虚拟解剖技术的发展中起到了一定推动作用，国内刘良教授课题组通过采用 FTIR 在 DAI 损伤研究中取得了一定成果，该方法通过 FTIR 映射系统逐点检测大鼠模型 DAI 区域，进而选择酰胺 A 谱带、CH_3 对称拉伸、胶原三螺旋结构和核酸、磷脂 PO_2^- 的不对称拉伸振动频率作为目标峰位置，获得 DAI 的红外光谱数据，绘制红外光谱颜色的病理图像，并且通过对比组织病理学镀银染色和 β-APP 染色结果，发现酰胺 A 蛋白 N-H 的拉伸振动和胶原三螺旋结构光谱高吸收区与 DAI 损伤区域一致。这在一定程度上说明，FTIR 可用于 DAI 的生前诊断与死后诊断，后续有望将该技术通过人体验证其可行性以更好地服务于检案实践。

六、展望

目前，DAI 研究在流行病学数据、病理学诊断、病理生理学机制、蛋白组学、基因表达、代谢组学、影像学等领域取得了较大的进展，但在 DAI 诊断、治疗、预后评估、伤残鉴定、死后诊断等实践领域的应用仍存在一定困难，尤其是法医临床、法医病理鉴定等领域，如法医临床鉴定工作中，如何更好地结合病史、神经系统查体、影像学改变、分子生物学标志物检测等，对患者 DAI 认定、损伤转归、损伤程度与伤残等级等做出科学的鉴定意见；在法医病理鉴定工作中，如何基于组织病理学改变，通过多组学分析、虚拟仿真技术等方法更全面客观地评估 DAI。以上鉴定工作对维护司法公正和社会和谐有着举足轻重的作用，同时对法医工作者提出了更高的要求。

随着科学技术的迅猛发展，当前科学理论的进步多有赖于多学科的融合交叉，将更多的技术方法用于 DAI 研究，如生物信息学、多组学检测和分析技术等，重点研究 DAI 发病机制、病理学改变及影响因素，寻找更便捷有效的诊断手段，成为法医学研究的重点。同时，与其他医学研究相同，在 DAI 研究领域同样存在人体样本研究少的问题，如何充分利用现有珍贵的临床样本和人体组织，并与临床、神经科学等多学科进行融合，以解决法医学问题，并为相关学科提供线索，亦是法医研究者应关注的问题。

（任亮　华中科技大学）

参考文献

［1］丛斌.法医病理学［M］.5 版.北京：人民卫生出版社，2016.

［2］刘技辉.法医临床学［M］.5 版.北京：人民卫生出版社，2016.

［3］陈孝平，汪建平，赵继宗.外科学［M］.9 版.北京：人民卫生出版社，2018.

［4］Strich S J. Diffuse degeneration of the cerebral white matter in severe dementia following head injury［J］. J Neurol Neurosurg Psychiatry，1956，19（3）：163-185.

［5］Strich S J. Lesions in the cerebral hemispheres after blunt head injury［J］. J Clin Pathol Suppl（R Coll Pathol），1970，4：166-171.

［6］Adams J H，Graham D I，Murray L S，et al. Diffuse axonal injury due to nonmissile head injury in humans：an analysis of 45 cases［J］. Annals of Neurology，2010，12（6）：557-563.

［7］Davceva N，Sivevski A，Basheska N. Traumatic axonal injury，a clinical-pathological correlation［J］. J Forensic Leg Med，2017，48：35-40.

［8］Izzy S，Mazwi N L，Martinez S，et al. Revisiting Grade 3 Diffuse Axonal Injury：Not All Brainstem Microbleeds are Prognostically Equal［J］. Neurocrit Care，2017，27（2）：199-207.

［9］Vieira R C，Paiva W S，de Oliveira D V，et al. Diffuse Axonal Injury：Epidemiology，Outcome and Associated Risk Factors［J］. Front Neurol，2016，7：178.

［10］Ma J，Zhang K，Wang Z，et al. Progress of Research on Diffuse Axonal Injury after Traumatic Brain Injury［J］. Neural Plasticity，2016，2016：9746313.

［11］Humble S S，Wilson L D，Wang L，et al. Prognosis of diffuse axonal injury with traumatic brain injury［J］. J Trauma Acute Care Surg，2018，85（1）：155-159.

［12］李培建.弥漫性轴索损伤的诊断和治疗［J］.中华神经创伤外科电子杂志，2017，3（4）：251-254.

［13］Taylor C A，Bell J M，Breiding M J，et al. Traumatic Brain Injury-Related Emergency Department Visits，Hospitalizations，and Deaths-United States，2007 and 2013［J］. MMWR Surveill Summ，2017，66（9）：1-16.

［14］Kilinc D，Gallo G，Barbee K A. Mechanically-induced membrane poration causes axonal beading and localized cytoskeletal damage［J］. Experimental Neurology，2008，212（2）：422-430.

［15］Morrison III B，Cater H L，Benham C D，et al. An in vitro model of traumatic brain injury utilising two-dimensional stretch of organotypic hippocampal slice cultures［J］. Journal of neuroscience methods，2006，150（2）：192-201.

［16］邱明洁.机械力致神经元损伤作用的初步研究［D］.武汉：华中科技大学，2018.

［17］王振宇.中枢神经损伤后轴突变性的研究进展［J］.中华神经创伤外科电子杂志，2015，1（1）：49-52.

［18］Sievers C，Platt N，Perry V H，et al. Neurites undergoing Wallerian degeneration show an apoptotic-like process with Annexin V positive staining and loss of mitochondrial membrane potential［J］. Neurosci Res，2003，46（2）：161-169.

［19］Court F A，Coleman M P. Mitochondria as a central sensor for axonal degenerative stimuli［J］. Trends Neurosci，2012，35（6）：364-372.

［20］Shen H，Hyrc K L，Goldberg M P. Maintaining energy homeostasis is an essential component of Wld（S）-mediated axon protection［J］. Neurobiol Dis，2013，59：69-79.

［21］Yamada K H，Kozlowski D A，Seidl S E，et al. Targeted gene inactivation of calpain-1 suppresses cortical degeneration due to traumatic brain injury and neuronal apoptosis induced by oxidative stress［J］. J Biol Chem，2012，287（16）：13182–13193.

［22］Frati A，Cerretani D，Fiaschi A I，et al. Diffuse Axonal Injury and Oxidative Stress：A Comprehensive Review［J］. Int J Mol Sci，2017，18（12）：2600.

［23］Siedler D G，Chuah M I，Kirkcaldie M T，et al. Diffuse axonal injury in brain trauma：insights from alterations in neurofilaments［J］. Front Cell Neurosci，2014，8：429.

［24］刘石林，赵利. 大鼠脑挫伤后脑不同部位组织内钙含量的变化（英文）［J］. 中国临床康复，2004（13）：2581–2583.

［25］Shapira Y，Lam A M，Artru A A，et al. Ketamine alters calcium and magnesium in brain tissue following experimental head trauma in rats［J］. Journal of Cerebral Blood Flow & Metabolism，1993，13（6）：962–968.

［26］Staal J A，Dickson T C，Gasperini R，et al. Initial calcium release from intracellular stores followed by calcium dysregulation is linked to secondary axotomy following transient axonal stretch injury［J］. J Neurochem，2010，112（5）：1147–1155.

［27］许建新，周跃飞，赵洪洋. 创伤性脑损伤后脑神经细胞内 Ca^{2+} 变化实验研究［J］. 中华神经外科疾病研究杂志，2009，8（1）：73–74.

［28］Staal J A，Dickson T C，Gasperini R，et al. Initial calcium release from intracellular stores followed by calcium dysregulation is linked to secondary axotomy following transient axonal stretch injury［J］. J Neurochem，2010，112（5）：1147–1155.

［29］LiangY，Tong F，Zhang L，et al. iTRAQ–based proteomic analysis discovers potential biomarkers of diffuse axonal injury in rats［J］. Brain Res Bull，2019，153：289–304.

［30］Zhang P，Zhu S，Li Y，et al. Quantitative proteomics analysis to identify diffuse axonal injury biomarkers in rats using iTRAQ coupled LC–MS/MS［J］. J Proteomics，2016，133：93–99.

［31］Zhang P，Zhu S，Zhao M，et al. Identification of plasma biomarkers for diffuse axonal injury in rats by iTRAQ–coupled LC–MS/MS and bioinformatics analysis［J］. Brain Res Bull，2018，142：224–232.

［32］陈庆，白洁，张文芳. 应用 iTRAQ–LC–MS/MS 方法筛选大鼠 DAI 后脑组织差异表达蛋白质［J］. 法医学杂志，2017，33（4）：348–352.

［33］Koob A O，Borgens R B. Polyethylene glycol treatment after traumatic brain injury reduces beta–amyloid precursor protein accumulation in degenerating axons［J］. J Neurosci Res，2006，83（8）：1558–1563.

［34］Yang S，Sun R，Zhou Z，et al. Expression of amyloid–β protein and amyloid–β precursor protein after primary brain–stem injury in rats［J］. Am J Forensic Med Pathol，2014，35（3）：201–205.

［35］Hayashi T，Ago K，Nakamae T，et al. Two different immunostaining patterns of beta–amyloid precursor protein（APP）may distinguish traumatic from nontraumatic axonal injury［J］. Int J Legal Med，2015，129（5）：1085–1090.

［36］朱金龙，朱少华，任亮，等. 大鼠弥散性轴索损伤后 β–APP 的表达［J］. 法医学杂志，2005（3）：165–168，241.

［37］Hortobagyi T，Wise S，Hunt N，et al. Traumatic axonal damage in the brain can be detected using beta–APP immunohistochemistry within 35 min after head injury to human adults［J］. Neuropathol Appl Neurobiol，2007，33（2）：226–237.

［38］Marmarou C R，Walker S A，Davis CL，et al. Quantitative analysis of the relationship between intra–axonal neurofilament compaction and impaired axonal transport following diffuse traumatic brain injury [J]. J Neurotrauma, 2005, 22 (10): 1066–1080.

[39] Johnson M W, Stoll L, Rubio A, et al. Axonal injury in young pediatric head trauma: a comparison study of β−amyloid precursor protein (β−APP) immunohistochemical staining in traumatic and nontraumatic deaths [J]. J Forensic Sci, 2011, 56 (5): 1198–1205.

[40] Jafari S S, Maxwell W L, Neilson M, et al. Axonal cytoskeletal changes after non−disruptive axonal injury [J]. J Neurocytol, 1997, 26 (4): 207–221.

[41] Ottens A K, Golden E C, Bustamante L, et al. Proteolysis of multiple myelin basic protein isoforms after neurotrauma: characterization by mass spectrometry [J]. J Neurochem, 2008, 04 (5): 1404–1414.

[42] Eriksson K S, Zhang S, Lin L, et al. The type Ⅲ neurofilament peripherin is expressed in the tuberomammillary neurons of the mouse [J]. BMC Neurosci, 2008, 9: 26.

[43] Undamatla J, Szaro B G. Differential expression and localization of neuronal intermediate filament proteins within newly developing neurites in dissociated cultures of Xenopus laevis embryonic spinal cord [J]. Cell Motil Cytoskeleton, 2001, 49 (1): 16–32.

[44] 赵兴鹃, 张慧芳, 董妍, 等. 外周蛋白在中枢神经系统的生物学功能 [J]. 脑与神经疾病杂志, 2011, 19 (4): 316–318.

[45] 王之涵, 沙龙贵, 任力, 等. 脑挫伤患者血清和脑脊液神经元特异性烯醇化酶及髓鞘碱性蛋白水平的改变 [J]. 临床神经外科杂志, 2018, 15 (5): 380–383.

[46] 李玉艳, 梁琳琳, 刘晓勇. 颅脑损伤患者脑脊液和血清神经元特异性烯醇化酶及髓鞘碱性蛋白水平变化及临床意义 [J]. 国际检验医学杂志, 2017, 38 (10): 1338–1340.

[47] Kobeissy F H, Liu M C, Yang Z, et al. Degradation of βⅡ−Spectrin Protein by Calpain−2 and Caspase−3 Under Neurotoxic and Traumatic Brain Injury Conditions [J]. Mol Neurobiol, 2015, 52 (1): 696–709.

[48] Samantaray S, Sribnick E A, Das A, et al. Melatonin attenuates calpain upregulation, axonal damage and neuronal death in spinal cord injury in rats [J]. J Pineal Res, 2008, 44 (4): 348–357.

[49] Saatman K E, Creed J, Raghupathi R. Calpain as a therapeutic target in traumatic brain injury [J]. Neurotherapeutics, 2010, 7 (1): 31–42.

[50] Czeiter E, Buki A, Bukovics P, et al. Calpain inhibition reduces axolemmal leakage in traumatic axonal injury [J]. Molecules, 2009, 14 (12): 5115–5123.

[51] Hassen G W, Feliberti J, Kesner L, et al. Prevention of axonal injury using calpain inhibitor in chronic progressive experimental autoimmune encephalomyelitis [J]. Brain Res, 2008, 1236: 206–215.

[52] Stone J R, Okonkwo D O, Singleton R H, et al. Caspase−3−mediated cleavage of amyloid precursor protein and formation of amyloid beta peptide in traumatic axonal injury [J]. J Neurotrauma, 2002, 19 (5): 601–614.

[53] Lin Y, Wen L. Inflammatory response following diffuse axonal injury [J]. Int J Med Sci, 2013, 10 (5): 515–521.

[54] Burda J E, Bernstein A M, Sofroniew M V. Astrocyte roles in traumatic brain injury [J]. Exp Neurol, 2016, 3: 305–315.

[55] Kadhim H J, Duchateau J, Sebire G. Cytokines and brain injury: invited review [J]. J Intensive Care Med, 2008, 23 (4): 236–249.

[56] 张琳. 基于 iTRAQ 技术筛选大鼠弥漫性轴索损伤急性期分子标记物的研究 [D]. 武汉: 华中科技大学, 2016.

［57］Cheng F，Yuan Q，Yang J，et al. The prognostic value of serum neuron-specific enolase in traumatic brain injury: systematic review and meta-analysis［J］. PLoS One，2014，9（9）: e106680.

［58］Shahim P，Tegner Y，Wilson D H，et al. Blood biomarkers for brain injury in concussed professional ice hockey players［J］. JAMA Neurol，2014，71（6）: 684-692.

［59］Planche V，Brochet C，Bakkouch A，et al. Importance of hemolysis on neuron-specific enolase measurement［J］. Ann Biol Clin（Paris），2010，68（2）: 239-242.

［60］马涛，张丽侠，姚进. 血清神经元特异性烯醇化酶和二聚体对急性脑挫伤的诊断价值［J］. 医学综述，2019，25（18）: 3711-3714，3719.

［61］Ondruschka B，Pohlers D，Sommer G，et al. S100B and NSE as useful postmortem biochemical markers of traumatic brain injury in autopsy cases［J］. J Neurotrauma，2013，30（22）: 1862-1871.

［62］Sieber M，Dreßler J，Franke H，et al. Post-mortem biochemistry of NSE and S100B: A supplemental tool for detecting a lethal traumatic brain injury［J］. J Forensic Leg Med，2018，55: 65-73.

［63］Dong B，Cai M，Fang Z，et al. Hemopexin induces neuroprotection in the rat subjected to focal cerebral ischemia［J］. BMC Neurosci，2013，14: 58.

［64］张鹏. 基于 iTRAQ 技术的 SD 大鼠弥漫性轴索损伤的蛋白质组学研究［D］. 重庆: 重庆医科大学，2018.

［65］Brakeman P R，Lanahan A A，O'Brien R，et al. Homer: a protein that selectively binds metabotropic glutamate receptors［J］. Nature，1997，386（6622）: 284-288.

［66］Kato A，Ozawa F，Saitoh Y，et al. Novel members of the Vesl/Homer family of PDZ proteins that bind metabotropic glutamate receptors［J］. J Biol Chem，1998，273（37）: 23969-23975.

［67］Huang W D，Fei Z，Zhang X. Traumatic injury induced homer-1a gene expression in cultured cortical neurons of rat［J］. Neurosci Lett，2005，389（1）: 46-50.

［68］Su J J，Pan H，Zhou H G，et al. Acid-sensing ion channels activation and hypoxia upregulate Homer1a expression［J］. CNS Neurosci Ther，2014，20（3）: 264-274.

［69］陈仁辉，何松国. 大鼠弥漫性轴索损伤后 Homer1 蛋白表达的研究［J］. 福建警察学院学报，2014，28（5）: 17-19，24.

［70］Hans V H，Kossmann T，Lenzlinger P M，et al. Experimental axonal injury triggers interleukin-6 mRNA，protein synthesis and release into cerebrospinal fluid［J］. J Cereb Blood Flow Metab，1999，19（2）: 184-194.

［71］Rhodes J K，Andrews P J，Holmes M C，et al. Expression of interleukin-6 messenger RNA in a rat model of diffuse axonal injury［J］. Neurosci Lett，2002，335（1）: 1-4.

［72］Di P V，Ragusa M，Davies D，et al. MicroRNAs as Novel Biomarkers for the Diagnosis and Prognosis of Mild and Severe Traumatic Brain Injury［J］. J Neurotrauma，2017，34（11）: 1948-1956.

［73］Li H J，Pan Y B，Sun Z L，et al. Inhibition of miR-21 ameliorates excessive astrocyte activation and promotes axon regeneration following optic nerve crush［J］. Neuropharmacology，2018，137: 33-49.

［74］亢晓燕，雷平，张建宁. 脑创伤模型创伤区脑组织中 miRNA-21 的表达变化及意义［J］. 山东医药，2011，51（26）: 23-25.

［75］Pinchi E，Frati A，Cipolloni L，et al. Clinical-pathological study on β-APP，IL-1β，GFAP，NFL，Spectrin Ⅱ，8OHdG，TUNEL，miR-21，miR-16，miR-92 expressions to verify DAIdiagnosis，grade and prognosis［J］. J Neurotrauma，2017，34（11）: 1948-1956.

［76］Sandhir R，Gregory E，Berman N E. Differential response of miRNA-21 and its targets after traumatic brain injury in aging mice［J］. Neurochem Int，2014，78: 117- 121.

［77］Harrisberger F，Smieskova R，Schmidt A，et al. BDNF Val66Met polymorphism and hippocampal volume in neuropsychiatric disorders: A systematic review and meta- analysis［J］. Neurosci Biobehav Rev，2015，55: 107-118.

［78］Dretsch M N，Williams K，Emmerich T，et al. Brain-derived neurotropic factor polymorphisms，traumatic stress，mild traumatic brain injury，and combat exposure contribute to postdeployment traumatic stress［J］. Brain Behav，2015，6（1）: e00392.

［79］Panenka W J，Gardner A J，Dretsch M N，et al. Systematic Review of Genetic Risk Factors for Sustaining a Mild Traumatic Brain Injury［J］. J Neurotrauma，2017，34（13）: 2093-2099.

［80］Hayes J P，Reagan A，Logue M W，et al. BDNF genotype is associated with hippocampal volume in mild traumatic brain injury［J］. Genes Brain Behav，2018，17（2）: 107-117.

［81］Lawrence D W，Comper P，Hutchison M G，et al. The role of apolipoprotein E episilon（ε）-4 allele on outcome following traumatic brain injury: A systematic review［J］. Brain Inj，2015，29（9）: 1018-1031.

［82］Zhang P，Zhu S，Zhao M，et al. Integration of 1H NMR- and UPLC-Q-TOF/MS-based plasma metabonomics study to identify diffuse axonal injury biomarkers in rat［J］. Brain Res Bull，2018，140: 19-27.

［83］Song T，Zhu Y，Zhang P，et al. Integrated Proteomics and Metabolomic Analyses of Plasma Injury Biomarkers in a Serious Brain Trauma Model in Rats［J］. Int J Mol Sci，2019，20（4）: 922.

［84］曹成龙，李艳玲，宋健，等. 急性中、重型颅脑损伤早期病死率的预测: Marshall CT 分级和 Rotterdam CT 评分的比较［J］. 中国临床神经外科杂志，2017，22（10）: 676-679.

［85］杨昌义，陈兵，任燕山，等. CT 与 MRI 检查对弥漫性轴索损伤诊断价值分析［J］. 影像研究与医学应用，2019，3（9）: 151-152.

［86］Haghbayan H，Boutin A，Laflamme M，et al. The Prognostic Value of MRI in Moderate and Severe Traumatic Brain Injury: A Systematic Review and Meta- Analysis［J］. Crit Care Med，2017，45（12）: e1280-e1288.

［87］Gordon E M，May G J，Nelson S M. MRI-based measures of intracortical myelin are sensitive to a history of TBI and are associated with functional connectivity［J］. Neuroimage，2019，200: 199-209.

［88］Wang F，Yang T，Li J，et al. Histopathology mapping of biochemical changes in diffuse axonal injury by FTIR micro-spectroscopy［J］. Leg Med（Tokyo），2019，37: 76-82.

第五章
颅脑损伤后脑外并发症

颅脑是人体的重要组成器官，颅脑损伤，尤其是重度颅脑损伤，对全身颅脑以外的多个系统、器官、组织均可造成不利影响，常常并发或继发颅脑以外器官的功能受损，甚至发生功能衰竭，严重的并发症可以直接导致死亡。关注颅脑损伤后脑外并发症，对颅脑损伤的法医学研究及法医学鉴定实践均具有重要意义。

第一节　颅脑损伤后心功能不全

颅脑损伤发生后，在多种机制作用下，机体心肌收缩力明显下降或心室负荷加重致心排出量减少而出现心功能不全。包括系统性血压改变、心肌缺血、心律失常、心肌梗死及心力衰竭，严重者可直接引起死亡的发生。研究认为颅脑损伤后心功能不全的发生机制主要有以下几点。

一、损伤直接影响心血管中枢

原发性脑干挫伤出血可以直接影响位于脑干的心血管中枢，往往在发生急性呼吸衰竭后数小时内出现循环衰竭乃至心搏停止。脑损伤后脑组织发生缺血、缺氧、颅内压增高，致脑疝形成压迫位于脑干中的心血管中枢，出现血压升高与心率减慢。

二、中枢神经对心脏的支配作用发生紊乱

中枢神经对心脏直接起调控作用，有研究发现大脑额叶、颞叶、顶叶、岛叶、下丘脑对心脏的支配有定位性及区域性。颅脑损伤发生后，中枢神经系统对心脏和血管的调控发生紊乱，导致继发性心肌损害及心电变化。心电图检查时，异常心电图表现与急性颅脑损伤的发生部位有关，如急性左额叶血肿时心电图多出现 Q-T 间期和 T 波异常，急性颞、顶叶血肿时心电图多表现为窦性心动过缓和室性早搏，丘脑及基底核出血时心电图多表现为窦性心动过速，脑干出血时心电图多表现为心室颤动或多发室性早搏。

三、自主神经调节功能紊乱

颅脑损伤后脑循环障碍引起丘脑下部和其他部位脑组织水肿、缺血、软化，使位于下丘脑、脑干及边缘系统中调节支配心脏活动的交感和副交感神经的高级自主神经中枢受损，或参与交感和副交感神经调节的大脑额叶、颞叶、岛叶受损，或投射纤维和联合纤维受损激惹脑干神经核团，均可影响脑干副交感核、下丘脑室旁核与儿茶酚胺神经元之间的环形通路，导致交感神经兴奋性增高，引起儿茶酚胺分泌增多，并在心脏积聚，造成心肌损害。

四、神经-体液调节功能紊乱

机体交感-肾上腺髓质系统在急性颅脑损伤发生时过度兴奋，血液中儿茶酚胺浓度升高，神经-体液调节功能出现紊乱，紊乱程度与颅脑损伤严重程度密切相关。

五、体内电解质失衡

急性颅脑损伤后患者出现低钾、低磷、低镁血症，也是损害心脏的重要原因之一。重型颅脑损伤患者体内电解质失衡，易并发低钾、低磷、低镁血症，加重心肌损害，出现心律失常，并增加猝死、高血压、冠状动脉血管痉挛等发生概率。脑损伤后患者频繁的呕吐而摄入又不足、使用脱水剂或利尿剂使排钾增多以及由于脑外伤后处于应激状态、肾上腺糖皮质激素分泌增多促进排钾等因素造成低钾及电解质代谢紊乱，引起心脏传导和节律异常。另外心肌内钙分布过多，可导致心肌缺血，也可引起心肌损伤。

六、血流动力学改变

颅脑外伤时如下丘脑、丘脑、中隔、杏仁核、额叶皮质、脑干等部位受到损害均可引起血压的波动，加之脑损伤后交感神经的高活性造成患者持续高代谢状态和机体系统高动力状态，都可引起机体血流动力学改变，诱发或加重心律失常及心肌损伤。重型颅脑外伤患者往往摄入量不足，以及大量应用脱水剂使有效循环血量下降，可导致冠脉灌注不足导致心肌损害。颅脑损伤后，血小板激活因子增加，促使血小板聚集，造成心肌灌注不良，引起心肌损害。脑损伤后如出现呼吸道感染及神经源性肺水肿等并发症，二者均可导致肺动脉高压，诱发心功能不全。

七、其他因素

年龄与基础疾病的存在也是脑损伤后出现心功能不全的因素。老年人心脏储备功能下降，冠状动脉粥样硬化发生的概率增大，代偿能力减弱，对各种神经体液因素的影响耐受力差。而基础疾病如高血压病、糖尿病患者在脑外伤发生后出现心功能不全的风险增大。

第二节　颅脑损伤后呼吸功能不全

呼吸功能不全是颅脑损伤的常见并发症，呼吸功能不全发展为呼吸衰竭可引起死亡。颅脑损伤后呼吸功能不全的发生与以下几方面有关。

一、呼吸抑制或暂停

颅脑受到外力撞击时，颅腔与脊髓腔产生的压力差，使颅内容物向枕骨大孔区移动，造成脑干扭曲，影响延髓呼吸中枢，可立即引起呼吸抑制或呼吸节律明显改变。另外，外伤对大脑皮质及其以下结构造成较强的刺激也可引起呼吸抑制或暂停。呼吸抑制或暂停常于脑外伤后立即出现。

二、神经源性肺水肿

肾上腺素能神经在颅脑损伤后活动增强，继发短暂而强烈的全身血管收缩，致肺血管内压和肺血流量明显增加，肺毛细血管静水压剧升出现肺水肿。颅内压升高通过神经源性作用，直接影响肺血管系统，激发白细胞异常反应，大量中性粒细胞在肺内聚集活化并释放颗粒活性物质，氧自由基、花生四烯酸（AA）代谢产物及血浆中促凝血酶原激酶均增多，肺血管床内大量充血、淤血，血流在肺内重新分布，肺内动－静脉间血管吻合支开放，肺毛细血管通透性增加，液体向肺间质渗漏致肺水肿。

三、肺内分流障碍

颅脑损伤后患者因短暂的呼吸抑制可引起弥漫性微小肺不张，并因仰卧、制动和咳嗽反射消失等原因导致微小肺不张难以纠正，而肺水肿、肺顺应性下降、肺泡萎缩进一步影响气体交换，使肺内分流障碍持续存在。正常人呼吸空气时 Q_s/Q_t（肺内分流量）为 2%~5%，并与年龄呈正相关。伤后 Q_s/Q_t 异常增大，静脉血掺杂导致难以纠正的低氧血症。脑外伤后 Q_s/Q_t 增大与颅内压增高成正比。动物实验发现，颅内压不增高者 Q_s/Q_t 无变化，当颅内压达 13.3 kPa 持续 2.5 min 时，Q_s/Q_t 明显增大。脑外伤后颅内压增高也可能通过影响下丘脑等部位使 Q_s/Q_t 发生变化。临床研究发现，脑外伤患者在气道通畅及吸入高浓度氧（50%~100%）的情况下，$Q_s/Q_t < 10\%$ 时患者可恢复良好，若在 10%~15% 之间虽可存活但易留重度残疾，$\geq 16\%$ 则难以存活。

四、肺部感染

肺部感染是颅脑损伤后期主要并发症，也是脑外伤患者常见的直接死因。正常机体因存在健全的呼吸道防御机制使气管隆突以下呼吸道内无细菌生长。颅脑损伤后患者颅内压增高、免疫力下降、咳嗽反射减弱或消失、支气管痉挛致分泌物阻塞气道，加之卧位时胸部活动明显减弱，以及误吸胃内反流物等，均可使细菌到达下呼吸道并生长繁殖，引起肺组织炎症。感染所致的高热、高代谢、血流动力学紊乱和免疫功能下降，又进一步加重感染。严重肺部感染引发呼吸衰竭。

五、其他因素

（一）年龄

呼吸障碍发生率随年龄增长而上升。年迈者机体免疫力下降，并发肺部感染机会增多。年龄大、吸烟多、肺顺应性降低是肺病发生的内在基础。而在小儿，由于颅缝未闭等因素，脑外伤后颅内压增高较成人轻，肺功能不全发生率降低。

（二）颅脑损伤程度

颅脑损伤严重程度与呼吸紊乱有明显关联。颅脑损伤越重、颅内压越高，越易并发呼吸功能不全。

（三）伤后持续昏迷时间

昏迷时间越长，尤其易发生肺部感染与肺栓塞，从而出现呼吸功能障碍。

第三节　颅脑损伤后肾功能不全

颅脑外伤患者在伤后出现急性肾功能不全，严重者可致急性肾衰竭（acute renal failure，ARF）。重型颅脑损伤合并急性肾衰者约占 50%，如同时并发多器官功能衰竭，死亡率可高达 80%。颅脑损伤患者早期死亡原因主要是原发性脑损伤和颅内高压，而中晚期主要死于并发症，其中 ARF 是最常见、最严重的一种。

肾脏功能受间脑调节中枢、丘脑下部－垂体－肾上腺皮质系统等多方面的控制，当颅脑损伤累及这些结构时，就可引起肾素、血管紧张素和凝血活酶的增高，导致肾小球的滤过变少，引发神经源性肾功能衰竭。颅脑外伤程度越重，就越有可能发生肾功能损害。

肾前性、肾性及肾后性三种肾损害所致的肾功能不全在颅脑损伤后均可发生。一般认为与下列因素有关。

一、神经源性

颅脑损伤后，机体处于应激状态，交感肾上腺髓质系统过度兴奋，血液中儿茶酚胺含量升高，脑损伤越重则升高越明显，损伤累及脑干及丘脑下部，血中去甲肾上腺素及 5- 羟色胺（5-HT）含量也常升高，结果肾血管持续收缩，使肾血流量减少，肾小球滤过率下降，致急性缺血性肾损害。因肾小管上皮细胞缺血、肿胀、坏死最终发生ARF。研究发现，颅脑许多部位损害都可引起肾功能的改变，如丘脑下部损伤经脑干 - 脊髓路径可直接影响肾皮质，颅脑外伤后，下丘脑 - 垂体 - 肾上腺髓质轴兴奋，交感神经张力增高，肾血管收缩，肾血流量减少引起神经源性肾功能衰竭。动物实验表明，脑损伤可致肾血管收缩、肾脏血流减少、肾皮质损伤、肾小管坏死。脑损伤引起神经 - 体液调节功能紊乱产生大量氧自由基也能损伤肾脏组织。

二、颅内高压与肾功能损害

颅内高压是发生肾功能损害的重要因素，与 ARF 的发生密切相关。重型颅脑损伤后，随着颅内压的持续升高，脑血流量则逐渐减少，为了保证脑血流量，机体通过全身血管加压反射，使体内血液重新分配，以提高脑灌注压。肾血管收缩，血流量可减少30%~50%，颅内压愈高，则肾血管收缩愈明显，肾脏的缺血又加速肾素 - 血管紧张素分泌增加，使肾动脉痉挛，更加重肾脏的缺血缺氧，出现广泛的肾皮质坏死，导致 ARF的发生。

三、血容量不足致肾组织低灌流

颅脑开放性损伤或开颅手术时的严重失血、长期大量使用高渗性利尿脱水剂、防治脑水肿而过分限制液体入量、因意识障碍而长期禁水以及高热、抽搐、气管切开等液体的丢失均可导致有效循环血量不足，肾组织低灌流，肾脏微循环障碍，严重者出现肾前性 ARF。

四、低氧血症与酸碱平衡紊乱

颅脑损伤后：①血中去甲肾上腺素（NE）升高和肾组织低灌流。②昏迷患者发生舌后坠和呕吐物误吸、分泌物排出受限等引起呼吸道阻塞、肺部感染、神经源性肺水肿等可导致肺通气障碍。③原发性或继发性脑干损伤引起中枢性呼吸衰竭。上述因素引起的低氧血症，致使肾脏组织细胞发生缺氧性损害。由于肾脏缺血缺氧，肾小管细胞无氧酵解增加，能量产生减少，钠泵机能减弱，细胞肿胀，加之肾脏灌流不足，导致肾功能障碍，结果使肾脏调节酸碱平衡的功能降低，形成恶性循环。

五、药物性肾脏损害

颅脑损伤治疗过程中使用的脱水剂、抗生素等药物对肾脏有损害作用，也可引发ARF。①甘露醇对肾脏的毒性作用。甘露醇对肾脏的损害可能是多因素共同作用的结果，目前认为与以下机制有关：A.肾小管上皮细胞损伤。甘露醇在近端肾小管管腔内形成渗透梯度，肾小管上皮细胞内水分转移至细胞外，肾小管上皮细胞发生脱水、代谢障碍、变性甚至坏死。加之肾小管上皮细胞通过胞饮作用对甘露醇重吸收时也可出现上皮细胞肿胀、肾小管闭塞等不良后果，引发肾功能不全。B.肾小管-肾小球反馈改变。甘露醇渗透性利尿使远曲小管内未被重吸收的水、钠盐大量增加，强烈刺激致密斑感受器而激发肾小管-肾小球负反馈，使入球小动脉收缩和痉挛，肾小球滤过率下降，肾小管缺血而产生急性肾损伤。C.肾血管收缩。反复大量或过快应用甘露醇引起甘露醇在体内蓄积，可使肾血管收缩，肾小球血流量减少，滤过率下降，引起少尿和钠离子减少而诱发急性肾损伤。D.肾髓质缺血。甘露醇可通过增加肾小管髓祥升支粗段钠交换造成髓质缺血性损伤，导致急性肾损伤。E.甘露醇结晶。甘露醇在肾小管内形成结晶，阻塞肾小管，降低肾小球滤过压，导致肾损害。有肾损害的患者，甘露醇更易在体内蓄积形成结晶，加重肾损伤。也有学者认为，甘露醇所致肾损害是肾脏的一种保护性反应。②氨基糖苷类抗生素及重金属制剂对肾脏的毒性作用。庆大霉素、卡那霉素、链霉素以及砷、铅等可使肾小管发生坏死，利福平及磺胺嘧啶可引发肾间质炎症。药物对肾脏的毒性作用主要是细胞毒性，通过干扰细胞的氧传递系统导致组织缺氧，改变细胞膜的通透性，从而对肾小管上皮细胞产生直接损害。药物还可以通过其降解产物作为外源性抗原与宿主蛋白作用，改变其结构，触发免疫诱导的肾组织病理损害过程。常用含氮药物如止血剂、脑细胞活化剂等增加血液黏滞度，导致脑损伤患者伤后肾脏微循环灌注不足而引起肾损害。肾毒性药物的应用如同时合并机体全身血容量不足时，药物经肾脏排泄速度减慢而在体内蓄积加重对肾脏的损害。

六、肾小管阻塞

重型颅脑损伤患者因高热、抽搐、禁食水，加之为防治脑水肿而用脱水剂、利尿剂和限制液体输入量，故机体处于高分解状态，结果造成肝糖原耗竭，肌蛋白大量分解和脂肪氧化，终发生负氮平衡，脑外伤越严重病程越长，其排氮量也越多，肌红蛋白消耗和脂肪氧化所产生的大分子分解产物造成肾小管堵塞而发生肾脏损害。

七、低钾血症肾病

脑损伤后低钾血症引发低钾血症肾病损害肾脏功能。脑损伤后多种因素如垂体前叶促肾上腺皮质激素（ACTH）分泌增加使醛固酮大量释放致排钾增多。因禁食使钾的摄入量不足，高颅压致呕吐失钾，长期大量应用利尿剂、脱水剂失钾，β－肾上腺素受体兴奋或大量应用碳酸氢钠致碱性低钾、输注高渗葡萄糖等使 K^+ 移入细胞内、第三间隙或被胶原组织吸收造成低钾等，当缺钾达 1~2 周时可引起肾脏浓缩功能障碍。也有观点认为低钾血症肾病是由于近侧肾小管细胞空泡化及间质纤维化所致，为可逆性病变。

八、脑损伤后凝血障碍

脑组织含有丰富的凝血活酶，当脑组织损伤时，大量凝血活酶释放入血，激活外源性凝血系统，从而导致凝血障碍。肾小球毛细血管内凝血，大量微血栓形成，必然致肾小球滤过率降低。同时在肾素－血管紧张素的协同作用下，肾血流量下降而发生急性肾功能衰竭。

第四节　颅脑损伤后应激性溃疡

应激性溃疡由 Cushing 于 1932 年首先报道而命名，又称为 Cushing 溃疡。也是颅脑损伤后的常见并发症。文献报道颅脑损伤后急性上消化道出血发生率为 16%～47%，严重脑损伤时急性上消化道出血发生率高达 40%~80%，发生率与颅脑损伤的严重程度密切相关。应用胃镜检查发现除溃疡外还有黏膜下出血及出血性胃炎，主要为急性胃黏膜糜烂、浅表溃疡等，称为急性胃黏膜病变。

颅脑损伤类型与严重程度是发生应激性溃疡的独立危险因素。在特重颅脑损伤、脑挫裂伤及弥漫性轴索损伤的患者中，应激性溃疡的发病率升高。颅脑损伤越严重，患者机体本身的生理功能受到的影响越大，机体的应激反应也更加强烈，而在脑挫裂伤及弥漫性轴索损伤患者中，皮质下自主神经功能中枢及中继站受到损伤的概率更大，更容易引发自主神经功能紊乱，导致应激性溃疡的发生。目前认为颅脑损伤后发生应激性溃疡与神经－内分泌失调、胃肠黏膜屏障保护功能减弱、损伤作用相对增强等因素有关。

一、神经－内分泌失调

颅脑损伤时的应激状态导致机体神经－内分泌失调，脑干、下丘脑原发损伤或继发性损害，刺激副交感或抑制交感中枢致使自主神经功能调节紊乱。多种激素如促甲状腺激素释放激素（TRH）、多巴胺、5-羟色胺、儿茶酚胺、生长抑素、β－内啡肽等大量释放，促进了应激性溃疡的发生与发展。研究发现，如损毁大鼠下丘脑后部，胃酸分泌增加；损毁下丘脑背内侧核则胃酸分泌减少。分别刺激猴和狗的下丘脑可引起胃酸高度分泌并导致溃疡形成。由于脑损伤部位不同，交感、副交感兴奋程度不一致，因此胃酸分泌量差异较大。急性颅脑损伤患者血清胃泌素明显高于正常，伤情越重血清胃泌素升高越明显，颅脑损伤越重，应激反应越强烈，消化道出血的发生率越高。

二、胃肠黏膜微循环障碍

颅脑损伤时，因严重应激反应，外周交感－肾上腺髓质系统强烈兴奋，早期体内大量儿茶酚胺类物质释放，胃肠黏膜血管强烈而持久地收缩，使胃黏膜血流量迅速减少，胃黏膜缺血导致胃上皮细胞内能量缺乏，上皮更新速度减慢、完整性受到破坏，严重者导致黏膜发生缺血、糜烂、坏死。后期则副交感神经兴奋，黏膜下血管扩张，血流淤滞，发生类似缺血－再灌注损害，产生大量的自由基，进一步加重黏膜损伤。

三、黏液－碳酸氢盐及黏膜屏障功能损伤

颅脑损伤后胃窦细胞分泌的具有缓冲、中和胃酸的碱性黏液减少，造成胃黏膜结合黏液量及黏蛋白显著下降，丧失了对黏液细胞的保护作用。脑损伤后急性期不同程度的胃肠麻痹、胃肠活动减弱甚至消失，易发生胆汁反流，直接造成胃黏膜损伤，破坏胃黏膜屏障。胃黏膜细胞被破坏后，释放大量组胺，并排入胃腔，促进胃液中 H^+ 及胃蛋白酶的分泌，进一步加重了对胃黏膜屏障的损伤。胃黏膜屏障受到破坏，胃酸及胃蛋白酶的刺激增强，致胃黏膜防御功能减退，胃黏液蛋白在核糖体内合成过程中的转化、糖化受抑制，胃黏液分泌减少，胃液成分也发生改变。黏膜缺血、肿胀、坏死脱落加快，使细胞之间的紧密连接和完整性遭到破坏，从而促使胃溃疡的发生。

四、胃腔内 H^+ 向黏膜内反向弥散

颅脑损伤后颅内压持续增高，使副交感中枢受刺激，迷走神经胆碱纤维兴奋，引起胃泌素分泌增加。同时因脑损伤后应激因素的持续存在，使胃酸对胃泌素反馈作用减弱或消失，胃泌素升高，导致胃酸分泌大量增加，生长抑素分泌减少，儿茶酚胺释放增多，糖皮质激素分泌增多，从而引起胃肠黏膜血管痉挛，导致胃黏膜缺血、缺氧。黏膜上皮细胞线粒体功能障碍，上皮细胞能量不足，ATP 产能减少，上皮细胞膜上钠钾ATP 酶活性降低，Na^+、H_2O 进入细胞，上皮细胞肿胀，发生功能障碍，不能产生足够的 HCO_3^- 和黏液，因而黏膜上皮细胞的紧密连接和覆于黏膜表面的碳酸氢盐－黏液层所组成的胃黏膜屏障遭到破坏，胃腔内的 H^+ 就顺着浓度差进入黏膜，而黏膜局部微循环障碍，血流量减少，不能将侵入黏膜的 H^+ 及时运走，使 H^+ 在黏膜内积聚造成损伤、出血[10]。

五、糖皮质激素的作用

重型颅脑损伤者后大量激素的应用促使胃酸分泌增加致胃黏膜屏障受损。同时，增多的糖皮质激素一方面抑制胃黏液的合成和分泌，另一方面可使胃肠黏膜细胞的蛋白

质合成减少，分解增加，从而使黏膜细胞更新减慢，再生能力降低而削弱黏液屏障功能，诱发消化道出血。

六、胃黏膜能量代谢障碍

脑外伤可使患者处于高能消耗状态，在重型脑损伤患者中实际能量消耗可达基础需要量的 1.5~3 倍，蛋白分解加速，呈负氮平衡状态及白蛋白下降，持续 2~3 周。营养供应不足、低蛋白血症均使胃黏膜细胞脱落加快、更新减慢，胃黏膜病变程度与黏膜能量缺乏成正比。

七、其他因素

胃肠黏膜富含黄嘌呤氧化酶，颅脑损伤后，机体通过多种途径激活并产生大量的活性氧，如 O_2、$\cdot OH$、H_2O_2 等，它们有非常强的氧化性，可使膜脂质过氧化，可引起黏膜损伤。严重颅脑损伤尤其是特重型颅脑损伤后，胃蠕动明显减慢甚至消失，胃排空明显减缓。胃内潴留食物可刺激胃壁细胞过量分泌胃酸；同时小肠内食糜可反流入胃，食糜中胆盐对线粒体内的氧化酸化有解耦联作用，并抑制 ATP 酶的活性，使胃黏膜能量合成减少；食糜中的胰蛋白酶、水解酶能破坏胃黏膜屏障。

第五节　颅脑损伤后凝血障碍

颅脑损伤后凝血障碍是指在颅脑损伤后凝血系统的异常激活而造成的凝血功能障碍，凝血障碍也是脑外伤较常见的并发症。文献报道急性颅脑损伤患者凝血异常发生率很高，在 40% ~70% 之间，弥散性血管内凝血（DIC）的发病率为 2.5%~15.3%。一般认为急性颅脑损伤几小时后就出现凝血功能异常，也有人认为伤后 1~4 h 就会发生凝血功能异常。单纯性头部外伤与复合伤时的血凝障碍发生率基本相同。

机体在生理状态下凝血与纤溶处于动态平衡状态，当这种平衡失调时，就会发生凝血或出血倾向，甚至发展为弥散性血管内凝血。颅脑损伤后出现凝血障碍的机制主要与凝血物质过量释放、炎症因子介导的凝血级联反应、抗凝血功能的损伤及继发性纤溶系统功能亢进、血小板功能异常等多种因素有关。

一、凝血物质过量释放

脑组织中含有大量凝血因子，其中以组织因子（tissue factor，TF）即组织凝血激酶含量最高。颅脑损伤时，血脑屏障被破坏，受伤脑组织释放大量组织因子进入血液循环。组织因子通过激活Ⅶ因子迅速激活外源性凝血系统，从而激活凝血酶原，进而产生凝血酶及促使纤维蛋白原转化为纤维蛋白而造成血液呈高凝状态。同时，当颅脑损伤并发缺氧、酸中毒、感染性休克时，血管内皮细胞受损而引发血小板聚集及内源性凝血途径的激活。外源性凝血途径与内源性途径存在交叉作用，内源性凝血途径在外源性凝血途径启动阶段也被激活，形成外源性启动和内源性凝血的级联反应，大量凝血物质消耗引起继发性纤溶亢进，造成二次出血及 DIC。

二、脑组织缺血缺氧

重型颅脑损伤患者因失血过多或脑内血肿压迫导致脑组织低灌注，引起脑组织缺血、缺氧及代谢障碍，细胞功能受损。血管内皮细胞受损还可以直接激活纤溶系统，导致外伤后纤溶系统激活更快，再出血风险增加。

三、炎症因子介导的凝血级联反应

颅脑损伤后炎症因子的激活和释放促进炎症发展，进而导致凝血级联反应，造成凝血功能障碍。常见的炎症因子有 TNF-α、脂多糖（LPS）、血小板活化因子（PAF）等。TNF-α 调节 IL-6 等细胞因子分泌，增加毛细血管通透性，引起微循环和细胞功能障碍及血管内皮细胞损害，并刺激血管内皮细胞释放组织因子，损害毛细血管抗凝功能，造成凝血功能障碍。脂多糖与细胞中相应受体结合后刺激中性粒细胞和血管内皮细胞活化，释放 TNF-α、IL-6 等炎症因子，激活凝血的级联反应，促进微血栓形成，引发凝血功能紊乱。血小板活化因子介导细胞释放大量血管活性物质，增强血小板聚集、释放，增强毛细血管通透性，进而造成凝血功能障碍。

四、抗凝血功能的损伤及继发性纤溶系统亢进

颅脑损伤发生后，机体血管内皮细胞表面的蛋白质 C 系统、组织因子途径、抑制物途径、内皮细胞表面抗凝血酶Ⅲ抑制途径都受到不同程度损害，机体出现高凝状态。在高凝状态下，纤溶酶原与纤维蛋白大量结合后，机体内纤溶酶原激活物的敏感性升高，引起继发性纤溶亢进，机体在这种非正常的凝血与纤溶机制下，出现抗凝与纤溶紊乱，发生凝血功能障碍。

五、血小板功能异常

血小板在机体受伤后黏附于破损的血管内皮下的胶原，为凝血因子的活化提供磷脂表面，并通过释放 Ca^{2+} 启动凝血链式反应，在止血过程中起至关重要的作用。此外，血小板还可通过彼此聚集形成"血小板栓"增强止血效果。研究表明，颅脑损伤早期就可出现明显的血小板功能障碍，表现为血小板对腺苷二磷酸（ADP）、AA 和胶原的反应下降，提示血小板功能障碍，尤其是血小板聚集功能障碍，是颅脑损伤后凝血功能障碍

的一个特征性因素。

六、组织低灌注和蛋白质 C 的激活

蛋白质 C（protein C，PC）是体内的一种抗凝蛋白，其活性形式可以灭活 V 因子和 Ⅷ 因子，并抑制纤溶酶原激活物抑制剂，从抗凝和促纤溶两方面导致纤维蛋白减少，引起机体低凝状态。当急性脑损伤发生时，组织的低灌注和血管内皮的损伤促进血栓调节蛋白表达增强，降低凝血酶的活性，激活蛋白质 C，蛋白质 C 的消耗与纤溶酶原激活物抑制剂、组织型纤溶酶原激活剂和 D- 二聚体的水平有关，这些可能与脑损伤后更容易出现急性凝血障碍有关。

七、其他

最新的研究显示，在小鼠创伤性脑损伤模型中，损伤脑组织释放的脑源性微粒（brain-derived microparticle，BDMP）可以造成血液高凝状态，并导致消耗性凝血病 DIC。

第六节　颅脑损伤后血糖代谢异常

颅脑损伤可导致机体产生一系列的应激反应或直接损伤下丘脑、垂体、脑干等结构，造成血糖代谢异常，重型颅脑损伤尤为明显。多项研究表明，血糖代谢异常引起的继发性脑损伤是影响患者预后的重要因素之一。

一、颅脑损伤后血糖代谢异常的原因

（一）神经应激反应

颅脑损伤后血糖代谢异常系神经应激反应引起的多种血糖调节激素失衡所致。颅脑损伤后儿茶酚胺分泌增加，刺激胰高血糖素分泌增加，胰岛素分泌受抑制。儿茶酚胺和胰高血糖素分泌增加导致肝糖原大量分解，血糖升高。胰高血糖素促进肝脏糖异生也使血糖升高。胰岛素分泌受抑制使组织对葡萄糖利用减少，血糖亦升高。颅脑损伤后机体由于应激反应，肾上腺皮质激素水平增加也可升高血糖，同时皮质激素和生长激素水平也升高，甲状腺素释放减少，皮质激素可降低糖的利用，生长激素可增加脂肪的分解，而甲状腺素的减少则导致组织对糖的摄取和利用降低，最终导致血糖升高。

（二）下丘脑 - 垂体系统损伤

研究发现，下丘脑中胰高血糖素的含量为血浆中胰高血糖素含量的 40 倍，并且下丘脑中含胰高血糖素释放因子，可刺激胰岛使胰高血糖素释放增加 6 倍以上。下丘脑的

直接或间接损伤，可使周围循环中胰高血糖素升高，血糖随之升高。颅脑损伤发生时如累及下丘脑和垂体，可导致相应的神经内分泌紊乱。颅脑损伤后继发的颅内血肿、高颅压、脑疝等也可造成下丘脑、垂体不同程度的损伤。下丘脑至垂体门脉系统的回流不畅致缺血性损害，导致垂体的内分泌调节功能紊乱。颅脑损伤发生后，由于第三、四脑室底及下丘脑受刺激，某些内源性肽类激素如阿片样肽（内啡肽、脑啡肽）、内皮素、神经降压素等含量明显增加，大量的内源性神经肽可刺激胰高血糖素分泌增加，进而导致血糖升高。

（三）神经因素

脑损伤发生后，伤害性刺激信号传至下丘脑核团可引发中枢神经和内分泌反应，随之释放各种能够促使代谢紊乱的物质。近年来的研究发现，刺激下丘脑核可兴奋迷走神经使胰岛素分泌增多，刺激丘脑腹正中核则兴奋交感神经使胰岛素分泌减少。脑啡肽、β-内啡肽、神经降压素及铃蟾素均可引起血糖升高。鸦片类可在不同剂量时影响胰岛素的分泌，纳洛酮可阻断其作用。这些事实提示中枢神经系统释放内源性神经肽可能为血糖升高的原因之一。有无脑组织的损伤及脑组织损伤的程度与血糖升高有关。单纯头皮及颅骨损伤而脑组织正常者，血糖变化不明显。而脑组织损伤越重，血糖升高越显著。根据340例颅脑损伤病例分析，重型颅脑损伤并发高血糖发生率约94%；中型颅脑损伤并发高血糖发生率约85%；轻型颅脑损伤并发高血糖发生率约34%。

（四）胰岛素抵抗及药物作用

胰岛素抵抗是指机体靶器官对胰岛素反应性降低或丧失，而产生的血糖、血脂代谢紊乱及细胞膜结构、功能异常的现象，表现为一定量的胰岛素所产生的生物学效应低于预计正常水平。目前动物和临床研究均证实颅脑损伤患者均有不同程度的胰岛素抵抗。重型脑外伤患者常因伤后中枢性高热或并发感染时可导致胰岛素和胰岛素受体结合率下降而发生高血糖症。

脑外伤患者常用高渗葡萄糖、20%甘露醇、呋塞米、糖皮质激素、脂肪乳、低分子右旋糖酐等药物进行治疗，这些药物有的本身有葡萄糖，也可通过增加糖异生、刺激升高血糖的激素分泌等途径导致血糖升高。

二、高血糖对脑组织的继发性损害

（一）乳酸酸中毒

发生乳酸酸中毒与下列机制有关：①颅脑损伤后即发生创伤区域脑血流量减少，局部脑组织缺血、缺氧，出现脑细胞葡萄糖有氧代谢减慢，无氧糖酵解加速，导致细胞内乳酸堆积和组织酸中毒。②颅脑损伤时神经细胞的线粒体内膜受损、功能障碍，神经细胞不能够通过线粒体有氧代谢途径代谢正常及过量水平的葡萄糖，且丙酮酸不能进入三羧酸循环从而转化成乳酸。③颅脑损伤后局部脑组织能量需求增加，脑组织氧代谢加速，出现脑供氧与耗氧失衡，导致糖无氧酵解增加，乳酸生成增多。乳酸堆积造成脑组织局部酸中毒，血管强烈扩张，血管通透性增加，红细胞透过血管壁外渗加重血管内皮损伤，血脑屏障的损害进一步加重脑损害和脑水肿。乳酸堆积将造成神经细胞能量代谢障碍，最终导致细胞死亡。乳酸酸中毒可能是高血糖加重脑组织损害的直接原因。

（二）细胞膜损伤

脑损伤后脑组织内继发乳酸酸中毒时，钠钾 ATP 酶活性受到抑制，细胞膜钠钾交换的主动转运机制受损，细胞膜去极化，电压门控钙通道开放，大量 Ca^{2+} 内流，引起 Ca^{2+} 呈超载状态。细胞内 Ca^{2+} 超载激活钠钾 ATP 酶、蛋白酶、磷脂酶，导致细胞骨架系统和膜系统破坏，引起细胞毒性脑水肿及高颅压。Ca^{2+} 超载还可以促发自由基反应，产生大量的活性氧自由基，氧化细胞膜上的不饱和脂肪酸，引起脑血管内皮细胞受损，加重血脑屏障损伤及脑水肿。

（三）其他继发性损害作用

脑损伤后出现的高血糖导致血液黏度增加，引起弥漫性小血管病变，侧支循环受到影响，脑组织缺血缺氧加重。高血糖加剧内皮细胞水肿和胶质细胞损害，从而加重血脑屏障的损害，使得血脑屏障开放，加重脑水肿，并形成恶性循环。高血糖可使 CO_2 生成增加，高碳酸血症使颅内压升高，进一步加重脑水肿。高血糖易伴发高血糖高渗状态，而且高血糖还损害机体的免疫功能，增加感染概率。

第七节　颅脑损伤后深静脉血栓形成

深静脉血栓形成是指血液在深静脉腔内异常凝结，阻塞静脉管腔，引起静脉回流障碍、远端静脉高压、肢体肿胀、疼痛及浅静脉扩张等临床症状，多见于下肢，可造成不同程度的慢性深静脉功能不全，严重时可致残。颅脑损伤后多种原因引起血流缓慢、血管内皮损伤和血液高凝状态，造成深静脉血栓形成。

一、静脉血流缓慢

颅脑损伤昏迷患者血流缓慢是深静脉血栓形成的一个重要因素。血液流速缓慢或产生涡流时，白细胞、血小板在血流的周围层聚集。血小板靠近血管壁后，增加了与血管内膜接触的机会，血小板沉积在血管内膜上，构成血栓形成的核心。血流缓慢可以激活凝血酶和其他凝血因子，在局部容易达到凝血过程中所必需的浓度。当血流速度减慢后，血液中的细胞成分滞留于血管壁，最后形成血栓。脑损伤并发的肢体瘫痪，肢体血管舒缩反射和肌肉泵作用降低致外周静脉扩张及血流缓慢。长期卧床肌肉泵功能降低也易引起深静脉血栓发生。另外，因左侧髂静脉以直角汇入下腔静脉，髂总静脉腰骶部的前跨挤压作用，使患者静脉处于前抵后压的解剖部位，进一步对左下肢血流速度产生影响，故深静脉血栓易在左下肢形成。

二、静脉血管壁损伤

颅脑损伤后因损伤及治疗引起静脉血管壁损伤也是深静脉血栓形成的重要原因。脑损伤后应用甘露醇、脂肪乳、氨基酸等高渗液体引发的药物性静脉炎可损伤静脉壁，瘫痪肢体反复穿刺损伤静脉内膜。当静脉壁受损时，静脉内膜下基底膜和结缔组织中的胶原裸露，血小板黏附其上并发生聚集，释放儿茶酚胺、5-羟色胺等生物活性物质，同时，在血小板凝血酶的作用下，通过花生四烯酸形成前列腺素中间代谢产物 PGG2、PGH_2 等物质，加重血小板的聚集，形成血栓。另外，裸露的结缔组织中的胶原还可激活因子Ⅻ，启动内源性凝血系统。当静脉壁受损时，还可释放出血小板第 4 因子（PF4）中和肝素的活性。总之，静脉壁损伤后所发生的各种改变，都可引起局部血小板黏附、聚集和纤维蛋白及血细胞沉积，最终形成血栓。

三、血液高凝状态

颅脑损伤的应激反应使儿茶酚胺分泌增加，以致血小板聚集性增加，应激时血浆中凝血因子Ⅷ、纤维蛋白原和血小板增多，从而使血液凝固性增强，促使血栓形成。重型颅脑损伤一旦出现下丘脑功能障碍，则造成患者高热、高血糖、尿崩、应激性溃疡等症状，增加血液黏滞度，造成血液高凝状态。颅脑损伤后血液呈高凝状态，为血栓形成创造了条件。

下肢深静脉或下腔静脉血栓形成后可脱落，导致肺动脉栓塞，部分可致心搏、呼吸骤停，危及生命，是颅脑损伤最严重的一种并发症。

第八节 颅脑外伤性尿崩症

外伤性尿崩症（traumatic central diabetes insipidus，TCDI）是颅脑损伤中较少见的并发症。尿崩症按其发病原因可分为原发性尿崩症、中枢性尿崩症、肾性尿崩症及遗传性尿崩症。外伤性尿崩症属中枢性尿崩症的一种。文献报道外伤性尿崩症的发病率占颅脑损伤的 0.14%～0.36%，外伤性尿崩症约占尿崩症的 50%。

人体水代谢的高级中枢位于丘脑下部，通过该部位的口渴中枢和抗利尿激素（ADH）的产生及释放调节正常人的水平衡。ADH 由下丘脑的视上核、室旁核分泌，沿视上－室旁－垂体束，经正中隆起、垂体柄运送至垂体后叶，并储存于垂体后叶神经细胞及神经末梢内，随身体需要释放入血液循环内，作用于肾小管促进水的再吸收，从而使尿量减少，保留体内水分。破坏渗透压感受器、视上核－室旁核－神经垂体束、ADH对远端肾小管的调节作用，表现为每日排出大量稀释尿液。外伤性尿崩症是指各种原因造成颅脑损伤而引起的下丘脑垂体系统出现原发性或继发性损害，使 ADH 分泌和释放障碍，导致严重的神经内分泌功能紊乱。

由于颅脑损伤时直接或者间接损伤下丘脑、垂体柄神经垂体、下丘脑垂体门脉系统。下丘脑垂体轴、视上核和室旁核受到损害，导致促肾上腺皮质激素和抗利尿激素失去动态平衡，从而引起尿崩症。颅脑损伤造成不同程度的脑底部挫裂伤或颅底骨折，额、枕部着地减速伤极易导致颅腔内脑组织大幅度移位，与颅底骨嵴摩擦、碰撞造成脑底部挫裂伤，使颅底相对固定的垂体柄受到牵拉、旋转、剪切作用而受损，导致严重的神经内分泌功能紊乱。弥漫性轴索损伤导致下丘脑缺血、梗死。损伤部位越靠近下丘脑，越易引起 TCDI。若垂体柄损伤＞85%可出现部分性尿崩，损伤＞95%则表现为完全性尿崩；若损伤视上核、正中隆起以上神经束可发生永久性尿崩症；若损伤正中隆起以下或神经垂体，只发生暂时性尿崩症。颅脑外伤后发生血管性损伤导致颅内压增高、静脉淤血，造成脑组织缺氧，进一步加重病情。蛛网膜下隙出血可引起鞍区血管痉挛，导致垂体供血不足，影响抗利尿激素的释放。

外伤性尿崩症的患者可表现为暂时性尿崩症和三相性尿崩症，永久性尿崩症少见。三相性尿崩症可分为急性期、中间期和持续期。急性期表现为多尿，在损伤后发生，一般持续 4~5 d，主要因为损伤引起神经元休克，不能释放抗利尿激素或释放无生物活性的前体物质；中间期表现为少尿和尿渗透压增高，由于抗利尿激素从变性神经元中溢出，使循环中抗利尿激素突然增多所致；持续期表现为持续性多尿，出现时间不定。

MRI 是目前最常用、最理想的影像学检查手段，典型的 MRI 表现为垂体柄断裂或显示不清，抑或细小散在的斑点状出血，只要临床表现典型，MRI 检查阴性者仍可做出诊断。

第九节　颅脑损伤后脑外并发症的研究进展

近年来，对细胞因子如 TNF-α 与 IL-6 等在颅脑损伤后发生脑外并发症中的作用机制的研究受到重视，有研究发现颅脑损伤后并发心功能不全、神经源性肺水肿、凝血功能障碍、高血糖等并发症的患者中，TNF-α、IL-6 水平均有升高，且与损伤程度相关。

TNF-α 与 IL-6 是颅脑损伤后大量表达的炎性细胞因子，TNF-α 由脑组织内的血管内皮细胞、神经细胞、星形细胞，以及小胶质细胞产生，能诱导其他炎性因子的产生和释放，激活炎症反应，是炎症因子瀑布效应的关键因子。IL-6 是一种多效应、多基因的致炎症性细胞因子，主要由神经胶质细胞合成和分泌，由 TNF-α 诱导生成，广泛参与机体炎症反应的发生与发展，相关研究显示，IL-6 是中枢神经系统参与免疫炎性反应的重要介质。

TNF-α 对心肌细胞有明显的缺血再灌注损害作用，导致血管内皮细胞和微循环产生炎性反应。IL-6 可以促进中性粒细胞活化和聚集，诱发大量蛋白酶的释放，破坏血管外基质以及血管内皮细胞，血管通透性增加，循环血量减少，引发机体循环系统功能障碍。TNF-α 和 IL-6 协同作用于微血管系统，促进黏附分子和细胞因子的表达，导致外源性凝血系统的激活，诱发微循环血栓，进而损伤心肌细胞。颅脑损伤后 TNF-α 和 IL-6 含量升高引发心脏功能损害，可能是颅脑损伤后并发心功能不全的重要机制。

细胞因子水平变化与神经源性肺水肿（neurogenic pulmonary edema，NPE）发生也存在相关性。NPE 的发病机制尚未完全阐明，血流动力学性以及非血流动力学性两种学说均与颅脑损伤后释放出大量的儿茶酚胺有关。但近来发现 NPE 患者细胞因子 IL-6、TNF-α 水平显著升高，推测细胞因子在 NPE 发生发展中起着一定的促进作用。可能与其诱导其他炎性因子的产生和释放，引起连锁反应和瀑布式的放大效应，导致肺组织细胞通透性增加而促进 NPE 的发生有关。

在一些创伤性脑损伤的研究中发现，约 50% 的患者存在凝血功能异常。凝血酶原时间（PT）、部分凝血活酶时间（APTT）、纤维蛋白降解产物（FDP）和 D- 二聚体（DD）等纤维蛋白溶解标记物的增高与脑损伤后格拉斯哥昏迷量表（Glasgow coma scale，GCS）评分高低存在相关性。有研究显示创伤后脑组织内炎性介质与细胞因子表达水平与血清内相关指标呈高度正相关。不同程度颅脑损伤患者，其体内炎性因子水平与凝血紊乱程度不同，随着创伤程度加重，TNF-α、IL-6 等细胞因子含量水平显著升高，使单核细胞、血管内皮细胞大量表达组织因子，组织因子通过激活 Ⅶ 因子而迅速激活外源性凝血系统。重症颅脑损伤后患者多表现为 PT、APTT 延长，机体表现为低凝与高凝状态并存。

高血糖是颅脑损伤后一种最普遍的并发症，与患者的预后密切相关。有研究指出，颅脑损伤后 24 h 内高血糖的发生率为 14%，而重型颅脑损伤后高血糖的发生率达 55.76%~76.4%。而且高血糖与其他并发症有一定关系，控制血糖对减少创伤性颅脑损伤的并发症有重要意义。

颅脑损伤后出现全身炎症反应综合征，释放 TNF-α、IL-6 等多种细胞因子。在炎症反应过程中激活的 NO，促进肾上腺糖皮质激素的释放，最终引起高血糖。TNF-α 通过调节可使胰岛素受体底物 IRS-1 的酪氨酸残基结合位点与胰岛素受体 JM 区相互作用减少，抑制 IRS-1 的酪氨酸磷酸化、减少细胞葡萄糖跨膜转运，引起血糖升高。IL-6 通过诱导胰岛素分子信号转导途径中的细胞因子信号转导抑制因子 -3 的表达而抑制 IRS-1 氨酸磷酸化、减少磷脂酰肌醇 -3 激酶的 p85 亚基与 IRS-1 的结合，抑制胰岛素信号转导，引起血糖升高。

神经系统损伤后血糖的波动会引起胃排空延迟，从而导致脑外伤后发生胃排空延迟。

（吴茂旺　皖南医学院）

参考文献

［1］Prathep S，Sharma D，Hallman M，et al. Preliminary report on cardiac dysfunction after isolated traumatic brain injury［J］. Crit Care Med，2014，42（1）：142-147.

［2］Potapov A A，Krylov V V，Gavrilov A G，et al. Guidelines for the diagnosis and treatment of severe traumatic brain injury. Part 2. Intensive care and neuromonitoring［J］. Zhurnal voprosy neirokhirurgii imeni N N Burdenko，2016，80（1）：98-106.

［3］Huang F C，Kuo H C，Huang Y H，et al.Anti-inflammatory effect of resveratrol in human coronary arterial endothelial cells via induction of autophagy：implication for the treatment of Kawasaki disease［J］. Bmc Pharmacology & Toxicology，2017，18（1）：3.

［4］Needham D M，Colantuoni E，Dinglas V D，et al. Rosuvastatin versus placebo for delirium in intensive care and subsequent cognitive impairment in patients with sepsis-associated acute respiratory distress syndrome：an ancillary study to a randomised controlled trial［J］. Lancet Respire Med，2016，4（3）：203-212.

［5］Pham T，Combes A，Rozé H，et al.Extracorporeal membrane oxygenation for pandemic influenza A（H1N1）-induced acute respiratory distress syndrome：a cohort study and propensity-matched analysis［J］. Am J Respir Crit Care Med，2013，187（3）：276-285.

［6］Odgaad L，Johnsen S P，Pedersen A R，et al. Return to work after severe traumatic brain injury：a nationwide follow-up study［J］. J Head Trauma Rehabil，2017，32（3）：E57-E64.

［7］Coca S G，Yusuf B，Shlipak M G，et al.Long-term risk of mortality and other adverse outcomes after acute kidney injury：a systematic review and meta-analysis［J］. Am J Kidney Dis，2009，53（6）：961-973.

［8］Kim M Y，Park J H，Kang N R，et al. Increased risk of acute kidney injury associated with higher infusion rate of mannitol in patients with intracranial hemorrhage［J］. J Neurosurg，2014，120（6）：1340-1348.

［9］江基尧.现代颅脑损伤学［M］.3版.上海：第二军医大学出版社，2010.

［10］Laine L，Takeuchi K，Tarnawski A.Gastric mucosal defense and cytoprotection：bench to bedside［J］.Gastroenterology，2008，135（1）：41-60.

［11］El-Kershk，Jalil B，McClave S A，et al.Enteral nutrition as stress ulcer prophylaxis in critically ill patients：A randimized controlled exploratory study［J］. J Crit Care，2018，43：108-113.

［12］Kur land D，Hong C，Aarabi B，et al. Hemorrhagic progression of a contusion after traumatic brain injury：a review［J］. J Neurotrauma，2012，29（1）：19-31.

［13］Maegele M. Coagulopathy after traumatic brain injury：incidence，pathogenesis，and treatment options［J］.Transfusion，2013，53（Suppl 1）：28s-37s.

［14］Ploplis VA，Donahue D L，Sandoval-Cooper M J，et al. Systemic platelet dys function is the result of local dysregulated coagulation and platelet activation in the brain in a rat model of isolated traumatic brain injury［J］. J Neurotrauma，2014，31（19）：1672-1675.

［15］Davenport R. Pathogenesis of acute traumatic coagulopathy［J］. Transfusion, 2013, 53（1S）: 23S–27S.

［16］Bosarge P L, Shoultz T H, Griffn R, et al. Stress–induced hyperglycemia is associated with higher mortality in severe traumatic brain injury［J］. J Trauma Acute Care Surg, 2015, 79（2）: 289–294.

［17］Lompart–Pou J A, Raurich J M, Pérez–Bárcena J, et al. Acute hypothalamic– pituitary–adrenal response in traumatic brain injury with and without extracerebral trauma［J］. Neurocrit Care, 2008, 9（2）: 230–236.

［18］Mowery N T, Gunter O L, Guillamondegui O, et al. Stress insulin resistance is a marker for mortality in traumatic brain injury［J］. J Trauma, 2009, 66（1）: 145–151.

［19］Shrey D W, Griesbach G S, Giza C C. The pathophysiology of Concussions in youth［J］. Phys Med Rehabil Clin N Am, 2011, 22（4）: 577–602.

［20］乔正荣, 时德, 蒋欧, 等. 急性下肢深静脉血栓形成的诊治［J］.中国普通外科杂志, 2004（1）: 1–3.

［21］Pekic S, Popovic V.Diagnosis of endocrine disease: expanding the cause of hypopituitarism［J］. Eur J Endocrinol, 2017, 176（6）: R269–R282.

［22］Dalwadi P P, Bhagwat N M, Tayde P S, et al. Pituitary dysfunction in traumatic brain injury: Is evaluation in the acute phase worthwhile?［J］. Indian J Endocrinol Metab, 2017, 21（1）: 80–84.

［23］Belatar B, Laidif, Abidia E, et al .Serum levels of Selenium and C–reactive protein in comatose patients with severe traumatic brain injury during the first week of hospitalization: case–control study［J］.Pan Afr Med J, 2018, 29（1）: 36.

［24］Dagain A, Aoun O, Bordes J, et al. Management of War–related Ballistic Craniocerebral Injuries in a French Role 3 Hospital During the Afghan Campaign［J］. world Neurosurg, 2017, 102: 6–12 .

［25］Griffiths H, Goyal M S, Pineda J A.Brain metabolism and severe pediatric traumatic brain injury［J］. Childs Nerv Syst, 2017, 33（10）: 1719–1726.

［26］Guo X, Li H, Zhang Z, et al. Hyperglycemia and mortality risk in patients with primary intracerebral hemorrhage: A meta–analysis［J］. Mol Neurobiol, 2015, 53（4）: 2269–2275.

［27］Gadek–Michalska A, Tadeusz J, Rachwalska P, et al. Cytokines, prostaglandins and nitric oxide in the regulation of stress–response systems［J］. Pharmacol Rep, 2013, 65（6）: 1655–1662.

［28］蒋思懿.浅述神经重症患者并发胃轻瘫的病理机制及相关因素［J］.科技视界, 2017（2）: 277–278.

脑损伤继发性癫痫

颅脑损伤后癫痫（post-traumatic epilepsy，PTE）及痫性发作（post-traumatic seizures，PTS）是重型颅脑损伤的并发症。颅脑损伤后痫性发作与癫痫是不同的概念，前者是创伤性脑损伤的结果，是限定于颅脑损伤后一定时间内的事件，由偶然的、过度兴奋的病理性神经元放电引起。后者是一种反复发作的神经系统慢性疾病。PTS 是 PTE 的危险因素，但 PTS 未必一定发展成 PTE。据统计，全球每年约有 6 900 万人罹患脑外伤，其引起的局灶性和弥漫性神经损伤，是死亡和残疾的主要原因，导致了严重的社会、经济和健康问题。然而 PTE 的发病机制、预防及治疗等问题尚不明确。有关 PTE 的认定一直是法医学领域研究的重点与难点，也是引发重复鉴定和多次鉴定的热点之一。因此，全面了解脑外伤继发性癫痫的发病特点和性质，明确癫痫与外伤之间的关联，以及颅脑外伤在癫痫发病过程中的损伤参与度等，不仅为 PTE 的认定提供了新的思路，更有利于疾病的进一步诊断及治疗。本章介绍了有关 PTE 分类、流行病学及其病理生理机制的最新知识，从分子生物学角度阐述了外伤后癫痫的发生与转归，为脑损伤继发性癫痫的法医临床学鉴定提供有力的生物学证据，为预防和治疗 PTE 寻找并确定潜在药物靶标。

第一节　脑损伤继发性癫痫分类及流行病学特征

一、脑损伤继发性癫痫分类

根据 2014 年国际抗癫痫联盟（International League Against Epilepsy，ILAE）适用性定义，癫痫（epilepsy）的诊断至少满足以下一种条件：非诱发或非反射的癫痫发作且 2 次的间隔时间＞24 h；存在 1 次非诱发或非反射的癫痫发作且在未来 10 年再发风险＞60%；诊断为某种癫痫综合征。

根据癫痫起始类型、运动或非运动性发作、有无意识障碍以及是否为癫痫综合征，国际抗癫痫联盟将其划分为四个层次（图6-1）。第一个层次是癫痫起始类型，包括部分性起始、全面性起始及起始不明。第二个层次是部分性发作和全面性发作。部分性发作包括运动性发作及非运动性发作（感觉性发作）。其中运动性发作的症状包括：强直发作、阵挛发作、肌阵挛发作、失张力发作等，以及部分性发作演变为双侧强直－阵挛发作。非运动性症状包括：自主神经症状发作、感觉症状发作、认知缺损发作、情感症状发作。全面性发作包括运动性发作及非运动性发作（失神性发作）。其中运动性发作的症状类型包括：强直性发作、阵挛性发作、肌阵挛性发作、强直－阵挛性发作、肌阵挛－强直－阵挛性发作、肌阵挛－失张力性发作、失张力性发作、癫痫样痉挛发作等。非运动性症状的主要类型包括：失神性发作、典型性发作、不典型性发作、肌阵挛性发作和眼睑的肌阵挛发作。第三个层次为是否有意识障碍。全面性发作的癫痫类型均存在意识障碍。第四个层次为是否存在癫痫综合征的诊断。

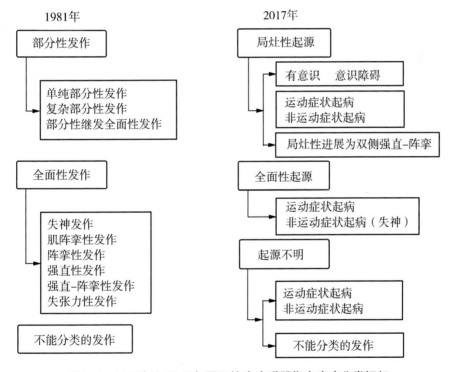

图6-1　1981年和2017年国际抗癫痫联盟指南癫痫分类框架

《国际抗癫痫联盟分类和术语委员会对发作和癫痫分类框架术语及概念修订的最新报告（2010）》中，依据病因，将癫痫分为结构性/代谢性、遗传性及未知的病因三种。结构性病变包括获得性疾病，如中风、外伤及感染，外伤性癫痫即属于结构性癫痫。

通常情况下，根据损伤到癫痫发作经历的时间将PTE分为如下三类，如图6-2所示：即刻发作，通常指发生于伤后24 h内。早期发作，通常指伤后1周内。迟发性发作，通常指伤后1周后。研究证实，在PTE患者中，至少50%~66%的患者在创伤性脑

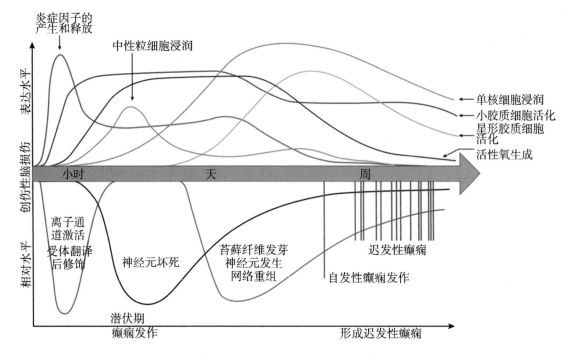

图6-2　创伤性脑损伤后继发性癫痫发生发展的示意图

损伤发生后的第1年便会出现第一次发作，前两年出现癫痫发作的发病率＞75%。创伤性脑损伤后出现的即刻和早期的癫痫发作，往往是因为损伤直接导致的大脑皮质抑制，并不属于真正意义上的癫痫发作，所以其复发癫痫的风险相对较低。在脑损伤后导致的病理生理过程中，脑损伤区的分子结构和功能发生改变，继而出现胶质细胞增生不良、神经突触信号传导异常、兴奋性和抑制性突触传导失衡，并造成神经元网络结构重组，最终导致持续性、无端反复性创伤性癫痫发作，这种迟发性的病性发作则为PTE。因此诊断PTE的条件是：在受伤后7 d或更长时间内，发生两次及两次以上的无诱发性癫痫。

二、脑损伤继发性癫痫流行病学特征

一般情况下，创伤性脑损伤占局灶性癫痫病因的4%，也是成年后（15~24岁）癫痫发作的主要原因。据流行病学统计，PTE好发于7岁以下儿童和65岁以上老年人，占所有癫痫病例的5%，占症状性癫痫病例的20%。PTE的危险因素，主要包括：酗酒史［RR（相对危险度）2.18］，创伤后健忘症（RR 1.31），局灶性神经功能缺损（RR 1.42），初次受伤时失去知觉（RR 1.62），颅骨骨折（RR 2.27），初始神经成像的中线偏移（RR 1.46），脑挫伤（RR 2.35），硬膜下血肿（RR 2.00）。伴有上述危险因素的患者PTE发病率增加了2.53倍，且死亡风险更高。研究证实，PTE的发病率随颅脑外伤的严重程度而增加。大量的回顾性研究发现，脑损伤后癫痫综合发病率为3.1%，其中轻型颅脑损伤约为 1.5%，中型颅脑损伤约为 2.9%，重型和特重型颅脑损伤癫痫发生率明显高于轻中型损伤，分别高达 17% 和 31%。开放性脑损伤较闭合性脑损伤严重，产生继发性癫痫的危险因素较多，因此癫痫发生率较闭合性脑损伤高。任何部位的创伤性脑损伤都可引起癫痫，但最易引起癫痫的损伤部位是中央前、后回及其邻近皮质区。急性脑损伤时凹陷的骨折片会直接压迫刺激脑组织，特别是在功能区时易诱发癫痫，因此，凹陷性骨折是早期癫痫常见的原因之一。

第二节　脑损伤继发性癫痫病理生理学机制

癫痫是由大脑神经元异常放电所引起的短暂中枢神经系统功能失常的病变，其具有突然发生、反复发作的特点。大脑皮质神经元过度放电是各种癫痫发作的病理基础，任何导致大脑神经元异常放电的致病因素均可能诱发癫痫，但其发病机制非常复杂，至今仍未定论。多认为癫痫的产生主要是由遗传因素和颅脑损伤二者共同决定的。前者是发病基础（内因），后者是发病条件（外因）。研究人员曾先后提出了多种有关癫痫发病机制的理论或假说，在此仅对颅脑损伤后癫痫的发病机制做简要阐述。

有学者认为创伤性脑损伤引起 PTE 的发生机制可能为：外伤性脑组织缺血缺氧，导致钠泵衰竭、Na^+ 内流增加、神经细胞膜过度除极化。外伤性脑出血或脑水肿致周围神经元缺血缺氧，钙离子超载影响正常神经元电活动。脑外伤后应激引起糖及电解质、酸碱平衡异常，致神经元异常放电。也有学者认为创伤性脑损伤发生后会引起一系列复杂的病理生理改变，PTE 是创伤性脑损伤的一种并发症，其发生机制可能与创伤性脑损伤的以下病变有关。

一、神经炎症

神经炎症是 PTE 发生的主要病理生理学机制之一。创伤性脑损伤后，损伤区的小胶质细胞和星形胶质细胞激活，外周免疫细胞迁移，体循环和脑组织分泌大量的炎症因子，导致神经元结构受损、突触重塑、神经元兴奋性增强进而诱发 PTE，越来越多的试验证据支持神经炎症反应在 PTE 发生中的促癫痫作用。

由于血脑屏障的存在，大脑通常不受外周免疫反应的影响。血脑屏障在创伤性脑损伤后受到损害，炎症细胞因子、趋化因子和补体蛋白迅速释放，血源性炎症因子可以进入脑内并刺激胶质细胞，进而引起神经炎症反应。被激活的星形胶质细胞可以表达各种神经保护因子，抑制兴奋性毒性，从而促进恢复过程。然而，星形胶质细胞长期过度激活也会阻碍神经可塑性，不利于轴突的生长。高度活化的小胶质细胞监测周围环境，检测致病因子或病变组织，并清除退化碎片。但是小胶质细胞长期激活并不利于恢复，会刺激促炎细胞因子的表达，增加神经退化的进程。这种由活化的星形胶质细胞和小胶质细胞引起的神经性炎症，在伤后可能会持续数月，而伤后磷脂酶 A2 上调和脂质代谢异常，也会促进神经炎症反应持续数月。

创伤性脑损伤后，大脑的受损区域会启动一系列的细胞应激反应，其中与组织损伤和兴奋性中毒相关的哺乳动物雷帕霉素靶蛋白（mammalian target of rapamycin，mTOR）通路被激活，尤其是 mTORCl，被认为与 PTE 的病理生理过程相关。急性神经炎症会激活蛋白激酶 B（protein kinase B，PKB），活化的 AKT 磷酸化 mTOR，从而导致细胞死亡。创伤性脑损伤的另一个重要的亚急性反应是由 Toll 样受体（Toll-like receptor，TLR）和 Toll 样配体介导的。Toll 样受体触发先天免疫系统，通过调节非 N- 甲基 -D- 天冬氨酸（N-methyl-D-aspartate，NMDA）谷氨酸受体通道，导致谷氨酸兴奋性毒性持续数周。研究表明，损伤后激活的胶质细胞 TLR 促进神经胶质发生增生反应，这可能与癫痫的发生有关，而 TLR4 则与颞叶创伤后癫痫的发生有关。

二、兴奋性毒性

兴奋性毒性是兴奋性氨基酸大量增多的结果。兴奋性氨基酸包括谷氨酸（Glu）、天冬氨酸（Asp）等。创伤性脑损伤会改变 Asp 受体的功能，并影响其他离子通道，引发兴奋性毒性。兴奋性氨基酸增多可使细胞 Ca^{2+} 超载，导致 Ca^{2+} 失衡。而谷氨酸受体的氨基酸亚基序列可以通过改变 Ca^{2+} 的通透性，影响兴奋性毒性。

Glu 作为中枢神经系统中的一种兴奋性氨基酸，其含量最丰富，对中枢神经系统中所有的神经元均起兴奋作用，能够造成胞浆内高水平 Ca^{2+} 的细胞毒性作用，从而造成神经元死亡。研究发现，外伤后受损的血细胞释放的铁扩散，引起 Glu 兴奋性毒性，而外伤早期降解的 microRNA 也加剧了 Glu 的兴奋性毒性，从而促进了癫痫的发作。

γ- 氨基丁酸（GABA）是中枢神经系统中最重要的抑制性神经递质，普遍存在于脑内，如海马、杏仁核、大脑皮质等。GABA 介导了 30%~40% 抑制性神经传导，对兴奋的扩散和传导具有阻断作用。诸多临床试验和动物研究发现，引起癫痫的重要原因之一是 GABA 产生和释放的异常。研究表明，GABA 的减少使神经元的兴奋得不到有效控制，神经元兴奋性增强，最终导致癫痫的发作。

三、微管（tau）蛋白病变

tau 蛋白是一种微管结构相关蛋白，通过参与突触传递和维持微管稳定保证神经元的正常功能。研究发现伤后数月至数年出现的迟发性癫痫，与神经损伤后变性和 tau 蛋白过度磷酸化有关，其可引发神经元结构网络重组（如苔藓纤维发芽）、海马颗粒细胞层的神经元异常迁移、NR2B 受体介导的谷氨酸释放等一系列异常，与 PTE 密切相关。抑制 tau 蛋白的过度磷酸化，PTE 发作同时被抑制。同时，在 PTE 患者中发现，tau 蛋白病变与体内锌稳态失衡有关，体内锌含量的增加，会促进神经元产生活性氧成分从而导致 tau 蛋白缠结，最终引起癫痫发作。

创伤性脑损伤后，通常都有活性氧和活性氮的增加，活性氧包括羟基、超氧基和过氧化氢。这些自由基一旦形成，就会损害细胞的脂类、蛋白质和核酸等关键成分，从而引起连锁反应。创伤性脑损伤会破坏 A 型 K^+ 通道，引起海马内神经元损伤和活性氧的释放，脑细胞内氧自由基大量蓄积导致细胞氧化损伤。蓄积的大量自由基可使脂质、蛋白质及核酸等过氧化，使细胞骨架破坏、线粒体变形、核酸断裂、蛋白质降解和膜通透性增大，最终导致神经元凋亡。研究也证实，PTE 患者神经元内 tau 蛋白病变与海马硬化有关，会引起持续性癫痫发作。

第三节　脑损伤继发性癫痫的分子生物学标志物

病因学研究表明，癫痫的发生发展跟遗传也密切相关。研究证实，与 PTE 相关的分子生物学标记，在预测、诊断、预后和治疗 PTE 等方面具有较高的临床应用价值（图 6-3）。

一、神经炎症性生物标志物

白介素 -1β（interleukin-1β，IL-1β），是中枢神经系统受到损伤或其他病理学改变后，由激活的星形胶质细胞、小胶质细胞和外周巨噬细胞及其他免疫细胞释放的促炎细胞因子。IL-1β 是 PTE 领域内研究最广泛的生物标记物之一，可通过多种机制，如介导胶质细胞活化、促进细胞丢失等参与 PTE 的发生。IL-1β/IL-1R 炎症信号通路通过介导 Ca^{2+}、谷氨酸代谢等途径使神经元过度兴奋。同时，通过激活星形胶质细胞和小胶质细胞形成神经瘢痕，释放神经毒性介质，导致神经元丢失，从而增强血脑屏障的通透性，募集更多的炎性因子，如 IL-6 和 TNF-α 等至脑组织中使 PTE 发作。

高迁移率族蛋白 B1（high mobility group B1 protein，HMGB1）是一种细胞内 DNA 结合蛋白，通过与多种受体如 TLR2 和 TLR4 相结合，导致丝裂原活化蛋白激酶磷酸化，进而活化 NF-κB（κB：血清核因子）信号通路，调节炎症因子包括 IL-1α、IL-1β、IL-6、TNF-α 等的表达，从而介导神经炎症诱发 PTE。

二、代谢性生物标志物

创伤性脑损伤后，大脑的能量代谢平衡被破坏。缺氧诱导因子 -1α（hypoxia inducible factor-1α，HIF-1α）是缺氧状态下产生的活性转录因子。研究发现，脑损伤发生后脑组织中 HIF-1α 表达明显升高，且 HIF-1α 分泌至血液中，使血清中 HIF-

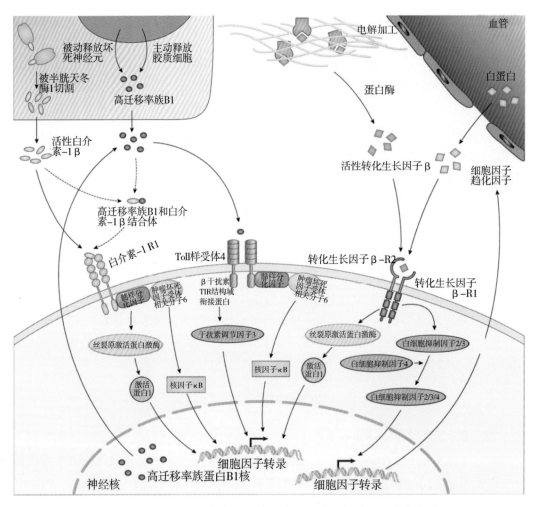

图6-3　介导炎症和PTE发生之间的三个关键信号级联图及生物标志物

1α 表达上调，激活下游靶基因的转录，上调血管内皮生长因子或其他因子表达，促进受损血管修复，加速新生血管形成，保护脑组织。HIF-1α 通过介导 Notch 信号参与急性癫痫发作，阻断该通路后下调 HIF-1α，降低癫痫发生率。

三、血管损伤性生物标志物

创伤性脑损伤后会出现各种不同程度的脑血管损伤，而血脑屏障破坏是 PTE 的重要病理生理学机制。AQP4 是星形胶质细胞中主要的水通道蛋白，对维持中枢神经系统和细胞内离子平衡至关重要，其通过介导 K^+ 通道，破坏血脑屏障进而诱发 PTE。转化生长因子 β（transforming growth factor-β，TGF-β）是一种参与细胞分化、凋亡等多种生命进程的生长因子，通过调控星形胶质细胞介导的促炎因子、谷氨酸的释放，改变水离子通道诱发 PTE。

四、结构性生物标志物

PTE 发生的重要机制为神经细胞的结构性改变，所以创伤性脑损伤后神经细胞释放的各种特异性蛋白是诊断 PTE 的生物标志物。在创伤性脑损伤后，腺苷 A1 受体基因（A1 adenosine receptor，A1AR）不仅是一种重要的神经保护因子，而且由于继发性癫痫后神经细胞出现的病理性改变，如胶质瘢痕的形成等，导致腺苷合成抑制，其与潜在的创伤后痫性发作有关。研究表明，谷氨酸脱羧酶 1（glutamic acid decarboxylase 1，GAD1）基因，与 PTS 发生发展显著相关。多项研究证实，GAD1 参与了创伤性颅脑损伤的病理生理学 γ-氨基丁酸能神经元（GABAergic neuron）传导通路，并与创伤后继发性癫痫易感性相关。而影响星形胶质细胞增生的因子，如表皮生长因子（epidermal growth factor，EGF）、成纤维细胞生长因子（fibroblast growth factor，FGF）及内皮素-1（endothelin-1，ET-1）等，这些均可作为诊断 PTE 的标志物。

五、遗传性生物标志物

癫痫以神经元过度放电导致中枢神经系统功能反复性、短暂性失常为特征，miRNA（微 RNA）通过改变离子通道的沉默与翻译影响癫痫的发生，在癫痫发作后的急性期、癫痫复发前的潜伏期以及慢性癫痫中的表达具有显著差异。此外，各种 miRNA 已被证明可调节急性发作和癫痫的发展。

miR-210 与组织缺氧、缺血、肿瘤及炎性反应的发生有关。miR-210 主要存在于缺氧细胞及组织中，研究发现因缺血缺氧致脑损伤后，脑组织 miR-210 表达上调，可促进血管再生。血清 miR-210 表达水平的增加与颅脑损伤后继发性癫痫发生有关，表明 miR-210 在颅脑损伤继发性癫痫中具有一定的预测价值。在毛果芸香碱诱导的大鼠癫痫模型中，miR-34a 表达上调，抑制 miR-34a 后海马神经元凋亡数量显著减少，从而减缓癫痫的发展。

综上所述，PTE 诊断的生物标志物已被广泛研究，大多数潜在的生物标记物逐渐被人们所熟知，但目前的研究还不够深入，需要进一步探讨。

第四节 展 望

目前有大量学者在颅脑损伤继发性癫痫的诱发因素、发病机制、预防与治疗的研究中已经做了大量的工作，但外伤性癫痫的发病机制、预防及治疗仍存在许多问题有待深入研究，只有完全弄清楚外伤性癫痫的整个发生、发展过程，才能找到行之有效的防治办法。

一、生物标志物研究

生物标志物目前已广泛应用于肿瘤及非肿瘤疾病的临床诊断和治疗，随着分子生物学技术的日趋成熟，生物标志物在损伤、死亡等法医学领域也会成为研究的新兴热点。PTE 作为一种获得性疾病，其发生多伴随分子层面的改变，但目前还没有一种特异的分子标记物来提示 PTE 的发病风险。此外，对可能用于诊断创伤性脑损伤和预测损伤后功能损害程度的候选生物标记物的研究，目前也没有提供关于这类生物标志物是否可以作为 PTE 生物标记物的信息。所以，寻找 PTE 相关的生物标志物进行研究，将为预测 PTE 发生、明确相关的分子机制并确定可能的预防措施提供新的方向。

二、动物实验的完善

尽管当前的创伤后癫痫动物模型为了解创伤后癫痫提供了关键证据，但迄今为止，尚无任何模型能够完全复制创伤性脑损伤。PTE 的临床表现、潜伏程度和创伤性脑损伤严重程度的变化对 PTE 的诊断和治疗提出了挑战，这需要耗费大量的时间去完善体外研究。因此，了解每种动物模型的优缺点可能是确定理想动物模型的关键。

三、法医学研究

PTE 的发生与创伤性脑损伤相关，但创伤性脑损伤后发生的癫痫不一定是外伤导致的。在法医临床鉴定中，有关 PTE 的鉴定标准和损伤机制研究仍需深入，综合《人体损伤程度鉴定标准》和《人体损伤致残程度分级》的释义，PTE 的鉴定要点主要包括：头部外伤史、临床症状、EEG 检查阳性结果、影像学检查阳性结果和用药史等。在《人体损伤程度鉴定标准》中，"外伤性迟发性癫痫"可评定为重伤二级，在《人体损伤致残程度分级》中，"外伤性癫痫（重度）"可评定为四级伤残。虽然 PTE 致伤、致残的评定级别很高，但在目前的司法鉴定实践中仍然缺乏 PTE 的客观评定方法。此外，由于PTE 的突发性和不可预见性，可能会错失很多第一手资料，客观的影像学等检查手段也只能显示痫性发作时的阳性结果，所以如何正确诊断 PTE 并明确其与颅脑外伤之间的直接因果关系至关重要，对于法医临床学损伤程度及致残程度评定具有重要意义。

四、药物研究

临床对于脑外伤继发性癫痫的治疗多采用口服西药，如苯巴比妥、卡马西平、苯妥英钠等。药物治疗可加强患者脑内 GABA 介导的抑制作用，有效干扰 Na^+、K^+ 等阳离子通道，进而控制癫痫的症状。单独使用上述西药临床疗效尚可，但长期、大量使用同种药物，患者可产生不同程度的耐药性及不良反应，从而影响治疗效果。因此，有学者提出，在治疗 PTE 时，可采用联合用药的方式，如联合使用丙戊酸钠缓释片进行治疗。丙戊酸钠缓释片是丙戊酸钠和丙戊酸的复方制剂，在体内作用较为持久且平稳，能够有效地抑制癫痫灶的放电。针对性地改善用药方式，合理地联合用药，不仅可以缩短患者的治疗时间，还可以提高治疗的效率，降低不良反应的发生率。联合用药是治疗脑外伤继发性癫痫的有效途径，相较于常规单一药物治疗，可进一步提高患者临床治疗的效率。其次，抗癫痫药已被提议作为预防颅脑外伤后创伤性癫痫发作，降低 PTS 和 PTE 发生率的一种有效措施。

PTE 是颅脑损伤的严重并发症之一，轻者影响身心健康，使原已康复的病情恶化；重者影响生活质量，甚至威胁生命，给社会和家庭造成沉重的经济和精神负担。目前，药物治疗效果也不太理想。尽管前期学者在潜在机制研究方向取得了一定的进展，但还需全面落实到临床研究上，寻找并确定预防和治疗 PTE 的潜在药物靶标，以期为 PTE 的法医临床认定提供有力的依据，为 PTE 疾病的进一步诊治以及治疗效率的提高提供保障。

（夏冰　贵州医科大学）

参考文献

［1］江基尧 . 现代颅脑损伤学［M］. 3 版 . 上海：第二军医大学出版社，2010.

［2］Fordington S，Manford M. A review of seizures and epilepsy following traumatic brain injury［J］. J Neurol，2020，267（10）：3105-3111.

［3］Dewan M C，Rattani A，Gupta S，et al. Estimating the global incidence of traumatic brain injury［J］. J Neurosurg，2019，130（4）：1080-1097.

［4］Maas A I，Stocchetti N，Bullock R. Moderate and severe traumatic brain injury in adults［J］. Lancet Neurology，2008，7（8）：728-741.

［5］李静波，王玉，刘红权，癫痫的诊断、命名及分类［J］. 中国临床医生杂志，2019，47（10）：1140-1142.

［6］Baxendale S，Thompson P. The new approach to epilepsy classification：Cognition and behavior in adult epilepsy syndromes［J］. Epilepsy Behav，2016，64（Pt A）：253-256.

［7］邓劼，张月华，刘晓燕 . 发作和癫痫分类框架相关术语和概念修订——国际抗癫痫联盟分类和术语委员会报告，2005—2009 年［J］. 中国实用儿科杂志，2011，26（7）：505-511.

［8］Webster K M，Sun M，Crack P，et al. Inflammation in epileptogenesis after traumatic brain injury［J］. Journal of Neuroinflammation，2017，14（1）：10.

［9］Agrawal A，Timothy J，Pandit L，et al. Post-traumatic epilepsy：An overview［J］. Clin Neurol Neurosurg，2006，108（5）：433-439.

［10］Englander J，Bushnik T，Duong T，et al. Analyzing risk factors for late posttraumatic seizures：A prospective，multicenter investigation［J］. Archives of Physical Medicine and Rehabilitation，2003，84（3）：365-373.

［11］Lamar C D, Hurley R A, Rowland J A, et al. Post-traumatic epilepsy: review of risks, pathophysiology, and potential biomarkers ［J］. Journal of Neuropsychiatry & Clinical Neurosciences, 2014, 26（2）: 113.

［12］Tubi M A, Lutkenhof E, Villablanca P, et al. Early seizures and temporal lobe trauma predict post-traumatic epilepsy: A longitudinal study ［J］. Neurobiol Dis, 2019, 123: 115-121.

［13］P K Gupta, N Sayed, K Ding, et al. Subtypes of post-traumatic epilepsy: clinical, electrophysiological, and imaging features ［J］. J Neurotrauma, 2014, 31（16）: 1439-1443.

［14］Annegers J F, Hauser W A, Coan S P, et al. A population-based study of seizures after traumatic brain injuries ［J］. New England Journal of Medicine, 1998, 338（1）: 20-24.

［15］Agrawal A, Timothy J, Pandit L, et al. Post-traumatic epilepsy: an overview ［J］. Clin Neurol Neurosurg, 2006, 108（5）: 433-439.

［16］Xu T, Yu X, Ou S, et al. Risk factors for posttraumatic epilepsy: A systematic review and meta-analysis ［J］. Epilepsy Behav, 2017, 67: 1-6.

［17］Liou J H, Chang Y L, Lee H T, et al. Preventing epilepsy after traumatic brain injury: A propensity score analysis ［J］ J Chin Med Assoc, 2020, 83（10）: 950-955.

［18］Annegers J F, Coan S P. The risks of epilepsy after traumatic brain injury［J］. Seizure, 2000, 9（7）: 453-457.

［19］Foster M T, Das K, May P, et al. Motor cortex relocation after complete anatomical hemispherectomy for intractable epilepsy secondary to Rasmussen's encephalitis ［J］. Br J Neurosurg, 2019, 33（2）: 234-236.

［20］Dadas A, Janigro D. Breakdown of blood brain barrier as a mechanism of post-traumatic epilepsy［J］. Neurobiol Dis, 2019, 123: 20-26.

［21］Soriano S, Moffet B, Wicker E, et al. Serum amyloid A is expressed in the brain after traumatic brain injury in a sex-dependent manner ［J］. Cell Mol Neurobiol, 2020, 40（7）: 1199-1211.

［22］Karve I P, Taylor J M, Crack P J. The contribution of astrocytes and microglia to traumatic brain injury ［J］. Br J Pharmacol, 2016, 173（4）: 692-702.

［23］Witcher K G, Bray C E, Dziabis J E, et al. Traumatic brain injury-induced neuronal damage in the somatosensory cortex causes formation of rod-shaped microglia that promote astrogliosis and persistent neuroinflammation ［J］. Glia, 2018, 66（12）: 2719-2736.

［24］Wofford K L, Harris J P, Browne K D, et al. Rapid neuroinflammatory response localized to injured neurons after diffuse traumatic brain injury in swine ［J］. Exp Neurol, 2017, 290: 85-94.

［25］Hickman S E, Kingery N D, Ohsumi T K, et al. The microglial sensome revealed by direct RNA sequencing ［J］. Nat Neurosci, 2013, 16（12）: 1896-1905.

［26］Corps K N, Roth T L, McGavern D B. Inflammation and neuroprotection in traumatic brain injury［J］. JAMA Neurol, 2015, 72（3）: 355-362.

［27］Berdichevsky Y, Dryer A M, Saponjian Y, et al. PI3K-Akt Signaling Activates mTOR-Mediated Epileptogenesis in Organotypic Hippocampal Culture Model of Post-Traumatic Epilepsy ［J］. The Journal of Neuroscience, 2013, 33（21）: 9056-9067.

［28］Bockaert J, Marin P. mTOR in Brain Physiology and Pathologies ［J］. Physiological Reviews, 2015, 95（4）: 1157-1187.

［29］Li Y, Korgaonkar A A, Swietek B, et al. Toll-like receptor 4 enhancement of non-NMDA synaptic currents increases dentate excitability after brain injury ［J］. Neurobiology of Disease, 2015, 74: 240-253.

［30］Cattani D, de Liz O C V L, Heinz R C E, et al. Mechanisms underlying the neurotoxicity induced by glyphosate- based herbicide in immature rat hippocampus：involvement of glutamate excitotoxicity ［J］. Toxicology, 2014, 320：34-45.

［31］M Mishra, R Singh, S Mukherjee, et al. Dehydroepiandrosterone's antiepileptic action in FeCl 3-induced epileptogenesis involves upregulation of glutamate transporters ［J］. Epilepsy Research, 2013, 106（1-2）：83-91.

［32］Baulac S, Huberfeld G, Gourfinkel-An I, et al. First genetic evidence of GABA（A）receptor dysfunction in epilepsy：a mutation in the gamma2-subunit gene ［J］. Nature Genetics, 2001, 28（1）：46-48.

［33］Glushakova O, Glushakov A O, Borlongan C, et al. Role of Caspase-3-Mediated Apoptosis in Chronic Caspase-3-Cleaved Tau Accumulation and Blood-Brain Barrier Damage in the Corpus Callosum after Traumatic Brain Injury in Rats ［J］. Journal of Neurotrauma, 2018, 35（1）：157-173.

［34］Albayram O, Kondo A, Mannix R, et al. Cis P-tau is induced in clinical and preclinical brain injury and contributes to post-injury sequelae ［J］. Nature Communications, 2017, 8（1）：1000.

［35］Bernadeta S. Zinc homeostasis and neurodegenerative disorders ［J］. Frontiers in Aging Neuroscience, 2013, 5：33.

［36］Cornelius C, Crupi R, Calabrese V, et al. Traumatic brain injury：oxidative stress and neuroprotection ［J］. Antioxid Redox Signal, 2013, 19（8）：836-853.

［37］Zheng P, Shultz S R, Hovens C M, et al. Hyperphosphorylated tau is implicated in acquired epilepsy and neuropsychiatric comorbidities ［J］. Molecular Neurobiology, 2014, 49（3）：1532-1539.

［38］Webster K M, Sun M, Crack P, et al. Inflammation in epileptogenesis after traumatic brain injury ［J］. J Neuroinflammation, 2017, 14（1）：10.

［39］Parker T M, Nguyen A H, Rabang J R, et al. The danger zone：Systematic review of the role of HMGB1 danger signalling in traumatic brain injury ［J］. Brain Injury, 2017, 31（1）：2-8.

［40］Liu Y, Ran H, Xiao Y, et al. Knockdown of HIF-1α impairs post-ischemic vascular reconstruction in the brain via deficient homing and sprouting bmEPCs ［J］. Brain Pathol, 2018, 28（6）：860-874.

［41］D Aaron, Damir J. Breakdown of blood brain barrier as a mechanism of post-traumatic epilepsy ［J］. Neurobiology of Disease, 2019, 123：20-26.

［42］David C J, Massague J. Contextual determinants of TGFβ action in development, immunity and cancer ［J］. Nat Rev. Mol Cell Biol, 2018, 19（7）：419-435.

［43］Cotter D, Kelso A, Neligan A. Genetic biomarkers of posttraumatic epilepsy：A systematic review ［J］. Seizure, 2017, 46：53-58.

［44］Clement J G, Blackwell S A. Is current bite mark analysis a misnomer? ［J］. Forensic Science International, 2010, 201（1-3）：33-37.

［45］Kaalund S S, Veno M T, Bak M, et al. Aberrant expression of miR-218 and miR-204 in human mesial temporal lobe epilepsy and hip-pocampal sclerosis-convergence on axonal guidance ［J］. Epilepsia, 2014, 55（12）：2017-2027.

［46］Wang J, Zhang Y, Xu F. Function and mechanism of micro RNA- 210 in acute cerebral infarction ［J］. Exp Ther Med, 2018, 15（2）：1263-1268.

［47］周媛, 金立德, 赵敏, 等. 颞叶癫痫小鼠外周血细胞因子 mRNA 水平变化 ［J］. 中国神经精神疾病杂志, 2016, 42（1）：11-14.

［48］殷建勇. 脑外伤后癫痫的预防及治疗效果观察 ［J］. 临床合理用药杂志, 2016, 9（8）：

98 — 99.

［49］徐霞红，李刚，胡晖. 102例成人继发性癫痫的病因分析［J］. 中国医药导报，2014，11(6)：93–95.

［50］吴来德，朱君明. 80例颅脑外伤患者在颅脑外科手术前后继发性癫痫的临床观察及药物治疗［J］. 浙江创伤外科，2016，21（2）：291–293.

脑损伤后认知功能障碍

认知（cognition）是指人脑接受外界信息并经过加工处理，转换成内在的心理活动，从而获取知识或应用知识的过程。它包括记忆、语言、视空间、执行、计算和理解判断等方面的内容。认知功能障碍（cognitive impairment）是指上述几项认知功能中的一项或多项受损，当上述认知域有两项或两项以上受累，并影响个体的日常生活或社会活动能力时，可考虑为痴呆。本章将就脑损伤后认知功能障碍的分类、流行病学特征、康复治疗、评估方法、认知功能和社会功能等进行介绍。

第一节　认知功能障碍的分类

认知障碍的表现形式多种多样，可单独存在，但多相伴出现。认知障碍主要包括：记忆障碍、视空间障碍、执行功能障碍、计算力障碍、失语、失用、失认、轻度认知障碍和痴呆。

一、记忆障碍

记忆是信息在脑内储存和提取的过程，一般分为瞬时记忆、短时记忆和长时记忆三类。瞬时记忆为大脑对事物的瞬时映像，有效作用时间不超过 2 s，所记的信息内容并不构成真正的记忆。瞬时记忆的信息大部分迅速消退，只有得到注意和复习的小部分信息才转入短时记忆。短时记忆时间也很短，不超过 1 min，如记电话号码。短时记忆中的信息经过反复的学习、系统化、在脑内储存，进入长时记忆，可持续数分钟、数天，甚至终生。临床上记忆障碍的类型多是根据长时记忆分类的，包括遗忘、记忆减退、记忆错误和记忆增强等不同表现。

（一）遗忘

遗忘（amnesia）是对识记过的材料不能提取，或提取时发生错误的现象。根据遗忘的具体表现可分为顺行性遗忘、逆行性遗忘、进行性遗忘、系统性遗忘、选择性遗忘和暂时性遗忘等多种类型，其中前两者最为重要。

1. 顺行性遗忘　指回忆不起在疾病发生以后一段时间内所经历的事件，近期事件记忆差，不能保留新近获得的信息，而远期记忆尚保存。常见于阿尔茨海默病的早期、癫痫、双侧海马梗死、间脑综合征、严重的脑外伤等。

2. 逆行性遗忘　指回忆不起疾病发生之前某一阶段的事件，是相关过去的信息的丢失。常见于脑震荡后遗症、缺氧、中毒、阿尔茨海默病的中晚期、癫痫发作后等。

（二）记忆减退

记忆减退指识记、保持、再认和回忆普遍减退。早期往往是回忆减弱，特别是对日期、年代、专有名词、术语概念等的回忆发生困难，以后表现为近期和远期记忆均减退。临床上常见于阿尔茨海默病、血管性痴呆、代谢性脑病等。

（三）记忆错误

1. 记忆恍惚　包括似曾相识、旧事如新、重演性记忆错误等，与记忆减退过程有关。常见于颞叶癫痫、中毒、神经症、精神分裂症等。

2. 错构　指记忆有时间顺序上的错误，如患者将过去生活中所经历的事件归之于另一无关时期，并不自觉地坚信自己所说的完全正确。常见于更年期综合征、精神发育迟滞、酒精中毒性精神障碍和脑动脉硬化症等。

3. 虚构　指患者将过去事实上从未发生的事或体验回忆为确有其事，不能自己纠正错误。常见于科尔萨科夫综合征（Korsakoff syndrome），可以由脑外伤、乙醇中毒、感染性脑病等引起。

（四）记忆增强

记忆增强指对远事记忆的异常性增加。患者表现出对很久以前所发生的、似乎已经遗忘的时间和体验，此时又能重新回忆起来，甚至一些琐碎的毫无意义的事情或细微情节都能详细回忆。多见于躁狂症、妄想或服用兴奋剂过量。

二、视空间障碍

视空间障碍指因不能准确地判断自身及物品的位置而出现的功能障碍，表现为停车时找不到停车位，回家时因判断错方向而迷路，铺桌布时因不能对桌布及桌角的位置正确判断而无法使桌布与桌子对齐，不能准确地将锅放在炉灶上而将锅摔到地上。不能准确地临摹立体图，严重时连简单的平面图也无法画出。生活中，可有穿衣困难、不能判断衣服的上下和左右、穿反衣服等。

三、执行功能障碍

执行功能是指确立目标、制订和修正计划、实施计划，从而进行有目的活动的能力，是一种综合运用知识、信息的能力。执行功能障碍与额叶 – 皮质下环路受损有关。

执行功能障碍时，不能做出计划，不能进行创新性工作，不能根据规则进行自我调整，不能对多件事进行统筹安排。检查时，不能按照要求完成较复杂的任务。执行功能障碍常见于血管性痴呆、阿尔茨海默病、帕金森病痴呆、进行性核上性麻痹、路易体痴呆和额颞叶痴呆等。

四、计算力障碍

计算能力取决于患者本身的智力、先天对数字的感觉和数学能力，以及受教育水平。计算力障碍指计算能力减退，无法正确做出以前能做的简单计算。如"黄瓜 8 角 1 斤，3 元 2 角能买几斤"这样的问题，患者难以回答，或者要经过长时间的计算和反复的更正。日常生活中，患者买菜购物不知道该付多少钱，该找回多少。随着病情进展，患者甚至不能进行如 2+3、1+2 等非常简单的计算，不能正确列算式，甚至不认识数字和算术符号。计算障碍是优势半球顶叶特别是角回损伤的表现。

五、失语

失语（aphasia）是指在神志清楚、意识正常、发音和构音没有障碍的情况下，大脑皮质语言功能区病变导致的言语交流能力障碍，表现为自发谈话、听理解、复述、命名、阅读和书写六个基本方面能力残缺或丧失，如患者构音正常但表达障碍、肢体运动功能正常但书写障碍、视力正常但阅读障碍、听力正常但言语理解障碍等。不同的大脑语言功能区受损可有不同的临床表现。迄今对失语症的分类尚未取得完全一致的意见，国内外较通用的是以解剖、临床为基础的分类法。由于汉语的特殊性，我国学者制定了汉语失语症分类法。下面简要介绍主要的失语类型。

（一）外侧裂周围失语综合征

外侧裂周围失语综合征包括运动性失语、感觉性失语和传导性失语，病灶位于外侧裂周围，共同特点是均有复述障碍。

（1）运动性失语又称表达性失语或布罗卡失语，由优势侧额下回后部（Broca 区）病变引起。临床表现以口语表达障碍最突出，谈话为非流利性、电报式语言，讲话费力，找词困难，只能讲一两个简单的词，且用词不当，或仅能发出个别的语音。口语理解相对保留，对单词和简单陈述句的理解正常，句式结构复杂时则出现困难。复述、命名、阅读和书写均有不同程度的损害。常见于脑梗死、脑出血等可引起 Broca 区损害的神经系统疾病。

（2）感觉性失语又称韦尼克失语，由优势侧颞上回后部（Wernicke 区）病变引起。临床特点为严重听理解障碍，表现为听觉正常，但不能听懂别人和自己的讲话。口语表达流利，语量增多，发音和语调正常，但言语混乱而割裂，缺乏实质词或有意义的词句，难以理解，答非所问。复述障碍与听理解障碍一致，存在不同程度的命名、阅读和书写障碍。常见于脑梗死、脑出血等引起 Wernicke 区损害的神经系统疾病。

（3）传导性失语，多数传导性失语病变累及优势侧缘上回、Wernicke 区等部位，一般认为本症是由于外侧裂周围弓状束损害导致 Wernicke 区和 Broca 区之间的联系中断所致。临床表现为流利性口语，语言中有大量错词，但自身可以感知其错误，欲改正而显得口吃，听起来似非流利性失语，但表达短语或句子完整。听理解障碍较轻，在执行复杂指令时明显。复述障碍较自发谈话和听理解障碍重，二者损害不成比例，是本症的最大特点。命名、阅读和书写也有不同程度的损害。

（二）经皮质失语

经皮质失语又称为分水岭区失语综合征，病灶位于分水岭区，共同特点是复述相对保留。

（1）经皮质运动性失语病变多位于优势侧 Broca 区附近，但 Broca 区可不受累，也可位于优势侧额叶侧面。主要由于语言运动区之间的纤维联系受损，导致语言障碍，表现为患者能理解他人的言语，但自己只能讲一两个简单的词或短语，呈非流利性失语，类似于布罗卡失语，但程度较布罗卡失语轻，患者复述功能完整保留。本症多见于优势侧额叶分水岭区的脑梗死。

（2）经皮质感觉性失语病变位于优势侧 Wernicke 区附近，表现为听觉理解障碍，对简单词汇和复杂语句的理解均有明显障碍，讲话流利，语言空洞、混乱而割裂，找词困难，经常答非所问，类似于韦尼克失语，但障碍程度较韦尼克失语轻。复述功能相对完整，但常不能理解复述的含义。有时可将检查者故意说错的话完整复述，这与经皮质运动性失语患者复述时可纠正检查者故意说错的话明显不同。本症多见于优势侧颞、顶叶分水岭区的脑梗死。

（3）经皮质混合性失语又称语言区孤立，为经皮质运动性失语和经皮质感觉性失语并存。突出特点是复述相对好，其他语言功能均严重障碍或完全丧失。本症多见于优势侧大脑半球分水岭区的大片病灶，累及额、顶、颞叶。

（三）完全性失语

完全性失语也称混合性失语，是最严重的一种失语类型。临床上以所有语言功能均严重障碍或几乎完全丧失为特点。患者限于刻板言语，听理解严重缺陷，命名、复述、阅读和书写均不能。

（四）命名性失语

命名性失语又称遗忘性失语，由优势侧颞中回后部病变引起。主要特点为命名不能，表现为"忘词"，多数是物体的名称，尤其是那些极少使用东西的名称。如令患者说出指定物体的名称时，仅能叙述该物体的性质和用途。别人告知该物体的名称时，患者能辨别对方讲得对或不对。自发谈话为流利性，缺实质词，赘话和空话多。理解、复述、阅读和书写障碍轻。常见于脑梗死、脑出血等可引起优势侧颞中回后部损害的神经系统疾病。

（五）皮质下失语

皮质下失语是指丘脑、基底核、内囊、皮质下深部白质等部位病损所致的失语，常由脑血管病、脑炎引起。

（1）丘脑性失语，由丘脑及其联系通路受损所致。表现为急性期有不同程度的缄默和不语，以后出现语言交流、阅读理解障碍，言语流利性受损，音量减小，可同时伴有重复语言、模仿语言、错语、命名不能等。复述功能可保留。

（2）内囊、基底核损害所致的失语。内囊、壳核受损时，表现为语言流利性降低，语速慢，理解基本无障碍，常常用词不当。能看懂书面文字，但不能读出或读错，复述也轻度受损，类似于布罗卡失语。壳核后部病变时，表现为听觉理解障碍，讲话流利，但语言空洞、混乱而割裂，找词困难，类似于韦尼克失语。

六、失用

失用（apraxia）是指在意识清楚、语言理解功能及运动功能正常情况下，丧失完成有目的的复杂活动的能力。临床上，失用可大致分为以下几种。

（一）观念性失用

观念性失用（ideational apraxia）常由双侧大脑半球受累引起。观念性失用是对复杂精细的动作失去了正确概念，导致患者不能把一组复杂精细动作按逻辑次序分解组合，使得各动作的前后次序混乱、目的错误，无法正确完成整套动作。如冲糖水，应是取糖→入杯→倒水→搅拌，而患者可能直接向糖中倒水。该类患者模仿动作一般无障碍。本症常由中毒、动脉硬化性脑病和帕金森综合征等导致大脑半球弥漫性病变的疾病引起。

（二）观念运动性失用

观念运动性失用（ideomotor apraxia）病变多位于优势半球顶叶。观念运动性失用是在自然状态下，患者可以完成相关动作，可以口述相关动作的过程，但不能按指令去完成这类动作。如向患者发出指令命其张口，患者不能完成动作，但给他苹果则会自然张嘴去咬。

（三）肢体运动性失用

肢体运动性失用（limb kinetic apraxia）病变多位于双侧或对侧皮质运动区。主要表现为肢体，通常为上肢远端，失去执行精细熟练动作的能力，自发动作、执行口令及模仿均受影响，如患者不能弹琴、书写和编织等。

（四）结构性失用

结构性失用（constructional apraxia）是指对空间分析和对动作概念化的障碍，病变多位于非优势半球顶叶或顶枕联合区。表现为绘制或制作包含有空间位置关系的图像或模型有困难，不能将物体的各个成分连贯成一个整体。

（五）穿衣失用

穿衣失用（dressing apraxia）病变位于非优势侧顶叶。穿衣失用是指丧失了习惯而熟悉的穿衣操作能力。表现为穿衣时上下颠倒，正反及前后穿错，扣错纽扣，将双下肢穿入同一条裤腿等。

七、失认

失认（agnosia）是指无视觉、听觉和躯体感觉障碍，在意识正常情况下，不能辨认以往熟悉的事物。临床上，失认可有以下几种。

（一）视觉失认

视觉失认病变多位于枕叶。患者的视觉足以看清周围物体，但看到以前熟悉的事物时却不能正确识别、描述及命名，而通过其他感觉途径则可认出。如看到手机不知为何物，但通过手触摸和听电话来电立刻就可辨认出是手机。这种视觉失认不是视力方面的问题，多与枕叶视中枢损害有关。视觉失认包括：物体失认，不能辨别熟悉的物体；面容失认，不能认出熟悉的家人和朋友；颜色失认，不能正确地分辨红、黄、蓝、绿等颜色。

（二）听觉失认

听觉失认指听力正常但却不能辨认熟悉的声音，如不能辨认以前能辨认出的手机铃声、动物叫声、汽车声、钢琴声等，病变多位于双侧颞上回中部及其听觉联络纤维。

（三）触觉失认

触觉失认病变多位于双侧顶叶角回及缘上回。触觉失认即实体觉缺失，患者无初级触觉和位置觉障碍，闭眼后不能通过触摸辨别熟悉的物品，如牙刷、钥匙、手机等，但睁眼看到或耳朵听物体发出的声音就能识别。本症患者一般少有主诉，临床医生如不仔细检查很难发现。

（四）体象障碍

体象障碍病变多位于非优势半球顶叶。体象障碍指基本感知功能正常，但对自身躯体的存在、空间位置及各部位之间的关系失去辨别能力。临床可表现为：①偏侧忽视：对病变对侧的空间和物体不注意、不关心，似与己无关；②病觉缺失：对病变对侧肢体的偏瘫全然否认，甚至出示偏瘫肢体时，仍否认瘫痪的存在；③手指失认：指不能辨别自己的双手手指和名称；④自体认识不能：患者否认对侧肢体的存在，或认为对侧肢体不是自己的；⑤幻肢现象：患者认为自己的肢体已不复存在，自己的手脚已丢失，或感到自己的肢体多出了一个或数个，如认为自己有三只手等。

八、轻度认知损害

轻度认知损害（mild cognitive impairment，MCI）是介于正常衰老和痴呆之间的一种中间状态的认知障碍综合征。与年龄和教育程度匹配的正常老年人相比，患者存在轻度认知功能减退，但日常能力没有受到明显影响。

轻度认知障碍的核心症状是认知功能的减退，根据病因或大脑损害部位的不同，可以累及记忆、执行功能、语言、运用、视空间结构技能等其中一项或一项以上，导致相应的临床症状，其认知减退必须满足以下两点：

（1）认知功能下降符合以下任一条：①主诉或者知情者报告的认知损害，客观检查有认知损害的证据；②客观检查证实认知功能较以往减退。

（2）日常基本能力正常，复杂的工具性日常能力可以有轻微损害。根据损害的认知域，轻度认知障碍症状可分两大类：①遗忘型轻度认知障碍：表现为记忆力损害。根据受累的认知域数量，又可分为单纯记忆损害型（只累及记忆力）和多认知域损害型（除累及记忆力外，还存在其他一项或多项认知域损害），前者常为阿尔茨海默病的早期症状，后者可由阿尔茨海默病、脑血管病或其他疾病（如抑郁）等引起。②非遗忘型轻度认知障碍：表现为记忆功能以外的认知域损害，记忆功能保留。也可进一步分为非记忆单一认知域损害型和非记忆多认知域损害型，常由额颞叶变性、路易体痴呆等的早期病变导致。

九、痴呆

痴呆（dementia）是由于脑功能障碍而产生的获得性、持续性智能损害综合征，可由脑退行性变（如阿尔茨海默病、额颞叶变性等）引起，也可由其他原因（如脑血管病、外伤、中毒等）导致。与轻度认知障碍相比，痴呆必须有两项或两项以上认知域受损，并导致患者的日常或社会能力明显减退。

痴呆患者除以上认知症状（如记忆、语言、视觉空间技能、执行功能、运用、计算等）外，还可以伴发精神行为的异常。精神情感症状包括幻觉、妄想淡漠、意志减退、不安、抑郁、焦躁等；行为异常有徘徊、多动、攻击、暴力、捡拾垃圾、藏匿东西、过食、异食、睡眠障碍等。还可有明显的人格改变。

第二节 脑损伤后认知功能障碍的流行病学特征

一项以缺血性脑卒中住院患者为对象的大型 Meta 分析（1950—2009，$n = 7\,511$）显示，认知障碍患病率为 41.3%，50%~70% 脑卒中患者出现不同程度的认知障碍，1/3

会发展为明显痴呆。与健康老年人相比，有卒中史的老年人痴呆发生大约提前 10 年。按照流行病学资料推算，我国可能有 800 万脑血管病患者和 1 600 万以上认知功能损害患者。认知功能障碍是创伤性脑损伤后常见并发症，据报道轻型创伤性脑损伤患者伤后 3 个月内记忆及注意障碍发生率为 40% ~ 60%，而中、重型创伤性脑损伤患者认知功能障碍发生率可达 90%。

第三节　脑损伤后认知功能障碍的康复治疗

针对认知功能障碍的康复治疗常根据不同分类采取不同的治疗措施。

运动疗法康复：运动功能障碍发生后，行之有效的运动疗法可以加速大脑侧支循环建立，促进脑组织重塑。郑新磊等人研究脑卒中合并认知功能障碍患者肢体康复和认知功能训练，治疗一段时间后患者认知功能障碍得到改善。研究证实肢体康复训练不仅可促进运动功能的改善，还可改善认知功能。运动疗法在提高肢体活动能力的同时，还可缓解因认知功能障碍而导致的负面情绪，调整心理状态。认知功能障碍患者正面情绪越高涨，运动功能障碍的恢复越快。

作业疗法康复：作业疗法是应用有目的的、经过选择的作业活动，对身体上、精神上、发育上有功能障碍或残疾，以致不同程度地丧失生活自理和劳动能力的患者，进行评价、治疗和训练的过程。目的是使患者最大限度地恢复或提高独立生活和劳动能力，能作为家庭和社会的一员过上有意义的生活。这种疗法对功能障碍患者的康复有重要价值，可帮助患者功能恢复，改变异常运动模式，提高生活自理能力，缩短其回归家庭和社会的时间。作业疗法被广泛地应用于认知功能障碍的康复治疗中。作业疗法可以针对患者认知功能障碍分类的不同，从而进行不同方式的作业活动。如个人日常生活活动、功能性的作业活动、心理性的作业活动，均可以改善患者的认知功能障碍。合理地安排作业疗法对于存在认知功能障碍的患者十分重要。感知障碍（忽略症和失认症）、任务组织障碍（失用症）、注意障碍、记忆障碍、语言和交流障碍、智力障碍和执行能力障碍可通过作业疗法，设计康复治疗方案，因人而异分解康复方案。

神经心理学康复：神经心理学康复在认知功能障碍患者康复中的作用越来越重要。神经心理学康复是恢复患者的认知功能，克服认知功能障碍的一种康复治疗方法。大部分认知功能障碍患者都存在负面情绪，如消极应对康复治疗，抵触康复治疗，甚至反抗康复治疗，从而影响康复治疗的顺利进行，也影响病情的恢复，严重者甚至耽误最佳治疗时机而无法治疗。在康复治疗过程中，医务人员和患者家属对认知功能障碍患者要经常性地进行奖励，灌输积极信息，激发患者斗志，重建患者战胜疾病的信心。

药物治疗：一般认为，开始药物治疗或治疗过程中，都需要进行多方面评价，包括对患者的认知功能评定、认知功能障碍的诊断、必要的神经影像学检查、对认知功能可能产生干扰的因素，以及改善认知功能障碍药物的适应证和不良反应等，以确定恰当的用药，以及是否需要调整药物剂量等。目前缺乏针对认知功能障碍药物治疗的大规模随机对照研究和循证医学证据，所有的药物治疗经验均来自一些小样本研究。治疗认知功能障碍的药物目前还不能确定疗效和安全性。药物治疗流程采用"锥形"方法，即早期同时使用多种可能有效的药物，每种药物从小剂量开始，缓慢加至标准治疗量，随着症状的改善或病程的延长，逐渐减少药物种类。治疗过程中应尽量避免使用对认知功能恢复有负性作用的药物，如抗癫痫药、抗精神病药、镇静安眠药等，如必须使用的情况下，尽量选择副作用较小的药物。

物理治疗康复：有研究指出高压氧可以促进患者认知功能障碍的恢复。高压氧可快速提高脑组织的氧含量及氧储量，改善脑组织和周身组织缺氧，减少脑细胞的变性坏死，增强脑功能的改善，从而促进认知功能障碍的恢复。经颅磁刺激技术在认知功能障碍的康复治疗中应用也较为广泛。有研究证实高频重复经颅磁刺激可以增加大脑皮质的兴奋性，低频重复经颅磁刺激可以降低大脑皮质的兴奋性。所以根据认知功能障碍病情不同可以采取不同的经颅磁刺激技术，促进患者的恢复。

认知功能障碍康复理论主要来源于神经心理学、认知心理学、教育心理学、康复医学等多学科交叉，临床医生认识认知功能障碍还存在不足和盲点，在临床中康复治疗的应用还受诸多限制，对认知功能障碍的训练治疗，没有一个统一固定的模式和方法。因为认知功能障碍表现是复杂多样的，所以必须根据患者的具体情况采取灵活多变的方法，同时尽可能多地利用周围有益的环境因素给予患者良性刺激，以促进其认知功能的改善。

第四节 认知功能障碍程度的评估方法

创伤性脑损伤后认知功能障碍程度的研究方法，包括神经心理学方法、电生理学技术、脑成像［如计算机断层扫描（computed tomography，CT）和磁共振成像（magnetic resonance imaginfg，MRI）、功能性磁共振成像（functional magnetic resonance imaging，fMRI）、弥散张量成像（diffusion tensor imaging，DTI）等］及遗传多态性分析。

一、神经心理学评估

神经心理学是把脑当作心理活动的物质本体来研究脑和心理或脑和行为的关系。它把人的感知、记忆、言语、思维、智力、行为和脑的功能结构之间建立了量的关系，侧重于认知和行为的评估。神经心理学测试不仅是人脑结构、功能测试和筛选工具，更重要的是，神经心理学评估还包括对个人精神状态的评估。神经心理学常用量表包括：简易精神状态检查量表（mini mental state examination，MMSE），画钟测试（clock drawing test，CDT），阿尔茨海默病评定量表 – 认知部分（Alzheimer's disease assessment scale-cognitive score，ADAS-cog），严重障碍部分（Aevere impairment battery，SIB），日常生活能力量表（activity of daily living scale，ADL），社会活动功能量表（functional activities questionnaire，FAQ），神经精神问卷（neuropsychiatric inventory，NPI）等。

二、电生理学技术

神经电生理学包括神经元电活动的测量，特别是动作电位活动。电生理研究方法包括脑电图（electroencephalogram，EEG）、诱发电位（evoked potential，EP）和事件相关电位（event-related potential，ERP）。

脑电图是一种记录大脑电活动的电牛理监测方法。通常是非侵入性的，电极沿着颅骨放置，特殊情况下也有侵入性电极。脑电图测量大脑神经元中离子电流引起的电压波动。因为 EP 和 ERP 是由神经元活动产生的，对于评估创伤性脑损伤持续性神经信息处理能力的完整性很有价值。脑电图技术的衍生物技术 EP，刺激中枢神经诱发相应传导通路的反应电位，包括视觉、躯体感觉或听觉通路刺激的呈现。人脑电图的 ERP 和脑 Alpha 震荡活动提供了丰富的数据来源，有助于阐明创伤性脑损伤患者的特定加工功能。创伤性脑损伤的一些致残性认知缺陷以及脑电图的广泛性标记和频谱可以解释脑功能异常，这些异常与处理速度、持续注意力、表现监测、抑制控制和认知灵活性有关。平均脑电反应被锁定到复杂的刺激处理上，该技术被用于认知科学、认知心理学和心理生理学等研究。

EP 是最有价值的神经生理学检查，在创伤性脑损伤中推断预后有重要意义。EP 各种类型对预后都有很高的早期预测价值。连续脑电图监测可用于诊断和治疗非抽搐性癫痫发作和癫痫持续状态，而 EP 更能显示神经功能的退化。最近的评论也支持在儿童急性脑损伤后结果预测的过程中使用 EP。Robinson 评价 EP 重型创伤性脑损伤中的预后效用，能够同时考虑到"觉醒"和疾病。EP 能够正确预测 80% 以上重型创伤性脑损伤的预后。证实了 EP 在创伤性脑损伤中的高预测效用，比格拉斯哥昏迷评分（Glasgow coma scale，GCS）和 EEG 反应性更高。ERP 是预测创伤性脑损伤恢复轨迹和最终结果的有力工具，短潜伏期和中潜伏期 EP 现在可以有效预测急性创伤性脑损伤患者的昏迷结果。长延迟性事件相关电位成分有望预测高阶认知功能的恢复，可以测量错误消极 / 错误相关负性（Ne/ERN）和错误后正性（Pe）。Ne/ERN 是创伤性脑损伤后评估控制 / 表现监测认知障碍的潜在电生理指标。有研究采用 ERP 对军人创伤性脑损伤患者认知损害的本质进行了阐述，强调了注意力、信息加工和认知控制的障碍。应用 ERP 可以同时检测昏迷和清醒的患者，这也是值得关注的。Larson 等人利用 ERP 的 ERN 和 Pe

成分检验假说，即在重型创伤性脑损伤之后，负面影响会严重损害行为认知。也有报道轻型创伤性脑损伤患者认知功能的神经基础，通过测试头皮记录轻型创伤性脑损伤患者的事件相关电位检测 ERN 和 Pe 成分。

P300 波幅和潜伏期是评价创伤性脑损伤患者认知功能有价值的指标，红色、绿色或暗色环境影响认知功能。Larson 等人认为测量 P300 是评价认知功能的敏感指标，P300 在试图检测脑外伤患者有效的面部线索时，能反映出明显的电生理和行为反应障碍。使用听觉和视觉刺激（包括面部情感刺激），Hauger 等人分析了创伤性脑损伤患者 ERP 的 P300 成分，评估他们的认知特征。Lew 及其同事证明 P300 区分创伤性脑损伤患者和健康对照组具备有效性。创伤后遗忘症的持续时间与 P300 波幅高度相关性，P300 振幅可用于情感检测。事件相关电位被动任务的 N2 和 P3 潜伏期也可作为评价广泛性脑损伤患者认知功能的指标。Koola 调查创伤性脑损伤患者的注意力资源分布，发现创伤性脑损伤患者信息处理和注意力资源分配的早期阶段异常，引入失匹配负波（mismatch negativity，MMN）是一个有用的指标，MMN 是长延迟听觉系统的一个组成部分，反映了一种听觉早期的差异自动检测机制的激活。即使在受试者的注意力不在听觉上，甚至昏迷状态，都可有 MMN 反应，是预测昏迷预后最有效的方法之一。

三、脑成像方法

Douglas 等人强调了创伤性脑损伤的心理物理和成像研究的进展，增加了对创伤性脑损伤的认知、生理和情感的神经机制的理解。

利用脑成像技术（如 CT、MRI）诊断脑损伤，特别是中重度脑外伤有重要意义。目前脑成像技术在临床和研究应用方面的发展，为改善诊断、了解认知障碍、治疗和康复工作提供了客观的信息。Mcallister 及其同事在一项研究中使用功能磁共振成像 fMRI 检测 α2 肾上腺素能激动剂（胍法辛）对轻型创伤性脑损伤的记忆和大脑活动的影响，指出药物干预可以改善创伤性脑损伤后的认知功能。

Pavlovic 等人总结了弥散张量成像方法及其在创伤性脑损伤研究中的应用。DTI 可以测量脑损伤相关的微结构变化，有效地评估脑损伤相关症状、认知功能和脑微结构及白质连接性变化之间的关系。DTI 与传统的神经影像学相比，对神经认知功能具有更高的预测价值。

四、遗传多态性分析

人们越来越清楚地认识到，遗传因素在脑损伤后的认知和社会功能中起着重要作用。Weaver 等人研究了创伤性脑损伤多态性对六种特定的认知和社交功能的影响，包括记忆、执行功能、决策、抑制冲动、攻击性、社交和情感。脑源性神经营养因子（brain-derived neurotrophic factor，BDNF）是神经营养因子家族的一员，是日常决策、职业成就、社交能力和工作能力的重要预测因子。rs7124442 和 rs1519480 两个单核苷酸多态性与 30~35 年后认知、智力损伤后功能恢复情况有显著相关性，损伤后 10~15 年最为显著，提示认知功能损害的可塑性。脑源性神经营养因子为创伤后认知恢复以及与执行功能的联系提供了参考。具有 5-羟色胺转运体相关多态性区域（5-HTTLPR）变异的个体对感知到的社会支持的积极和消极感觉都有更高的敏感性。脑外伤的退伍军人似乎对社会压力的敏感性增加，创伤性脑损伤之后属于 L′ 等位基因的退伍军人表现最差，复原力较低，社区参与的局限性更高。而没有创伤性脑损伤的 L′ 等位基因的退伍军人或具有 S′ S′ 基因型的退伍军人与创伤性脑损伤状态无关。创伤性脑损伤患者的反应时间和准确性不足，这表明创伤性脑损伤患者可能难以处理单个单词，尤其是在执行需求增加的情况下。Kurowski 等人研究恶性肿瘤转移酶基因型（rs4680）与脑外伤后执行功能恢复的关系。活化因子Ⅻ刺激缓激肽的释放，可能通过促进脑水肿和炎症的形成来加重继发性脑损伤。创伤性脑损伤相关的病理过程将通过阻断活化因子Ⅻ缓解。通过 microRNA 基因启动子区识别单核苷酸多态性，发现创伤性脑损伤后脑脊液中 microRNA 表达水平的改变，为创伤性脑损伤后意识障碍的机制研究提供了一个新的视角。

第五节　认知功能和社会功能

认知功能是通过思想、经验和感觉来获得知识和理解的心理行为或过程，包括记忆、语言、视空间、执行、计算和理解判断等方面。认知过程利用现有知识衍生新知识。认知功能障碍是创伤性脑损伤后一个突出症状，认知功能障碍包括感知、思维、注意、智能、自知能力障碍。创伤性脑损伤后持续性记忆障碍和执行功能受损也很常见。重型创伤性脑损伤通常有认知功能障碍。创伤性脑损伤患者表现出明显的调控能力缺陷，在处理冲突信息、检测反应冲突以及发出调整信号方面，未能实施认知控制。

大脑的损伤可以改变一个人的本质——他们的个性，包括思想、性格和行为，特别是社会行为方面。研究表明，这种缺陷可能是由于基本社交的感知受损造成的。Green 等人认为，15~18 岁的青少年，在 5 岁之前经历脑外伤，他们的生命周期质量与健康组相比较差的可能性更大。重型创伤性脑损伤患者存在沟通障碍，难以提出问题，难以在与朋友闲聊时开玩笑。Lachapelle 等人通过视觉电生理学评估低水平到复杂的信息处理，对轻型创伤性脑损伤患者的职业预后价值进行研究，结果表明有症状的轻型创伤性脑损伤患者在复杂的视觉信息处理过程中会出现选择性缺陷，可能会影响其职业及工作。在情感知觉方面也存在损害，严重脑外伤患者会出现社会行为困难。

第六节　展　望

近年来，产生了很多可以解决创伤性脑损伤和识别相关问题的新技术。脑外伤后认知障碍的研究取得了进展，如电生理学技术、脑成像方法、基因多态性分析和靶向蛋白质组学等。综合运用各种技术将有助于我们理解脑外伤、认知功能和社会功能，改善治疗和康复工作。另外，中医药和中医疗法作为中华民族的瑰宝，加上国家政策的扶持，在认知功能障碍预防、治疗、康复中会有很大应用空间。

（孙会艳　赤峰学院）

参考文献

［1］Hachinski V，Iadecola C，Petersen R C，et al. National Institute of Neurological Disorders and Stroke- Canadian Stroke Network vascular cognitive impairment harmonization standards［J］. Stroke，2006，37（9）：2220-2241.

［2］Hachinski V，Munoz D. Vascular factors in cognitive impairment：where are we now？［J］. Ann N Y Acad Sci，2000，903（1）：1-5.

［3］Desmond D W，Moroney J T，Paik M C，et al. Frequency and clinical determinants of dementia after ischemic stroke［J］.Neurology，2000，54（5）：1124-1131.

［4］Pendlebury S T，Rothwell P M. Prevalence，incidence，and factors associated with pre-stroke and post-stroke dementia：a systematic review and meta- analysis［J］. Lancet Neurol，2009，8（11）：1006-1018.

［5］De Ronchi D，Palmer K，Pioggiosi P，et al. The combined effect of age，education，and stroke on dementia and cognitive impairment no dementia in the elderly［J］. Dement Geriatr Cogn Disord，2007，24（4）：266-273.

［6］血管性认知功能损害专家共识组 . 血管性认知功能损害的专家共识［J］. 中华内科杂志，2007，46（12）：1052-1055.

［7］Leibson C L，Brown A W，Ransom J E，et al. Incidence of traumatic brain injury across the full disease spectrum：a population-based medical record review study［J］.Epidemiology，2011，22（6）：836-844.

［8］Rickels E，von Wild K，Wenzlaff P. Head injury in Germany：A population-based prospective study on epidemiology，causes，treatment and outcome of all degrees of head-injury severity in two distinct areas［J］. Brain Inj，2010，24（12）：1491-1504.

［9］Rollnik J D. Clinical neurophysiology of neurologic rehabilitation［J］. Handb Clin Neurol，2019，161：187-194.

［10］郑新磊，程晓霞，郭红丽 .认知功能训练联合康复护理对脑卒中后认知障碍患者平衡功能及认知功能的影响［J］.中国民间疗法，2019，27（22）：87-88.

［11］程燕玲 .无错性学习对脑卒中后认知障碍康复效果的影响［J］.中国康复医学杂志，2006，

21（9）：825-826.

［12］黄欢.脑损伤后认知功能障碍作业治疗方案及其临床疗效初步研究［D］.成都：成都中医药大学，2008.

［13］赵明伦.脑血管病的抢救与康复［M］.北京：人民卫生出版社，1993.

［14］龚献.高压氧治疗对脑外伤后认知功能障碍影响的疗效观察［J］.中西医结合心血管病电子杂志，2019，7（34）：65.

［15］Warden D L，Gordon B，McAllister T W，et al. Guidelines for the pharmacologic treatment of neurobehavioral sequelae of traumatic brain injury［J］. J Neurotrauma，2006，23（10）：1468-1501.

［16］赵宇琳，余雪，粟立丹，等.高压氧治疗对脑损伤患者的影响的研究新进展［J］.世界最新医学信息文摘，2019，19（23）：48-49.

［17］Goverover Y，Chiaravalloti N D，O'Brien A R，et al. Evidenced-Based Cognitive Rehabilitation for Persons With Multiple Sclerosis：An Updated Review of the Literature From 2007 to 2016［J］. Arch Phys Med Rehabil，2018，99（2）：390-407.

［18］Douglas D B，Muldermans J L，Wintermark M. Neuroimaging of brain trauma［J］. Curr Opin Neurol，2018，31（4）：362-370.

［19］Bethune A，Scantlebury N，Potapova E，et al. Somatosensory evoked potentials after decompressive craniectomy for traumatic brain injury［J］. J Clin Monit Comput，2018，32（5）：881-887.

［20］Adams C，Bazzigaluppi P，Beckett T L，et al. Neurogliovascular dysfunction in a model of repeated traumatic brain injury［J］. Theranostics，2018，8（17）：4824-4836.

［21］Sun H，Luo C，Chen X，et al. Assessment of cognitive dysfunction in traumatic brain injury patients：a review［J］. Forensic Sci Res，2017，2（4）：174-179.

［22］Sizemore G，Lucke-Wold B，Rosen C，et al. Temporal Lobe Epilepsy，Stroke，and Traumatic Brain Injury：Mechanisms of Hyperpolarized，Depolarized，and Flow-Through Ion Channels Utilized as Tri-Coordinate Biomarkers of Electrophysiologic Dysfunction［J］. OBM Neurobiol，2018，2（2）：9.

［23］Fratantoni J M，DeLaRosa B L，Didehbani N，et al. Electrophysiological Correlates of Word Retrieval in Traumatic Brain Injury［J］. J Neurotrauma，2017，34（5）：1017-1021.

［24］Washnik N J，Anjum J，Lundgren K，et al. A Review of the Role of Auditory Evoked Potentials in Mild Traumatic Brain Injury Assessment［J］. Trends Hear，2019，23：2331216519840094.

［25］Bethune A，Scantlebury N，Potapova E，et al. Somatosensory evoked potentials after decompressive craniectomy for traumatic brain injury［J］. J Clin Monit Comput，2018，32（5）：881-887.

［26］Ellis M U，DeBoard M S，McArthur D L，et al. The UCLA Study of Children with Moderate-to-Severe Traumatic Brain Injury：Event-Related Potential Measure of Interhemispheric Transfer Time［J］. J Neurotrauma，2016，33（11）：990-996.

［27］Amantini A，Carrai R，Lori S，et al.Neuro physiological monitoring in adult and pediatric intensive care［J］. Minerva Anestesiol，2012，78：1067-1075.

［28］Robinson L R，Chapman M，Schwartz M，et al. Patterns of use of somatosensory-evoked potentials for comatose patients in Canada［J］. J Crit Care，2016，36：130-133.

［29］Hauger S L，Olafsen K，Schnakers C，et al. Cognitive Event-Related Potentials during the Sub-Acute Phase of Severe Traumatic Brain Injury and Their Relationship to Outcome［J］. J Neurotrauma，2017，34（22）：3124-3133.

［30］Chudy D，Deletis V，Almahariq F，et al. Deep brain stimulation for the early treatment of the minimally conscious state and vegetative state：experience in 14 patients［J］. J Neurosurg，2018，

128（4）：1189-1198.

［31］Larson M J, Kaufman D A, Perlstein W M. Conflict adaptation and cognitive control adjustments following traumatic brain injury［J］. J Int Neuropsychol Soc, 2009, 15（6）：927-937.

［32］Chantsoulis M, Półrola P, Góral-Półrola J, et al. Application of ERPs neuromarkers for assessment and treatment of a patient with chronic crossed aphasia after severe TBI and long-term coma – Case Report［J］. Ann Agric Environ Med, 2017, 24（1）：141-147.

［33］Larson M J, Clayson P E, Farrer T J. Performance monitoring and cognitive control in individuals with mild traumatic brain injury［J］. J Int Neuropsychol Soc, 2012, 18（2）：323-333.

［34］Kodama T, Morita K, Doi R, et al. Neurophysiological analyses in different color environments of cognitive function in patients with traumatic brain injury［J］. J Neurotrauma, 2010, 27（9）：1577-1584.

［35］Drapeau J, Gosselin N, Peretz I, et al. Electrophysiological Responses to Emotional Facial Expressions Following a Mild Traumatic Brain Injury［J］. Brain Sci, 2019, 9（6）：142.

［36］Lu Z, Li Q, Gao N, et al. Happy emotion cognition of bimodal audiovisual stimuli optimizes the performance of the P300 speller［J］. Brain Behav, 2019, 9（12）：e01479.

［37］Iwanaga M, Kato N, Okazaki T, et al. Effects of low-dose milnacipran on event-related potentials and neuropsychological tests in persons with traumatic brain injury：A preliminary study［J］. Brain Inj, 2015, 29（10）：1252-1257.

［38］Koola M M. Galantamine-Memantine Combination for Cognitive Impairments Due to Electroconvulsive Therapy, Traumatic Brain Injury, and Neurologic and Psychiatric Disorders：Kynurenic Acid and Mismatch Negativity Target Engagement［J］. Prim Care Companion CNS Disord, 2018, 20（2）：17nr02235.

［39］Liu J, Xue X, Wu Y, et al. Efficacy and safety of electro-acupuncture treatment in improving the consciousness of patients with traumatic brain injury：study protocol for a randomized controlled trial［J］. Trials, 2018, 19（1）：296.

［40］Hashim E, Caverzasi E, Papinutto N, et al. Investigating Microstructural Abnormalities and Neurocognition in Sub-Acute and Chronic Traumatic Brain Injury Patients with Normal-Appearing White Matter：A Preliminary Diffusion Tensor Imaging Study［J］. Front Neurol, 2017, 8：97.

［41］Mcallister T W, McDonald B C, Flashman L A, et al. Alpha-2 adrenergic challenge with guanfacine one month after mild traumatic brain injury：altered working memory and BOLD response［J］. Int J Psychophysiol, 2011, 82（1）：107-114.

［42］Pavlovic D, Pekic S, Stojanovic M, et al. Traumatic brain injury：neuropathological, neurocognitive and neurobehavioral sequelae［J］. Pituitary, 2019, 22（3）：270-282.

［43］Königs M, Pouwels P J, Ernest van H L W, et al. Relevance of neuroimaging for neurocognitive and behavioral outcome after pediatric traumatic brain injury［J］. Brain Imaging Behav, 2019, 13（4）：1183.

［44］Weaver S M, Chau A, Portelli J N, et al. Genetic polymorphisms influence recovery from traumatic brain injury［J］. Neuroscientist, 2012, 18（6）：631-644.

［45］You W D, Tang Q L, Wang L, et al. Alteration of microRNA expression in cerebrospinal fluid of unconscious patients after traumatic brain injury and a bioinformatic analysis of related single nucleotide polymorphisms［J］. Chin J Traumatol, 2016, 19（1）：11-15.

［46］Phillips C. Brain-Derived Neurotrophic Factor, Depression, and Physical Activity：Making the Neuroplastic Connection［J］. Neural Plast, 2017, 2017：7260130.

［47］Graham D P, Helmer D A, Harding M J, et al. Serotonin transporter genotype and mild traumatic brain injury independently influence resilience and perception of limitations in veterans ［ J ］. J Psychiatr Res, 2013, 47（6）: 835-842.

［48］Russell K C, Arenth P M, Scanlon J M, et al. Hemispheric and executive influences on low-level language processing after traumatic brain injury ［ J ］. Brain Inj, 2012, 26（7-8）: 984-995.

［49］Kurowski B G, Backeljauw B, Zang H, et al. Influence of Catechol-O-methyltransferase on Executive Functioning Longitudinally After Early Childhood Traumatic Brain Injury: Preliminary Findings ［ J ］. J Head Trauma Rehabil, 2016, 31（3）: E1-E9.

［50］Hopp S, Nolte M W, Stetter C, et al. Alleviation of secondary brain injury, posttraumatic inflammation, and brain edema formation by inhibition of factor XIIa ［ J ］. J Neuroinflammation, 2017, 14（1）: 39.

［51］Wolf J A, Koch P F. Disruption of network synchrony and cognitive dysfunction after traumatic brain injury ［ J ］. Front Syst Neurosci, 2016, 10: 43.

［52］Green L, Godfrey C, Soo C, et al. A preliminary investigation into psychosocial outcome and quality-of-life in adolescents following childhood traumatic brain injury ［ J ］. Brain Inj, 2013, 27（7-8）: 872-877.

［53］Saxton M E, Younan S S, Lah S. Social behaviour following severe traumatic brain injury: contribution of emotion perception deficits ［ J ］. NeuroRehabilitation, 2013, 33（2）: 263-271.

［54］Lachapelle J, Bolduc-Teasdale J, Ptito A. Deficits in complex visual information processing after mild TBI: electrophysiological markers and vocational outcome prognosis ［ J ］. Brain Inj, 2008, 22（3）: 265-274.

第二篇
特殊类型的颅脑损伤

儿童颅脑损伤

颅脑损伤具有较高的病死率与致残率，是目前世界上儿童发病和死亡的最主要原因之一。由于儿童头部生理构造与成年人有所不同，儿童更容易受到头部伤害，其具体原因包括以下几点：①儿童头部占身体比例较成人偏大，意味着跌倒时儿童头部更容易先着地。②儿童的大脑与成年人相比，水分含量更高，因此大脑更容易受到减速性损伤。③摇晃儿童使其更容易遭受包括挫伤、出血以及颅骨骨折在内的损伤。④婴儿的原发性颅脑损伤更容易引起颅内压（intracranial pressure，ICP）升高，局部缺血和充血，导致脑组织破坏，脑血流受到影响。⑤儿童的头部与颈部的连接更多地依赖于韧带结构的支撑，稳定性较差。⑥儿童颅骨未完全发育，容易变形，故在受到外界冲击时脑组织容易受到压迫而引起损伤。⑦儿童的神经轴突更容易被破坏。儿童颅脑损伤由于其较高的发生率及严重的危害性在全世界范围内是一个值得关注的热点研究领域。

第一节　儿童颅脑损伤的原因及年龄分布

大量的研究表明，不同年龄段儿童及青少年其颅脑损伤原因有所不同，且性别占比也存在一定差异，原因可能在于不同年龄、性别人群活动特征存在差异性。

Haarbauer-Krupa Juliet 等人的研究表明跌倒是 0~4 岁年龄段儿童创伤性颅脑损伤的主要原因，该项研究报道了美国在 2001 年至 2013 年间，平均每年估计有 139 001 名 0~4 岁的儿童因摔倒导致创伤性颅脑损伤而入院接受治疗，受伤儿童的大多数为 1 岁或以下，这与武洁等人的研究结果相符，且跌倒原因在各年龄间也存在差异。1 岁之前，儿童活动处于爬行状态，其跌倒主要是由于滚动或攀爬导致；而 1 岁左右儿童开始学习站立行走，其跌倒原因多为绊倒；2~4 岁的儿童已学会基本的站立行走，跌倒主要原因是跑步及跳跃。

5~18 岁年龄段的人群遭受颅脑损伤的主要原因与运动相关。Choi 等人将韩国 2011 年 1 月至 2016 年 12 月之间因运动致头部受伤的 5~18 岁患者纳入研究，结果显示最常见的运动类型是田径运动。此外还有研究表明 15 岁以上青少年受伤的主要原因是机动车碰撞。

儿童及青少年的致命性颅脑损伤主要是非意外伤害，以及与机动车事故相关的伤害，跌倒与运动 / 娱乐相关的颅脑损伤一般不会导致死亡，但是可导致多达 30% 的患者发生脑震荡。

Cheng 等人对美国 1999 年至 2017 年创伤性颅脑损伤人群的研究表明，15~19 岁青少年的创伤性颅脑损伤死亡率男孩高于女孩，Choi 等人的研究也发现创伤性颅脑损伤的患病率男性是女性的 8 倍。造成损伤人群性别比例存在差异的原因可能在于男女生活习惯及运动方式的不同，男性可能对户外运动及危险系数较大的活动更感兴趣，而女性可能更愿意待在家中或从事较为简单的体育活动。

第二节　儿童颅脑损伤类型及机制

颅脑损伤是最常见的儿童机械性损伤，在暴力性死亡中占比最大，主要包括颅骨骨折、颅内血肿、脑损伤等。颅脑损伤临床表现的广泛差异归因于大脑的复杂性以及损伤的方式和程度，而损伤的方式和程度又取决于引起颅脑损伤的外力类型、强度、方向和持续时间等因素。

一、损伤类型

（一）颅骨骨折

骨折是指受到外界机械性暴力作用导致骨的连续性完全或部分中断。婴幼儿常因低冲击力损伤（如跌倒）或高冲击力损伤（如被物体撞击、交通事故等）而出现颅骨骨折。儿童颅骨骨折可发生于颅骨任何部位，以顶骨最多见，其次是额骨与颞骨，枕骨最少见。顶骨骨折主要与跌倒相关，而额骨、颞骨等骨折主要与被物体撞击及与车辆相关的伤害相关。根据骨折部位可分为颅盖骨骨折与颅底骨骨折，根据骨折特征可分为线形骨折、凹陷性骨折、粉碎性骨折及孔状骨折。据报道，顶骨的线形骨折是 1 岁以下儿童颅骨骨折最常见的类型。而在儿童重型创伤性颅脑损伤中，颅底骨折发生率也相对较高，其中有 1/3 会发生脑脊液漏；且颅底骨折与蛛网膜下隙出血、脑挫伤、脑疝形成、脑水肿呈正相关，但与弥漫性轴索损伤呈负相关，是病死率的独立预测因子。因为婴幼儿颅缝未完全闭合，故还可发生特殊的骨缝分离现象或"乒乓球"骨折（不完全骨折），这类情况多发于分娩时，因胎儿头部过大或母亲产道较窄，从而造成分娩过程中胎儿头部受到过度挤压而产生骨缝分离或使用辅助器械助产时造成凹陷性骨折。

（二）颅内血肿

当头部遭受暴力作用后，可造成其内板障静脉、静脉窦、桥静脉、脑血管或脑膜血管等破裂，使血液自血管内流出而聚集于颅内某一空间或脑组织内，由此形成颅内血肿。根据血肿位于颅内解剖部位的不同，可分为硬膜外血肿、硬膜下血肿、蛛网膜下腔出血、脑内血肿和脑室内血肿。

硬膜外和硬膜下血肿是颅脑损伤中最常见的血肿类型，而血管破裂引起的脑实质血肿常发生在中型至重型创伤性颅脑损伤患者中。硬膜外血肿是指位于颅骨内板与硬脑膜之间的血肿，婴幼儿由于硬脑膜牢固地黏附在颅骨的内表面，尤其是在颅缝附近，所以理论上急性硬膜外血肿（acute epidural hematoma，AEDH）在婴幼儿中相对较少，但武洁等人的研究显示，儿童所患颅脑损伤的两种最常见类型分别是硬膜外血肿和蛛网膜下腔出血，这一结果在 Zhang 等人的研究中也得到了证实，提示婴幼儿硬膜外血肿形成可能存在其他易发因素。

急性硬膜下血肿（acute subdural hematoma，ASDH）起源于蛛网膜和硬脑膜之间，不仅是由外力直接作用于血管破裂引起的，而且是由于运动的颅骨与静止物体的碰撞所致。研究表明虐待性脑外伤（abusive head trauma，AHT）是 2 岁以下儿童 ASDH 的相对普遍原因。

蛛网膜下腔出血是因蛛网膜下脑沟中血管破裂，血液从血管流出，进入蛛网膜下腔所致，按发生原因可分为外伤性和非外伤性两类。外伤性蛛网膜下腔出血的特点为出血多位于脑挫伤区，呈点片状或弥散性分布，界线明显，多呈对称性分布，因脊髓血管撕裂引起的蛛网膜下腔出血被认为是颅脑损伤严重程度的标志。大量的研究表明儿童时期的蛛网膜下腔出血主要为自发性蛛网膜下腔出血，其主要由脑动脉瘤破裂所致。

（三）脑损伤

与成人脑损伤一样，儿童脑损伤是颅脑损伤中最重要的损伤，根据脑组织是否与外界相通而分为开放性脑损伤与闭合性脑损伤两类，其区别就在于硬脑膜是否破裂。开放性脑损伤一般由锐器或火器所致，而钝性暴力要非常巨大才会导致开放性颅脑损伤。

脑损伤按照发生顺序又可分为原发性脑损伤和继发性脑损伤。其中原发性脑损伤是指由外力（如加减速运动）直接引起的大脑损伤，主要包括脑实质的直接破坏，可导致轴突及血管的挫伤、出血、局部缺血等，主要损伤类型为脑震荡、脑挫伤、弥漫性轴索损伤及原发性脑干损伤。继发性脑损伤是在原发性脑损伤的基础上病情因继发病变而恶化，从而进一步加重脑组织的损伤，主要包括脑水肿、脑疝形成、脑梗死等，这一系列损伤主要通过产生高颅压而对机体造成损害。继发性脑损伤的发展过程中涉及一系列的生化、细胞和分子事件，例如，在创伤性脑损伤后数小时至数周，由原发性损伤引起的细胞应变和变形导致膜去极化、膜机械化、离子失衡和神经递质释放，导致继发性损伤级联反应的启动。其继发性病理事件包括脑出血、氧化应激、细胞坏死和凋亡、水肿、血脑屏障破坏和神经炎症。

1. 原发性脑损伤 脑震荡是脑损伤中最轻的一种损伤，其特点是头部受伤当时即出现短暂的意识障碍，特征为一过性和可恢复性，持续时间一般为数分钟。除意识障碍外，还可出现逆行性或顺行性遗忘，常常伴有头痛、头晕、恶心、呕吐等临床症状，由于婴幼儿语言及表达能力较弱，此类症状往往难以被发现。但目前的研究认为，脑震荡也是一种程度较轻的器质性损伤，包含轻微轴索损伤在内的病理学改变亦常被检出。

脑挫伤是指头部受外力作用引起的脑组织出血坏死，分为冲击性脑挫伤、对冲性脑挫伤、中间性脑挫伤及疝性脑挫伤。脑挫伤在小儿创伤性脑损伤中相对常见，并且大部分为冲击性脑挫伤，其发生部位倾向于在外力撞击部位的正下方。

弥漫性轴索损伤是头部受到暴力作用后发生的脑白质广泛性轴索损伤，是创伤性颅脑损伤的常见类型，占重型颅脑损伤的 28%~42%，在死亡患者中占 29%~43%，是导致颅脑损伤患者神经功能障碍、植物人状态甚至死亡的主要原因。DAI 的范围和分布（病灶与弥漫）取决于损伤的严重程度和类别。Graham 的研究表明轴索损伤的发生率及性质似乎与年龄无关，但由于儿童的大脑发育未成熟，故 DAI 可能会对儿童产生较为严重的损伤后果，引起一系列神经行为后遗症。Shannon 的研究则表明 DAI 在婴儿摇晃综合征的患者中更为普遍。

原发性脑干损伤是指由外界暴力直接造成的中脑、脑桥和延髓的损伤，是一种严重的致命性损伤，死亡率极高。其损伤特点是受伤当时即陷入较深而持久的昏迷，主要病理改变为脑干出血、局灶性缺血坏死、局灶性水肿及脑干内神经组织损伤。研究已证实婴幼儿脑干损伤大多发生在围产期，是婴儿缺血缺氧性脑病的典型特征，其主要表现为脑干脑神经损伤、脑干功能障碍，出现呼吸暂停、面神经麻痹、吞咽困难、胃食管反流和喉咙喘鸣等临床症状。

2. 继发性脑损伤 创伤性脑水肿是指由于暴力损伤脑组织而引起水分聚集在脑细胞和间质内，进而导致脑体积增大，重量增加。研究表明，恶性脑水肿在儿童比在成年人中更为常见。其主要机制为血脑屏障破坏引起血管通透性增加，血管内蛋白质和液体渗入大脑间隙，进而引起脑水肿形成。脑水肿主要危害为引起高颅压并持续性加重，导致脑疝形成，最终可导致死亡。

脑梗死指颅脑外伤或疾病引起的颅内血肿、脑水肿等对颅内血管进行压迫，进而导致供血区脑组织坏死、出血。在小儿患者中，最常见原因为感染、血管疾病和外伤，其主要临床表现包括肢体麻痹、发热、意识障碍和抽搐，主要梗死部位为大脑皮质和基底核，主要类型为小面积梗死和多灶性梗死。

此外，由于大脑处于未成熟状态，使儿童遭受颅脑损伤后容易导致多发性终身并发症。主要原因在于颅脑外伤对儿童神经元生长发育的正常过程产生了干扰，损害了自我调节的重要神经功能，对认知功能的发展、学校的教育和社交技能的获得等方面产生负面影响，并增加了行为障碍和精神类疾病发生的风险。患有颅脑外伤的儿童行为变化主要包括睡眠障碍、注意力/记忆力受损、情绪不稳定和运动/平衡问题等。研究表明，青少年的脑部结构的成熟与其功能发育相关，额前叶皮质厚度与其执行功能呈负相关，青少年伴随着年龄的增长，其额叶前皮质会逐渐变薄，与之相应的执行功能会加强，但在患有颅脑外伤的青少年中，这一负相关关系发生了变化，表现为额前叶和颞叶皮质越薄，其执行功能越差。在众多长期并发症中，外伤后癫痫和继发性注意力缺陷多动障碍较为常见。

外伤后癫痫是颅脑外伤的长期负面结果，在颅脑外伤后会反复发作，是创伤性脑损伤后最严重的并发症之一。外伤后癫痫按伤后发作时间分为以下几类：①立即发作，通常是指初次受伤后 24 h 内发生的癫痫发作。②早期发作，通常是指初次受伤后 1 周内的癫痫发作。③后期发作，通常被定义为那些最初的损伤后 1 周以上的发作，按类型又可分为临床癫痫发作、亚临床癫痫发作、癫痫持续状态和亚临床癫痫持续状态。外伤后癫痫发作（post-traumatic seizures，PTS）加重了继发性颅脑损伤，使发育中的小儿神经系统进一步受损，伴有 PTS 的创伤性脑损伤儿童患者出院时和随访时常出现严重的神经认知和功能障碍。Rumalla 等人的研究表明儿童 PTS 发生率最高的病因是婴儿摇晃综合征、跌倒以及机动车事故，且意识丧失持续时间延长的患者 PTS 发生率也更高，而发生颅脑损伤后早期行紧急手术治疗干预的患者不易发生 PTS。

继发性注意力缺陷多动障碍是儿童和青少年重型颅脑损伤后的重要临床综合征，与颅脑损伤严重程度、智力、适应性功能障碍以及颅脑损伤导致的人格改变显著相关，但与病变区域或位置无关。研究表明患有颅脑外伤的儿童比同龄健康儿童具有更高的继发性注意力缺陷多动障碍风险。

研究表明，重型颅脑外伤可导致小儿垂体永久性功能障碍，可能会出现生长激素缺乏性侏儒症和中枢性性早熟，提示应对患重型颅脑损伤的儿童在伤后 1 年进行系统激素评估，并对其生长及青春期成熟情况进行长期监测。

Vassel-Hitier 等人对 52 名患中至重型颅脑损伤持续 18 个月后住院康复的儿童进行了调查测试，发现低年龄段儿童患者存在严重的语言延迟，其后期的教育也受到严重影响。此外，还有研究表明颅脑损伤能够使青少年的自杀风险升高。

二、损伤机制

造成儿童颅脑损伤后一系列伤害发生的机制是损伤部位小胶质细胞及星形胶质细胞等被激活，外周免疫细胞也会被募集至损伤部位，进一步释放细胞生长因子及趋化因子等，进而导致神经炎症的发生。此外，谷氨酸是大脑中最丰富的神经递质，但其若暴露在毒性水平下，则会导致神经元坏死。颅脑损伤后损伤部位细胞其细胞膜受到破坏，使得细胞内的谷氨酸释放到细胞外，成为继发性损害的主要起始事件，而后通过一系列生理机制，诱导细胞凋亡。大量的神经元坏死或凋亡能进一步导致大脑处于发育阶段的儿童神经功能受损，产生认知功能障碍。

第三节 儿童颅脑损伤程度分级

GCS是评估颅脑损伤和其他多种神经系统疾病患者的意识水平和精神状态改变严重程度的公认和广泛使用的工具之一。

GCS（表8-1）得分是通过将以下三个部分的得分相加而计算出的：睁眼反应（范围＝1~4分），言语反应（范围＝1~5分）和运动反应（范围＝1~6分）。根据格拉斯哥昏迷量表，可将颅脑损伤（尤指创伤性颅脑损伤）分为三种：轻型（13~15分）、中型（9~12分）、重型（≤8分）。

表8-1 标准GCS

睁眼反应	得分	言语反应	得分	运动反应	得分
自动睁眼	4	回答正确	5	按指令运动	6
呼唤睁眼	3	回答错误	4	刺痛定位	5
刺痛睁眼	2	乱语	3	刺痛躲避	4
不睁眼	1	能发音	2	屈曲反应	3
		不能言语	1	过伸反应	2
				肢体无反应	1

上述昏迷量表针对成人设计，故其在言语反应板块并不适应于年龄较小的儿童。针对儿童言语发育的特点，儿科对GCS进行了修改，此量表适用于两岁以下儿童（表8-2），超过两岁的儿童应使用标准的GCS量表。

表8-2 儿科GCS评分量表

睁眼反应	得分	言语反应	得分	运动反应	得分
自动睁眼	4	发出咕咕声	5	正常的自发运动	6
呼唤睁眼	3	易激惹	4	触摸躲避	5
疼痛刺激睁眼	2	因疼痛哭泣	3	疼痛躲避	4
无睁眼	1	因疼痛呻吟	2	异常屈曲	3
		无反应	1	异常过伸	2
				无反应	1

研究表明患有重型创伤性颅脑损伤的儿童在适应功能（执行日常任务的能力）方面存在严重缺陷，在社会适应方面尤为明显。

第四节　儿童颅脑损伤临床治疗方案及其相关预后

影响小儿颅脑损伤预后的预测因素与原发性脑损伤的严重程度以及继发性损伤的发生有关。早期识别和处理创伤性脑损伤对于阻止原发性脑损伤的进展以及预防和减少继发性脑损伤至关重要。

颅脑损伤患者可通过 CT 扫描进行诊断，CT 上的视神经鞘管直径（optic nerve sheath diameter，ONSD）评估可作为小儿颅脑损伤中高颅压的预测指标，例如，儿童患者在创伤性颅脑损伤后出现 ONSD 超过 6.1 mm，则应实施 ICP 监测。但对于只有轻微呕吐这一症状或体征的儿童应在进行即时 CT 扫描之前考虑采取观察等策略。

及时诊断，多模式监测和伤后处理对于最大限度地减少儿童发育中大脑的病理生理损害是必要的。由于损伤的基本机制不同，小儿颅脑损伤的管理面临挑战，大多数小儿颅骨骨折可以选择进行保守治疗，但如果骨折发生在额骨，则可能需要进行修复治疗，且一般与骨折相关的创伤性颅脑损伤病例更可能累及两三个骨头。

脑损伤的儿童可能会出现弥漫性脑水肿，导致 ICP 升高，随后脑灌注压（cerebral perfusion pressure，CPP）降低。ICP 监测对于儿童重型颅脑损伤的预后起着至关重要的作用，可减少继发性并发症的发生，并避免继发性并发症对颅脑损伤恢复的阻碍。在儿科监测 ICP 的金标准方法是采用侵入性方法，但此方法受到诸多限制，且容易引起各种并发症，Narayan 等人的研究提示经颅多普勒在预测早期高颅压方面可能相对优于其他非侵入性方法，但不能替代侵入性监测或连续成像。然而，也有研究表明可变的 ICP 监测率对小儿颅脑损伤住院死亡率的影响很小。由于高颅压和脑灌注不足增加了继发性缺血性脑损伤的可能性，因此，此类患者的治疗重点在于及时有效治疗 ICP 升高和 CPP 降低。ICP 发作的最初治疗方法是释放脑脊液，但如果释放脑脊液后仍出现 ICP 持续高于临界值超过 5 min，则患者将接受进一步治疗。主要治疗方法包括高渗治疗和温度控制，可考虑使用依托咪酯和硫喷妥钠控制 ICP。此外，大量研究表明利用高渗盐水有利于最大限度地减少总流体体积，进一步有效地降低重型颅脑损伤儿童的 ICP。如果在 3 剂高渗剂后 ICP 仍未降低，则认为其是难治的，根据影像学和临床表现，可考虑采取其他治疗方法。

大量研究表明重型颅脑损伤患者在 24 h 之内进行开颅减压术（decompressive craniectomy，DC）（颅骨切除术）是安全有效的干预措施，在 ICP 升高的难治的儿科患者中更应考虑此治疗方案。McHugh 等人研究了在小儿重型颅脑损伤中进行双额双顶或

"十字形"DC 的新型手术方法，观察行"十字形"DC 后 ICP 急剧下降，原因在于其浮动骨撑杆允许矢状窦和桥静脉减压，最大限度地缓解了脑水肿。Hejrati 等人的研究阐述了在儿童颅脑损伤后发生急性小脑水肿时通过立即行枕下减压和外部心室设备插入可有效治疗脑干受压和阻塞性脑积水的急性并发症。

此外，对于颅脑损伤造成的小儿及青少年人群认知障碍，目前一般采用认知康复训练。研究表明在颅脑损伤青少年的急性康复期之后进行的认知训练可以有效地提高其在日常生活中的执行功能，但深部脑核中的 DAI 可能会降低认知训练的效果。De 等人对一名患颅脑损伤的 15 岁青少年进行了临床常规标准的认知康复和使用虚拟方案编写程序的沉浸式虚拟现实认知训练进行两次不同的康复训练，他们发现仅在后者培训结束后，患者的认知和运动领域得到了显著的改善，表明进行沉浸式虚拟现实认知训练可能对促进颅脑损伤患者认知功能的恢复有所帮助。

此外，对于治疗颅脑损伤后形成的注意缺陷多动障碍（ADHD），研究表明，速释盐酸哌甲酯是一种安全有效的方法。

第五节　儿童颅脑损伤生物力学机制研究

目前对于儿童颅脑损伤的生物力学机制研究主要集中于尸体试验、动物模型试验及颅脑有限元模型试验等。进行此类研究有助于对儿童颅脑损伤的作用方式、发生机制、致伤工具推断及法医学案件性质推断等方面提供相应参考依据。

一、尸体实验

（一）大脑

目前，由于儿童大脑的试验材料获取不易，其属性检测方面的研究很少。现有报道中，术中切除的大脑标本及动物大脑常被用作试验材料。Prange 等人研究发现，5 岁儿童大脑组织弹性模量和剪切模量均比成人大。Chatelin 等人的研究也发现，成人大脑硬度是儿童大脑的 3~4 倍，并且儿童大脑硬度呈现明显的增龄性变化。且大量研究证实，大脑组织材料属性与年龄并非呈简单的线性关系。

（二）颅骨

研究表明，对成人颅骨相互垂直的两个方向进行受力测试时模量间差异并无统计学意义。婴（胎）儿颅骨与成人不同，McPherson 等人研究不同胎龄胎儿顶骨弹性模量时发现，骨小梁与样本长轴平行时的结果均为垂直结果的 3 倍，说明婴幼儿颅骨存在明显的各向异性。颅骨力学参数还存在增龄性变化。McPherson 等人研究发现，颅骨弹性模量随着胎儿胎龄增加而增加。Margulies 等人的研究不仅验证了这一结论，而且发现不仅在胎儿，在年龄更大的婴幼儿人群中这一结论依然适用，他们发现 6 月龄婴儿顶骨弹性模量和极限应力至少是早产儿（孕 25~40 周）的 5 倍。Kriewall 研究发现，新生儿的顶骨硬度随着孕龄增大而明显增大。Coats 等人的研究也发现胎儿或婴儿顶骨与枕骨的弹性模量和极限应力呈明显增龄性变化，且发现 6 岁儿童顶骨平均准静态弹性模量约是 1 岁幼儿的 18 倍，提示学龄前期（6 岁前）儿童颅骨材料力学参数增龄性变化持续存在。研究表明，成人颅骨的准静态模量是 6 岁儿童的 1.5 倍，说明 6 岁儿童的颅骨力学性能与成人已比较接近。颅骨不同部位的材料力学参数存在差异。Coats 等人研究发现顶骨的弹性模量和极限应力均比枕骨高。Wang 等人研究发现，1~2 岁婴幼儿额骨的极限应力和弹性模量比顶骨大，极限应变差异不具有统计学意义。测试速率对其所检测的颅骨材料属性参数会产生影响。Prange 等人研究发现，新生儿颅骨硬度在动态压缩时比准静态压缩要大，而压缩方向对硬度并无明显影响，这些结果与 Hodgson 等人报道的成人颅骨硬度在前后方向压缩时比左右方向压缩大 50% 不同。Holck 研究发现，200 N 和 600 N 的坠落撞击力不会造成婴儿头颅骨折，而 800 N 的撞击力可以造成骨折。Weber 利用 40 具新鲜婴儿尸体头颅开展了坠落试验，结果表明，不同材质的接触物对同一高度坠落的头颅可以导致不同程度的骨折。

（三）颅缝

目前对儿童颅缝材料力学参数的研究还十分缺乏。Coats 等测了 11 个婴幼儿头颅样本中的 14 个冠状缝试件在 1.20~2.38 m/s 拉伸条件下的张力，发现年龄或应变率单独对冠状缝极限应力、极限应变及弹性模量并无明显影响，该年龄段婴儿颅缝弹性模量、极限应力及极限应变分别为（8.1±4.7）MPa、（4.7±1.6）MPa 和（1.5±1.3）mm/min，弹性模量受到年龄和应变率二者联合作用的影响。Wang 等人研究发现，1~2 岁婴幼儿额骨及顶骨的极限应力、弹性模量均比冠状缝及矢状缝大，极限应变则相反，冠状缝与矢状缝的极限应力、弹性模量及极限应变差异均不具有统计学意义。

（四）硬脑膜

Bylski 等人对 30~42 周胎儿硬脑膜进行了多组双向拉伸试验，发现硬脑膜在达到极限应变前均需经历 6 次较大的变形过程，而最后一次变形总是要比前 6 次变形大。成人颅脑模型研究显示，硬脑膜可以显著影响头颅侧面撞击时颅内压的响应频率，在头颅遭受爆炸冲击伤时，硬脑膜可以降低颅内压、大脑的最大剪切应力及剪切应变，对大脑起保护作用。越来越多的研究证明了硬脑膜对颅脑碰撞反应的重要性，儿童硬脑膜的材料属性研究急需加强。

由于儿童尸体标本的稀缺及伦理学的限制，难以开展大量尸体试验，儿童尸体颅骨 / 颅脑材料力学试验数据较少，仍有待丰富。

二、动物模型

针对人类儿童与不同种属动物年龄段对应，选择不同的对比指标（如胆碱乙酰转移酶）在不同物种与人类之间进行年龄匹配所得到的匹配结果可能有所不同。已有综述阐述了根据神经发生、突触形成、胶质生成、小胶质细胞成熟和年龄依赖性行为的时间及相关发育调控的分子和生化变化，描绘啮齿类动物大脑成熟与人类大脑成熟的大致时间线，其将出生后时间（postnatal time，PND）7~13 d 的啮齿类动物相当于新生儿阶段，PND17~25 d 约相当于早期童年时期，而 PND 35~42 d 相当于人类的青春期。对于所构建的动物模型，目前主要有以下几种：

（一）控制性皮质撞击（controlled cortical impact，CCI）模型

CCI 模型已在多种动物中进行试验验证，其中包括成年动物模型及幼崽模型。利用动物 CCI 模型，可产生局灶性的皮质 / 皮质下挫伤性损伤，CCI 损伤的严重程度和功能缺陷可通过撞击速度、撞击持续时间、变形深度和撞击器尖端的大小进行调整。

（二）快速非冲击性头部旋转（rapid non-impact rotation，RNR）模型

RNR 模型可产生无头部接触的纯惯性头部运动，类似于机动车辆或高速创伤中经历的水平，导致意识丧失，持续性认知功能障碍，双侧弥漫性轴索和出血性损伤。

（三）重物坠落损伤（weight drop injury，WDI）模型

WDI 损伤模型包括颅骨上的重量下降以诱发局灶性脑挫伤和弥漫性轴索损伤，并用于模拟重型创伤性颅脑损伤的脑震荡。冲击器的直径、速度和停留时间是可调的，以改变伤害的严重程度。后对 Marmarou 法进行了改进，使用圆形金属垫片固定于暴露的颅骨上方，利用重物行自由落体运动准确打击于金属垫片上，以避免颅骨发生骨折，能形成包括脑震荡、脑挫伤等颅内损伤。

（四）液压冲击损伤（fluid percussion injury，FPI）模型

此模型采用向动物的开放硬脑膜输送快速流体压力脉冲，导致分级的严重脑损伤，包括挫伤、颅内出血、脑肿胀、灰质损伤、脑震荡和轴突损伤，此模型损伤的严重程度由液压脉冲的大小控制。

利用大量的动物模型可以弥补儿童尸体试验样本缺乏及伦理学限制的不足，为儿童颅脑损伤研究提供相应参考依据。

三、儿童颅脑有限元模型

有限元分析已被证明是进行人体生物力学分析有价值的工具，可用于解释详细的头部几何形状，先进的材料建模以及特定情况的因素（如头部撞击位置、撞击表面特性）。

Dawson 人为了研究各个年龄段人群在遭受跌倒损伤后是否会患脑震荡，使用

MADYMO 分别对儿童、青少年以及成人跌倒进行了模拟，并针对每个年龄段设计了三种椭圆形的行人模型，使用 Hybrid Ⅲ头模进行实验室撞击重建，并使用记录的撞击运动学对大脑组织反应进行有限元模型模拟。儿童组的结果显示，对于撞击速度，峰值线性加速度和峰值旋转加速度的影响变量，其响应速度低于青少年组，有限元模型仿真显示，儿童组的应变值低于青少年组和成人组，此项研究中年幼的儿童在模型化的脑部应变低于青少年和成人的情况下遭受了脑震荡，从而此研究提示儿童可能比青少年或成人更容易受到脑震荡的影响。

Li 等人利用有限元分析模型建立了两个因为颅骨发生骨折而怀疑受到虐待的婴儿的有限元模型，通过试验验证分析其骨折是否可以由单纯的跌倒导致，最后试验结果分析表明在这两个婴儿的监护人描述的跌倒情况下，可能会导致包括穿过缝合线的骨折和多处骨折在内的损伤方式，而后，此研究组成员将此次生物力学调查的结果提供给了法医，并协助法医对这两起案件类似情况进行决策。

大量的研究均表明儿童颅骨有限元模型对于儿童颅脑损伤研究应用是有效的，但目前的儿童颅脑有限元模型仍存在弊端。Prange 等人建立了一个儿童颅脑模型和一个成人颅脑模型，以研究两者大脑的力学性质和几何参数差异，但儿童颅脑模型中颅骨被认为是均质刚体的理论已被证实并不符合实际情况。Margulies 构建了 1 月龄婴儿颅脑模型，以探讨婴儿与成人的颅骨性质差异，但其模型大脑材料属性参考了成人数据。此外，Lapeer 等人构建了一个胎儿模型，Mizuno 等人和 Roth 等人均建立了 3 岁儿童颅脑有限元模型，Lapeer 等人建立了一个 6 月龄儿童的颅脑有限元模型。但他们建立的颅脑模型材料属性参数均不是完全基于儿童颅脑材料属性检测获得的精确参数，而是将大脑看成均质体，未对白质和灰质加以区分赋值，存在局限性。国内阮世捷等人与崔世海等人分别建立了 6 岁及 3 岁儿童颅脑有限元模型，曹立波等人建立了 10 岁及 3 岁儿童颅脑有限元模型，李志刚等人通过统计学参数化法建立了新生儿、1.5 个月及 3 个月三个年龄段儿童颅脑有限元模型，他们均利用颅脑模型开展了不同类型的头颅碰撞试验，对模型进行了验证。上述七个模型虽然各具特点，但其模型材料属性参数均由参考文献获得，不同程度地参考了成人颅脑材料属性参数，且未将大脑白质和灰质分别进行赋值，就模型精准度来说还存在改进空间。

综上所述，已有学者利用儿童活体术后或尸体颅脑材料进行力学参数检测，但相关数据还很缺乏，而按成人材料属性参数缩放获得的数据已证明并不符合儿童颅脑材料属性的真实情况。儿童颅脑有限元模型的建立已有报道，但已建立的模型尚存在材料属性赋值不科学等缺陷，相关问题已引起国内外专家学者的重视。因此，很有必要对儿童头皮、颅骨、颅缝、硬脑膜及大脑等组织进行力学参数检测，以明确其力学参数、材料性能及其影响因素，相关研究有望为建立精准的儿童颅脑有限元模型提供参考依据，为有效地利用模型开展头颅打击、摔跌与高坠等虚拟仿真试验奠定基础。

第六节 展　望

　　由于儿童行动特点及其颅脑特殊的生理结构，其颅脑损伤发生率较高，且处于发育过程中的大脑受损往往会引起神经功能紊乱，继发一系列的行为/语言障碍等，严重影响患者生活、工作、社交等，给家庭及社会带来负担。因此，对儿童颅脑损伤的鉴别、预防及治疗显得尤为重要。在此之前，法医学者及医务工作人员应对儿童颅脑损伤相关知识进行把握，了解其发生机制及发展变化，对损伤类型、损伤程度、损伤原因及致伤物等方面进行分析研究。目前的研究方法主要为尸体试验、动物实验及有限元模型，各种方法各有利弊。学者应从珍贵的尸体试验获取有限实际准确数据，利用动物模型进行规律判断，最后构建有限元模型验证其有效性，以期能在将来做到准确合理代替尸体试验开展大规模的案例模拟分析，以解决实践中遇到的儿童颅脑损伤相关问题。

（汪家文　李曼　贵州医科大学）

参考文献

［1］Labib A. Sepsis Care Pathway 2019［J］. Qatar Med J，2019，2019（2）：4.

［2］Choi D H，Song K J，Shin S D，et al. Epidemiology and Outcomes of Sports-Related Traumatic Brain Injury in Children［J］. J Korean Med Sci，2019，34（44）：e290.

［3］Araki T，Yokota H，Morita A.Pediatric Traumatic Brain Injury：Characteristic Features，Diagnosis，and Management［J］. Neurol Med Chir.（Tokyo），2017，57（2）：82-93.

［4］Avillion A A E，Ed D. Chapter：Pediatric Abusive Head Trauma（Shaken Baby Syndrome）［M］. Treasure Island（FL）：StatPearls Publishing，2020.

［5］汪家文，夏冰，汪元河，等.贵州省713例未成年人死亡案例法医学分析［J］.中国司法鉴定，2019（3）：22-26.

［6］Roshal L M，Valiullina S A，Sharova E A. The regional epidemiological characteristics of craniocerebral injury in children in Russia in 2003-2014［J］. Probl Sotsialnoi Gig Zdravookhranenniiai Istor Med，2019，27（3）：257-261.

［7］Ichikawa R，Maeda Y，Shibuya A，et al. Prediction of Poor Prognosis After Severe Head Injury in Children Using Logistic Regression［J］. Pediatr Emerg Care，2018，34（12）：825-831.

［8］Hoz S S，Dolachee A A，Abdali H A，et al. An enemy hides in the ceiling：pediatric traumatic brain injury caused by metallic ceiling fan：Case series and literature review［J］. Br J Neurosurg，2019，33（3）：360-364.

［9］Micelle J，Luke J，Wajeeha S. Pediatric Head Trauma［M］. Treasure Island（FL）：StatPearls Publishing，2022.

［10］Ibrahim M，Mu'azu A L，Idris N，et al. Menace of childhood non-accidental traumatic brain injuries：A single unit report［J］. Afr J Paediatr surg，2015，12（1）：23-28.

［11］Haarbauer-Krupa J, Haileyesus T, Gilchrist J, et al. Fall-related traumatic brain injury in children ages 0-4 years ［J］. Journal of Safety Research, 2019, 70: 127-133.

［12］武洁, 王荃, 郑远征, 等 .126 例儿童颅脑外伤患者致伤因素及临床特点回顾性分析 ［J］. 中国当代儿科杂志, 2019, 21（4）: 317-322.

［13］Jagodzinski T, DeMuri G P. Horse-related injuries in children: a review ［J］. WMJ: official publication of the State Medical Society of Wisconsin, 2005, 104（2）: 50-54.

［14］Yue J K, Winkler E A, Burke J F, et al. Pediatric sports-related traumatic brain injury in United States trauma centers ［J］. Neurosurg Focus, 2016, 40（4）: E3.

［15］Thurman D J. The Epidemiology of Traumatic Brain Injury in Children and Youths: A Review of Research Since 1990 ［J］. Journal of child neurology, 2016, 31（1）: 20-27.

［16］Cheng P, Li R, Schwebel D C, et al. Traumatic brain injury mortality among U.S. children and adolescents ages 0-19 years, 1999-2017 ［J］. Journal of Safety Research, 2020, 72: 93-100.

［17］Adepoju A, Adamo M A. Posttraumatic complications in pediatric skull fracture: dural sinus thrombosis, arterial dissection, and cerebrospinal fluid leakage ［J］. J Neurosurg Pediatr, 2017, 20（6）: 598-603.

［18］Wang H W, Zhou Y, Liu J, et al. Traumatic skull fractures in children and adolescents: A retrospective observational study ［J］. Injury, 2018, 49（2）: 219-225.

［19］Stephens S, Campbell R, Chaseling R, et al. Traumatic brain injuries in a paediatric neurosurgical unit: A Queensland experience ［J］. Journal of Clinical Neuroscience, 2019, 70: 27-32.

［20］Berona K, Delgado E, Cho C. A child with blunt head injury. Compound comminuted parietal skull fracture ［J］. Annals of emergency medicine, 2013, 61（6）: 615, 630.

［21］Leventhal J M, Thomas S A, Rosenfield N S, et al. Fractures in young children. Distinguishing child abuse from unintentional injuries ［J］. American Journal of Diseases of Children, 1993, 147（1）: 87-92.

［22］Alhelali I, Stewart T C, Foster J, et al. Basal skull fractures are associated with mortality in pediatric severe traumatic brain injury ［J］. The journal of trauma and acute care surgery, 2015, 78（6）: 1155-1161.

［23］Oh C K, Yoon S H. The significance of incomplete skull fracture in the birth injury ［J］. Med Hypotheses, 2010, 74（5）: 898-900.

［24］Dupuis O, Silveira R, Dupont C, et al. Comparison of "instrument-associated" and "spontaneous" obstetric depressed skull fractures in a cohort of 68 neonates ［J］. American journal of obstetrics and gynecology, 2005, 192（1）: 165-170.

［25］Zhang F, Huang L H, Singichetti B, et al. Sex and age differences in hospitalized pediatric traumatic brain injury ［J］. Pediatrics International, 2019, 61（9）: 904-912.

［26］Hourihan M D, Gates P C, McAllister V L. Subarachnoid hemorrhage in childhood and adolescence ［J］. Journal of neurosurgery, 1984, 60（6）: 1163-1166.

［27］Foley R W, Ndoro S, Crimmins D, et al. Synchronous Subarachnoid Aneurysmal Hemorrhage and Medulloblastoma in a 6-Year-Old Girl ［J］. World Neurosurgery, 2015, 84（4）: 1176.e11-4.

［28］Anderson R C, Baskin J, Feldstein N A. Perimesencephalic nonaneurysmal subarachnoid hemorrhage in the pediatric population: case report and review of the literature ［J］. Pediatric Neurosurgery, 2002, 37（5）: 258-261.

［29］Maas A I, Stocchetti N, Bullock R. Moderate and severe traumatic brain injury in adults ［J］. Lancet Neurology, 2008, 7（8）: 728-741.

［30］Weber J T. Altered calcium signaling following traumatic brain injury ［J］. Frontiers in

Pharmacology, 2012, 3: 60.

[31] McAllister T W. Neurobiological consequences of traumatic brain injury [J]. Dialogues in clinical neuroscience, 2011, 13 (3): 287–300.

[32] Maas A I R, Menon D K, Adelson P D, et al. Traumatic brain injury: integrated approaches to improve prevention, clinical care, and research [J]. The Lancet Neurology, 2017, 16 (12): 987–1048.

[33] Van Eijck M M, Sprengers M O P, Oldenbeuving A W, et al. The use of the PSH–AM in patients with diffuse axonal injury and autonomic dysregulation: A cohort study and review [J]. Journal of Critical Care, 2019, 49: 110–117.

[34] Lin C, He H, Li Z, et al. Efficacy of progesterone for moderate to severe traumatic brain injury: a meta–analysis of randomized clinical trials [J]. Scientific Reports, 2015, 5 (1): 134–142.

[35] Gennarelli T A. Mechanisms of brain injury [J]. Journal Emerging Medical, 1993, null: 5–11.

[36] Graham D I, Lawrence A E, Adams J H, et al. Brain damage in fatal non–missile head injury without high intracranial pressure [J]. Journal of Clinical Pathology, 1988, 41 (1): 34–37.

[37] Shannon P, Smith C R, Deck J, et al. Axonal injury and the neuropathology of shaken baby syndrome [J]. Acta Neuropathologica, 1998, 95 (6): 625–631.

[38] Sugama S, Ariga M, Hoashi E, et al. Brainstem cranial–nerve lesions in an infant with hypoxic cerebral injury [J]. Pediatric Neurology, 2003, 29 (3): 256–259.

[39] Sugama S, Eto Y. Brainstem lesions in children with perinatal brain injury [J]. Pediatric Neurology, 2003, 28 (3): 212–215.

[40] Saito Y. Reflections on the brainstem dysfunction in neurologically disabled children [J]. Brain and Development, 2009, 31 (7): 529–536.

[41] Hejrati N, Guzman R, Soleman J. Acute cerebellar edema after traumatic brain injury in a child. a case report [J]. Child's Nervous System, 2020, 36 (4): 847–851.

[42] Tasker R C, Acerini C L. Cerebral edema in children with diabetic ketoacidosis: vasogenic rather than cellular? [J]. Pediatric Diabetes, 2014, 15 (4): 261–270.

[43] Decourcey D D, Steil G M, Wypij D, et al. Increasing use of hypertonic saline over mannitol in the treatment of symptomatic cerebral edema in pediatric diabetic ketoacidosis: an 11–year retrospective analysis of mortality [J]. Pediatric critical care medicine, 2013, 14 (7): 694–700.

[44] 赵其煜, 郑阳, 王晓明. 儿童脑梗死的临床及影像学特点 [J]. 中国当代儿科杂志, 2019, 21 (4): 354–358.

[45] Momose H, Sorimachi T, Aoki R, et al. Cerebral Infarction following Acute Subdural Hematoma in Infants and Young Children: Predictors and Significance of FLAIR Vessel Hyperintensity [J]. Neurologia medico–chirurgica, 2015, 55 (6): 510–518.

[46] Williams W H, Chitsabesan P, Fazel S, et al. Traumatic brain injury: a potential cause of violent crime? [J]. The Lancet Psychiatry, 2018, 5 (10): 836–844.

[47] Emery C A, Barlow K M, Brooks B L, et al. A Systematic Review of Psychiatric, Psychological, and Behavioural Outcomes following Mild Traumatic Brain Injury in Children and Adolescents [J]. The Canadian Journal of Psychiatry, 2016, 61 (5): 259–269.

[48] Vander L C, Verhelst H, Verleysen G, et al. Prefrontal and temporal cortical thickness in adolescents with traumatic brain injury [J]. Developmental medicine and child neurology, 2019, 61 (6): 672–679.

[49] Keith K A, Huang J H. Animal Models of Post–Traumatic Epilepsy [J]. Diagnostics (Basel), 2019, 10 (1): 4.

［50］Zavadenko N N，Nesterovskiy Y E，Kholin A A，et al. Cognitive and paroxysmal disorders in the long-term period of traumatic brain injury in children and adolescents［J］. Zh Nevrol Posikhiatr Im S S Korsakova，2019，119（1）：110-117.

［51］Vaewpanich J，Reuter-Rice K.Continuous electroencephalography in pediatric traumatic brain injury：Seizure characteristics and outcomes［J］. Epilepsy & Behavior，2016，62：225-230.

［52］Rumalla K，Smith K A，Letchuman V，et al. Nationwide incidence and risk factors for post-traumatic seizures in children with traumatic brain injury［J］. Journal of neurosurgery，2018，22（6）：684-693.

［53］Max J E，Lansing A E，Koele S L，et al. Attention deficit hyperactivity disorder in children and adolescents following traumatic brain injury［J］. Developmental Neuropsychology，2004，25（1-2）：159-177.

［54］Yang L Y，Huang C C，Chiu W Ta，et al. Association of traumatic brain injury in childhood and attention-deficit/hyperactivity disorder：a population-based study［J］. Pediatric research，2016，80（3）：356-362.

［55］Dassa Y，Crosnier H，Chevignard M，et al. Pituitary deficiency and precocious puberty after childhood severe traumatic brain injury：a long-term follow-up prospective study［J］. European journal of endocrinology，2019，180（5）：281-290.

［56］Vassel-Hitier J，Verdier V，Rasquier S，et al. Language，intellectual and educational outcomes after moderate-to-severe traumatic brain injury sustained before the age of 18 months［J］. Brain Injury，2019，33（8）：1105-1115.

［57］Chang H K，Hsu J W，Wu J C，et al. Risk of attempted suicide among adolescents and young adults with traumatic brain injury：A nationwide longitudinal study［J］. Journal of Affective Disorders，2019，250：21-25.

［58］Karve I P，Taylor J M，Crack P J. The contribution of astrocytes and microglia to traumatic brain injury［J］. British Journal of Pharmacology，2016，173（4）：692-702.

［59］Choi D W，Maulucci-Gedde M，Kriegstein A R. Glutamate neurotoxicity in cortical cell culture［J］. The Journal of neuroscience，1987，7（2）：357-368.

［60］Arundine M，Tymianski M. Molecular mechanisms of glutamate-dependent neurodegeneration in ischemia and traumatic brain injury［J］. Cellular and Molecular Life Sciences，2004，61（6）：657-668.

［61］Kochanek P M，Clark R S，Ruppel R A，et al. Biochemical，cellular，and molecular mechanisms in the evolution of secondary damage after severe traumatic brain injury in infants and children：Lessons learned from the bedside［J］. Pediatric critical care medicine，2000，1（1）：4-19.

［62］Kulbe J R，Hall E D. Chronic traumatic encephalopathy-integration of canonical traumatic brain injury secondary injury mechanisms with tau pathology［J］. Progress in neurobiology，2017，158：15-44.

［63］Galluzzi L，Blomgren K，Kroemer G. Mitochondrial membrane permeabilization in neuronal injury［J］. Nature Reviews Neuroscience，2009，10（7）：481-494.

［64］Sullivan P G，Rabchevsky A G，Waldmeier P C，et al. Mitochondrial permeability transition in CNS trauma：cause or effect of neuronal cell death？［J］. Journal of neuroscience research，2005，79（1-2）：231-239.

［65］Wang K K. Calpain and caspase：Can you tell the difference？［J］. Trends in Neurosciences，2000，23（1）：20-26.

［66］Borgialli D A，Mahajan P，Hoyle J D，et al. Performance of the Pediatric Glasgow Coma Scale

Score in the Evaluation of Children With Blunt Head Trauma[J]. Acad Emerg Med, 2016, 23(8): 878-884.

[67] Teasdale G, Jennett B. Assessment of coma and impaired consciousness. A practical scale [J]. Lancet, 1974, 2 (7872): 81-84.

[68] Rice H E, Frush D P, Farmer Diana, et al. Review of radiation risks from computed tomography: essentials for the pediatric surgeon [J]. Journal of pediatric surgery, 2007, 42 (4): 603-607.

[69] Shultz E L, Hoskinson K R, Keim M C, et al. Adaptive functioning following pediatric traumatic brain injury: Relationship to executive function and processing speed [J]. Neuropsychology, 2016, 30 (7): 830-840.

[70] Ducrocq S C, Meyer P G, Orliaguet G A, et al. Epidemiology and early predictive factors of mortality and outcome in children with traumatic severe brain injury: experience of a French pediatric trauma center [J]. Pediatr Crit Care Med, 2006, 7 (5): 461-467.

[71] White J R, Farukhi Z, Bull C, et al. Predictors of outcome in severely head-injured children [J]. Critical Care Medicine, 2001, 29 (3): 534-540.

[72] Young A M, Guilfoyle M R, Donnelly J, et al. Correlating optic nerve sheath diameter with opening intracranial pressure in pediatric traumatic brain injury [J]. Pediatric research, 2017, 81 (3): 443-447.

[73] Borland M L, Dalziel S R, Phillips N, et al. Vomiting With Head Trauma and Risk of Traumatic Brain Injury [J]. Pediatrics. 2018, 141 (4): e20173123.

[74] Reisner A, Chern J J, Walson K, et al. Introduction of severe traumatic brain injury care protocol is associated with reduction in mortality for pediatric patients: a case study of Children's Healthcare of Atlanta's neurotrauma program [J]. Journal of neurosurgery, Pediatrics, 2018, 22 (2): 165-172.

[75] Narayan V, Mohammed N, Savardekar A R, et al. Noninvasive Intracranial Pressure Monitoring for Severe Traumatic Brain Injury in Children: A Concise Update on Current Methods [J]. World Neurosurg, 2018, 114: 293-300.

[76] Alali A S, Gomez D, Sathya C, et al. Intracranial pressure monitoring among children with severe traumatic brain injury [J]. Journal of neurosurgery. Pediatrics, 2015, 16: 523-532.

[77] Allen K A. Pathophysiology and Treatment of Severe Traumatic Brain Injuries in Children [J]. Journal of Neuroscience Nursing, 2016, 48 (1): 15-27.

[78] Rallis D, Poulos P, Kazantzi M, et al. Effectiveness of 7.5% hypertonic saline in children with severe traumatic brain injury [J]. Journal of Critical Care, 2017, 38: 52-56.

[79] Piper B J, Harrigan P W. Hypertonic saline in paediatric traumatic brain injury: a review of nine years' experience with 23.4% hypertonic saline as standard hyperosmolar therapy [J]. Anaesthesia and Intensive Care, 2015, 43 (2): 204-210.

[80] Elsawaf Y, Anetsberger S, Luzzi S, et al. Early Decompressive Craniectomy as Management for Severe Traumatic Brain Injury in the Pediatric Population: A Comprehensive Literature Review[J]. World Neurosurgery, 2020, 138: 9-18.

[81] Hejazi N, Witzmann A, Fae P. Unilateral decompressive craniectomy for children with severe brain injury. Report of seven cases and review of the relevant literature [J]. European journal of pediatrics, 2002, 161 (2): 99-104.

[82] McHugh D C, Fiore S M, Strong N, et al. Bifrontal Biparietal Cruciate Decompressive Craniectomy in Pediatric Traumatic Brain Injury [J]. Pediatric neurosurgery, 2019, 54 (1): 6-11.

[83] Vander L C, Verhelst H, Deschepper E, et al. Cognitive training benefit depends on brain injury

location in adolescents with traumatic brain injury: a pilot study ［J］. European journal of physical and rehabilitation medicine, 2019, 55（5）: 585-594.

［84］De Luce R, Portaro S, Le Cause M, et al. Cognitive rehabilitation using immersive virtual reality at young age: A case report on traumatic brain injury ［J］. Applied Neuropsychology: Child, 2020, 9（3）: 282-287.

［85］Ekinci O, Direk M Ç, Gunes S, et al. Short-term efficacy and tolerability of methylphenidate in children with traumatic brain injury and attention problems ［J］. Brain and Development, 2017, 39（4）: 327-336.

［86］Prange M T, Margulies S S. Regional, directional, and age-dependent properties of the brain undergoing large deformation ［J］. J Biomech Eng, 2002, 124（2）: 244-252.

［87］Chatelin S, Vappou J, Roth S, et al. Towards child versus adult brain mechanical properties ［J］. J Mech Behav Biomed Mater, 2012, 6: 166-173.

［88］Arbogast K B, Thibault K L, Pinheiro B S, et al. A high-frequency shear device for testing soft biological tissues ［J］. J Biomech, 1997, 30（7）: 757-759.

［89］Ning X, Zhu Q, Lanir Y, et al. A transversely isotropic viscoelastic constitutive equation for brainstem undergoing finite deformation ［J］. J Biomech Eng, 2006, 128（6）: 925-933.

［90］Margulies S, Coats B. Experimental injury biomechanics of the pediatric head and brain ［M］. New York: Springer International Publishing AG, 2013.

［91］McElhaney J H, Fogle J L, Melvin J W, et al. Mechanical properties on cranial bone ［J］. J Biomech, 1970, 3（5）: 495-511.

［92］McPherson G K, Kriewall T J. The elastic modulus of fetal cranial bone: a first step towards an understanding of the biomechanics of fetal head molding ［J］. J Biomech, 1980, 13（1）: 9-16.

［93］Kriewall T J. Structural, mechanical, and material properties of fetal cranial bone ［J］. Am J Obstet Gynecol, 1982, 143（6）: 707-714.

［94］Margulies S S, Thibault K L. Infant skull and suture properties: measurements and implications for mechanisms of pediatric brain injury ［J］. J Biomech Eng, 2000, 122（4）: 364-371.

［95］Coats B, Margulies S S. Material properties of human infant skull and suture at high rates ［J］. J Neurotrauma, 2006, 23（8）: 1222-1232.

［96］Hubbard R P. Flexure of layered cranial bone ［J］. J Biomech, 1971, 4（4）: 251-263.

［97］Wang J W, Zou D H, Li Z D, et al. Mechanical properties of cranial bones and sutures in 1-2-year-old infants ［J］. Medical science monitor, 2014, 20: 1808-1813.

［98］Prange M T, Luck J F, Dibb A, et al. Mechanical properties and anthropometry of the human infant head ［J］. Stapp Car Crash J, 2004, 48: 279-299.

［99］Hodgson V R, Gurdjian E S, Thomas L M. The development of a model for the study of head injury ［C］// 11th Stapp Car Crash Conference, Warrendale, PA, 1967.

［100］Holck P. What can a baby's skull withstand? Testing the skull's resistance on an anatomical preparation ［J］. Forensic Science International, 2005, 151（2-3）: 187-191.

［101］Weber W. Experimentelle Untersuchungen zu Schädelbruchverletzungen des Säuglings ［J］. Z Rechtsme, 1984, 92（2）: 87-94.

［102］Weber W. Zur biomechanischen Fragilität des Säuglingsschädels ［J］. Z Rechtsmed, 1985, 94（2）: 93-101.

［103］Bylski D I, Kriewall T J, Akkas N, et al. Mechanical behavior of fetal dura mater under large deformation biaxial tension ［J］. J Biomech, 1986, 19（1）: 19-26.

［104］Ruan J S, Khalil T, King A I. Human head dynamic response to side impact by finite element modeling [J]. J Biomech Eng, 1991, 113 (3): 276-83.

[105] Kumaresan S, Radhakrishnan S. Importance of partitioning membranes of the brain and the influence of the neck in head injury modelling [J]. Med Biol Eng Comput, 1996, 34 (1): 27-32.

[106] Gu L, Chafi M S, Ganpule S, et al. The influence of heterogeneous meninges on the brain mechanics under primary blast loading [J]. Composites Part B: Engineering, 2012, 43 (8): 3160-3166.

[107] Chatelin S, Vappou J, Roth S, et al. Towards child versus adult brain mechanical properties [J]. Journal of the Mechanical Behavior of Biomedical Materials, 2012, 6: 166-173.

[108] Semple B D, Carlson J, Noble-Haeusslein L J. Pediatric Rodent Models of Traumatic Brain Injury [J]. Methods Mol Biol, 2016, 1462: 325-343.

[109] Semple B D, Blomgren K, Gimlin K, et al. Brain development in rodents and humans: Identifying benchmarks of maturation and vulnerability to injury across species [J]. Progress in Neurobiology, 2013, 106-107: 1-16.

[110] Hajiaghamemar M, Seidi M, Oeur R A, et al. Toward development of clinically translatable diagnostic and prognostic metrics of traumatic brain injury using animal models: A review and a look forward [J]. Experimental Neurology, 2019, 318: 101-123.

[111] Margulies S S, Kilbaugh T, Sullivan Sarah, et al. Establishing a Clinically Relevant Large Animal Model Platform for TBI Therapy Development: Using Cyclosporin A as a Case Study [J]. Brain Pathology, 2015, 25 (3): 289-303.

[112] McIntosh T K, Vink R, Noble L, et al. Traumatic brain injury in the rat: characterization of a lateral fluid-percussion model [J]. Neuroscience, 1989, 28 (1): 233-244.

[113] Li X G, Sandler H, Kleiven S. Infant skull fractures: Accident or abuse? Evidences from biomechanical analysis using finite element head models [J]. Forensic science international, 2019, 294: 173-182.

[114] Dawson L, Koncan D, Post A, et al. Biomechanical Comparison of Real World Concussive Impacts in Children, Adolescents, and Adults [J]. J Biomech Eng, 2020, 142 (7): 071004.

[115] 汪家文, 黄江, 李正东, 等. 儿童颅脑损伤生物力学研究进展 [J]. 法医学杂志, 2016, 32 (6): 448-451.

[116] Prange M T, Margulies S S. Regional, directional, and age-dependent properties of the brain undergoing large deformation [J]. J Biomech Eng, 2002, 124 (2): 244-252.

[117] Prange M T, Kiralyfalvi G, Margulies S S. Pediatric rotational inertial brain injury: The relative influence of brain size and mechanical properties [C] // Stapp Car Crash Conference Proceedings, PA, 1999.

[118] Margulies S S, Thibault K L. Infant skull and suture properties: measurements and implications for mechanisms of pediatric brain injury [J]. J Biomech Eng, 2000, 122 (4): 364-371.

[119] Lapeer R J, Prager R W. Fetal head moulding: finite element analysis of a fetal skull subjected to uterine pressures during the first stage of labour [J]. J Biomech, 2001, 34 (9): 1125-1133.

[120] Mizuno K, Deguchi T, Furukawa K, et al. Development of three-year-old child human FE model [C] // International Research Council On The Biomechanics of Impact Conference, Graz, 2004.

[121] Roth S, Vappou J, Raul J, et al. Child head injury criteria investigation through numerical simulation of real world trauma [J]. Comput Methods Programs Biomed, 2009, 93 (1): 32-45.

［122］Li Z，Luo X，Zhang J. Development/global validation of a 6-month-old pediatric head finite element model and application in investigation of drop-induced infant head injury［J］. Comput Methods Programs Biomed，2013，112（3）：309-319.

［123］阮世捷，李盼东，李海岩，等.6岁儿童头部有限元模型的构建与验证［J］.中国生物医学工程学报，2012，31（4）：502- 506.

［124］崔世海，陈越，李海岩，等.儿童头部有限元模型的构建及验证［J］.医用生物力学，2015，30（5）：452-457.

［125］曹立波，周舟，蒋彬辉，等.10岁儿童头部有限元模型的建立及验证［J］.中国生物医学工程学报，2014，33（1）：63-70.

［126］曹立波，高海涛，冒浩杰，等.三岁儿童头部有限元模型的建立及验证［J］.汽车工程，2013，35（1）：56-59，65.

［127］李志刚，胡敬文，张金换，等.基于统计学的参数化儿童头部有限元模型的建立及碰撞事故再现［J］.清华大学学报（自然科学版），2012，52（11）：1631-1637.

第九章
道路交通事故颅脑损伤

交通事故颅脑损伤（craniocerebral injuries in traffic accidents）是在交通事故（本章交通事故指道路交通事故）过程中导致的颅脑机械性损伤。近几十年来，随着交通工具越来越普及，交通事故发生频率也大大增加，颅脑损伤成为交通事故中的常见伤、高发伤。交通事故颅脑损伤可单独存在，也可与其他部位的损伤复合存在。根据颅脑解剖部位不同，分为头皮损伤、颅骨损伤、颅内血肿与脑组织损伤，四者可合并存在。头皮损伤包括头皮血肿、头皮裂伤、头皮撕脱伤，颅骨骨折包括颅骨线形骨折、颅底骨折、凹陷性骨折，以及硬膜外血肿、硬硬下血肿及脑实质损伤，如脑挫裂伤、弥漫性轴索损伤、原发性脑干损伤等。交通事故颅脑损伤往往表现为高能暴力颅脑损伤形态特征。

第一节　道路交通事故致颅骨骨折的生物力学

一、颅骨骨折的几何学特点

颅骨呈卵圆形，占头部的 1/3，脑颅部的前额区构成方形体。面颅部则由颧骨区的扁平体块、上颌骨区的圆柱状体块、下颌部区的三角形体块组成，约占头部的 2/3。头颅形体特征及其面部的协调起伏，即是通过脑颅骨与面颅骨，以及额、颧、上颌、下颌构成的四个体块相互穿插构成的。眉弓处呈矩形状，颧骨决定了颜面部分的宽窄，下颌骨呈楔形向前突出至下颌，上、下颌骨结合成圆柱状。额丘、眉弓、颧骨、下颌角在外形上有明显突出的骨点。

从生物力学角度看，颅骨由多种不同密度结构组成，即力学特点差异极大，如骨密质、骨松质、颅内血管、神经及骨膜等，具有复合材料的一般特征。由于骨皮质密度最大，因此其中骨质是承受生物应力的主要构成部分。

二、颅骨局部变形

在交通事故中颅骨受到强力打击时突然加速或减速，受击的部位发生局部凹陷变形，受击中心区向颅腔内呈圆锥形陷入，在圆锥顶的颅骨内板受到较大的牵张力，相对应的颅骨外板受到强力压缩，若打击的暴力停止未超过颅骨的弹性限度，那么只会造成单纯的颅骨变形，在暴力作用消失后，颅骨会弹回原位，但这一过程可造成再次脑损伤。若作用暴力超过了颅骨的弹性限度，则导致颅骨破裂产生骨折。由于颅骨内板暴力作用的中心部位受到的是牵张力，与之相对应的外板受到的则是压缩力，此外内板的厚度约为外板的一半，骨质较薄且质地脆弱。一般来说，由直接暴力引起的颅骨骨折先从内板开始发生，由于暴力由外板传导，以致有较大面积的内板区受到影响。但骨折是以上阐明的局部内陷变形的结果。若暴力未超过外板的抗压缩强度，仅大于颅骨内板的抗牵张强度，那么仅造成单纯的颅骨内板骨折，若当时颅骨行 X 线检查，未能显示骨折，亦常被忽略，但可因尖锐的骨折片将相邻的硬脑膜戳穿或造成局限的脑挫裂伤，拖延日久，因脑膜与脑组织粘连而发生外伤性癫痫。内板周边部的外板因受到牵张而骨折，这是暴力继续作用的结果。若暴力强大并持续作用时，不仅内板先行折裂，而且颅骨外板也会折裂，造成粉碎凹陷骨折或中心向外周呈放射状分布的骨折。因为小儿的颅骨弹性大，颅缝愈合不完全，又具有一定伸缩性，故常见无骨折线的凹陷性骨折或以骨缝增宽为代表的线形骨折。此外，锥形内陷时周围的颅骨是向相反方向弯曲的，即锥形底的周围凸面向外，骨折线常沿着圆锥形内陷的基底呈环状分布，因而该处外板较内板先发生骨折。

若在造成环状骨折前，致伤暴力仍未消尽，则呈放射状分布的骨折片即行松脱，被作用力推入颅腔内，而形成粉碎凹陷性骨折。此时各骨折片之间，常有重叠或嵌顿并和内外板分离等现象。在这种情况下，骨折片尖端刺伤脑膜及脑组织，骨折区常有硬脑膜剥离，以致硬脑膜外局部积血，总之，这不仅取决于颅骨本身的外形结构、机械强度和受伤时头部的动态，还与致伤物的物理性能、能量的大小、作用部位、方向、速度和作用持续时间等因素有关。局部的颅骨骨折，为直接暴力损伤的结果，其所产生的骨折类型及范围，常取决于致伤物体的速度和大小。如体积大、速度慢，常发生线形骨折；如速度快，则多为凹陷性或粉碎凹陷性骨折。反之，体积小而速度快的打击物，则常造成穿入性损伤。

三、颅骨整体变形

颅骨的骨质结构及形状，近似一个具有弹性的球体，若造成颅骨的整体变形甚至骨折，表明颅骨同时受到两个相反方向的接触面积较大的物体挤压。比如头颅前后受压，可使头颅的矢状径变短，同时其垂直径及左右径反向增大。如果侧方受压，可使头颅的左右径变短，同时其垂直径及矢状径则反而增大。若头顶受到撞击，且会同时受到来自脊柱的反作用力，可使头颅的垂直径变短，左右径及矢状径反向增大，这是整个颅腔变形的结果，可使远离暴力作用点的颅骨部分凸出，进而因过度弯曲而发生折裂。实际上头颅受压，不外乎被两个物体挤压或颅骨受到暴力冲击传至脊柱这两种方式，以后一种方式较为常见，并且更为重要。例如，高速道路出现交通事故时，乘车人员头部可因猛烈撞击由运动转为静止，但由于惯性作用，身体仍继续向前运动，而体重又作为继续运动的冲力，通过脊柱向枕髁冲击。同样，身体处于高速翻滚状态，头顶遭受重击时，暴力借颅骨向下传导至枕髁，而冲击于寰椎上关节凹，由此引起整个颅腔变形，严重时除头顶部可发生爆裂性骨折外，由于颅底枕骨大孔区局部变形，亦可发生危及生命的颅基底凹陷性骨折。

在颅骨整体变形过程中，颅底骨折取决于颅底骨质结构的物理特点、硬度分布，同时还取决于引起颅骨整体变形的外力强度。若暴力较轻，受击处可不发生骨折，但较为薄弱的颅底（如颅前窝、鸡冠、蝶骨小翼）或颞骨鳞部，却可发生线形骨折，甚至可以引起骨缝哆开并分离（图9-1）。根据外力的强度不同，较轻的颅骨整体变形，颅底的暴力传导引起骨折往往不易跨过骨质较为坚硬的颞骨岩部、斜坡等结构。反之，较重的颅骨整体变形则可以造成颞骨岩部前后缘乃至整个颅底中后段的骨折（图9-2、图9-3）。另一种交通事故情况是自高处坠落，臀部或足跟首先着地，那么暴力将会通过脊柱上传引起颅底骨折，属一种间接暴力所致的损伤。

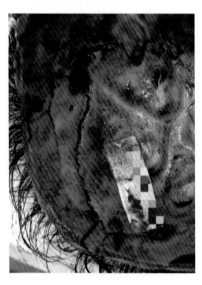

图9-1　面包车撞击行人交通事故，颅骨整体变形，骨缝哆开

图9-2　摩托车与货车相撞致摩托车驾驶员死亡交通事故，摩托车驾驶员被撞腾空后头部着地并连续翻滚，尸检发现左侧颅后窝前后向骨折并形成分支跨过颞骨岩部一直延伸至左侧颅中窝底

图9-3　面包车撞击行人致行人死亡交通事故，现场监控发现左侧额颞部系撞击部位，尸检发现左侧额颞部头皮下出血，右侧颅前窝底部及鸡冠右侧壁骨折

四、颅盖骨骨折

颅骨骨折可由单一冲击性作用力形成，也可以由多种外力形式的综合冲击而形成，往往导致复杂的损伤机制。采用交通事故创伤重建和颅脑有限元模型的综合分析研究表明在冲击载荷作用下，脑损伤与颅内冲击压力、对冲压力、von-Mises应力、剪应力以及应变相关。

颅盖骨骨折常由头部与引擎盖（图9-4）、前挡风玻璃或挡风玻璃框（A柱等）的撞击形成，也可能因头部受到前车灯、雨刮器、B柱、挡泥板等撞击形成。其中引擎盖下方的引擎系统、变速系统及前悬挂缓冲减振装置也可能参与头部接触碰撞造成颅骨的骨折。影响头部碰撞动力学响应的参数包括：人体与汽车的相对运动速度、撞击的角度及撞击点。在行人交通事故碰撞中，主要存在三种损伤的机制：集中压缩力、颅骨内的黏性载荷和大脑惯性载荷。头部骨折主要取决于颅骨受到撞击的位置和与车体接触区域的影响，如发动机罩顶部和挡风玻璃车架接触位置，当冲击力超过了颅骨的承受能力时，骨折即会发生。当头部受到加速度场中的惯性载荷时，将产生颅骨和大脑之间的相对运动，由此产生的高剪切力可导致弥漫性轴索损伤。

在交通事故中的颅盖骨折可有多种形式，如线形骨折或颅缝分离、粉碎性骨折等。除开放性及某些凹陷性颅骨骨折在临床上可有骨折直接征象显示外，闭合性骨折则往往只显示骨折的间接征象。

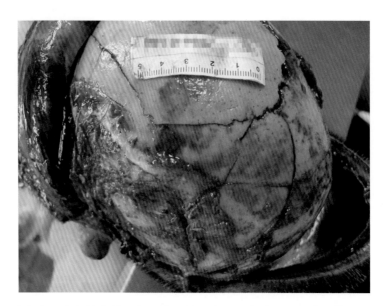

图9-4　越野车与自行车相撞事故，自行车驾驶员右侧颞部撞击越野车引擎盖，造成以右侧颞部为中心放射致整个颅盖骨的粉碎性骨折

五、面颅骨骨折

面颅骨包括上下颌骨、颧骨、鼻骨等，就上下颌骨而言，骨骼上还有上、下齿列，牙齿、骨质共同承担了上、下颌所组成的颞下颌关节活动时的生理应力。颅颌面骨骼上有多处应力轨迹，这些应力轨迹多为骨质较强之处，并形成骨支柱，如颧上颌支柱、鼻旁支柱等。骨折导致骨质连续性中段，即破坏生物应力的传递，因此导致骨折后骨质失去其正常生理功能。

在面颅骨中，眶下缘、鼻骨、颧弓等处承受应力较弱，较易在直接外力过程中发生骨折，下颌骨承受应力较大，而面颅骨骨折多由交通事故碰撞形成，加之面颅骨存在突出的骨点，常在交通事故高能外力碰撞损伤中发生下颌骨骨折，由于暴力传导及发散，可进一步引起其他较为薄弱的面颅骨发生骨折。

六、暴力方向与作用点对骨折的影响

在交通事故中，颅骨骨折受暴力方向与着力点的影响较大，如暴力作用的是颅骨穹隆的基部，而且向头顶冲击，可引起广泛的与颅底平行的骨折，严重的甚至可将颅顶盖掀开。由于骨折片朝顶上方裂开，故脑损害相对较轻。

若是由于强大的斜行暴力向头颅后部一侧打击时，骨折将由颅后窝开始，并越过中线至对侧颅中窝，甚至继续延伸，止于颅前窝。根据研究结果，发现骨折线的走向与作用力的方向有一定关系，说明不论暴力作用的方向是纵行或横行，其骨折线的行走方

向与作用力的轴线基本上是一致的。

交通事故中若颏部受击，可引起下颌窝骨折，但下颌骨髁突陷入颅腔却很少见。这是由于头部受击时，借寰枕关节的活动与颈轴的伸展作用，头部沿作用力的方向向后或偏侧旋开，从而大大缓冲外力对颅底或脑的冲撞，更主要的是受击后，下颌立即咬闭，暴力沿下颌骨体及牙齿分散至面部，同时也限制了下颌骨向上移位。但若上颌骨受击，可能发生严重的后果。这是因为上颌骨的中部含有上颌窦，当受到暴力打击后，易发生粉碎性骨折，可吸收强烈的震动波，但一部分暴力仍可通过坚硬的内侧角突，传至阻抗力较小的筛板而发生骨折，甚至有时筛板骨板片松脱，并向颅内移位，严重的是碎骨片可刺破脑膜，因此有发生颅内感染的危险。前额骨折如累及额窦，即使皮肤完整，其内部实质上仍属开放性骨折。这种隐蔽在皮下的开放性骨折，易被忽略，故更富危险性。同样，若鼻根部受击，骨折常波及鼻旁窦，亦可导致颅内感染。

根据暴力方向及作用点和颅底骨折的关系，可以分为以下几种情况：①暴力直接打击在颅底平面上，将颅骨从顺作用力的方向掀开。②致颅底骨质折裂，是由于暴力作用在头部的任意部位引起颅骨整体变形。③暴力通过脊柱或面部，间接冲击至颅底而发生骨折。④颅盖部骨折，大多是垂直走向的，因此骨折线可直接延伸至最接近的颅底部。单纯的颅底骨折少见，最多见的是颅骨穹隆部与颅底的联合骨折。比如枕部受力时，暴力沿颅底向前传至颅前窝，引起菲薄的眶板骨折，出现眼睑皮下瘀斑等征象形成所谓的对冲性骨折。例如，在交通事故中，头部在不同的情况下，可能遭受多次的损伤，因而最后形成的骨折形式，实际上是多次损伤结果的综合。在致伤的不同过程中，头颅因运动而多处遭到暴力的作用，由此引起颅骨变形，其所产生的骨折形式就显得十分复杂。虽然颅骨骨折同暴力性质之间存在着密切关系，一般从临床上分析骨折机制仍有一定困难，但是凹陷性或粉碎性骨折除外。因为有时致头部外伤的确切暴力作用资料无从获得，而颅骨骨折也可能毫无外伤痕迹可查，故根据上述各种骨折规律，只能得出一个大体的概念，而鉴定和诊断尚有赖于虚拟解剖头颅 X 线或 / 和 CT 扫描三维重建等手段。同时须指出，除前述颅骨解剖结构上的非一致性，以及暴力作用的部位及方向多变外，事实上还存在着某些难以得到证实的致伤因素。这样才能解释为何骨折线偶尔可沿着各个不同的角度分布，或是骨折线已止于某处，而又开始另一骨折线的现象。

第二节　道路交通事故致脑损伤的机制

脑位于颅腔内，由大脑半球、间脑、小脑及脑干组成，是中枢神经系统的重要组成部分，是人体的生命活动中枢，控制和调节人体的生理功能。脑损伤是指暴力作用于头部所引起的脑组织结构破坏和功能障碍。在交通事故中，脑损伤往往是造成人体死亡最重要的损伤。

一、原发性脑损伤形成机制

（一）颅骨变形引起脑损伤

在交通事故中当颅骨受暴力作用，不论是发生局部变形还是整体变形，均可因颅骨内陷，撞击脑组织而引起脑挫伤。当内陷的颅骨弹回原位时，由于颅骨内陷处颅内压骤减产生一种负压吸引力，脑组织可再次撞击颅骨出现脑挫伤。同时，脑神经、血管、静脉窦等亦可因颅骨变形而扭曲或伸长致撕裂，出现颅内出血等改变。

（二）脑在颅腔内移动所致脑损伤

当暴力作用于头部时，脑在颅腔内可有直线、挤压、旋转等几种不同的运动方式。又可因着力点的不同而产生不同特点的损伤。

（三）间接暴力造成的脑损伤

暴力作用于头部以外的身体其他部位，再传递到头部引起脑或神经损伤，称间接暴力损伤，如颅骨和脊柱连接处损伤、挥鞭伤、胸部受挤压引起脑损伤等。

二、继发性损伤形成机制

继发性脑损伤以颅内循环障碍（水肿、坏死、出血；脑室扩张）最常见。主要有以下几种。

（一）创伤性脑水肿

暴力损伤脑组织而引起的一系列病理生理反应，使水分积聚在脑细胞和间质内，引起脑体积增大，重量增加。

（二）外伤性脑疝

颅脑外伤后，因脑出血、脑水肿等引起颅内压增高，脑组织从压力较高处经过解剖学的间隙或孔道向压力较低处移位（图9-5），压迫邻近的脑组织，甚至坏死、出血，导致脑功能障碍。包括常见的小脑幕裂孔疝（图9-6）、小脑扁桃体疝、扣带回疝；少见的小脑蚓部疝、蝶骨嵴疝等。

（三）外伤性脑梗死

颅脑外伤后引发颅内血肿或脑水肿、颅内压升高，大多数有脑疝形成，压迫颅内血管，导致供血部位脑组织坏死、出血。

三、脑挫伤 / 脑挫裂伤

脑挫裂伤系交通事故脑损伤中最常见的类型，交通事故直接撞击引起的加速性损伤或人体减速过程中的损伤，均可以导致脑挫伤 / 脑挫裂伤。因此，脑挫伤 / 脑挫裂伤可分为冲击伤、对冲伤、中间性脑挫伤及疝性脑挫伤等。

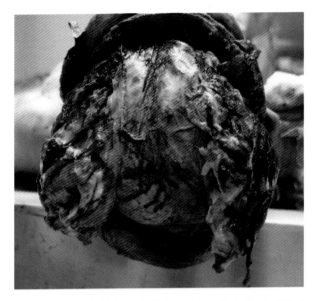 

图9-5　交通事故颅脑损伤行双侧颞骨去骨瓣减压术　　图9-6　右侧小脑幕裂孔疝
后，形成骨窗疝

（1）冲击伤是头部受外力作用而发生加速运动时，着力处的脑皮质表面或浅层挫裂伤。局部外力大而致伤物作用面较小时，冲击伤越重，造成凹陷性骨折和粉碎性骨折的暴力常造成严重的冲击伤。

（2）对冲伤是头部受外力作用时，着力点的对侧脑皮质表面或浅层的挫裂伤。交通事故中头颅与地面碰撞时常见。冲击伤和对冲伤均发生在力作用的方向上，为脑的直线加、减速运动产生。额部受力多在脑额极或颞极发生冲击伤且较严重，枕部受力多在

图9-7　交通事故撞击后摔跌，右后枕部着地，形成左侧额颞极脑挫伤并蛛网膜下隙出血的对冲性损伤

脑额极或颞极发生对冲伤且较严重（图9-7），这一特点主要与额部颅骨内面不光滑有关，也反映了冲击伤和对冲伤均为脑与颅骨相互撞击形成。

（3）中间性脑挫伤为受力部位与对冲部位之间的脑组织所发生的脑挫伤。这些伤可发生于胼胝体、前连合、丘脑、下丘脑及脑干等部位，可呈点状、线状，甚至形成血肿，范围可相当广泛，头部受较重的板状物体打击时，可主要形成脑内损伤而没有明显的脑表面挫伤。

（4）疝性脑挫伤为头部受暴力打击时，颅内压突然升高，小脑扁桃体被挤压入枕骨大孔，进而引起小脑扁桃体部的脑挫伤。这种挫伤的形成机制与枪弹创形成的疝性脑挫伤相同，不同于其他如脑水肿等原因导致的颅内压升高时继发的脑疝所形成的出血，后者属于继发性疝性脑挫伤。

（5）滑动性脑挫伤。凡是脑表面对着骨嵴，即颅骨内面不平整处，外力作用时脑因惯性而移动并与骨嵴摩擦，致脑表面发生的挫伤称为滑动性脑挫伤。在交通事故中发生追尾，司乘人员在车内剧烈震荡或挥鞭样运动时，亦可以形成滑动性脑挫伤，这种挫伤主要发生在额叶的眶面，尤其直回，以及颞叶的底面（图9-8）。

（6）骨折性脑挫伤为颅骨受冲击力作用发生骨折时，骨折边缘受压迫并与脑表面摩擦，形成脑挫伤（图9-9）。

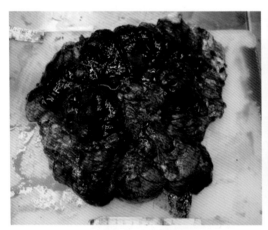 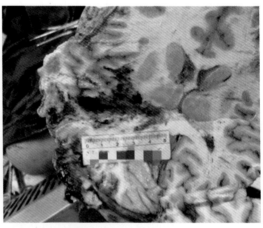

图9-8　追尾交通事故，追尾车辆驾驶员未系安全带，头部撞击在方向盘后又迅速反弹致枕部撞击在座椅靠背，尸检发现滑动性脑挫伤，双侧直回、颞叶底面，颞极广泛脑挫伤并蛛网膜下隙出血

图9-9　交通事故撞击致左侧颞骨骨折，颞叶及岛叶脑实质出血

第三节　展　望

交通事故是颅脑损伤（craniocerebral injury）的主要致伤原因。颅脑损伤常见的致伤原因有交通事故、高坠、暴力打击等，其中"交通事故"原因约占 53%，高居首位。颅脑损伤的死亡率占创伤总死亡率的 72.2%~92.5%。在伤后存活的伤者中，10% 的轻型损伤者会遗留永久的残疾，而中型和重型者分别达到 66% 和 100%。

面对交通事故伤亡率长时间高居不下的严峻现实，如何预防交通事故的发生，如何救治受伤人员，如何对死者和伤者进行科学的鉴定赔偿就成了交通损伤研究的重要课题。国际上成立专门的研究组织，形成了一门新兴的交叉学科"交通医学"，交通事故所致的颅脑损伤更是研究的重中之重。

在过去的 5 年中，关于创伤性颅脑损伤的研究一直在迅速发展。关于交通事故所致的颅脑损伤研究也是其中的一部分，在流行病学数据收集和分析、影像学特征、病理诊断、病理生理学机制研究、成伤机制等方面都取得了一定的研究成果。

在本章前两节，我们讨论了交通事故所致的颅脑损伤的分类及大体内容，重点了解了交通事故所致的颅骨骨折和脑组织损伤两大部分。结合以上内容，我们有必要对交通事故所致的颅脑损伤机制进行更深一步的研究。

目前，国内外关于交通事故所致的颅脑损伤研究，其根本性质更偏向于临床研究及应用。比如法医学伤残等级评定、各外在因素对交通事故所致的颅脑损伤的影响、交通事故所致的颅脑损伤治疗及预后情况分析、并发症研究、死后鉴定等。

未来的研究方向，主要有以下几点。

一、计算机技术结合流行病学及统计学方法建立更精准的模型

交通事故所致颅脑损伤的研究，离不开基础模型的建立，随着时代和科学技术的发展，计算机技术的更新可以用日新月异来形容，使平时无法实施的试验得以在计算机程序里模拟进行。

（1）建立事故模型：例如，运用 PC-Crash 多体动力学软件将事故重建方法与有限元分析方法相结合，研究行人头部碰撞地面时车辆行人碰撞事故的伤害机制，为行人保护和改善车辆外形提供理论依据。但是，有限元模型网格整体质量控制、组织材料参数标准化和损伤阈值预测是亟待解决的科学问题。

（2）建立预后模型：例如，运用流行病学及统计学方法对 1997 年 11 月至 1999 年12 月在加拿大萨斯喀彻温省发生交通事故而受伤的成年人的创伤后头痛进行研究，建立并验证预后模型，以预测发生交通事故后头痛的成人交通事故发生 6 个月后的创伤后头痛的存在。

除了以上两种模型，因为不同情境下交通事故发生地点、原因、对象、参与人员和影响因素的不同，种种因素使模型的建立更加复杂，在未来，我们的研究模型除了普遍适应性外，更应该具体情况具体分析。

二、交通事故所致的颅脑损伤造成的伤残鉴定评定

随着交通事故的频发，交通事故损伤的伤残鉴定问题越发重要，和其他部位的损伤相比，颅脑损伤的伤残鉴定评定更加复杂，尤其是颅脑的损伤所造成的精神障碍。如何更好地结合病史、影像学改变、分子生物学标志物检测、神经系统查体等内容对患者损伤认定、损伤转归、损伤程度与伤残等级等得出科学合理的鉴定结果；在交通事故所致的颅脑损伤死后法医病理诊断工作中，如何基于组织病理学改变，通过多组学分析、虚拟仿真技术等研究方法更全面客观地评估颅脑损伤的严重程度。这些鉴定结论都对维护司法公正和社会和谐有着举足轻重的作用，同时向法医工作者提出更高的要求。

在未来，我们可以加快制定交通事故所致的颅脑损伤伤残鉴定的协同合作方法，迈向全球合作，通用数据元素需要在国际上使用，以确保临床数据收集的全球标准化，推动交通事故所致的颅脑损伤伤残鉴定标准全球化。

三、基础研究

基础研究往往是一项研究的基础，交通事故所致的颅脑损伤的研究，如颅脑损伤与神经炎性反应；道路交通事故所致颅脑损伤急性期血浆铜蓝蛋白升高与颅脑损伤严重程度存在关联，早期血浆铜蓝蛋白变化对道路交通事故所致颅脑损伤严重程度具有预测价值。更深入的基础研究对于其他研究工作是至关重要的。

四、急救、治疗与预后

在车辆交通事故当场死亡的颅脑外伤患者，主要是因为在交通事故中患者的脑部受到强能量的巨大冲击导致受伤。开展积极有效的院前急救有助于提高交通事故致颅脑外伤患者的生存率，有助于改善患者预后。

另外，我们还可以进行有效性比较研究（comparative effectiveness research，CER），这是一个证据的产生和综合分析的过程，用于比较不同治疗方法的疗效及危害，从而得到预防、诊断、监测、护理或治疗疾病的临床方案。CER 在创伤性颅脑损伤领域具有很大潜力。

五、交通事故颅脑损伤的预防

交通事故造成的颅脑损伤的预防，最明显的例子就是"摩托车头盔"的应用。近五年来，伴随着摩托车、脚踏板车和自行车交通事故的频发，关于摩托车头盔的相关研

究越来越多，诸如"有限元分析，以确定摩托车手的头部环破裂的原因""强制性使用自行车头盔以防止脑外伤和死亡的成本效益""摩托车头盔类型对头部伤害的影响"等。

在未来，随着生产力和科技水平的增高，私家车将逐渐代替摩托车，所以更应该着眼于机动车交通事故的研究，结合损伤的发生机制，改善车型和车内设计，降低交通事故发生时造成的颅脑损伤程度。

总之，如何更好地把交通事故所致的颅脑损伤与其他原因所致的颅脑损伤区分开来，得到更好的急救、治疗是降低其致残致死率的关键。此外，最重要的一点是防洪于川不如防患于未然，运用流行病学与统计学对交通事故所致的颅脑损伤进行相关调查，研究在事故发生之时怎样更好地保护自己，避免重症颅脑损伤，降低因为交通事故所致的颅脑损伤造成的致残率和致死率，这是我们研究的最终目的。

（李竹　贵州医科大学；屈剑平　贵州省法医学学会）

参考文献

[1] 刘技辉.法医临床学［M］.5版.北京：人民卫生出版社，2016.

[2] Tian J，Zhang C，Wang Q. Analysis of craniocerebral injury in facial collision accidents［J］. PLoS One. 2020，15（10）：359-375.

[3] Carol C，Eleanor，Pierre C，et al. Development and validation of a model predicting post-traumatic headache six months after a motor vehicle collision in adults［J］. Accident Analysis and Prevention，2020，142：10558.1-10558.10.

[4] 孙硕，何鑫，李轶聪.创伤性脑损伤与神经炎性反应［J］.中国微侵袭神经外科杂志，2020，25（5）：232-235.

[5] 林勇，沈建根，濮正平，等.道路交通事故所致颅脑损伤患者血浆铜蓝蛋白水平的动态变化［J］.中国卫生检验杂志，2020，30（18）：2271-2273，2276.

[6] 原宇宙，郝永莲，王旭升.喉罩和气管插管在重度颅脑损伤昏迷患者院前急救中的应用对比研究［J］.中国药物与临床，2017，17（2）：261-263.

[7] 宋士更，徐杰，韩瑞丽，等.交通事故致颅脑外伤的院前急救进展［J］.中国城乡企业卫生，2019，34（6）：48-50.

[8] 张赛，徐超，符锋.多途径整合在颅脑创伤领域的新观点［J］.中华神经创伤外科电子杂志，2019，5（3）：129-133.

[9] 朱佩芳.我国高速公路交通伤［J］.中华创伤杂志，2002（6）：8-10.

[10] 李力，张玉太，高虹.高速公路交通事故伤分析［J］.中华创伤杂志，1998（2）：12.

第十章
精神类活性物质神经毒性损伤

精神活性物质（psychoactive substance，PS）是指人体摄入后，可对其行为、意志、情感等活动产生影响，并具有成瘾性的物质。常见的 PS 有兴奋剂、致幻剂、麻醉药、催眠药、抗焦虑药、酒类和烟草等。近年来，PS 的滥用，特别是以甲基苯丙胺为代表的新型精神类物质的滥用，已成为全球影响人类生存最严重的社会问题和医学问题之一，其产生毒性损伤作用而导致成瘾性、兴奋性、致幻性等机制的研究，已成为我国法医学的主要方向之一。另外酒精是世界上使用最为广泛的成瘾性物质，在日常生活中无处不在，长期饮酒可引起多种精神损害、躯体损害和社会损害，给个体、家人、社会带来严重不良影响。因此本章节对以甲基苯丙胺、酒精为代表的 PS 进行介绍，并结合当前研究热点，提出今后研究的新方向，旨在为进一步研究 PS 神经损伤及成瘾机制提供参考。

第一节　精神类活性物质法医学研究概况

目前我国法医学界对精神类活性物质的研究主要集中在毒品相关研究方向，自 1990 年后开始对毒品展开研究，法医学界自 1995 年对毒品开展相关研究，2005 年起开始关注新型毒品，新型毒品主要的生物学效应有成瘾性、兴奋性、致幻性，关于其机制研究主要集中在成瘾性研究及兴奋毒性研究两大方向。而在法医实践中，除了常见因吸毒所致的精神障碍案例外，还常见因吸毒致死的案例。尸检发现吸毒者各器官，特别是心脑组织出现不同程度的损伤。随后，新型毒品所致毒性损伤的机制成为法医学，尤其是法医病理学和毒理学的关注点。对近年国家自然科学基金项目进行统计，1987—2019 年国家自然科学基金立项项目中，法医学科项目总数为 365 项，毒品类项目数为 88 项，占比为 24.1%，涉及面上项目、青年科学基金项目、重点项目和地区科学基金项目。其中新型毒品项目数 57 项，占毒品类项目的 64.8%，主要包括甲基苯丙胺（methamphetamine，METH）、氯胺酮、摇头丸等。在各个项目门类中，METH 与传统毒品及其他新型毒品相比，立项项目最多，在法医学科所有立项上面上项目、青年科学基金项目、重点项目和地区科学基金项目中占比分别为10.6%、8.3%、18.2%和37.0%（图10-1）。由此可见，对METH的研究是近二十年来我国法医学科重要甚至主要研究方向之一。

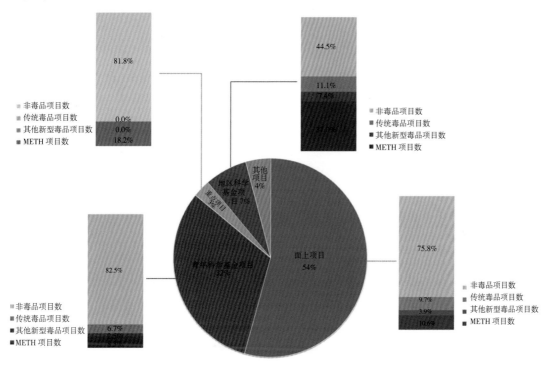

图10-1　1987—2019年法医学科国家自然科学基金立项项目分类图

第二节　甲基苯丙胺的损伤机制及神经毒理学特征

甲基苯丙胺形态似冰，俗称"冰毒"，是我国滥用最广泛的"头号毒品"，也是世界上第二大滥用毒品。METH为苯丙胺类兴奋剂，具有苯丙胺类物质的两性核心结构 β-苯乙胺，脂溶性、水溶性都好，能轻易通过血脑屏障。由于其与单胺神经递质的结构相似，一方面通过与去甲肾上腺素、多巴胺和5-羟色胺的膜转运蛋白竞争底物，从而减少了内源性神经递质的再摄取，并且诱导内源性神经递质的反向转运，释放非胞吐性神经递质，引起兴奋性及成瘾性。另一方面通过直接或者间接方式对全身器官各类细胞，特别是神经系统和心血管系统造成功能及形态损伤。目前我国关于METH的法医学研究也主要集中在毒性损伤及成瘾机制方面。

一、METH 致毒性损伤机制进展

我国关于 METH 毒性损伤机制，主要在氧化应激、细胞自噬及死亡、神经细胞退行性变、内质网应激、神经炎症损伤、血脑屏障损害、心血管损伤、心肌细胞损伤与凋亡、星形胶质细胞和小胶质细胞激活、肝脏损伤等方面展开系列研究。

在对神经系统的损伤方面，研究发现，通过细胞、动物、尸体检材等水平揭示了：①氧化应激是 METH 致神经细胞毒性重要的途径，发现了 DDAH1/ADMA/NOS 系统在调控氧化应激关键作用物 NOS 中发挥的重要作用，并引发下游细胞蛋白如 GSTP1/PDI 的硝基化。②明确了内质网应激在 METH 介导的神经细胞自噬和凋亡中起到的重要的作用和机制，并且首次提出 P8-Chop-Trib3 信号通路是这一过程中起重要作用的信号分子。③发现多条凋亡或自噬的通路，如通过 C/EBPβ-Trib3、DDit4 通路激活 mTOR 信号通路导致自噬发生和通过 C/EBPβ-IGFBP5-PUMA、Caspase11、P8-Chop 等通路激活 Caspase3-PARP 的凋亡信号通路导致的凋亡。④发现 METH 可诱导 α-syn 磷酸化、硝基化、泛素化、聚泛素化等方式异常聚集，进一步加重 METH 诱导的神经元凋亡和自噬功能障碍，而且发现了 METH 诱导 tau 蛋白磷酸化与 α-syn 聚集之间的相互作用，进一步促进 METH 诱导的神经退行性变。⑤ METH 不仅直接对神经元产生毒性损伤作用，神经胶质细胞还可通过神经炎症反应间接导致神经毒性，这也是 METH 神经毒性的又一重要机制。METH 作用后神经元损伤并释放信号分子，脑内尤其黑质纹状体多巴胺系统的星形胶质细胞和小胶质细胞迅速反应激活、形态改变、增生、迁移，并同时诱发一系列炎症因子和超氧化因子等神经毒素（如 IL-1β、IL-6、CCL2、TNF-α、ROS、ONOO- 等）产生，加剧了 METH 相关神经毒性。已证实 METH 可作用于星形胶质细胞上 LTR4 受体，激活 NF-κB 通路，增加 IL-1β、IL-8、IL-18 的表达和释放，同时也可以产生内质网应激效应激活 Chop 通路增加 Lcn2 表达、释放，最终通过神经元细胞受体（如 24P3R、CXCR1 等）导致神经元凋亡。⑥ METH 还通过 RhoA / ROCK 依赖性途径减少紧密连接蛋白（MMP-9）的表达，重新排列 F- 肌动蛋白（F-actin）细胞骨架并增强血脑屏障通透性。

有相关科研团队也证明了氧化应激在 METH 神经毒性损伤中的作用。利用细胞模型、大鼠、树鼩模型等，发现了 METH 与 HIV-Tat 蛋白通过氧化应激 p-mTOR 信号通路能导致多巴胺能神经元自噬及凋亡，这一作用可被抗氧化剂 NACA 削弱，同时发现 ATG5/ATG7 可协同 p-mTOR 信号调控神经元自噬过程，导致多巴胺能神经元损伤。同时，METH 与 HIV-Tat 蛋白的协同损伤作用对血脑屏障损伤也得以揭示，研究发现了氧化应激也是血脑屏障损伤的重要环节，其中部分是通过 GLUT1、GLUT3 和 TRPM2 通道介导或调控的。在研究损伤的同时，也在积极寻找药物治疗损伤和成瘾，例如，发现天麻素可分别通过 Akt/mTOR 和 cAMP/PKA /CREB 通路调控神经元自噬和凋亡保护神经、人参皂苷 Rb1 抑制氧化应激保护血脑屏障。此外，也有学者发现 CCK-8、氢气可干预 METH 通过内质网应激诱导的神经毒性。另外部分学者发现 METH 通过诱导皮质神经元程序性坏死导致神经毒性。

二、METH 致成瘾及精神障碍机制进展

成瘾性及行为、精神改变是 METH 滥用最直接的表现，也是我国法医学研究的主要方向之一。有学者团队主要对 METH 所致的成瘾、复吸、行为敏化、神经发育及认知障碍等机制研究，从表观遗传学调控机制、信号通路及神经元可塑性等方面展开研究，主要研究了：①在成瘾、情绪行为方面具有重要作用的多巴胺 D_3 样受体可通过调节不同大脑区域中的 PDE4B 和 ATF3 来控制 METH 诱导的行为敏化，而且 D_3 样受体会对 METH 介导的免疫反应产生影响，一方面 D_3 受体参与了小鼠骨髓肥大细胞中 METH 介导的 LPS 诱导的 TLR4 表达以及下游 MAPK 和 NF-κB 信号分子的表达从而调控肥大细胞的激活，另一方面 METH 通过 D_3 样受体调节 LPS 诱导的小鼠模型中肥大细胞释放的细胞因子产生。②发现了 METH 成瘾相关的非编码 RNA 调控网络，例如，发现 miR-29c 在 METH 致敏小鼠的 NAc 中显著下调并证明了 miR-29c 是 METH 诱导的行为敏化和基因表达变化的重要表观遗传调控因子，还发现 miR-128 可调控 ARF6、CPEB3 和 NLGN1 等调节神经可塑性促进 METH 行为敏化，miR-204-3p 这一致敏小鼠 NAc 唯一上调的 miRNA 的可能调控节点 SEMA3A 和 PLXNA4 等的潜在调控网络，而且也提出了 miRNA 生物发生剪切蛋白 AGO2 和 DICER1 在 METH 成瘾中可能发挥的作用，揭示了非编码 RNA 在 METH 所诱导行为敏化中的重要意义。③进一步在蛋白信号通路上也对 METH 敏化进行了研究，发现 GluN2B-PP2A-AKT 等信号通路在 METH 所诱导的行为敏化及认知能力改变中的作用，长期 METH 暴露诱导伏隔核突触结构可塑性改变等。④积极探索治疗方法，提出了 I-THP、NaB、LB100 等对 METH 成瘾行为的治疗作用及 METH 暴露后认知障碍的保护作用及其分子机制，例如，认为 L-THP 可在 CPP 全阶段抑制 METH 奖赏机制，其治疗作用可能与抑制 NAc 和 CPu 中的 ERK1/2 磷酸化有关；在 METH 诱发的 CPP 消退阶段反复注射 NaB 可阻止 CPP 恢复、防治复吸等。⑤在精神分裂症小鼠模型上发现 MEG3、MIAT、NEAT1、NEAT2 等 lncRNA 与 METH 所致精神分裂症的相关性，其中 NEAT2 和 MIAT 可能是重要调节器。⑥考虑到 METH 对后代认知功能的影响，探究了母亲 METH 暴露后对子代认知能力的影响以及其神经发育相关基因的表达改变。

第三节　乙醇的损伤机制及神经毒理学特征

一、乙醇所致神经毒性的病理学变化

乙醇主要通过直接或间接引起维生素缺乏与代谢功能紊乱从而导致神经功能障碍。

（一）维生素 B_1 缺乏

在乙醇滥用的人身上常常出现缺乏维生素 B_1 而产生的神经病理学症状，主要包括 Wernicke-Korsakoff 综合征（韦尼克 – 科尔萨科夫综合征）与小脑变性。临床上，韦尼克脑病典型表现为眼肌麻痹，运动失调，精神状态改变，在某些急性病例中可能发展为昏迷，甚至死亡。在慢性病例中则可能发展成科尔萨科夫综合征，这是一种可能在慢性乙醇中毒人群中不可逆性的罕见精神障碍。小脑变性的典型表现为共济失调性步态与笨拙，于下肢表现更为明显。值得注意的是，醉酒导致的反复摔倒往往与慢性乙醇中毒有关，乙醇滥用引起的 Wernicke-Korsakoff 综合征和慢性小脑变性极有可能共同促进了醉酒相关的反复摔伤。因此，新、旧脑部损伤在慢性乙醇中毒人群中比较常见。

（二）韦尼克脑病

大体上，乙醇滥用引起的韦尼克脑病，典型改变为乳头体萎缩及褐色变，但也有高达 25% 的案例大体检查可正常。部分案例可在乳头体与第三脑室周围的下丘脑部位观察到出血性坏死。中脑导水管周围区域也可见类似的损伤。在显微镜下观察，上述区域的病理学改变往往与微血管增生有关。与缺血性坏死不同的是，乙醇引起的韦尼克脑病往往乳头体中神经元保存相对完好，但通过胶质纤维酸性蛋白（glial fibrillary acidic protein，GFAP）免疫组织化学染色可以发现该病主要以胶质增生为主。也可以用网状纤维染色来显示病变区微血管的密度增加，而普鲁士蓝染色则可显示含铁血黄素而提示陈旧性出血。

（三）脑萎缩

神经影像学与神经病理学研究表明，与对照组相比，酗酒者的脑往往有不同程度的萎缩。酗酒者的脑萎缩主要由白质明显减少所致，以额叶前部最为显著。饮酒相对较少的酗酒者脑重量减轻至约为对照组脑重量的 94%。而患有 Wernicke-Korsakoff 综合征的酗酒者脑重量减轻至约为对照组脑重量的 91%。这一现象明显表明了脑萎缩与乙醇总摄入量和频率有关。但是也有证据表明，经过戒酒之后酗酒者的脑萎缩症状可能减轻，并恢复至对照组水平。

（四）小脑变性

小脑萎缩，在上蚓部尤为显著，慢性乙醇中毒人群中常有发现。显微镜观察可以在上蚓部区域发现明显的浦肯野细胞死亡与相关的 Bergmann 胶质细胞增生。

（五）其他由乙醇导致的代谢紊乱

（1）脑桥中央的脱髓鞘病变：肉眼检查可见脑桥基底部中央有苍白色区域。虽然这种异常病变大多发生在慢性乙醇中毒人群中，但它也可由众多潜在的代谢紊乱导致。这种异常与长期酗酒致电解质紊乱，进一步引起低钠血症有关。

（2）胼胝体进行性变性：这是一种少见的病变，主要见于地中海地区的酗酒者。临床上急性病例往往表现为癫痫与失去意识，时常导致死亡。慢性病例则往往不能引起病理学家的注意。这种病变的特点是胼胝体的脱髓鞘性病变，尤其发生于胼胝体前部。对病变区域进行髓鞘染色，在显微镜下可见高亮区域，并有大量的巨噬细胞。

二、乙醇所致损伤机制及神经毒理学特征

乙醇在胃肠道中被迅速吸收并代谢为乙醛、乙酸、二氧化碳和水。进入大脑的乙醇迅速扩散，其代谢产生的乙醛是其主要的有毒因子。由于个体的代谢、排泄和耐受不同，酒精的神经毒理存在个体差异。一般来说，男性个体代谢量为每小时 15 mg/dL，女性个体代谢量为每小时 18 mg/dL，酗酒者代谢量为每小时 27 mg/dL。乙醇的毒理作用包括中枢神经系统抑制、血管舒张、体温降低、胃酸分泌增加和排尿增多。中枢神经系统抑制性影响包括判断力受损、自我价值感受损、精神欣快、记忆丧失和注意力持续时间缩短。一般来说，低于 0.05 g/dL 的浓度属于亚临床，会表现出接近正常的行为。达到 0.12 g/dL 的浓度会导致欣快感和抑制力、注意力和判断力的下降；0.09~0.25 g/dL 的浓度会导致兴奋、情绪不稳定、感知和理解能力受损、感觉反应减少和反应时间延长，以及感觉运动不协调；0.18~0.30 g/dL 的浓度会导致定向障碍、意识模糊、情绪状态夸张、视觉障碍、疼痛阈值增加、说话含糊不清、肌肉协调性障碍、冷漠和过敏；浓度为 0.35~0.5 g/dL 会导致昏迷、呼吸和循环功能受损，甚至可能导致死亡。

第四节　其他精神类活性物质损伤机制及神经毒理学特征

一、氯胺酮

氯胺酮（ketamine），俗称"K 粉"，为 N- 甲基 -D- 天冬氨酸受体（NMDAR）拮抗剂，作为麻醉药及抑郁症治疗药物广泛应用，但因其具有较强的致幻作用及依赖性而被违法滥用，是目前我国除 METH 外第二大滥用的新型毒品。氯胺酮也是我国法医学领域研究关注的新型毒品。四川大学廖林川等主要在代谢组学层面进行研究，发现氯胺酮

能干扰前额叶皮质、海马与纹状体等脑区的嘌呤代谢及甘油磷脂代谢，从而导致神经毒性作用，此外还能通过降低 mTOR 的表达而诱导产生精神分裂症；亚油酸代谢、β－丙氨酸代谢、乙醛酸代谢和二羧酸代谢异常参与了氯胺酮相关性膀胱炎的发生；氯胺酮还能通过干扰多种氨基酸代谢通路，从而在能量代谢、氧化应激、神经递质传递等方面导致肝毒性。中国医科大学吴旭等还发现，氯胺酮通过影响 GSK-3β（GSK：糖原合酶激酶）、CDK5（CDK：周期蛋白依赖性激酶）、PP2A（PP：蛋白磷酸酶）与 PP2B（钙调神经磷酸酶）的表达水平及活性，从而介导 tau 蛋白的异常磷酸化导致神经毒性。

二、3，4-亚甲二氧基甲基苯丙胺

3，4-亚甲二氧基甲基苯丙胺（MDMA），一般指摇头丸，是一种人工合成苯丙胺类毒品。摇头丸具有兴奋和致幻作用，具很强的精神依赖性，几次后即可成瘾，上瘾后极易产生依赖，难以戒断，半年内复吸率仍高达 95% 以上。MDMA 与 METH 同属苯丙胺类毒品，其与 METH 致兴奋成瘾的机制稍有不同，但二者具有相似的毒性损伤机制。作为我国常见的新型毒品之一，同样引起了法医的关注及研究。华中科技大学刘良等与中国政法大学张海东等还开展了 MDMA 的心脏毒性机制、死后再分布规律的研究，主要发现 MDMA 能通过改变心肌 Cx43 的表达及磷酸化状态从而导致心律失常，长期饮酒及低温能降低 MDMA 在体液中的死后再分布等。

三、阿片类

阿片类物质可与中枢神经系统中特定的阿片类受体结合，影响内源性内啡肽的功能，阻碍乙酰胆碱的释放，并间接增强多巴胺的有效性。阿片类物质可作为完全激动剂或混合激动剂-拮抗剂与多个阿片受体（μ、κ、δ、σ）发生相互作用。各物质的毒理作用取决于其所结合的受体类型。激活 μ 受体可导致中枢神经系统抑制，引发脊髓和脊髓上镇痛、呼吸抑制、瞳孔缩小、欣快症、胃肠动力减弱、体温过低、心动过缓、生理耐受和依赖。激活 κ 受体可导致脊髓镇痛、镇静、利尿、轻度呼吸抑制和轻度成瘾。激活 δ 受体可导致脊髓镇痛、烦躁不安、幻觉、呼吸增快和血管收缩。激活 σ 受体可导致心动过速、血压升高、呼吸急促、肌肉扩张和幻觉的产生。

针对阿片类物质中毒，免疫分析法是目前主要的初筛手段，而气相色谱/质谱法是最常用的确诊方式。海洛因很快就能被代谢为吗啡。在使用海洛因 8 h 后甚至更短时间内即可于尿液中检测到一种独特的代谢产物 6-单乙酰吗啡（6-monoacetyl morphine），但药物浓度与致死性之间尚无很好的相关性。阿片类物质可诱导机体产生高耐受性，因此血药浓度需与尸检结果及现场调查结果联合分析以得出结论。该类物质中还常混有普鲁卡因、奎宁和苯海拉明等稀释剂。除此以外，芬太尼也常作为掺杂剂出现。这些掺杂剂也可加重阿片类物质的神经毒性。

四、可卡因

可卡因作为局部麻醉剂，可阻止神经递质的再摄取，导致如动静脉畸形或高血压出血。基底核、丘脑和脑干是高血压脑出血最常见的部位，其次是皮质下白质和小脑。高血压也与可卡因相关的蛛网膜下隙出血有关。可卡因滥用引起的高血压性心血管疾病也是可卡因诱导脑出血死亡的风险之一。可卡因滥用引起的血压升高可导致原有动脉畸形破裂，且这种破裂的动脉瘤通常较小。

影像学研究表明，与正常对照组相比，慢性可卡因使用者的颞叶灰质体积和颞叶体积缩小。这在大体检查中看不到，但在磁共振成像中很明显。

可卡因也与兴奋性精神错乱和癫痫发作有关。据报道，可卡因使用者的大脑改变了多巴胺受体的状态。妄想性障碍、运动障碍（舞蹈病、静坐症）和帕金森病（震颤麻痹）也有报道。癫痫发作很少见，通常是由于脑出血、梗死或过量用药所致。孕期滥用可卡因与胎儿脑出血和脑梗死有关。

第五节　神经胶质细胞在精神类物质神经毒性中的作用

最近发现，几乎所有滥用物质均会影响非神经细胞。作为中枢神经系统中的重要非神经细胞，胶质细胞构成大脑中大多数细胞，它们在多种脑功能中发挥积极作用，包括神经递质的释放和清除，突触的发育和成熟，突触可塑性，神经元细胞存活，免疫应答等。药物滥用会显著影响神经胶质细胞，并且有新的证据表明，急性与慢性的药物滥用造成的行为影响受到神经胶质细胞的活性影响。这些发现提出了神经胶质细胞在药物滥用的发展和持续性中的重要作用。

一、脑神经胶质细胞分类及生理学功能

胶质细胞在整个脑中极为丰富，通常根据形态和生理特征进行分类。中枢神经系统中神经胶质细胞的主要类型包括星形胶质细胞、小胶质细胞、少突胶质细胞和室管膜细胞。星形胶质细胞为神经元提供了许多结构和代谢支持功能，并通过清除神经递质，缓冲离子浓度和释放信号分子来调节细胞外环境。小胶质细胞是具有免疫功能的细胞，可识别病原体并参与吞噬作用，溶酶体降解以及多种促炎和抗炎物质的分泌。少突胶质细胞包裹神经元的轴突形成髓鞘，使神经纤维与细胞外基质隔绝，并使轴突信号更有效地传播。室管膜细胞排列在脊髓和脑室，参与脑脊液的产生、分泌和循环。总的来说，神经胶质细胞在神经系统中起到非常重要的作用，但未能受到足够的重视。

以往认为神经胶质细胞是相对失活的细胞，主要对脑神经元起支持作用。研究发

现，除了对神经元的支持功能之外，神经胶质细胞还通过神经化学信号的释放和接收以及细胞外环境的稳态维持来主动调节大脑活动。它们表达各种神经递质受体，转运蛋白和免疫信号复合物，使它们能够接收内源性和外源性化学信号。胶质细胞还可以释放神经递质、神经营养因子和炎性物质，使它们能够与神经元和其他神经胶质细胞进行交流。胶质细胞产生各种活动状态的能力使它们能够灵活地调节神经元和参与突触功能的发育、发展和完善。重要的是，滥用药物会调节神经胶质细胞的活动并改变其与大脑其他细胞的相互作用。尽管所有的神经胶质细胞类型都与药物滥用有联系，但大多数研究集中在药物滥用与星形胶质细胞和小胶质细胞的相互作用上，因此，这些神经胶质细胞类型构成了目前的研究热点。

（1）星形胶质细胞：星形胶质细胞是大脑中最丰富的神经胶质细胞类型。它们具有独特的细胞结构和表型特征，使它们能够感知周围的环境并对微环境的变化做出动态反应。星形胶质细胞的特征在于细胞骨架蛋白 GFAP 的表达，而 GFAP 表达的变化常被当作星形胶质细胞活化的指标。尽管它们可以呈现各种结构形态，但是大多数星形胶质细胞呈星形，经过多个过程由体细胞发育而来。大直径血管所延伸的毛细血管包裹星形胶质细胞的突起，从而分别通过表达葡萄糖转运蛋白和水通道蛋白 4 来调节葡萄糖和水的体内稳态。较小直径的胞外突触是 "tripartite synapse" 的组成成分，这个结构中，星形胶质细胞突起吞噬突触前神经元末端和突触后神经元膜的结构元件。突触周围通过各种神经递质受体和转运蛋白以及离子通道、细胞因子和神经营养受体的表达来辅助突触形成和突触传递。

研究表明，存在于皮层灰质中的单个星形胶质细胞与数百个树突相关联，并与成千上万的突触接触，在人类中数量可能高达 2 000 000 个。星形胶质细胞分布在整个大脑的微环境中，这些微环境的运作在被称为缝隙连接的水通道所形成的功能网络内进行。星形胶质细胞的细胞质借助缝隙连接，并通过交换第二信使，使得小分子和离子进行直接的细胞间通信。星形胶质细胞和星形细胞网络的细胞结构因此积极地与多个突触相关联以协调神经元的活动。星形胶质细胞中神经递质、细胞因子和神经营养因子的协同释放使它们能够将信号放大，最终影响多个网络中的神经元活动。

星形胶质细胞具有从突触间隙清除神经递质如谷氨酸的功能。该功能对于终止突触中谷氨酸的传递，维持神经元兴奋性和发展突触可塑性至关重要。谷氨酸的突触清除主要通过谷氨酸转运蛋白 1（glutamate transporter protein-1, GLT-1）完成。GLT-1 是仅在星形胶质细胞上表达的高亲和力钠依赖性转运蛋白。它在星形胶质细胞突触中表达，吞噬谷氨酸突触并在突触释放后参与谷氨酸摄取。摄取谷氨酸盐之后，星形胶质细胞通过星形胶质细胞特异性酶（谷氨酰胺合成酶）将谷氨酸盐转化为谷氨酰胺。然后将谷氨酰胺从星形胶质细胞中释放出来，并转运到神经元中，通过谷氨酰胺酶将其转化成谷氨酸盐。这个过程称为谷氨酸 - 谷氨酰胺循环，是回收释放到突触中的谷氨酸的主要机制。

　　星形胶质细胞还能够在神经胶质传递的过程中释放化学递质，如谷氨酸、D-丝氨酸、三磷酸腺苷和牛磺酸。谷氨酸神经胶质传递通过调节神经元上突触之外的谷氨酸受体，在进一步塑造突触传递和可塑性中起着不可或缺的作用。谷氨酸的星形细胞释放主要通过半胱氨酸-谷氨酸反转运蛋白进行的谷氨酸交换而发生，尽管谷氨酸的释放也可以通过反向转运通过 GLT-1 和钙依赖性囊泡释放来实现。释放后，谷氨酸可以多种方式塑造突触通信。首先，谷氨酸释放可以作用于谷氨酸末端的突触代谢型谷氨酸受体（mGluRs）。突触前 mGluR2/3 是与抑制性 G 蛋白耦联的谷氨酸自身受体。这些受体通过谷氨酸神经胶质传递的激活减弱了谷氨酸的突触释放，并可能调节兴奋性神经传递。其次，源自神经胶质的谷氨酸还可以激活第 1 组 mGluRs，这是一种 Gq 耦联受体，主要位于突触后谷氨酸的位点，在该位点内细胞内信号传导可以促进突触后兴奋性传递，从而增加突触可塑性。可见星形胶质细胞参与谷氨酸摄取和谷氨酸胶质传递的双重功能使星形胶质细胞能够控制谷氨酸稳态，突触和突触外谷氨酸的传递达到平衡。

　　在某些生理条件下，星形胶质细胞还可以充当免疫功能细胞。一方面，以这种能力，星形胶质细胞产生针对组织损伤或其他损伤的促炎和抗炎信号。星形胶质细胞具有分泌促炎细胞因子的能力，这些因子对邻近神经元和其他神经胶质细胞存在潜在的危险。另一方面，抗炎细胞因子和神经营养因子的释放被认为是有益的，可提供针对神经元损伤的保护作用。据认为这两个不同的过程在特定的方式下交替发生，这取决于炎症损伤的持续时间及网络中星形胶质细胞和其他神经胶质细胞的静息状态。

　　（2）小胶质细胞：大脑的先天免疫系统主要由称为小胶质细胞的免疫活性细胞组成。小胶质细胞来自渗透到大脑并随后分化为小胶质细胞的单核细胞。小胶质细胞分布在整个大脑中，并对局部微环境进行免疫监视。小胶质细胞通过吞噬功能和细胞毒性机制破坏外来物质，并参与炎症信号传导，充当抗原呈递细胞，从而与外周巨噬细胞具有相似的功能。然而，与巨噬细胞不同，小胶质细胞具有极强的可塑性。根据其微环境的需求，它们以不同的形态和活动状态存在。静态小胶质细胞具有类变形虫性质，通过每秒对其微环境进行几次采样来执行免疫监视功能。当检测到"危险"信号时，如细菌、病毒或异物（即异生物质），小胶质细胞会通过上调各种表面活化标记并产生和释放炎性物质（如细胞因子）。根据所检测信号的类型和持续性，小胶质细胞可以进入不同的激活状态，从而产生促炎信号的不同组合。小胶质细胞通常有一种与神经退行性疾病和神经病理学疾病相关的特别有趣的状态，被称为"致敏"（"primed"或"sensitized"）状态。在这种状态下，小胶质细胞的反应性更剧烈，如果再次受到刺激，则会产生大量的促炎信号。

　　小胶质细胞的监视是通过表达多种模式识别受体来完成的。这些受体对独特的病原体相关分子模式（pathogen associated molecular pattern，PAMP）做出反应，包括由病毒、细菌和寄生虫表达的碳水化合物、核酸、多肽等，以及通过损伤相关分子模式（damage associated molecular pattern，DAMP）来指示细胞应激和／或损伤。Toll 样受体（TLR）家族可能是特征最丰富的细胞表面模式识别受体。每个 TLR 家族成员对病原体（如革兰氏阴性菌和革兰氏阳性菌）短链的单链和／或双链 RNA 或 DNA 短的各种分子基序都有独特的反应。晚期糖基化终末产物受体（RAGE）是另一种模式识别受体，它被 DAMP 如 S100 蛋白和高迁移率蛋白 -1 激活。小胶质细胞还含有在细胞质中发现的核苷酸结合和寡聚结构域受体（类 NOD 受体），可识别革兰氏阴性菌和革兰氏阳性菌的肽聚糖成分。

小胶质细胞的激活导致转录因子 - 核因子 κB（NF-κB）发生核转位，促进了包括白介素 -1β（IL-1β），白介素 -6（IL-6），肿瘤坏死因子 -α（TNF-α）在内的 NF-κB 下游基因的转录。在生理条件下，促炎因子协调免疫防御、碎片清除和修复。同时，中枢免疫信号传导通过上调表面 AMPA 和 NMDA 受体，增强 NMDA 受体的传导性以及增加自发性兴奋性神经递质的释放，具有一定的神经兴奋作用。

二、神经胶质细胞活性在精神类物质滥用神经毒理中的作用及机制

（一）胶质细胞在阿片样物质神经毒性中的作用研究进展

阿片样物质可结合并有效激活阿片类所有受体亚型（即 μ、δ 和 κ）。μ 阿片受体的激活在腹侧被盖区神经元上表达的蛋白在很大程度上与阿片样物质的急性增强作用有关。阿片样物质可能改变神经胶质细胞活性的最早迹象之一是，长期使用吗啡使腹侧被盖区的星形胶质细胞标记物 GFAP 增加，这一作用可被阿片受体拮抗剂纳曲酮所抑制。还有证据表明，吗啡通过阿片受体与嘌呤能受体的相互作用增强了小胶质细胞的迁移。另有证据表明，阿片样物质通过与 TLR4 共受体髓样分化因子 2 结合，通过模式识别受体 Toll 样受体 4（Toll-like receptor 4，TLR4）改变了免疫信号传导。上述发现表明，神经胶质细胞可被阿片样物质通过潜在的机制修饰，进而参与阿片样物质的神经毒性。

越来越多的证据表明，阿片样物质重现了免疫信号传导原型激活剂（如 LPS）的作用。例如，吗啡的急性和慢性给药均可增加与免疫激活相关的细胞标记物如小胶质细胞 CD11b 和星形胶质细胞 GFAP 的表达。采用非选择性磷酸二酯酶抑制剂和特定的小胶质细胞抑制剂异丁司特可用来衰减吗啡引起的 CD11b 和 GFAP 上调。阿片类物质也会改变细胞内信号传导并上调免疫相关基因的表达。例如，吗啡诱导的 NF-κB 磷酸化可导致细胞因子（如 IL-1β 和 TNF-α）及趋化因子（如 CCL5 和 MCP-1）的表达增加。此外，异丁司特对小胶质细胞抑制后也阻滞了吗啡诱导的免疫应答反应，同时还增加了抗炎细胞因子白介素 -10 的表达。

直到最近，神经胶质细胞的免疫激活功能与阿片样物质奖赏的关联性得到了试验证实。在向伏隔核中注射含有促炎细胞因子和趋化因子的星形胶质细胞条件培养液后，

吗啡条件性位置偏好增加。最近的发现表明，阿片样物质和大脑奖赏系统中与阿片作用相关的小胶质细胞的相互作用潜在地影响药物滥用的进展。因此，通过微透析测量可发现小胶质细胞抑制了伏隔核中吗啡诱导的多巴胺释放，并抑制了吗啡条件性位置偏爱的进展。最近有研究利用过氧化物酶体增殖物激活受体（peroxisome proliferator-activated receptors，PPARs）激动剂来减少免疫激活。PPARs属于核激素受体家族，在中枢神经系统内的神经元、少突胶质细胞、星形胶质细胞和小胶质细胞中表达。其中PPARs主要在小胶质细胞中表达，PPARs激动剂可抑制促炎因子的表达。刺激PPARs会降低海洛因的自身给药行为，并减少对海洛因的觅食行为。

阿片样物质诱导小胶质细胞促炎信号的机制可能与TLR4有关。敲除TLR4基因后吗啡和羟考酮的条件性位置偏好的进展明显受阻。同样，低亲和力的TLR4抑制剂（纳洛酮）不仅会损害吗啡条件性位置偏爱的发展和瑞芬太尼的自我给药，而且会解除吗啡在伏隔核中产生多巴胺升高的能力。这些发现表明阿片样物质成瘾的行为异常与对TLR4的调节作用密切相关。

（二）神经胶质细胞在乙醇神经毒理中的作用研究进展

乙醇在脑中具有多种毒理作用并导致多种行为改变。饮酒可以改变脂质膜的完整性，增强GABA受体的活性，抑制NMDA谷氨酸受体，并促进阿片和5-羟色胺的神经传递。乙醇的急性增强作用归因于乙醇通过抑制腹侧被盖区的多巴胺神经元来增加中脑皮质系统的活性。但是，乙醇在中枢和周围神经系统的广泛作用表明，乙醇也可以通过许多方式影响神经胶质细胞。

长期乙醇摄入会通过上调TLR受体的表达来增强小胶质细胞对随后的炎症信号传导（如LPS），有效地致敏小胶质细胞。乙醇诱导的促炎信号可能由在小胶质细胞上表达的TLR（如TLR2/4）介导。目前尚不清楚乙醇是否与小胶质TLR直接相互作用，但是有证据表明乙醇会增加HMGB1的神经元释放，HMGB1是TLR4的一种内源性激活剂。TLR4的激活增加了NF-κB DNA的结合和NF-κB靶基因（如IL-1β和TNF-α）的转录。抑制HMGB1和TLR4激活可阻止乙醇诱导的免疫激活和细胞因子释放。长期乙醇摄入及由此产生的小胶质细胞TLR持续激活导致了乙醇诱导的神经变性。

对多个高度嗜酒的啮齿动物品系采用特定的小胶质细胞抑制剂（如异丁司特和米诺环素），可减少在2 h和24 h的两瓶选择模型、黑暗条件下饮酒、长期间歇性饮酒这三种模型中的饮酒行为，提示乙醇诱导的小胶质细胞免疫激活对饮酒和乙醇摄取具有主观影响。

除了小胶质细胞参与乙醇神经毒性外，星形胶质细胞的活性也参与其中。饮酒可以显著改变皮质区域的星形胶质细胞密度。这些发现表明，星形胶质细胞的密度可能与乙醇依赖的发展过程相关联。此外一些研究表明，戒酒可导致皮质中星形胶质细胞减少，伏隔核中星形细胞的增加。

（三）神经胶质细胞在其他精神兴奋剂神经毒性中的作用研究进展

精神兴奋剂类药物是一类具有显著的精神刺激的药物，主要与提高儿茶酚胺神经递质（如多巴胺和去甲肾上腺素）有关。可卡因和各种有关的苯丙胺，包括 d- 苯丙胺，甲基苯丙胺和 3，4- 亚甲基二氧基甲基苯丙胺是最常用的娱乐性精神刺激药物。

与上述关于阿片样物质和乙醇的研究结果相似，精神兴奋剂会改变星形胶质细胞调节谷氨酸稳态的能力。长期服用可卡因和甲基苯丙胺后，这些作用尤为明显。特别是，可卡因和甲基苯丙胺长期给药可增加伏隔核中 GFAP 的表达。但停止可卡因自身给药后，伏隔核中 GFAP 的表达降低。这可能与可卡因自身给药与停止给药诱导星形胶质细胞萎缩并减少突触周围突触调节和传递的过程有关。这些形态学变化与长期服用精神兴奋类药物和戒断后观察到的 GLT1 表达降低密切相关。长期服用精神兴奋剂导致 GLT1 的下调可能会损害谷氨酸的吸收，因此再次暴露于精神兴奋剂本身会导致谷氨酸释放的增加和突触谷氨酸的传递增加，这些影响与伏隔核中星形胶质细胞表达的半胱氨酸谷氨酸逆转运蛋白的下调密切相关。

神经胶质细胞也在精神兴奋剂引起中枢神经免疫过度应答中扮演重要角色。广泛刺激 sigma-1 受体可以激活小胶质细胞、星形胶质细胞，从而引发促炎和抗炎反应。精神兴奋药也可激活神经胶质细胞特有的 TLR 而引发中枢炎症反应。此外，高剂量的甲基苯丙胺可促进 NF-κB 核转录并诱导炎症性细胞因子基因的表达。最新的研究发现，可卡因和甲基苯丙胺均可上调伏隔核、海马和前额叶皮层中的促炎细胞因子水平。对培养的小胶质细胞采用可卡因处理，可检测到 TNF-α、IL-6 和 CCL2 含量显著增加。这些最新研究共同表明，神经胶质细胞广泛参与了精神兴奋剂耐受、成瘾与神经免疫应答过程。

第六节　精神类活性物质法医学研究新动态和新技术

最近十几余年来，科学研究技术手段的突飞猛进开阔了研究领域的视野，解决了从前不可企及的重大科学问题。新理论和新技术的应用，亦造就了我国法医学精神类活性物质，尤其是毒品相关研究的新高度。例如，外泌体在新型毒品毒性以及成瘾性机制中的研究，多组学在新型毒品毒性损伤中的应用研究，微生物技术在新型毒品毒性损伤中的机制研究，纳米技术在新型毒品检测中的应用研究等，均已慢慢发展为新的研究热点，并开始展现它们在毒品损伤和成瘾机制中的创新性发现。

一、外泌体在精神类活性物质毒性损伤机制中的作用及其法医学应用价值

外泌体是一类能被机体大多数细胞分泌的微小囊泡，具有脂质双层膜结构，直径为 40~150 nm。近年来研究表明，外泌体在很多病理生理发生过程中起着重要的作用，如肿瘤的生长转移、组织损伤的修补、免疫抗原提呈等。外泌体可作为生物标记物用于疾病的诊断和预后，已广泛应用于多种疾病的早期筛查及诊断。而外泌体由于其特殊的结构功能特点，有可能携带某些重要信号分子分泌到体液中，为寻找毒品毒性损伤机制乃至损伤程度提供了可能。笔者所在团队近两年来，在外泌体与心脑毒性损伤相关的前期研究过程中，发现了心肌细胞和神经元来源的外泌体中部分 miRNA 和蛋白差异表达显著，外泌体可被心肌成纤维细胞、心脏微血管内皮细胞、大脑微血管内皮细胞等摄取，提示外泌体作为一种信使和媒介，其携带的异常分子极有可能在心脏和大脑细胞群信息交流过程中参与细胞受损，最终导致心脏功能异常或者大脑功能异常。

二、关于微生物在精神类活性物质毒性损伤中的机制研究

近年来，随着肠道菌群在神经系统疾病的作用被不断发现，肠道微生物已成为目前神经领域的研究热点，微生物—肠—脑轴在毒品毒性成瘾中的作用也开始得到关注，但目前关于肠道菌群与新型毒品的研究很少。Ning 等通过测序分析了 METH 诱导大鼠发生条件位置偏爱时肠道菌群的变化情况。目前国内法医学研究者中，仅南方医科大学王起等在研究中发现 METH 可能通过增加肠道病原菌的相对丰度，促进肠道炎症，导致中枢神经系统自噬。目前，肠道菌群与精神类活性物质之间的研究还处于起步阶段，其深入研究将有可能会为精神类活性物质机制研究及药物治疗提供新的靶点及方向。

三、多组学在精神类活性物质毒性损伤中的应用研究

当前，生命科学的发展已经进入一个多组学时代，过去单组学研究对于了解机体不同分子、细胞、器官之间复杂的相互作用关系早已远远不够。从基因组、转录组、蛋白组、代谢组、单细胞测序到各种组学技术以及组学联用技术的应用，已经在临床疾病相关生物标志物的筛选、疾病的病理机制研究中发挥了作用。精神类活性物质不仅造成中枢神经系统在分子、细胞、神经环路功能和脑结构等不同层次发生了复杂的生理病理变化，全身其他器官也会发生不同程度损伤。多组学联用将更有利于深入了解其作用机制，大大增强多分子标志物的可测性和可靠性。随着测序等分子生物学技术的发展，各种组学数据相继出现，给生物标志物的筛选带来了新机遇的同时，其庞大的数据量也将带来相应的挑战。

四、纳米技术在精神类活性物质检测中的应用研究

快速准确的精神类活性物质检测手段对于公安机关打击处理滥用药物犯罪案件起着关键性作用，尤其在毒品犯罪案件中尤为重要。纳米材料因其纳米级别的大小而具有优良的特性，目前在毒品快速检测领域应用广泛，如碳纳米管、石墨烯等在样品前处理中的应用，利用纳米材料构建毒品快速定量检测的传感器等，正在快速推动毒品检测的发展，不仅能够提高检测率，还能提供更加丰富的信息。目前国内利用该技术对毒品检测的研究刚刚起步，相信能够给毒品及标志物检测带来光明的应用前景。

第七节　精神类活性物质法医学研究面临的挑战与展望

一、我国精神类活性物质基础研究中存在的问题

我国在精神类活性物质研究中也存在一些问题，以新型毒品研究为例，与获得的项目数相比，毒品研究的科研成果的产出比不高，高质量、影响大的科研成果尚待加强；也存在着创新性不足、追随和重复研究的现象，研究内容与法医学实践关联性不紧密，与吸毒人群的关联不紧密，未能利用难得的法医尸检鉴定中的发现，给社会上的吸毒群体提供有指导价值的帮助，这些都有待于我们在今后的研究中加以重视。

二、精神类活性物质研究的新方向、新挑战

我国法医关于精神类活性物质毒性的研究（以毒品研究为例），主要集中在毒性损伤作用机制研究、成瘾及精神损伤与行为改变等方面。近年来，国际上在新型毒品研究方面有一些新的动向值得关注：①产前暴露于 METH 对子代的影响，可造成子代葡萄糖代谢稳态受损，发育障碍，认知、学习、记忆、行为能力下降以及更容易产生药物依赖。②环境法医学中的 METH 对生态环境、生物链生物的影响。③ METH 成瘾和毒性损伤的治疗。④基因遗传学、表观遗传学在 METH 损伤或成瘾中的研究。⑤其他苯丙胺类似物（尤其是卡西酮类）的毒性研究。⑥在 METH 损伤中细胞与细胞之间的作用、器官或系统之间的作用研究（如微生物 – 肠 – 脑轴、肝损伤对神经系统的损害等）。⑦多种物质联合 METH 作用的毒性（如乙醇和 METH，HIV 和 METH，LPS 和 METH，其他毒品和 METH）。⑧大规模流行病学调查及队列研究，METH 临床症状和死因调查分析等。

目前国内法医学科关于精神类活性物质的研究还是以实验室研究为主，对临床或社会上，特别是涉及现存吸毒人群如何保护和治疗的研究相对较少，对人体材料的研究

也基本上基于动物模型、辅以尸体材料，吸毒人群活体的帮助相对有限。随着新型精神类活性物质种类的不断增多，精神类活性物质的法医学理论与实践的研究依然任重而道远。

（李立亮 复旦大学；谭晓辉 南方医科大学）

参考文献

［1］Carvalho M, Carmo H, Costa V M, et al. Toxicity of amphetamines: an update［J］. Arch Toxicol, 2012, 86（8）: 1167-1231.

［2］Zhang F, Chen L, Liu C, et al. Up-regulation of protein tyrosine nitration in methamphetamine-induced neurotoxicity through DDAH/ADMA/NOS pathway［J］. Neurochem Int, 2013, 62（8）: 1055-1064.

［3］Xu X, Huang E, Tai Y, et al. Nupr1 Modulates Methamphetamine-Induced Dopaminergic Neuronal Apoptosis and Autophagy through CHOP-Trib3-Mediated Endoplasmic Reticulum Stress Signaling Pathway［J］. Front Mol Neurosci, 2017, 10: 203.

［4］Xu X, Huang E, Luo B, et al. Methamphetamine exposure triggers apoptosis and autophagy in neuronal cells by activating the C/EBPβ-related signaling pathway［J］. FASEB Journal, 2018, 32（12）: 6737-6759.

［5］Li B, Chen R, Chen L, et al. Effects of DDIT4 in Methamphetamine-Induced Autophagy and Apoptosis in Dopaminergic Neurons［J］. Mol Neurobiol, 2017, 54（3）: 1642-1660.

［6］Cai D, Huang E, Luo B, et al. Nupr1/Chop signal axis is involved in mitochondrion-related endothelial cell apoptosis induced by methamphetamine［J］. Cell Death Dis, 2016, 7（3）: e2161.

［7］Huang W, Xie W B, Qiao D, et al. Caspase-11 plays an essential role in methamphetamine-induced dopaminergic neuron apoptosis［J］. Toxicol Sci, 2015, 145（1）: 68-79.

［8］Ding J, Wang Y, Huang J, et al. Role of alpha-synuclein phosphorylation at Serine 129 in methamphetamine-induced neurotoxicity in vitro and in vivo［J］. Neuroreport, 2020, 31（11）: 787-797.

［9］Qiao H H, Zhu L N, Wang Y, et al. Implications of alpha-synuclein nitration at tyrosine 39 in methamphetamine-induced neurotoxicity in vitro and in vivo［J］. Neural Regen Res, 2019, 14（2）: 319-327.

［10］Wu X F, Wang A F, Chen L, et al. S-nitrosylating protein disulphide isomerase mediates α-synuclein aggregation caused by methamphetamine exposure in PC12 cells［J］. Toxicol Lett, 2014, 230（1）: 19-27.

［11］Zhu L N, Qiao H H, Chen L, et al. SUMOylation of Alpha-Synuclein Influences on Alpha-Synuclein Aggregation Induced by Methamphetamine［J］. Front Cell Neurosci, 2018, 12: 262.

［12］Meng Y, Qiao H, Ding J, et al. Effect of Parkin on methamphetamine-induced α-synuclein degradation dysfunction in vitro and in vivo［J］. Brain Behav, 2020, 10（5）: e01574.

［13］Ding J, Lian Y, Meng Y, et al. The effect of α-synuclein and Tau in methamphetamine induced neurotoxicity in vivo and in vitro［J］. Toxicol Lett, 2020, 319：213-224.

［14］Chen X, Lu J, Zhao X, et al. Role of C/EBP-β in Methamphetamine-Mediated Microglial Apoptosis［J］. Front Cell Neurosci, 2019, 13：366.

［15］Du SH, Zhang W, Yue X, et al. Role of CXCR1 and Interleukin-8 in Methamphetamine-Induced Neuronal Apoptosis［J］. Front Cell Neurosci, 2018, 12：230.

［16］Du SH, Qiao D F, Chen C X, et al. Toll-Like Receptor 4 Mediates Methamphetamine-Induced Neuroinflammation through Caspase-11 Signaling Pathway in Astrocytes［J］. Front Mol Neurosci, 2017, 10：409.

［17］Xue Y, He J T, Zhang K K, et al. Methamphetamine reduces expressions of tight junction proteins, rearranges F-actin cytoskeleton and increases the blood brain barrier permeability via the RhoA/ROCK-dependent pathway［J］. Biochem Biophys Res Commun, 2019, 509（2）：395-401.

［18］Li J, Wang W, Tong P, et al. Autophagy Induction by HIV-Tat and Methamphetamine in Primary Midbrain Neuronal Cells of Tree Shrews via the mTOR Signaling and ATG5/ATG7 Pathway［J］. Front Neurosci, 2018, 12：921.

［19］张冬先, 曾柏瑞, 何永旺, 等. GLUT1 在甲基苯丙胺与 HIV-Tat 蛋白协同诱导大鼠血脑屏障通透性改变中的作用研究［J］. 河南科技大学学报（医学版）, 2019, 37（2）：146-149.

［20］Li J, Huang J, He Y, et al. The protective effect of gastrodin against the synergistic effect of HIV-Tat protein and METH on the blood-brain barrier via glucose transporter 1 and glucose transporter 3［J］. Toxicol Res（Camb）, 2021, 10（1）：91-101.

［21］Huang J, Zhang R, Wang S, et al. Methamphetamine and HIV-Tat protein synergistically induce oxidative stress and blood-brain barrier damage via transient receptor potential melastatin 2 channel［J］. Frontiers in pharmacology, 2021, 12：619436.

［22］Yang G, Zeng X, Li J, et al. Protective effect of gastrodin against methamphetamine-induced autophagy in human dopaminergic neuroblastoma SH-SY5Y cells via the AKT/mTOR signaling pathway［J］. Neurosci Letts, 2019, 707：134287.

［23］Ma C L, Li L, Yang G M, et al. Neuroprotective effect of gastrodin in methamphetamine-induced apoptosis through regulating cAMP/PKA/CREB pathway in cortical neuron［J］. Hum Exp Toxicol, 2020, 39（8）：1118-1129.

［24］Li J, Zeng B, Hu X, et al. Protective Effects of Ginsenoside Rb1 against Blood-Brain Barrier Damage Induced by Human Immunodeficiency Virus-1 Tat Protein and Methamphetamine in Sprague-Dawley Rats［J］. Am J Chin Med, 2018, 46（3）：551-566.

［25］Wen D, An M, Gou H, et al. Cholecystokinin-8 inhibits methamphetamine-induced neurotoxicity via an anti-oxidative stress pathway［J］. Neurotoxicology, 2016, 57：31-38.

［26］Wen D, Hui R, Wang J, et al. Effects of Molecular Hydrogen on Methamphetamine-Induced Neurotoxicity and Spatial Memory Impairment［J］. Front Pharmacol, 2019, 10：823.

［27］Liu Y, Wen D, Gao J, et al. Methamphetamine induces GSDME-dependent cell death in hippocampal neuronal cells through the endoplasmic reticulum stress pathway［J］. Brain Res Bull, 2020, 162：73-83.

［28］Xiong K, Liao H, Long L, et al. Necroptosis contributes to methamphetamine-induced cytotoxicity in rat cortical neurons［J］. Toxicol in Vitro, 2016, 35：163-168.

［29］Xue L, Geng Y, Li M, et al. The effects of D3R on TLR4 signaling involved in the regulation of METH-mediated mast cells activation［J］. Int Immunopharmacol, 2016, 36：187-198.

［30］Chen Y, Yang C, Zhu L, et al. Depletion of D3 dopamine receptor affects methamphetamine-induced expression patterns of Pde4b and Atf3 ［J］. Neurosci Lett，2018，665：54-60.

［31］Xue L，Li X，Ren H X，et al. The dopamine D3 receptor regulates the effects of methamphetamine on LPS-induced cytokine production in murine mast cells ［J］. Immunobiology，2015，220（6）：744-752.

［32］Zhu L，Zhu J，Liu Y，et al. Chronic methamphetamine regulates the expression of MicroRNAs and putative target genes in the nucleus accumbens of mice ［J］. J Neurosci Res，2015，93（10）：1600-1610.

［33］Zhu L，Zhu J，Liu Y，et al. Methamphetamine induces alterations in the long non-coding RNAs expression profile in the nucleus accumbens of the mouse ［J］. BMC Neurosci，2015，16：18.

［34］Su H，Zhu L，Li J，et al. Regulation of microRNA-29c in the nucleus accumbens modulates methamphetamine -induced locomotor sensitization in mice ［J］. Neuropharmacology，2019，148：160-168.

［35］Li J，Zhu L，Su H，et al. Regulation of miR-128 in the nucleus accumbens affects methamphetamine-induced behavioral sensitization by modulating proteins involved in neuroplasticity ［J］. Addict Biol，2021，26（1）：e12881.

［36］Ni T，Li Y，Wang R，et al. The potential involvement of miR-204-3p-axon guidance network in methamphetamine-induced locomotor sensitization of mice ［J］. Neurosci Lett，2019，707：134303.

［37］Liu D，Zhu L，Ni T，et al. Ago2 and Dicer1 are involved in METH-induced locomotor sensitization in mice via biogenesis of miRNA ［J］. Addict Biol，2019，24（3）：498-508.

［38］Chen G，Li T，Xiao J，et al. Ifenprodil Attenuates Methamphetamine-Induced Behavioral Sensitization Through the GluN2B-PP2A-AKT Cascade in the Dorsal Striatum of Mice ［J］. Neurochem Res，2020，45（4）：891-901.

［39］Zhu J，Chen Y，Zhao N，et al. Distinct roles of dopamine D3 receptors in modulating methamphetamine-induced behavioral sensitization and ultrastructural plasticity in the shell of the nucleus accumbens ［J］. J Neurosci Res，2012，90（4）：895-904.

［40］Qian H，Wang J，Shang Q，et al. The effect of protein phosphatase 2A inhibitor LB100 on regulating methamphetamine induced conditioned place preference in mice ［J］. Neurosci Lett，2020，721：134817.

［41］Su H，Sun T，Wang X，et al. Levo-tetrahydropalmatine attenuates methamphetamine reward behavior and the accompanying activation of ERK phosphorylation in mice ［J］. Neurosci Lett，2020，714：134416.

［42］Zhao N，Chen Y，Zhu J，et al. Levo-tetrahydropalmatine attenuates the development and expression of methamphetamine-induced locomotor sensitization and the accompanying activation of ERK in the nucleus accumbens and caudate putamen in mice ［J］. Neuroscience，2014，258：101-110.

［43］Zhu J，Zhao N，Chen Y，et al. Sodium butyrate modulates a methamphetamine-induced conditioned place preference ［J］. J Neurosci Res，2017，95（4）：1044-1052.

［44］Li J，Zhu L，Guan F，et al. Relationship between schizophrenia and changes in the expression of the long non-coding RNAs Meg3，Miat，Neat1 and Neat2 ［J］. J Psychiatr Res，2018，106：22-30.

［45］Dong N，Zhu J，Han W，et al. Maternal methamphetamine exposure causes cognitive impairment and alteration of neurodevelopment-related genes in adult offspring mice ［J］. Neuropharmacology，2018，140：25-34.

［46］Fernandez-Rodriguez C, Gonzalez-Reimers E, Quintero-Platt G, et al. Homocysteine, Liver Function Derangement and Brain Atrophy in Alcoholics［J］. Alcohol Alcohol, 2016, 51（6）: 691-697.

［47］Ezquer F, Morales P, Quintanilla M E, et al. Intravenous administration of anti-inflammatory mesenchymal stem cell spheroids reduces chronic alcohol intake and abolishes binge-drinking［J］. Sci Rep, 2018, 8（1）: 4325.

［48］Laureno R. Nutritional cerebellar degeneration, with comments on its relationship to Wernicke disease and alcoholism［J］. Handb Clin Neurol, 2012, 103: 175-187.

［49］Pohanka M. Toxicology and the biological role of methanol and ethanol: Current view［J］. Biomed Pap Med Fac Univ Palacky Olomouc Czech Repub, 2016, 160（1）: 54-63.

［50］刘柳, 黄俭, 李媛媛, 等. 氯胺酮诱导细胞自噬的研究进展［J］. 生命科学, 2020, 32（8）: 823-830.

［51］Chen F, Ye Y, Dai X, et al. Metabolic effects of repeated ketamine administration in the rat brain ［J］. Biochem Biophys Res Commun, 2020, 522（3）: 592-598.

［52］Xie R, Xie J, Ye Y, et al. mTOR Expression in Hippocampus and Prefrontal Cortex Is Downregulated in a Rat Model of Schizophrenia Induced by Chronic Administration of Ketamine［J］. J Mol Neurosci, 2020, 70（2）: 269-275.

［53］Wu Z G, Chen F, Wu H, et al. Urinary metabonomics of rats with ketamine-induced cystitis using GC-MS spectroscopy［J］. Int J Clin Exp Pathol, 2018, 11（2）: 558-567.

［54］吴知桂, 殷文贤, 罗宏丽, 等. 基于代谢组学方面对氯胺酮肝毒性的机制研究［J］. 重庆医学, 2020, 49（3）: 349-355.

［55］Li Y, Wen G, Ding R, et al. Effects of Single-Dose and Long-Term Ketamine Administration on Tau Phosphorylation-Related Enzymes GSK-3β, CDK5, PP2A, and PP2B in the Mouse Hippocampus［J］. J Mol Neurosci, 2020, 70（12）: 2068-2076.

［56］Moratalla R, Khairnar A, Simola N, et al. Amphetamine-related drugs neurotoxicity in humans and in experimental animals: Main mechanisms［J］. Prog Neurobiol, 2017, 155: 149-170.

［57］Zhuo L, Liu Q, Liu L, et al. Roles of 3, 4-methylenedioxymethamphetamine（MDMA）-induced alteration of connexin43 and intracellular Ca^{2+} oscillation in its cardiotoxicity［J］. Toxicology, 2013, 310: 61-72.

［58］梁曼, 李学博, 张海东, 等. 长期饮酒对急性中毒大鼠死后体液内 MDMA 再分布的影响 ［J］. 中国法医学杂志, 2012, 27（1）: 1-4, 8

［59］Bodnar R J. Endogenous opiates and behavior: 2017［J］. Peptides, 2020, 124: 170223.

［60］Nutt D J, Lingford-Hughes A, Erritzoe D, et al. The dopamine theory of addiction: 40 years of highs and lows［J］. Nat Rev Neurosci, 2015, 16（5）: 305-312.

［61］Cheng Y C, Ryan K A, Qadwai S A, et al. Cocaine Use and Risk of Ischemic Stroke in Young Adults［J］. Stroke, 2016, 47（4）: 918-922.

［62］Linker K E, Cross S J, Leslie F M. Glial mechanisms underlying substance use disorders［J］. Eur J Neurosci, 2019, 50（3）: 2574-2589.

［63］Stellwagen D, Kemp G M, Valade S, et al. Glial regulation of synaptic function in models of addiction［J］. Curr Opin Neurobiol, 2019, 57: 179-185.

［64］Sofroniew M V, Vinters H V. Astrocytes: biology and pathology［J］. Acta Neuropathol, 2010, 119（1）: 7-35.

［65］Graeber M B. Changing face of microglia［J］. Science, 2010, 330（6005）: 783-788.

［66］Nave K A. Myelination and support of axonal integrity by glia［J］. Nature, 2010, 468（7321）:

244-252.

[67] Planas-Fontanez T M, Dreyfus C F, Saitta K S. Reactive Astrocytes as Therapeutic Targets for Brain Degenerative Diseases: Roles Played by Metabotropic Glutamate Receptors [J]. Neurochem Res, 2020, 45 (3): 541-550.

[68] Amiry-Moghaddam M, Otsuka T, Hurn P D, et al. An alpha-syntrophin-dependent pool of AQP4 in astroglial end-feet confers bidirectional water flow between blood and brain [J]. Proc Natl Acad Sci U. S. A, 2003, 100 (4): 2106-2111.

[69] Iadecola C, Nedergaard M. Glial regulation of the cerebral microvasculature [J]. Nat Neurosci, 2007, 10 (11): 1369-1376.

[70] Araque A, Parpura V, Sanzgiri R P, et al. Tripartite synapses: glia, the unacknowledged partner [J]. Trends Neurosci, 1999, 22 (5): 208-215.

[71] Oberheim N A, Wang X, Goldman S, et al. Astrocytic complexity distinguishes the human brain[J]. Trends Neurosci, 2006, 29 (10): 547-553.

[72] Bushong E A, Martone M E, Ellisman M H. Maturation of astrocyte morphology and the establishment of astrocyte domains during postnatal hippocampal development [J]. Int J Dev Neurosci, 2004, 22 (2): 73-86.

[73] Bushong E A, Martone M E, Jones Y Z, et al. Protoplasmic astrocytes in CA1 stratum radiatum occupy separate anatomical domains [J]. J Neurosci, 2002, 22 (1): 183-192.

[74] Pajarillo E, Rizor A, Lee J, et al. The role of astrocytic glutamate transporters GLT-1 and GLAST in neurological disorders: Potential targets for neurotherapeutics [J]. Neuropharmacology, 2019, 161: 107559.

[75] Yang Y, Gozen O, Watkins A, et al. Presynaptic regulation of astroglial excitatory neurotransmitter transporter GLT1 [J]. Neuron, 2009, 61 (6): 880-894.

[76] Yudkoff M, Nissim I, Pleasure D. Astrocyte metabolism of [15N] glutamine: implications for the glutamine-glutamate cycle [J]. J Neurochem, 1988, 51 (3): 843-850.

[77] Hayashi M K. Structure-Function Relationship of Transporters in the Glutamate-Glutamine Cycle of the Central Nervous System [J]. Int J Mol Sci, 2018, 19 (4): 1177.

[78] Kalivas P W. The glutamate homeostasis hypothesis of addiction [J]. Nat Rev Neurosci, 2009, 10 (8): 561-572.

[79] Malarkey E B, Parpura V. Mechanisms of glutamate release from astrocytes [J]. Neurochem Int, 2008, 52 (1-2): 142-154.

[80] Colombo E, Farina C. Astrocytes: Key Regulators of Neuroinflammation [J]. Trends Immunol, 2016, 37 (9): 608-620.

[81] Wolf S A, Boddeke H W, Kettenmann H. Microglia in Physiology and Disease [J]. Annu Rev Physiol, 2017, 79: 619-643.

[82] Davalos D, Grutzendler J, Yang G, et al. ATP mediates rapid microglial response to local brain injury in vivo [J]. Nat Neurosci, 2005, 8 (6): 752-758.

[83] Nimmerjahn A, Kirchhoff F, Helmchen F. Resting microglial cells are highly dynamic surveillants of brain parenchyma in vivo [J]. Science, 2005, 308 (5726): 1314-1318.

[84] Block M L, Zecca L, Hong J S. Microglia-mediated neurotoxicity: uncovering the molecular mechanisms [J]. Nat Rev Neurosci, 2007, 8 (1): 57-69.

[85] Perry V H, Teeling J. Microglia and macrophages of the central nervous system: the contribution of microglia priming and systemic inflammation to chronic neurodegeneration [J]. Semin Immunopathol, 2013, 35 (5): 601-612.

［86］Ransohoff R M, Perry V H. Microglial physiology: unique stimuli, specialized responses ［J］. Annu Rev Immunol, 2009, 27: 119-145.

［87］Hemmi H, Takeuchi O, Kawai T, et al. A Toll-like receptor recognizes bacterial DNA ［J］. Nature, 2000, 408（6813）: 740-745.

［88］Massey N, Puttachary S, Bhat S M, et al. HMGB1-RAGE Signaling Plays a Role in Organic Dust-Induced Microglial Activation and Neuroinflammation ［J］. Toxicol Sci, 2019, 169（2）: 579-592.

［89］He W, Long T, Pan Q, et al. Microglial NLRP3 inflammasome activation mediates IL-1beta release and contributes to central sensitization in a recurrent nitroglycerin-induced migraine model ［J］. J Neuroinflammation, 2019, 16（1）: 78.

［90］Kopitar-Jerala N. Innate Immune Response in Brain, NF-Kappa B Signaling and Cystatins ［J］. Front Mol Neurosci, 2015, 8: 73.

［91］Beitner-Johnson D, Guitart X, Nestler E J. Glial fibrillary acidic protein and the mesolimbic dopamine system: regulation by chronic morphine and Lewis-Fischer strain differences in the rat ventral tegmental area ［J］. J Neurochem, 1993, 61（5）: 1766-1773.

［92］Horvath R J, DeLeo J A. Morphine enhances microglial migration through modulation of P2X4 receptor signaling ［J］. J Neurosci, 2009, 29（4）: 998-1005.

［93］Liang Y, Chu H, Jiang Y, et al. Morphine enhances IL-1beta release through toll-like receptor 4-mediated endocytic pathway in microglia ［J］. Purinergic Signal, 2016, 12（4）: 637-645.

［94］Schwarz J M, Hutchinson M R, Bilbo S D. Early-life experience decreases drug-induced reinstatement of morphine CPP in adulthood via microglial-specific epigenetic programming of anti-inflammatory IL-10 expression ［J］. J Neurosci, 2011, 31（49）: 17835-17847.

［95］Sawaya B E, Deshmane S L, Mukerjee R, et al. TNF alpha production in morphine-treated human neural cells is NF-kappaB-dependent ［J］. J Neuroimmune Pharmacol, 2009, 4（1）: 140-149.

［96］Niwa M, Nitta A, Yamada Y, et al. Tumor necrosis factor-alpha and its inducer inhibit morphine-induced rewarding effects and sensitization ［J］. Biol Psychiatry, 2007, 62（6）: 658-668.

［97］Narita M, Suzuki M, Kuzumaki N, et al. Implication of activated astrocytes in the development of drug dependence: differences between methamphetamine and morphine ［J］. Ann N Y Acad Sci, 2008, 1141: 96-104.

［98］Bland S T, Hutchinson M R, Maier S F, et al. The glial activation inhibitor AV411 reduces morphine-induced nucleus accumbens dopamine release ［J］. Brain Behav Immun, 2009, 23（4）: 492-497.

［99］de Guglielmo G, Kallupi M, Scuppa G, et al. Pioglitazone attenuates the opioid withdrawal and vulnerability to relapse to heroin seeking in rodents ［J］. Psychopharmacology（Berl）, 2017, 234（2）: 223-234.

［100］Theberge F R, Li X, Kambhampati S, et al. Effect of chronic delivery of the Toll-like receptor 4 antagonist（+）-naltrexone on incubation of heroin craving ［J］. Biol Psychiatry, 2013, 73（8）: 729-737.

［101］Crews F T, Qin L, Sheedy D, et al. High mobility group box 1/Toll-like receptor danger signaling increases brain neuroimmune activation in alcohol dependence［J］. Biol Psychiatry, 2013, 73（7）: 602-612.

［102］Fernandez-Lizarbe S, Montesinos J, Guerri C. Ethanol induces TLR4/TLR2 association, triggering an inflammatory response in microglial cells ［J］. J Neurochem, 2013, 126（2）:

261-273.

[103] Crews F T, Vetreno R P. Neuroimmune basis of alcoholic brain damage [J]. Int Rev Neurobiol, 2014, 118: 315-357.

[104] Syapin P J, Martinez J M, Curtis D C, et al. Effective Reduction in High Ethanol Drinking by Semisynthetic Tetracycline Derivatives [J]. Alcohol Clin Exp Res, 2016, 40 (12): 2482-2490.

[105] Udomuksorn W, Mukem S, Kumarnsit E, et al. Effects of alcohol administration during adulthood on parvalbumin and glial fibrillary acidic protein immunoreactivity in the rat cerebral cortex [J]. Acta Histochem, 2011, 113 (3): 283-289.

[106] Miguel-Hidalgo J J. Withdrawal from free-choice ethanol consumption results in increased packing density of glutamine synthetase-immunoreactive astrocytes in the prelimbic cortex of alcohol-preferring rats [J]. Alcohol Alcohol, 2006, 41 (4): 379-385.

[107] Scofield M D, Li H, Siemsen B M, et al. Cocaine Self-Administration and Extinction Leads to Reduced Glial Fibrillary Acidic Protein Expression and Morphometric Features of Astrocytes in the Nucleus Accumbens Core [J]. Biol Psychiatry, 2016, 80 (3): 207-215.

[108] Knackstedt L A, Melendez R I, Kalivas P W. Ceftriaxone restores glutamate homeostasis and prevents relapse to cocaine seeking [J]. Biol Psychiatry, 2010, 67 (1): 81-84.

[109] Bachtell R K, Jones J D, Heinzerling K G, et al. Glial and neuroinflammatory targets for treating substance use disorders [J]. Drug Alcohol Depend, 2017, 180: 156-170.

[110] Cearley C N, Blindheim K, Sorg B A, et al. Acute cocaine increases interleukin-1beta mRNA and immunoreactive cells in the cortex and nucleus accumbens[J]. Neurochem Res, 2011, 36(4): 686-692.

[111] Liao K, Guo M, Niu F, et al. Cocaine-mediated induction of microglial activation involves the ER stress-TLR2 axis [J]. J Neuroinflammation, 2016, 13: 33.

[112] Iguchi Y, Eid L, Parent M, et al. Exosome secretion is a key pathway for clearance of pathological TDP-43 [J]. Brain, 2016, 139 (Pt 12): 3187-3201.

[113] Kalluri R, LeBleu V S. The biology, function, and biomedical applications of exosomes [J]. Science, 2020, 367 (6478): eaau6977.

[114] Delpech J C, Herron S, Botros M B, et al. Neuroimmune Crosstalk through Extracellular Vesicles in Health and Disease [J]. Trends Neurosci, 2019, 42 (5): 361-372.

[115] Ning T, Gong X, Xie L, et al. Gut Microbiota Analysis in Rats with Methamphetamine-Induced Conditioned Place Preference [J]. Front Microbiol, 2017, 8: 1620.

[116] Chen L J, Zhi X, Zhang K K, et al. Escalating dose-multiple binge methamphetamine treatment elicits neurotoxicity, altering gut microbiota and fecal metabolites in mice [J]. Food Chem Toxicol, 2021, 148: 111946.

[117] Korchynska S, Krassnitzer M, Malenczyk K, et al. Life-long impairment of glucose homeostasis upon prenatal exposure to psychostimulants [J]. EMBO J, 2020, 39 (1): e100882.

[118] Jablonski S A, Williams M T, Vorhees C V. Learning and Memory Effects of Neonatal Methamphetamine Exposure in Sprague-Dawley Rats: Test of the Role of Dopamine Receptors D1 in Mediating the Long-Term Effects [J]. Dev Neurosci, 2019, 41 (1-2): 44-55.

[119] Wang Z, Han S, Cai M, et al. Environmental behavior of methamphetamine and ketamine in aquatic ecosystem: Degradation, bioaccumulation, distribution, and associated shift in toxicity and bacterial community [J]. Water Res, 2020, 174: 115585.

[120] Qu H, Ma R, Barrett H, et al. How microplastics affect chiral illicit drug methamphetamine

in aquatic food chain? From green alga（Chlorella pyrenoidosa）to freshwater snail（Cipangopaludiancathayensis）［J］. Environ Int, 2020, 136: 105480.

［121］Sambo D O, Lebowitz J J, Khoshbouei H. The sigma-1 receptor as a regulator of dopamine neurotransmission: A potential therapeutic target for methamphetamine addiction ［J］. Pharmacol Ther, 2018, 186: 152-167.

［122］Xiaoshan T, Junjie Y, Wenqing W, et al. Immunotherapy for treating methamphetamine, heroin and cocaine use disorders ［J］. Drug Discov Today, 2020, 25（3）: 610-619.

［123］Ruan Q T, Yazdani N, Blum B C, et al. A Mutation in Hnrnph1 That Decreases Methamphetamine-Induced Reinforcement, Reward, and Dopamine Release and Increases Synaptosomal hnRNP H and Mitochondrial Proteins ［J］. J Neurosci, 2020, 40（1）: 107-130.

［124］Biagioni F, Ferese R, Limanaqi F, et al. Methamphetamine persistently increases alpha-synuclein and suppresses gene promoter methylation within striatal neurons ［J］. Brain Res, 2019, 1719: 157-175.

［125］Riley A L, Nelson K H, To P, et al. Abuse potential and toxicity of the synthetic cathinones（i.e., "Bath salts"）［J］. Neurosci Biobehav Rev, 2020, 110: 150-173.

［126］Gannon B M, Galindo K I, Mesmin M P, et al. Reinforcing Effects of Binary Mixtures of Common Bath Salt Constituents: Studies with 3, 4-Methylenedioxypyrovalerone（MDPV）, 3, 4-Methylenedioxymethcathinone（methylone）, and Caffeine in Rats ［J］. Neuropsychopharmacology, 2018, 43（4）: 761-769.

［127］Northrop N A, Halpin L E, Yamamoto B K. Peripheral ammonia and blood brain barrier structure and function after methamphetamine ［J］. Neuropharmacology, 2016, 107: 18-26.

［128］Zhao T, Zhai C, Song H, et al. Methamphetamine-Induced Cognitive Deficits and Psychiatric Symptoms Are Associated with Serum Markers of Liver Damage［J］. Neurotox Res, 2020, 37（1）: 67-76.

［129］Yu C, Narasipura S D, Richards M H, et al. HIV and drug abuse mediate astrocyte senescence in a β-catenin-dependent manner leading to neuronal toxicity ［J］. Aging Cell, 2017, 16（5）: 956-965.

［130］Blaker A L, Rodriguez E A, Yamamoto B K. Neurotoxicity to dopamine neurons after the serial exposure to alcohol and methamphetamine: Protection by COX-2 antagonism ［J］. Brain Behav Immun, 2019, 81: 317-328.

［131］Lappin J M, Darke S, Farrell M. Stroke and methamphetamine use in young adults: a review ［J］. J Neurol Neurosurg Psychiatry, 2017, 88（12）: 1079-1091.

［132］Darke S, Kaye S, Duflou J. Rates, characteristics and circumstances of methamphetamine-related death in Australia: a national 7-year study ［J］. Addiction, 2017, 112（12）: 2191-2201.

第十一章
高原颅脑损伤

    高原颅脑损伤是指发生在海拔 3 000 m 以上地区的刮伤性脑损伤，是颅脑损伤的一种特殊类型。近年来，随着我国经济和旅游事业的发展，交通工具的普及，各地区人民交流也更加广泛，加之高原地区高寒缺氧、气候恶劣等环境因素的影响，高原颅脑损伤的发生率呈逐年上升趋势。损伤人群主要包括高原地区原住居民、内地移居高原人群、急进高原旅游或执行任务的人员，因个人体质不同，损伤后反应特点亦不尽相同，因此高原颅脑损伤急需密切关注。与其他类型的损伤相比，高原颅脑损伤在损伤原因、损伤机制、治疗方法和结果方面的异质性使其成为一个极其复杂的问题。研究表明，居住在海拔 3 000 m 以上的居民可能会有心脏、大脑、肺和其他器官的损伤，这是由于氧分压低和气压低造成的。统计分析发现，高原创伤性颅脑损伤呈发生率高、增长率高、死亡率高、重型比例高等特点。高原颅脑损伤的地理环境相对特殊，既往研究高原颅脑损伤往往借鉴平原地区颅脑损伤的结果，有失偏倚，因此，高原颅脑损伤的成因、机制及预防措施的相关研究报道甚少，但其法医学研究意义十分重大。

第一节 高原颅脑损伤的特点及流行病学特征

    高海拔地区气候寒冷、大气稀薄、缺氧明显，且高原地广人稀，交通条件不便，有条件对颅脑损伤进行诊治的医院分布较稀疏，而造成的颅脑损伤多属重型或特重型，所以重型颅脑损伤的死亡率很高。因低氧环境因素影响，高原颅脑损伤具有颅内压（intracranial pressure，ICP）增高出现早、血氧饱和度（SO_2）低、血红蛋白（Hb）高、术后死亡率高等特点。高原地区较平原地区急性创伤性脑水肿出现时间早、程度重、持续时间长、水肿高峰期相对后延。并且高原环境下颅脑本身存在缺血、缺氧，加之脑外伤后血脑屏障的破坏，神经元及轴索肿胀会加重脑水肿。由于代偿性红细胞生成增多、血红蛋白增加、血液黏稠度增加以及血小板聚集性增强，其血液流变学主要具有"浓""黏""聚"等典型特点，同时血氧饱和度下降，脑代谢减缓，脑水肿、脑组织缺血缺氧损害相应加重。颅内压增高可降低脑灌注压，引起脑组织缺血缺氧，从而加重细胞代谢障碍和水肿，进一步升高颅内压，形成恶性循环，造成不可逆性神经损伤。血红蛋白升高的创伤性脑损伤不仅死亡率高，而且神经功能恢复也差。

与平原地区颅脑损伤相比，高原颅脑损伤存在容易恶化、救治困难、病情时间长等特点。另外，Sun 等人研究发现，高原地区颅脑损伤患者血小板数量明显低于平原地区，而凝血酶原时间、活化部分促凝血酶原激酶时间较平原地区颅脑损伤延长；纤维蛋白原较平原地区颅脑损伤增加，而 D- 二聚体则较平原地区颅脑损伤减少。因此推断，高原地区颅脑损伤患者长期处于缺氧状态，导致机体凝血功能长期处于激活状态，因而血小板与凝血因子大量消耗，机体处于低凝状态，一旦发生颅脑损伤即存在再出血风险，且其纤溶系统激活又不明显，这与平原地区颅脑损伤存在极大差异。高原地区因具有高海拔、低氧、低气压、低温等特点，在高原低氧环境下患者颅脑损伤后血管内皮通透性增加、血脑屏障通透性增加、脑部脊液缓冲不充分、脑部氧饱和度急剧下降等情况下，使继发性颅脑损伤进一步加重。

世界上长期居住在高原地区的人口超过 1.4 亿，加上流动人口将达 5 亿左右，青藏高原是世界上最高的高原，常住人口就超过了 1 000 万。高原颅脑损伤在年龄、职业、民族、时间、受伤原因、受伤类型等方面有一定的规律。魏林节等人回顾性分析林芝地区的 628 例颅脑损伤住院患者的临床资料，发现男女比例为 1.91：1，年龄分布为 31~40 岁者最多，占全部患者的 30.1%，伤者中藏族占 72.13%，饮酒后受伤 115 例，占 18.31%。每年的 1 月、7~9 月是颅脑创伤发生的高峰时间。1 月是很多来高原工作的人员回内地的高峰期，加之 1 月时高原地面结冰，出现意外的风险大增。7~9 月是高原最好的季节，当地居民户外活动增多，加之这个季节来高原旅游人员增多，高原地区山高路险，发生颅脑创伤机会增加。高原颅脑损伤以道路交通事故较为多见，以伤情来看，轻型占 62.26%，中型占 19.27%，重型占 11.94%，特重型占 6.53%，与平原地区基本一致。治愈率为 57.48%，后遗症发生率为 29.46%，但病死率为 13.06%，高于平原地区，这可能与高原特殊地理、气候、交通、医疗条件有关。Gao 等人对来自我国 22 个省 52 个中心的 13 138 名符合资格标准的患者进行了数据分析，发现道路交通事故是创伤性颅脑损伤伤害的主要原因，约占 50%；其次是意外坠落，约占 33%；其他原因约占 17%。此外，各省之间在伤害原因方面存在差异，不同中心和地区的死亡率也存在差异。

第二节　高原颅脑损伤的临床表现

高原颅脑损伤的临床表现与一般颅脑损伤有许多相似之处，主要表现为：意识障碍，绝大多数患者伤后即出现意识障碍，时间长短不一；头痛、呕吐；瞳孔对光反射消失；呼吸、脉搏浅弱，节律紊乱，血压下降等。王劲武等人研究分析了西藏 838 例颅脑损伤患者的头部 CT 改变，发现颅脑损伤最常见的表现为颅骨骨折和脑挫裂伤，这两种表现均占颅脑损伤患者的一半以上。其次为硬膜下血肿，后依次为硬膜外血肿、脑疝、颅内积气、脑水肿、蛛网膜下隙出血和弥漫性脑损伤，其他表现如脑干损伤、硬膜下硬膜外混合血肿等均少见。李龙等人研究高原脑水肿的头颅 CT 表现及其病理学基础，结合病理变化把头颅 CT 检查分为脑肿胀型和脑水肿型。前者 CT 特征是大脑半球弥漫性密度增高，灰白质界限不清或消失，基底核、脑干和小脑的密度不同程度增高，脑室、脑池变小或消失，脑沟变窄。后者 CT 特征为大脑半球一侧或两侧不对称的弥漫性低密度区，周围脑组织及基底核、脑干和小脑的密度相对增高，脑室、脑池变小或消失。其结果表明，大多数动物模型均表现为不同程度的急性脑肿胀，提示在高原环境下不仅要注意脑水肿，更要重视急性脑肿胀的识别与处理。

第三节　高原颅脑损伤的病理生理学机制

目前高原颅脑损伤的机制尚不明了，但已有学者对其部分机制进行了研究。高原颅脑损伤常导致颅内压升高，进而降低脑灌注压，引起脑组织缺血缺氧，加重细胞代谢障碍和水肿，从而又进一步升高颅内压，形成恶性循环，造成不可逆性神经损伤，最终导致死亡的发生。有研究表明，颅脑损伤后 3 d，一般为脑水肿高峰期，颅内压达到峰值，颅内压增高后极易发生缺血、缺氧，据统计 90% 以上的重型颅脑损伤患者会发生缺血、缺氧的状况。脑水肿也是颅脑损伤后导致急性高原反应的关键机制，特别是在海拔高于 2 100 m 的地方，最终会导致危及生命的是高原脑水肿，且持续时间较长。在低氧环境下，红细胞代偿性增加会加重微循环障碍进而加重颅内高压，所以，高原地区重型颅脑损伤患者致残率、病死率均高于低海拔地区。在低氧情况下，重型颅脑损伤患者氧合及酸碱指标的检测值均不正常，其主要原因是，患者所处的海拔越高，气压越低，氧分压也低，其吸入气体的氧分压很低，肺泡中的氧分压变低，从肺泡进入血液的氧含量减少，从而出现低氧血症，持续性的低氧血症将造成神经、循环等多系统损伤，最终因呼吸循环衰竭而死亡。

颅脑损伤后会引起一系列并发症，且高原地区较平原地区颅脑损伤并发症的发生率明显增高，这些并发症是促成死亡的重要机制。高原地区颅脑损伤去骨瓣减压术最常见的并发症为脑膜脑膨出和硬脑膜下积液，其次为继发性癫痫（secondary epilepsy，SE）、脑积水等。脑膜脑膨出的主要原因是急性脑肿胀，其主要危害是脑组织明显膨出骨窗，导致正常脑组织受压或静脉回流受阻，进而导致脑组织缺血、坏死。硬膜下积液发生率为 26%~60%，其发生的病理机制是术后脑脊液动力学改变和正常硬脑膜与蛛网膜间隙的破坏，导致硬膜下积液的常见危险因素为硬膜下血肿、蛛网膜下隙出血和术后脑组织塌陷等。继发性癫痫病程较长，发展缓慢，其发生率为2%~40%，严重影响患者生活质量。颅脑损伤后继发性癫痫的发生机制较为复杂，目前尚无统一定论。汪生毅等人研究发现，高原地区颅脑损伤后继发性癫痫患儿血清HIF-1α、miR-210表达升高，是影响颅脑损伤后继发性癫痫的危险因素，其对颅脑损伤后继发性癫痫具有一定的预测价值。颅脑损伤后还可并发脑积水，去骨瓣减压术后脑积水的发生率为10%~40%。颅脑损伤可直接引起脑血管痉挛导致死亡，可能的原因有：脑微循环的血栓形成；一些炎症因子对脑血管的刺激；颅脑损伤后的应激状态使血液处于高凝状态；开颅手术时对正常脑组织牵拉和刺激；颅脑外伤后，一些脑细胞和局部受损小血管及受损周围脑血管反射性收缩，引起脑血管痉挛。

第四节　高原颅脑损伤的研究进展

目前国内乃至国际对高原颅脑损伤的试验研究尚不够深入，高原创伤性颅脑损伤有别于平原创伤性颅脑损伤，其病理生理机制仍然所知甚少，本节仅对部分高原创伤性颅脑损伤试验研究方面进行简要阐述。

一、高原颅脑损伤的试验研究

（一）高原创伤性颅脑损伤的试验动物模型

颅脑损伤常见报道的动物模型有猴、猪、犬、兔、大鼠、小鼠等，不同类型的试验动物有各自的优点，可以进行不同指标的观测，根据试验目的进行合理选择。大鼠、小鼠等小动物体型小，易于同时大批量观察，节省试验时间；大动物形体较大，模型制备成本高、周期长，但脑体积大，生理、解剖等更接近于人类，有利于CT、MRI等影像学观察。文献报道的高原创伤性颅脑损伤模型类型较多，没有统一的标准，可以根据不同的试验设计和目的应用不同的模型。

（二）高原开放性颅脑损伤

去除部分颅骨但保持硬脑膜的完整，采用垂直打击杆通过骨窗自由落体垂直打击颅脑，造成开放性颅脑损伤。此类创伤模型的制作简单易行，并且伤情较稳定，易于复制，可重复性较强，是目前高原创伤性颅脑损伤试验研究应用最多的创伤模型。

（三）高原闭合性颅脑损伤

通过液压打击装置导致闭合性颅脑损伤的模型按打击部位可分正中液压模型和侧位液压模型，致伤力定量准确，可以直接反映脑组织所受压力，复制出轻、中、重各型颅脑创伤，并且能产生局灶性脑损伤或广泛性脑损伤、硬膜下血肿、血脑屏障功能障碍等。另外，可采用动物自体动脉血注射入颅内脑组织造成闭合性颅内血肿，注血量及注血部位可以根据模拟伤情的特点及程度进行调整。

（四）高原火器性颅脑损伤

火器性颅脑损伤是由各种火器造成的。火器性脑损伤的伤情一般更复杂、更严重。通过民用射钉枪紧贴致伤点头皮，进行垂直射击致颅脑盲管伤，或用 53 式滑膛枪在前额部以冠状向致贯通伤，或用国产 5.80 mm 弹道枪致右颞额浅部贯通伤，或用 8 号军用雷管置于正上方距动物头部 18 cm 处引爆致伤。此类模型比较特殊，具有较好的军事医学研究前景。

二、高原颅脑损伤的生物学标志物

分子层面研究高原颅脑损伤后各项靶向分子指标成为近年来的热点。Wei 等人研究发现，高海拔地区脑外伤后补体的激活也明显高于低海拔地区。与低海拔地区相比，高海拔地区的血脑屏障通透功能强，脑水肿更严重，死亡率更高。高海拔的创伤性颅脑损伤更倾向于与髓鞘碱性蛋白质（myelin basic protein，MBP）降解、铁质沉积、神经元凋亡和炎症因子沉积有关。Ma 等通过检测和比较高海拔地区重型创伤性颅脑损伤患者伤后 2 h、12 h、24 h、48 h 和 72 h 外周血微 RNA（miRNA）的表达谱，推测 miRNA 可能通过动态调控炎症反应、细胞凋亡和 DNA 损伤 / 修复途径的靶基因，参与了重型创伤性颅脑损伤的发病机制。有研究表明，升压素 - 精氨酸前激素的 C 端部分可用来诊断脑震荡，其水平可反映垂体介导的应激反应程度，血清加压素 - 精氨酸前激素水平随着创伤性颅脑损伤的严重程度的增加而增加。胶质纤维酸性蛋白（glial fibrillary acidic protein，GFAP）是创伤后急性期脑脊液和血清中释放的一种结构性星形胶质细胞蛋白，其在脑脊液或血清中水平的升高可提示星形胶质细胞膜的损伤，GFAP 水平及其分解产物可以作为判断创伤性颅脑损伤严重程度的一项参数。有研究比较了多种生物标志物对创伤性颅脑损伤相关 CT 异常的预测价值，发现 GFAP 是最佳选择。泛素 C- 末端水解酶 L1（ubiquitin C-terminal hydrolase-L1，UCH-L1）是一种神经元蛋白的脱氢酶，它不仅在中枢神经系统中表达，在外周神经系统、内分泌系统、肿瘤和肌肉中也有表达，UCH-L1 的水平和持续时间可反映神经元损伤的程度。在严重损伤的病例中，UCH-L1 的升高持续的时间更长，并且在脑脊液中可检测到 UCH-L1，该标记物对颅内病变的预测具有较高的敏感性。创伤后 6 h 内 UCH-L1 的水平对头部 CT 结果有重要的辅助参考价值，且 UCH-L1 的水平可更准确地预判断损伤严重程度。但由于 UCH-L1 的特异性较低，它更适合作为一种筛查指标，以避免不必要的 CT 扫描。

近年来，微管相关蛋白 tau（microtubule associated protein tau，MAP-tau）为一种神经元微管相关蛋白，在颅脑损伤模型中受到极大关注，主要表达于神经元轴突及胞体等结构，此外，其在睾丸、肾脏及肺脏等非神经组织中也有广泛表达。神经退行性疾病患者脑部病变主要为神经元和胶质细胞内 tau 内含物水平增加。而脑外伤患者脑内也可发生轴突损伤、神经元丢失和细胞毒性，并可在一定程度上刺激异常磷酸化的 tau 聚集。研究表明，一些拳击运动员神经元与神经胶质细胞中高度磷酸化状态的 tau 可增加慢性创伤性脑病（CTE）的风险。急性期创伤性脑损伤的严重程度与血清和脑脊液中磷酸化水平 tau 有关。在重型创伤性脑损伤患者的脑脊液和血清中，总 tau 和磷酸化 tau 水平均升高，随着时间的推移逐渐降低，直至稳定。但在重型创伤性脑损伤患者发病期间及预后一段时间，血清磷酸化 tau 往往保持较高水平。此外，磷酸化 tau 与总 tau 的比值在诊断急性创伤性脑损伤方面也有较高的应用价值。tau 蛋白水平还可用于评估轻型创伤性脑损伤术后影像学检查的必要性，可用于阿尔茨海默病的预后。在 CT 阳性的创伤性脑损伤患者中，总 tau、磷酸化 tau 和磷酸化 tau/ 总 tau 比值较高往往提示预后较差。因此，磷酸化 tau 水平和磷酸化 tau/ 总 tau 比值对 CT 结果有较好的辅助诊断价值。

脑源性神经营养因子（brain-derived neurotrophic factor，BDNF）是评估创伤性脑损伤的另一个潜在生物标志物。BDNF 由神经元和胶质细胞分泌，在神经可塑性、神经再生和炎症反应中起着重要作用。研究表明，脑损伤后 36 h 内，血清 BDNF 浓度与创伤性脑损伤严重程度呈负相关。有研究表明 BDNF 也可以作为轻型创伤性脑损伤患者的预后指标。在创伤后的 1 h 内，脑中特定区域，如海马、受损皮质和齿状回的 BDNF 及其相关受体的 mRNA 持续升高。且在大鼠创伤性脑损伤模型中发现，创伤性脑损伤后大鼠认知能力下降与 BDNF 及其受体 mRNA 表达降低有关。BDNF 在预防创伤性脑损伤后继发性损伤和恢复原发性损伤方面起着重要作用。与创伤性脑损伤密切相关的炎症生物标志物有白细胞介素、C 反应蛋白（C-reactive protein，CRP）、神经元特异性烯醇化酶（neuron specific enolase，NSE）等，其中 IL-33 水平的升高与创伤性脑损伤的进展有密切关系，虽然其对脑损伤是非特异性的，但 IL-33 是一个相对独立的预后因素，有助于阐明创伤性脑损伤后的炎症反应，从而导致继发性脑损伤，最终导致不良后果。NSE 也称为 γ- 烯醇化酶或烯醇化酶 2，是一种在成熟神经元和神经内分泌细胞中表达的糖酵解途径酶。脑脊液、血清中 NSE 增加表明神经元受损，急性期血清 NSE 是神经元损伤程度的一个较为敏感的预测因子，并且在创伤性脑损伤后较长时间内持续升高。

高原创伤性脑损伤是在一种特殊环境下的颅脑损伤，在法医学实践应用当中，其损伤发生后颅脑的结构、神经元的组织病理表现等是否发生改变，与平原创伤性脑损伤有何区别；鉴定所用检测方法是否与平原创伤性脑损伤有差异及如何改进；法医工作中常利用临床指标检测，高原创伤性脑损伤与平原创伤性脑损伤相比有何差异，继发损伤后蛋白水平或 RNA 转录水平在分子层面的表达会发生哪些改变。这些都需要我们进行深入的研究探讨，以便能更深入地了解高原创伤性脑损伤的病理生理机制，为更直接有效的法医学检验提供理论基础。

（夏冰　周明　贵州医科大学）

参考文献

［1］Gonzalez G A，Molano F D，Nieto E V H，et al. Interventions for preventing high altitude illness：Part 2. Less commonly-used drugs［J］. Cochrane Database Syst Rev，2018，3（3）：CD012983.

［2］Young A J，Berryman C E，Kenefick R W，et al. Altitude Acclimatization Alleviates the Hypoxia-Induced Suppression of Exogenous Glucose Oxidation During Steady-State Aerobic Exercise［J］. Frontiers in Physiology，2018，9：830.

［3］Paul S，Gangwar A，Bhargava K，et al. Diagnosis and prophylaxis for high-altitude acclimatization：Adherence to molecular rationale to evade high-altitude illnesses［J］. Life Sci，2018，203：171-176.

［4］Zhao H，Yin Z，Xiang H，et al. Preliminary study on alterations of altitude road traffic in China from 2006 to 2013［J］. PLoS One，2017，12（2）：e0171090.

［5］王昊，赵辉，许民辉. 高原颅脑创伤的诊疗进展［J］. 中华神经创伤外科电子杂志，2016，2（3）：164-167.

［6］郭志坚，张如珍. 高海拔地区重型颅脑交通伤特点分析［J］. 中华创伤杂志，2000（4）：18-20.

［7］陈军伟，李亚娟，廖小俊，等. 高压氧对高原地区脑挫裂伤病人颅内压的影响［J］. 中国临床神经外科杂志，2019，24（4）：238-239.

［8］Wei L，Chen Z，Xi Q，et al. Elevated Hemoglobin Concentration Affects Acute Severe Head Trauma After Recovery from Surgery of Neurologic Function in the Tibetan Plateau［J］. World Neurosurgery，2016，86：181-185.

［9］Sun J，Tian Y，Jiang R C，et al. Study on the difference of blood coagulation function in patients with traumatic brain injury in plain and plateau area［J］. Zhonghua Yi Xue Za Zhi，2016，96（39）：3125-3128.

［10］Honeybul S，Ho K M. Incidence and risk factors for post-traumatic hydrocephalus following decompressive craniectomy for intractable intracranial hypertension and evacuation of mass lesions［J］. J Neurotrauma，2012，29（10）：1872-1878.

［11］魏林节，冯国君，吕国志，等. 林芝地区628例颅脑创伤患者流行病学特征分析［J］. 西南国防医药，2014，24（4）：427-429.

［12］Gao G，Wu X，Feng J，et al. Clinical characteristics and outcomes in patients with traumatic brain injury in China：a prospective，multicentre，longitudinal，observational study［J］. Lancet Neurol，2020，19（8）：670-677.

［13］王劲武，陈辉武，赵耀，等. 高原地区颅脑创伤的CT诊断（附838例报告）［J］. 西藏医药杂志，2002（S1）：59-62.

［14］李龙，徐维邦，易习之，等. 高原脑水肿的CT表现及其病理基础的实验研究［J］. 高原医学杂志，1999（3）：39-42，65.

［15］Bennett M H，Trytko B，Jonker B. Hyperbaric oxygen therapy for the adjunctive treatment of traumatic brain injury［J］. Cochrane Database Syst Rev，2012，12：CD004609.

［16］Kawoos U，McCarron R M，Auker C R，et al. Advances in Intracranial Pressure Monitoring and Its Significance in Managing Traumatic Brain Injury［J］. Int J Mol Sci，2015，16（12）：28979-28997.

［17］Hackett P H，Roach R C. High-altitude illness［J］. N Engl J Med，2001，345（2）：107-114.

［18］Wilson M H, Milledge J. Direct measurement of intracranial pressure at high altitude and correlation of ventricular size with acute mountain sickness: Brian Cummins' results from the 1985 Kishtwar expedition ［J］. Neurosurgery, 2008, 63（5）: 974-975.

［19］孙斌. 高原地区重型颅脑损伤所致神经损伤临床分析［J］. 中国实用神经疾病杂志, 2016, 19（19）: 112-113.

［20］胥全宏, 杨日高, 冯华. 66例高原颅脑外伤伤情特点及预后分析［J］. 重庆医学, 2003（11）: 1529-1531.

［21］李泽文, 潘冬生, 邱克军, 等. 高原地区颅脑损伤去骨瓣减压术后并发症分析［J］. 西南国防医药, 2013, 23（12）: 1345-1347.

［22］Yang X F, Wen L, Shen F, et al. Surgical complications secondary to decompressive craniectomy in patients with a head injury: a series of 108 consecutive cases ［J］. Acta Neurochirurgica, 2008, 150（12）: 1241-1248.

［23］谷培栋, 张世耀, 张立芳. 拉莫三嗪联合醒脑静对创伤性颅脑损伤继发癫痫患者神经功能、认知能力的影响［J］. 中国药业, 2019, 28（3）: 71-73.

［24］汪生毅, 孙小红, 李海栋, 等. 高原地区颅脑损伤患儿血清 HIF-1α、miR-210 水平与继发性癫痫的关系［J］. 疑难病杂志, 2020, 19（9）: 900-905.

［25］De Bonis P, Pompucci A, Mangiola A, et al. Post-traumatic hydrocephalus after decompressive craniectomy: an underestimated risk factor ［J］. J Neurotrauma, 2010, 27（11）: 1965-1970.

［26］孙斌, 王皓, 王青乐. 高压氧对高原地区特重型颅脑损伤的疗效观察［J］. 高原医学杂志, 2017, 27（2）: 26-29.

［27］王荣美, 李玲. 急性颅脑损伤动物模型的研究进展［J］. 国际神经病学神经外科学杂志, 2016, 43（3）: 258-263.

［28］李建, 刘绍明. 高原环境下大鼠液压脑损伤后微循环的改变及 vWF 表达的实验研究［J］. 西北国防医学杂志, 2008（5）: 336-338.

［29］朱海涛, 张礼均, 李飞, 等. 模拟急进高原环境下小型猪创伤性脑出血模型的建立［J］. 第三军医大学学报, 2011, 33（9）: 869-873.

［30］张礼均, 胥全宏, 邓聪颖, 等. 高原大鼠实验性开放性颅脑创伤模型的建立［J］. 第三军医大学学报, 2006（22）: 2272-2275.

［31］胥全宏, 冯华, 王宪荣, 等. 高原大鼠颅脑损伤局部脑组织氧分压变化特点［J］. 中华神经外科疾病研究杂志, 2005（2）: 137-140.

［32］胡威夷, 何毅, 张捷, 等. 高原低速弹颅脑火器伤的实验研究［J］. 中华创伤杂志, 1996（2）: 22-24.

［33］王玮, 陈辉武, 王劲武, 等. 高原颅脑枪弹伤肺部损伤远达效应 CT 及 HRCT 影像病理对照研究［J］. 实用放射学杂志, 2003（11）: 966-970.

［34］张礼均, 胥全宏, 邓聪颖, 等. 模拟高原条件下大鼠爆炸性颅脑创伤伤情特点的研究［J］. 中华神经外科杂志, 2006（11）: 670-673.

［35］Wei L J, Zhang J B, B Zhang, et al. Complement C3 participates in the function and mechanism of traumatic brain injury at simulated high altitude ［J］. Brain Research, 2019, 1726: 146423.

［36］Ma S Q, Xu X X, He Z Z, et al. Dynamic changes in peripheral blood-targeted miRNA expression profiles in patients with severe traumatic brain injury at high altitude ［J］. Military Medical Research, 2019, 6（4）: 292-298.

［37］Kleindienst A, Brabant G, Morgenthaler N G, et al. Following brain trauma, copeptin, a stable peptide derived from the AVP precursor, does not reflect osmoregulation but correlates with injury severity ［J］. Acta Neurochir Suppl, 2010, 106: 221-4.

［38］Okonkwo D O，Puffer R C，Puccio A M，et al. Point-of-Care Platform Blood Biomarker Testing of Glial Fibrillary Acidic Protein versus S100 Calcium-Binding Protein B for Prediction of Traumatic Brain Injuries：A Transforming Research and Clinical Knowledge in Traumatic Brain Injury Study［J］. Journal of Neurotrauma，2020，37（23）：2460-2467.

［39］Lewis S B，Wolper R，Chi Y Y，et al. Identification and preliminary characterization of ubiquitin C terminal hydrolase 1（UCHL1）as a biomarker of neuronal loss in aneurysmal subarachnoid hemorrhage［J］. Journal of Neuroscience Research，2010，88（7）：1475-1484.

［40］Rubenstein R，Chang B，Davies P，et al. A novel，ultrasensitive assay for tau：potential for assessing traumatic brain injury in tissues and biofluids［J］. J Neurotrauma，2015，32：342-352.

［41］Rubenstein R，Chang B，Yue J K，et al. Comparing plasma phospho tau，total tau，and phospho tau－total tau ratio as acute and chronic traumatic brain injury biomarkers［J］. JAMA Neurol，2017，74：1063-1072.

［42］Sandmo S B，Filipcik P，Cente M，et al. Neurofilament light and tau in serum after head-impact exposure in soccer［J］. Brain Inj，2020，34：602-609.

［43］Corrigan F，Arulsamy A，Teng J，et al. Pumping the brakes：neurotrophic factors for the prevention of cognitive impairment and dementia after traumatic brain injury［J］. J Neurotrauma，2017，34：971-986.

［44］Hinson H E，Rowell S，Schreiber M. Clinical evidence of inflammation driving secondary brain injury：a systematic review［J］. J Trauma Acute Care Surg，2015，78（1）：184-191.

［45］Böhmer A E，Oses J P，Schmidt A P，et al. Neuron-specific enolase，S100B，and glial fibrillary acidic protein levels as outcome predictors in patients with severe traumatic brain injury［J］. Neurosurgery，2011，68（6）：1624-1631.

第十二章
放射性脑损伤

自然环境中存在天然放射性物质（naturally occurring radioactive materials，NORM）和人工制造的辐射源。NORM 是自地球形成以来就已存在或是由其衰变产生的物质，它广泛存在于地层中，因人类的生产活动如开采石油、天然气或矿藏等，天然放射性核素如铀、钍等也随之释放而出。在自然界中，如矿石、土壤、天然水、大气及动植物的组织中均可检出痕量放射性物质。人工制造的辐射源包括核能设施、核反应堆和各种生产用辐射装置等。

第一节　辐射与损伤

一、辐射（radiation）

辐射是由场源发出的电磁能量中一部分脱离场源向远处传播，而后不再返回场源的现象，能量以电磁波或粒子（如 α 粒子、β 粒子等）的形式从辐射源向外直线放射。物体通过辐射所释放的能量称为辐射能（radiation energy）。辐射能可分为两大类：一是微粒辐射，二是电磁辐射。在放射性核元素蜕变和核反应过程中，原子因内因或外因而分裂，可产生高速运动的微粒，如电子、质子、中子、α 粒子、β 粒子、带电粒子等，这些射出的微粒成为不同的放射线，这种辐射称为微粒辐射。同向振荡且互相垂直的电场与磁场的交互变化产生电磁波，电磁波向空中发射或传播的过程即形成电磁辐射。电磁辐射的形式为在真空或物质中的自传播波，其本质是在空间中以波的形式传递动量和能量。动量和能量由空间共同移送的电能量和磁能量组成，而该能量由电荷移动产生，它是物质内部原子、分子处于运动状态的一种外在表现形式。根据频率或波长电磁辐射可分为：电力、无线电波、微波、太赫兹波辐射、红外辐射、可见光、紫外线、X 射线和 γ 射线。其中，无线电波的波长最长而 γ 射线的波长最短。X 射线和 γ 射线电离能力很强，可产生较大的能量使原子和分子电离化，其他电磁辐射电离能力相对较弱。

二、电离辐射（Ionizing radiation）

电离辐射是指携带足以使物质原子或分子中的电子成为自由态，从而使这些原子和分子发生电离现象的辐射。它是能使受作用物质发生电离辐射现象的总称。电离辐射可分为天然辐射源和人工辐射源。天然辐射源存在于整个自然界，水、空气和人体内等都含有微量的放射性元素。人工辐射源包括：核爆炸、医疗照射、核能生产应用中产生的人工辐射源或经过加工的天然辐射源，以及消费品中添加的辐射源等。常见的电离辐射源有：用于诊断和治疗的高能 X 线，镭和其他天然放射性物质（如氡），核反应堆，回旋加速器，直线加速器，交变梯度同步加速器，用于治疗肿瘤的钴和铯以及用于医学和工业的人工生产的大量放射性物质。辐射量常用的测量单位是伦琴（R）、戈瑞（Gy）和希沃特（Sv）。伦琴是空气中 X 射线或 γ 射线电离辐射的计量单位，戈瑞是被各组织或物质吸收的能量计量单位，希沃特是反映各种射线或粒子被吸收后引起的生物效应强弱的辐射量的计量单位。对 X 射线和 γ 射线引起的电离辐射，Sv 与 Gy 相等。日常生活中可将辐射分为低水平辐射（0.2~0.3 Gy）和高水平辐射（> 0.3 Gy）。医学剂量一般不超过 0.05 Gy，常小于 0.01 Gy。

三、电离辐射损伤（Ionizing radiation injury）

粒子辐射和电磁辐射穿透物质，产生相互作用可导致该物质直接（粒子辐射）或间接（电磁辐射）电离，产生电离辐射现象。电离辐射作用于人体时，由于射线的贯穿作用和电离作用，通过能量吸收、转移直接破坏生物分子结构，或者通过生成自由基等产物继发作用，引起急性、迟发性或慢性的机体组织损害，造成机体代谢障碍和细胞形态、功能损伤，称为电离辐射损伤。电离辐射损伤分急、慢性损伤和远期效应等类型。大剂量辐射可在数天内产生可见的身体效应。小剂量辐射所致的 DNA 变化可引起慢性疾病，如白血病、甲状腺癌等，甚至可导致生殖细胞突变增加，使下一代的遗传缺陷增加。急性损伤多见于核辐射事故。全身长期超剂量慢性照射，可引起慢性放射病。局部大剂量照射，可产生局部慢性损伤，如慢性皮肤损伤、造血障碍、白内障等。慢性损伤常见于从事核辐射工作的职业人群。

四、生物学效应（biological effect）

X 射线和 γ 射线与物质发生相互作用可产生光电子、反冲电子和正负电子，这些带电的次级粒子可以使物质原子或分子中的电子成为自由态，从而使这些原子或分子发生电离现象。这些电离辐射穿透力高，可直接贯穿肌体皮肤，作用于人体组织细胞中的生物分子和水分子，发生电离或产生大量自由基，对细胞产生直接或间接的放射性生物学损伤。电离辐射将能量直接传递给靶分子，导致电离和激发，引起靶分子结构改变和生物活动的丧失，称为直接作用。射线通过与细胞中的非靶原子或分子作用，产生自由基，自由基作用于靶分子，继发引起细胞相应的损伤，称为间接作用。损伤引发的细胞因子调节网络紊乱会进一步加重损伤。

1.对生物分子的辐射效应　低剂量辐射即可使对辐射高度敏感的DNA靶分子损伤，导致DNA碱基破坏或脱落，链结构断裂，嘧啶二聚体形成，DNA链内和链间交联，DNA蛋白质交联等，使基因表达紊乱，蛋白质合成障碍。还可以影响DNA聚合酶的活性，抑制DNA合成代谢。此外，辐射还可以导致DNA酶Ⅰ和DNA酶Ⅱ活性增强，使DNA分子降解加速。大剂量的辐射可直接损伤DNA分子，破坏DNA模板，从而抑制DNA的合成。

2.对细胞的辐射效应　细胞对电离辐射的敏感性与其分化程度和增殖能力密切相关。低分化、高增殖能力的细胞，如造血干细胞、小肠陷窝细胞、精原细胞、卵泡细胞和淋巴细胞等，辐射敏感性较高。神经元、骨骼细胞对电离辐射耐性较高，遭受大剂量照射后会导致细胞间期死亡。在细胞周期的不同阶段，其辐射的敏感性也不同。

辐射对细胞结构也会造成影响。小剂量照射即可导致细胞膜通透性的改变，大剂量照射可使膜结构崩解。如辐射引起线粒体和内质网膜通透性增强，导致线粒体和内质网代谢和功能障碍，线粒体肿胀变形，内质网扩张，严重时使膜结构破裂。溶酶体也可因辐射导致膜破坏，其中的蛋白水解酶和核酸水解酶一旦释放，可使细胞结构严重破坏。核膜虽然对辐射耐受性较强，但因辐射会引起染色体的损害，因此会导致细胞分裂的延迟和死亡。

3.对组织器官的辐射效应　一般而言，组织的损伤程度与辐射的剂量密切相关。剂量越大，损伤越严重，但剂量与损伤后果之间并非完全呈线性关系。照射剂量与损伤的关系见表12-1。人体各组织器官对辐射的敏感性不同，发生损伤的严重程度各异。不同组织器官对辐射的敏感性见表12-2。

表12-1　照射剂量与损伤的关系

剂量（R*）	病理改变
1	无明显机体损伤
10	骨髓淋巴细胞损伤
100	部分患者出现轻度放射病，恶心、呕吐、骨髓细胞分裂指数降低，一过性白细胞减少
1 000	骨髓广泛破坏，白细胞减少、血小板减少和贫血，胃肠黏膜坏死，严重放射病，30 d内死亡
10 000	定向力消失，昏迷，数小时内死亡

注：*R，伦琴，是X射线和γ射线的单位。1伦琴（R）指可使标准状态下1 cm^2 空气电离产生1个静电荷单位的正负电子的放射量。与拉德（rad）可以交替。

表 12-2　不同组织器官的辐射敏感性

辐射敏感性	组织器官
不敏感	结缔组织、肌肉、软骨、骨
轻度敏感	中枢神经系统、心脏、内分泌腺（性腺除外）
中度敏感	内皮细胞、皮肤上皮，唾液腺和肾、肝、肺组织上皮细胞，角膜、晶状体、结膜
高度敏感	淋巴组织、胸腺、骨髓、胃肠上皮、性腺、胚胎

第二节　放射性脑损伤

一、定义

放射性脑损伤（radiation induced brain injury，RBI）又称放射性脑病，是人体遭受电离辐射后出现的中枢神经系统损害。它因神经细胞和颅内血管受损后出现的一系列病理生理改变所致，常为肿瘤患者接受临床放射治疗后的一种并发症，也可见于电离辐射事故中，偶见于投掷放射源的伤害案件。近年来，随着肿瘤发病率的上升以及各种放疗新技术逐步应用于肿瘤患者的综合治疗中，RBI 的确诊率亦呈上升趋势。综合相关报道，其发病率因原发疾病的不同而异。脑膜瘤接受放疗后 RBI 的发生率为 28%~50%；脑转移瘤放疗后 RBI 的 1 年累计发生率为 8%~20%；鼻咽癌放疗后 RBI 的 4 年累计发生率为 1.9%~5%。

二、分型

RBI 是肿瘤患者放疗后最严重的并发症，其发病率虽低，但预后较差，常呈进行性、致死性。发病和症状类型取决于患者的辐射暴露情况。RBI 可以发生在电离辐射后的任何时间，以照射结束后半年至 4 年最为常见。根据患者出现症状的时间，可将之分为急性型、早期迟发反应型、晚期迟发反应型。

1. **急性型**　整体剂量极高（＞30 Gy）的辐射可导致急性辐射综合征（acute radiation syndrome，ARS）。急性型 RBI 为 ARS 中枢神经系统受损的表现，又称大脑综合征。患者常于放疗过程中或照射后数天至 1 个月出现症状，多数表现为头痛、恶心、呕吐、记忆力减退等前驱症状。逐步发展至倦怠和嗜睡，程度上从淡漠到虚脱（可能因脑内非细菌性炎症灶或辐射产生的毒性产物所致），严重者病情进展迅速，出现意识障碍、定向障碍、震颤、抽搐、共济失调等，最后在数小时至数天内死亡。

2. **早期迟发反应型**　一般发生在照射后数周至 6 个月，主要为脑部照射后的嗜睡综合征，表现为嗜睡、厌食、低热、恶心、呕吐、眩晕、情感淡漠、记忆力减退等，也可表现为一过性的疲劳感或局部神经系统症状的恶化，可见嗜睡综合征、脑干脑炎、肿瘤假性进展等临床亚型。多数患者临床症状较轻，一般经过积极有效治疗可以恢复。

3. **晚期迟发反应型**　该型一般出现于照射后 6 个月至 2 年，又称晚发性 RBI。为 RBI 最常见的临床类型，脑部照射剂量常大于 50 Gy。该型损伤呈不可逆性、进行性、可致命性，损伤部位多限于脑白质，可为局限性，亦可为弥漫性。患者常表现出不同程度的智力减退。根据影像学表现和特点，晚期迟发反应型 RBI 又可分为无病灶期、水肿期、坏死期、囊变期，同一患者脑部不同部位可能同时或先后出现上述改变。

三、临床表现

RBI 的损伤机制主要与神经元、胶质细胞受损，血管损伤和自身免疫反应等有关。其起病形式大多较隐匿，常在接受放射治疗后复查时发现，也有患者因症状急性发作就诊而检出。其主要症状包括：

1. **局灶性脑部损伤症状**　RBI 的临床表现与受损大脑区域所支配的功能密切相关。大脑半球受累常表现为单侧运动、感觉障碍以及视觉、语言、情感等方面改变，如额叶受损会出现肢体运动障碍、表情淡漠、反应迟钝等改变。顶叶受损，往往会出现痛温觉减退等肢体感觉障碍。颞叶受损，会出现癫痫、错觉、幻觉、偏盲等视野改变。枕叶受损，最常见的临床表现就是偏盲。脑干受累常见表现为复视、头晕、构音不清、吞咽困难、走路不稳、瞳孔及眼运动改变、意识障碍等，神经系统检查示眼球外展受限、眼球震颤、面神经瘫痪、舌肌萎缩、咽反射消失、肢体共济失调、肢体瘫痪、肌张力增高、腱反射亢进和出现病理反射等征象，严重者可出现呼吸肌麻痹、心搏骤停，导致死亡。

2. **大脑皮质功能障碍**　包括认知功能障碍、精神异常、癫痫等。其包括：①认知功能障碍：主要表现为记忆力减退，远近记忆力均可受累，特别是近事遗忘表现更甚，严重者表现为重度痴呆。②精神异常：表现为易激惹、退缩、呆滞、答非所问，个别可出现视、听、嗅、触等幻觉。③癫痫发作：癫痫发作是 RBI 累及大脑半球者的常见临床表现，可表现为部分性发作和全面性发作等类型，部分患者因病情进展或者治疗效果不佳可出现癫痫持续状态。

3. **颅内高压症状**　轻者表现为慢性头晕、头痛，可出现头痛、呕吐和视神经盘水肿三联征。可有头昏、耳鸣、烦躁不安、嗜睡、癫痫发作、展神经麻痹、复视等症状，病情进行性加重可出现剧烈头痛、呕吐、意识障碍，甚至昏迷，出现危及患者生命的紧急情况。

4. **下丘脑垂体轴功能异常**　RBI 患者较常见的综合征之一是放射性垂体功能减退，损伤后垂体分泌的激素水平下降，从而导致相应靶器官功能下降。如甲状腺功能轴受损而导致甲状腺功能减退，肾上腺轴受损引起皮质醇分泌不足、皮质功能减退，性腺轴受损导致性腺、性器官功能降低等。可导致继发性肾上腺皮质功能减退症、继发性甲状腺功能减退症、生长激素缺乏症、性腺轴失调综合征等。

四、诊断及检查

RBI 的诊断主要依靠病史、临床表现、实验室检查和影像学检查，最终靠病理诊断确诊。但因行脑活检可能带来颅内感染、损伤等，风险较大，目前主要依靠接触病史、调查情况及影像学检查。

（一）实验室检查

一些实验室检查可能对早期诊断放射性脑损伤有一定的参考价值。大剂量照射后，早期骨髓有核细胞总数减少，粒细胞/红细胞比值先升高后下降。有核细胞分裂指数下降。遭受致死量照射时，可下降至 0。重度以上骨髓型急性放射病，受照射后 1~2 d，外周血白细胞值可低至 0.6×10^9/L 以下；受照射后 7~8 d，外周血白细胞值低于 0.6×10^9/L，最小值低于 1×10^9/L。肠型急性放射病，2~5 d 外周血血红蛋白浓度可升高至 110 g/L 以上。

（二）影像学检查

1. 头颅 CT　早期、脑干型或轻症 RBI 患者头颅 CT 检查常无阳性表现。晚期迟发反应型典型者，照射野内脑白质可见低密度水肿，边缘较模糊，呈"指状"分布，伴有不同程度的占位效应。两侧不对称性病变或单侧病变可导致脑室受压，中线向健侧或病变较轻侧移位，增强扫描无强化或周边轻微强化。脑损伤病灶平扫密度不均匀，在低密度区病灶内可夹杂高密度的出血区或更低密度的坏死区域，增强后病灶出现多种形态的环形强化，提示病灶出现坏死或者出血。囊变期病灶表现为边界较为光整的低密度区，多呈圆形或椭圆形，可见中心液性暗影，CT 值与脑脊液接近，占位效应多不明显，有的可见脑实质萎缩、中线向病灶侧移位等，增强扫描无强化或囊壁轻度强化。一般不建议将 CT 作为 RBI 的首选诊断工具。

2. MRI 检查　MRI 检查 RBI 的敏感度高于 CT。RBI 早期可见相应区域脑肿胀，脑白质水肿，亦呈"指状"分布，T1 加权像（T1WI）呈低信号，T2 加权像（T2WI）呈高信号。随着病变的进展，增强扫描时可见受损区强化，异常强化表现形态多样，可呈斑点状、斑片状、花环样、泥沙样、珊瑚状、皂泡样、地图样、不规则形强化等。平扫病灶内出现 T1WI 高信号、T2WI 低信号时，提示病灶内合并出血或渗血。晚期病变液化坏死部分 T1WI 信号更低，T2WI 信号更高，信号值与脑脊液相近，囊变区病灶为低信号无强化区。

RBI 早期监测可以选用更为敏感的磁共振弥散加权成像（DWI）。RBI 所致脑水肿与脑坏死，SWI 下其表观扩散系数（ADC）值都高于正常脑组织。低 ADC 值提示脑组织存在进行性或永久性损伤，ADC 值还可以提示预后，值越低预后越差。放射性损伤病灶在 DWI 上呈低信号，在 ADC 图上呈高信号。与 DWI 的 ADC 值比较，弥散张量成像（DTI）的各向异性分数（FA）值对于检测 RBI 更为敏感。磁敏感加权成像（SWI）有助于 RBI 区的微小出血或渗血的检测。通过检测脑组织内代谢产物的改变，磁共振波谱成像（MRS）对 RBI 早期诊断亦有帮助。使用 MRS 对放疗前后的脑组织代谢改变进行比较，还可用于患者预后的判断和疗效评价。

3. **其他**　影像学检查还可以用于鉴别肿瘤复发和 RBI。MRS 对于鉴别损伤区的强化灶与肿瘤复发或转移灶具有一定的辅助作用，但脑肿瘤与放射性坏死相混杂的病灶还难以通过 MRS 进行精细诊断。通过测量局部脑血容量（rCBV）指标，灌注加权成像（PWI）显示放射性脑坏死时 rCBV 降低，肿瘤复发灶往往 rCBV 升高。正电子发射断层显像（PET）鉴别 RBI 与肿瘤复发的灵敏度为 80%~90%，特异性为 50%~90%。

五、病理改变

主要表现为细胞与组织的变性和坏死，血管反应与出血，常常可见多部位继发性感染。早期表现为神经元肿胀或皱缩，核内或胞浆内空泡形成，神经元坏死，神经脱髓鞘改变较明显。晚期可见淤血、水肿、灶状出血和脑软化灶。镜下可见不同程度的细胞肿胀、核浓缩、核碎裂、核溶解，胞浆空泡样改变，细胞膜破裂。常可见异形核或多核巨细胞。另外可见血管扩张，内皮细胞肿胀变形，胞浆见空泡，基底膜分离、出血。重症可见小血管壁坏死、微血栓形成。损伤区脑血管可表现出密度减低、管腔狭窄、内皮细胞减少、基底膜增厚等改变。急性期脑组织学改变以血管内皮损伤为主。早期迟发性反应期主要是少突胶质细胞的脱髓鞘病变伴轴索水肿。晚期迟发性改变期主要为小血管的玻璃样变和纤维素性坏死，同时伴管腔狭窄、内膜增生、血管周围水肿、血栓形成和点片状出血等，伴不同程度白质钙化。晚期可见沿灰白质交界处蔓延的嗜酸性细胞和纤维素渗出。

六、分级

RBI 的分级目前常用美国国家癌症研究所（National Cancer Institute，NCI）推荐的不良反应评价标准进行评价。根据 NCI 的常见不良事件评价标准（common terminology criteria for adverse events，CTCAE）可将 RBI 分为 5 级，具体标准见下表（表 12-3）。

表 12-3 美国国家癌症研究所常见不良事件评价标准（National Cancer Institute-common terminology criteria for adverse events，NCI-CTCAE）

分级	具体表现
1级	轻度；无症状或症状轻微；仅为临床或诊断所见；无须治疗
2级	中度，需要较小、局部或非侵入性治疗，与年龄相当的工具性日常生活活动受限
3级	严重或者医学上有重要意义但不会立即危及生命；导致住院或延长住院时间；致残；个人日常生活活动受限
4级	危及生命，需紧急治疗
5级	与 AE 相关的死亡

第三节 放射性脑损伤的法医学鉴定

放射性损伤多为职业性损伤，也可以见于自然灾害、生产和医疗意外事故。由于辐射损伤的隐蔽性，近年来也有报道将之用于伤害他人或杀人者，自伤或自杀者较少见。

法医学鉴定首先要明确是否为放射性损伤，所以要详细调查案情，了解致伤或死亡的过程，进行必要的现场勘查。重点查明之前是否有放射源暴露史，照射的剂量、时间等，查明辐射的来源、种类、程度及接触情况等。通常需要与有关专业技术人员合作，判断损伤/死亡是否与放射性物质的损害有关。查明放射性物质对于判断案件的性质和后续处理至关重要。外照射性损伤，一般体内无放射性物质。若系口服或被注射大剂量放射性核素所致，活体可以提取血样、尿样或毛发等检材，尸体还可以提取胃内容物、玻璃液、胆汁和组织器官样本等，通过相关仪器检测体内的放射性物质以确认。其次要判断案件的性质，必须调查引起放射性损伤的原因。属职业性损伤或灾难、事故的，需要了解事故的过程、人员接触情况，协助分析灾难事件发生的原因。通过受伤人员或尸体检验，结合毒物分析等为有关部门及时采取预防性措施提供依据。也可结合法医学人体受伤后行为能力评估、死亡时间推断、DNA 检验等，用于协助进行伤亡人员的搜寻、尸体处理、个人识别、现场防疫等。

涉及可疑放射性物体致人受伤、致死的案件，需要进行活体或尸体检验时，必须注意自我防护。检验时需要放置醒目的标识，配置专业的个人防护装置，建议在专门的检验、解剖场所进行。检验时要保护好眼睛和皮肤，避免发生检验者的二次损伤。检验过程中使用的耗材和遗弃物，需要按照放射性废物处置要求，做好标识后放置在专门的废物袋中处理。使用过的器材，也需要专门的消毒、隔离处理。

怀疑因放射性损伤致死者的法医病理学鉴定，主要根据案情调查辐射暴露情况、现场勘查放射源的存在、检测放射物的性质和种类，结合临床表现、组织病理改变等以确定死因。因放射物致伤后需要进行法医学损伤程度或伤残程度鉴定者，可以根据《人体损伤程度鉴定标准》附则第 6.2 条和《人体损伤致残程度分级》第 3.1 条的规定，依据损伤导致的组织器官结构破坏或者遗留的功能障碍，比照标准中的相应条款综合鉴定。必要时考虑伤病关系的鉴定原则。

第四节　展　望

由于 RBI 的特殊性、研究对象的稀缺性，现阶段大多数研究只能在动物、细胞模型中开展。因人脑结构、功能复杂，不同脑部区域的生物效应各异，细胞水平、动物水平的研究也难以直接转化，因此开发更接近人脑放射性损伤反应的 RBI 生物学模型仍然是将来一段时间内人们研究的重点。随着脑科学的发展，对突触可塑性、神经元再生、胶质细胞功能等方面更深入的研究，可能会为 RBI 病理机制的研究提供新的方向。

（吴敬杰　贵州警察学院）

参考文献

［1］林果为，王吉耀，葛均波.实用内科学［M］.15 版.北京：人民卫生出版社，2017.

［2］徐英含.最新法医病理学［M］.北京：世界图书出版社，1996.

［3］中国放射性脑损伤多学科协作组，中国医师协会神经内科分会脑与脊髓损害专业委员会.放射性脑损伤诊治中国专家共识［J］.中华神经医学杂志，2019，18（6）：541-549.

［4］Milano M T, Sharma M, Soltys S G, et al. Radiation-induced edema after single-fraction or multifraction stereotactic radiosurgery for meningioma: A Critical Review［J］. Int J Radiat Oncol Biol Phys, 2018, 101（2）：344-357.

［5］Minniti G, Scaringi C, Paolini S, et al. Single-Fraction Versus Multifraction（3 × 9 Gy）Stereotactic Radiosurgery for Large（>2 cm）Brain Metastases: A Comparative Analysis of Local Control and Risk of Radiation-Induced Brain Necrosis［J］. International journal of radiation oncology biology, physics, 2016, 95（4）：1142-1148.

［6］Minniti G, Scaringi C, Paolini S, et al. Repeated stereotactic radiosurgery for patients with progressive brain metastases［J］. J Neurooncol, 2016, 126（1）：91-97.

［7］Na A, Haghigi N, Drummond K J. Cerebral radiation necrosis［J］. Asia Pac J Clin Oncol, 2014, 10（1）：11-21.

［8］Coleman C N, Stone H B, Moulder J E, et al. Medicine, Modulation of radiation injury［J］. Science, 2004, 304（5671）：693-694.

［9］Martino A, Krainik A, Pasteris C, et al. Neurological imaging of brain damages after radiotherapy and/or chimiotherapy［J］. J Neuroradiol，2014，41（1）：52-70.

［10］卫生部卫生标准委员会. 放射性疾病诊断标准应用指南［M］. 北京：中国质检出版社，2013.

［11］中华人民共和国卫生部. 内照射放射病诊断标准：GBZ 96-2011［S］. 北京：中国标准出版社，2011.

［12］Wang Y L，Chen S，Xiao H F，et al. Differentiation between radiation-induced brain injury and glioma recurrence using 3D pCASL and dynamic susceptibility contrast-enhanced perfusion weighted imaging［J］. Radiother Oncol，2018，129（1）：68-74.

［13］Xie Y，Huang H，Guo J，et al. Relative cerebral blood volume is a potential biomarker in late delayed radiation-induced brain injury［J］. J Magn Reson Imaging，2018，47（4）：1112-1118.

［14］Lohmann P，Stoffels G，Ceccon G，et al. Radiation injury vs.recurrent brain metastasis：combining textural feature radiomics analysis and standard parameters may increase（18）F-FET PET accuracy without dynamic scans［J］. Eur Radiol，2017，27（7）：2916-2927.

第三篇
颅脑损伤机制

第十三章 颅脑损伤与电解质代谢紊乱

颅脑损伤发生率高，占全身各处损伤的 10%~20%，死亡率居各损伤类型之首。颅脑损伤病情复杂、进展迅速，尤其是重型颅脑损伤常常后果严重，而影响其预后的因素是多方面的，其中内分泌功能障碍导致水电解质紊乱、内环境平衡破坏是主要原因之一。在法医鉴定工作中，颅脑损伤死亡和伤残案例多见，因此，掌握颅脑损伤电解质紊乱的机制和规律具有重要意义。

第一节 概 述

根据格拉斯哥昏迷评分标准，颅脑损伤可分为三种程度：13~15 分为轻型脑损伤，8~12 分为中型脑损伤，3~7 分为重型脑损伤。重型颅脑损伤多为交通事故、高空坠落、爆炸性高压等强烈的高能量暴力所致。

由于颅脑解剖结构的特殊性及神经中枢调控的各种生理功能的重要性，颅脑损伤后不仅表现为一般创伤的特点，还具有一些特殊表现：既有颅脑本身生理特点所决定的代谢异常，又有躯体其他部位创伤后或手术前后的共同代谢变化。尸检证据表明，颅脑创伤后通常很快发生下丘脑 – 垂体轴出血或缺血。颅脑损伤急性期激素即可明显减少，肾上腺素约下降 15%、抗利尿激素下降 3%~37%。颅脑损伤后慢性激素分泌不足同样具有很高的发生率，且涉及颅骨骨折、下丘脑水肿、低钠血症的重型颅脑损伤患者内分泌障碍的发生率更高。

人体的体液包含溶解在水中的电解质和非电解质。正常情况下，机体通过各系统和器官相互调节作用使机体环境维持在内平衡的状态下，而机体异常状态下溶剂或溶质的变化，均可引起体液离子浓度发生变化。

第二节　机体水和电解质的调节机制

一、渗透压调节

正常情况下，位于丘脑下部的视上核及室旁核的渗透压感受器可感受血清渗透压的微小变化，并将所感受的信号传递至大脑皮质诱发渴感并促使机体产生饮水反应；同时刺激上述核团分泌抗利尿激素（ADH）。ADH能调控肾脏对体液的排泄，以维持体内渗透压的恒定。渗透压感受器的调节作用非常敏感，当血清渗透压上升1%~2%时，即可促进ADH释放。此外，当丘脑下部外侧核及背侧核的细胞容积发生微小变化时也可形成感受信号并传递至大脑皮质引起口渴。

二、神经－体液调节

神经系统受刺激而分泌的ADH和肾素－血管紧张素－醛固酮激素作用于肾小管可促进其对水和电解质的代谢调节，该作用称为神经－体液调节。ADH的主要作用是减少肾脏的排尿量，增加对水的重吸收。肾素－血管紧张素－醛固酮激素对水和电解质的调节较为复杂，它主要是促进肾脏远曲小管 Na^+–K^+ 或 Na^+–H^+ 的交换，具有排 H^+、排 K^+ 和保 Na^+ 的作用，用以维持机体的水和电解质平衡。此外，心房钠尿肽（ANF）等和外周的压力感受器也参与了上述调节。ANF具有对抗渴感，抑制ADH、肾素－血管紧张素的释放和摄盐作用，能利尿、利钠。外周感受器则感受血管内压力变化，当血容量不足时，通过促进ADH分泌使水的重吸收增加。

三、肾脏调节

肾脏对水具有重吸收与排泄功能，在机体水盐代谢中有着极其重要的作用。大部分盐和水在肾脏的近曲小管被重吸收，约占重吸收量的85%，其余的15%被远曲小管吸收，并同时进行 Na^+–K^+ 或 Na^+–H^+ 离子的交换。

正常生理条件下，下丘脑的调控使腺垂体、神经垂体之间保持动态平衡。腺垂体分泌的促肾上腺皮质激素（ACTH）和神经垂体释放的抗利尿激素各自通过对细胞内液、细胞外液中电解质和渗透压的影响而维持机体内环境稳定。

重型颅脑损伤发生后，可因为大脑的因素、机体代谢的影响而使患者发生不同程度的水电解质和内分泌失调。引起内分泌代谢紊乱的机制主要有以下几种：①应激：颅脑在受到不同程度的有害刺激后均会引起机体一系列非特异性反应的发生，即应激反应，其主要通过下丘脑－垂体－肾上腺轴激活引起。②结构损伤：颅脑损伤后，大脑结构的完整性被破坏，从而直接或间接损害下丘脑、垂体引发结构损伤。多项尸体检查报告均显示下丘脑和垂体损伤率极高。急性颅脑损伤时血脑屏障被破坏，血浆蛋白和电解质逸出血管腔，使胶质细胞内、外的渗透压增加，水分潴留，脑部血氧分压下降，脑细胞膜受损，ATP 酶活性降低与磷脂代谢障碍，导致机体重要离子，如 Na^+、K^+ 和 Mg^{2+} 等在细胞内、外和细胞器内、外的分布异常，从而加重脑细胞的水肿，造成一系列病理生理现象，引发相应临床症状及体征，甚至危及生命。

重型颅脑损伤患者电解质紊乱的主要影响是发生难以控制的脑水肿和颅内高压。重型颅脑损伤不仅可以通过炎症瀑布反应激发神经内分泌反应，使下丘脑－垂体轴系统功能损害，糖脂代谢紊乱，电解质紊乱及免疫功能抑制，还能释放兴奋性氨基酸，激活谷氨酸等受体开放离子通道，产生细胞毒性反应及继发性脑损害。

重型颅脑损伤典型的临床表现为头痛、恶心、呕吐、意识障碍，伴有血压下降、呼吸浅慢等体征。而当颅脑损伤患者发生电解质代谢紊乱时也可出现上述症状和体征，电解质代谢紊乱又反过来作用于机体，影响患者的病情和预后，从而增加临床病情评估及制订治疗方案的难度。

颅脑损伤后的各种电解质紊乱中，以高钠血症、低钠血症、低钾血症最为常见。

第三节 高钠血症

钠离子是细胞外液（如血液）中最多的阳离子，对保持细胞外液容量、调节酸碱平衡、维持正常渗透压和细胞生理功能具有重要意义，且参与维持神经－肌肉的正常应激反应。水能自由进出细胞，而钠泵机制使 Na^+ 很难进入脑细胞内。

一项关于创伤性昏迷的研究显示，颅脑损伤后电解质紊乱较为常见，其中钠代谢紊乱是常见的电解质紊乱类型。当血清 Na^+ 浓度 > 145 mmol/L 时即可视为存在高钠血症。高钠血症时血浆渗透压升高，细胞外高渗而细胞内低渗，但 Na^+ 不易进入细胞内，重建细胞内外渗透压平衡过程慢，于是细胞内水分外移以弥补渗透压失衡。水从细胞内移至细胞外，可暂时增加细胞外液容量，缓解高血浆渗透压。但这种方式最终导致细胞内、外缺水，即高渗性缺水。

临床上可以通过检查患者体内血钠水平来判断重型颅脑损伤患者病情的严重程度，理论上血钠水平异常者病情较严重。一方面颅脑损伤打破了患者机体的代谢平衡，出现钠代谢紊乱。另一方面钠代谢紊乱可加重患者脑部血管损伤，以此判断，钠代谢紊乱患者病情较为严重。

临床工作中，高钠血症常被分为原发性与继发性两种类型。原发性高钠血症的病因可能是位于颅内中枢部位的血浆渗透压感受器调控阈值上升，当血浆渗透压上升至病理状态时，ADH 没有及时被激活释放，血浆 Na^+ 浓度持续升高，形成高钠血症。也可能是患者本身调控渴感的感受器调控机制减退，同时伴有或不伴中枢性尿崩。

颅脑损伤常继发高钠血症，其机制可能是：①神经体液因素。颅脑损伤使下丘脑区域受损从而导致饮水中枢和渗透压感受器出现功能障碍，血浆胶体渗透压不能引起渴感和 ADH 释放，ADH 受到非渗透压刺激导致高钠血症。颅内血肿压迫中线结构，机体应激 ACTH 分泌增加，糖皮质激素也相应增加，导致水钠潴留。脑损伤后并发脑水肿使颅内压升高压迫神经中枢，下丘脑－垂体应激反应使促肾上腺皮质激素分泌增加。颅脑损伤越严重，血管紧张素 II 水平升高越明显，而血管紧张素 II 促进血管收缩和醛固酮分泌，通过肾素－血管紧张素－醛固酮系统使醛固酮分泌增加，促进肾脏保钠排钾，体内含钠量增多。②医源性因素。临床治疗颅脑损伤时会大量、长时间使用脱水剂、利尿剂，限制体液输入量。不合理应用糖皮质激素或含钠药物。颅内高压引起过度通气、高热、呕吐等导致大量失水。③不明原因高钠血症。

高钠血症按血钠水平可分为三级：血清钠介于 145~150 mmol/L 为轻度升高，血清钠介于 155~160 mmol/L 为中度升高，血清钠高于 170 mmol/L 为重度升高。研究显示，血钠升高程度与脑肿胀程度呈正相关，颅脑损伤患者死亡率的上升与发生高钠血症有关，有研究表明颅脑损伤并发高钠血症的发病率和病死率分别为 5.30%~11.60% 和 53.57%~71.40%，血钠为重度升高的患者死亡率明显增加，并可作为独立危险因素处理。

高钠血症加重颅脑损伤并导致死亡率升高的作用机制可能有：①重度血钠升高引起脑组织弥漫性脱髓鞘变，继而引起认知障碍，锥体外系功能障碍。②高钠血症患者血液黏稠度增加，容易形成血栓引起脑梗死。③治疗过程中并发脑水肿。④高钠血症患者机体处于高渗脱水状态，心、肺、肾等器官长期处于低灌注状态容易衰竭。同时，高钠血症可伴有高血氯，血氯水平增高与代谢性酸中毒密切相关，代谢性酸中毒引起中枢神经系统抑制、钾代谢紊乱、心律失常、心肌收缩力减弱，酸中毒与高钠血症共同作用使患者病情加重从而导致高死亡率。

高钠血症的危害主要在于血钠浓度过高造成的高渗状态使细胞内水分被析出，导致细胞缺水，从而导致多组织器官功能障碍；特别是脑细胞缺水，脑组织突然皱缩易引起机械性脑血管牵拉而继发脑血管损害，脑毛细血管和静脉明显充血、蛛网膜下隙出血、脑皮质下出血、硬脑膜下血肿、脑内血肿、大静脉窦血栓形成、脑梗死等均可发生，导致神经组织功能紊乱，造成一系列神经系统症状，甚至因脑组织的不可逆性损伤而死亡。

高钠血症可引发一系列如嗜睡、昏迷、肌肉抽搐等中枢神经症状。同时，颅脑损伤患者原发性的颅脑损伤症状与高钠血症引起的症状相似，后者易被前者掩盖而不易被察觉。复杂的颅脑外伤病情也使高钠血症的症状及其相关体征的观察和相应治疗较为困难。文献提示，高钠血症是评判颅脑损伤患者的病情及预后的重要指标之一。研究发现，高钠血症的发生与患者年龄大小、GCS 呈负相关，与血清氯离子水平呈正相关，高钠血症的严重程度与受伤严重程度密切相关，与预后亦有相关性。此外，研究显示颅脑损伤患者的高钠血症常发生在伤后 8 d 之内，且重度高钠血症发生的时间更早。早期出现中、重度高钠血症，可能与下丘脑 ADH 的循环通路相关，提示患者存在下丘脑损伤的可能。在颅脑损伤患者中，GCS 较低者颅内脑组织损伤更严重，临床治疗时往往使用更大量的脱水剂和利尿剂，因此更易引发高钠血症。

第四节 低钠血症

低钠血症是最常见的电解质紊乱之一，其诊断标准：轻度降低（130~135 mmol/L）、中度降低（120~130 mmol/L）、重度降低（＜120 mmol/L）。任何类型的神经外伤，包括颅脑损伤、蛛网膜下隙出血等都容易发生低钠血症。据报道，约有 20% 的颅脑损伤患者发生低钠血症，其中约 20% 的患者血清钠浓度＜125 mmol/L，且低钠血症通常在颅脑损伤后 5 d 内发生。

在水钠平衡紊乱的情况下，低钠血症通过降低血浆晶体渗透压在脑细胞内外建立一个浓度梯度，促使脑细胞外的水进入细胞内，因此加重了脑组织水肿和神经元的损害，导致继发性脑损害。

引起颅脑损伤患者低钠血症的主要原因有：①临床为降低颅内压长期使用利尿剂使钠丧失过多。②水潴留过多。③输入过多无电解质的液体。④反复呕吐、长期胃肠减压等导致钠丢失过多。⑤中枢性低钠血症。

在临床工作中，为了避免输入钠引起脑水肿，输液时不予应用生理盐水，或当患者大量出汗后只输入葡萄糖，葡萄糖进入体内后迅速被分解利用，余下的无盐水分潴留在细胞外液稀释为低张溶液。通常钠缺失反映出水在细胞外液蓄积。目前神经外科重症监护的医疗技术已经大大提高，前四种原因引起的低钠血症都能在入院早期得到及时纠正，不至于导致严重后果，但中枢性低钠血症的发病机制不同，其临床表现多变且易混淆，成为临床工作中的一大难题，而颅脑损伤后发生的低钠血症主要就是中枢性低钠血症。

中枢性低钠血症包括脑性盐耗综合征（cerebral salt-wasting syndrome，CSWS）、抗利尿激素分泌失调综合征（syn-drome of inappropriate secretion of antidiuretic hormone，SIADH）。近年来，有关中枢性低钠血症的报道逐渐增多，认识水平也得到提高，导致低钠血症的各种机制均有提出。从颅脑损伤后各个时间段提出的各种激素水平的差异可看出中枢性低钠血症不是由单一病理因素所决定的。

抗利尿激素分泌失调综合征见于神经垂体 ADH 分泌过多，垂体以外 ADH 分泌过多及外源性药物促使 ADH 作用过强。其中神经垂体 ADH 分泌过多主要由于中枢系统疾病，如颅内出血、颅内压升高等引起的下丘脑被压迫或被损坏、下丘脑水肿、下丘脑垂体系统血管痉挛、脑积水压迫下丘脑，使 ADH 异常释放。

SIADH 的诊断标准：血钠 < 130 mmol/L，血浆渗透压 < 270 mmol/L；尿渗透压与血浆渗透压之比 > 1；尿钠 > 20 mmol/L；无心功能、肝功能、肾功能、肾上腺功能、甲状腺功能异常；临床上无皮肤水肿或腹水、血压下降、脱水等血容量减少征象。

正常情况下，体液张力下降到一定程度时 ADH 分泌即停止。颅脑损伤情况下，下丘脑－垂体区受损或手术刺激使渗透压调节中枢功能紊乱，ADH 分泌失控，肾小管对水分的重吸收增强，细胞外液容量增加，导致稀释性低血钠。同时，细胞外液容量的增加使醛固酮的分泌受到抑制，肾小管对钠的重吸收减少，尿钠排出增多，加重了细胞外液的低钠。水分过多地蓄积在体内即进入细胞内引起脑水肿，进一步加重下丘脑的损害，从而形成恶性循环。

SIADH 导致的低钠血症临床表现取决于低血钠、低血浆渗透压的严重程度和进展速度。血钠 > 120 mmol/L，血浆渗透压 > 240 mmol/L 时可不表现出任何症状。血钠 < 120 mmol/L 时，最先可表现为消化道反应，随后出现神经系统症状，如肌肉跳动、抽搐、嗜睡、肌无力、腱反射迟钝、意识模糊等。血钠 < 105 mmol/L 时，表现为重度水中毒，如惊厥、昏迷，甚至死亡。也有患者血钠较低但表现很轻，而另一些患者血钠并不是很低却出现明显症状，可能与低血浆渗透压发展的速度有关。

研究发现，颅脑损伤患者入院后 24 h，部分患者抗利尿激素前体肽的片段释放增加，提示颅脑损伤后低钠血症主要由于 SIADH 引起。患者入院时血清钠水平和尿排钠量有非常强的关联，但在入院后 3~7 d 时这一关联已不存在，也提示前体肽片段并不能反映患者个体血清钠水平及 24 h 尿钠水平。因此，推测 SIADH 并不是颅脑损伤后患者发生低钠血症的独立因素，SIADH 时，还存在腺垂体 ACTH 功能的绝对或相对不足。

CSWS 是指在颅内疾病期间出现的肾性钠丢失，导致低钠血症和细胞外液量减少。CSWS 是神经外科患者发生低钠血症的又一常见原因，发生率仅次于 SIADH。CSWS 多见于颅脑损伤、颅内感染、鞍区手术的患者。目前认为，脑通过体液机制和 / 或神经机制影响肾脏对钠的重吸收而导致 CSWS。心房钠尿肽（ANP）、脑钠肽（BNP）、C 型利尿钠肽（CNP）在体液机制中起重要作用。一般认为，颅脑损伤引起下丘脑供血动脉损伤或血管痉挛，对下丘脑造成缺血性损害，使心脏 ANP 的中枢调节障碍致 ANP 释放增多。ANP 能使尿中氯化钠排泄增加 30 倍，尿量增加 10 倍。近年来有研究发现 BNP 在颅脑损伤后发生 CSWS 的机制中也起关键性作用。利钠肽在中枢神经系统中释放是为了调节脑中钠和脑脊液的产生。肾脏排出过多的钠可能是机体的一种保护措施，可防止颅内压的升高或缓解脑血管痉挛的产生，同时使血浆肾素和醛固酮也低于正常。还有研究发现，在颅脑损伤后患者 BNP 水平明显升高，推测其可能与肾脏的交感神经活性下降有关。但上述作用的确切机制尚有待进一步研究。

CSWS 的诊断标准：低钠血症，在盐摄入或补给正常情况下出现血钠＜ 130 mmol/L；血容量＜ 70 mL/kg；尿钠＞ 80 mmol/24 h；血浆 ANP 增高；肝肾功能、甲状腺和肾上腺功能正常；临床表现：典型患者往往是在原发病治疗过程中出现精神异常和意识改变，表现为烦躁、精神萎靡、嗜睡，进而抽搐、昏迷，部分患者有腹胀、腹泻、恶心、呕吐等症状，严重患者惊厥甚至死亡。

目前难以明确区分 SIADH 和 CSWS。血容量减少是 CSWS 的中心特征，也是 CSWS 与 SIADH 最重要的鉴别点；低钠血症伴随血液浓缩及血清钾、碳酸氢盐、血浆蛋白浓度升高提示 CSWS，排除 SIADH。

许多学者认为颅脑损伤患者低钠血症的严重程度与颅脑损伤严重程度密切相关，也有研究发现患者低钠血症的严重程度与 GCS 评分不相关。有研究数据及统计结果显示，当颅脑损伤患者的受伤部位为额叶或弥漫性轴索损伤时，下丘脑 – 垂体结构更可能受到损害，促肾上腺皮质激素释放减退，进而导致低钠血症的发生，且更可能引起更加严重的低钠血症。

低钠血症有时不出现任何明显临床症状，只是在常规血清电解质和渗透压检测时被发现。低钠血症症状的严重程度与血浆低渗程度基本成正比。轻度缺钠者有疲乏、头晕、尿钠减少等表现；中度缺钠者有血压不稳、视物模糊、站立性晕倒、脉搏细速等表现；重度缺钠者可能出现神志不清、昏迷、周围循环衰竭、血压下降等表现。水分进入脑组织引起脑水肿，出现头痛、抑郁、躁动、昏睡、抽搐、昏迷等症状，甚至死亡。如果低钠血症没有得到有效控制和纠正，会因癫痫发作、颅内压升高甚至脑疝形成使患者死亡率增高。一项前瞻性研究发现，血清钠＜ 125 mmol/L 的低钠血症患者病死率达28%，对比正常钠离子浓度的对照组，病死率明显升高；而血清 Na^+ 浓度＜ 115 mmol/L 的患者病死率更是上升至 50%。

第五节　低钾血症

正常情况下，人体内的 K^+ 98% 储存在细胞内，少量分布在细胞外液，并且浓度恒定。人体内有多种激素参与调节维持 K^+ 的分布平衡，其中起主要作用的有胰岛素和儿茶酚胺，两者可提升细胞膜表面的钠钾 ATP 酶活性，使细胞外 K^+ 内移。胰岛素和 K^+ 浓度之间存在反馈机制：血清钾浓度升高时促使胰岛素分泌，浓度降低时抑制胰岛素分泌。儿茶酚胺与 K^+ 浓度没有此种反馈机制，两者对血清 K^+ 的调控均为即时调控。醛固酮通过影响肾脏来促进机体排钾，调节血浆中钾离子的浓度。醛固酮与血钾浓度也存在反馈调节，机体 K^+ 浓度升高时醛固酮分泌增加，浓度降低时醛固酮分泌减少。醛固酮对血钾浓度调节属于慢时调节。人体正常钾的代谢取决于体内外钾交换平衡，体内总钾量保持稳定——外平衡，以及钾在细胞内外的分布正常——内平衡这两大因素，如果其中一项发生变化，机体就出现钾的代谢紊乱。

各类外伤早期低钾血症比高钾血症更普遍，这一现象在颅脑损伤中更为常见。有文献报道，低钾血症是中重型创伤性颅脑损伤常见的并发症，发生率可达 50% 以上。同时，发生低钾血症的患者其 GCS 评分较血钾正常的患者往往会更低，创伤严重程度（ISS）评分也更高、住院时间更长。据文献报道，在颅脑损伤患者早期病程中发生低钾血症与患者的预后有密切联系，发生中度及以上低钾血症（＜3.0 mmol/L）的患者预后较差。

神经系统损伤产生低血钾的常见原因包括：①摄入过少，尤其是重型颅脑损伤昏迷患者不能进食且伴有呕吐，使钾从胃肠道摄入减少、排出增多；②因脑水肿及颅高压，临床常应用大量脱水剂及利尿剂，使大量钾随尿液排出体外；③脑外伤引起儿茶酚胺大量释放，激活肾素 – 血管紧张素 – 醛固酮系统，使肾脏远曲小管中 Na^+–K^+ 交换增加而加重 K^+ 的丢失，而脱水、利尿剂的应用使血容量下降也刺激醛固酮分泌增多以保 Na^+、保水同时排 K^+。有作者认为，维持血钾平衡的主要机制是体内大多数细胞壁上的钠钾 ATP 酶的作用。颅脑损伤后大量儿茶酚胺释放，产生 β2 肾上腺素能物质，刺激钠钾 ATP 酶，使血钾转入细胞内而使血钾下降。可见重型颅脑损伤可在多个环节导致血钾下降。

颅脑损伤早期，肾上腺素水平明显升高，合并低钾血症且伤情较重的病例肾上腺素水平比血钾正常且伤情较轻的病例升高更明显，提示肾上腺素的释放可能是颅脑损伤早期低钾血症的重要原因，但颅脑损伤早期肾上腺素水平较其他外伤升高明显的原因并不清楚。有研究观察到，中度低钾血症且预后不良的患者都伴有原发性脑干损伤。有的研究发现急性脑干受压的病例中，即使持续补钾治疗，血钾也有可能下降到危及生命的水平。因此，推测脑干损伤可能通过某种途径促进肾上腺素能的释放从而导致血钾下降。

低钾血症的诊断标准：轻度（3.0~3.5 mmol/L）、中度（2.5~2.9 mmol/L）、重度（＜2.5 mmol/L）。低血钾可使机体的应激性减退。当血清钾＜3 mmol/L 时，机体表现为肌无力；血清钾＜2.5 mmol/L 时，可有软瘫、腱反射迟钝或消失；血清钾＜2 mmol/L 时，可出现意识模糊、定向力障碍、嗜睡等，少数表现为烦躁不安、情绪激动等。严重低钾血症可累及呼吸肌、膈肌甚至是心脏平滑肌从而危及生命。血清钾≤2.5 mmol/L 及有心肌缺血、心力衰竭、左心室肥厚等病史的病例，发生心律失常的风险较大，且严重的低钾血症往往预示着预后较差。

近年来，随着道路交通的快速发展、新型交通工具的不断涌现，交通事故的发生率逐年上升，使颅脑损伤的发生率、年增长率也不断增高。特别是在青年人当中，颅脑损伤已经逐渐成为导致青年人残疾、死亡的常见原因和首要原因。严重颅脑损伤发生后，患者可因大脑因素、机体代谢的影响发生不同程度的水、电解质紊乱和内分泌失调。引起内分泌代谢紊乱的机制主要有：①应激：颅脑在受到不同程度的有害刺激后会引起机体一系列非特异性反应的发生。②结构损伤：颅脑损伤后破坏大脑结构的完整性，直接或间接损害下丘脑、垂体，导致反馈调节机制紊乱；脑水肿、颅内血肿等占位性病变直接或间接损害垂体前叶，甚至发生梗死坏死，伤后血液循环障碍，脑缺氧、应激反应，均可影响垂体功能。有研究指出死于颅脑损伤的患者中，26%~86% 损伤了下丘脑、垂体腺、垂体柄，而且颅脑损伤后 1 周内死亡的患者中，垂体前叶坏死发生的频率为 80%。Amar 等通过 206 例尸检发现，闭合性颅脑损伤伤及下丘脑和垂体的比率分别为 42.5% 和 62%，而两者合并损伤发生的概率为 54%。颅底骨折，特别是通过蝶鞍的骨折，以及脑组织在颅腔内移动和伤后继发的脑、垂体肿胀，均可影响甚至破坏下丘脑的血供及垂体门脉循环，造成下丘脑和垂体前叶梗死。中、重型颅脑损伤患者，由于垂体细胞本身的损伤，使内分泌细胞中的激素释放入血，因此损伤越重，血液中垂体激素的浓度越高；由于机体应激反应，机体受到的创伤越重，应激反应就越强，从而对下丘脑、垂体、肾上腺素轴的刺激就越重，进而表现为垂体激素释放入血循环的浓度越高。

颅脑损伤后电解质紊乱的严重程度与患者颅脑损伤的严重程度以及损伤部位密切相关，损伤程度重的患者易发生重度高钠血症和低钾血症，合并额叶受损、弥散性轴索损伤、下丘脑及脑干损伤的患者发生电解质紊乱的比例较高。电解质紊乱既可以作为颅脑损伤严重程度的评价指标，又可以引起一系列严重后果造成"二次脑损伤"。各个颅脑损伤患者所合并电解质紊乱的原因是复杂多变的，应对其病理生理情况做进一步详细分析，以掌握病情变化趋势，控制病情演变。

第六节 展 望

颅脑损伤引起的代谢紊乱与其他损伤所引起的代谢紊乱有相似之处，但是颅脑损伤往往与身体其他部位的损伤合并存在，因此，不能孤立对待。急性颅脑损伤后引起的一系列内分泌及电解质紊乱是决定患者损伤后病情进展和预后的重要因素。创伤后电解质紊乱并不只是单一离子紊乱，多重电解质紊乱在重型颅脑损伤中发病明显高于轻、中型颅脑损伤，而多重电解质紊乱的模式及相关性还有待进一步研究。

（罗亚　贵州医科大学）

参考文献

［1］Powner D J，Boccalandro C，Alp M S，et al.Endocrine failure after traumatic brain injury in adults［J］.Neurocrit Care，2006，5（1）：61-70.

［2］薛丽珠，尤荣开，邵朝朝，等.重度颅脑损伤患者血钠、血钾、血浆皮质醇、醛固酮水平变化及意义［J］.实用医学杂志，2006（15）：1729-1731.

［3］雷鹏.重型颅脑创伤救治中的特殊问题［J］.中华创伤杂志，2012（2）：97-100.

［4］Aragón Valera C，Antón Bravo T，Varela Da Costa C.Effects of traumatic brain injury and subarachnoid hemorrhage on anteror pituitary function［J］.Endocrinol Nutr，2008，55（4）：170-174.

［5］Temizkan S，Kelestimur F. A clinical and pathophysiological approach to traumatic brain injury-induced pituitary dysfunction［J］.Pituitary，2019，22（3）：220-228.

［6］Sulhan S，Lyon K A，Shapiro L A，et al. Neuroinflammation and blood‐brain barrier disruption following traumatic brain injury：Pathophysiology and potential therapeutic targets［J］.Journal of Neuroence Research，2020，98（1）：19-28.

［7］Aronowski J，Zhao X.Molecular pathopysiology of cerebral hemorrhage：secondary brain injury［J］.Stroke，2011，42（6）：1781-1786.

［8］Pin-On P，Saringkarinkul A，Punjasawadwong Y，al. Serum electrolyte imbalance and prognostic factors of postoperative death in adult traumatic brain injury patients：A prospective cohort study［J］.Medicine，2018，97（45）：e13081.

［9］缑东元，陈丽英，金燕，等.急性颅脑损伤患者血浆神经肽和电解质水平变化及其临床意义［J］.中国病理生理杂志，2011，27（4）：791-793.

［10］邓颈松，龚国忠，幸文利，等.不同程度颅脑损伤患者血电解质水平变化及病死率评估研究［J］.国际检验医学杂志，2018，39（6）：675-677.

［11］朱蕾，于润江.水、电解质与酸碱平衡紊乱［M］.上海：上海科学技术出版社，2003.

［12］Haydn H，Jalal M S，Chin L S. The impact of hypernatremia on outcomes following severe traumatic brain injury：A Nationwide Inpatient Sample analysis［J］.World Neurosurgery，2018：118：e880-e886.

［13］尹康，蔡德群.重型颅脑损伤后高钠血症及预后分析［J］.中国医师杂志，2004（1）：119-120.

［14］安模，苗露，黄春云，等.血清电解质水平变化对重度颅脑损伤患者临床预后的影响［J］.神经损伤与功能重建，2015，10（2）：165-166.

［15］Moro N，Katayama Y，Igarashi T，et al.Hyponatremia in patients with traumatic brain injury：incidence，mechanism，and response to sodium supplementation or retention therapy with hydrocortisone［J］.Surg Neurol，2007，68（4）：387-393.

［16］Sherlock M，Oyama Y，Igarashi T，et al.Hyponatremia in patients with traumatic brain injury：incidence，mechanism，and response to sodium supplementation or retention therapy with hydrocortisone［J］.Surgical neurology，2007，68（4）：387-393.

［17］Carney N.Guidelines for the Management of Sever Traumatic Brain Injury［J］.Fourth Edition. J Neurosurgery，2017，80（1）：6-15.

［18］Kleindienst A，Brabant G，Morgenthaler，et al.Following brain trauma，copeptin，a stable peptide derived from the AVP precursor，does not reflect osmoregulation but correlates with injury severity［J］.Acta Neurochi，2010，106：221-224.

［19］Rajagopal R，Swaminathan G，Nair S，et al. Hyponatremia in traumatic brain injury-a practical management protocol［J］.World Neurosurgery，2017，108：529-533.

［20］Kalita J，Singh R K，Misra U K. Cerebral Salt Wasting Is the Most Common Cause of Hyponatremia in Stroke［J］.Journal of Stroke and Cerebrovascular Diseases：The Official Journal of National Stroke Association，2017，26（5）：1026-1032.

［21］Tudor R M，Thompson C J.Posterior pituitary dysfunction following traumatic brain injury：review［J］. Pituitary，2019，22（3）：296-304.

［22］Gill G，Huda B，Boyd A，et，al.Characteristics and mortality of severe hyponatraemia-a hospital-base study［J］.Clin Endcrinol，2006，65：246-249.

［23］Chendrasekhar A，Chow P T，Cohen D，et al. Cerebral Salt Wasting in Traumatic Brain Injury Is Associated with Increased Morbidity and Mortality［J］. Neuropsychiatric Disease and Treatment，2020，16：801-806.

［24］Beal AL，Scheltema K F，Beilman G J，et al.Hypokalemia following trauma［J］.Shoke，2002，18（2）：107-110.

［25］Beal A L，Deuser W E，Beilman G J.A role for epinephrine in posttraumatic hypokalemia［J］. Shock，2007，27（4）：358-363.

［26］郭玮玮，陈艳莉，姚辉，等.中重度创伤性脑损伤患者并发低钾血症危险因素分析［J］.临床合理用药杂志，2020，13（4）：10-12.

［27］潘珏恒，郑颖锋，韦玺，等.颅脑损伤早期低钾血症与预后的关系［J］.中国医药导报，2011，8（30）：34-35.

［28］程慧冉.不同程度低钾血症对颅脑创伤患者预后的影响［J］.中国医药指南，2017，10（15）：109-110.

［29］刘元会，刘永吉，王世宾，等.急性重症脑外伤患者血浆儿茶酚胺含量变化的临床意义［J］.中华神经外科杂志，1990（3）：10-14，79.

［30］孙克华，刘承基，谭启富，等.急性脑外伤后儿茶酚胺的改变［J］.中华神经外科杂志，1993（1）：23-26，64.

［31］Weiss J N，Qu Z，Shivkumar K. Electrophysiology of Hypokalemia and Hyperkalemia［J］. Circ Arrhythm Electrophysiol，2017，10（3）：e004667.

［32］潘珏恒，郑颖锋，韦玺.颅脑损伤早期低钾血症与预后的关系［J］.中国医药导报，2011，8（30）：34-35.

［33］Schaefer M，Link J，Hannemann L，et al. Excessive hypokalemia and hyperkalemia following head injury［J］. Intensive Care Med，1995，21（3）：235-237.

［34］Greenlee M，Wingo C S，McDonough A A，et al.Narrative review：evolving concepts in potassium homeostasis and hypokalemia［J］. Ann Intern Med，2009，150（9）：619-625.

［35］杨吉月.颅脑损伤并发低钠血症预警评分构建及系统护理干预效果研究［D］.太原：山西医科大学，2017.

［36］郗艳国，李双英，张赛.颅脑创伤血浆生物学标志物的研究进展［J］.中华神经外科杂志，2016，32（8）：859-862.

［37］徐伟光，殷利明，赵展，等.脑损伤恢复期神经内分泌改变及临床意义［J］.国际神经病学神经外科学杂志，2014，41（2）：115-117.

［38］Rothman M S，Arciniegas D B，Filley C M，et al.The Neuroendocrine Effects of Traumatic Brain Injury［J］. Neuropsychiatry&Clinical Neurosciences，2007，19（4）：363-372.

［39］Amar A，Thompson C J.Anterior pituitary dysfunction following traumatic brain injury［J］.Clinical Endocrinology，2006，64（5）：481.

［40］Sav A A，Rotondo F B，Syro L V C，et al.Pituitary pathology in traumatic brain injury：a review［J］. Pituitary，2019，22（3）：201-211.

第十四章
血脑屏障损害

　　由于中枢神经系统的复杂性和脆弱性要求其所处的人体内微环境必须保持稳定，这就需要维持血脑屏障（blood brain barrier，BBB）的正常功能来实现。血脑屏障是中枢神经系统高度进化的微血管功能单位，是存在于循环血液与中枢神经细胞外液之间的一道重要屏障，是维持中枢神经系统内环境稳态的重要复杂结构；但血脑屏障并不是静止的、非渗透性的，而是动态的、可渗透性屏障，从而维持脑内环境的稳定，确保脑的正常代谢和生理功能。

第一节　血脑屏障结构和功能概述

　　血脑屏障由脑微血管内皮细胞、星形胶质细胞、周细胞、基底膜及紧密连接等构成，血脑屏障的物理屏障功能主要依赖于脑微血管内皮细胞、紧密连接和基底膜构成的高跨内皮电阻，限制离子和溶质的自由流动，限制来自外周循环的神经毒性物质、血细胞和病原体进入脑内。星形胶质细胞终足覆盖血管表面，对维持脑微血管内皮细胞的功能和维持血脑屏障的完整性起到重要作用。紧密连接是血脑屏障的结构基础和功能特性。

　　脑微血管内皮细胞通过紧密连接蛋白和黏附连接蛋白形成血管阻以及高电阻，使跨细胞传递作用减弱，其他物质不能依赖细胞旁途径穿过血脑屏障，从而使血脑屏障保持低的通透性；脑微血管内皮细胞内线粒体较多，跨膜转运的质膜小泡较少，形成的毛细血管内层更紧密，可以阻止外来有害物质进入脑内。

　　周细胞是微血管和毛细血管后微静脉的重要细胞组分，镶嵌在内皮基底膜上，和内皮细胞紧密连接，周细胞通过基质与内皮细胞紧密连接，主要调节血脑屏障的跨细胞传递作用，与某些小分子物质进入中枢神经系统相关。此外，周细胞对于血管的生成、内皮细胞的分化以及紧密连接的构成十分重要。

　　紧密连接结构是由跨膜蛋白（如封闭蛋白、闭合蛋白和连接黏附蛋白等）组成的动态复合物，其作用是限制亲水性的分子跨越血脑屏障，具有脂溶性的小分子物质，能够通过自由扩散的形式由高浓度侧向低浓度侧转运。黏附连接蛋白主要负责连接相邻内皮细胞，参与血管内皮细胞的极化生成，起封闭内皮细胞间缝隙的作用。

基底膜围绕在脑微血管内皮细胞周围，是微血管内皮细胞、周细胞及星形胶质细胞连接的桥梁。

血脑屏障维持中枢神经系统的稳态，通过特定的转运系统持续提供神经系统所需养分，参与调整与代谢脑和血液中的成分，系统性保护脑组织免受血液中细胞成分的影响，调节中枢神经系统和循环系统的物质交换，维持内环境稳态平衡和正常的神经功能。综上所述，构成血脑屏障的各个组分之间是相互作用、相互支持的，不是独立的，其中任一结构的破坏或损伤，都可能引起其他组件结构改变，使血脑屏障的功能受到影响。

第二节 评估血脑屏障功能的方法

正常的血脑屏障表现为低渗透性和高电阻，可以通过检测血脑屏障通透性、跨血管内皮细胞电阻、血脑屏障相关蛋白的表达等方法评估血脑屏障的功能。目前部分研究发现当血脑屏障被破坏时，微血管内某些大分子物质（如血浆蛋白、对比剂等）能够渗漏到血管外，血管内外分子交换速率加快，对比剂分子通透的速率越快，渗漏到血管外/细胞外间隙的量就越多；动态增强磁共振成像（DCE-MRI）定量作为脑损伤后监测血脑屏障开放的工具之一，已被应用于研究颅脑损伤后引起的功能障碍；另外血清 S100-β 蛋白水平、脑组织伊文思蓝（EB）渗漏量等也是诸多监测血脑屏障通透性变化的方法，EB 漏出量是金标准，亦有学者研究血清 S100-β 的变化趋势与 EB 漏出量变化的关系；有学者认为 S100-β 可作为监测血脑屏障损伤后通透性变化的特异性蛋白，但无法准确反映脑损伤一段时间后血脑屏障通透性的变化，脑损伤后血清 S100-β 蛋白水平的变化与影像学检查结果具有密切的联系，已有研究发现 DCE-MRI 的定量参数可显示与时间变化的相关性。

第三节 创伤性颅脑损伤后血脑屏障的改变

创伤性颅脑损伤后继发性损伤是血脑屏障损伤的重要机制，颅脑创伤后较长时间内血脑屏障仍然保持开放。创伤性颅脑损伤后血脑屏障存在二次开放现象，即第一阶段（创伤性颅脑损伤后数小时内）血脑屏障的通透性达到高峰后开始下降，第二阶段

（3~10 h）血脑屏障再次开放。颅脑创伤早期，维持血脑屏障的稳定性对预防继发性脑水肿和高颅压有重要的作用，血脑屏障破坏后脑水肿进一步使颅压升高，降低灌注量，引起脑缺血和中枢神经系统功能障碍。多数研究发现脑外伤后引起血脑屏障的损害，血脑屏障开放可持续数天或者数月，甚至完全破坏，难以修复。

一、创伤性颅脑损伤后血脑屏障改变

研究发现，创伤性颅脑损伤后血脑屏障的调节及控制发生障碍，从而引起结构和功能受损，脑血管周围出现大量的氧化应激反应，氧化应激反应可激活基质金属蛋白酶，这类酶能够降解紧密连接结构与基底膜蛋白，从而破坏血脑屏障完整性；如爆炸所产生的冲击波导致脑冲击伤中血脑屏障的改变，对研究脑水肿的发生发展有重要意义。轻度脑外伤后血脑屏障的微环境发生改变，如紧密连接蛋白的移位、周细胞的迁移或星形胶质细胞足突的降解等，使血脑屏障的结构受到破坏，分子交换机制出现障碍。部分调节因子（如水通道蛋白、基质金属蛋白酶等）可通过影响血管内皮细胞的转运系统，造成血脑屏障功能的破坏，而间接导致脑水肿并引发神经炎症、神经细胞死亡等，随后导致继发性脑损伤。

在许多非神经组织的毛细血管内皮细胞之间存在大量的跨细胞孔或裂隙，水和电解质以及部分大分子物质可自由通过，但在脑毛细血管内皮细胞之间则很少具有这种裂隙，使分子量较小的示踪剂（如镧离子）很难通过。冲击伤后血脑屏障损害的直接机制是破坏了紧密连接，造成脑水肿，脑微血管内皮细胞内表面的质膜可能是冲击伤作用的靶点之一，尤其是冲击伤会损伤内皮细胞间的紧密连接，破坏血脑屏障造成脑损伤；随着时间的延长，血脑屏障结构逐渐恢复，神经细胞周围间隙逐渐缩小，脑水肿逐渐减轻，血脑屏障通透性增加有明显的时间性和可逆性。伤后如未及时治疗，则可能会进一步变性、坏死，导致血脑屏障损害更严重，从而导致脑组织继发性损伤。

（一）脑水肿

血脑屏障损伤后脑水肿是脑出血过程中重要的病理改变，也是造成神经功能损伤的重要病理环节。有研究发现脑水肿的出现晚于血脑屏障的开放，创伤性颅脑损伤后血脑屏障破坏与脑水肿的发生和发展有直接联系。血脑屏障破坏早期，除了外伤直接作用外，血管中花生四烯酸、缓激肽、组胺等各种物质通过胞饮作用破坏血管紧密连接，血脑屏障结构及功能消失，血管内蛋白质和水等物质向血管外渗漏，大量液体蓄积血管外细胞间隙，从而造成血管源性脑水肿。星形胶质细胞产生的水通道蛋白4是控制水分子进出脑组织的主要膜蛋白，当血脑屏障破坏后会出现表达异常，可介导脑水肿发生。由内皮细胞、周细胞、神经胶质细胞表达的基质金属蛋白酶，会破坏血脑屏障的紧密连接和基底膜，增加血脑屏障通透性，从而进一步加重脑水肿。脑损伤后释放各种神经介质、递质和自由基，通过细胞内信号转导机制导致血脑屏障开放，而阻断细胞内的信息传导通路，阻止血脑屏障开放，可能是脑损伤后脑水肿治疗的发展方向。

（二）神经炎症

血脑屏障被破坏后具有介导神经炎症的作用。创伤性颅脑损伤后血脑屏障的开放往往与神经炎症同时存在，有动物实验发现伤后血脑屏障的开放可以使外周白细胞渗入损伤部位，发挥炎症作用，白细胞迁移进入脑组织后释放促炎症细胞因子等物质，激活周围的小胶质细胞和星形胶质细胞。活化的小胶质细胞具有巨噬细胞的作用，进一步释放趋化因子、黏附分子等物质，使血脑屏障通透性进一步增加，创伤性颅脑损伤后数小时内启动炎症机制，持续数周甚至数月。

（三）血脑屏障损伤诱发癫痫发作

研究发现，血脑屏障的损伤为引发癫痫发作的诱因之一。其中，血脑屏障功能失调引起颞叶癫痫的机制较明确，Jagged1-Notch/Akt 信号通路可有效调控星形胶质细胞和血管内皮细胞之间的相互作用，以此引发血脑屏障功能的失调并导致颞叶癫痫的发生。血脑屏障的损伤可激活转化生长因子 β 信号通路；血脑屏障的损伤可引起人血清白蛋白的外渗并进入脑组织，进而引起胶质细胞激活和增生，并与血脑屏障的开放程度相关，使星形胶质细胞神经的兴奋性提升，导致癫痫的发生。亦有相关研究总结指出，对模型大鼠海马区血脑屏障进行破坏，可导致星形胶质细胞炎症的发生，而将血脑屏障损伤后的脑部暴露于血清蛋白环境下，可导致神经系统过度兴奋以及癫痫发作阈值的下调，说明血脑屏障结构与功能的损伤对癫痫发生具有一定的影响。

（四）血脑屏障损伤诱发谵妄

血脑屏障损伤参与了重症患者谵妄的发生。已被证实与血脑屏障损伤和谵妄发生有关的炎症因子有 IL-6、IL-2、IL-12、血管内皮生长因子和 TNF-α 等。其中，TNF-α 激活 NF-κB 信号通路，调控外周促炎因子 IL-6、IL-2 等表达，促进局部前列腺素 2 合成，破坏血脑屏障完整性。TNF-α 还可以增加基质金属蛋白酶的活性；血脑屏障损伤和促炎因子进入脑实质与随后的认知受损有关。研究显示，某些纤维蛋白在脑实质内增多会引起炎症的发生，导致脑的正常代谢障碍，从而导致帕金森综合征、多发性硬化、阿尔茨海默病等神经退行性疾病的发生。

二、血脑屏障损伤的机制研究

研究发现在脑外伤后大量炎症因子编码基因的表达增强。通过对多个炎症相关基因（包括 TNF 家族有关的基因、白细胞介素、白细胞介素受体等）的研究发现，在 RNA 水平上就已经发生了改变。有学者从脑出血模型观察到：大鼠脑血肿周围脑组织中血脑屏障通透性参数显著升高，说明脑出血进程中存在血脑屏障通透性增加。血脑屏障通透性增加后炎症细胞在脑组织局部浸润，进而通过毒性作用来参与细胞凋亡、细胞损伤。有学者研究了脑出血局部脑组织中凋亡分子的变化，分析脑出血中凋亡分子与血脑屏障通透性有关，提示脑血肿周围细胞凋亡的过度激活会破坏血脑屏障的完整性并增加通透性，而血脑屏障通透性的破坏又促进神经毒性物质在脑组织内的浸润并增强细胞凋亡。

（一）炎症反应及氧化应激反应

脑出血后神经损害、血脑屏障破坏，在激活炎症反应的研究中有发现，NF-κB 是介导炎性细胞因子表达和分泌的关键因子之一，在生理条件下可与 Iκ-B 结合处于失活状态，而在脑出血时可与 Iκ-B 解离发生活化，进而转位进入细胞核并启动 TNF-α、MMP9 等多种炎症因子的表达。TNF-α 是具有促炎作用的细胞因子，能够引起多种炎症细胞活化；MMP9 是具有水解细胞外基质作用的蛋白酶，一方面能够促进炎症细胞向脑组织内浸润，另一方面能够直接破坏血脑屏障的结构。脑出血的发生会造成血肿周围脑组织的炎症反应，说明脑出血过程中血脑屏障通透性的增加与炎症反应的过度激活存在密切关系，炎症细胞通过血脑屏障在脑组织中浸润后，可通过 NF-κB 通路来增强血肿周围脑组织的炎症反应，炎症反应激活过程中释放大量的炎症细胞因子，从而造成血脑屏障损害。

（二）氧自由基增多

脑出血周围脑组织受压迫会影响脑内氧化呼吸链内的电子传递，形成活性氧。体内存在多种抗氧化物来清除活性氧，但脑出血后生成大量活性氧，抗氧化物不足以完全清除活性氧。脑出血后大量蓄积的活性氧与神经细胞中的脂质发生氧化反应，并造成细胞结构破坏。脑出血会造成血肿周围脑组织的氧化应激反应；血脑屏障的破坏也会有利于氧自由基通过血脑屏障并在脑组织中聚集，进而通过氧化应激造成血脑屏障损害。

（三）蛋白激酶 C（protein kinase C，PKC）

通路 PKC 被激活后使细胞 - 细胞、细胞 - 基质连接的连接蛋白磷酸化，肌动蛋白重组，细胞变性，通透性增加，从而导致血脑屏障破坏。凝血酶和 PKC 激动剂可引起血管内皮细胞收缩，形成细胞间隙，应用毛喉素能提高细胞内 cAMP，加强内皮细胞屏障功能，阻止细胞骨架结构重构，降低内皮细胞通透性，研究认为凝血酶可通过 PKCα/PKCδ 信号介导影响血脑屏障通透性。各种因子引起的非直接损伤区（如海马）血脑屏障可逆性开放，毛喉素可阻止血脑屏障的可逆性开放，当脑损伤存在血管断裂时，血脑屏障不可逆性损害，则不能起作用。试验表明脑损伤后血脑屏障损害与内皮细胞内 cAMP 下降有关。PKC 参与调节内皮细胞通透性，在脑微血管内皮细胞参与了血脑屏障结构和通透性调节，也与脑水肿的发生发展密切相关。

（四）凝血级联反应与凝血酶

脑损伤后，可通过内源性和外源性凝血途径产生凝血酶，凝血酶可激活血小板，催化纤维蛋白原转化为纤维蛋白，促进血液凝固，还可促使炎症细胞及小胶质细胞释放炎症因子并激活凝血因子 V、VI、VIII 及蛋白酶激活受体等。研究表明，凝血酶的释放是触发脑损伤后血脑屏障损害和脑水肿形成的关键因素。动物实验显示凝血酶引起脑水肿的途径为凝血酶→PARs→Src家族激酶活化→血脑屏障破坏→血脑屏障通透性增加。实验发现向大鼠侧脑室内注入凝血酶后观察到大鼠血脑屏障的通透性和脑组织含水量都明显增加，而立即给予腹腔注射非特异性Src家族激酶抑制剂则能阻断凝血酶的作用；在急性期Src激酶活化引起血脑屏障损伤，在恢复期Src激酶活化又促使血脑屏障修复，向试验大鼠尾状核注射凝血酶后，受损脑组织周围蛋白酶和蛋白酶表达明显增加，减轻脑水肿。以上这些不同的分子机制或作用途径可能在脑水肿病理进程中同时发挥作用并且相互影响。

（五）炎症级联反应与基质金属蛋白酶

神经细胞与血液接触便可启动各种炎症级联反应，脑出血后的炎症反应有淋巴细胞、中性粒细胞、巨噬细胞、星形胶质细胞和小胶质细胞激活以及由此产生的炎症介质，包括细胞因子、自由基、活性氧、基质金属蛋白酶。研究发现在脑损伤后的几小时内，脑组织损伤处有中性粒细胞浸润，肿瘤坏死因子-α和促炎性蛋白酶开始表达。生理状态下，基质金属蛋白酶微量表达且无活性，但脑出血后，炎症反应中产生的TNF、白细胞介素、蛋白酶和自由基经多个环节激活基质金属蛋白酶，基质金属蛋白酶激活可引起血脑屏障损伤。基质金属蛋白酶是一组能降解细胞外基质的锌原子依赖性内肽酶，制作脑出血模型时，细菌胶原酶是基质金属蛋白酶的一种，除了降解细胞外基质外，还能降解血脑屏障的紧密连接蛋白；有研究表明血管ICAM-1的表达受凝血酶-Src家族激酶信号传导途径调节，因此凝血酶可能也参与了脑损伤后中性粒细胞浸润从而促进血肿周围炎症反应发生。

（六）补体级联反应与血红蛋白

补体级联反应激活后引起C3和C5裂解生成C3a和C5a，经C3a和C5a受体拮抗剂处理过的小鼠与未处理小鼠相比，脑损伤后脑含水量显著降低，说明C3a和C5a增加血管通透性，诱导白细胞迁移，促进炎症反应的发生，更重要的是补体系统激活后能通过形成攻膜复合物（membrane attack complex，MAC）介导红细胞溶解，从而导致迟发性脑水肿。有研究显示，向动物脑内注射红细胞后2d内并未产生明显的脑水肿，到第3天时检测到脑含水量明显增加，这正好与脑出血后形成MAC介导红细胞溶解的时间相一致，推测溶解红细胞所释放的血红蛋白及其降解产物（如血红素、铁离子等）可参与血脑屏障破坏和脑水肿形成。另有研究发现血红蛋白可诱导一氧化氮合酶表达，生成一氧化氮及其代谢产物（过氧亚硝基阴离子），间接造成血脑屏障损伤。

（七）水通道蛋白4

水通道蛋白4（AQP-4）在围绕脑微血管的星形胶质细胞终足上表达，是介导水分子进出脑组织的主要蛋白质，主要调控脑内细胞内外的水平衡。血脑屏障破坏后引起的AQP-4表达异常在脑水肿的发生发展过程中起重要作用，AQP-4的表达增高或降低会影响脑水肿的发生和发展。试验发现脑出血大鼠 AQP-4 的表达下调，脑水肿也明显减轻；通过胶原酶诱导小鼠脑出血后，以精氨酸加压素受体拮抗剂处理的小鼠与对照组小鼠相比，AQP-4 表达降低，血脑屏障损害和脑水肿程度都减轻，而 AQP-4 基因敲除的小鼠血脑屏障破坏程度、神经元坏死情况、脑水肿程度均较重，血管内皮生长因子对血肿周围脑水肿有保护作用；用去铁胺腹腔注射，减少脑出血周围铁负荷后，其血肿周围 AQP-4 的表达水平和脑组织水肿减轻，提示铁离子与 AQP-4 相互作用也影响脑损伤后继发脑水肿形成。在细胞毒性脑水肿形成中 AQP-4 有加重脑水肿的作用，而在血管源性脑水肿的发展过程中则具有减轻脑水肿的作用。

（八）MMPs 介导

MMPs 是一组锌原子依赖性内肽酶，由内皮细胞、周细胞等表达，能选择性作用于多种细胞外基质成分，其中 MMPs2 和 MMPs9 与血脑屏障的通透性变化密切相关。脑损伤后 MMPs 表达量增加，引起血脑屏障通透性增加，从而介导脑水肿和神经炎症的发生。研究发现，MMPs9 抑制剂在重型脑损伤大鼠模型中显著降低了损伤病灶体积，且改善了预后。TNF-α 能增加血管单层通透性、破坏血脑屏障紧密连接、诱导纤维肌动蛋白应力纤维形成和活化 MMPs，但 MMPs 被抑制后，TNF-α 所致的改变将会减轻，说明 MMPs 在介导血脑屏障破坏病理生理过程中扮演重要角色。

第四节　血脑屏障模型的研究

由于血脑屏障微结构极其复杂，许多对其结构破坏和通透性的研究是通过建立体外血脑屏障模型开展的，包括单层模型、共培养模型、动力学模型、三维血脑屏障模型等。目前的研究主要利用人类血脑屏障的三种细胞：人类原代星形胶质细胞、人类脑血管周细胞及人类脑血管内皮细胞，在低黏附琼脂糖凝胶培养板内建立新一代血脑屏障 3D 体外模型。采用免疫荧光染色技术证实新血脑屏障 3D 体外模型表面具有大量的血脑屏障特异性蛋白结构，如紧密连接及 P 糖蛋白外排泵等。有学者采用右旋糖酐渗透性实验及 P 糖蛋白外排泵功能验证血脑屏障 3D 体外模型血脑屏障特异性蛋白的功能性，具有有效的物理屏障，可以严格限制细胞旁路的物质转运，而且具有活性的外排泵构成了生物活性屏障。

一、3D 微流体模型相关研究

通过构建微流体单层装置，利用软光刻 SU-8 硅晶片和 PDMS 制成的单层装置，其中两个中央 3D 水凝胶通道用于培养神经组织的神经元和星形胶质细胞，两侧有两个流体介质通道，其中一个用于培养人脑微血管内皮细胞，形成培养体系的血脑屏障体外模型。试验发现在周细胞和星形胶质细胞存在的情况下，大鼠脑内皮细胞的紧密连接蛋白 Occludin、claudin-5 和 ZO-1 表达增强，并在细胞边界处有典型的定位。神经元的形态学和功能分析能够定量评估神经元反应，抗 DCX 抗体可以清晰显示细胞体和神经突。

二、人干细胞来源建立的体外血脑屏障模型

人造血干细胞（human hematopoietic stem cells，hHSC）可以在体外产生任何细胞谱系，并可用于疾病建模、药物筛选和基于干细胞的疗法。人脐带造血干细胞也具有较高的分化潜能，通过脐带造血干细胞诱导分化出脑内皮细胞，并将其与星形胶质细胞和周细胞共培养，发现与周细胞共培养时的紧密连接性较好。有研究发现脑缺血再灌注后，大脑神经元缺血后具有一定的可塑性，在脑缺血再灌注后小胶质细胞的存在能够阻止神经元功能的障碍，有利于神经微结构的重建和各种能力的恢复。

第五节　展　望

脑损伤后血脑屏障的损害是多方面的，涉及诸多机制的相互作用，在不同阶段，某些因子的作用也不相同。未来的研究应该倾向于更加微观的层面：观察脑损伤后血脑屏障损害和恢复的时相变化与脑水肿发生、发展的关系，从而进一步明确脑损伤后不同阶段血脑屏障损害对脑水肿的影响；研究脑损伤后在血脑屏障损害和脑水肿过程中发挥重要作用的机制、不同因子的作用等。同时需要继续探索血脑屏障在生理和病理条件下，各种功能性细胞之间是如何进行联系，关键分子的表达和调控机制等，建立更加客观、逼真的血脑屏障模型，更加符合人体血脑屏障生理特点的模型。未来无创性评估、试验数据和图像采集的结合，生物工程、材料科学和影像技术的结合等，将会成为评估血脑屏障结构与功能的核心手段。

（王尧　汪元河　贵州医科大学）

参考文献

［1］Venkatasubramanian C，Mlynash M，Finley-Caulfield A，et al. Natural history of perihematomal edema after intracerebral hemorrhage measured by serial magnetic resonance imaging［J］. Stroke，2011，42（1）：73-80.

［2］Hill J，Rom S，Ramirez S H，et al. Emerging roles of pericytes in the regulation of the neurovascular unit in health and isease［J］. Neuroimmune Pharmacol，2014，9（5）：591-605.

［3］Willis C L. Imaging in vivo astrocyte/endothelial cell interactions at the blood-brain barrier ［J］. Methods Mol Biol, 2012, 814: 515-529.

［4］Keep R F, Xi G, Hua Y, et al.Clot formation, vascular repair and hematoma resolution after ICH, a coordinating role for thrombin ［J］. Acta Neurochir Suppl, 2011, 111: 71-75.

［5］Babu R, Bagley J H, Di C, et al. Thrombin and hemin as central factors in the mechanisms of intracerebral hemorrhage-induced secondary brain injury and as potential targets for intervention［J］. Neurosurg Focus, 2012, 32（4）: E8.

［6］Liu D Z, Ander B P, Xu H, et al.Blood brain barrier breakdown and repair by src after thrombin-induced injury ［J］.Ann Neurol, 2010, 67（4）: 526-533.

［7］Liu D Z, Sharp F R.The dual role of SRC kinases in intracerebral hemorrhage ［J］.Acta Neurochir Suppl, 2011, 111: 77-81.

［8］Liu D Z, Sharp F R. Excitatory and mitogenic signaling in cell death, blood-brain barrier breakdown, and BBB repair after intracerebral hemorrhage ［J］. Transl Stroke Res, 2012, 3: 62-69.

［9］Ma Q, Huang B, Khatibi N, et al. PDGFR-α inhibition preserves blood-brain barrier after intracerebral hemorrhage ［J］.Ann Neurol, 2011, 70（6）: 920-931.

［10］Cui G Y, Gao X M, Qi S H, et al.The action of thrombin in intracerebral hemorrhage induced brain damage is mediated via PKCα/PKCδ signaling ［J］. Brain Res, 2011, 1398: 86-93.

［11］李曼, 李悦, 高帅, 等.动态增强MRI定量评价缺血性脑白质病患者血脑屏障通透性［J］. 中国医学影像技术, 2018, 34（2）: 181-184.

［12］周海航, 张李涛, 沈建国, 等. 重型颅脑损伤患者血清S100β、IL-6与颅内压力变化的相关性研究［J］.中华全科医学, 2017, 15（4）: 574-576.

［13］Wang J. Preclinical and clinical research on inflammation after intracerebral hemorrhage ［J］. Prog Neurobiol, 2010, 92（4）: 463-477.

［14］Wang J, Doré S. Inflammation after intracerebral hemorrhage ［J］. J Cereb Blood Flow Metab, 2007, 27（5）: 894-908.

［15］Bijli K M, Minhajuddin M, Fazal F, et al. c-Src interacts with and phosphorylates RelA/p65 to promote thrombin-induced ICAM-1 expression in endothelial cells ［J］. Am J Physiol Lung Cell Mol Physiol, 2007, 292（2）: L396-L404.

［16］Moxon-Emre I, Schlichter L C. Neutrophil depletion reduces blood-brain barrier breakdown, axon injury, and inflammation after intracerebral hemorrhage ［J］. J Neuropathol Exp Neurol, 2011, 70（3）: 218-235.

［17］Rosell A, Cuadrado E, Ortega-Aznar A, et al. MMP-9-positive neutrophil infiltration is associated to blood-brain barrier breakdown and basal lamina type Ⅳ collagen degradation during hemorrhagic transformation after human ischemic stroke ［J］.Stroke, 2008, 39（4）: 1121-1126.

［18］鲍旭辉, 黄峰平.铁在脑出血后脑水肿形成中的机制研究进展［J］.中国神经精神疾病杂志, 2007（8）: 507-510.

［19］Qing W G, Dong Y Q, Ping T Q, et al. Brain edema after intracerebral hemorrhage in rats: the role of iron overload and a quaporin 4 ［J］. J Neurosurg, 2009, 110（3）: 462-468.

［20］Sun Z, Zhao Z, Zhao S, et al. Recombinant hirudin treatment modulates aquaporin-4 and aquaporin-9 expression after intracerebral hemorrhage in vivo ［J］. Mol Biol Rep, 2009, 36（5）: 1119-1127.

［21］Lischper M, Beuck S, Thanabalasundaram G, et al. Metalloproteinase mediated occludin cleavage in the cerebral microcapillary endothelium under pathological conditions ［J］. Brain Res, 2010,

1326：114-127.

［22］Liu J, Jin X, Liu K J, et al. Matrix metalloproteinase-2-mediated occludin degradation and caveolin-1- mediated claudin-5 redistribution contribute to blood-brain barrier damage in early ischemic stroke stage［J］. J Neurosci, 2012, 32（9）：3044-3057.

［23］Florczak-Rzepka M, Grond-Ginsbach C, Montaner J, et al. Matrix metalloproteinases in human spontaneous intracerebral hemorrhage：an update［J］. Cerebrovasc Dis, 2012, 34（4）：249-262.

［24］Chang J J, Emanuel B A, Mack W J, et al. Matrix metalloproteinase-9：dual role and temporal profile in intracerebral hemorrhage［J］. Stroke Cerebrovasc Dis, 2014, 23（10）：2498-2505.

［25］Seo J H, Guo S, Lok J, et al. Neurovascular matrix metalloproteinases and the blood-brain barrier ［J］. Curr Pharm Des, 2012, 18（25）：3645-3648.

［26］Lei C, Lin S, Zhang C, et al. Activation of cerebral recovery by matrix metalloproteinase-9 after intracerebral hemorrhage［J］. Neuroscience, 2013, 230：86-93.

［27］Ducruet A F, Zacharia B E, Hickman Z L, et al. The complement cascade as a therapeutic target in intracerebral hemorrhage［J］. Exp Neurol, 2009, 219（2）：398-403.

［28］Garrett M C, Otten M L, Starke R M, et al. Synergistic neuroprotective effects of C3a and C5a receptor blockade following intracerebral hemorrhage［J］. Brain Res, 2009, 1298：171-177.

［29］Li G, Fan R M, Chen J L, et al. Neuroprotective effects of argatroban and C5a receptor antagonist （PMX53）following intracerebral haemorrhage［J］. Clin Exp Immunol, 2014, 175（2）：285-295.

［30］Hua Y, Xi G, Keep RF, et al. Complement activation in the brain after experimental intracerebral hemorrhage［J］. Neurosurg, 2000, 92（6）：1016-1022.

［31］Xi G, Keep R F, Hoff J T. Erythrocytes and delayed brain edema formation following intracerebral hemorrhage in rats［J］. Neurosurg, 1998, 89（6）：991-996.

［32］Yang S, Chen Y, Deng X, et al. Hemoglobin-induced nitric oxide synthase overexpression and nitric oxide production contribute to blood-brain barrier disruption in the rat［J］. J Mol Neurosci, 2013, 51（2）：352-363.

［33］Ding R, Chen Y, Yang S, et al. Blood-brain barrier disruption induced by hemoglobin invivo：Involvement of up-regulation of nitric oxide synthase and peroxynitrite formation［J］. Brain Res, 2014, 1571：25-38.

［34］Papadopoulos M C, Saadoun S, Binder D K, et al. Molecular mechanisms of brain tumor edema［J］. Neuroscience, 2004, 129（4）：1011-1020.

［35］Qian T, Maguire S E, Canfield S G, et al. Directed differentiation of human pluripotent stem cells to blood-brain barrier endothelial cells［J］. Sci Adv, 2017, 3（11）：e1701679.

［36］Stebbins M J, Lippmann E S, Faubion M G, et al. Activation of RARα, RARγ, or RXRα increases barrier tightness in human induced pluripotent stem cell-derived brain endothelial cells［J］. Biotechnol J, 2018, 13（2）：10.

［37］聂子涵, 李俊发, 赵丽. 血脑屏障细胞体外培养模型研究进展［J］. 中国药学杂志, 2018, 53（3）：165-168.

［38］陆正齐. 血脑屏障在缺血性脑卒中病程中的破坏与保护策略［J］. 中山大学学报, 2019, 40（5）：641-647.

［39］林兰, 孙德群. 血脑屏障体外模型研究进展［J］. 生物化学与生物物理进展, 2019, 46（10）：966-975.

［40］陆亦豪, 吴昊, 魏俊吉. 血脑屏障损伤诱发神经病变的评估方法及机制研究进展［J］. 基

础医学与临床，2019，39（1）：120-124.

［41］朱慧杰，刘玥，马正良.血脑屏障在术后谵妄发病机制中的研究进展［J］.国际麻醉学与复苏杂志，2020，41（4）：406-410.

［42］戴晶，刘学磊，金红旭.轻度颅脑爆震伤与血脑屏障关系的研究进展［J］.中华急诊医学杂志，2017，26（5）：493-497.

［43］杨劼，张翠萍，马奎，等.间充质干细胞在血脑屏障损伤修复中的作用及相关研究进展［J］.感染、炎症、修复，2018，19（4）：250-253，256.

［44］许泽艳，杨志贤，廖承德，等.创伤性脑损伤与血脑屏障关系的研究进展［J］.山东医药，2018，58（41）：110-112.

［45］许泽艳，杨志贤，丁莹莹，等.创伤性脑损伤后血脑屏障通透性变化的动态增强MRI监测实验研究［J］.临床放射学杂志，2019，38（10）：1976-1981.

［46］任东青，赵涛，张世英，等.爆炸冲击波对大鼠血脑屏障的损害［J］.解放军预防医学杂志，2008，26（1）：4-8.

［47］李良平，郭希高，徐如祥，等.PKC在脑损伤后血脑屏障损害中的作用［J］.脑与神经疾病杂志，2000，8（5）：262-264.

第十五章

创伤性脑水肿与缺血缺氧性脑病

第一节　创伤性脑水肿

一、概念

创伤性脑水肿是指由于暴力损伤脑组织而引起的一系列病理生理反应，使水分积聚在脑细胞和间质内，引起脑体积增大，重量增加。临床上，只要有脑实质的损伤就有脑水肿，只是程度轻重不同，它可以是颅脑外伤后的唯一改变，也可致死。因为脑水肿使颅内压增高，颅内压增高又可直接影响脑的代谢和血流量，从而加重脑水肿，如此恶性循环，最终导致死亡。

二、分类

按照创伤性脑水肿发生范围可分为局限性脑水肿及弥漫性脑水肿。局限性脑水肿见于脑挫（裂）伤、火器伤及各类颅内血肿周围的脑组织。局限性脑水肿如果继续发展，有时可累及伤侧的整个大脑半球，但一般不会波及对侧。弥漫性脑水肿指整个脑组织弥漫性肿胀，常见于整个或大部分脑组织受到钝性暴力作用时，尤其见于闭合性脑损伤如弥漫性轴索损伤。

脑水肿时液体的积聚可在细胞外间隙，也可在细胞膜内，前者称为血管源性脑水肿，后者称为细胞毒性脑水肿。血管源性脑水肿多见于脑损伤、脑肿瘤等病变的初期，主要是由于毛细血管的通透性增加，导致水分在神经细胞和胶质细胞间隙潴留，促使脑体积增加所致。细胞毒性脑水肿源于多种原因导致的脑细胞代谢功能障碍，使 Na^+ 和水分子潴留在神经细胞和胶质细胞。但在试验研究和临床实际工作中发现，在创伤性脑水肿病理过程中往往两类水肿并存，只是在不同病理阶段，血管源性脑水肿和细胞毒性脑水肿的表现程度不同而已。现已发现颅脑损伤亚急性期，可合并低渗性脑水肿；而在脑损伤慢性期可发生脑积水合并间质性脑水肿。故近年来，多数学者主张在上述血管源性脑水肿和细胞毒性脑水肿的基础上，增加渗透压性脑水肿和间质性脑水肿，共四类。

①血管源性脑水肿：主要见于脑挫裂伤灶周围，试验研究发现，在伤后 30 min 血管源性脑水肿即已发生，并于伤后 6~24 h 达高峰，在临床上由于治疗因素的影响，脑水肿的高峰期可以推迟至伤后 48~72 h。血管源性脑水肿病理特点是脑挫裂伤后，血脑屏障遭受不同程度的损害，通透性增加，大量水分从毛细血管内渗出，积聚于血管周围间隙和神经细胞外间隙中。由于水肿液含有血浆成分高浓度蛋白质，促使水肿逐渐向周围组织扩散。脑白质细胞外间隙（＞80 nm）比灰质（15~20 nm）大 4~6 倍，故水肿主要存在于白质内，并且沿神经纤维扩展。脑水肿的发展主要取决于血管内液静力压与脑实质内组织压之差，当前者高于后者时，脑水肿发展，二者相等时脑水肿停止发展。②细胞毒性脑水肿：脑损伤后，由于脑出血压迫和血管痉挛，脑组织细胞发生缺血缺氧，细胞能量代谢障碍，引起细胞膜上钠钾 ATP 酶（钠泵）和钙 ATP 酶（钙泵）活性降低，使 Na^+、Ca^{2+} 等离子大量贮存于细胞内，细胞内渗透压升高，水分被动进入细胞导致细胞肿胀，因此称为细胞毒性脑水肿或称为细胞性脑水肿。这类脑水肿主要发生在灰质和白质的细胞内，而细胞外间隙无明显扩大。因 Na^+ 主要进入胶质细胞，Ca^{2+} 主要进入神经细胞，所以细胞毒性脑水肿时胶质细胞水肿发生最早，神经细胞水肿发生稍迟，常发生在脑损伤早期（24 h 内），与血管源性脑水肿并存，一般至伤后 72 h 开始消退。但进展迅速，对神经功能的影响严重。脑微血管的损害较轻或无损害，血脑屏障大致正常。③渗透压性脑水肿：渗透压性脑水肿常见于脑损伤亚急性期。在正常情况下，脑细胞内液的恒定，受控于垂体前叶分泌的促肾上腺皮质激素（ACTH）及垂体后叶释放的抗利尿激素（ADH）。通过下丘脑的调节使这两种激素处于动态平衡。脑损伤时因下丘脑遭受到直接或间接的损伤或水肿，引起 ACTH 分泌不足，垂体后叶大量释放出 ADH，出现抗利尿激素分泌失调综合征，产生水滞留、血容量增加、血液稀释、低血钠、低血浆渗透压，导致血管内水向细胞内渗透，引起神经细胞与胶质细胞内水肿，称为渗透压性脑水肿。④间质性脑水肿：间质性脑水肿主要见于脑损伤后期或恢复期，发生于脑室周围白质，常与脑积水伴发，故又称为脑积水性水肿。

三、病理生理学机制

创伤性脑水肿发生机制包括多种因素，至今有些问题并未完全得到阐明，可归纳为下列 6 种学说。但在创伤性脑水肿的发生与发展过程中，是多种因素掺杂的。

（一）血脑屏障学说

血脑屏障结构与功能损害是血管源性脑水肿的病理基础。主要病理特点是脑毛细血管内皮细胞微绒毛形成、胞饮小泡增多、胞饮作用增强以及紧密连接开放。脑损伤后血脑屏障开放、通透性增加，血中大分子物质及水分从血管内移出进入脑组织内，积聚于细胞外间隙，形成血管源性脑水肿。既往认为脑损伤后血脑屏障破坏在伤后 6 h 开始出现，伤后 24 h 明显。研究发现伤后 30 min 就已有脑水肿，至伤后 6 h 脑水肿达高峰，证明了血脑屏障的通透性改变与破坏是创伤性脑水肿的最早和最重要直接因素。

（二）钙通道学说

钙对神经细胞损害和死亡起着决定性作用。Shapiro 1989 年发现脑损伤后脑组织内钙的浓度升高，认为其与创伤性脑水肿的发生与发展有关。徐如祥等人于 1990 年和 1991 年对 Ca^{2+} 在创伤性脑水肿形成过程中的作用进行了多项较系统的研究，发现脑损伤早期大量 Ca^{2+} 进入细胞内，胞浆中游离钙浓度异常升高，可达正常的 10~15 倍，即钙超载，伤后神经细胞内游离钙超载，其浓度显著高于脑组织总钙的水平，会产生下列危害：①激活细胞内中性蛋白酶及磷脂酶，或通过钙调蛋白（CaM）的介导，使神经细胞蛋白质及脂质分解代谢增加，细胞膜完整性破坏，细胞外 Na^+、Cl^- 及水等物质进入细胞内，导致细胞内水肿。② Ca^{2+} 沉积于线粒体内，使线粒体氧化磷酸化电子传递脱耦联，无氧代谢增强，释放大量 H^+，细胞内 pH 值降低，造成细胞内酸中毒，钠氢交换使 Na^+ 进入细胞内增多，发生细胞内水肿。最终也会使线粒体破坏，神经细胞崩解。③ Ca^{2+} 进入微血管壁，通过钙调蛋白或直接作用于微血管内皮细胞，紧密连接开放，血脑屏障通透性增加，导致血管源性脑水肿。④ Ca^{2+} 进入脑血管壁，血管平滑肌细胞内 Ca^{2+} 浓度升高，使其收缩，导致脑血管痉挛，这一环节同样起到加重脑缺血缺氧和血脑屏障破坏的作用，加剧血管源性脑水肿。这种改变在伤后 30 min 即十分明显，伤后 6 h 达高峰，并一直持续到伤后 72 h。

（三）自由基学说

氧自由基是指一类具有高度化学反应活性的含氧基团，主要有超氧阴离子（O_2^-）、羟自由基（·OH）和过氧化氢（H_2O_2）。早在 1972 年，Demopoulos 等人就开始用自由基学说解释脑水肿的发生机制，随后国内外不少学者在试验中观察到，脑损伤后脑内氧自由基产生增加，脂质过氧化反应增强，是引起神经细胞结构损伤和血脑屏障破坏，导致细胞毒性脑水肿和血管源性脑水肿的重要因素。氧自由基对生物膜的损害作用最为广泛和严重。神经细胞和脑微血管内皮细胞既是自由基的产生部位，又是受自由基损害最为严重的部位。由于这些细胞的膜都是以脂质双分子层和多价不饱和脂肪酸为框架构成，易遭受氧自由基的攻击，产生下列病理损害：①神经细胞膜上钠钾 ATP 酶、钙 ATP 酶、腺苷酸环化酶、细胞色素氧化酶等重要的脂质依赖酶失活，导致膜流动性和通透性增加，细胞内 Na^+、Ca^{2+} 增多；线粒体膜破坏，细胞能量合成障碍；溶酶体膜破裂，溶酶体内大量水解酶释放，导致细胞内环境紊乱，细胞肿胀，发生细胞毒性脑水肿。②氧自由基破坏脑微血管内皮细胞的透明质酸、胶原和基底膜，使血脑屏障通透性增加，血浆成分漏出至细胞外间隙，导致血管源性脑水肿。③氧自由基还攻击脑血管平滑肌及其周围的结缔组织，导致血管平滑肌松弛，同时氧自由基使血管壁对血管活性物质的敏感性下降，血管扩张，微循环障碍加重，加剧脑水肿。

（四）脑微循环学说

脑损伤可引起脑微循环功能障碍，导致其静力压增高，产生压力平衡紊乱，导致脑水肿。脑微循环障碍包括血管反应性降低、血管自动调节紊乱（血管麻痹或过度灌注）和血流动力学改变。

（五）能量匮乏学说

细胞能量代谢障碍是细胞毒性脑水肿发生的基础，同时亦引起和加剧血管源性脑水肿。临床观察发现，重型脑损伤后脑缺血缺氧的发生率高达30%，其中50%的患者合并低血压和低氧血症而加重脑组织缺血缺氧。目前认为，脑损伤后脑组织为不完全性缺血缺氧，加之脑细胞能量储备很少，组织中葡萄糖进行无氧酵解，ATP产生不足，乳酸产生增多，细胞内pH值下降，钠氢交换，使Na^+进入细胞内。同时细胞膜ATP依赖的钠钾ATP酶（钠泵）活性受抑制，排Na^+作用减弱，Na^+大量贮存于细胞内，Cl^-随之进入细胞内，使细胞内呈高渗状态，大量水分被动内流，发生细胞内水肿。在不完全性缺血的同时，毛细血管内血流仍处于淤积状态，水分从血管内向外移动，脑组织含水量增加，合并血管源性脑水肿。脑缺血缺氧可引起微循环障碍，触发Ca^{2+}超载及自由基反应等，加重细胞毒性和血管源性脑水肿。

（六）兴奋性氨基酸学说

近年来，突触蛋白质在神经元生理活动中的作用日益受到研究者重视，在中枢神经系统内，兴奋性突触的功能由位于棘突内的突触后致密区（postsynaptic density，PSD）决定。PSD为三维复合体，由多种蛋白构成，多数为细胞骨架蛋白，锚定膜性蛋白与液性蛋白至细胞骨架与细胞内信号传导通路。可能在颅脑损伤的病理生理过程及预后转归中起决定性作用。

四、病理学表现及法医病理学鉴定要点

（一）病理学表现

1. **影像学特征**　CT表现：弥漫性脑水肿主要为脑回增宽，脑沟变浅，脑实质密度降低，如有继发性出血坏死则密度可不同程度增高，局限性脑水肿则表现为原发性脑组织内出血灶周围环形低密度影，严重时脑室受压变形，甚至形成脑疝。MRI表现：脑水肿时细胞内和/或细胞外水分增加，致使脑组织纵向弛豫和横向弛豫时间均不同程度延长，所以T2WI呈高信号，T1WI呈低信号，以前者表现更加明显，如有出血则可随时间推移而表现出不同的混杂信号。

2. **组织学特征**　除其他原发性颅脑损伤相关的病理表现外，脑水肿表现为脑膜紧张、全脑体积增大、重量增加，脑回增宽，脑沟变浅，表面及切面较为湿润。HE染色后光学显微镜检查，脑水肿的病理学变化主要是间质水肿，神经元变性及坏死等。神经元变性、坏死的进行性改变首先是神经元肿胀、体积增大、核膜不清、核仁深染偏位或

消失，发展为胞体皱缩、色粉红、核皱缩深染、神经元细胞周围出现空隙，亦可见着色深的神经元及其螺旋状的树突。脑组织内毛细血管内皮细胞轻度肿胀，血管壁通透性增加，多型核白细胞和单核巨噬细胞等炎性细胞附壁，部分浸润脑实质，血管周围空隙增大，血管内红细胞淤积。

（二）法医病理学鉴定要点

创伤性脑水肿的法医学鉴定一般不困难，主要包括以下几个方面：第一，有明确头部外伤史。第二，逐渐出现颅内压增高的一系列症状和体征，包括可能继发的脑疝表现。第三，具有原发性颅脑损伤及脑水肿的特征性影像学变化。第四，尸检时检见其特殊的大体及镜下病变。第五，因为除颅脑损伤以外，脑水肿也能见于很多疾病，如脑炎、脑膜炎、酸或碱中毒、缺氧窒息、许多毒物中毒、日射病或热射病、冻死、电击伤等，排除这些非颅脑损伤因素，可以根据尸检病理检查结果，结合死前症状、现场和案情综合分析，一般多无困难。值得注意的是，创伤性脑水肿是其他颅脑损伤，如颅内血肿、脑挫裂伤等的继发性损伤，主要死因常不是脑水肿而是这些重型颅脑损伤，这类案件的法医学鉴定较明确。困难的是尸检仅见显著脑水肿，其他无颅脑损伤或颅脑损伤轻微时，如局灶性蛛网膜下隙出血和/或表浅灶性脑挫伤。由于对脑水肿构成死因认识上的不足而引起争议。这种案例在实际工作中有时会遇到。

第二节　缺血缺氧性脑病

一、概念

缺血缺氧性脑病（hypoxic-ischemic encephalopathy，HIE）是由一种或多种原因引起脑组织发生缺血或缺氧，继而导致脑部损害并引起一系列的神经精神异常的综合征。这种疾病可发生在任何年龄段，临床上以新生儿缺血缺氧性脑病最为常见，而在法医病理实践过程中，成人缺血缺氧脑病也屡见不鲜。HIE 可导致神经元死亡和神经功能丧失，通常预后较差，严重的可导致长时间昏迷甚至脑死亡的发生。然而目前导致 HIE 的基本机制尚不清楚，探索大脑在缺血和缺氧损伤后不同发展阶段的应激反应差异及深入研究脑缺血缺氧损伤过程中各个环节的病理生理机制，对 HIE 的研究及治疗具有重要意义。本节主要对 HIE 的病理生理学相关研究及与法医相关的研究进展进行阐述。

二、分类及流行病学特征

目前缺血缺氧性脑病未有明确国际分类，按照发病年龄可笼统分成婴幼儿缺血缺氧性脑病及成人缺血缺氧性脑病。妊娠高血压综合征、妊娠贫血、妊娠异常、羊水污

染、胎盘异常、妊娠糖尿病、不规范的产前检查、新生儿窒息、胎儿窘迫等都是幼儿
HIE 发生的危险因素，而成人 HIE 常与高血压、糖尿病、吸烟、脑卒中、高脂血症、感
染、外伤、中毒等因素密切相关。目前关于缺血缺氧性脑病发生率的报告不尽相同，并
缺乏成人 HIE 统计数据，在我国，足月新生儿发生 HIE 占 3‰~6‰，其中 15%~20% 在
新生儿期死亡，另有 20%~30% 患者遗留神经发育相关后遗症。与之相比，国外足月儿
的 HIE 发病率为 1%~8%，病死率为 10%~60%，25% 以上存在神经后遗症。

三、病理生理学机制

缺血缺氧脑损伤是一个快速级联反应过程，包括能量 / 三羧酸循环基因表达上调、
细胞内钙超载、兴奋性氨基酸过量释放、氧自由基生成增多、炎性细胞因子及黏附分子
释放增加、凋亡基因激活等环节。这些环节紧密联系，互为因果，彼此重叠，形成恶性
循环，最终导致脑细胞凋亡或坏死。在 HIE 损伤后初级阶段（损伤后 1~6 h），以氧化
代谢、炎症反应及激活凋亡级联反应为主；在 HIE 损伤后 6~48 h 为第二能量衰竭阶段，
出现磷酸盐储量耗尽、兴奋性神经递质释放和自由基产生；在 HIE 损伤数月后为第三
阶段，发生急性缺血、晚期细胞死亡、受损脑的重塑、星形细胞反应性增生等。

（一）神经细胞的凋亡

1. 线粒体介导的凋亡途径　研究表明，在机体缺血缺氧损伤时，线粒体 PT 孔开放，
导致线粒体膜电位丧失，Bax 样蛋白使线粒体外膜通透性增加，细胞色素 c、细胞凋亡
诱导因子（AIF）、Smac/Diablo、HtrA2/Omi 和核酸内切酶 G 等可溶性的凋亡分子释放到
细胞质中。细胞色素 c 和 凋亡蛋白酶活化因子 –1（Apaf–1）相互作用，从而引发 ATP
依赖性的 Apaf–1 低聚化。低聚的 Apaf–1 结合 Caspase–9 酶原，从而形成凋亡小体，即
Caspase–9 活化复合体。活化的 Caspase–9 诱使 Caspase–3 酶原水解成熟，启动 Caspase
活化级联反应，导致细胞凋亡。根据 Eric Daugas 等人的研究，哺乳动物细胞的凋亡还
存在一种 AIF 依赖性、Caspase 非依赖性的细胞程序性死亡通路。AIF 直接转位到细胞核，
诱导部分染色质凝结核 DNA 片段化。凋亡抑制蛋白（inhibitor of apoptosis protein，IAP）
通过结合和抑制 Caspase–3、Caspase–7、Caspase–9 发挥抗凋亡作用。线粒体蛋白 Smac/
Diablo 和 HtrA2/Omi 与 IAP 相互作用，中和 IAP 的抑制活性，从而恢复 Caspase 活性，
促进细胞凋亡。

2. FAS 受体介导的凋亡途径　FAS 位于细胞表面，并通过其天然配体或激动剂抗
体进行交联时，可转导凋亡信号。FAS 配体结合或抗体交联后，继发受体聚集，导致死
亡诱导信号复合物的形成和 Caspase 的下游活化，最后执行凋亡程序。FAS 信号通路还
可通过不同的细胞内途径促进细胞增殖、细胞分化、维持免疫应答和免疫特权，以及触
发另一种导致坏死的细胞死亡途径。在大脑缺血缺氧后，脑内 FAS 水平显著升高，这
种增加在缺氧缺血后 3 h 就出现。FAS 死亡受体蛋白的表达通过 SDS–PAGE 在同侧丘脑

的膜部分增加，这一增加与 Caspase-8 向其活性片段的裂解相一致。缺血缺氧后 24 h 内可溶性蛋白中 Caspase-8 前体数量下降，线粒体内促凋亡 BAX 水平升高，因此 BAX 的相对丰度有较大的增加，这极大促进了细胞凋亡。

3. **内质网介导的凋亡途径** 脑组织因缺血缺氧损伤导致能量代谢紊乱，ATP 生成减少，内质网中的蛋白质无法正确折叠，从而引起蛋白质聚集。高水平的异常蛋白质会引起内质网应激，导致细胞膜功能障碍、细胞内钙超载和诱导 CHOP 表达。这导致抗凋亡蛋白 Bcl-2 的表达减少，线粒体膜通透性增加，启动线粒体凋亡通路。同时，内质网功能障碍导致 Caspase-12 的激活，进而激活 Caspase-9 和 Caspase-3，最终导致核 DNA 裂解和细胞凋亡。

（二）线粒体损伤

大量研究表明，为保证成人神经元的正常活动，大脑需消耗呼吸中氧气总量的 20% 以及循环葡萄糖的 25%，以获得神经元运作和保持突触活动所需的 ATP 的量。因此，线粒体功能受损或者血氧供应的改变会对大脑的发育和功能产生有害影响。

HIE 中线粒体损伤的主要机制是线粒体能量不足和 ATP 生成减少。缺血导致机体缺氧和葡萄糖不足，无法维持 ATP 水平。细胞 ATP 不足，导致钠钾泵和钙泵活性降低，细胞膜离子交换障碍，细胞膨胀，线粒体膜电位丧失，线粒体内 Ca^{2+} 外流，细胞质内 Ca^{2+} 水平升高。Ca^{2+} 水平的升高会通过激活蛋白酶、磷脂酶、细胞程序性死亡、线粒体通透性转变（mitochondrial permeability transition，MPT）等途径致细胞死亡。有 5 个电子传递链复合物位于线粒体内膜，负责 ADP 生成 ATP 时的质子转移，细胞色素 c 在这一过程中发挥作用。机体缺血缺氧脑损伤导致细胞色素 c 释放和细胞凋亡并且缺血缺氧导致的 ATP 减少引起细胞内代谢的无氧糖酵解，增加了电子传递链组分的减少形式，ATP 生成受到抑制。

（三）神经元的兴奋性毒性级联反应

在脑缺血缺氧情况下，会发生神经元去极化，并释放出大量兴奋性氨基酸，主要是谷氨酸。缺血还会降低突触前星形胶质细胞中神经递质再摄取泵的活性，导致突触间隙中的谷氨酸聚集，从而触发 NMDA 受体通道和钙通道的开放。Ca^{2+} 大量内流激活了一氧化氮合酶（NO synthase，NOS），NO 大量合成。NO 可以与线粒体缺氧后复氧产生的氧自由基结合，攻击氧化磷酸化和电子传输有关的酶。Ca^{2+} 的毒性取决于多种酶的激活，包括钙蛋白酶、酯酶等。上述过程会触发细胞死亡级联反应，导致神经元死亡。

1. **兴奋性氨基酸（excitatory amino acid，EAA）的释放** 缺血缺氧损伤可导致脑内 EAA 的大量释放，并对神经细胞产生兴奋性毒性作用。中枢神经系统的 EAA 包括谷氨酸和天冬氨酸，HI 损伤中以谷氨酸为主。缺氧缺血降低了神经元膜的离子梯度，导致膜去极化和神经递质释放。谷氨酸再摄取转运体可以在血氧过少条件下进行厌氧操作，但当心输出量下降引起的缺血限制了葡萄糖的释放时，其功能也会受损。转运体功能受损会导致谷氨酸在突触内积累并溢出到细胞间隙。膜电位的丧失和高浓度的谷氨酸过度激活可渗透钙的 NMDA 谷氨酸通道和电压门控钙通道，大量 Ca^{2+} 内流入神经元，导致细胞水肿和钙超载。过量的谷氨酸还可以激活 AMPA 型谷氨酸受体，这也可能是导致 HIE 发生的机制。

2. **细胞蛋白水解作用** 缺血缺氧损伤导致谷氨酸聚集引起钙超载后，细胞失去稳态，神经元被 EAA 刺激后释放出大量水解酶，主要是钙蛋白酶。钙蛋白酶被激活，水解细胞骨架蛋白。此外，钙蛋白酶还参与细胞死亡过程。在钙蛋白酶的作用下，Ca^{2+} 可激活 Caspase-3，参与细胞凋亡通路。

3. **自由基生成** 机体受到 HI 损伤后，发生线粒体膜的缺失，谷氨酸水平升高以及细胞钙超载，这些过程会触发脂肪酶、蛋白酶和内切酶的激活。脂肪酶和蛋白酶的激活促使游离脂肪酸的释放。游离脂肪酸通过激活环氧合酶和前列腺素的生成释放超氧化物自由基。在缺血再灌注过程中，超氧阴离子的过度释放会导致其他自由基和有毒代谢物的生成。脑缺血缺氧时，神经元能表达 COX2 和 iNOS，激活小胶质细胞生成活性氧（reactive oxygen species，ROS）。ROS 通过损伤大分子物质导致脑损伤，也可以通过参与信号转导途径损伤脑组织。

4. **一氧化氮合成** 在脑内，NO 是一种由氧和精氨酸在 NOS 的作用下生成的氧自由基，也是调节脑血管紧张性的神经递质。NOS 包括 cNOS、eNOS、iNOS 等亚型，其中 iNOS 在脑中表达。在脑缺血缺氧情况下，中性粒细胞、小胶质细胞和巨噬细胞中 iNOS 的上调导致 NO 的持续产生。NO 和超氧化物的再活化产生有毒的过氧亚硝酸盐，其能将亚硝酸盐添加到蛋白质的酪氨酸群中，进一步增加羟基自由基的生成。NO 还可通过改变神经递质、引起细胞膜过氧化、破坏细胞内铁稳态等途径导致神经元损伤。NO 与过氧化物形成过氧亚硝基分子，将酪氨酸残基硝酸化形成·OH 和诱导脂质过氧化，从而损伤蛋白质和细胞器的生物膜，导致细胞肿胀和死亡。NO 能抑制细胞色素氧化酶，影响线粒体功能，导致线粒体中的过氧化物和过氧亚硝基离子增多。

5. **炎症反应** 在脑缺血再灌注时，被激活的星形胶质细胞、小胶质细胞和内皮细胞释放促炎细胞因子、趋化因子和促炎介质。氧自由基和其他信使激活由核转录因子调节的炎症相关基因的表达，导致炎症细胞因子（如 IL-1β、IL-18）表达增加。上述细胞因子吸引白细胞并刺激白细胞和内皮细胞的黏附分子生成，使血细胞黏附在血管内皮细胞上以阻塞微管，血管闭塞导致"无回流"现象。其中聚集的细胞释放出氧自由基、蛋白水解酶和细胞分裂素，直接破坏内皮细胞并导致血脑屏障破坏，继发脑水肿、脑出血和神经元损伤。同时，活化的白细胞在微血管中积聚，释放出大量的炎症介质和细胞因子，吸引更多中性粒细胞积聚、浸润，加重炎症反应，引发恶性循环。

6. **蛋白质错误折叠和聚集** 在机体发生 HIE 时，神经元会产生大量未折叠或错误折叠的蛋白质，这些异常蛋白质会通过暴露在表面的黏性疏水基团彼此黏附，形成蛋白质聚集体。这种错误折叠、聚集的蛋白质对神经细胞具有毒性作用，会破坏细胞稳态。蛋白质的聚集会抑制蛋白酶体的功能并进一步抑制细胞的功能。在大量研究中也能在缺血缺氧大脑中找到未折叠蛋白质和错误折叠蛋白质的聚集物。生理状态下，分子伴侣可辅助蛋白质折叠并保护折叠过程正常进行。但分子伴侣为一类 ATP 依赖性的蛋白质。所以在脑缺血缺氧情况下，处理未折叠蛋白的能力显著降低，导致蛋白质在神经元中积聚，异常的蛋白质与神经元的兴奋性毒性有关。

四、法医病理学改变

尸检所见 HIE 一般大体脑组织主要表现为脑充血、水肿等非特异表现。尚见脑膜紧张，脑膜血管较为饱满，沟浅回平。切面较为湿润，可见散在扩张的毛细血管，有时可见点状出血。未成熟儿可见侧脑室内有血性液体或血凝块。成人 HIE 脑组织还可见其他原发伤相关的病理表现。

光镜下大脑皮质可见神经细胞胞体轻度缩小，可呈现为螺锥形，HE 染色呈淡红色，甲苯胺蓝染色呈淡蓝色，尼氏体消失，核仁消失，细胞核固缩呈三角形。海马区和小脑皮质可见神经细胞缺失，海马区锥体细胞数目明显减少，以 h1 段多见，其次是 h3 段，也可见 h1 和 h3 段或者整个海马各段锥体细胞数目弥漫性减少，偶可见仅 h2 段锥体细胞减少。小脑齿状核主要表现为神经细胞体肿胀，胞缘外凸，甲苯胺蓝染色可见尼氏体消失或者靠边，胞浆内可见散在细小的空泡，细胞核偏位。小脑颗粒层细胞变性坏死，浦肯野细胞呈红色神经元改变，部分可出现噬神经元现象，细胞数量明显减少。少数星形胶质细胞核肿胀，染色质较为疏松，有时可见核仁，NSE 阴性，GFAP 阳性，似 Alzheimer Ⅱ 型细胞样。其胞核呈短棒状，长肾形或长圆形，染色深，常与皮质表面垂直，状似毛细血管内皮细胞，但 GFAP 阳性。

第三节 研究与展望

目前，临床上对 HIE 的研究主要集中于病理生理学方面和对引起 HIE 相关危险因素的评估与探索及早期预防方面，而有关 HIE 法医方面的相关研究比较少，这可能与 HIE 在法医学上更多地作为直接死因和损伤机制而不是根本死因和原发性损伤有一定的原因，故在此介绍可能与法医学相关的或者目前法医相关的一些研究进展。

体液中相关生物学标志物的差异可能作为法医学相关研究的重要方向。Sarafidis 等人使用液相色谱 – 串联质谱法（LC–MS／MS）对妊娠 ≥ 36 周出生的 HIE 新生儿的尿代谢组学的研究表明，尿中的一些代谢物与对照组存在差异，并有助于相关生物标志物的开发。而对脐带血相关的代谢组学检测结果表明，无脑病的窒息婴儿组和 HIE 组均具有明显的多因素代谢产物关联，Denihan 等人对围产期窒息和缺血缺氧性脑病的婴儿与健康组的婴儿进行非靶向代谢组学分析并发现了差异，Hongyan 等人总结了部分 HIE 血清和脑脊液中潜在的生物学标志物，包括 S100-β、GFAP、miRNA 等，Dong 等人则对 HIE 新生儿外周血 cirRNA 的变化进行了分析。而 HIE 作为重要的发病机制也可以用来解释法医学相关的损伤，如 Matschke 等人的研究表明 HIE 是虐待性头颅外伤（abusive head trauma，AHT）导致婴幼儿相关脑病及死亡的重要发病机制。此外，近些年来，法医影像学也成为研究热点项目，Shirota 等人对非创伤死亡成年人尸体进行死后计算机断层扫描（postmortem computed tomography，PMCT）和病理尸检，结果显示 PMCT 对 HIE 的诊断具有一定意义。总体来讲，目前对 HIE 的研究相对比较局限，婴幼儿相关研究明显多于成人，非创伤性相关研究明显多于创伤性，对法医学工作者而言，仍然具有很大研究空间和较好的研究前景，但是考虑到死后变化对检材的影响，相关研究也非常具有挑战性。

（乐翠云　贵州医科大学；谭晓辉　南方医科大学）

参考文献

[1] 丛斌. 法医病理学 [M]. 5 版. 北京：人民卫生出版社，2016.

[2] 陈孝平，汪建平. 外科学 [M]. 8 版. 北京：人民卫生出版社，2013.

[3] 王忠诚. 王忠诚神经外科学 [M]. 2 版. 武汉：湖北科学技术出版社，2015.

[4] 肖志辉，刘波. MRI 和 CT 诊断脑水肿的比较研究 [J]. 江西医药，2009，44（8）：822-823.

[5] 赵甲山，靳峰，赵洪洋，等. 大鼠弥漫性颅脑损伤后脑水肿和病理学变化 [J]. 中国临床神经外科杂志，2007（5）：297-300.

[6] Johnston M V, Fatemi A, Wilson M A, et al. Treatment advances in neonatal neuroprotection and neurointensive care [J]. The Lancet Neurology, 2011, 10（4）: 372-382.

[7] Hope P L. Cerebral energy metabolism studied with phosphorus NMR rspectroscopy in normal and birth-asphyxiated infants [J]. The Lancet, 1984, 324（8399）: 366-370.

[8] Hope P L, Reynolds E O R. Investigation of Cerebral Energy Metabolism in Newborn Infants by Phosphorus Nuclear Magnetic Resonance Spectroscopy [J]. Clinics in Perinatology, 1985, 12（1）: 261-275.

[9] Parcellier A, Gurbuxani S, Schmitt E, et al. Heat shock proteins, cellular chaperones that modulate mitochondrial cell death pathways [J]. Biochemical and Biophysical Research Communications, 2003, 304（3）: 505-512.

[10] Puka-Sundvall M, Wallin C, Gilland E, et al. Impairment of mitochondrial respiration after cerebral hypoxia - ischemia in immature rats: relationship to activation of Caspase-3 and neuronal injury [J]. Developmental Brain Research, 2000, 125（1）: 43-50.

[11] Gill R, Soriano M, Blomgren K, et al. Role of Caspase-3 activation in cerebral ischemia-induced

neurodegeneration in adult and neonatal brain［J］. J Cereb Blood Flow Metab, 2002, 22（4）: 420-430.

［12］Joza N, Susin S A, Daugas E, et al. Essential role of the mitochondrial apoptosis-inducing factor in programmed cell death［J］. Nature, 2001, 6828: 549-554.

［13］Hell K, Saleh M, Grescenzo G D, et al. Substrate cleavage by Caspases generates protein fragments with Smac Diablo-like activities［J］.Cell Death and Differentiation, 2003, 10（11）: 1234-1239.

［14］Martins L M, Morrsion A, Klupsch K, et al. Neuroprotective role of the Reaper-related serine protease HtrA2/Omi revealed by targeted deletion in mice［J］. Mol Cell Biol, 2004, 24（22）: 9848-9862.

［15］van Landeghem F K, Felderhoff mueser U, Moysich A, et al. Fas（CD95/Apo-1）/Fas ligand expression in neonates with pontosubicular neuron necrosis［J］. Pediatr Res, 2002, 51（2）: 129-135.

［16］Northington F J, Ferriero D M, Flock D L, et al. Delayed neurodegeneration in neonatal rat thalamus after hypoxia- ischemia is apoptosis［J］. J Neurosci, 2001, 21（6）: 1931-1938.

［17］Northington F J, Ferriero D M, Martin L J. Neurodegeneration in the thalamus following neonatal hypoxia-ischemia is programmed cell death［J］. Dev Neurosci, 2001, 23（3）: 186-191.

［18］Benavides A, Pastor D, Samtos P, et al. CHOP plays a pivotal role in the astrocyte death induced by oxygen and glucose deprivation［J］. Glia, 2005, 52（4）: 261-175.

［19］Johnston M V, Fatemi A, Wilson M A, et al. Treatment advances in neonatal neuroprotection and neurointensive care［J］. Lancet Neurol, 2011, 10（4）: 372-382.

［20］Morishima N, Nakanishi K, Takenouchi H, et al. An endoplasmic reticulum stress-specific Caspase cascade in apoptosis. Cytochrome c-independent activation of Caspase-9 by Caspase-12［J］. J Biol Chem, 2002, 277（37）: 34287-34294.

［21］Torres-Cuevas I, Corral-Debrinski M, Marisol Gressens P. Brain oxidative damage in murine models of neonatal hypoxia/ischemia and reoxygenation［J］. Free Radical Biology and Medicine, 2019, 142: 3-15.

［22］Cobley J N, Fiorello M L, Bailey D M. 13 reasons why the brain is susceptible to oxidative stress［J］. Redox Biology, 2018, 15: 490-503.

［23］Devine M J, Kittler J T. Mitochondria at the neuronal presynapse in health and disease［J］. Nature Reviews Neuroscience, 2018, 2: 63-80.

［24］宋薇薇, 富建华, 贾显静, 等. 子宫内缺血缺氧及再灌注中胎鼠脑组织内质网与线粒体 ATP 酶的动态变化［J］. 中华妇产科杂志, 2002, 37（3）: 146-148.

［25］Kalani K, Yan S F, Yan S S. Mitochondrial permeability transition pore: a potential drug target for neurodegeneration［J］. Drug Discovery Today, 2018, 23（12）: 1983-1989.

［26］Tazegul G, Eecioglu E, Yildiz F, et al. Can MRI related patient anxiety be prevented?［J］. Magn Reson Imaging, 2015, 33（1）: 180-183.

［27］孙琰琰. 线粒体在新生小鼠缺氧缺血性脑损伤中的调节作用［D］. 郑州: 郑州大学, 2018.

［28］Xiang Y, Sun N, Lei H, et al. Neurochemical changes in brain induced by chronic morphine treatment: NMR studies in thalamus and somatosensory cortex of rats［J］. Neurochem Res, 2006, 31（10）: 1255-1261.

［29］Bak L K, Schousboe A, Sonnewald U, et al. Glucose is necessary to maintain neurotransmitter homeostasis during synaptic activity in cultured glutamatergic neurons［J］. J Cereb Blood Flow Metab, 2006, 26（10）: 1285-1297.

［30］Cross J L，Meloni B P，Bakker A J，et al. Modes of Neuronal Calcium Entry and Homeostasis following Cerebral Ischemia［J］. Stroke Res Treat，2010，2010：316862.

［31］Jensen F E. The role of glutamate receptor maturation in perinatal seizures and brain injury［J］. Int J Dev Neurosci，2002，20（3-5）：339-347.

［32］Blomgren K，Mcrae A，Elmered A，et al. The calpain proteolytic system in neonatal hypoxic-ischemia［J］. Ann N Y Acad Sci，1997，825：104-119.

［33］Rosenkranz K，May C，Meier C，et al. Proteomic analysis of alterations induced by perinatal hypoxic-ischemic brain injury［J］. J Proteome Res，2012，11（12）：5794-5803.

［34］Bevers M B，Inleton L P，Che D，et al. RNAi targeting micro-calpain increases neuron survival and preserves hippocampal function after global brain ischemia［J］. Exp Neurol，2010，224（1）：170-177.

［35］Blomgren K，Zhu C，Wang X，et al. Synergistic activation of Caspase-3 by m-calpain after neonatal hypoxia-ischemia：a mechanism of "pathological apoptosis"？［J］. J Biol Chem，2001，276（13）：10191-10198.

［36］Cerio F G，Lara-Celador D，Alvarez I，et al. Neuroprotective therapies after perinatal hypoxic-ischemic brain injury［J］. Brain Sci，2013，3（1）：191-214.

［37］Lewen A，Matz P，Chan P H. Free radical pathways in CNS injury［J］. J Neurotrauma，2000，17（10）：871-890.

［38］Chan P H. Reactive oxygen radicals in signaling and damage in the ischemic brain［J］. J Cereb Blood Flow Metab，2001，21（1）：2-14.

［39］Fan X，Van B F. Pharmacological neuroprotection after perinatal hypoxic-ischemic brain injury［J］. Curr Neuropharmacol，2010，8（4）：324-334.

［40］Fabian R H，Perez Polo J R，Kent T A. Perivascular nitric oxide and superoxide in neonatal cerebral hypoxia-ischemia［J］. Am J Physiol Heart Circ Physiol，2008，295（4）：H1809-1814.

［41］Lu Q，Harris V A，Rafikov R，et al. Nitric oxide induces hypoxia ischemic injury in the neonatal brain via the disruption of neuronal iron metabolism［J］. Redox Biol，2015，6：112-121.

［42］Robertson C L，Scafidi S，Mckenna M C. Mitochondrial mechanisms of cell death and neuroprotection in pediatric ischemic and traumatic brain injury［J］. Exp Neurol，2009，218（2）：371-380.

［43］Blomgren K，Hagberg H. Free radicals，mitochondria，and hypoxia-ischemia in the developing brain［J］. Free Radic Biol Med，2006，40（3）：388-397.

［44］Huang J，Upadhyay U M，Tamargo R J. Inflammation in stroke and focal cerebral ischemia［J］. Surg Neurol，2006，66（3）：232-245.

［45］Dirnagl U，Iadecola C，Moskowitz M A. Pathobiology of ischaemic stroke：an integrated view［J］. Trends in Neurosciences，1999，22（9）：391-397.

［46］Perrone S，Szabo M，Bellieni C W，et al. Whole body hypothermia and oxidative stress in babies with hypoxic-ischemic brain injury［J］. Pediatr Neurol，2010，43（4）：236-240.

［47］Giffard R G，Xu L J，Heng Z，et al. Chaperones，protein aggregation，and brain protection from hypoxic/ischemic injury［J］. J Exp Biol，2004，207（18）：3213-3220.

［48］Taylor J P，Hardy J，Fischbeck K H. Toxic proteins in neurodegenerative disease［J］. Science，2002，296（5575）：1991-1995.

［49］Liu C，Gao Y，Barrett J，et al. Autophagy and protein aggregation after brain ischemia［J］. J Neurochem，2010，115（1）：68-78.

［50］Ge P，Luo Y，Liu C L，et al. Protein aggregation and proteasome dysfunction after brain ischemia ［J］. Stroke，2007，38（12）：3230-3236.

［51］Zhang F，Liu C L，Hu B R. Irreversible aggregation of protein synthesis machinery after focal brain ischemia［J］. J Neurochem，2006，98（1）：102-112.

［52］Liu C L，Zhang F，Hu B R. Co-translational protein aggregation after transient cerebral ischemia［J］. Neuroscience，2005，134（4）：1273-1284.

［53］李新功，丁洪基，李爱英，等.139 例新生儿脑缺血缺氧病变的尸检材料临床病理分析［J］. 临床与实验病理学杂志，1994（2）：158-159，150.

［54］Walsh B H，Broadhurst D，Mandal R，et al. 165 The Metabolomic Profile of Umbilical Cord Blood in Neonatal Hypoxic Ischaemic Encephalopathy［J］. Plos One，2012，7（12）：e50520.

［55］Dong X，Zhuang S，Huang Y，et al. Expression profile of circular RNAs in the peripheral blood of neonates with hypoxicischemic encephalopathy［J］. Molecular Medicine Reports，2020，22（1）：87-96.

［56］Shirota G，Ishida M，Shintani Y，et al. Can postmortem computed tomography detect antemortem hypoxic-ischemic encephalopathy?［J］. Forensicence Medicine and Pathology，2016，12（3）：1-9.

［57］Prentice H，Modi J P,Wu J Y. Mechanisms of Neuronal Protection against Excitotoxicity，Endoplasmic Reticulum Stress，and Mitochondrial Dysfunction in Stroke and Neurodegenerative Diseases［J］. Oxid Med Cell Longev，2015，2015：964518.

［58］Siman R，Noszek J C，Kegerise C. Calpain I activation is specifically related to excitatory amino acid induction of hippocampal damage［J］. J Neurosci，1989，9（5）：1579-1590.

［59］Beckman J K，Howard M J，Greene H L. Identification of hydroxyalkenals formed from omega-3 fatty acids［J］. Biochem Biophys Res Commun，1990，169（1）：75-80.

［60］Bence N F，Sampat R M and Kopito R R. Impairment of the ubiquitin-proteasome system by protein aggregation［J］. Science，2001，292（5521）：1552-1555.

［61］Sarafidis K，Efstathiou N，Begou O，et al. Urine metabolomic profile in neonates with hypoxic-ischemic Encephalopa-thy［J］. Hippokratia，2017，21（2）：80-84.

［62］Denihan N M，Kirwa J A，Walsh B H，et al. Untargeted metabolomic analysis and pathway discovery in perinatal asphyxia and hypoxic-ischaemic encephalopathy［J］. Journal of Cerebral Blood Flow & Metabolism，2019，39（1）：147-162.

［63］Matschke J，Büttner A，Bergmann M，et al. Erratum to：Encephalopathy and death in infants with abusive head trauma is due to hypoxic-ischemic injury following local brain trauma to vital brainstem centers［J］. International Journal of Legal Medicine，2015，129（1）：105-114.

［64］Lv H Y，Wang Q L，Wu S J，et al. Neonatal hypoxic ischemic encephalopathy-related biomarkers in serum and cerebrospinal fluid［J］. Clinica Chimica Acta，2015，450：282-297.

［65］Demopoulos H B，Flamm E S，Seligman M L，et al. Further studies on free-radical pathology in the major central nervous system disorders：effect of very high doses of ethylprednisolone on the functional outcome，morphology，and chemistry of experimental spinal cord impact injury［J］. Can J Physiol Pharmacol，1982，60：1415-1424.

第十六章

氧化应激与创伤性脑损伤

　　创伤性脑损伤发生后，脑组织内活性氧（reactive oxygen species，ROS）和活性氮（reactive nitrogen species，RNS）等自由基大量生成，造成氧化及抗氧化系统平衡破坏。ROS/RNS 启动脂质过氧化（lipid peroxidation，LP），LP 过程中又可生成大量 ROS 及 RNS，从而形成级联反应。同时，LP 终产物如 3-硝基酪氨酸（3-nitrotyrosine，3-NT）、4-羟基壬烯醛（4-hydroxynonenal，4-HNE）等与神经细胞内功能性物质如脂质、蛋白质、核酸等发生交互反应，致离子稳态破坏、谷氨酸兴奋性毒性、线粒体呼吸衰竭和微血管损伤，终致神经元退行性改变及死亡。因此，由 ROS/RNS 等自由基及 LP 引起的氧化应激（oxidative stress，OS）损伤是创伤性脑损伤后继发性脑损伤的病理生理机制之一。通过检测氧化应激相关标志物可反映创伤性脑损伤后氧化应激水平，而目前创伤性脑损伤最有效抗氧化治疗方案是针对氧化应激损伤的各环节综合治疗，包括清除自由基、抑制 LP 及清除脂质过氧化物。

第一节　氧化应激

　　氧化应激是指机体在遭受各种有害刺激时，细胞内 ROS 和 RNS 产生过多，氧化和抗氧化系统失衡，倾向于氧化，导致脂质、蛋白质和 DNA 受损的应激状态。ROS 是生物有氧代谢过程中产生的一类化学性质活泼的含氧代谢物，RNS 是一类一氧化氮及其与超氧化物或氧反应产生的自由基的统称。研究表明，ROS/RNS 不仅是有氧代谢不可避免的副产品，也是生理状态下免疫应答、细胞信号传导、微生物防御、细胞分化、细胞黏附、细胞凋亡等多种细胞过程的重要介质。此外，ROS/RNS 引起的氧化应激参与中枢神经系统损伤、糖尿病、肿瘤等多种疾病的病理生理过程。

一、活性氧/活性氮

　　ROS/RNS 是一类含氧/氮化学物质，包括氧衍生自由基如超氧阴离子（O_2^-）、羟自由基（·OH）、有机过氧自由基（RO_2·）以及非自由基如过氧化氢（H_2O_2）、过氧亚硝基（$ONOO^-$，peroxynitrite，PN）等（表 16-1）。ROS 的级联反应始于氧气单电子减少生成 O_2^-，O_2^- 发挥氧化剂或还原剂作用，可被超氧化物歧化酶（superoxide dismutase，SOD）迅速催化歧化生成 H_2O_2 和 O_2。高活性含氧自由基（如·OH）的外部分子轨道含有未配对电子，可加剧级联反应的传播。例如，·OH 产生于亚铁离子（Fe^{2+}）催化的芬顿（Fenton）反应，在芬顿反应中，Fe^{2+} 在 H_2O_2 的作用下被氧化生成 Fe^{3+} 和·OH 等。而在 Haber-Weiss 反应中，超氧化物（如 O_2^-）作为一种还原剂可提供一个电子给 Fe^{3+}，使其返回到 Fe^{2+} 状态从而驱动后续的芬顿反应并伴有·OH 的生成。生理条件下，铁受其转运蛋白转铁蛋白（transferrin）和贮藏蛋白铁蛋白（ferritin）的严格调控，转铁蛋白和铁蛋白与 Fe^{3+} 的可逆性结合能力受 pH 值大小调控（pH 值 ≤ 7 时，随着 pH 值降低而降低），而铁的另一来源是机械性损伤后血红蛋白的释放。

$$Fe^{2+} + H_2O_2 \rightarrow Fe^{3+} + \cdot OH + OH^-$$

$$O_2^- + Fe^{3+} \rightarrow Fe^{2+} + O_2$$

表 16-1 ROS/RNS 化学符号和来源

ROS/RNS	化学符号	来源
超氧阴离子	O_2^-	花生四烯酸代谢，黄嘌呤氧化酶和线粒体泄漏
过氧化氢	H_2O_2	超氧化物歧化酶（SOD）催化超氧化物
羟自由基	·OH	芬顿（Fenton）反应
一氧化氮自由基	·NO	一氧化碳合酶（NOS）
过氧亚硝基	$ONOO^-$	·NO 和 O_2^- 反应
脂质过氧自由基	LOO^-	脂质自由基 L^- 与氧反应，Fe^{3+} 对 LOOH 的分解
脂氧自由基	LO^-	Fe^{2+} 对 LOOH 的分解

尽管 O_2^- 的活性不如·OH，但 O_2^- 可与一氧化氮自由基（·NO）反应形成更高活性的氧化剂 PN 和副产物·OH。随后 PN 分解形成更多的高活性细胞毒性自由基，包括二氧化氮自由基（·NO_2）和羧基自由基（·CO_3）。·NO_2 和·CO_3 产生于 PN 质子化生成过氧亚硝酸（ONOOH）或 PN 与 CO_2 反应生成亚硝基过氧碳酸盐（$ONOOCO^{2-}$）。ONOOH 分解生成·NO_2 和·OH，$ONOOCO^{2-}$ 分解生成·NO_2 和·CO_3。研究表明，PN 衍生自由基对蛋白质、脂质（主要是细胞膜和线粒体膜）和核酸均可造成氧化损伤，如 PN 衍生的·NO_2 可诱导蛋白质上的酪氨酸发生硝化反应生成 3-NT，因此 3-NT 可作为 PN 反应的生物标志物。

$$O_2^- + \cdot NO \rightarrow ONOO^-$$

$$ONOOH \rightarrow \cdot NO_2 + \cdot OH$$

$$ONOO^- + \cdot CO_2 \rightarrow ONOOCO_2$$
$$ONOOCO_2 \rightarrow \cdot NO_2 + \cdot CO_3$$

二、脂质过氧化

LP 又称为脂质的氧化降解，氧自由基与多不饱和脂肪酸如花生四烯酸、亚油酸、二十碳五烯酸（eicosapentaenoic acid，EPA）和二十二碳六烯酸（docosahexaenoic acid，DHA）发生反应，从而破坏细胞质膜完整性。上述反应过程又称为自由基级联反应，包括三个步骤：起始、传播和终止。简而言之，第一步起始阶段为 ROS/RNS 从多不饱和脂肪酸中获取氢原子生成脂质自由基（L·）；第二步传播阶段中，不稳定的 L· 与氧生成脂质过氧自由基（LOO·），LOO· 继而从相邻多不饱和脂肪酸中获取一个氢原子，生成过氧化脂质（LOOH）和第二个 L·，从而引发了一系列级联反应；第三步终止，当底物消耗殆尽时，L· 与另一个自由基或自由基清除剂发生反应生成稳定的非自由基终产物，上述传播反应终止。LP 过程中可产生高毒性产物如 4-HNE 和丙烯醛（acrolein）等，上述醛类过氧化产物可与蛋白质和氨基酸共价结合改变其结构和功能。此外，氨基酸（如赖氨酸、组氨酸和精氨酸）也可以被氧自由基靶向攻击，形成蛋白质羰基基团。

ROS/RNS 的过量产生抑制抗氧化反应，从而导致 ROS/RNS 与蛋白质、脂类、碳水化合物和核酸相互作用而改变上述大分子物质的结构与功能，最终导致不可逆的细胞损伤，被称为"氧化应激"或"氧化损伤"。当氧自由基正反馈于继发性损伤导致持续离子不平衡、Ca^{2+} 缓冲障碍、线粒体功能障碍、谷氨酸兴奋毒性和微血管损伤时，ROS/RNS 导致的氧化应激损伤将进一步增强。如 LP 诱导细胞膜上钙泵和钠钾泵失活，导致细胞内 Ca^{2+} 和 Na^+ 浓度增加、线粒体功能障碍和产生更多 ROS/RNS，并导致 Na^+/Ca^{2+} 转换器的逆转。线粒体 Ca^{2+} 超载可生成 PN，导致线粒体功能障碍，其机制为线粒体一氧化氮合酶（nitric oxide synthase，NOS）催化 NO 与 O_2^- 反应，产生高毒性 PN，而 PN 衍生自由基可损害线粒体呼吸功能和 Ca^{2+} 缓冲能力。研究表明，当线粒体发生呼吸功能障碍和 Ca^{2+} 缓冲功能障碍时，PN 衍生 3-NT 和 4-HNE 明显增加；而抑制 LP 可减弱谷氨酸和门冬氨酸（NMDA）诱导的神经元损伤。上述结果表明 LP 诱导的氧化应激损伤在谷氨酸毒性中起中介作用。

第二节　氧化应激参与创伤性脑损伤

大量研究表明氧化应激诱导细胞损伤参与中枢神经系统损伤，且在创伤性脑损伤动物实验模型中得到了很好的印证。虽然 ROS/RNS 及 LP 已被证实是评价创伤性脑损伤后氧化应激的重要标记物，但由于其自身的不稳定性和检测方法的局限性，寻找更多能有效代替 ROS/RNS 及 LP 的氧化应激标记物成为近年来的研究热点。

一、创伤性脑损伤后氧化应激的激活

关于创伤性脑损伤后氧化应激损伤的最早证据可追溯至 1986 年由 Kontos 等人在猫液压创伤性脑损伤模型中完成的一项研究，该研究结果显示创伤性脑损伤后 O_2^- 即刻增加且至少持续至伤后 1 h。在随后的啮齿类动物创伤性脑损伤模型中证明，伤后 5 min 脑组织中·OH 迅速升高，伤后 1 h 脑组织中 LP 产物卵磷脂氢过氧化物（PCOOH）含量增加。

在随后的研究中，通过间接检测方法证实在多种啮齿类创伤性脑损伤模型中均检测到 PN。在大鼠定量皮质冲击（controlled cortex impact，CCI）和自由落体（weight drop）脑损伤模型中发现，创伤性脑损伤后 24 h 神经元型一氧化氮合酶（nNOS）、诱导型一氧化氮合酶（iNOS）和内皮型一氧化氮合酶（eNOS）表达均升高，而 NOS 可诱导 PN 前体·NO 和 O_2^- 的生成。同样在小鼠闭合性头部损伤（closed head injury）模型中发现，伤后 4 h 和 24 h 酪氨酸硝化反应增加，说明创伤性脑损伤后 PN 增加。PN 诱导的氧化应激损伤表现为 PN 衍生生物标志物 3-NT 和 4-HNE 升高，且创伤性脑损伤后 1 h 即可检测到 3-NT 升高并持续至伤后数天。此外，大量的研究表明抗氧化剂对创伤性脑损伤后脑组织具有神经保护作用，从而证明氧化损伤参与创伤性脑损伤后病理生理过程。

值得注意的是，在不同的创伤性脑损伤模型中，ROS/RNS 的产生和氧化应激的时间变化是不同的，可能与每个模型代表不同程度损伤有关，如局灶性损伤、多灶性损伤和弥漫性损伤等。综上，氧化应激损伤在创伤性脑损伤后继发性损伤早期起重要作用，表明在创伤性脑损伤后早期需进行抗氧化治疗。

二、创伤性脑损伤后氧化应激的标志物

氧化应激的生物标志物既可以是 ROS/RNS 及 LP 修饰的生物分子，也可以是受 ROS/RNS 及 LP 影响的生物学过程。目前常用的氧化应激相关生物标志物主要有脂质、DNA 和蛋白质的过氧化产物、内源性抗氧化物、氧化应激相关炎性因子以及细胞死亡通路相关分子。创伤性脑损伤后炎症和细胞死亡在相关章节介绍，本节主要介绍过氧化物和抗氧化物。

（一）过氧化物

1. 脂质过氧化标志物　脂质过氧化物是创伤性脑损伤后氧化应激损伤的重要产物之一，主要是 ROS/RNS 与生物膜的磷脂、酶和膜受体相关的多不饱和脂肪酸反应形成脂质过氧化物，如丙二醛（malondialdehyde，MDA）、4-羟基壬烯酸和 8-异前列腺素（8-isoprostane）等，上述脂质过氧化物可使细胞膜流动性和通透性发生改变，进而导致细胞结构和功能改变。因此，脂质过氧化物是最常用的一组反映氧化应激水平的标志

物。其中，8- 异前列腺素具有特异性、稳定性以及在正常人体体液中的可检测性，且不受脂类饮食的影响，被认为是目前判断活体脂质过氧化损伤程度的最理想生物学指标。

2. DNA 氧化标志物　　创伤性脑损伤后，ROS/RNS 可以直接攻击生物大分子 DNA 而诱发 DNA 氧化损伤。DNA 损伤机制包括早期的氧化修饰和晚期的 DNA 断裂导致细胞死亡。DNA 氧化损伤包括以下类型：① DNA 碱基损伤，其中 8- 羟基脱氧鸟苷酸（8-OHDG）因在 DNA 氧化产物中含量高和特异性强，是目前常用的 DNA 氧化损伤标志物。此外，ROS 攻击 DNA 使一些嘌呤或嘧啶碱基直接脱去，形成单个无碱基位点，又称为 AP 位点，这些不能及时修复的 AP 位点会进一步抑制拓扑异构酶活性、DNA 复制以及转录等，因此，AP 位点水平的检测可有效反映 DNA 氧化损伤程度。② DNA 断裂，是 DNA 损伤中最危险、最严重的一种，通常使用彗星分析方法检测。③ DNA- 蛋白交联（DNA protein crosslinking，DPC），是一种高毒性的 DNA 损伤，常由紫外线、电离辐射及甲醛诱导形成，DPC 会阻碍 DNA 复制，造成 DNA 双链缺口，影响基因组的稳定性，通常使用改进的彗星实验分析方法检测。

3. 蛋白质氧化标志物　　在氧化应激过程中，自由基对蛋白质的作用包括蛋白质肽链断裂、蛋白质分子相互交联聚合、氨基酸发生氧化脱氨反应、氧自由基攻击蛋白质还原性基团、脂类氧化裂解所产生的丙二醛与蛋白质上的氨基交联等。目前蛋白质氧化损伤生物标志物主要有蛋白羰基生成（羰基化）和硝基酪氨酸生成（蛋白质中酪氨酸硝基化）。

（二）抗氧化物

抗氧化物是一组抵御或修复脂质、DNA 和蛋白质氧化损伤的化合物。超氧化物歧化酶（SOD）、谷胱甘肽过氧化物酶（GPX）及谷胱甘肽（GSH）构成了机体最重要的酶性和非酶性抗氧化应激系统。SOD 能将超氧离子自由基转化为 H_2O_2，尽管 H_2O_2 仍是对机体有害的活性氧，但可被 GSH、GPX 以及过氧化氢酶分解成为 H_2O。目前，很多研究将体内抗氧化物水平作为评价创伤性脑损伤后氧化应激损伤的间接标志物。有学者认为，将抗氧化物与蛋白质、核酸、脂质过氧化损伤结合检测，能更好地反映机体氧化应激状态。

1. 抗氧化酶　　酶清除剂（如 SOD 及 GPX）及低分子清除剂（如 GSH）常用于衡量氧化应激水平，评估药物抗氧化应激损伤作用。研究表明，创伤性脑损伤后损伤脑组织和血清中 SOD、过氧化氢酶和 GPX 活性下降，且与脑损伤缺损体积以及神经功能缺损程度显著呈负相关。

2. 具有抗氧化能力的非酶类小分子物质　　在氧化应激状态下，非酶类抗氧化物的消耗使其表达水平下降，提示其有可能作为反映氧化应激状态的内源性生物标志物。维生素 C 和维生素 E 既是人体生长发育的必需物质，也是广为应用的抗氧化应激药物。维生素 C 又称抗坏血酸，作用于线粒体内膜的电子传递链，抑制氧自由基的生成；维生素 E 具有脂溶性，能并入细胞膜系统，抵抗 ROS 导致的脂质过氧化，稳定膜结构。动物实验研究表明，维生素 B、维生素 C、维生素 E 和类胡萝卜素均可通过抑制低密度脂蛋白氧化，并且通过影响血小板活性、血管收缩能力和血栓形成等改善创伤性脑损伤后神经功能障碍。尿酸是人体血浆内含量较高的一种抗氧化分子，其清除自由基的能力几乎占血浆总自由基清除率的 2/3。近年来，外源性尿酸已在创伤性脑损伤动物实验中显示出神经保护效应，且临床研究表明创伤性脑损伤患者的预后与血清尿酸水平呈负相关，但外源性尿酸的临床价值及应用仍需进一步研究。

在过去数十年间，虽然很多研究致力于寻找能有效反映创伤性脑损伤后氧化应激水平的生物标志物，但结果并不令人满意。一方面，由于氧化应激的复杂性以及抗氧化物质的功能多重性，很难找到一个敏感性高和特异性强的生物标志物。另一方面，由于样品收集、储存以及前处理方法的局限性，创伤性脑损伤后氧化应激标志物检测的可重复性较差，方法学改进成为寻找更简便、准确和可靠的生物学标志物的前提条件。

第三节　创伤性脑损伤抗氧化治疗的临床研究

根据氧化应激在创伤性脑损伤后继发性脑损伤中的作用及特点，潜在的抗氧化治疗措施包括以下两种：①在 LP 启动前，抑制 ROS/RNS 生成或清除 ROS/RNS；②在 LP 启动后，抑制 LP 传播反应或清除 LOO· 和 LO·。第一种治疗方法由于治疗时间窗短，无法抑制创伤性脑损伤自由基的暴发性产生。第二种治疗方法旨在寻找抑制 LP 传播反应的药物，这些药物作用于神经细胞的质膜，阻断 LOO· 和 LO· 与邻近多不饱和脂肪酸的相互作用。尽管大剂量甲泼尼龙（methylprednisolone，MP）早已在临床上被成功用于脊髓损伤（spinal cord injury，SCI）的治疗，但 MP 对创伤性脑损伤的疗效一直存在分歧；且在创伤性脑损伤动物模型上治疗有效的所有抗氧化药物包括聚乙二醇结合的超氧化物歧化酶（polyethylene glycol-conjugated-SOD，PEG-SOD）、替拉扎特（tirilazad）和地塞米诺，都未能对中、重型创伤性脑损伤患者提供神经保护作用。

一、聚乙二醇结合的超氧化物歧化酶

在创伤性脑损伤动物模型中，SOD 可有效地改善伤后 O_2^- 快速升高引起的微血管功能障碍。临床试验将更稳定的 PEG-SOD 用于创伤性脑损伤患者（伤后 8 h 内使用），尽管最初的研究结果显示 PEG-SOD 有改善神经功能障碍的趋势，然而随之进行的多中心临床研究并没有发现 PEG-SOD 能显著提高创伤性脑损伤患者的生存率或改善患者的神经功能障碍。此外，由于 PEG-SOD 药物分子体积较大及清除 O_2^- 的治疗窗口较窄，其治疗价值有限。

二、tirilazad

早在 20 世纪 90 年代初进行的国家急性脊髓损伤研究（national acute spinal cord injury study，NASCIS）Ⅲ 期试验即已证明 tirilazad（一类新的 LP 抑制剂）可用于 SCI 的治疗，且相对于长期服用 MP 导致与类固醇相关的免疫抑制副作用，tirilazad 治疗并没有出现，因此，tirilazad 亦被尝试用于创伤性脑损伤患者的治疗。在通过安全试验后，tirilazad 进入多中心（北美和欧洲）临床 Ⅲ 期试验，用于中、重型创伤性脑损伤患者治疗。tirilazad 在伤后 4 h 内使用，药物剂量为 2.5 mg/kg，每 6 h 一次，连续给药 5 d。不幸的是两项试验都以失败告终。来自北美的研究由于不恰当的随机化原则和最初对 tirilazad 治疗组死亡率的担忧而终止。欧洲研究数据于 1998 年发表，但该研究显示 tirilazad 治疗对中、重型创伤性脑损伤患者无任何显著益处。随后的统计学分析显示，tirilazad 可降低中、重型创伤性脑损伤合并蛛网膜下隙出血男性患者的死亡率。然而，自此以后，再没有进行 tirilazad 治疗创伤性脑损伤的临床试验。分析 tirilazad 治疗创伤性脑损伤临床研究失败的因素，在中、重度创伤性脑损伤患者中，tirilazad 不能以足够高的浓度穿越血脑屏障，且其在治疗效果和药物代谢方面存在性别差异。

创伤性脑损伤临床试验令人失望的结果引发了一场激烈的争论，有必要对未来创伤性脑损伤临床试验的设计进行优化。即在临床试验开始前，需进行以下研究：深入的临床前测试、多种类型的颅脑损伤模型、患者人群随机化的替代策略、充分的药代动力学数据、创伤性脑损伤患者的亚组分类和创伤的异质性等。因此，优化的临床试验设计和分析在未来创伤性脑损伤试验治疗中势在必行。

第四节　创伤性脑损伤抗氧化治疗的最新研究进展

在寻找创伤性脑损伤有效治疗药物的道路上，科学研究工作者一直在孜孜不倦地尝试，最近发表的关于创伤性脑损伤抗氧化治疗策略（图 16-1）总结如下。

一、U-83836E

U-83836E 是二代 21- 氨基类固醇（lazaroids），具有非甾体结构，因其生育酚环状部分可与氨基结合，使其具有抑制 LP 和清除 LOO˙ 的双重功能，比内源性抗氧化剂维生素 E 更有效。在小鼠 CCI 所致的创伤性脑损伤模型中，U-83836E 可降低 LP 和蛋白质硝化作用以及保护线粒体呼吸功能和钙缓冲能力。最新的创伤性脑损伤动物模型研究证明 U-83836E 可抑制 calpain 介导的细胞骨架降解。因此，U-83836E 可在多个生化水平上提供神经保护。

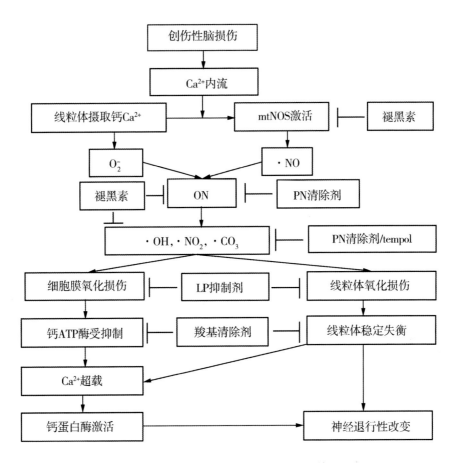

图16-1　创伤性脑损伤联合抗氧化治疗策略

二、褪黑素

N-乙酰基-5-甲氧基色胺（N-acetyl-5-methoxytryptamine），又称为褪黑素（melatonin），一种由松果体合成分泌的吲哚胺类神经内分泌激素。褪黑素在体内分布较广，具有多种生物效应，包括调节生物节律、神经内分泌及免疫系统等重要功能。褪黑素的抗氧化作用包括直接清除自由基和间接调节内源性抗氧化酶。此外，褪黑素用于中枢神经系统损伤治疗的优势还包括其亲油性、血脑屏障通透性和潜在小的副作用。大量的 SCI 试验模型研究表明，褪黑素可降低 LP、保护神经元结构和改善神经功能恢复，褪黑素和地塞米松联合治疗具有显著的抗炎及改善组织损伤和运动功能的作用，褪黑素联合运动训练可增加运动神经元数量增加、降低 iNOS mRNA 水平以及改善后肢运动功能。在创伤性脑损伤试验模型中，褪黑素可提高脑组织抗氧化水平、减轻脑水肿及抑制 NF-κB 而改善认知功能。另有研究提示褪黑素可以抑制 ERK1 信号通路激活且呈剂量依赖性，并可抑制急性期神经细胞凋亡，从而保护脑组织避免继发性损伤。

三、羰基清除剂青霉胺和苯乙肼

LP 衍生物 4-HNE 和丙烯醛可与蛋白质的氨基酸残基（组氨酸、赖氨酸、精氨酸及半胱氨酸）结合导致酶蛋白功能丧失，而与 LP 衍生物共价结合的化合物可作为羰基清除剂，如 D- 青霉胺结合原生性醛类及清除 PN 发挥抗氧化作用。在分离的大鼠脑组织线粒体中，D- 青霉胺可保护线粒体免受 PN 诱导的呼吸功能障碍，并同时降低 4-HNE 水平。此外，在小鼠创伤性脑损伤模型中，D- 青霉胺可改善其神经功能障碍。

在 SCI 模型中，4-HNE 和丙烯醛化学清除剂，即含肼（-NH-NH$_2$）化合物具有神经保护作用，且即使在 4-HNE 与蛋白结合后，含肼化合物亦能对 4-HNE 诱导的细胞毒性发挥保护作用，为损伤治疗提供有利的治疗窗口。含肼化合物苯乙肼是一种抗抑郁药，具有单胺氧化酶抑制剂的特点，可与 4-HNE 或丙烯醛的羰基基团发生反应，防止其与目标氨基酸和蛋白质作用。有研究表明，在 4-HNE 诱导的线粒体呼吸功能障碍的体外模型中，苯乙肼具有神经保护作用。

四、PN 和 PN 衍生自由基清除剂 tempol

氮氧化物抗氧化剂被称为自由基捕获剂，在调节氧化应激损伤方面值得关注。tempol 是一种稳定的透膜氮氧化物，具有超强的抗氧化作用，与其对 ROS/RNS、PN 衍生物 NO$_2$ 和·CO$_3$ 的代谢调节有关。在小鼠 CCI 诱导的创伤性脑损伤模型中，tempol 可减少 LP 和蛋白硝化诱导的氧化应激损伤，从而保留线粒体生物功能、减少 calpain 介导的细胞骨架损伤及改善神经退行性改变。此外，在大鼠脑震荡损伤模型中，tempol 能减轻伤后脑水肿、促进神经功能恢复。

五、小分子 Nrf2/ARE 信号激活剂

核因子 E2 相关因子 2（nuclear factor-erythroid 2-related factor 2，Nrf2）是目前发现的调节细胞氧化应激的重要转录因子，也是机体对抗外界不良刺激的重要防御机制，主要通过调节其下游效应分子如硫氧还原蛋白酶、谷胱甘肽转移酶及解毒酶的转录影响机体内的氧化还原平衡。在静息状态下，细胞中具有活性的 Nrf2 维持在低水平状态，主要与抑制蛋白 Keap-1 耦联存在于细胞浆中，该复合体与胞浆中的细胞骨架相连接并诱导泛素降解，从而抑制 Nrf2 进入细胞核发挥作用；当遇到外界应激条件或者 Nrf2 激动剂时，Keap-1 耦联机制不再发挥作用，Nrf2 进入核内与小分子的腱膜纤维瘤蛋白（Maf）形成二聚体，促使 Nrf2 与其下游基因启动子区域的抗氧化响应元件（antioxidant response element，ARE）结合。大量研究表明，Nrf2 在创伤性脑损伤后发挥神经保护作用，其不仅通过上调抗氧化酶发挥抗氧化应激作用，还通过抗细胞凋亡、抗炎及参与自噬和泛素化蛋白降解发挥神经保护作用。Nrf2 及其下游解毒酶血红素加氧酶（heme oxygenase，HO）和 NADPH 醌还原酶 -1（NQO1）在创伤性脑损伤后明显升高，提示 Nrf2-ARE 通路是创伤性脑损伤后重要的内源性保护机制。大鼠创伤性脑损伤后使用 Nrf2 激动剂莱菔硫烷可减少神经元凋亡数量及挫伤灶体积，促进神经功能恢复。与野生型小鼠相比，在接受相同程度的创伤性脑损伤后，Nrf2-/- 小鼠脑组织中氧化应激指标表达水平更高，小鼠预后也相对较差。上述研究结果均证明 Nrf2/ARE 通路是创伤性脑损伤后抗氧化应激、改善预后的重要靶点。Nrf2 的活化对于保护血脑屏障也有重要意义，研究发现创伤性脑损伤后血脑屏障组织中 Nrf2 表达升高，Nrf2 敲除小鼠在创伤性脑损伤后脑水肿程度明显高于野生型小鼠。另有研究发现，激活 Nrf2 能缓解创伤性脑损伤后炎症反应，相比于野生型小鼠，Nrf2 敲除小鼠创伤性脑损伤后 TNF-α、IL-β、ICAM-1 和 IL-6 在 mRNA 和蛋白水平均显著升高，这一结果可能与 Nrf2 调节 NF-κB 的活性有关。此外，褪黑素通过激活 Nrf2-ARE 信号通路，促进抗氧化酶及解毒酶如 HO-1、NQO1 醌氧化还原酶及谷胱甘肽硫基转移酶 α1 等物质的表达，减轻脑组织氧化应激损伤。早期试验动物研究结果表明，Nrf2 蛋白和 mRNA 水平在损伤侧的脑皮质和海马存在时间依赖性表达。近年来，国内有研究团队收集人创伤性脑损伤后不同时间段挫伤脑皮质，通过免疫荧光双重染色发现 Nrf2 在神经元内于伤后 1 d 达到高峰，在星形胶质细胞和小胶质细胞内于伤后 7 d 达到高峰，因此，根据 Nrf2 在上述三种神经细胞中表达量的改变，有望为人脑挫伤后损伤经过时间推断提供新的参考指标。总之，上述研究证明 Nrf2 可通过激活抗氧化酶和减少炎症对创伤性脑损伤起神经保护作用，随着 Nrf2/ARE 信号通路小分子激活剂的研究进展，Nrf2 激活可能是减轻创伤性脑损伤诱导氧化应激和继发性脑损伤的途径之一。

创伤性脑损伤后通过电压依赖性和谷氨酸受体途径触发细胞质内 Ca^{2+} 增加，从而引发级联事件。线粒体 Ca^{2+} 摄取导致电子传递链中 O_2^- 的泄漏和线粒体一氧化氮合酶（mtNOS）激活。O_2^- 和·NO 结合形成高活性 PN，进一步衍生·NO_2、·OH 和·CO_3。PN 衍生自由基诱导细胞膜和线粒体氧化应激损伤，导致钙 ATP 酶活性受抑制和膜电位（ΔΨ）降低。线粒体功能障碍导致线粒体 Ca^{2+} 泵入细胞质中，加剧细胞质内钙超载和钙蛋白酶（calpain）激活。calpain 启动细胞骨架蛋白和其他底物水解，最终导致神经退行性改变。抗氧化剂褪黑素、PN 清除剂 /tempol 与 LP 抑制剂（如 U-83836E）或羰基清除化合物（如 phenelzine）联合使用可能产生更好的神经保护作用。

第五节　展　望

过去几十年，创伤性脑损伤试验模型研究已证实自由基诱导的氧化应激损伤在继发性脑损伤中的作用。然而迄今为止，创伤性脑损伤临床试验未能再现几种药物在临床前创伤性脑损伤试验模型中的神经保护作用，这表明在临床转化研究方面存在困难。然而，开发有效的抗氧化剂仍是创伤性脑损伤治疗中具有吸引力和前景的治疗策略。关注LP启动的下游事件，包括抑制 LP 的传播和清除 LP 衍生物是理想化的治疗策略，因为这些信号事件会在损伤后延伸数天，从而扩大了治疗窗口。目前，绝大多数的临床前研究都集中在继发性脑损伤中特定的自由基产生途径。很明显，继发性脑损伤中氧化应激是一系列紧密联系和错综复杂的生物化学事件之一。因此，以自由基信号通路的多位点为靶点可能产生更大的神经保护效应。当然，联合治疗策略需要大量的临床前研究来回答相关关键问题以有助于转化成临床研究，包括基于详细的药代动力学选择合适剂量、治疗开始时间和治疗持续时间。多重机制抗氧化治疗策略将为创伤性脑损伤治疗开辟新途径。

（王涛　苏州大学）

参考文献

[1] Bains M, Hall E D. Antioxidant therapies in traumatic brain and spinal cord injury [J]. Biochim Biophys Acta, 2012, 1822 (5): 675–684.

[2] Cornelius C, Crupi R, Calabrese V, et al. Traumatic brain injury: oxidative stress and neuroprotection [J]. Antioxid Redox Signal, 2013, 19 (8): 8536–8537.

[3] Khatri N, Thakur M, Pareek V, et al. Oxidative Stress: Major Threat in Traumatic Brain Injury [J]. CNS Neurol Disord Drug Targets, 2018, 17 (9): 689–695.

[4] 白立曦, 宋锦宁. 创伤性脑损伤后氧化应激损伤机制研究进展 [J]. 中华脑科疾病与康复杂志（电子版), 2013, 3 (5): 325–328.

[5] Rohn T T, Hinds T R, Vincenzi F F. Inhibition of Ca^{2+}–pump ATPase and the Na^+/K^+–pump ATPase by iron–generated free radicals [J]. Biochem Pharmacol, 1996, 51 (4): 471–476.

[6] Sullivan P G, Krishnamurthy S, Patel S P, et al. Temporal characterization of mitochondrial bioenergetics after spinal cord injury [J]. J Neurotrauma, 2007, 24 (6): 991–999.

[7] Monyer H, Hartley D M, Choi D W. 21–Aminosteroids attenuate excitotoxic neuronal injury in cortical cell cultures [J]. Neuron, 1990, 5 (2): 121–126.

[8] Kontos H A, Povlishock J T. Oxygen radicals in brain injury [J]. Cent Nerv Syst Trauma, 1986, 3 (4): 257–263.

[9] Hall E D, Andrus P K, Yonkers P A. Brain hydroxyl radical generation in acute experimental head injury [J]. J Neurochem, 1993, 60 (2): 588–594.

[10] Smith S L, Andrus P K, Zhang J R, et al. Direct measurement of hydroxyl radicals, lipid peroxidation, and blood–brain barrier disruption following unilateral cortical impact head injury in the rat [J]. J Neurotrauma, 1994, 11 (4): 393–404.

[11] Rao V L, Dogan A, Bowen K K, et al. Traumatic injury to rat brain upregulates neuronal nitric oxide synthase expression and L–[3H]nitroarginine binding [J]. J Neurotrauma, 1999, 16(10):

865-877.

[12] Gahm C, Holmin S, Mathiesen T. Temporal profiles and cellular sources of three nitric oxide synthase isoforms in the brain after experimental contusion [J]. Neurosurgery, 2000, 46 (1): 169-177.

[13] Ménge C, Charriaut-Marlangue C, Verrecchia C, et al. Reduction of tyrosine nitration after N (omega) -nitro-L-arginine-methylester treatment of mice with traumatic brain injury [J]. Eur J Pharmacol, 1998, 353 (1): 53-57.

[14] Bayir H, Kagan V E, Borisenko G G, et al. Enhanced oxidative stress in iNOS-deficient mice after traumatic brain injury: support for a neuroprotective role of iNOS [J]. J Cereb Blood Flow Metab, 2005, 25 (6): 673-684.

[15] Smith J A, Park S, Krause J S, et al. Oxidative stress, DNA damage, and the telomeric complex as therapeutic targets in acute neurodegeneration [J]. Neurochem Int, 2013, 62 (5): 764-775.

[16] Jabeen H, Saleemi S, Razzaq H, et al. Investigating the scavenging of reactive oxygen species by antioxidants via theoretical and experimental methods [J]. J Photochem Photobiol B, 2018, 180: 268-275.

[17] Johnston P C, McCance D R, Holmes V A, et al. Placental antioxidant enzyme status and lipid peroxidation in pregnant women with type 1 diabetes: The effect of vitamin C and E supplementation [J]. J Diabetes Complications, 2016, 30 (1): 109-114.

[18] Wu F, Xu K, Liu L, et al. Vitamin B_{12} Enhances Nerve Repair and Improves Functional Recovery After Traumatic Brain Injury by Inhibiting ER Stress-Induced Neuron Injury [J]. Front Pharmacol, 2019, 10: 406.

[19] Dobrovolny J, Smrcka M, Bienertova-Vasku J. Therapeutic potential of vitamin E and its derivatives in traumatic brain injury-associated dementia [J]. Neurol Sci, 2018, 39 (6): 989-998.

[20] Liu H, He J, Zhong J, et al. Clinical and Basic Evaluation of the Prognostic Value of Uric Acid in Traumatic Brain Injury [J]. Int J Med Sci, 2018, 23, 15 (10): 1072-1082.

[21] Muizelaar J P, Marmarou A, Young H F, et al. Improving the outcome of severe head injury with the oxygen radical scavenger polyethylene glycol-conjugated superoxide dismutase: a phase II trial [J]. J Neurosurg, 1993, 78 (3): 375-382.

[22] Muizelaar J P, Kupiec J W, Rapp L A. PEG-SOD after head injury [J]. J Neurosurg, 1995, 83 (5): 942.

[23] Bracken M B, Shepard M J, Holford T R, et al. Methylprednisolone or tirilazad mesylate administration after acute spinal cord injury: 1-year follow up. Results of the third National Acute Spinal Cord Injury randomized controlled trial [J]. J Neurosurg, 1998, 89 (5): 699-706.

[24] Marshall L F, Maas A I, Marshall S B, et al. A multicenter trial on the efficacy of using tirilazad mesylate in cases of head injury [J]. J Neurosurg, 1998, 89 (4): 519-525.

[25] Farin A, Deutsch R, Biegon A, et al. Sex-related differences in patients with severe head injury: greater susceptibility to brain swelling in female patients 50 years of age and younger [J]. J Neurosurg, 2003, 98 (1): 32-36.

[26] Menon D K. Unique challenges in clinical trials in traumatic brain injury [J]. Crit Care Med, 2009, 37 (1 Suppl): S129-S135.

[27] Fernández-Gajardo R, Matamala J M, Carrasco R, et al. Novel therapeutic strategies for traumatic brain injury: acute antioxidant reinforcement [J]. CNS Drugs, 2014, 28 (3): 229-

248.

［28］Osier N, McGreevy E, Pham L, et al. Melatonin as a Therapy for Traumatic Brain Injury: A Review of Published Evidence［J］. Int J Mol Sci, 2018, 19（5）: 1539.

［29］Sanchez-Barcelo E J, Rueda N, Mediavilla M D, et al. Clinical Uses of Melatonin in Neurological Diseases and Mental and Behavioural Disorders［J］. Curr Med Chem, 2017, 24（35）: 3851-3878.

［30］Zhang Y, Zhang W X, Zhang Y J, et al. Melatonin for the treatment of spinal cord injury［J］. Neural Regen Res, 2018, 13（10）: 1685-1692.

［31］Ozdemir D, Uysal N, Gonenc S, et al. Effect of melatonin on brain oxidative damage induced by traumatic brain injury in immature rats［J］. Physiol Res, 2005, 54（6）: 631-637.

［32］刘宝华, 李海峰, 胡克邦, 等. 褪黑素对创伤性脑损伤大鼠 ERK-MAPK 信号传导机制的影响［J］. 中国老年学杂志, 2015, 35（16）: 4473-4475.

［33］Vaishnav R A, Singh I N, Miller D M, et al. Lipid peroxidation-derived reactive aldehydes directly and differentially impair spinal cord and brain mitochondrial function［J］. J Neurotrauma, 2010, 27（7）: 1311-1320.

［34］Singh I N, Sullivan P G, Hall E D. Peroxynitrite-mediated oxidative damage to brain mitochondria: Protective effects of peroxynitrite scavengers［J］. J Neurosci Res, 2007, 85（10）: 2216-2223.

［35］Hall E D, Kupina N C, Althaus J S. Peroxynitrite scavengers for the acute treatment of traumatic brain injury［J］. Ann N Y Acad Sci, 1999, 890: 462-468.

［36］Hamann K, Shi R. Acrolein scavenging: a potential novel mechanism of attenuating oxidative stress following spinal cord injury［J］. J Neurochem, 2009, 111（6）: 1348-1356.

［37］Galvani S, Coatrieux C, Elbaz M, et al. Carbonyl scavenger and antiatherogenic effects of hydrazine derivatives［J］. Free Radic Biol Med, 2008, 45（10）: 1457-1467.

［38］Wilcox C S. Effects of tempol and redox-cycling nitroxides in models of oxidative stress［J］. Pharmacol Ther, 2010, 126（2）: 119-145.

［39］Deng-Bryant Y, Singh I N, Carrico K M, et al. Neuroprotective effects of tempol, a catalytic scavenger of peroxynitrite-derived free radicals, in a mouse traumatic brain injury model［J］. J Cereb Blood Flow Metab, 2008, 28（6）: 1114-1126.

［40］Zhang R, Shohami E, Beit-Yannai E, et al. Mechanism of brain protection by nitroxide radicals in experimental model of closed-head injury［J］. Free Radic Biol Med, 1998, 24（2）: 332-340.

［41］Zhang L, Wang H. Targeting the NF-E2-Related Factor 2 Pathway: a Novel Strategy for Traumatic Brain Injury［J］. Mol Neurobiol, 2018, 55（2）: 1773-1785.

［42］Itoh K, Chiba T, Takahashi S, et al. An Nrf2/small Maf heterodimer mediates the induction of phase Ⅱ detoxifying enzyme genes through antioxidant response elements［J］. Biochem Biophys Res Commun, 1997, 236（2）: 313-322.

［43］Dong W, Yang B, Wang L, et al. Curcumin plays neuroprotective roles against traumatic brain injury partly via Nrf2 signaling［J］. Toxicol Appl Pharmacol, 2018, 346: 28-36.

［44］Jin W, Wang H, Yan W, et al. Role of Nrf2 in protection against traumatic brain injury in mice［J］. J Neurotrauma, 2009, 26（1）: 131-139.

［45］洪远. Nrf2-ARE 通路在创伤性脑损伤中的作用及莱菔硫烷神经保护机制的实验研究［D］. 杭州: 浙江大学, 2011.

［46］Zhao J, Moore A N, Redell J B, et al. Enhancing expression of Nrf2-driven genes protects the blood brain barrier after brain injury［J］. J Neurosci, 2007, 27（38）: 10240-10248.

［47］Kraft A D, Johnson D A, Johnson J A. Nuclear factor E2-related factor 2-dependent antioxidant response element activation by tert-butylhydroquinone and sulforaphane occurring preferentially in astrocytes conditions neurons against oxidative insult [J]. J Neurosci, 2004, 24 (5): 1101-1112.

[48] Jin W, Wang H, Yan W, et al. Disruption of Nrf2 enhances upregulation of nuclear factor-kappaB activity, proinflammatory cytokines, and intercellular adhesion molecule-1 in the brain after traumatic brain injury [J]. Mediators Inflamm, 2008, 2008: 725174.

[49] Ding K, Wang H, Xu J, et al. Melatonin stimulates antioxidant enzymes and reduces oxidative stress in experimental traumatic brain injury: the Nrf2-ARE signaling pathway as a potential mechanism [J]. Free Radic Biol Med, 2014, 73: 1-11.

[50] Miller D M, Wang J A, Buchanan A K, et al. Temporal and spatial dynamics of nrf2-antioxidant response elements mediated gene targets in cortex and hippocampus after controlled cortical impact traumatic brain injury in mice [J]. J Neurotrauma, 2014, 31 (13): 1194-1201.

[51] 郭相伸, 温书恒, 董雯雯, 等. 人脑皮质挫伤后不同细胞Nrf2的表达 [J]. 法医学杂志, 2019, 35 (3): 273-279.

[52] Dong W, Sun Y, Cheng H, et al. Dynamic cell type-specific expression of Nrf2 after traumatic brain injury in mice [J]. Eur J Neurosci, 2019, 50 (2): 1981-1993.

第十七章
脑损伤后脑微循环障碍

中重型创伤性颅脑损伤常伴急性颅内出血及脑挫裂伤，前者易形成颅内血肿，其占位效应压缩了颅内空间，导致脑组织受压，引起脑组织缺血缺氧、脑细胞水肿、颅内压升高及脑组织继发性氧自由基损伤。缺血、缺氧可使脑血管继发性扩张，形成再灌注性损伤，进一步加重脑缺氧及脑水肿。同时，缺氧常合并二氧化碳潴留、乳酸及氧化物堆积，致使血脑屏障通透性增加，从而形成脑水肿—脑缺氧—脑水肿的恶性循环，导致颅内高压，血液供应下降，脑组织微循环障碍，加剧脑组织损伤，严重影响伤者的生存率及预后。

第一节　脑微循环及其调节功能

一、脑微循环

脑微循环是指脑组织的微动脉和微静脉之间的血液循环，主要功能是血液和组织之间进行物质交换。脑微小动脉有两种血管来源，一是蛛网膜下隙的软脑膜动脉的终末动脉支；二是直接来源于大血管供应脑深部的穿动脉支。这两种动脉系统相向而行，分别穿透脑皮质层和深部白质，在皮质－白质交界区汇合，形成分水岭区。此处的小动脉均为终末支，无吻合支，且血管密度低，极易发生局部的循环障碍和低灌注。急性缺血易导致腔隙性梗死或脑微出血（cerebral microbleeds，CMBs）。慢性的则可导致脑白质病变。终末微动脉形成毛细血管网，经毛细血管后微静脉汇入硬膜下静脉窦。

脑小动脉的循环特点：①大脑几乎没有能量储备，故脑血流量影响大。虽然人脑只占体重的2%，却消耗心排血量的20%来维持正常脑功能。但是，人脑缺乏能量储备功能，必须依靠持续性血流灌注提供所需的葡萄糖、氧及其他营养物质。静止时脑血流量（cerebral blood flow，CBF）的决定因素有灌注压、自动调节机制、血管对二氧化碳分压的反应性。脑微循环中多种细胞，包括星形胶质细胞、血管平滑肌细胞、内皮细胞和周细胞等在维持灌注压和血流动力学稳定方面发挥重要作用，使微循环血流量与组织代谢水平相一致。②日常活动中，脑动脉压的波动范围大，大脑血管的自动调节机制可在一定的动脉压范围内保持脑血流相对恒定。③脑微循环的独特结构：血脑屏障（blood brain barrier，BBB），BBB 有三层结构：A. 脑毛细血管内皮细胞与细胞间的紧密连接；B. 毛细血管的基底膜；C. 星形胶质细胞终足。这三层结构是保护脑组织的精细结构，生理情况下荧光素钠不能透过 BBB，经体循环随尿液排出。

内皮细胞具有屏障、调节血管紧张度和抗血栓的功能，血管内皮生长因子（vascular endothelial growth factor，VEGF）与其关系密切。VEGF 是一种重要的血管活性因子，主要在血管内皮胞质内表达，在生理性和病理性血管生成过程中发挥作用。血脑屏障受损时，受损区域 VEGF 表达增高，通过两种密切相关的酪氨酸激酶 VEGFR1 和 VEGFR2 发挥生物学功能，并在血管活性物质作用下，增加血管内皮细胞通透性，造成血管源性脑水肿，组织过度灌注，血浆及大分子物质漏出，局部静水压增高，压力平衡紊乱，导致脑水肿。Bunai 等人研究表明，钙超载、大量单胺类神经递质释放，血栓素 A2 生成过多，血管扩张剂前列腺素 I2 生成减少，可使微血管过度收缩痉挛，有效灌注减少，进一步加重受伤脑组织缺血和水肿。Chi 等人研究发现，局部脑血管损伤可引起全身性应激反应及局部出血，刺激下丘脑导致内皮肽（endothelin，ET）含量增加，ET 具有很强的缩血管作用，使 Ca^{2+} 大量内流、血管痉挛，脑组织灌注减少，加重血管源性脑水肿。

二、微血管调节功能与限度

生理状况下，脑组织的血流量保持相对稳定，神经性自动调节功能主要作用于管径大于 50 μm 的小动脉。当全身血压升高时，脑的小动脉收缩；当全身血压降低时，脑的小动脉舒张，以此保证脑部血供应。当血压低于 6.67 kPa（50.2 mmHg）或高于 33.33 kPa（205.0 mmHg）时，脑血管的这种自动调节功能出现障碍：Elliott 称脑动脉血管的自动调节平均在 50~170 mmHg，头部外伤、颅内高压或动脉硬化时，平均动脉压＜50 mmHg 或＞250 mmHg，脑的自动调节功能出现障碍，产生眩晕、头昏、眼花等临床症状。调节功能障碍的好发部位多在血管交叉和动脉分支的起始部位。大脑中动脉是颈内动脉的直接延续，进入颅腔后从脑的外侧进入外侧沟内，分成数条皮质支营养大脑半球上外侧面的大部分和岛叶，其中包括身体的运动、感觉和语言中枢，若大脑中动脉受累，则临床症状更为严重，如运动失调、感知障碍、失语等。

第二节　脑损伤与脑微循环

临床上颅脑外伤一般分为脑震荡（concussion）、脑出血（cerebral hemorrhage）和脑挫伤（cerebral contusion）等三种综合病症。无论是开放性还是闭合性的颅脑外伤，都会有脑微循环障碍。

一、脑挫裂伤的病理变化趋势

脑挫裂伤是指脑组织结构的挫伤和破裂。所有脑挫裂伤都会伴有局限性脑水肿，包括细胞毒性和血管源性，前者神经元胞体增大，伤后短时间内出现；后者为血脑屏障的破坏，血管通透性增加，细胞外液增加。轻度脑挫裂伤，一般伤后 2~3 d 最明显，1 周左右消退。严重脑挫裂伤合并脑水肿是导致死亡的主要原因。

伤后早期，脑血管不同程度破裂出血，神经细胞大片变性、坏死，脑灰质和白质分界不清，神经轴索肿胀、扭曲、断裂。伤后中期，约损伤数日至数周，损伤周围开始修复，小胶质细胞增生，吞噬崩解的髓鞘及细胞碎片；少突胶质细胞增生肥大；炎细胞浸润。伤后晚期，数月至数年，挫裂伤组织逐渐被胶质瘢痕取代，较大的挫裂伤形成软化囊腔，病灶区蛛网膜和硬脑膜与脑实质瘢痕粘连，神经细胞减少消失。

脑挫裂伤的诊断，结合外伤史及临床表现，特别是 CT、MRI 影像学检查明确，入院首次 CT 提示未见明显挫裂伤者，应严密观察病情变化，如伤者烦躁、意识障碍进行性加深，应及时复查头颅 CT。如果血肿形成或水肿严重，应积极手术治疗。药物治疗主要为降颅压、改善脑细胞代谢、营养神经等对症治疗，但在什么时间采取何种有效的治疗阻断局部组织缺血缺氧的改变，改善微循环状况，尚无定论。

二、原发性脑损伤与脑微循环

脑外伤试验经家兔耳静脉注入荧光素钠，除进入体循环外，进入颅内的荧光素钠，其循环途径是：肺动脉→肺静脉→主动脉→颈内动脉→Willis 环→脑白质微动脉→脑灰质表层软脑膜网状微静脉，历时 5 s±1 s，荧光素初现时似雷电样闪亮→片状荧光渗漏→点状累加→经 8~15 min 荧光素越积越多而不消散。对照组兔经 4.1 s±1 s 出现荧光血管网络，经 6~8 min 荧光随体循环消失。由此可见脑外伤使 BBB 受损，荧光素从微血管中漏出进入脑组织间隙，由于脑组织间隙的通道极为狭窄，且无淋巴管，难以分流所漏出的荧光素，因此荧光素驻足累积成片。这也表明荧光素量的多少可反映脑实质和脑微循环功能损伤的程度和范围。

当外伤性或自发性蛛网膜下隙出血合并脑血管痉挛时，调节功能障碍致颅内压升高、灌注压降低。磁共振图像表明，蛛网膜下隙出血会导致区域性血流和脑容积同时下降，在脑血管痉挛范围内出现血管调节功能丧失；颅脑损伤后 3 h，伤区组织呈缺血性改变，伤后 6 h 脑组织血流量迅速降低，伤后 24 h 达高峰。贺燕等经 Willis 环注血法建立蛛网膜下隙出血大鼠模型致多器官功能障碍，大鼠出现昏迷、发绀、呼吸急促、癫痫发作等症状，均与血管调节功能障碍密切相关。

闭合性颅脑损伤后，若并发硬膜外或硬膜下血肿可致受压部位微循环受阻，较小的血管尤其是微静脉会出现血液外渗或随颅骨内板的沟槽断离，血管缺乏收缩致迟发性颅内出血继发颅内压升高，临床上出现头痛、频繁呕吐、血压上升、脉搏缓慢、视神经盘水肿，CT 检查若出现近似圆形的影像，则血肿较为局限；若出现不规则或分隔的影像，是颅内继续出血的表现。腰椎穿刺检查，若脊髓液颜色正常，说明为硬膜外血肿；若呈血色或镜检出现多个红细胞则指示硬膜下或脑实质损伤，并有脑屏障，包括 BBB、血脑脊液屏障和脑脊液 – 脑屏障的破坏。

三、继发性脑损伤与脑微循环

（一）颅内压升高

颅内压主要由脑实质、脑脊液、脑血管及其血流三者共同维持。脑脊液约占总脑体积的 10%，血液和血管约占 5%，其余部分为脑实质。正常情况下，成人的颅内压为 60~180 mmH$_2$O（4.4~13.2 mmHg）。有报道，成人仰卧位颅内压的正常值为 7~15 mmHg。James 等采用如下公式反映颅内压的变动与脑灌注压和平均动脉压关系，CPP= MAP–ICP。CPP 为脑灌注压（cerebral perfusion pressure），MAP 为平均动脉压（mean arterial pressure），ICP 为颅内压（intracranial pressure）。由此可见，ICP 升高，则 CPP 降低。颅腔中除了血管和闭合血流与颅外相通外，脑实质、脑脊液与颅腔外是不相通的。因此，引起颅内压升高的因素如下：一是脑局部因素，颅内占位性病变如肿瘤增殖，其压力增高由局部传送到颅内其他部位；二是局部颅骨受外力打击，其冲击波瞬间传达到全脑致颅内压升高。曾昭炜等人在不干扰呼吸和椎动脉情况下，仅压迫颈静脉，使颅内回心血流阻力升高而增加颅内压，属于弥漫性颅内压升高，结果显示脑微循环流速、流态有如下变化：在压迫颈静脉前，颅内压为 20~40 mmH$_2$O，微循环血流较慢，为粒流或粒缓流（< 0.4~0.6 mm/s）。当压迫颈静脉后，颅内压上升至 75~80 mmH$_2$O，微循环流速极慢（< 0.4 mm/s），当颅内压升至 95 mmH$_2$O 时，微循环停止流动；解除颈静脉压迫至颅内压为 40 mmH$_2$O 时，软脑膜微循环复流。除此以外，颅内压与微循环变化有如下特点：①软脑膜上的微血管近直角状进入脑实质，光镜下（×50）观察，管径 30~40 μm 血管中的血液流速< 0.4~0.6 mm/s，呈粒流或粒缓流，而未见到线流。②粒摆流是微循环停流和复流的先兆指征，但观察软脑膜微循环由常态流→停流→复流过程未见到粒摆流。③由于颅内血流不受心搏的影响，且软脑膜微静脉网络不与微动脉并行，所以无法观察微动脉中的流态。④由于受光镜（×50）景深及颅骨窗不可能开大的影

响，经颅骨窗不能观察到脑实质。⑤若颅骨窗较大，则会出现脑实质随血流搏动而不易观察到软脑膜微循环在恒压下的各种流速和流态。

（二）脑水肿

脑外伤后，初期表现主要是中枢神经系统实质细胞的反应。损伤的脑组织进一步释放出缓激肽、脂肪酸、自由基、5-羟色胺、前列腺素、一氧化氮（NO）等介导BBB开放，血管通透性增加，大分子物质渗出，血管源性水肿形成。这种水肿主要是脑组织的间质性水肿，常并发脑梗死、脑水肿进行性加重致脑容积增加、颅内压升高、脑血流量降低，严重威胁患者的生命。脑细胞间隙为极不规则的狭窄的连接通道，电镜下仅15~20 nm，且脑组织缺乏淋巴系统，间质中的水分不易扩散，致受伤局部颅内压高于未受伤部位而出现先发临床症状，如出血。这种先发症状与BBB损伤的范围和脑外伤的部位和程度有关，若并发蛛网膜下隙出血、微血管痉挛，尽管出血可能仅10~20 mL即停止，但继发严重脑水肿者，颅内压可急剧升高而引起脑疝。

四、后遗症与脑微循环

脑外伤后虽经急诊处理治愈或遗留局部瘢痕或常有头痛。瘢痕可能使区域性微循环供血不足而致其丧失完整功能。头痛并非局限在外伤部位，患者各项生命体征均在正常范围，间或有血压反应性升高，虽能用药物制止头痛，但不能根治，这种头痛与颅内血管受损有关。可能的原因：①脑细胞无再生和增殖能力，久之瘢痕收缩致局部紧束，且周围组织通道极其狭窄致代谢产物堆积，局部缺氧。②与颅内血管分布密切相关，脑实质和硬脑膜对疼痛不敏感，但硬膜上的大静脉和硬膜内的脑膜中动脉及其分支有丰富的痛觉神经纤维。③静脉血汇流处的静脉窦出现牵拉、梗阻或直接受压等因素均可引起头痛。疼痛的同时颅内压升高，脑供血下降，脑微循环障碍。试验证明颅内高压时，患者脑微血流呈粒缓流或停流，行甲皱微循环检测，可见输入支纤细收缩而输出支扩张；行眼球结膜检测，可见微静脉迂曲扩张，微动脉收缩致多发空白区。

五、颅脑损伤后脑微血管形态学变化

Hekmatpanah等人对挫伤后的脑组织进行光镜和电镜研究，发现挫伤后脑微循环的形态学改变有：①微血管闭塞。②血管塌陷。③微血管内、外凝血。④血管周围改变，光镜可见大量血管周围间隙形成。⑤神经元损害，伤后3 h神经组织损伤程度比伤后1 h损伤更为严重。研究还发现微血管堵塞在伤后1 h出现，伤后3 h阻塞范围更为广泛。Logsdon等人对50例脑挫伤患者的脑组织进行研究，结果发现在脑挫伤区有许多微血栓形成。Fujisawa等人用大鼠脑膜下血肿（SDH）模型行墨汁灌注造影，显示皮层有缺血损害，电镜下可见皮层血管闭塞，原因是红细胞和血小板凝聚。Maxwell等人利用电镜对狒狒脑弥漫性轴索损伤（DAI）后脑白质内微血管的反应进行了观察，结果发现，颅脑损伤后微血管腔内的微绒毛增多，内皮细胞气球样变及空泡形成。脑微血管腔内微绒毛的增多是由于内皮细胞对缺血的反应，可导致脑组织低灌注。Stopanova 等人观察了儿童脑外伤急性期微循环的变化，发现脑外伤后微动脉痉挛、微静脉扩张、毛细血管内血流淤滞或中断，并与脑外伤的严重程度成正比。

第三节　颅脑损伤后脑微循环障碍的发病机制

血脑屏障是指血液中的物质在通过血与脑组织之间时所受到的一定限制的现象。德国细菌学家 Paul Ehrlich 发现脑具有保护脑细胞的特殊屏障，并证实脑血管的通透性不同于非神经性血管。新的研究认为血脑屏障从解剖学角度讲是指脑毛细血管的内皮细胞及其紧密连接的结构，还包括毛细血管基底膜和包绕在脑毛细血管周围的星形胶质细胞突起。血脑屏障是血脑之间物质交换的限制过滤系统，又是营养物质转运、代谢产物排出的中介系统。

外力作用造成脑毛细血管破裂，或者由于血肿的长期压迫导致血管内皮细胞缺血、坏死，血脑屏障的结构和功能完全受损。主要机制可以归纳为：①内皮细胞钙超载：颅脑损伤时，Ca^{2+} 进入神经细胞引起神经细胞 Ca^{2+} 稳态失调，脑组织内 Ca^{2+} 大量聚集，通过 Ca^{2+}–CaM 复合物促进微绒毛形成及运动，使胞饮小泡增多，使运转活性增强，并激活中性蛋白酶，使内皮细胞紧密连接处黏合性纤维的黏合成分迅速崩解、微丝解体，紧密连接增宽、开放。②血管活性物质的作用：颅脑损伤后，自身损害物质异常释放，包括组胺、神经肽 Y、降钙素基因相关肽、缓激肽和血小板激活因子等，是导致脑挫裂伤外周组织血脑屏障损害的主要因素。③氧自由基的损害作用：脑损伤后，局部脑组织缺血改变引起新陈代谢障碍产生氧自由基，使内皮细胞膜脂质双分子层紧密连接、基底膜破坏，造成血脑屏障受损，通透性增高。④脑微循环障碍：在局部损伤脑组织内，由于缺血、缺氧和乳酸酸中毒，使脑毛细血管和脑细小静脉收缩与扩张异常，导致局部组织灌注增加，微血管痉挛，血管内微血栓形成，血液缓滞淤积，血脑屏障通透性增高，加重脑损伤。

（一）内皮细胞损伤

美国《神经创伤杂志》主编 Povlishock 教授认为创伤直接损伤微血管内皮细胞膜，造成内皮细胞肿胀、坏死，血脑屏障开放。还有作者认为，颅脑损伤后一过性动脉血压升高，内皮细胞损伤。颅脑损伤后脑微循环调节涉及神经、体液、局部代谢等多个方面。由于脑微循环的特殊性，脑微血管内皮细胞分泌的细胞因子起关键作用。充分认识其机制有利于预防和治疗颅脑损伤后的微循环障碍，对改善颅脑损伤预后有重要意义。脑血管的交感缩血管纤维分布少，α 受体密度低，故脑微循环的血液灌流的调节主要受局部代谢因素的直接影响。许多因素对脑微循环的影响都通过血管内皮细胞来实现。下面就颅脑损伤时脑微血管内皮细胞分泌的几种体液因子在脑循环障碍中的作用逐一介绍。

1. 扩血管物质

（1）一氧化氮（NO）：一种结构简单的自由基，可随意弥散通过细胞膜，半衰期为 3~5 s，可以迅速氧化成硝酸盐和亚硝酸盐，是一种重要的血管调节物质。最初被认为是一种内皮细胞舒张因子（EDRF）。1987 年 Moncada 首先证明 EDRF 就是 NO，是 L-精氨酸在一氧化氮合酶（NOS）作用下产生的含氮化合物。除内皮细胞外，神经细胞和星形胶质细胞也可产生 NO。NO 在脑循环调节中具有重要作用。

生理条件下，NO 的不断释放不仅有助于维持脑血管正常张力，还可通过抑制血小板和白细胞的聚集而保护内皮细胞。最近有报道，生理情况下产生的 NO 可以抑制脑微循环的自主性运动，并对去甲肾上腺素、5- 羟色胺等物质导致的脑动脉收缩有抑制作用。体内、体外研究表明，NO 是一种强有力的血管扩张物质。ACh 作用时，内皮细胞释放 NO，刺激平滑肌内的鸟苷酸环化酶增加从而导致脑血管的扩张。另外，5- 羟色胺、P 物质和 ADP 对微血管的扩张作用也依赖于 NO 的形成。高浓度的 NO 可介导谷氨酸神经毒性作用，抑制线粒体呼吸，产生过量的羟自由基，并导致脂质过氧化，损害 NO 的寿命，对其含量的测定造成困难。对 NO 生物作用的研究通常要依靠对 NOS 的研究。Jacob 等人研究表明成年鼠脑血管内皮细胞无 NOS 表达，老年鼠则与其相反，神经损伤后的老年鼠在不同时间段内诱导型 NOS（iNOS）表达均增高。说明年龄和神经损伤对 iNOS 上调起重要作用。Cobbs 等人测得中型颅脑损伤后 24 h，微血管内皮细胞 NOS 下降，导致微血管充血，血脑屏障被破坏。

（2）前列环素（PGI_2）：带双环的 PG，除五碳环外，还有一个含氧的五碳环，又称前列腺素。它是脑血管内皮细胞和脑组织产生的花生四烯酸在 PGI_2 合成酶催化下产生的，主要由内皮细胞生成，有较强的扩血管及抗血小板凝集功能。可通过扩张血管，输送更多的能量至损伤组织，参与创伤愈合而对脑组织起保护作用。PGI_2 生成需要 PGI_2 合成酶，ACh 激活 PGI_2 合成酶引起 PGI_2 释放，因此 PGI_2 参与介导 ACh 的扩血管效应。同时应用 NOS 抑制剂和 PGI_2 合成酶抑制剂可完全阻断 ACh 的扩血管效应。Armstead 等人用中等强度液体液压冲击法撞击新生猪制作脑损伤模型，发现蛛网膜血管中 PGI_2 的减少与脑脊液中 cGMP 和 cAMP 减少有关。用 ATP 敏感性 K^+ 和 Ca^{2+} 通道阻滞剂能降低 PGI_2 的扩血管作用，说明 PG_2 是通过 ATP 敏感性 K^+ 通道开放，使血管平滑肌细胞膜超极化，Ca^{2+} 内流减少而发挥作用。研究表明，重型颅脑损伤时，脑血流量减少或所需底物供给障碍时，血管内皮细胞合成 PGI_2 受阻，其保护作用不能表达。

（3）内皮细胞依赖超极化因子（EDHF）：具有舒张血管作用。但在颅脑损伤后内皮细胞表达尚未见报道。

2. 缩血管物质

（1）内皮素（ET）：ET 是近年来新发现的具有较强收缩血管作用的多肽类血管活性物质，脑组织血管内皮细胞、平滑肌细胞、神经元和胶质细胞均可产生。研究表明，ET-1 是收缩血管最强的血管活性因子，且对脑血管的收缩作用明显强于外周血管。Miller 等人研究发现脑血管痉挛的发生发展与血浆和脑脊液中 ET 的浓度密切相关。颅脑损伤后常伴有脑缺血的症状，且血浆和脑脊液 ET 含量升高。刘蜜等人在创伤后应激障碍的大鼠模型中发现大鼠软脑膜微循环障碍且 ET-1 显著升高。另有报道称 ET-1 还能影响血液流变学。伤后 ET 含量迅速升高，与脑血管内皮细胞上调的 ETA 结合，使脑血流量下降，致脑缺血。其可能的机制是伤后脑微血管周围的血管内皮细胞与神经细胞合成和释放的 ET 显著增加，同时 ETA 的表达迅速增加，两者在脑血管平滑肌细胞上结合激活磷脂酰肌醇（IP3），水解和促进 DNA 的合成。IP3 作用于光面内质网和肌浆网，使细胞内贮钙池中的 Ca^{2+} 释放，增加细胞内游离 Ca^{2+} 浓度，从而激活细胞内的收缩蛋白，收缩微血管，使血流量减少。Kasemsri 等人还证明了 ET-1 不仅减弱 ATP 敏感性 K^+ 通道、NO 和 cGMP 介导的血管扩张作用，而且能改变阿片样物质诱导的血管舒张。

（2）血栓素 A2（TXA2）：二十碳不饱和脂肪酸的衍生物，是 PGH 经 TXA2 合成酶的代谢产物。脑血管内皮细胞合成和释放 TXA2，对脑血管产生收缩作用，TXA2 还参与并介导去甲肾上腺素（NE）和三磷酸腺苷的缩血管效应。Marmarou 鼠脑损伤模型中，TXA2 的代谢产物 TXB2 明显增高，间接地反映了脑血管内皮细胞 TXA2 的表达增高。组织学证实 TXB2 明显增高会加重继发性颅脑损害。有进一步研究表明颅脑损伤后 TXA2 和 PGI_2 均增加，但 TXA2/ PGI_2 比值反转，提示 TXA2 大量生成，与脑损害程度直接相关。通过引起脑血管痉挛及微血栓形成，增加脑微循环阻力，加重继发性脑损害。

（3）内皮细胞收缩因子（EDCF）：目前机制尚不明确，可能与平滑肌细胞的 Ca^{2+} 内流有关。也有人认为可能是花生四烯酸的环氧化酶产物，可激活 PGH2 和血栓素 A2 受体，对抗 NO 的舒张血管作用。

3. 炎症因子

陈小曼等人研究发现颅脑损伤患者白细胞介素（IL）-1β、肿瘤坏死因子（TNF-α）水平升高，经治疗后下降。提示在颅脑损伤的过程中，炎性反应是造成神经功能出现继发性损伤的重要因素，损伤部位会因局部充血进而激活炎性反应，促进多种炎症介质分泌，造成神经功能受损。

4. 其他

（1）细胞间黏附分子 -1（ICAM-1）：是在血管内皮细胞表达的免疫球蛋白超家族成员之一，为 76~114 kD 的单链糖蛋白，由 5 个 Ig 样功能区组成，与神经细胞黏附分子（NCNM）具有同源性。它可以作为配基与白细胞表面表达的 LFA-1（CD11a/CD18）

和 Mac-1（CD11b/CD18）分子相结合，介导白细胞与血管壁内细胞的黏附及白细胞穿出血管壁，从而在脑缺血及脑缺血再灌注损伤中起到重要作用。正常情况下，ICAM-1 很少表达或不表达。当受到炎性细胞因子（如 IL-1、TNF-α 和 INF-γ 等）刺激时，脑血管内皮细胞表达 ICAM-1 等黏附分子。Isaksson 等人在小鼠脑外伤 30 min 后用 ICAM-1 单克隆抗体发现内皮细胞上均有 ICAM-1 表达，其可以增强白细胞（受体）与内皮细胞表面相对应的黏附蛋白（配体）间的黏附，损害脑微循环，因此白细胞的活性与蛛网膜小动脉舒张有关。

（2）热休克蛋白：曾丽容等人在急性颅脑损伤患者脑脊液中检测出 IL-19、IL-18 和 HSP70 的过量表达，热休克蛋白的功能目前还不完全清楚，就微循环方面可能与维持微血管灌注和血脑屏障有关。

（二）Ca^{2+} 超载

人体正常情况下血清 Ca^{2+} 含量为 10~11 mg/dL，Ca^{2+} 含量降低至 5~6 mg/dL 时，中枢神经和肌肉的兴奋性增高而发生痉挛；Ca^{2+} 含量超过 15 mg/dL 时，会发生呕吐、腹泻、衰弱以致虚脱死亡。细胞内钙超载是众多病理过程中危害性较大的细胞毒性反应。研究表明，Ca^{2+} 在神经科学中占据非常重要的地位，称 Ca^{2+} 为神经细胞信息的传递者，还有研究认为 Ca^{2+} 是神经生理学的"DNA"，这是因为 Ca^{2+} 不仅反映了神经递质的合成与释放及神经兴奋性的维持状况，还参与了突触的可塑性及多种酶活动。正常生理状态下，神经细胞内外 Ca^{2+} 存在约 10 000 倍的浓度差。所谓钙通道，是指细胞外 Ca^{2+} 进入胞质的渠道，包括电压依赖性通道（VDCC）和受体操纵性通道（ROCC）。颅脑遭遇外部打击而受到创伤后致残、致死的原因并不全是暴力对颅脑的伤害，很大程度上是颅脑创伤后继发的内源性脑损伤。许建新等人用荧光离子成像技术检测到实验动物颅脑损伤后脑组织的 Ca^{2+} 含量增高，且神经细胞和毛细血管的超微结构肿胀，细胞内有大量的钙颗粒，提示神经细胞存在继发性损害。颅脑创伤后，神经细胞受刺激"通道"被打开，细胞外 Ca^{2+} 大量流入胞内，造成神经细胞 Ca^{2+} 超载，而神经细胞的钙超载又激活蛋白酶和磷脂酶 A2，启动膜脂质过氧化，加剧氧自由基形成，钙调蛋白结合，在细胞内触发一系列的反应，导致神经丝降解，微管解聚，阻断线粒体电子转递，破坏神经元骨架，形成恶性循环，加剧神经元的损伤。研究表明脑损伤后 2~3 min 内，血脑屏障开放，多胺类介质刺激血管内皮细胞，胞浆内游离钙升高，造成细胞内钙超载。当内皮细胞内 Ca^{2+} 浓度升高时，可直接或间接介导钙调素激活内皮细胞胞浆内的肌球蛋白和肌动蛋白，引起内皮细胞收缩，使细胞间紧密连接开放。内皮细胞浆内游离 Ca^{2+} 升至 10^{-6} mol/L 时，磷脂酶 A、磷脂酶 C 的活性增高，细胞骨架及膜结构被损害，内皮细胞膜局部坏死，引起血脑屏障通透性增高。

临床上脑外伤患者间或有癫痫发作，是否因脑细胞内 Ca^{2+} 超载而致血清中 Ca^{2+} 降低，或因脑组织 Ca^{2+} 超载而发生呕吐、腹泻、衰弱等症状有待进一步研究。

（三）自由基及脂质过氧化损害

研究发现内皮细胞损伤是氧自由基产生的原因之一。Mori 等人认为颅脑损伤后红细胞外渗，细胞溶解后铁离子和亚铁血红素释放，诱发 O_2^- 和 OH^- 的产生，OH^- 介导的脂质过氧化，造成质膜和亚细胞器的损伤。Hoover 等人的研究发现，中枢神经系统损伤时，吞噬细胞进入脑缺血或脑损伤区，并释放 O_2^- 等自由基，直接作用于附近的组织和细胞，引起组织、细胞的损伤。还有研究发现脑缺血时，花生四烯酸（AA）大量释放，AA 代谢过程产生的自由基抑制前列腺素 I2（PGI_2）的合成，使血栓素 A2（TXA2）与 PGI_2 平衡失调，脑组织灌注减少，导致血小板微血栓与微循环障碍。

（四）脑微血管血栓形成

Hekmatpanah 等人对脑挫伤后脑组织形态学的研究表明，脑微血管堵塞是伤后主要的病理学改变。Huber 等人对 50 例脑挫伤患者的脑组织进行研究，结果发现在脑挫伤区有许多微血栓形成。Duhaime 等人报告脑微血管内的凝血造成了脑皮质缺血性损害。Gaevgi 等人对狗和兔脑外伤后的微循环观察发现，伤后 3 d 在大脑不同区域出现不同程度的血管痉挛和微循环阻塞带。

（五）脑血管痉挛（CVS）

颅脑损伤，尤其是重型颅脑损伤，常合并蛛网膜下隙出血，引起不同程度的 CVS，甚至缺血性脑梗死，导致患者出现意识障碍、偏瘫、失语等临床症状，所以颅脑损伤后脑血管痉挛的早期诊断、干预能明显改善患者的预后。

脑血管痉挛在临床分为两种，即无症状性血管痉挛（无神经功能缺损症状，但血管造影检查发现痉挛状态）与症状性血管痉挛（出现神经功能缺损症状）。脑血管痉挛常伴有受累血管远端灌注明显减少的现象，是一种颅内动脉持续收缩的状态。脑血管造影与患者临床症状及体征表现是脑血管痉挛的主要诊断依据。颅脑损伤、自发性蛛网膜下隙出血、血管内介入术及开颅手术是脑血管痉挛的主要诱发因素，其中蛛网膜下隙的血液及降解物是产生血管痉挛的主要原因，其次在血管内介入术及颅脑损伤或手术治疗中，机械操作的刺激、血管的牵拉与挤压损伤、对比剂的使用以及术中出血进入蛛网膜下隙等均可造成脑血管痉挛。相关研究发现，脑血管痉挛的临床表现与影像学结果并不完全相符，临床无痉挛症状但影像学可显示血管痉挛，或者可见脑血管痉挛症状，但影像学无结果等，这并不代表预后差。

颅脑损伤后出现的脑血管痉挛有两种情况，一种发生于颅内大动脉，另一种则发生于脑实质微循环。早期及时给予诊断并有效预防，是减少颅脑损伤脑血管痉挛及改善预后的关键。有研究表明，颅脑损伤后呈现的缺血状态是症状性脑血管痉挛诱导微循环血管痉挛狭窄所产生的。脑血管痉挛病例发生在脑出血后的 2~15 d，其中在 4~10 d 时为高峰阶段，在 2~4 周时，开始逐渐减少。据文献报道，一站式全脑动态容积 CT 灌注成像（CTP）能够对血管痉挛进行监测，在早期判断中具有较大价值。而有学者认为平均通过时间（MTT）延长是颅内压升高所致，微血管及大血管的痉挛会造成脑灌注压的锐减，继而可造成脑循环时间增加，因此 MTT 可作为测量蛛网膜下隙出血（SAH）后血管痉挛的灌注参数，且具有较高的敏感性。对于轻度血管痉挛，脑血流量（CBF）及脑血容量（CBV）出现下降，而 MTT 呈现递增，在 SAH 的 10~13 d 达到峰值；中重度痉挛，CBF 及 CBV 的平均值下降。MTT 能反映自发性 SAH 引起的 CVS 情况，并且 MTT 与 CVS 的临床表现一致。研究证实 CTP 对脑动脉瘤破裂后 SAH 引起的继发性脑梗死具有预测价值，CTP 在脑梗死症状完全发生之前表现为 TTP，而其敏感性和特异性分别达 93% 和 95%。因此认为达峰时间（TTP）是早期诊断 SAH 引起的继发性脑缺血梗死的敏感指标。因此，CTP 对 CVS 的早期诊断和治疗具有指导意义。研究指出，CBF 对 SAH 导致的 CVS 程度可分为三级，重度：CBF ＜ 15 mL /（100 g · min），认为这部分脑组织为不可逆损伤，晚期发生脑梗死；中度：CBF 15~25 mL /（100 g · min），如果及时缓解或解除痉挛，这部分脑组织可以部分恢复；轻度：CBF ＞ 25 mL /（100 g · min），这部分脑组织为可逆性损伤，解除痉挛后能够完全恢复。一站式全脑动态容积 CTP–CTA 成像技术在颅脑损伤后 CVS 中的应用，可通过一次性扫描而获得脑血流动力学的相关信息及动态 CTA。经 CTP 显示，脑实质低灌注区可对脑实质微循环血管痉挛予以判断，因此，CTA 可作为脑实质大血管痉挛的参考指标，两侧联合则不仅可以监测大部分脑灌注的异常情况，还可同时确定颅脑损伤后 CVS 的病因，对其诊断具有重要意义。

（六）血液流变学影响

颅脑损伤、脑缺血与血液流变学变化密切相关。Hamill 等人研究发现交感神经兴奋可引起血黏度、红细胞压积（HCT）和血浆纤维蛋白原明显升高，颅脑损伤后释放大量儿茶酚胺（CA），导致局部脑微循环血流缓慢、淤滞，加重组织缺血、缺氧和酸中毒，进一步加剧微循环障碍。魏林平等人研究发现脑血管痉挛患者多伴有脑血流动力学异常，表现为脑动脉血液流速加快、阻力增加，且发病 3~5 d 内表现较明显；通过经颅多普勒超声（TCD）对颅脑损伤患者血流动力学指标进行检测，发现颅脑损伤后 CVS 患者脑血流动力学异常，其异常的原因与导致脑血管发生收缩及痉挛的因素有关，如内皮素增多、一氧化氮减少、自由基形成及脂质过氧化、氧合血红蛋白的始动作用、炎性反应等，且脑血流动力学异常与颅脑损伤严重程度、蛛网膜下隙出血也有一定的关系。目前，颅脑损伤后 CVS 的发病机制尚无确切定论，多数学者认为创伤性蛛网膜下隙出血是导致颅脑损伤后 CVS 的主要原因。

（七）局部血管活性物质的作用

颅脑损伤后 CA、5–HT、缓激肽、白三烯、NO 等的释放并在脑损伤区聚积，作用于周围的脑微血管，引起血管痉挛，损害自动调节功能，从而不同程度地影响脑微循环的改变。同时，部分释放的递质弥散入血，促发血小板凝聚，使血流淤滞，加重脑缺血。脑缺血时，NO 可通过兴奋性氨基酸激活 NO 的合成，产生 OH⁻，导致细胞膜脂质过氧化而使膜破裂。此外，NO 促使多巴胺（DA）大量释放而致神经元损伤。脑内游离过多的 CA 和 5-HT，可自动氧化生成超氧阴离子自由基，导致脑的脂质过氧化。此外，CA 释放增多可直接阻断细胞内线粒体呼吸链，使氧化磷酸化过程受阻。CA 和 5-HT 还可损害脑微血管内皮细胞，使 BBB 受损，通透性增高，导致脑水肿。

（八）中枢性交感神经反射作用

原发性及继发性脑干损伤时，血浆中去甲肾上腺素（NE）含量明显高于弥漫性脑外伤组，因此推测 NE 异常升高可能是脑干损伤后 NE 释放入血，或脑干损伤导致交感神经中枢异常兴奋，使外周 NE 过度释放的结果。池田幸穗等人通过对急性头颅外伤患者血中去甲肾上腺素值测定，认为丘脑下部损害后，交感神经过度兴奋，导致 NE 过度释放。肾素存在于脑突触体中，血管紧张素 Ⅱ（Ang Ⅱ）存在于延髓、纹状体。脑损伤时，脑干交感中枢受刺激，肾素、Ang Ⅱ 释放，引起脑血管收缩，从而导致脑微循环发生变化。

第四节 展 望

局灶性或广泛性脑组织损伤，弥漫性轴索损伤或脑干损伤，均可引起脑组织微血管改变及微循环障碍，导致继发性脑组织缺血或脑代谢异常。颅脑损伤早期，脑微循环障碍、脑缺血是引起脑继发性病理改变的基础。病理改变的机制主要为交感缩血管神经过度激活及颅脑损伤时肽能神经受到刺激释放血管活性物质增多。由于脑组织受损、血管活性物质大量释放等，无氧代谢增加，引起脑血管扩张、微血管内皮细胞受损、血流动力学改变、脑血管痉挛、微血栓形成，加重脑缺血缺氧，并形成恶性循环。由于这种恶性循环，脑组织细胞必然要经过一个损伤的过程，若能在有效的时间内消除损伤或减少脑细胞的损害，调节交感神经的过度反应，减轻肽能神经的异常刺激，改善微循环，纠正脑缺血，减少继发性脑组织损害，将很大程度降低伤者的死亡率。因此，对脑外伤后脑微循环的发生机制及预防和治疗方法的研究还任重而道远。

（杨小蓉 贵州医科大学）

参考文献

[1] Bunai Y，Nagai A，Nakamura I，et al. Posttraumatic thrombosis of the middle cerebral artery ［ J ］. American Journal of Forensic Medicine & Pathology，2001，22（3）：299-302.

[2] Chi O Z，Liu X，Weiss H R. Effects of endothelin-1 on blood-brain barrier permeability during focal

cerebral ischemia in rats［J］. Exp Brain Res，2001，141：1-5.

［3］曾昭炜，谢忠明，程丽兰.颅脑损伤与微循环障碍的实验研究［J］.微循环学杂志，2009，19（4）：1-4，8，131，134.

［4］Hekmatpanah J，Hekmatpanah C R. Microvascular alterations following cerebral contusion in rats. Light，scanning，and electron microscope study［J］. J Neurosurgery，1985，62（6）：888-897.

［5］Logsdon A F，Lucke-Wold B P，Turner R C，et al. Role of Microvascular Disruption in Brain Damage from Traumatic Brain Injury［J］. Comprehensive Physiology，2015，5（3）：1147-1160.

［6］Armstead W M，Mirro R，Busija D W，et al.Opioids and the Prostanoid System in the Control of Cerebral Blood Flow in Hypotensive Piglets［J］. J Cereb Blood Flow Metab，1991，11（3）：380-7.

［7］刘蜜，宋丹丹，李玉珍，等.创伤后应激障碍对大鼠肠系膜和软脑膜微循环的影响［J］.微循环学杂志，2015，25（4）：11-14，85.

［8］Kasemsri T，Armstead W M. Endothelin Production Links Superoxide Generation to Altered Opioid-Induced Pial Artery Vasodilation After Brain Injury in Pigs［J］. Stroke，1997，28（1）：190-196.

［9］陈小曼，徐子明，陈同.重组人促红细胞生成素对重度颅脑损伤患者VEGF、NSE、IL-1β、TNF-α水平的影响［J］.检验医学与临床，2020，17（3）：330-333.

［10］曾丽容，郑定容.急性颅脑损伤脑脊液IL-19、IL-18与热休克蛋白-70变化及意义［J］.中华临床医师杂志（电子版），2015，9（4）：684-686.

［11］许建新，周跃飞，赵洪洋.创伤性脑损伤后脑神经细胞内Ca^{2+}变化实验研究［J］.中华神经外科疾病研究杂志，2009，8（1）：73-74.

［12］Hamill R W，Woolf P D，Mcdonald J V，et al. Catecholamines predict outcome in traumatic brain injury［J］. Annals of Neurology，2010，21（5）：438-443.

［13］魏林平，叶军，袁强辉，等.颅脑损伤后脑血管痉挛患者脑血流动力学变化及其临床意义［J］.实用心脑肺血管病杂志，2018，26（6）：138-139.

［14］Fujisawa H，Maxwell W L，Graham D I，et al. Focal Mi- crovascular occlusion after acute subdural haematoma in the rat：a mechanism for ischaemic and brain swelling?［J］. Acta Neurochir，1994，60：193.

［15］Maxwell W L，Whitfield P C，Suzen B，et al. The cerebral vascular response to experimental lateral head acceleration［J］.Acta Neuropathol，1992，84：289-296.

［16］Stepanova N A，Mythnikov A M. Microcirculatory disorders in the acute period of craniocerebral injuries in children［J］.Zh Nevropathol Psikhiatr，1984，84（10）：1480-1483.

［17］Jacob J M，Dorheim M A，Grammas P.The effect of age and injury on the expression of inducible nitric oxide synthase in facial motor neurons in F344 rats［J］.Mech AgeingDev，1999，107（2）：205-218.

［18］Cobbs C S，Fenoy A，Bredt D S，et al. Expression of nitric oxide synthase in the cerebral microvasculature after traumatic brain injury in the rat［J］. Brain Res，1997，751（2）：336-338.

第十八章

炎症反应在创伤性脑损伤中的作用及其机制

炎症反应被认为是创伤性脑损伤最主要的继发改变之一，轻度的炎症反应是组织对内、外界变化的适应改变，而过度的炎症反应则可恶化颅脑损伤的结局和预后，甚至发展成癫痫和神经退行性疾病等严重的后遗症。颅脑损伤中的炎症反应主要包括炎性小体、炎性因子的释放，外周的免疫细胞反应和中枢的星形胶质细胞和小胶质细胞反应，可表现为血脑屏障（blood brain barrier，BBB）功能障碍、脑水肿、星形胶质细胞和小胶质细胞的活化和迁移、炎症因子的释放，以及血液来源的白细胞进入脑实质等。炎症反应的程度和表现也与创伤性脑损伤的程度和进程有关，但是炎症反应的发生、发展过程及其与创伤性脑损伤的严重后遗症之间的关系及机制至今还不清楚，因此如何避免炎症反应导致创伤性脑损伤的继发性损伤仍是目前研究的热点和难点。本章重点介绍颅脑损伤中炎症反应的各种表现、发生机制及其对创伤性脑损伤结局和预后的影响。

第一节　参与创伤性脑损伤炎症反应的因素及作用机制

在创伤性脑损伤发生进程中，损伤包括两类：原发性损伤和继发性损伤。原发性损伤由机械外力本身导致，包括轴突剪切应力损伤、出血和组织挫伤，可表现为轻型、中型和重型三个不同的程度，也可根据损伤范围分为局灶性创伤性脑损伤和弥漫性创伤性脑损伤。继发性损伤并非来源于外力本身，而是外力损伤的延续，包括急性期的组织水肿、血流改变、线粒体功能障碍、氧化应激损伤和神经炎症反应，以及继发的神经元损伤和变性。神经炎症反应在继发性损伤中尤为重要，因为它与损伤后神经退行性疾病的发生有关，而且在神经炎症反应过程中，有多种细胞和分子参与，这与创伤性脑损伤的进展和预后密切相关，也是临床治疗的潜在靶点。

一、炎性小体释放

炎性小体（inflammasome）是一种细胞溶质成分，是由多种蛋白质组成的复合体，它能够激活促炎性的天冬氨酸特异性巯基蛋白酶（thiol protease），特别是半胱氨酸天冬氨酸蛋白酶-1（Caspase-1）。Caspase 蛋白受刺激后，裂解成活性形式，从而进一步活化促炎细胞因子。炎性小体的激活有两种模式：病原体相关分子模式（pathogen associated molecular pattern，PAMP）与损伤相关分子模式（damage associated molecular pattern，DAMP）。PAMP 和 DAMP 可以经模式识别受体（pattern recognition receptor，PRR）启动，PRR 在中枢的星形胶质细胞、小胶质细胞和巨噬细胞表达，可被创伤性脑损伤激活。PRR 可分为四个不同的功能和遗传类群：C 型凝集素（C-type lectin，CTL）、膜结合型的维甲酸诱导基因 I 类受体家族 [retinoic-acid-inducible gene I（RIG-I）-like receptors，RLRs)]、Toll 样受体（Toll-like receptor，TLR）和核苷酸结合寡聚化结构域样受体（nucleotide binding domain leucine rich repeats，NLRs）。在创伤性脑损伤炎症中研究较多的包括 TLR 和 NLRs。

TLRs 炎症通路主要是通过 TLR2/4 介导的核因子-κB（NF-κB）活化，从而增加肿瘤坏死因子-α（tumor necrosis factor-α，TNF-α）、IL-1β 在脑损伤区及周围区的表达，参与脑损伤的神经元损伤和死亡。最近有研究发现，异甜菊醇钠（isosteviol sodium，STV-Na）可以通过抑制 TLRP2/4-NF-κB 通路减轻创伤性脑损伤模型大鼠的炎症和脑损伤。TLR 可被高迁移率族蛋白1（HMGB1）活化，HMGB1 是一种结构 DNA 结合蛋白，在正常条件下通过稳定核小体来调节转录。它可以通过膜破裂从细胞中释放，或由单核细胞/巨噬细胞主动分泌，并通过晚期糖基化终产物受体和 TLR2/TLR4 受体发出信号，以增加细胞因子的产生和释放。研究表明，HMGB1 可在创伤性脑损伤急性期增多，从而激活 TLRP4-IL-6 炎症通路，参与创伤性脑损伤的脑水肿，抑制或者减少 TLRP4 可以减轻创伤性脑损伤的炎症反应和脑水肿。

NLRs 也被称为核苷酸寡聚结构域（nucleotide oligomerization domain，NOD）样受体，它的结构域包括富含亮氨酸重复序列（LRR）、NACHT 和氨基末端。LRR 参与 PAMP 识别过程，NACHT 含有 Walker-A 和 Walker-B 两个域形成的核酸结合位，氨基末端含有可与 ASC 结合的吡喃结构域（pyrin domain，PYD）。中枢神经系统含有多种炎性小体复合物，其中 NLRP1 和 NLRP3 是常见的组分，在激活前炎性小体通常处于预组装状态，这种状态有助于损伤后天然免疫系统的快速激活。此类炎性小体典型的三部分包括感受器——PRR，调节器——凋亡相关斑点样蛋白（apoptosis-associated speck-like protein containing a CARD，ASC）和效应器——Caspases。ASC 含有 PYD 与 Caspase 激活和募集结合域（CARD）两个结构域。炎症小体介导的细胞死亡被称为细胞焦亡（pyroptosis），它包括膜孔形成、膜完整性丧失和渗透性肿胀，从而继发更多的炎性小体释放到胞外而造成的组织局部炎性环境。这种炎性小体的异常活化和其介导的细胞焦亡在创伤性脑损伤的神经炎症反应中具有重要作用。已有研究发现，应用NLRP1的抑制剂可以减轻创伤性脑损伤的神经炎症。而且在成年创伤性脑损伤患者的脑脊液中发现NLRP1和Caspase-1的水平显著增加，脑组织的白介素-1β（IL-1β）也在创伤性脑损伤后1 h内升高至正常值的5倍，而且持续数天（平均82 h，最长129 h）。通常情况下，NLRP1通过ASC调节Caspase-1的活性，研究发现ASC抑制剂可以缩短NLRP1炎性小体复合物的行程、缩小脑损伤的体积。然而也有研究发现，无论是NLRP1还是ASC敲除的小鼠，都没能减轻组织病理、损伤体积、运动功能和细胞死亡等方面的损害。因此很多学者把关注点投向了NLRP3的研究，结果发现NLRP3炎性小体在重型创伤性脑损伤的72 h内可在脑脊液中检出，而且其浓度越高预后越差。虽然NLRP3在中枢的细胞分布还不是很清楚，但是多个研究结果均表明，小胶质细胞可产生NLRP3炎性小体。NLRP3也是通过和ASC形成复合物，继而激活Caspase-1，增加促炎因子的合成和释放。一种丝氨酸/苏氨酸有丝分裂激酶——NIMA相关蛋白激酶7（NIMA-related kinase 7，NEK7）而活化NLRP3，研究发现，脑组织NEK7被敲低后的小鼠创伤性脑损伤的体积显著减少，NLRP3和Caspase-1活性降低，IL-1β表达显著减少。

黑色素瘤缺乏因子2（absent in melanoma 2，AIM2）是可与ASC结合的非NLRP炎性因子，具有PYD结构域和造血干扰素诱导核蛋白（hematopoietic interferon-inducible nuclear proteins with 200 amino acid repeats，HIN-200）结构域，主要通过HIN-200结构域特异性识别细胞质中的双链DNA、mtDNA，释放PYD而招募接头蛋白ASC形成AIM2炎性小体（AIM2-ASC-Pro-Caspase-1），依赖Caspase-1的活化进一步裂解pro-IL-1β、pro-IL-18，产生并分泌IL-1β、IL-18，或裂解gasdermin D（GSDMD），触发细胞焦亡，分泌IL-1β、IL-18等炎症因子并释放至细胞外，快速启动免疫反应。在创伤性脑损伤患者的脑脊液中发现了较高水平的核酸和AIM2。

二、炎症因子释放

正如前文所讲的，脑组织损伤后的DAMP释放和炎性因子的激活可以导致促炎因子IL-1β、IL-6、IL-18和TNF-α的合成增加，同时抗炎因子如IL-10也会继发增多。这些促炎因子一方面参与细胞损伤和死亡，另一方面也激活了外周和中枢的免疫细胞，如中性粒细胞、小胶质细胞和T细胞。IL-10既具有抑制1型T辅助细胞（T-helper type 1 cells，Th1）轴的活性，还可以激活B细胞，促进B细胞成熟和分泌抗体，诱发B细胞途径的炎性反应。IL-1β诱导神经元死亡，可能部分是通过对胶质细胞的效应，除了其直接的毒性效应外，反应性氧化产物和活性氮氧化物的产生，触发干扰素γ（interferon-γ，IFN-γ）和TNF-α产生正反馈，继之激活小胶质细胞，最终由小胶质细胞吞噬损伤的神经元。此外，IL-1β也能增加局部黏附分子触发血管内白细胞的溢出。已有研究发现，IL-1 受体拮抗剂 IL-1ra 或者抗 IL-1 抗体可以减轻创伤性脑损伤动物的脑水肿，减小脑损伤体积，减小认知损害，同时伴有局部中性粒细胞和 T 细胞减少，以及小胶质细胞的活化。并且 IL-1ra 用于人类 II 期随机对照试验，证明了其安全性、中枢神经系统的渗透性和脑细胞外空间内细胞因子环境的改变。另一个炎性因子 TNF-α 在上调黏附分子表达和增加血管通透性、促进白细胞在损伤区聚集等方面有相似和互补的作用。TNF-α 敲除小鼠在创伤性脑损伤模型中表现出运动和记忆能力提高，损伤体积更小；如果提前给予重组 TNF-α，则这种保护作用被逆转。应用 TNF-α 单抗的大鼠模型也得到相似的结果，但是，非特异性的 TNF-α 抑制剂在人类的试验中未得到预期效果。后续的研究发现，TNF-α 的受体有 TNFR1 和 TNFR2，其功能是相反的。创伤性脑损伤病程中可以观测到 TNF-α 的增多，而且是 TNFR1 特异性介导了脑组织损伤和神经行为学的缺陷。

与 IL-1β 和 TNF-α 比较，促炎因子 IL-6 在动物实验中表现出神经保护作用，但是其表达量与创伤性脑损伤的预后有着不一致的相关性。虽然结果的不一致可能与这些研究模型不同有关，但是也说明 IL-6 功能的复杂性。在对 IL-6 功能的研究发现，它不但能通过抑制中性粒细胞吸引趋化因子，如 CXCL1、CXCL8/IL-8，从而上调中性粒细胞凋亡和增强单核细胞 / 小胶质细胞（CCL2/MCP-1、CCL8/MCP-2、CXCL5/ENA-78）和淋巴细胞（CCL5、CCL17 和 CXCL10）吸引趋化因子；而且还可以影响淋巴细胞成熟，使 Th2 细胞向 Th17 转化，并抑制调节性 T 细胞（regulatory T cells，Tr cell）分化，同时增强 B 细胞产生 IgG。

使用 IL-10 基因敲除小鼠或外源性应用 IL-10 的研究表明，IL-10 在创伤性脑损伤的病程中具有抗炎和神经保护作用，但是目前临床研究结果却不尽如人意。这些结果的发生主要是因为 IL-10 的增多是对炎症的负反馈抑制，包括下调促炎细胞因子如 IFN-γ 和 TNF-α 的合成，抑制 Th1 和活化 CD8[+] 阳性的 T 细胞，抑制单核细胞 / 巨噬细胞和小胶质细胞活化，诱导调节性 T 细胞分化，但是同时也诱发 B 细胞途径的炎性反应。

三、细胞反应

1. **中性粒细胞反应**　在创伤性脑损伤的最初数小时，中性粒细胞的浸润是脑组织损伤的特征性标志，一般在第 2 天达到高峰，继之单核巨噬细胞、T 细胞和自然杀伤（natural killer，NK）细胞的中枢迁移以及中枢系统的小胶质细胞的活化。尽管中性粒细胞的浸润有利于去除细胞碎屑，但是同时也会产生基质金属蛋白酶、ROS、TNF-α 等对神经元造成损伤，或增加血管通透性，造成局部微环境紊乱而导致细胞水肿和应激。中性粒细胞敲除小鼠创伤性脑损伤后的脑水肿和脑损伤较野生型小鼠显著减轻。趋化因子 CXC 亚家族受体 2（CXC subfamily receptor 2，CXCR2）或者中性粒细胞弹性蛋白酶

（neutrophil elastase，NE）敲除小鼠能减轻创伤性脑损伤的神经元死亡，改善后期的神经功能。抗 CD-11d 单克隆抗体可以阻断 CD11d/CD18 与血管细胞黏附分子的相互作用，从而通过抑制中性粒细胞和巨噬细胞的浸润，减轻神经元死亡和神经功能损害。这些结果说明，不论是在结构或功能上抑制中性粒细胞的迁移，对于缓解创伤性脑损伤的急性神经炎症和改善后期的脑功能都是有利的。

2. 小胶质细胞反应　虽然小胶质细胞的来源还不清楚，但是小胶质细胞是脑内常驻免疫细胞，占脑内胶质细胞的 5%~20%。小胶质细胞在脑内发挥着广泛而重要的稳态作用，包括监测其区域内是否有轻微组织损伤或功能完整性受损的迹象，以及对细胞碎片的吞噬。与此功能一致的是，小胶质细胞的形态也发生相应的变化，比如在可移动的分支状的外观有利于监测微环境的变化和搜索细胞碎片。在脑组织损伤的早期，小胶质细胞就会被 DAMP 中 TLR 介导的炎性反应激活，经历从分支状态到变形虫状态的形态学变化，这使得它们几乎与周围来源的巨噬细胞相同。在小鼠模型中发现，创伤性脑损伤后 24 h 就有明显的小胶质细胞 / 巨噬细胞激活。小胶质细胞会被周围微环境的 Th1/Th2 的变化而激活，发生经典的 M1 表型特征极化，释放 ROS、IL-1β 和 TNF-α，同时启动 MHC-Ⅱ 表达和细胞因子分泌（IL-12，TGF-β），激活 Th1/Th17 淋巴细胞，形成一种能够产生 IL-10 和募集 Th2 细胞募集、促进组织修复和生长的 M2 样表型。传统的观点认为，小胶质细胞的两个极化状态固定不变；目前，越来越多的证据表明在创伤性脑损伤后的不同时期两者可以相互转化，而且大多数时期共存，且产生各自的结果。

因此，在创伤性脑损伤治疗中，学者们纷纷提出减少小胶质细胞和抑制小胶质细胞活性的思路和措施。研究发现，通过靶向趋化因子受体 2（chemokine receptor 2，CCR2）抑制单核细胞 / 巨噬细胞的募集，不仅减少了创伤性脑损伤后外周巨噬细胞向大脑的募集，也减轻了神经功能的损害，但后期结果不甚理想。而且，在轻型和重型的创伤性脑损伤小鼠模型的研究中发现，靶向趋化因子 CX3CL1 及其受体 CX3C 趋化因子受体 1（CX3CR1）的 CX3CL1/CXC3R1 信号通路调节小胶质细胞 / 巨噬细胞活化和表型也具有时间依赖性。创伤性脑损伤后 1 周，CX3CR1 敲除小鼠明显减轻了神经功能损害和细胞损伤，而在创伤性脑损伤后 1 个月却表现出差于野生型小鼠的神经功能表现。这些表现与小胶质细胞创伤性脑损伤后 1 周的 M2 型表达优势和创伤性脑损伤后 1 个月的 M1 型表达优势高度一致。米诺环素抑制炎症主要是早期抑制小胶质细胞的 M1 极化，然而在创伤性脑损伤后 6 个月时应用却对神经功能有损害的可能。

3. 星形胶质细胞反应　虽然星形胶质细胞在神经炎症中的作用不甚清楚，但是已有的证据表明它参与了创伤性脑损伤的脑组织损伤和修复。在创伤性脑损伤的早期就可见到星形胶质细胞的活化，继而促进血管活性物质异前列腺素、内皮素 1 等的释放而收缩血管。此外，星形胶质细胞释放的趋化因子和转化生长因子 - β（transforming growth factor-β，TGF-β）与血脑屏障的功能障碍相关。在星形胶质细胞末端的血管周围的水通道蛋白 4 的表达增加与创伤性脑损伤的脑水肿相关。在星形胶质细胞增殖反应缺失的小鼠模型中，控制性皮质撞击（controlled cortical impact，CCI）引起的脑损伤更加严重，有更多的神经元死亡和小胶质细胞的活化。

4. T 淋巴细胞反应　创伤性脑损伤脑组织中 T 细胞的募集几乎与单核巨噬细胞同时发生，它通过产生细胞黏附分子和趋化因子，宣告了适应性免疫系统的参与。早期的 T 细胞主要是产生 IL-17 放入 γδ T 细胞，是先天免疫和适应性免疫之间的中介，由主要组织相容性复合体（MHC）相关的配体激活。而主要的 αβ T 细胞是 T 细胞受体（T cell receptor）相关配体激活的。健康个体脑循环中的抗原几乎检测不到，但是创伤性脑损伤后，中枢系统有大量的蛋白释放，进入血液循环和淋巴系统，被抗原呈递细胞吞噬，而产生自反应性 T 细胞（尤其是 DAMP 炎性通路）。T 细胞在创伤性脑损伤中的作用结果还有分歧。一部分学者认为 T 细胞可以产生神经营养因子，具有神经保护作用；另一部分学者认为 T 细胞［如髓鞘碱性蛋白（myelin basic protein，MBP）反应性 T 细胞］可能加重创伤性脑损伤后的神经病理，损害相应的神经功能。鞘氨醇 -1- 磷酸受体调节剂芬戈莫德可以通过抑制 T 淋巴细胞和 NK 的浸润，增加调节性 T 细胞的数量，从而改善创伤性脑损伤的脑组织炎症。另外，M1 型巨噬细胞可以激活其下游的 CD4 阳性的 Th1/Th17 通路，抑制调节性 T 细胞的产生，加重创伤性脑损伤中枢炎症。近年来，也有研究发现产生 IL-4 的 T 细胞具有保护作用。这些结果说明不同 T 细胞群在创伤性脑损伤炎症中具有不同的作用。

5. B 淋巴细胞反应　炎症反应是创伤性脑损伤最重要的继发损伤机制之一，在创伤性脑损伤病程发展中具有两面性。在损伤后的第 7 天，创伤性脑损伤患者活化的 B 细胞增多，记忆（CD27+）和类别转换记忆（CD27+IgD−）B 细胞的比例增高，说明 T 细胞依赖性免疫反应过程中启动了生发中心（germinal center，GC）反应。B 细胞的主要功能是产生抗体，多个研究表明创伤性脑损伤后可能存在多抗原反应，可能在创伤性脑损伤的慢性期发挥生物学相关作用，但是至今为止自身抗体在创伤性脑损伤中的作用还不清楚。

第二节　炎症反应在创伤性脑损伤修复中的作用及机制

炎症反应是创伤性脑损伤最重要的继发损伤机制之一，在创伤性脑损伤病程发展中具有两面性。炎症反应过程中释放的炎性因子可以引起神经元的死亡，同时也增强或抑制了神经祖细胞（neuronal progenitor cell，NPC）的增殖、迁移——神经发生。研究表明，促炎因子 TNF-α、IL-1β 和 IL-6 对成年海马的神经发生具有抑制作用，IL-4 和低剂量的 IFN-γ 可以产生胰岛素样生长因子 -1（insulin-like growth factor-1，IGF-1）而诱导神经发生。在小鼠创伤性脑损伤的恢复期，跑轮锻炼可以降低 M1 型小胶质细胞活化，增加 IGF-1、IL-10 和脑源性神经营养因子（brain-derived neurotrophic factor，BDNF）的表达，促进神经发生，改善认知功能。骨髓间充质干细胞（mesenchymal stem cell，MSC）移植可以促进小胶质细胞或外周来源的单核巨噬细胞从 CD86$^+$ 向 CD163$^+$ 转变，即由 M1 型极化向 M2 型极化转变，从而促进创伤性脑损伤的修复。小胶质细胞 M1 型活化可以通过产生的 TNF-α 而损伤少突胶质细胞、抑制少突胶质细胞成熟和存活能力；而 M2 型活化可以产生 TGF-β 和生长因子促进血管生成和修复。

此外，星形胶质细胞的活化既参与创伤性脑损伤的炎症反应，也可生成 TGF-1 等物质修复血脑屏障、保护神经元和突触结构与功能的完整性。虽然天然产生的 IgM 型自身抗体似乎具有再生的稳态功能，清除细胞碎片和中和促炎细胞因子，在创伤性脑损伤大鼠模型中，IgG 与死亡的神经元结合，推测这有助于细胞碎片的吞噬与清除，但是大量研究表明，在细胞因子和 alarmin/DAMP 环境下，伴随着抗原识别，B 细胞可以进行类开关重组。不同的抗体亚群具有特定性，有时是相互冲突的作用和体细胞超突变，随后产生高亲和力 IgG 自身抗体和补体介导的细胞破坏，因此不能将自身抗体简单视为一个单一的功能群。

第三节　炎症反应在创伤性脑损伤后遗症中的作用及机制

现有的证据表明，脑外伤的认知、心理和生理并发症很少单独发生。本节我们重点阐述创伤性脑损伤的严重后遗症，包括抑郁症、癫痫和神经退行性变性疾病等。

抑郁是创伤性脑损伤常见的心理后遗症之一，高达 56% 的患者在伤后 10 周出现抑郁症状。在中重型损伤后，第一年主要抑郁障碍的累积率为 53%，而普通人群中的主要抑郁障碍的累积率仅为 7%。脑震荡史可提高青少年抑郁症的诊断风险，是正常人群的 3.3 倍，老年人较同龄正常人群的抑郁症诊断风险也会增加到 2 倍。损伤严重程度、损伤次数、损伤时的年龄和其他因素影响创伤性脑损伤后抑郁的相对可能性，但很少有人能够避免创伤性脑损伤导致抑郁的风险。炎症是创伤性脑损伤后抑郁的重要机制，炎性介质（包括细胞因子和炎性细胞表面标记物）随着创伤性脑损伤的神经损伤而升高。在创伤性脑损伤的背景下，细胞因子的升高可能首先发生在中枢神经系统内的反应性小胶质细胞、巨噬细胞和星形胶质细胞，这种改变也可能改变外周与中枢神经系统之间的双向通信途径之一，而且早期发生的炎症可能导致神经炎症反应的慢性失调。多项研究表明，与健康对照组相比，重度抑郁症患者的外周多种细胞因子和趋化因子（包括 IL-6 和 TNF-α）水平升高，因此，在创伤性脑损伤后抑郁症的发生中炎症反应无疑起了重要作用。不管炎症的来源如何，如果创伤性脑损伤后血液中长期出现细胞因子升高，这可能是一个预测抗炎治疗是否成功减轻抑郁的指标。抗细胞因子治疗与安慰剂相比，抑郁症状显著减少，效果估计为 0.4。使用抗 TNF-α 阻断抗体英夫利西单抗治疗难治性抑郁症患者，其中 C 反应蛋白水平升高的参与者疗效显著。另一项研究也发现，在使用 5- 羟色胺选择性重摄取抑制剂（serotonin-selective reuptake inhibitor，SSRI）治疗中添加非甾体抗炎药（nonsteroidal anti-inflammatory drug，NSAID）对症状的缓解疗效明显。此外，在重型创伤性脑损伤患者 1 周的脑脊液检测中发现 IL-7 的水平比正常人低 25%，这反映了 T 细胞稳态的破坏是炎症介导抑郁症的一个潜在途径。

癫痫是另一个较常见致残的创伤性脑损伤后遗症。长期以来，癫痫发作被认为是由于减少的 γ- 氨基丁酸（GABA）能信号和增强的谷氨酸能信号之间的不平衡造成的。然而，强有力的证据已表明炎症在癫痫的病理中起作用。一方面，癫痫活动容易诱发炎症反应，包括小胶质细胞的激活和促炎细胞因子的产生。更重要的是，炎性介质可能在诊断为癫痫发作之前引发或触发早期癫痫发作。在创伤性脑损伤小鼠模型中，使用米诺环素抑制单核细胞和小胶质细胞脑浸润，可以明显升高电休克诱发癫痫发作的阈值，说明创伤后癫痫活动与小胶质细胞活性和促炎细胞因子有关。系统性高表达 IL-6 或 TNF-α 的转基因小鼠，可降低癫痫发作阈值，并使大脑易患癫痫诱发的神经元丢失。小胶质细胞产生的 IL-1β 可以通过与锥体细胞树突共定位的细胞表面 1 型 IL-1R（IL-1R1）增强谷氨酸 N- 甲基 -D- 天冬氨酸（N-methyl-D-aspartate，NMDA）受体介导的 Ca^{2+} 电流，可引起细胞内 Ca^{2+} 过量，最终导致细胞兴奋性毒性损伤。TNF-α 和 IL-10 在内的其他几种细胞因子也与癫痫持续时间的调节有关。尽管这些相关性已经在不同模型的多个研究中被发现，但炎症环境与癫痫发生之间的关系与机制，特别是在脑损伤的情况下，仍然不清楚。

创伤性脑损伤与阿尔茨海默病（Alzheimer's disease，AD）、慢性创伤性脑病等神经退行性疾病的发生有关。创伤性脑损伤的一个显著特征是在损伤事件发生后几分钟内发生炎症反应。DAMP（如 ATP、活性氧、受损线粒体和坏死细胞）激活中枢神经系统中的小胶质细胞和常驻单核吞噬细胞，通过清除组织碎片和随后炎症反应的解决促进神经保护和修复，然而同时这些促炎细胞因子和反应性物质以及其他机制也可能导致进一步的神经元损伤。在创伤性脑损伤后的数小时内，即可观察到患者的 β 淀粉样蛋白（amyloid β-protein，Aβ）负荷和磷酸化 tau 蛋白水平升高。创伤性脑损伤引起的轴突损伤可能是 tau 的第一个扰动，导致微管的分离。顺式磷酸化 tau（P-tau）在闭合性脑损伤后数小时内出现，早于其他已知的致病性 p-tau 构象，包括低聚物、前纤维缠结和神经原纤维缠结（neurofibrillary tangle，NFT）的出现。小鼠小胶质细胞迅速内化并降解高磷酸化 tau，小胶质细胞自身表达 tau 也促进其活化。因此，强大和持续的炎症足以促进 tau 过度磷酸化的病理过程。

小胶质细胞可能在 Aβ 的积累和清除中起双重作用。在闭合性头部损伤模型中，观察到小胶质细胞和星形胶质细胞上 γ 分泌酶复合蛋白的表达增加。另一方面，含 Aβ 的小胶质细胞与创伤性脑损伤后的斑块相关，提示有蛋白酶如中性内肽酶（neprilysin）和胰岛素降解酶对 Aβ 有吞噬清除作用。抑制小胶质细胞的激活与创伤性脑损伤诱导的 Aβ 减少和神经发生的恢复有关。创伤性脑损伤后期发生的神经退行性变可能是星形胶质细胞活化和慢性炎症的结果。然而。值得注意的是，最近的临床病理学和生物标志物研究未能证实创伤性脑损伤与 AD 痴呆或病理改变的确定关系，早年的创伤性脑损伤暴露有可能是晚年神经变性的一种风险，但不是 AD。因此，显然需要进一步的研究来确定创伤性脑损伤与认知能力下降的关系。

第四节 展　望

越来越多的证据表明，炎症反应可能参与创伤性脑损伤不同时期的病理过程，影响着继发性神经元损伤、修复和患者预后。大多数据都来源于动物模型，未来还需要在这些不同的创伤性脑损伤动物模型中定义轻型、中型和重型创伤性脑损伤的标准，不论是局灶性、弥漫性和混合性脑损伤，能给出与临床结果一致的诊断标准。甚至，在诊断中可以考虑认知缺陷、精神障碍、癫痫等并发症发生的可能性。

目前有关炎症反应，尤其是免疫反应对创伤性脑损伤的正面或者负面的影响还未确定，为了未来进行安全和有效的治疗，研究必须高度集中在免疫靶点和时间轴上，才能制订出减轻病理神经炎症，同时促进修复和再生的方案，以提高创伤性脑损伤患者的预后。

此外，大多数人类创伤性脑损伤研究中发现，创伤性脑损伤结局的差异可能与免疫反应的个体间变异相关。因此，未来还需要探索免疫反应个体差异的生物标识物，从而找出对免疫调节治疗有效的特定人群，或者在不同人群中制订不同的免疫调节方案，也有助于预判创伤性脑损伤的结局。

（孙钦儒　西安交通大学）

参考文献

［1］Cederberg D，Siesjö P.What has inflammation to do with traumatic brain injury？［J］. Childs Nerv Syst，2010，26（2）：221-226.

［2］DeKosky S T，Blennow K，Ikonomovic M D，et al. Acute and chronic traumatic encephalopathies：pathogenesis and biomarkers［J］. Nat Rev Neurol，2013，9（4）：192-200.

［3］Morganti-Kossmann M C，Rancan M，Stahel P F，et al. Inflammatory response in acute traumatic brain injury：a double-edged sword［J］. Curr Opin Crit Care，2002，8（2）：101-105.

［4］Sherwood E R，Prough D S. Interleukin-8，neuroinflammation，and secondary brain injury［J］. Crit Care Med，2000，28（4）：1221-1223.

［5］Pearn M L，Niesman I R，Egawa J，et al. Pathophysiology Associated with Traumatic Brain Injury：Current Treatments and Potential Novel Therapeutics［J］. Cell Mol Neurobiol，2017，37（4）：571-585.

［6］Chen H，Chan Y L，Nguyen L T，et al. Moderate traumatic brain injury is linked to acute behaviour deficits and long term mitochondrial alterations［J］. Clin Exp Pharmacol Physiol，2016，43（11）：1107-1114.

［7］Wang L，Wang L，Dai Z，et al. Lack of mitochondrial ferritin aggravated neurological deficits via enhancing oxidative stress in a traumatic brain injury murine model［J］. Biosci Rep，2017，37（6）：BSR20170942.

［8］Thelin E P，Tajsic T，Zeiler F A，et al. Monitoring the Neuroinflammatory Response Following Acute Brain Injury［J］. Front Neurol，2017，8：351.

［9］Loane D J，Kumar A，Stoica B A，et al. Progressive neurodegeneration after experimental brain trauma：association with chronic microglial activation［J］. J Neuropathol Exp Neurol，2014，73（1）：14-29.

［10］Corrigan F，Mander K A，Leonard A V，et al. Neurogenic inflammation after traumatic brain injury and its potentiation of classical inflammation［J］. J Neuroinflammation，2016，13（1）：264.

［11］Irvine KA，Bishop R K，Won S J，et al. Effects of veliparib on microglial activation and functional outcomes following traumatic brain injury in the rat and pig［J］. J Neurotrauma，2018，35（7）：918-929.

［12］Witcher K G，Bray C E，Dziabis J E，et al. Traumatic brain injury-induced neuronal damage in the somatosensory cortex causes formation of rod-shaped microglia that promote astrogliosis and persistent neuroinflammation［J］. Glia，2018，66（12）：2719-2736.

［13］Fenn A M，Skendelas J P，Moussa D N，et al. Methylene blue attenuates traumatic brain injury-associated neuroinflammation and acute depressive-like behavior in mice［J］. J Neurotrauma，2015，32（2）：127-138.

［14］Fleshner M，Frank M，Maier S F. Danger Signals and Inflammasomes：Stress-Evoked Sterile Inflammation in Mood Disorders［J］. Neuropsychopharmac- ology，2017，42（1）：36-45.

［15］Liu H D，Li W，Chen Z R，et al. Expression of the NLRP3 inflammasome in cerebral cortex after traumatic brain injury in a rat model［J］. Neurochem Res，2013，38（10）：2072-2083.

［16］Walsh J G，Muruve DA，Power C. Inflammasomes in the CNS［J］. Nat Rev Neurosci，2014，15（2）：84-97.

［17］Wallisch J S，Simon D W，Bayir H，et al. Cerebrospinal Fluid NLRP3 is Increased After Severe Traumatic Brain Injury in Infants and Children［J］. Neurocrit Care，2017，27（1）：44-50.

［18］Chen G，Zhang S，Shi J，et al. Simvastatin reduces secondary brain injury caused by cortical contusion in rats：possible involvement of TLR4/NF-kappaB pathway［J］. Exp Neurol，2009，216（2）：398-406.

［19］Zan J，Zhang H，Lu M Y，et al. Isosteviol sodium injection improves outcomes by modulating TLRs/NF-κBs-dependent inflammatory responses following experimental traumatic brain injury in rats［J］. Neuroreport，2018，29（10）：794-803.

［20］Laird M D，Shields J S，Sukumari-Ramesh S，et al. High mobility group box protein-1 promotes cerebral edema after traumatic brain injury via activation of toll-like receptor 4 [J]. Glia, 2014, 62 (1): 26-38.

[21] Lin W P, Xiong GP, Lin Q, et al. Heme oxygenase-1 promotes neuron survival through down-regulation of neuronal NLRP1 expression after spinal cord injury [J]. J Neuroinflammation, 2016, 13 (1): 52.

[22] Sagulenko V, Thygesen S J, Sester D P, et al. AIM2 and NLRP3 inflammasomes activate both apoptotic and pyroptotic death pathways via ASC[J]. Cell Death and Differentiation, 2013, 20(9): 1149-1160.

[23] Barrington J, Lemarchand E, Allan S M. A brain in flame: do inflammasomes and pyroptosis influence stroke pathology? [J]. Brain Pathology, 2017, 27 (2): 205-212.

[24] Adamczak S, Dale G, de Rivero Vaccari JP, et al. Inflammasome proteins in cerebrospinal fluid of brain-injured patients as biomarkers of functional outcome Clinical article [J]. Journal of Neurosurgery, 2012, 117 (6): 1119-1125.

[25] Frugier T, Morganti-Kossmann M C, O'Reilly D, et al. In Situ Detection of Inflammatory Mediators in Post Mortem Human Brain Tissue after Traumatic Injury [J]. J Neurotrauma, 2010, 27 (3): 497-507.

[26] Brickler T, Gresham K, Meza A, et al. Nonessential Role for the NLRP1 Inflammasome Complex in a Murine Model of Traumatic Brain Injury [J]. Mediators of Inflammation, 2016, 2016: 6373506.

[27] Gustin A, Kirchmeyer M, Koncina E, et al. NLRP3 Inflammasome Is Expressed and Functional in Mouse Brain Microglia but Not in Astrocytes [J]. PLoS One, 2015, 10 (6): e0130624.

[28] Lin C, Chao H, Li Z, et al. Omega-3 fatty acids regulate NLRP3 inflammasome activation and prevent behavior deficits after traumatic brain injury [J]. Exp Neurol, 2017, 290: 115-122.

[29] Chen Y, Meng J, Bi F, et al. EK7 Regulates NLRP3 Inflammasome Activation and Neuroinflammation Post-traumatic Brain Injury [J]. Front Mol Neurosci, 2019, 12: 202.

[30] Adamczak S E, de Rivero Vaccari J P, Dale G, et al. Pyroptotic neuronal cell death mediated by the AIM2 inflammasome [J]. J Cereb Blood Flow Metab, 2014, 34 (4): 621-629.

[31] Helmy A, De Simoni M G, Guilfoyle M R, et al. Cytokines and innate inflammation in the pathogenesis of human traumatic brain injury [J]. Prog Neurobiol, 2011, 95 (3): 352-372.

[32] Tian G, Li J L, Wang D G, et al. Targeting IL-10 in auto-immune diseases [J]. Cell Biochem Biophys, 2014, 70 (1): 37-49.

[33] Hu X, Leak R K, Shi Y, et al. Microglial and macrophage polarization-new prospects for brain repair [J]. Nat Rev Neurol, 2015, 11 (1): 56-64.

[34] Neniskyte U, Vilalta A, Brown G C. Tumour necrosis factor alpha-induced neuronal loss is mediated by microglial phagocytosis [J]. Febs Letters, 2014, 588 (17): 2952-2956.

[35] Allan S M, Tyrrell P J, Rothwell N J. Interleukin-1 and neuronal injury [J]. Nature Reviews Immunology, 2005, 5 (8): 629-640.

[36] Clausen F, Hånell A, Israelsson C, et al. Neutralization of interleukin-1beta reduces cerebral edema and tissue loss and improves late cognitive outcome following traumatic brain injury in mice[J]. European Journal of Neuroscience, 2011, 34 (1): 110-123.

[37] Helmy A, Guilfoyle M R, Carpenter K L, et al. Recombinant human interleukin-1 receptor antagonist in severe traumatic brain injury: a phase Ⅱ randomized control trial [J]. J Cereb Blood

Flow Metab, 2014, 34（5）: 845-851.

[38] Bermpohl D, You Z, Lo E H, et al. TNF alpha and Fas mediate tissue damage and functional outcome after traumatic brain injury in mice [J]. J Cereb Blood Flow Metab, 2007, 27（11）: 1806-1818.

[39] Khuman J, Meehan W P 3rd, Zhu X, et al. Tumor necrosis factor alpha and Fas receptor contribute to cognitive deficits independent of cell death after concussive traumatic brain injury in mice [J]. J Cereb Blood Flow Metab, 2011, 31（2）: 778-789.

[40] Chio CC, Lin J W, Chang M W, et al. Therapeutic evaluation of etanercept in a model of traumatic brain injury [J]. Journal of Neurochemistry, 2010, 115（4）: 921-929.

[41] Maas A I, Murray G, Henney H 3rd, et al. Efficacy and safety of dexanabinol in severe traumatic brain injury: results of a phase Ⅲ randomised, placebo-controlled, clinical trial [J]. Lancet Neurol, 2006, 5（1）: 38-45.

[42] Longhi L, Perego C, Ortolano F, et al. Tumor necrosis factor in traumatic brain injury: effects of genetic deletion of p55 or p75 receptor [J]. J Cereb Blood Flow Metab, 2013, 33（8）: 1182-1189.

[43] Penkowa M, Giralt M, Lago N, et al. Astrocyte-targeted expression of IL-6 protects the CNS against a focal brain injury [J]. Exp Neurol, 2003, 181（2）: 130-148.

[44] Singhal A, Baker A J, Hare G M, et al. Association between cerebrospinal fluid interleukin-6 concentrations and outcome after severe human traumatic brain injury [J]. J Neurotrauma, 2002, 19（8）: 929-937.

[45] Kumar R G, Diamond M L, Boles J A, et al. Acute CSF interleukin-6 trajectories after TBI: Associations with neuroinflammation, polytrauma, and outcome [J]. Brain Behavior and Immunity, 2015, 45: 253-262.

[46] Scheller J, Chalaris A, Schmidt-Arras D, et al. The pro- and anti-inflammatory properties of the cytokine interleukin-6 [J]. Biochimica Et Biophysica Acta-Molecular Cell Research, 2011, 1813（5）: 878-888.

[47] Chen X, Duan XS, Xu L J, et al. Interleukin-10 Mediates the Neuroprotection of Hyperbaric Oxygen Therapy against Traumatic Brain Injury in Mice [J]. Neuroscience, 2014, 266: 235-243.

[48] Kirchhoff C, Buhmann S, Bogner V, et al. CerebrospinalⅡ-10 Concentration Is Elevated in Non-Survivors as Compared to Survivors after Severe Traumatic Brain Injury [J]. European Journal of Medical Research, 2008, 13（10）: 464-468.

[49] Schneider Soares F M, Menezes de Souza N, Libório Schwarzbold M, et al. Interleukin-10 Is an Independent Biomarker of Severe Traumatic Brain Injury Prognosis [J]. Neuroimmunomodulation, 2012, 19（6）: 377-385.

[50] Saxena A, Khosraviani S, Noel S, et al. Interleukin-10 paradox: A potent immunoregulatory cytokine that has been difficult to harness for immunotherapy [J]. Cytokine, 2015, 74（1）: 27-34.

[51] Lobo-Silva D, Carriche G M, Castro A G, et al. Balancing the immune response in the brain: IL-10 and its regulation [J]. J Neuroinflammation, 2016, 13（1）: 297.

[52] Soares H D, Hicks R R, Smith D, et al. Inflammatory leukocytic recruitment and diffuse neuronal degeneration are separate pathological processes resulting from traumatic brain injury [J]. Journal of Neuroscience, 1995, 15（12）: 8223-8233.

[53] Wang G, Zhang J, Hu X, et al. Microglia/macrophage polarization dynamics in white matter after

traumatic brain injury [J]. Journal of Cerebral Blood Flow and Metabolism, 2013, 33 (12): 1864–1874.

[54] Kolaczkowska E, Kubes P. Neutrophil recruitment and function in health and inflammation [J]. Nature Reviews Immunology, 2013, 13 (3): 159–175.

[55] Nguyen Hal X, O'Barr T J, Anderson A J. Polymorphonuclear leukocytes promote neurotoxicity through release of matrix metalloproteinases, reactive oxygen species, and TNF–alpha [J]. Journal of neurochemistry, 2007, 102 (3): 900–912.

[56] Kenne E, Erlandsson A, Lindbom L, et al. Neutrophil depletion reduces edema formation and tissue loss following traumatic brain injury in mice [J]. J Neuroinflammation, 2012, 26 (1): 711.

[57] Semple B D, Bye N, Ziebell J M, et al. Deficiency of the chemokine receptor CXCR2 attenuates neutrophil infiltration and cortical damage following closed head injury [J]. Neurobiol Dis, 2010, 40 (2): 394–403.

[58] Semple B D, Trivedi A, Gimlin K, et al. Neutrophil elastase mediates acute pathogenesis and is a determinant of long–term behavioral recovery after traumatic injury to the immature brain [J]. Neurobiol Dis, 2015, 74: 263–280.

[59] Bao F, Shultz S R, Hepburn J D, et al. A CD11d monoclonal antibody treatment reduces tissue injury and improves neurological outcome after fluid percussion brain injury in rats [J]. J Neurotrauma, 2012, 29 (14): 2375–2392.

[60] Kawabori M, Yenari M A. The role of the microglia in acute CNS injury [J]. Metab Brain Dis, 2015, 30 (2): 381–392.

[61] Saijo K, Glass C K. Microglial cell origin and phenotypes in health and disease [J]. Nature Reviews Immunology, 2011, 11 (11): 775–787.

[62] Zanier E R, Fumagalli S, Perego C, et al. Shape descriptors of the "never resting" microglia in three different acute brain injury models in mice [J]. Intensive Care Med Exp, 2015, 3 (1): 39.

[63] Sica A, Mantovani A. Macrophage plasticity and polarization: in vivo veritas [J]. J Clin Invest, 2012, 122 (3): 787–795.

[64] Morganti J M, Riparip L K, Rosi S. Call Off the Dog (ma): M1/M2 Polarization Is Concurrent following Traumatic Brain Injury [J]. PLoS One, 2016, 11 (1): e0148001.

[65] Kim C C, Nakamura M C, Hsieh C L. Brain trauma elicits non–canonical macrophage activation states [J]. J Neuroinflammation, 2016, 13 (1): 117.

[66] Morganti J M, Jopson T D, Liu S, et al. CCR2 antagonism alters brain macrophage polarization and ameliorates cognitive dysfunction induced by traumatic brain injury [J]. Journal of Neuroscience, 2015, 35 (2): 748–760.

[67] Febinger H Y, Thomasy H E, Pavlova M N, et al. Time–dependent effects of CX3CR1 in a mouse model of mild traumatic brain injury [J]. J Neuroinflammation, 2015, 12: 154.

[68] Zanier E R, Marchesi F, Ortolano F, et al. Fractalkine Receptor Deficiency Is Associated with Early Protection but Late Worsening of Outcome following Brain Trauma in Mice [J]. J Neurotrauma, 2016, 33 (11): 1060–1072.

[69] Scott G, Zetterberg H, Jolly A, et al. Minocycline reduces chronic microglial activation after brain trauma but increases neurodegeneration [J]. Brain, 2018, 141 (2): 459–471.

[70] Burda J E, Bernstein A M, Sofroniew M V. Astrocyte roles in traumatic brain injury [J]. Exp Neurol, 2016, 275 (Pt 3): 305–315.

［71］Howarth C. The contribution of astrocytes to the regulation of cerebral blood flow［J］. Front Neurosci, 2014, 8: 103.

［72］Shen W, Li S, Chung S H, et al. Tyrosine phosphorylation of VE-cadherin and claudin-5 is associated with TGF-beta1-induced permeability of centrally derived vascular endothelium［J］. Eur J Cell Biol, 2011, 90（4）: 323-332.

［73］Zhang C, Chen J, Lu H. Expression of aquaporin-4 and pathological characteristics of brain injury in a rat model of traumatic brain injury［J］. Mol Med Rep, 2015, 12（5）: 7351-7357.

［74］Myer D J, Gurkoff G G, Lee S M, et al. Essential protective roles of reactive astrocytes in traumatic brain injury［J］. Brain, 2006, 129（Pt 10）: 2761-2772.

［75］Mondello S, Sorinola A, Czeiter E, et al. Blood-Based Protein Biomarkers for the Management of Traumatic Brain Injuries in Adults Presenting to Emergency Departments with Mild Brain Injury: A Living Systematic Review and Meta-Analysis［J］. J Neurotrauma, 2021, 38（8）: 1086-1106.

［76］Schwartz M. Protective autoimmunity as a T-cell response to central nervous system trauma: prospects for therapeutic vaccines［J］. Prog Neurobiol, 2001, 65（5）: 489-496.

［77］Fee D, Crumbaugh A, Jacques T, et al. Activated/effector CD4[+] T cells exacerbate acute damage in the central nervous system following traumatic injury［J］. Journal of Neuroimmunology, 2003, 136（1-2）: 54-66.

［78］Gao C, Qian Y, Huang J, et al. A Three-Day Consecutive Fingolimod Administration Improves Neurological Functions and Modulates Multiple Immune Responses of CCI Mice［J］. Mol Neurobiol, 2017, 54（10）: 8348-8360.

［79］Walsh J T, Hendrix S, Boato F, et al. MHC II-independent CD4[+] T cells protect injured CNS neurons via IL-4［J］. J Clin Invest, 2015, 125（2）: 699-714.

［80］Chenouard A, Chesneau M, Braza F, et al. Phenotype and functions of B cells in patients with acute brain injuries［J］. Mol Immunol, 2015, 68（2 Pt A）: 350-356.

［81］Wang K K, Yang Z, Yue J K, et al. Plasma Anti-Glial Fibrillary Acidic Protein Autoantibody Levels during the Acute and Chronic Phases of Traumatic Brain Injury: A Transforming Research and Clinical Knowledge in Traumatic Brain Injury Pilot Study［J］. J Neurotrauma, 2016, 33（13）: 1270-1277.

［82］Butovsky O, Ziv Y, Schwartz A, et al. Microglia activated by IL-4 or IFN-gamma differentially induce neurogenesis and oligodendrogenesis from adult stem/progenitor cells［J］. Mol Cell Neurosci, 2006, 31（1）: 149-160.

［83］Piao C S, Stoica B A, Wu J, et al. Late exercise reduces neuroinflammation and cognitive dysfunction after traumatic brain injury［J］. Neurobiol Dis, 2013, 54: 252-263.

［84］Peruzzaro S T, Andrews M M M, Al-Gharaibeh A, et al. Transplantation of mesenchymal stem cells genetically engineered to overexpress interleukin-10 promotes alternative inflammatory response in rat model of traumatic brain injury［J］. J Neuroinflammation, 2019, 16（1）: 2.

［85］Loane D J, Kumar A. Microglia in the TBI brain: The good, the bad, and the dysregulated［J］. Exp Neurol, 2016, 275 Pt 3: 316-327.

［86］Thau-Zuchman O, Shohami E, Alexandrovich A G, et al. Combination of vascular endothelial and fibroblast growth factor 2 for induction of neurogenesis and angiogenesis after traumatic brain injury［J］. J Mol Neurosci, 2012, 47（1）: 166-172.

［87］Stein T D, Fedynyshyn J P, Kalil R E. Circulating autoantibodies recognize and bind dying neurons following injury to the brain［J］. J Neuropathol Exp Neurol，2002，61（12）：1100-1108.

［88］Kumar R G, Gao S, Juengst S B, et al. The effects of post-traumatic depression on cognition, pain, fatigue, and headache after moderate-to-severe traumatic brain injury: a thematic review［J］. Brain Inj, 2018, 32（4）：383-394.

［89］Singh R, Mason S, Lecky F, et al. Prevalence of depression after TBI in a prospective cohort: The SHEFBIT study［J］. Brain Inj, 2018, 32（1）：84-90.

［90］Bombardier C H, Fann J R, Temkin N R, et al. Rates of major depressive disorder and clinical outcomes following traumatic brain injury［J］. JAMA, 2010, 303（19）：1938-1945.

［91］Chrisman S P, Richardson L P. Prevalence of diagnosed depression in adolescents with history of concussion［J］. J Adolesc Health, 2014, 54（5）：582-586.

［92］Albrecht J S, Kiptanui Z, Tsang Y, et al. Depression among older adults after traumatic brain injury: a national analysis［J］. Am J Geriatr Psychiatry, 2015, 23（6）：607-614.

［93］Köhler C A, Freitas T H, Maes M, et al. Peripheral cytokine and chemokine alterations in depression: a meta-analysis of 82 studies［J］. Acta Psychiatr Scand, 2017, 135（5）：373-387.

［94］Kappelmann N, Lewis G, Dantzer R, et al. Antidepressant activity of anti-cytokine treatment: a systematic review and meta-analysis of clinical trials of chronic inflammatory conditions［J］. Mol Psychiatry, 2018, 23（2）：335-343.

［95］Raison C L, Rutherford R E, Woolwine B J, et al. A randomized controlled trial of the tumor necrosis factor antagonist infliximab for treatment-resistant depression: the role of baseline inflammatory biomarkers［J］. JAMA Psychiatry, 2013, 70（1）：31-41.

［96］Juengst S B, Kumar R G, Failla M D, et al. Acute inflammatory biomarker profiles predict depression risk following moderate to severe traumatic brain injury［J］. J Head Trauma Rehabil, 2015, 30（3）：207-218.

［97］Ravizza T, Balosso S, Vezzani A. Inflammation and prevention of epileptogenesis［J］. Neuroscience Letters, 2011, 497（3）：223-230.

［98］Sayyah M, Javad-Pour M, Ghazi-Khansari M. The bacterial endotoxin lipopolysaccharide enhances seizure susceptibility in mice: involvement of proinflammatory factors: nitric oxide and prostaglandins［J］. Neuroscience, 2003, 122（4）：1073-1080.

［99］Lloyd E, Somera-Molina K, Van Eldik L J, et al. Suppression of acute proinflammatory cytokine and chemokine upregulation by post-injury administration of a novel small molecule improves long-term neurologic outcome in a mouse model of traumatic brain injury［J］. J Neuroinflammation, 2008, 5: 28.

［100］Samland H, Huitron-Resendiz S, Masliah E, et al. Profound increase in sensitivity to glutamatergic- but not cholinergic agonist-induced seizures in transgenic mice with astrocyte production of IL-6［J］. J Neurosci Res, 2003, 73（2）：176-187.

［101］Viviani B, Gardoni F, Marinovich M. Cytokines and neuronal ion channels in health and disease［J］. Int Rev Neurobiol, 2007, 82: 247-263.

［102］Godukhin O V, Levin S G, Parnyshkova E Y. The effects of interleukin-10 on the development of epileptiform activity in the hippocampus induced by transient hypoxia, bicuculline, and electrical kindling［J］. Neurosci Behav Physiol, 2009, 39（7）：625-631.

［103］Johnson V E, Stewart W, Smith D H. Traumatic brain injury and amyloid-beta pathology: a link to Alzheimer's disease?［J］. Nat Rev Neurosci, 2010, 11（5）：361-370.

［104］Scott G, Ramlackhansingh A F, Edison P, et al. Amyloid pathology and axonal injury after brain trauma［J］.Neurology，2016，86（9）：821-828.

［105］Wang L，Jiang Q，Chu J，et al. Expression of Tau40 induces activation of cultured rat microglial cells［J］.PLoS One，2013，8（10）：e76057.

［106］Nadler Y，Alexandrovich A，Grigoriadis N，et al. Increased expression of the gamma-secretase components presenilin-1 and nicastrin in activated astrocytes and microglia following traumatic brain injury［J］.Glia，2008，56（5）：552-567.

［107］Chen X H，Johnson V E，Uryu K，et al. A lack of amyloid beta plaques despite persistent accumulation of amyloid beta in axons of long-term survivors of traumatic brain injury［J］.Brain Pathology，2009，19（2）：214-223.

［108］Shimizu E，Kawahara K，Kajizono M，et al. IL-4-induced selective clearance of oligomeric β - amyloid peptide（1-42）by rat primary type 2 microglia［J］.J Immunol，2008，181（9）：6503-6513.

［109］Thau-Zuchman O，Gomes R N，Dyall S C，et al. Brain Phospholipid Precursors Administered Post-Injury Reduce Tissue Damage and Improve Neurological Outcome in Experimental Traumatic Brain Injury［J］.J Neurotrauma，2019，36（1）：25-42.

［110］Faden A I，Loane D J. Chronic neurodegeneration after traumatic brain injury：Alzheimer disease，chronic traumatic encephalopathy，or persistent neuroinflammation［J］.Neurotherapeutics，2015，12（1）：143-150.

［111］Crane P K，Gibbons L E，Dams-O'Connor K，et al. Association of Traumatic Brain Injury With Late-Life Neurodegenerative Conditions and Neuropathologic Findings［J］.JAMA Neurol，2016，73（9）：1062-1069.

［112］Weiner M W，Crane P K，Montine T J，et al. Traumatic brain injury may not increase the risk of Alzheimer disease［J］.Neurology，2017，89（18）：1923-1925.

第十九章

脑损伤后神经细胞凋亡、自噬与焦亡

颅脑损伤包括创伤性颅脑损伤，其是全球脑损伤患者死亡和致残的主要原因，伴有细胞死亡和炎症。其时间历程包括两个阶段，第一个阶段为外力直接损伤脑或脊髓组织，导致细胞膜破裂，造成不可逆的细胞损伤和组织坏死。在第二个阶段，细胞坏死导致细胞内和轴突内物质的快速释放，如谷氨酸、ROS、钾和组织蛋白酶 B，这些物质是高度促炎的，因此会引发强烈的炎症，从而诱发神经炎症。研究表明，细胞死亡在中枢神经系统（CNS）损伤的病理生理中起着至关重要的作用。神经炎症是 CNS 中先天免疫系统的反应，组织损伤在 CNS 病理中起重要作用。通常，细胞死亡的形态类型分为三种不同形式：① Ⅰ 型细胞死亡或凋亡；② Ⅱ 型细胞死亡或自噬；③ Ⅲ 型细胞死亡或坏死。这三种不同类型的细胞死亡的分类主要基于形态学，例如：凋亡表现为细胞收缩和染色质浓缩，自噬细胞死亡表现为胞浆空泡化、吞噬摄取和溶酶体降解，坏死表现为细胞肿胀、细胞膜完整性丧失、DNA 降解和胞质含量释放。最近，研究人员发现了程序性坏死细胞死亡的详细机制，其特征是线粒体通透性转换（MPT）依赖性坏死、坏死性凋亡、铁死亡和焦亡。

本章介绍有关脑损伤后神经细胞死亡三种的形式即凋亡、自噬与焦亡的最新知识。

第一节　细胞凋亡

一、细胞凋亡的概述

凋亡（apoptosis）被认为是程序性细胞死亡（programmed cell death，PCD）中的形式之一，是由体内外因素触发细胞内预存的死亡程序而导致细胞死亡的过程。凋亡在诱导凋亡的相关因素（如高温、细菌和病毒等）作用下启动信号转导，导致细胞呈现凋亡特征的形态，如胞膜皱缩内陷，分割包裹胞浆，形成泡状小体，该小体被称为凋亡小体（apoptotic body）。凋亡与坏死从性质、诱导因素、生化特点、形态变化、炎症反应及基因调控等多个方面都显示不同（表 19-1）。凋亡是影响脑损伤结局和预后的主要因素之一。

表 19-1 细胞坏死与细胞凋亡的差异

	凋亡	坏死
诱导因素	生理或病理性刺激因子诱导，较弱刺激，非随机产生	病理性刺激因子诱导或剧烈损伤，强烈刺激，随机产生
细胞形态	膜皱缩，核固缩，体积变小	细胞肿胀，结构全面溶解破坏
细胞膜	完整，直到形成凋亡小体	破损
细胞器	无明显变化	膨大和破碎
染色质	凝集，在核膜周围呈星月形帽状结构分布	不凝集，呈絮状
凋亡小体	有	无
DNA 电泳	规律性降解，电泳图谱呈梯状	随机降解，电泳图谱呈涂抹状
炎症反应	无	有
分子机制	与蛋白酶 Caspase 基因家族有关	与蛋白激酶 RIP3 表达有关

二、细胞凋亡的调控

细胞凋亡的过程一般需要经历以下几个步骤：①凋亡信号转导；②凋亡基因激活；③细胞凋亡的执行；④凋亡细胞的清除。

（一）细胞凋亡调控相关的信号

在细胞凋亡的启动阶段，细胞需要感受到相应的信号刺激才会发生胞内一系列控制开关的开启或关闭。该过程受到很多信号的调控，分为生理性凋亡和病理性凋亡相关信号。生理性凋亡信号如某些激素和细胞因子的直接作用和间接作用（糖皮质激素是淋巴细胞凋亡的典型信号）；病理性凋亡相关信号包括一些对细胞可能造成破坏的因素，如生物、射线、化学物质、病毒、细菌等。在生理条件下，凋亡是清除异常细胞的方式，而在病理条件下，细胞凋亡可导致疾病。

（二）脑损伤后细胞凋亡的信号转导通路

已有研究证明，脑外伤后内在和外在凋亡信号通路的作用，即脑损伤后可诱导细胞凋亡的信号通路，包括死亡受体介导的凋亡通路，线粒体介导的凋亡通路以及内质网应激介导的凋亡通路。同时也证实了胱天蛋白酶在脑外伤诱导的凋亡信号通路中的作用。脑损伤后，不管是内源性还是外源性途径，最终均导致 Caspase-3 活化，使维持细胞存活和完整性所必需的细胞蛋白质降解。

1.**死亡受体介导的凋亡通路** 由各种外界因素作为细胞凋亡的启动剂，然后通过不同的信号传递系统传递凋亡信号，引起细胞凋亡。死亡受体（death receptor，DR）为一类跨膜蛋白，属肿瘤坏死因子受体（TNFR）基因超家族成员。其胞外部分都含有一个富含半胱氨酸的区域，胞质区有一由同源氨基酸残基构成的结构，有蛋白水解功能，称"死亡区域（death domain）"。已知的死亡受体有 5 种：TFR-1（又称 CD120a 或 p55），Fas（CD95 或 Apo1），DR3（死亡受体 3，又称 Apo3，WSL-1，TRAMP，LARD），DR4 和 DR5（Apo2，TRAIL-R2，TRICK2，KILLER）。前三种受体相应的配体分别为 TNF、FasL（CD95L）、Apo-3L（DR3L），后两种均为 Apo-2L（TRAIL）。例如配体 FasL 可首先诱导 Fas 三聚体化，三聚化的 Fas 和 FasL 结合后，使三个 Fas 分子的死亡结构域相聚成簇，吸引了胞浆中另一种带有相同死亡结构域（death domain，DD）的蛋白 FADD，在细胞膜上形成凋亡诱导复合物，从而激活 Caspase-8，进而引起随后的级联反应，激活 Caspase-3、Caspase-6、Caspase-7 前体，导致细胞发生凋亡。在颅脑损伤中，活化的巨噬细胞产生了 TNF-α，它是细胞凋亡外源途径的主要介体。巨噬细胞被激活，导致 TNF-α 的产生。激活的 TNF-α 进一步激活了依赖 Caspase 的凋亡信号通路。

2.**线粒体介导的凋亡通路** 该通路是细胞凋亡信号转导途径中较重要的途径之一。主要涉及位于线粒体内促凋亡蛋白的异位。许多凋亡诱导信号如射线、化疗药和氧化应激及钙稳态失衡等可作用于线粒体膜，线粒体释放凋亡酶激活因子激活 Caspase，该通路中含有的 BH3 结构域的 Bcl-2 家族成员（Bid、Bad、Bim、Harikari、Noxa 等）与另外结合在线粒体外膜面或存在于胞浆的 Bcl-2 家族成员（Bax 亚家族成员 Bax、Bak 等）相互作用，导致后者的寡聚并插入线粒体膜，从而引起线粒体膜通透性改变，跨膜电位丢失，释放细胞色素 c（Cytc）和其他蛋白。使其跨膜电位明显下降和膜转换孔开放，导致线粒体膜通透性增高，促使线粒体内凋亡启动因子释放至胞质，导致细胞凋亡。释放到细胞浆的细胞色素 c 在 dATP 存在的条件下能与凋亡相关因子 1（Apaf-1）结合，使其形成多聚体，而后通过 Apaf-1 氨基端的胱天蛋白酶募集域（caspase recruitment domain，CARD）募集胞质中的 Caspase-9 前体，并促使 Caspase-9 与其结合形成凋亡小体，被激活的 Caspase-9 通过级联反应激活下游的 Caspase-3、Caspase-6 和 Caspase-7 等，从而诱导细胞凋亡的改变。此外，线粒体还释放凋亡诱导因子，如 AIF，释放到胞质，参与激活 Caspase，促凋亡因子能诱导细胞色素 c 释放增强细胞凋亡的信号和凋亡小体的形成。

脑损伤启动凋亡的内在凋亡信号转导通路涉及各种非受体介导的刺激，这些刺激产生直接作用于细胞内靶标并是线粒体引发事件的细胞内信号，此外，脑损伤还可能通过改变这些信号通路而导致神经元死亡。在脑损伤发生后，神经元过度兴奋，细胞内钙浓度升高，最终导致氧化应激和细胞死亡。目前有报道，脑损伤后钙信号通路发生改变，大量 Ca^{2+} 流入，通过激活凋亡信号通路导致神经炎症和细胞死亡。

3. 内质网应激介导的凋亡　内质网应激（ERS）启动的凋亡通路是一种不同于死亡受体介导或线粒体介导细胞凋亡的新途径。内质网是细胞内蛋白质合成的主要场所，同时也是 Ca^{2+} 的主要储存库。颅脑外伤通过激活磷脂酶 C 诱导钙信号传导通路，而磷脂酶 C 可能激活 IP3 通路，从而导致依赖钙调蛋白的蛋白激酶的改变，从而造成细胞死亡。它也通过增加细胞内钙导致钙蛋白酶激活，然后导致 Caspase-12 的活化。Caspase-12 进一步激活 Caspase-9 和 Caspase-3。Caspase-3 攻击 DNA 并导致其断裂，并产生凋亡。

（三）细胞凋亡调控相关的基因和酶

多个研究均表明 p53、Bcl-2 在脑损伤诱导的神经元死亡中的作用。

Bcl-2 是第一个被确认的抑凋亡基因，经研究证实 Bcl-2 蛋白广泛存在于造血细胞、上皮细胞、淋巴细胞、神经细胞和多种肿瘤细胞，主要分布在线粒体内膜、细胞膜内表面、内质网和核膜等处。淋巴细胞性白血病患者外周淋巴细胞 Bcl-2 阳性率高达 20%。有研究显示，在脑损伤后促凋亡的 Bcl-2 家族成员的下调，这也说明了 Bcl-2 阻断细胞的凋亡，与 Bax 的促凋亡一起造成了 Bcl-2 和 Bax 水平的改变，细胞色素 c 的释放，而释放的细胞色素进一步释放 Apaf1，并导致凋亡小体的形成。此外，Caspase 被激活，导致细胞凋亡。

野生型 p53 蛋白是一种负调控因子，具有诱导细胞凋亡及抑制细胞增殖的作用，主要在 G1/S 期交界处发挥检查点的功能，当其检查发现染色体 DNA 损伤时，可引起 G1 期阻滞，并启动 DNA 修复；如修复失败则启动细胞凋亡，把可能演变为癌的细胞消灭在萌芽状态。与之对应的，突变型 p53 丧失促进细胞凋亡作用，甚至有报道突变型 p53 可驱动细胞周期。然而，不适当的 p53 激活会导致神经系统疾病和脑损伤中各种凋亡信号通路，导致神经元凋亡。

第二节　细胞自噬

一、细胞自噬的概述

细胞自噬（autophagy）是一种重要的细胞内降解途径，可将细胞质成分传递至溶酶体进行降解，auto 是希腊语的"自我"，phagy 则为"饮食"。早在 20 世纪 60 年代，科学家就已经发现了自噬现象；1963 年，比利时科学家 Christian de Duve 将细胞的自我吞噬的现象命名为 autophagy，而选择这个术语的目的主要是用来区分细胞自身成分的溶酶体降解与细胞外物质的溶酶体降解，反映了通过电子显微镜观察到的新的单膜和双膜囊泡在不同降解阶段具有细胞器和细胞质成分的观察结果，在 1974 年他因溶酶体的发现而获得诺贝尔生理学或医学奖；直到 1992 年，日本科学家大隅良典通过一系列试验，发现了自噬相关基因，解析了自噬作用机制，让人们意识到自噬的重要作用。大隅良典也因为在细胞自噬机制方面的发现荣获 2016 年诺贝尔生理学或医学奖。

目前将自噬定义为细胞在外界环境因素（饥饿、蛋白聚集、凋亡、缺氧、病原体感染等）的影响下，细胞利用溶酶体降解自身受损、变性或衰老的大分子物质，以及细胞器的自我消化过程。细胞的自噬是一种进化上保守的分解代谢机制，是细胞稳态的关键，广泛存在于真核细胞内，在调节细胞生存和死亡的过程中，起着重要的作用。同样的，自噬对大脑中的细胞稳态至关重要，在正常情况下受到严格调控。研究已经证实，在应激条件下（如营养缺乏、饥饿）或急性细胞损伤（如创伤、局部缺血 – 再灌注）的情况下，自噬增加，并且似乎与应激 / 损伤的程度成正比。据报道，在各种类型的急性脑损伤后，包括创伤性颅脑损伤、中风、全脑缺血和癫痫发作后，自噬的检测率增加。然而，神经外伤中的自噬代表的是一种保护性反应、病理过程还是一种表象现象仍存在争议。

二、细胞自噬的原理

在面临外界环境压力时，细胞自噬活动增强，粗面内质网的无核糖体附着区脱落的双层膜结构包裹需要被降解的细胞器和蛋白等，形成自噬体（autophagosome），自噬体直径一般为 300~900 nm ，平均 500 nm。电镜下，其囊泡内常见某些胞浆成分和细胞器如线粒体、过氧化物体等；当自噬体与细胞内的溶酶体结合后，形成自噬溶酶体（autolysosome），自噬溶酶体中的水解酶分解掉需要被降解的细胞器和蛋白质，以实现细胞本身的代谢需要和某些细胞器的更新。

三、自噬的细胞学分类及过程

迄今为止，根据细胞内物质运输到溶酶体的方式以及生理功能的差异，细胞自噬可以分为三种类型：巨自噬 / 大自噬（macroautophagy）、小自噬 / 微自噬（microautophagy）和分子伴侣介导的自噬（chaperone mediated autophagy，CMA），另外，还有几种类型的靶向自噬，包括线粒体自噬（mitophagy）、核糖体自噬（ribophagy）、内质网自噬（endoplasmic reticulum autophagy，ER-phagy）、过氧化物酶体自噬（pexophagy）等。

（一）巨自噬 / 大自噬

一般情况下所说的自噬是指巨自噬。由双层膜结构的囊泡作为载体，包裹细胞质中可溶性的大分子物质以及变性的细胞器，被内质网、线粒体来源的单层或双层膜包裹形成自噬体，然后与溶酶体融合形成自噬溶酶体并降解自噬体内的待降解物内容物，完成自噬。

（二）小自噬 / 微自噬

指溶酶体直接吞噬要降解的细胞成分的过程。由溶酶体的膜内陷，直接包裹细胞质元件并在其中降解；在这个过程中没有形成自噬体。

（三）分子伴侣介导的自噬

该类自噬涉及胞浆中的分子伴侣热休克蛋白（HSP）识别带有 Lys-Phe-Glu-Arg-Gln（KFERQ）基团的底物蛋白质分子并结合，当分子伴侣 - 底物蛋白分子复合物与溶酶体相关膜蛋白 2（lysosome-associated membrane protein 2，LAMP2）结合，底物去折叠，转运到溶酶体；底物蛋白分子再在溶酶体内，被水解酶降解。因此，相比较于巨自噬和小自噬在降解蛋白时没有明显的选择性的特点，分子伴侣介导的自噬在降解蛋白时具有选择性。

巨自噬（以下简称"自噬"）是这三种途径中研究最广泛、最广为人知的类型。当自噬被激活时，胞质蛋白或细胞器被隔离膜包围形成自噬体。然后自噬体与溶酶体融合形成自溶酶体，随后胞质蛋白或细胞器被溶酶体酶降解。

四、细胞自噬的分子机制

（一）mTOR 信号通路

哺乳动物雷帕霉素靶蛋白（mammalian target of rapamycin，mTOR）是一个丝氨酸 / 苏氨酸蛋白激酶。作为一种保守的丝氨酸 / 苏氨酸蛋白激酶，mTOR 是调节细胞生长、增殖、运动、存活和自噬等上游通路的汇合点。能接受多种上游信号，如 Class I PI3K、IGF-1/2、MAPK，能感受营养和能量的变化。mTOR 存在两种不同形式：对雷帕霉素敏感的 mTOR 复合物 1（mTORC1）和对雷帕霉素不敏感的 mTOR 复合物 2（mTORC2）。mTORC1 通过翻译后和转录机制负调控自噬；此外，mTORC1 通过抑制转录因子 EB（TFEB）的核转运来抑制 Atg 基因的转录，该因子是自噬和溶酶体生物发生的调节剂，在营养缺乏的细胞中，mTORC1 活性降低，导致自噬激活。mTORC2 调节细胞存活，具有胰岛素敏感性和细胞极性，是 PI3K/Akt 下游的一种重要的丝氨酸 / 苏氨酸蛋白激酶。它可通过激活核糖体激酶，来调节肿瘤细胞的增殖、存活和侵袭转移，还可通过 Akt 和哺乳动物丝氨酸 / 苏氨酸激酶 1（Mst1）间接调节自噬。

1. PI3K-Akt-mTOR 信号通路　PI3K / Akt/ mTOR 信号传导途径是调节代谢、炎症、细胞生长和存活的关键细胞内途径。激活的 Class Ⅰ PI3K 能在细胞中产生第二信使 PIP3，PIP3 在磷脂酰肌醇脂依赖性蛋白激酶 1（PDK1）的协助下，激活 Akt。激活的 Akt 能够抑制 TSC1/2 复合物，从而激活 mTORC1，抑制细胞自噬。另外，抑癌基因 PTEN（人第 10 号染色体缺失的磷酸酶及张力蛋白同源的基因）可以通过抑制 Class I PI3K 的活性，诱导细胞自噬水平的上调。

2. AMPK-TSC1/2-mTOR 信号通路　AMPK 的激活能磷酸化结节性硬化症 TSC1/2 复合物，从而促进 mTORC1 的失活，诱导细胞自噬水平的提高。TSC1/2 复合物是异二聚体，TSC1 具有稳定作用，TSC2 能抑制 mTORC1 激活所必需的小 GTP 酶 Rheb，实现对 mTORC1 的抑制作用。AMPK 也能直接磷酸化 Raptor，抑制 mTORC1，上调细胞自噬。

（二）Beclin-1 信号通路

Beclin-1 是酵母自噬基因 Atg6/Vps30 的同源基因，它在自噬的、调节肿瘤的发生发展中发挥重要作用，是一个重要的候选抑癌基因。Beclin-1 蛋白含有 BH3（Bcl-2-homology3）、中央螺旋区（CCD）和进化保守区（ECD）三个结构域，这些结构域可以与其他因子相互作用，调节细胞自噬水平。抗凋亡因子 Bcl-2/Bcl-XL 都含有 BH3 受体，能与 Beclin-1 蛋白竞争性结合，抑制 Beclin-1 诱导的细胞自噬。另外，死亡相关蛋白激酶（DAPK）能磷酸化 BH3 结构域，使 Beclin-1 与 Bcl-XL 的亲和力减低，上调细胞自噬水平。Beclin-1 可以通过 CCD 和 ECD 结构域与 Class Ⅲ PI3K 结合，形成 Beclin 1-Class Ⅲ PI3K-Vps15 复合体，上调细胞自噬水平。

（三）TP53 信号通路

TP53 蛋白根据其亚细胞位置在自噬调节中具有双重功能。TP53 调节各种靶向基因以激活 AMPK 或抑制 MTOR，如 TP53 能通过 sestrin1/2 蛋白激活 AMPK- mTORC1 信号通路，从而抑制 mTORC1，上调细胞自噬水平。TP53 充当核转录因子，可以激活 DRAM1（DNA 损伤调节自噬调节剂 1）基因家族，通过调节自噬小体 – 溶酶体融合来刺激自噬小体的积累。然而，在细胞质中，TP53 抑制自噬的诱导。细胞质 TP53 通过抑制 AMPK 和激活 MTOR 来控制自噬。此外，TP53 调节 C12orf5 / TIGAR，从而降低糖酵解作用和细胞内活性氧水平，从而导致自噬抑制。

（四）其他信号通路

除了以上三种信号通路外，自噬的信号通路还有很多，例如：3- 甲基腺嘌呤（3-MA）通过抑制 Class Ⅲ PI3K 的活性抑制自噬，GTP 结合的 G 蛋白亚基 Gαi3 抑制自噬，GDP 结合的 Gαi3 蛋白活化自噬。

五、脑损伤后自噬

（一）脑损伤中自噬通量的损害

自噬是通过自噬体的形成而引发的。随后，自噬体与溶酶体融合形成自溶体并促进细胞质类器官降解。这种动态降解过程称为自噬通量。通常有三种检测自噬通量的方法，包括 LC3 转换，自噬底物 p62 降解和串联荧光标记的 LC3（tfLC3）分析。自噬通路激活后，细胞质经蛋白水解处理的 LC3（称为 LC3-Ⅰ）被脂质化以形成 LC3-PE（称为 LC3-Ⅱ），LC3-Ⅱ会积聚在自噬体膜上，并且通过与衔接蛋白相互作用，有助于募集被标记为自噬降解的底物，因此，LC3-Ⅱ的溶酶体降解反映了自噬通量的进程；衔接蛋白 p62 促进细胞质类器官的泛素化，使其自噬体降解并被自身溶酶体降解，因此，p62 的下调表明自噬通量的发生；tfLC3 分析可以在不存在任何毒性抑制剂的情况下直接评估自噬诱导和自噬通量。

据报道，人类脑损伤后的尸检样本以及脑脊液中，自噬的标志物包括 LC3-Ⅱ、Beclin1、p62 和自噬体增加。脑损伤导致 p62 在脑解剖样本和脑脊液中的增加，而这与脑损伤的严重程度和预后不佳有关联，很可能反映了自噬通量的损害。同样，在脑损伤的试验模型中也发现，大脑中的 LC3-Ⅱ 的表达水平升高以及电镜观察到的自噬体的数量增加。损伤后自噬通量的差异可能与损伤类型、损伤后组织取材和时间窗的不同有关。尽管如此，在大多数中型至重型脑损伤模型中，自噬通量是受损的。

（二）脑损伤中的溶酶体功能

溶酶体是一种膜状的细胞器，它含有一系列酶，能够分解所有类型的生物聚合物：蛋白质、核酸、碳水化合物和脂类。溶酶体作为细胞的消化系统，既能降解从细胞外吸收的物质，又能降解细胞本身的废弃或多余成分。自噬降解依赖于溶酶体蛋白酶。溶酶体的单层磷脂膜容易受到磷脂酶的激活，在中枢神经系统，有三种磷脂酶，即钙依赖性分泌型磷脂酶 A2（sPLA2）、钙依赖性细胞溶质磷脂酶 A2（cPLA2）和钙非依赖性磷脂酶 A2（iPLA2），其中 cPLA2 被认为是最重要的 PLA2 亚型。脑外伤的体外和体内研究数据表明，当激活胞质磷脂酶 A2（cPLA2）后，溶酶体膜通透性（LMP）增加，导致溶酶体酶释放到细胞质中，抑制自噬通量。

（三）自噬在脑损伤中的双重作用

1. **自噬在脑损伤中的保护作用**　Erlich 等人提出自噬在脑损伤中的保护作用，理由为 mTOR 通过抑制 PI3K-Akt-mTOR 信号通路来激活自噬，mTOR 可以增加脑外伤后 Beclin-1 的蛋白水平，并诱导自噬反应增强，此外，mTOR 可以改善神经行为功能，增加神经元存活，减少损伤脑的炎症和胶质增生。在另外一些研究中也提出了自噬对脑损伤有保护作用的理由，即脑损伤后，Caspase-3（+）/LC3（+）重叠细胞的数量明显增加，说明脑损伤后凋亡细胞中自噬被激活。此外许多神经保护药物也被认为可以通过激活自噬来减轻继发性脑损伤。

2. **自噬在脑损伤中的有害作用**　也有研究认为自噬在脑损伤中具有有害作用，其理由一方面源于氧化应激可以诱导创伤性颅脑损伤后的自噬，若使用了抗氧化剂 γ-谷氨酰半胱氨酸乙酯（GCEE），可减轻脑组织的损伤及神经元的死亡，增加了抗氧化剂储备，并抑制了自噬的形成；另一方面，若使用了巴弗洛霉素 A1（BafA1）和 3-甲基腺嘌呤（3-MA）这两种自噬抑制剂后，BafA1 或 3-MA 抑制的自噬可减轻脑外伤后的行为结果，减少细胞损伤、损伤体积和细胞凋亡，以上均支持自噬对脑外伤是有害的。

总之，自噬在脑外伤中的保护作用和有害作用一直存在争议，这可能与自噬程度相关。轻度自噬可导致三磷酸腺苷（ATP）生成，这对细胞存活是有益的。相反，过度自噬可能促进自噬细胞死亡或凋亡。根据不同的环境和脑部创伤的刺激，自噬的激活程度也可能不同。因此，轻度自噬的激活或过度自噬的抑制可能对脑外伤都有好处。

第三节　细胞焦亡

一、细胞焦亡的概述

细胞焦亡（pyroptosis）一词源自希腊语，"pyro"与火或发烧有关，而"ptosis"表示坠落、下降。细胞焦亡现在又称细胞炎性坏死，是一种新近发现的细胞程序性细胞死亡（programmed cell death，CD）。2001年Cookson等人将依赖于Caspase-1，并在沙门氏菌感染的巨噬细胞中发生的促炎性程序性细胞坏死命名为焦亡。在2013—2014年间，Vishva Dixit和Edward Miao实验室与邵峰实验室相继发现，与Caspase-1相似，Caspsae-11/4/5作为炎性半胱氨酸天冬氨酸蛋白酶，N端结构域可以直接识别并结合细菌中的脂多糖，引起蛋白酶低聚并引发焦亡。细胞焦亡是一种与炎症密切相关的程序性细胞死亡，表现为细胞不断胀大直至细胞膜破裂，导致细胞内容物的释放而激活细胞膜破裂。它同程序性细胞死亡的形式不同，具有以下的特征：①因为传入水分子引起的细胞肿胀，在质膜上形成直径为10~15 nm的小孔，气孔的形成使细胞膜失去完整性，导致细胞成分的释放，通透性增加，诱发炎症反应，最终导致细胞膜破裂和溶解；②含有胱天蛋白酶募集域的凋亡相关斑点样蛋白（ASC）的寡聚化；③细胞质中释放促炎性细胞因子（IL-1β和IL-18）；④Caspase-1依赖。

焦亡提出之初主要是针对巨噬细胞死亡，随着研究的深入才扩展到其他细胞类型，如内皮细胞、血管平滑肌细胞、神经元，以及多种其他细胞类型的充分研究等。近年来，细胞焦亡在脑损伤中的作用逐渐被重视和研究，正常的中枢神经系统生理和对损伤的反应涉及多种细胞类型，包括神经元、星形胶质细胞和小胶质细胞，损伤后，神经细胞包括内皮细胞、小胶质细胞、星形胶质细胞和神经元皆被证实焦亡的存在。

二、焦亡的分子机制

焦亡机制涉及两个途径：经典的Caspase-1炎性小体途径和非经典的Caspase-4、Caspase-5、Caspase-11炎性小体途径，这两种机制的焦亡都会导致促炎细胞因子IL-1β和IL-18释放，扩大局部或者全身的炎症。

（一）炎症小体

神经炎症是中枢神经系统（CNS）中先天免疫系统的反应，组织损伤后在CNS病理中起重要作用，神经炎症在创伤性颅脑损伤的继发阶段起关键作用。然而，神经炎性过程似乎是一把双刃剑，要么通过支持再生事件而受益，要么通过扩大局部破坏性途径而有害。炎症小体最初在 2002 年被描述为激活 Caspase-1 的多蛋白复合物，被证明与各种系统性疾病有关。

炎性体是病原体相关分子模式或损伤相关分子模式的传感器。一般而言，每个炎性小体的三个主要区域是一个胞质传感器、一个接头蛋白和一个效应体 Caspase，其中胞体传感器是 NLR，衔接蛋白是凋亡相关的斑点样蛋白（ASC），效应器是 Caspase-1。根据所涉及的 Caspase 的类型，炎性小体可分为两类：①触发 Caspase-1 直接激活的经典炎性小体。②使用其他胱天蛋白酶来传播炎症的非规范性炎症小体；ASC（也称为 PYCARD）是各种类型的炎症小体共有的衔接蛋白。ASC 具有两个域：与 Caspase-1 相互作用的胱天蛋白酶激活和募集域（CARD），以及与炎症体，即 NACHT 富含亮氨酸重复蛋白 1（NALP1）、NLRP3 和黑色素瘤 2（AIM2）中的相同域合作的 pyrin 域（PYD）。

刺激后，Caspase-1 被切割成它们的活性形式，然后处理促炎症细胞因子，使之活化。PAMP 和 DAMP 即被模式识别受体（PRR）识别，PRR 家族包括 Toll 样受体（TLRs）、NOD 样受体和 AIM2 等成员，经典的炎症小体亚型的感受器包括 NOD 样受体（NLRP1、NLRP3、NLRC4）、AIM2 或热蛋白结构域 PYD，在识别 PAMP 或 DAMP 后活化 Caspase-1。PRR 在中枢神经系统中主要由星形胶质细胞、小胶质细胞和巨噬细胞表达，在创伤后神经炎症中被激活，DAMP 和 PAMP 的释放会导致细胞外谷氨酸水平的大幅上升，进而通过激活神经元谷氨酸的 α- 氨基 -3- 羟基 -5- 甲基 -4- 异噁唑丙酸（AMPA）和 N- 甲基谷氨酸而导致兴奋性神经元损伤，细胞结构和膜的降解以及细胞死亡信号通路的激活。K^+ 和 ATP 从垂死的细胞中释放到细胞质中；K^+ 和 ATP 激活 pannexin-1（PANX1）通道，细胞内 K^+ 浓度的降低可能会激活炎症小体。

（二）Gasdermin D（GSDMD）

GSDMD 是焦亡中必不可少的物质。它是所有炎性胱天蛋白酶的常见底物分子。在焦亡过程中，GSDMD 被炎性半胱氨酸蛋白酶切割为 GSDMD-N 末端结构域和 GSDMD-C 末端结构域，这使 GSDMD-N 从 GSDMD-C 的结构域中释放出来，并靶向与细胞膜结合。它形成触发焦磷酸化的通道。在炎性 Caspase-1 刺激后，GSDMD 被切割成亲脂性 GSDMD-N- 末端结构域和亲水性 GSDMD-C- 末端结构域。前者可以溶解在细胞质中，而后者可以嵌入细胞膜中。GSDMD-N 在热解过程中锚定在生物膜上，通过单体的低聚形成直径为 10~20 nm 的蛋白质孔。Gasdermin D 孔的形成打破了质膜的正常渗透屏障，当膜破裂时，钾和钠的浓度梯度被破坏，这导致细胞的渗透压变化。如果孔的数量较少，则可以补偿该变化。然而，当孔的数量超过补偿能力时，大量的水进入细胞，导致它们膨胀、破裂和死亡。由质蛋白 -N 在质膜孔中引起的膜破裂事件称为焦亡。此外，在此过程中，炎症 Caspase-1 裂解 IL-1β 和 IL-18 前体，产生相应的成熟炎症介质，并将它们释放到细胞外，诱导焦亡。

（三）经典的 Caspase-1 炎性小体途径

在启动阶段，Toll 样受体（TLRs）和 NOD 样受体（NLRs）识别出病毒的核酸、细菌的细胞壁成分等 PAMP 和 DAMP，这个步骤一旦发生，炎性小体相关基因的表达增加，导致 IL-1β 的前体和 IL-18 前体的生成。启动步骤完成后，便进入激活步骤，这个阶段该围绕炎症小体组装和 Caspase 激活，在这里，Caspase-1 前体（pro-Caspase-1）N 端 CARD 结构域与衔接蛋白 ASC（apoptosis associated speck-like protein containing CARD）的 C 端 CARD 结构域相互结合募集 pro-Caspase-1，形成炎症小体复合物，促进 pro-Caspase-1 自身发生寡聚化，并水解为两个片段 P20 和 P10，P20 和 P10 首先形成异源二聚体，然后两个 P20/P10 异源二聚体再通过 P10 小亚基多聚化形成具有活性的 Caspase-1。一方面，Caspase-1 促进 IL-1β 和 IL-18 前体 pro- IL-1β/18 成为其活性形式 IL-1β 和 IL-18；另一方面，还将 GSDMD 切割成两个片段，其 GSDMD-N 端片段在细胞膜上形成 10~15 nm 的孔，最终导致炎性因子的释放，细胞肿胀，膜破裂。

Caspase-1 可以被各种炎症小体激活，包括 NOD 样受体（NLRs）、AIM2 样受体（ALRs）和 TRIM 家族成员。NLR 是迄今为止研究最多的受体，在整个进化过程中均高度保守，表明其在宿主防御侵略中起着重要作用。NLR 包含一个支持效应子功能的 N 末端信号传导域和一个 C 末端域，该域包含富含亮氨酸重复序列（LRR），该序列通常参与配体的相互作用，其中，NLRP3 和 NLRP1 炎性体可能被多种外源性和内源性化合物激活，使其成为创伤中炎性体介导的炎症反应的理想候选者。中枢神经系统中包含多种炎症小体复合物，其中 NLRP1 和 NLRP3 似乎是最相关的成分，它们含有 3 个不同的功能结构域，即：① C- 末端富含亮氨酸重复序列（leucine-rich repeat，LRR），LRR 是一个高度保守的氨基酸序列，通常由 20~29 个氨基酸残基组成，在感受和识别 PAMP 或其他配体上发挥重要作用；②核苷酸结合寡聚化结构域（nucleotide-binding and oligomerization domain，NOD/NACHT），LRRs 一旦与配体结合，处于自抑制状态的 NLR 分子就会伸展开来，暴露位于 NOD 中央的核苷酸结合位点，又称为 NACHT 结构域，以形成聚集体，继而募集接头蛋白以启动相应的下游信号通路；③ NLRs 的 N 端为效应结构域，可以是胱天蛋白酶活化和募集结构域或 N 端的效应结构域（PYD）。中枢炎性小体复合物在激活前以预组装状态存在，而这种状态可能有助于中枢神经系统损伤后免疫系统的快速激活。

此外，在非 NLR 炎性体中，黑色素瘤缺乏因子 2（AIM2）缺失是研究最多的一种。据报道，创伤中 AIM2 的激活是由胞质脱氧核糖核酸（DNA）特异性触发的，与 NLRP3 一样，活化的 AIM2 受体通过 PYD-PYD 相互作用使 ASC 成核，从而形成 AIM2 炎性体。pyrin 是由 MEFV 基因编码的人类蛋白质，带有 PYD、2 个 B-box 和一个卷曲螺旋结构域以及一个 SPRY 结构域。许多细胞类型，包括内皮细胞、小胶质细胞、星形胶质细胞和神经元都能够装配炎性小体，且炎性小体介导的 IL-1β 产生有助于创伤后中枢神经系统的修复，但炎性小体激活引起的促炎反应以及神经胶质和神经元焦细胞凋亡导致了继发性损伤，从而导致恶化并扩大初始损害。

NLRP3 炎性体在生理条件下神经元也大量表达，此外，在急性脑损伤的患者和动物模型中，NLRP3、NLRP1 和 AIM2 炎性体可能被多种外源性和内源性化合物激活，其表达也被上调，且当抑制了相关炎性体的活化时，焦亡的发生也会被抑制，从而对创伤性脑损伤动物模型起到保护作用。

1. NLRP1 与创伤性脑损伤中的细胞焦亡　NLRP1 是第一个被确定的炎性体，大脑皮质、脊髓的运动神经元和小胶质细胞中均含有 NLRP1 炎性小体。NLRP1 炎性小体代表参与对创伤性脑损伤的主要炎症反应的主要成分之一，Adamczak 等人报道，成年创伤性脑损伤患者的脑脊液（CSF）中 NLRP1 和 Caspase-1 的水平较高，表明炎症小体成分释放到脑室中。此外，NLRP1 在高葡萄糖暴露下也可介导神经元损伤。实际上，创伤性脑损伤后释放的高水平（K^+）刺激 pannexin-1 通道，进而激活 NLRP1 炎性体。在 NLRP1 炎症小体激活过程中，ASC 和 pro-Caspase-1 的募集通过寡聚化 NLRP1 的吡啶结构域（PYD）与含 PYD 和 CARD 的 ASC 的同型相互作用而发生，而后者的 CARD 结构域又与 Caspase-1 的同型 CARD 相互作用。人类的 NLRP1 炎性小体包含一个 CARD 域，该域可直接与 Caspase-1 相互作用。研究表明，NLRP1 炎性小体在神经创伤发生时参与了炎症诱导和扩散，并且在神经元和其他中枢神经细胞受到任何刺激之前就已经被激活，而这种情况被认为可能促进中枢神经系统创伤后的快速先天免疫应答，或者可能有助于维持这些细胞中 IL-1β 蛋白的持续低水平，然而在创伤性脑损伤发生后的几个小时内大脑和脊髓运动神经元中 NLRP1 炎性小体、ASC、Caspase-1 和随后的 IL-1β 的表达增加，而相同情况也发生于婴儿和儿童，当发生重型创伤性脑损伤后，脑脊液中 Caspase-1 和 IL-1 蛋白升高。在一项大鼠创伤性脑损伤的试验中，当注射 ASC 中和抗体后，发现抑制了 NLRP1 炎性体组装，从而减少 Caspase-1 活化、显著减小损伤面积。以上可说明 NLRP1 炎性小体是对创伤性脑损伤的主要炎症反应的重要组成部分，促进 NLRP1 炎性体复合物的组装，诱导焦亡。

2. NLRP3 与创伤性脑损伤中的细胞焦亡　NLRP3，也被称为 NALP3 或冷冻蛋白，是中枢神经系统中研究最多的炎症小体。在很多脑部疾病中，包括阿尔茨海默病（AD）、帕金森病（PD）、肌萎缩侧索硬化（ALS）、创伤性脑损伤和中枢神经系统（CNS）感染，NLRP3 被广泛研究，其衔接蛋白为 ASC，而 Caspase-1 是其效应蛋白。

在结构上，NLRP3 由氨基末端吡啶结构域（PYD）、中央 NACHT 结构域和富含羧基末端亮氨酸的重复结构域（LRR 结构域）组成；NLRP3 炎性小体的形成和激活与其他炎性小体不同，它的形成和激活需要两步过程。最初的启动信号会增加炎症小体的转录并触发翻译后修饰。该信号是由 TLR / 核因子（NF）-κB 途径诱导的，NF-κB 信号可调节炎症条件下外周免疫细胞中 NLRP 炎性小体成分以及 IL-18 和 IL-1β 前体的蛋白表达。第二个信号涉及炎症小体的组装和激活以及白介素的加工。在 NLRP3 炎症小体激活过程中，凋亡相关斑点样蛋白（ASC）和 Caspase-1 的募集是通过寡聚化 NLRP3 中的吡啶域（PYD）与含 PYD 和 Caspase-1 激活及募集结构域（CARD）的 ASC 的同型相互作用而发生的，其 CARD 结构域又与 Caspase-1 的同型 CARD 相互作用；这进一步将不活跃的前 Caspase-1 活化成为活跃的 Caspase-1，从而形成完整的 NLRP3 炎性小体，而活性的 Caspase-1 又促进前 IL-1β 和前 IL-18 转化为其活性形式 IL-1β 和 IL-18。此外，IL-1β 和 IL-18 又能促进 ROS 的积累，而 ROS 又作为 DAMP，可能同时刺激 Caspase-1 和 NLRP3 炎症体激活，并进一步产生 IL-18，同时，NLRP3 炎症体的激活会裂解焦亡的关键介质——GSDMD 的羧基末端域，这个区域通过在质膜上形成孔介导细胞死亡机制。

在颅脑损伤过程中，NLRP3 的这种激活可导致促炎细胞因子的产生，激活 Caspase-1，该炎性小体分裂了焦亡的关键介导因子 GSDMD 创造了炎症环境，同时也刺激了细胞的焦亡。加重了与颅脑损伤相关的损伤，从而恶化了疾病的预后。

3. AIM2 与创伤性脑损伤中的细胞焦亡 颅脑损伤导致的神经炎症是一种免疫反应，主要通过调节促炎性细胞因子的产生来保护宿主神经元细胞免受有害刺激。AIM2 是胞质先天免疫受体，可识别在细胞扰动和病原体侵袭期间释放的双链 DNA（double-stranded DNA，dsDNA）。dsDNA 的 AIM2 识别导致称为发炎小体的大型多蛋白寡聚复合物的组装。这种炎症小体组装导致生物活性白介素 -1β（IL-1β）和 IL-18 的分泌，并诱导炎性形式的细胞死亡。研究证实，脑外伤患者的脑脊液（CSF）在神经元中激活 AIM2 炎性小体，表明 AIM2 在神经元疾病中具有潜在的致病作用，在这项研究中，与非创伤性脑损伤患者暴露脑脊液相比，暴露于创伤性脑损伤患者脑脊液的胚胎皮层神经元表达 AIM2 时发生焦亡。此外，AIM2 对缺血性脑损伤的有害作用也在脑卒中的啮齿动物模型中得到了证实。

（四）非经典的 Caspase-4/5/11 炎性小体途径

在这个途径中，参与的是人的 Caspase-4/5 和小鼠的 Caspase-11，而不是 caspase-1。研究认为，Caspase-4/5 和 caspase-11 与 Caspase-1 的功能相似。以炎性刺激因子 LPS 为例，没有通过受体直接进入细胞质内，Toll 样受体 4（TLR4）识别细胞外 LPS，Caspase 识别细胞内 LPS。Caspase-11/4/5 可以通过与其 CARD 域结合直接被 LPS 激活，Caspase 其他家族成员如 Caspase-4、Caspase-5、Caspase-11 被活化，活化的 Caspase-4、Caspase-5、Caspase-11 切割 GSDMD，诱导焦亡发生；另一方面，诱导 Caspase-1 的活化，对 IL-1β 和 IL-18 的前体进行切割，造成炎症反应。在 Caspase 被激活后，它们就会直接裂解 GSDMD，启动焦亡。

第四节 展 望

神经外伤后的细胞死亡是神经功能缺损和死亡的主要原因。尽管中枢神经系统损伤诱导多种细胞类型的变化，但神经元死亡的机制一直是主要的关注点。在发生脑损伤后，许多细胞过程被激活，试图治愈损伤。

脑损伤后，细胞凋亡被启动，通过不同的信号传递系统传递凋亡信号，引起细胞凋亡，然而不管是内源性还是外源性途径，最终均都导致 Caspase-3 活化，使维持细胞存活和完整性所必需的细胞蛋白质降解。而损伤后的神经元过度兴奋，会导致细胞内钙浓度升高，大量 Ca^{2+} 流入，通过激活凋亡信号通路导致神经炎症和细胞死亡。

脑损伤时自噬被激活，根据损伤的程度和严重程度，自噬通量可能在中枢神经系统损伤后增加或减少。虽然认为自噬通量增加可能在轻度损伤后具有保护作用，但在更严重的创伤后，自噬通量的抑制作用可能导致神经元死亡，表明自噬被破坏是继发性损伤机制的一部分。因此，自噬可能在受伤后发挥有益或有害的功能作用。通过改变自噬通量变化可为脑损伤的治疗提供潜在的治疗靶标。

细胞焦亡在中枢神经系统损伤中的作用非常复杂，并且仍有许多未解决的问题。由于先天免疫系统的炎症反应是组织损伤期间的首发事件，并且炎症小体复合物是先天免疫系统的已知成分。创伤后释放的许多 DAMP，活化的胱天蛋白酶释放成熟形式的 IL-1β 和 IL-18，参与了创伤后组织损伤的产生和免疫功能障碍，从而导致器官损伤。炎性小体参与了对脑外伤的先天反应，并促进了急性呼吸窘迫综合征的发展。炎性小体还可能在单核细胞功能失调介导的创伤后免疫抑制中发挥作用。炎症小体参与创伤后综合征发病机制的特征是一个关键问题，因为它们可能是潜在的治疗靶点，并可用作其他神经退行性疾病的预测因子。

（戴佳琳 贵州医科大学）

参考文献

［1］Schoch K M, Madathil S K, Saatman K E. Genetic manipulation of cell death and neuroplasticity pathways in traumatic brain injury［J］. Neurotherapeutics：the journal of the American Society for Experimental NeuroTherapeutics, 2012, 9（2）: 323-337.

［2］Mortezaee K, Khanlarkhani N, Beyer C, et al. Inflammasome：Its role in traumatic brain and spinal cord injury［J］. Journal of cellular physiology, 2018, 233（7）: 5160-5169.

［3］Quillinan N, Herson P S, Traystman R J. Neuropathophysiology of Brain Injury［J］. Anesthesiology clinics, 2016, 34（3）: 453-464.

［4］Elmore S. Apoptosis：a review of programmed cell death［J］. Toxicologic pathology, 2007, 35（4）:

495–516.

[5] Galluzzi L，Vitale I，Aaronson S A，et al. Molecular mechanisms of cell death：recommendations of the Nomenclature Committee on Cell Death 2018［J］. Cell death and differentiation，2018，25（3）：486–541.

[6] Lee S Y，Ju M K，Jeon H M，et al. Regulation of Tumor Progression by Programmed Necrosis［J］. Oxidative medicine and cellular longevity，2018，2018：3537471.

[7] Hu X，Chen H，Xu H，et al. Role of Pyroptosis in Traumatic Brain and Spinal Cord Injuries［J］. Int J Biol Sci，2020，16（12）：2042–2050.

[8] Wolf M S，Bay I r H，Kochanek P M，et al. The role of autophagy in acute brain injury：A state of flux?［J］. Neurobiol Dis，2019，122：9–15.

[9] Au A K，Aneja R K，Bay I r H，et al. Autophagy Biomarkers Beclin 1 and p62 are Increased in Cerebrospinal Fluid after Traumatic Brain Injury［J］. Neurocrit Care，2017，26（3）：348–355.

[10] Liu C L，Chen S，Dietrich D，et al. Changes in autophagy after traumatic brain injury［J］. J Cereb Blood Flow Metab，2008，28（4）：674–683.

[11] Lee J C，Simonyi A，Sun A Y，et al. Phospholipases A2 and neural membrane dynamics：implications for Alzheimer's disease［J］. J Neurochem，2011，116（5）：813–819.

[12] Burke J E，Dennis E A. Phospholipase A2 structure/function，mechanism，and signaling［J］. J Lipid Res，2009，50 Suppl（Suppl）：S237–S242.

[13] Erlich S，Alexandrovich A，Shohami E，et al. Rapamycin is a neuroprotective treatment for traumatic brain injury［J］. Neurobiol Dis，2007，26（1）：86–93.

[14] Cookson B T，Brennan M A. Pro–inflammatory programmed cell death［J］. Trends Microbiol，2001，9（3）：113–114.

[15] Zhaolin Z，Guohua L，Shiyuan W，et al. Role of pyroptosis in cardiovascular disease［J］. Cell Prolif，2019，52（2）：e12563.

[16] 曾召林，陈姣姣，马小峰，等. 细胞焦亡在动脉粥样硬化中的作用［J］. 生命的化学，2018，38（3）：464–472.

[17] Mortezaee K，Khanlarkhani N，Beyer C，et al. Inflammasome：Its role in traumatic brain and spinal cord injury［J］. J Cell Physiol，2018，233（7）：5160–5169.

[18] Fleshner M，Frank M，Maier S F. Danger Signals and Inflammasomes：Stress–Evoked Sterile Inflammation in Mood Disorders［J］. Neuropsychopharmacology，2017，42（1）：36–45.

[19] Martinon F，Burns K，Tschopp J. The inflammasome：a molecular platform triggering activation of inflammatory caspases and processing of proIL–beta［J］. Mol Cell，2002，10（2）：417–426.

[20] 曾钧发，曾召林，慎松，等. 细胞焦亡在创伤性脑损伤中的作用［J］. 生命的化学，2019，39（4）：736–743.

[21] Liu H D，Li W，Chen Z R，et al. Expression of the NLRP3 inflammasome in cerebral cortex after traumatic brain injury in a rat model［J］. Neurochem Res，2013，38（10）：2072–2083.

[22] Zeng C，Wang R，Tan H. Role of Pyroptosis in Cardiovascular Diseases and its Therapeutic Implications［J］. Int J Biol Sci，2019，15（7）：1345–1357.

[23] Adamczak S E，de Rivero Vaccari J P，Dale G，et al. Pyroptotic neuronal cell death mediated by the AIM2 inflammasome［J］. J Cereb Blood Flow Metab，2014，34（4）：621–629.

[24] Zendedel A，Johann S，Mehrabi S，et al. Activation and Regulation of NLRP3 Inflammasome by Intrathecal Application of SDF–1a in a Spinal Cord Injury Model［J］. Mol Neurobiol，2016，53（5）：3063–3075.

[25] Gao L，Dong Q，Song Z，et al. NLRP3 inflammasome：a promising target in ischemic stroke［J］.

Inflamm Res，2017，66（1）：17-24.

［26］Wallisch J S，Simon D W，Bay Ir H，et al. Cerebrospinal Fluid NLRP3 is Increased After Severe Traumatic Brain Injury in Infants and Children［J］. Neurocrit Care，2017，27（1）：44-50.

［27］Fann D Y，Lim Y A，Cheng Y L，et al. Evidence that NF-κB and MAPK Signaling Promotes NLRP Inflammasome Activation in Neurons Following Ischemic Stroke［J］. Mol Neurobiol，2018，55（2）：1082-1096.

［28］Bortolotti P，Faure E，Kipnis E. Inflammasomes in Tissue Damages and Immune Disorders After Trauma［J］. Front Immunol，2018，9：1900.

第二十章
脑损伤的神经可塑性及其恢复能力

　　创伤性颅脑损伤的发生率逐年上升，目前已成为世界范围内一个重要的公共卫生和社会经济问题。据世界卫生组织统计，截至 2020 年脑外伤将成为全球致残的主要原因和主要的健康问题。传统的观点认为大脑是个静态的器官，缺乏自我再生和修复能力，但随着研究的深入，这一观点逐渐发生了改变。越来越多的研究发现成年大脑在损伤后仍然具有可塑性，尽管脑损伤造成的功能损害很严重，但在其损伤后修复的不同阶段，大脑功能和组织结构仍然可以发生重组，出现各种各样的可塑性变化，受损功能仍能够得到不同程度的恢复。因此有必要了解神经可塑性的发生机制及其影响因素，为脑损伤后的康复治疗提供理论基础。

　　本章节介绍了神经可塑性的定义、目前脑损伤后神经可塑性的机制及脑损伤后的功能恢复包括康复治疗的最新知识，并讨论了未来的研究方向，以便为有效治疗提供参考依据。

第一节　神经可塑性的定义

　　神经可塑性（neural plasticity）是指神经系统从分子、突触、细胞以及神经回路水平，重组其结构、功能和连接以应对内在和外在刺激的能力。1890 年，William James 通过对行为的观察首次提出大脑具有可塑性，但没有形态学以及分子生物的证据。1948年，Jerzy Konorski 首次用"neural plasticity"对学习后突触的改变进行描述。1949 年 Hebbian 对突触可塑性进行了描述，认为突触前神经元向突触后神经元的持续重复的刺激可以导致突触传递效能的增加，后被人们称为"赫布理论"。1960—1970 年大多数神经科学家认为大脑连接的重塑仅限于早期的"敏感"或"关键时期"，在儿童发育时期结束时，神经元的连接被认为是固定的，所有的大脑神经元都达到了成熟的状态。直到 1983 年，Kaas 等人在感觉末梢神经损伤后的成年哺乳动物中，记录到新的躯体感觉皮层激活模式，通过试验为成年后哺乳动物中神经具有可塑性提供了依据。经过近 30

多年的研究，人们对神经的可塑性有了新的认识。

　　人类的大脑是一个巨大的信息网络，900亿个神经元能够在几毫秒内接受或传输电活动。神经网络的输入－输出关系因不断受到调节而发生改变，这些改变分为短期功能的改变和长期结构的改变。短期功能的改变主要表现为突触效率和效力的增强或减弱，长期结构的改变主要是神经连接的数量和轴突及树突等组织的改变。脑的细胞群是动态变化的，在健康的大脑组织中，根据行为的需要，可通过学习和训练在结构和功能上发生改变，表明神经元单位有其固有的可塑性。许多研究表明，损伤后可塑性与正常大脑发育过程中分子及细胞水平的反应有惊人的相似之处，许多学者也越来越清楚地认识到，损伤后成年人大脑组织仍有较强的可塑性，并将具有一定的再生能力。

第二节　脑损伤后神经可塑性的机制

一、成年大脑神经可塑性的结构基础

在成熟的大脑中，表现出可塑性的结构（图20-1）。

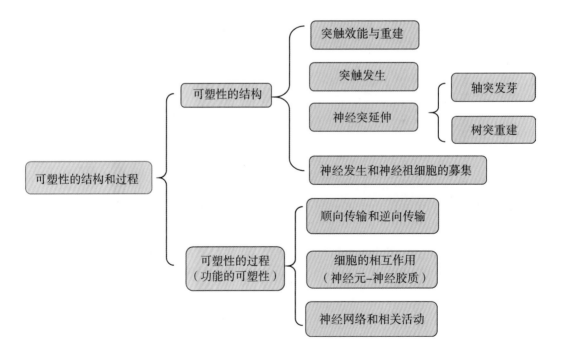

图20-1　大脑神经可塑性的结构和过程

二、脑损伤后神经可塑性的机制

1.脑损伤后模块间、系统间的功能重组　许多研究表明神经系统具有模块化的特性。模块化是指一个系统在空间上或结构上由相对独立的模块组成，每个模块执行一个相对独立的功能，如果一个模块遭到破坏，剩下的模块足以维持整个系统的功能。且模块通过拓扑式的连接，使得模块间的连接更加紧密，这样如果一个模块和节点受到破坏，其他模块功能受到影响的概率就会大大降低。因此当脑的某一部分损伤后，它所支配的部分功能可由在功能上不完全相同的另一模块来承担。

此外还有研究认为运动区皮质损伤，一些潜在的（辅助性的）邻近的皮质功能区将会被激活，而这些区域一般在脑组织未损伤前对相应的功能没有太大的贡献。例如，在成年猴子的感觉运动皮质单侧损伤后，通过激活在未受损半球中对运动无明显影响的运动皮质前部，相应手的灵活性可以得到恢复。研究者发现在健康的受试者中，重复经颅磁刺激（repetitive transcranial magnetic stimulation，rTMS）致单侧运动皮质破坏，会增加未受影响的运动皮质的兴奋性，从而改善与运动同侧手的运动学习能力。中枢神经系统对运动的支配是双侧的，在正常情况下，同侧支配居于次要地位，在对侧脑损伤后同侧未受损半球可发挥代偿功能，促进同侧肢体运动功能的恢复。

2.脑损伤后模块内、系统内的功能重组

（1）突触的可塑性：外伤性颅脑损伤后最严重的特点就是神经系统内连接的广泛破坏，脑损伤后模块内、系统内的功能重组主要表现在突触的可塑性。突触的可塑性主要包括结构和功能的可塑性，主要表现在突触的形成与消亡，损伤后可通过轴突发芽、树突再生及神经发生等途径实现受损突触结构的重组或重建；突触传递效率的增强或减弱。

（2）轴突发芽：神经的轴突发芽是神经元定向生长的方式，是神经进行适应性变化和神经再生的表现。无论是在正常还是受损的中枢神经系统中都存在轴突发芽（也称侧支发芽）的现象，因其生长类似于大树发芽称其为轴突发芽。在脑损伤致神经细胞损伤后，受损神经元的轴突将从近端至远端发生退化变性，原有的突触结构受到破坏，神经连接及传导中断。在各种损伤相关因子的作用下受损的轴突通过反应性的轴突生长由残端向连接的靶点延伸，恢复突触结构，或邻近未损伤的神经元通过轴突侧支发芽，向被破坏的靶点进行延伸，形成新的突触，实现神经的再连接。

许多研究表明轴突的再生首先是形成生长锥，生长锥的表面存在各种导向因子受体，并向细胞内传递吸引或排斥信号，调节其肌动蛋白的聚合和逆流，引导轴突的延伸及转向，最后生长锥的近端部分被巩固。重要的是，研究发现生长锥具有自主性，其包含了所有需要的机制来感知和响应它们的特定路径和目标。即使与体细胞的连接被切断，它们仍能在体内外活动和伸展，新的突触是否被保留下来，取决于它们是否被机体正确使用。有研究者认为长期运动训练可以促进神经轴突的发芽和突触的保留。

（3）树突的可塑性：在中枢神经系统损伤后，局部神经元可能会经历最初的坏死或延迟的程序性细胞死亡，以应对主要损伤和继发性损伤过程。此外，那些最终没有死亡的神经元可能会经历形态改变，继而表现出树突长度减少、树突的回缩。目前，大量研究集中在轴突再生和哺乳动物神经元再生方面，树突及其重建突触功能的研究在很大程度上被忽略。研究表明，在成年人大脑中的大多数树突、树突棘在数月、数年甚至数十年内都是稳定的。因此，成年人受损神经元的树突一旦缩回，是否能够再生并重新与突触前目标连接，可以直接关系到神经功能的重塑与恢复。研究还发现，一些神经元树突可以再生，在脊髓挫伤后新树突生长明显，而另一些神经元则不能，这可能与神经元损伤的类型和形式有关。也有学者发现在视神经损伤后树突可以延长和再生，即受损的中枢神经细胞具有树突再生的能力，在胰岛素信号转导下可以重建功能性树突。目前，损伤后树突的可塑性以及影响树突状生长的内因和外因已成为研究热点。

（4）神经发生：神经干细胞（neural stem cell，NSC）是指具有自我更新和增殖能力且能够分化成神经元、星形胶质细胞和少突胶质细胞的细胞群。神经干细胞是 1998 年 Eriksson 等人在成人的海马区发现的新神经元再生细胞。由此，人们改变了既往的观点，认识到了成年人大脑的神经可塑性不再仅仅局限于轴突、树突和突触水平的结构变化，还包括神经干细胞增殖、分化为新的神经元。目前普遍认为，成体神经干细胞（adult neural stem cells，aNSCs）主要存在于大脑侧脑室外侧壁的脑室下区（subventricular zone，SVZ）和海马齿状回（dentate gyrus，DG）的颗粒下区（subgranular zone，SGZ），其中 SVZ 区见图 20-2 A 蓝色区域。

在啮齿动物中，脑损伤之后 SVZ 来源的神经元母细胞向损伤区域迁移并分化为成熟的神经元，SVZ 可能是内源性神经再生的来源，神经干细胞从特定的 SVZ 迁移至嗅球，再向损伤区的定向迁移是由多种分子和细胞机制控制的。研究表明，生长因子和神经营养因子可以促进 SVZ 细胞的增殖和招募。

在 SVZ 区域中，神经干细胞可以根据其形态学表型分为四类，即 A、B、C、E 型细胞，其分布如图 20-2B 所示，其中胶质细胞原纤维酸性蛋白（glial fibrillary acidic，GFAP）阳性及人类造血干细胞跨膜糖蛋白（transmembrane glycoproteins of human hematopoietic stem cell glycoprotein，CD133）阳性的 B 型细胞是处于静止或缓慢增殖状态的放射状胶质细胞，其顶端和 E 型细胞一起构成了侧脑室的外侧壁，并可通过不对称分裂产生一个 B 型细胞和一个 C 型细胞。C 型细胞即神经祖细胞，表现为同源异性盒基因 2（distal-less homeobox2，Dlx2）阳性、保守 RNA 结合蛋白 1（Mash1）阳性、表皮生长因子受体（epidermal growth factor receptor，EGFR）阳性，其增殖旺盛，可以分化成带有早期神经元标志物多唾液酸神经细胞黏附分子（sialic acid neural cell adhesion molecule，SA-NCAM）和双皮质素（doublecortin）的 A 型细胞，即神经元母细胞。A 型细胞将沿着一条高度局限的迁移通道——嘴侧迁移流（rostral migratory stream，RMS）迁移到嗅球（olfactory bulb，OB），并分化成 γ - 氨基丁酸（γ-aminobutyric acid，GABA）能颗粒中间神经元（颗粒细胞，GC）、多巴胺能或者谷氨酸能球旁中间神经元（球旁细胞，PGC）等新生神经元并整合到神经环路中，见图 20-2 A、C、D。

此外，在 SVZ 和 SGZ 以外的"非神经源性区域（nonneurogenic regions）"也可检测到新生的神经元，如视皮质、新皮质、杏仁核和纹状体。但在成年哺乳动物中枢神经系统其他区域是否存在神经发生仍存有争议。虽然 SVZ 为受损的大脑提供新的成熟神经元，但研究发现只有约 0.2% 的死亡神经元可以被这些 SEZ 衍生的细胞所替代，啮齿类动物每天可以产生数千个 A 型细胞，但只有少数可以存活并迁移到嗅球神经环路中。

（5）失神经过敏：失神经过敏是脑损伤后机体通过突触传递效率的改变进行功能代偿的一种形式，是指在神经损伤后，失去神经支配的效应器官或组织对作用其神经递

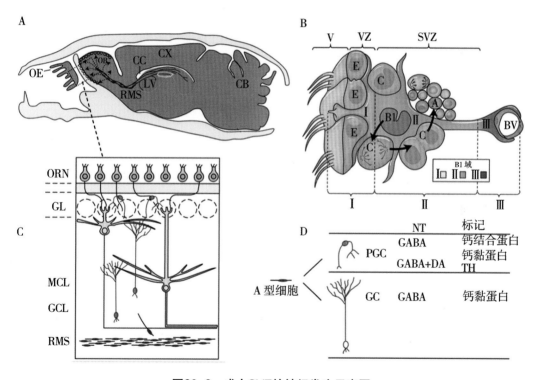

图20-2 成人SVZ的神经发生示意图

注：A. 鼠头部矢状切面图（黄色表示颅骨）。来自 SVZ（图为蓝色）的神经元母细胞（A 型细胞）将沿着一条高度局限的迁移通道——嘴侧迁移流（RMS，图为红色）迁移到嗅球（OB）。B. SVZ 细胞组成的模式图。SVZ 神经干细胞 B1 细胞为星形胶质细胞（蓝色），可以通过不对称分裂生成 C 型细胞（绿色），可以迅速增殖产生 A 型细胞（红色），在 B1 型细胞顶端和 E 型细胞一起构成了侧脑室的外侧壁，BV（棕色）表示血管；C. A 图框内区域的放大，嗅球的神经元层。迁移至嗅球的 A 型细胞可分化为颗粒细胞（GC）及球旁细胞（PGC），并分别位于颗粒细胞层（GCL）及球旁细胞层（GL）（红色为 A 型细胞及其分化的中间神经元）。D. 嗅球中间神经元，其可以通过形态学、神经递质表型和生物与标记物加以区分。

质的敏感性增强的现象。失神经过敏主要表现在以下几个方面：①使失去神经后的组织和器官保持一定的兴奋性；②提高局部对未来神经的支配敏感性，使其易于发生反应；③引起组织的自发活动，减少效应器官或组织因失去神经支配而萎缩和变性。

（6）神经生长因子和神经免疫因子：脑损伤后，神经的可塑性变化受到神经生长因子和神经免疫因子的影响。研究表明神经生长因子、脑源性的神经营养因子、成纤维营养因子以及胰岛素样生长因子等在脑损伤后可塑性过程中发挥着重要作用，这些因子可以作用于神经细胞上的受体来调控神经元的存活、分化、生长和凋亡。这些神经生长因子可在突触水平、轴突水平以及细胞水平来调节中枢神经系统的可塑性。此外，损伤后炎症修复过程中的免疫因子如肿瘤坏死因子、白介素等，在脑损伤的修复过程中发挥着双向调节作用。还有研究发现神经生长因子与神经免疫因子存在相互调节，但这种相互调节的机制仍在研究中。

第三节　脑损伤后的功能恢复

脑损伤后神经的可塑性是脑功能恢复的基础。脑损伤后功能的恢复包括自我恢复、代偿和在干预治疗下神经的康复。虽然在中枢神经系统结构和功能的可塑性方面取得了惊人的发现，但脑损伤的自我恢复的能力仍是有限的。因此早期康复干预和神经康复护理的重要性越来越受到重视。

一、脑损伤后的自我恢复

脑损伤后的自我恢复有三种基本理论。

1. **解决神经功能联系不全**　在急性脑损伤后，除脑损伤区及损伤周围域细胞功能障碍外，由于损伤后的炎症反应、水肿、血流及神经的异常传递等改变，使远处与受伤部位连接的脑区功能包括与组织损伤区域相连的对侧区域也受到损害，这种现象被称为神经功能联系不全。在水肿消除、激活细胞修复、重新建立神经连接后，部分功能得到恢复。研究认为至少某些早期的功能恢复是由于解决了神经功能联系不全所致。

2. **行为代偿**　在脑损伤后，大脑通过学习及整合其他来源的信息改变关节及肌肉的运动模式，用微妙或根本不同的方式代偿来达到运动的目的。例如，脑损伤后上肢功能异常，机体会通过增加躯干的运动、肩胛上提、肩关节外展等方式来代偿上肢的功能。这种早期的代偿策略具有局限性，如果只依靠代偿，在受损的急性期不使用受累的肢体，可能会错过可塑的时间窗，错过将功能恢复到最大化的时机。

3. **功能替代**　当脑的某一部分损伤后，它所支配的功能可由在功能上不完全相同的另一部分来承担损伤脑组织的功能。此时一些潜在的（辅助性的）邻近的皮质功能区将会被激活并重新建立神经回路，而这些区域一般在脑组织未损伤前对相应的功能没有太大的贡献。该功能替代理论包括了神经可塑性的各种机制，如侧支发芽、树突再生、神经发生以及去神经过敏等机制。此外，脑损伤后对侧未受损半球可发挥替代受损区丢失的功能，促进同侧肢体运动功能的恢复，称半球替代模型。与之相反的是"半球间竞争假说"，该假说认为在健康大脑的两个半球之间存在一种相互抑制的竞争平衡。脑损伤破坏了这一平衡，受损半球对未受损半球的抑制减弱，导致未受损半球对受影响半球的抑制增强。在此基础上，有人结合两种模型也提出了双峰平衡恢复模型（the bimodal balance-recovery model），在受损半球较轻的患者中半球间竞争占优势，在受损半球较严重的患者中，半球替代作用更加明显。

二、脑损伤后的康复治疗

神经的可塑性理论是进行康复治疗的理论依据。鉴于脑损伤自我恢复能力的有限性，康复治疗对脑功能的恢复起着至关重要的作用，特别是早期的康复干预治疗。神经康复策略主要侧重于诱发、引导或促进神经组织的可塑性，从转录因子的表达、突触连接数量的变化、神经连接的效率，甚至是大脑皮质大面积的功能重组来调节大脑的可塑性。

1. **高压氧治疗**（hyperbaric oxygen therapy，HBOT）　高压氧治疗是指在大于1个大气压的压力（> 101.3 kPa）下给予100%氧治疗，是脑外伤最重要的临床治疗之一，也是当前神经系统疾病领域研究的热点。脑外伤的主要病理机制是脑组织的缺血缺氧而引起的脑实质的液化、坏死。研究表明高压氧治疗具有抑制细胞凋亡、抑制炎症反应作用，同时还有保护血脑屏障完整性、促进血管生成和神经发生等作用，从而减轻脑损伤并增强了神经的可塑性。Harch等人对16例创伤性脑损伤、创伤性脑损伤后综合征以及创伤后应激障碍（PTSD）患者进行了为期30 d（共40次）的HBOT治疗，每次60 min（1.5个大气压给氧），结果发现患者的症状、神经系统检查结果、综合智商测试结果和认知功能都得到了大大的改善。也有学者发现在重型创伤性脑损伤中，HBOT治疗降低了脑外伤死亡率并改善了其功能预后。Hu等人也对脑外伤后HBOT治疗的机制进行了阐述，这些研究均提示了对创伤性脑损伤患者进行高压氧强化治疗的有效性。

HBOT在脑外伤后的神经保护机制被大量研究，研究表明存在多种潜在机制并共同作用，这些机制包括：①减轻炎症；②减少细胞凋亡；③降低颅内压；④促进神经和血管形成。图20-3对目前研究中HBOT存在的潜在机制进行了简单总结。

2. **脑损伤后神经可塑性的药物刺激**　30多年来，人们在不断努力尝试用药物刺激干预脑损伤后的神经可塑性过程，来促进脑功能的恢复。遗传、分子、细胞及组织等水平对神经可塑性机制的不断了解，为药物选择地刺激和引导神经可塑性过程提供了理论基础，为临床功能恢复（运动、感觉、认知、语言等）提供了帮助，限制或避免了可塑

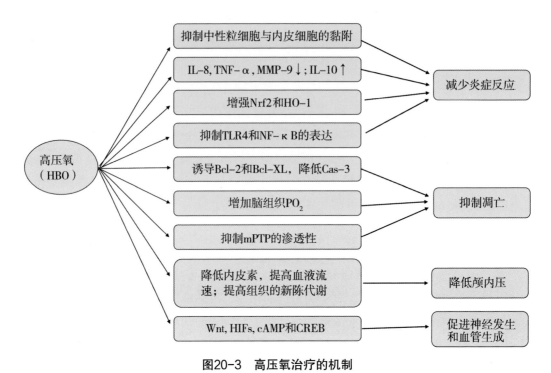

图20-3 高压氧治疗的机制

注：IL-8（interleukin-8，白介素-8）；TNF-α（tumor necrosis factor-α，肿瘤坏死因子）；MMP-9（matrix metalloproteinase-9，基质金属蛋白酶-9）；IL-10（interleukin-10，白介素-10）；Nrf2（nuclear factor-erythroid-2-related factor 2，核因子红系相关因子2）；HO-1（heme oxygenase-1，血红素加氧酶-1）；TLR4（Toll-like receptor 4，Toll样受体4）；NF-κB（nuclear factor-κB，核因子κB）；Bcl-2（B-cell lymphoma-2，B细胞淋巴瘤-2）；Bcl-XL（B-cell lymphoma/leukemia-XL，B细胞淋巴瘤/白血病-XL）；Cas-3（Caspase-3，半胱氨酸天冬氨酸蛋白酶3）；PO_2（partial pressure of oxygen，氧分压）；mPTP（mitochondrial permeability transition pore，线粒体通透性转换孔）；HIFs（hypoxia-inducible factors，低氧诱导因子）；cAMP（cyclic AMP，环磷酸腺苷）；CREB（cAMP response element binding，cAMP应答元件结合蛋白）。

性变化导致的适应不良。大量的试验数据表明，不同的神经递质如谷氨酸、多巴胺、乙酰胆碱、去甲肾上腺素等都参与了神经可塑性过程。

安非他明（苯丙胺）可以通过增加突触前神经递质释放，抑制酶降解，或抑制其再摄取来增加单胺类（多巴胺、去甲肾上腺素和5-羟色胺）突触浓度来发挥作用。有试验数据显示在创伤性脑损伤后，安非他明可以促进运动的恢复，最近的研究甚至表明，低剂量给药有神经保护作用。

选择性去甲肾上腺素再摄取抑制剂如瑞波西汀可以改善不同运动区域之间的连接，减少辅助运动皮质过度活跃，促进运动的康复。有研究发现去甲肾上腺素的刺激还可增加各种营养因子如脑源性营养因子和胶质营养因子的释放，对脑功能的恢复（运动、认知、失语等）发挥着积极作用，特别是长期的康复。

脑损伤严重影响了脑胆碱能系统的功能，而该功能对运动皮质的可塑性起着重要作用。最近的一项对脑损伤后乙酰胆碱酯酶抑制剂作用系统回顾的综述认为，乙酰胆碱酯酶抑制剂可以明显改善脑外伤后的认知功能。胆碱能神经递质除有益于认知功能恢复外，还可以提高伤者的警觉性，增强注意力、记忆力等。研究发现选择性 5 - 羟色胺再摄取抑制剂主要通过刺激海马齿状回的神经，改善皮质神经元的突触神经可塑性，增加神经营养因子的产生及促进学习和记忆等来改善神经可塑性。在脑卒中的患者中，选择性 5 - 羟色胺再摄取抑制剂可以改善患者的运动技能，提高运动皮质兴奋性和促进脑功能恢复。

对谷氨能神经递质的刺激药物主要是天冬氨酸的拮抗剂金刚烷胺和美金刚胺，在弥漫性轴索损伤后，金刚烷胺可以对患者的认知功能有很大的改善，美金刚胺主要抑制持续性开放的天冬氨酸通道，有神经保护作用。然而，虽然科学家们已经做了很大的努力来证明药理学刺激对神经可塑性的积极作用，但其在临床上的应用仍然没有足够的证据和结论性意见。

3. **无创脑刺激对创伤性脑损伤的治疗** 无创脑刺激因具有无痛、无创、操作简便、安全可靠等优点，近年来，其应用于认知神经科学、神经生理学、精神病学等的治疗越来越引起关注。重复经颅磁刺激和经颅直流电刺激（transcranial direct current stimulation，tDCS）作为无创脑刺激最常用的两种技术，在治疗颅脑损伤中展示出了非常有潜力的应用价值。研究发现，根据使用频率的不同，rTMS 通过产生兴奋性（＞5 Hz）或抑制性（＜1 Hz）活动来改变神经元的兴奋性，这种兴奋性可持续数小时。Neville 等人对 36 例创伤性脑损伤患者进行了一项双盲随机对照试验，患者被随机分为两组，治疗组创伤性脑损伤患者接受左侧背外侧前额叶皮质 10 次高频 rTMS（10 Hz）治疗，假手术组创伤性脑损伤患者接受假刺激，结果发现 rTMS 治疗能改善脑外伤后的抑郁和认知功能。Zaninotto 等人认为 tDCS 是通过改善适应性神经可塑性如促进新的皮质形成、皮质下的连接及神经网络重组等和减少创伤性脑损伤后的病理后遗症来帮助神经康复，可以作为单一疗法使用，与其他治疗策略（如认知康复和物理治疗）结合使用可进一步改善临床认知和运动结果。多项研究表明，rTMS 和 tDCS 对脑外伤的治疗是安全的，并可减少创伤性脑损伤相关的抑郁、耳鸣、忽视、记忆缺陷和注意力障碍。

4. **虚拟现实训练在康复中的作用** 虚拟现实（virtual reality，VR）提供了一种身临其境的三维环境，为患者在受控环境中执行定制康复活动提供了可能，目前已经被用于各种医疗领域，包括疼痛管理、恐惧症治疗、医学教育、假肢训练等。这一技术同样应用在了脑损伤后的康复中，特别是脑卒中，得到美国神经病学学会认可的成人卒中康复的临床实践指南中包括了 VR 在空间、视觉、语言、活动能力和上肢缺陷的治疗。VR可在训练中灵活制订针对性、特异性的康复治疗方案，与听觉和视觉刺激相结合，极大地提高了患者参与的兴趣和积极性。同时通过听觉和视觉反馈改善患者的情绪，让患者体验情绪上的成功，将患者在治疗期间的焦虑最小化。Aida 等人对 11 项关于脑损伤后VR 治疗的研究进行了回顾，发现有 10 项显示 VR 治疗可以改善脑外伤的预后；VR 训练可以用于患者的运动功能、认知功能、日常生活技能和社交技能的综合评估。

5. 其他康复治疗　创伤性脑损伤患者死亡的主要原因是神经元死亡和血管破裂，因此神经再生和血管生成在功能恢复中起关键作用。循环内皮祖细胞（EPCs）参与血管生成，促红细胞生成素（EPO）可以通过动员内皮祖细胞和血管生成来促进红细胞的增殖和分化，并通过增强抗凋亡、抗炎和神经保护作用改善创伤性脑损伤大鼠的功能预后。Mahmood 等人在外伤性脑损伤大鼠模型研究中发现，静脉注射骨髓间充质干细胞可诱导这些细胞在脑内迁移，并可降低运动和神经功能障碍的发生，这可能与骨髓间充质干细胞诱导了神经发生、血管生成、突触生成和轴突重构有关。然而由于创伤性脑损伤的复杂性及临床样本量不足，这些康复治疗的方法有效性有待进一步研究。

第四节　展　望

近几年来，随着神经可塑性研究的不断深入，人们对神经可塑性过程更加了解，但关于创伤性颅脑损伤后神经可塑性的研究较少，可塑性机制仍不是十分明确，因此进一步深入探讨是十分必要的。脑损伤后可塑性的分子机制是复杂的，动物模型能帮助我们更好地认识与病理生理学有关的基本机制，特别是对再生修复和可塑性过程中生物标志物的示踪，可以帮助我们判断创伤性脑损伤严重程度和预后，以及如何有效地促进神经可塑性过程、改善脑功能恢复。

虽然中枢神经系统的结构和功能具有一定的可塑性，但脑损伤的自我恢复能力仍是有限的，需要临床的康复干预治疗。Andelic 等人将 61 例重型创伤性脑损伤患者分为两组：早期干预康复训练组和延迟康复训练组，发现脑外伤后的早期康复干预治疗效果好，可见早期康复干预的重要性。可塑性的研究结果如何才能为临床应用提供康复治疗建议，需要我们进一步研究，一个很重要的领域就是经动物模型转化为人体研究。脑损伤后存在一个可塑性的时间窗口，但可塑性的治疗窗以及对应的治疗方式仍不十分清楚，有待进一步研究。

创伤性脑损伤是导致残疾的主要原因之一，也是医疗支出的主要领域，然而改善脑外伤后神经和认知功能的有效疗法仍然缺乏，这与创伤性脑损伤的复杂性密不可分。因此，未来我们需要加深对神经可塑性的认识，加大临床试验研究力度，为创伤性脑损伤的康复治疗提供科学依据。

（孙俊红　山西医科大学）

参考文献

［1］Hyder A A，Wunderlich C A，Puvanachandra P，et al. The impact of traumatic brain injuries：a global perspective［J］. NeuroRehabilitation，2007，22（5）：341-353.

［2］Dang B，Chen W，He W，et al. Rehabilitation Treatment and Progress of Traumatic Brain Injury Dysfunction［J］. Neural Plast，2017，2017：1582182.

［3］Lotze M，Ladda A M，Stephan K M. Cerebral plasticity as the basis for upper limb recovery following brain damage［J］. Neurosci Biobehav Rev，2019，99：49-58.

［4］Hayashi Y，Jinnou H，Sawamoto K，et al. Adult neurogenesis and its role in brain injury and psychiatric diseases［J］. J Neurochem，2018，147（5）：584-594.

［5］Cramer S C，Sur M，Dobkin B H，et al. Harnessing neuroplasticity for clinical applications［J］. Brain，2011，134（Pt 6）：1591-1609.

［6］Von Bernhardi R，Bernhardi L E，Eugenin J. What Is Neural Plasticity?［J］. Adv Exp Med Biol，2017，1015：1-15.

［7］Hubel D H，Wiesel T N. Binocular interaction in striate cortex of kittens reared with artificial squint［J］. J Neurophysiol，1965，28（6）：1041-1059.

［8］Kaas J H，Merzenich M M，Killackey H P. The reorganization of somatosensory cortex following peripheral nerve damage in adult and developing mammals［J］. Annu Rev Neurosci，1983，6：325-356.

［9］Power J D，Schlaggar B L. Neural plasticity across the lifespan［J］. Wiley Interdiscip Rev Dev Biol，2017，6（1）：9.

［10］Uesaka N，Ruthazer E S，Yamamoto N. The role of neural activity in cortical axon branching［J］. Neuroscientist，2006，12（2）：102-106.

［11］Nudo R J. Recovery after brain injury：mechanisms and principles［J］. Front Hum Neurosci，2013，7：887.

［12］Nudo R J. Neural bases of recovery after brain injury［J］. J Commun Disord，2011，44（5）：515-520.

［13］Tovar-Y-Romo L B，Penagos-Puig A，Ramirez-Jarquin J O. Endogenous recovery after brain damage：molecular mechanisms that balance neuronal life/death fate［J］. J Neurochem，2016，136（1）：13-27.

［14］Jellinger K A，Attems J. Neuropathological approaches to cerebral aging and neuroplasticity［J］. Dialogues Clin Neurosci，2013，15（1）：29-43.

［15］Gershenson C. Guiding the self-organization of random Boolean networks［J］. Theory Biosci，2012，131（3）：181-191.

［16］Liu Y，Rouiller E M. Mechanisms of recovery of dexterity following unilateral lesion of the sensorimotor cortex in adult monkeys［J］. Exp Brain Res，1999，128（1-2）：149-159.

［17］Kobayashi M，Theoret H，Pascual-Leone A. Suppression of ipsilateral motor cortex facilitates motor skill learning［J］. Eur J Neurosci，2009，29（4）：833-836.

［18］Di Pino G，Pellegrino G，Assenza G，et al. Modulation of brain plasticity in stroke：a novel model for neurorehabilitation［J］. Nat Rev Neurol，2014，10（10）：597-608.

［19］Purohit P K，Smith D H. A model for stretch growth of neurons［J］. J Biomech，2016，49（16）：3934-3942.

［20］Franze K，Guck J. The biophysics of neuronal growth［J］. Reports on Progress in Physics，2010，

73（9）: 1-19.

[21] Harris W A, Holt C E, Bonhoeffer F. Retinal axons with and without their somata, growing to and arborizing in the tectum of Xenopus embryos: a time-lapse video study of single fibres in vivo [J]. Development, 1987, 101（1）: 123-133.

[22] Koleske A J. Molecular mechanisms of dendrite stability [J]. Nature reviews Neuroscience, 2013, 14（8）: 536-550.

[23] Agostinone J, Alarcon-Martinez L, Gamlin C, et al. Insulin signalling promotes dendrite and synapse regeneration and restores circuit function after axonal injury [J]. Brain : a journal of neurology, 2018, 141（7）: 1963-1980.

[24] Eriksson P S, Perfilieva E, Björk-Eriksson T, et al. Neurogenesis in the adult human hippocampus [J]. Nature medicine, 1998, 4（11）: 1313-1317.

[25] Smalley E. Neural stem cell trailblazer StemCells folds [J]. Nature biotechnology, 2016, 34（7）: 677-678.

[26] Yamashita T, Ninomiya M, Hernández A P, et al. Subventricular zone-derived neuroblasts migrate and differentiate into mature neurons in the post-stroke adult striatum [J]. The Journal of neuroscience : the official journal of the Society for Neuroscience, 2006, 26（24）: 6627-6636.

[27] Lim D A, Alvarez-Buylla A. The Adult Ventricular-Subventricular Zone（V-SVZ）and Olfactory Bulb（OB）Neurogenesis [J]. Cold Spring Harbor perspectives in biology, 2016, 8（5）: a018820.

[28] Garas F N, Kormann E, Shah R S, et al. Structural and molecular heterogeneity of calretinin-expressing interneurons in the rodent and primate striatum [J]. The Journal of comparative neurology, 2018, 526（5）: 877-898.

[29] Kandasamy M, Aigner L. Neuroplasticity, limbic neuroblastosis and neuro-regenerative disorders [J]. Neural regeneration research, 2018, 13（8）: 1322-1326.

[30] Alvarez-Buylla A, Garcia-Verdugo J M. Neurogenesis in adult subventricular zone [J]. The Journal of neuroscience : the official journal of the Society for Neuroscience, 2002, 22（3）: 629-634.

[31] 倪朝民. 神经康复学 [M]. 2版. 北京: 人民卫生出版社, 2013.

[32] Pekna M, Pekny M, Nilsson M. Modulation of neural plasticity as a basis for stroke rehabilitation [J]. Stroke, 2012, 43（10）: 2819-2828.

[33] Dancause N, Nudo R J. Shaping plasticity to enhance recovery after injury [J]. Progress in brain research, 2011, 192: 273-295.

[34] Levin M F, Kleim J A, Wolf S L. What do motor "recovery" and "compensation" mean in patients following stroke? [J]. Neurorehabilitation and neural repair, 2009, 23（4）: 313-319.

[35] Takeuchi N, Izumi S-I. Rehabilitation Using Repetitive Transcranial Magnetic Stimulation [J]. Brain and nerve = Shinkei kenkyu no shinpo, 2017, 69（3）: 227-238.

[36] Fitzpatrick A M, Dundon N M, Valyear K F. The neural basis of hand choice: An fMRI investigation of the Posterior Parietal Interhemispheric Competition model [J]. NeuroImage, 2019, 185: 208-221.

[37] Geng F, Ma Y, Xing T, et al. Effects of Hyperbaric Oxygen Therapy on Inflammasome Signaling after Traumatic Brain Injury [J]. Neuroimmunomodulation, 2016, 23（2）: 122-129.

[38] Baratz-Goldstein R, Toussia-Cohen S, Elpaz A, et al. Immediate and delayed hyperbaric oxygen therapy as a neuroprotective treatment for traumatic brain injury in mice [J]. Molecular and cellular neurosciences, 2017, 83: 74-82.

[39] Sánchez E C. Mechanisms of action of hyperbaric oxygenation in stroke: a review [J]. Critical care

nursing quarterly, 2013, 36（3）: 290-298.

［40］Yang Y, Wei H, Zhou X, et al. Hyperbaric oxygen promotes neural stem cell proliferation by activating vascular endothelial growth factor/extracellular signal-regulated kinase signaling after traumatic brain injury［J］. Neuroreport, 2017, 28（18）: 1232-1238.

［41］Lv L-Q, Hou L-J, Yu M-K, et al. Hyperbaric oxygen therapy in the management of paroxysmal sympathetic hyperactivity after severe traumatic brain injury: a report of 6 cases［J］. Archives of physical medicine and rehabilitation, 2011, 92（9）: 1515-1518.

［42］Hu Q, Manaenko A, Xu T, et al. Hyperbaric oxygen therapy for traumatic brain injury: bench-to-bedside［J］. Medical gas research, 2016, 6（2）: 102-110.

［43］Ramic M, Emerick A J, Bollnow M R, et al. Axonal plasticity is associated with motor recovery following amphetamine treatment combined with rehabilitation after brain injury in the adult rat［J］. Brain research, 2006, 1111（1）: 176-186.

［44］Rau T F, Kothiwal A S, Rova A R, et al. Administration of low dose methamphetamine 12 h after a severe traumatic brain injury prevents neurological dysfunction and cognitive impairment in rats［J］. Experimental neurology, 2014, 253: 31-40.

［45］Wang L E, Fink G R, Diekhoff S, et al. Noradrenergic enhancement improves motor network connectivity in stroke patients［J］. Annals of neurology, 2011, 69（2）: 375-388.

［46］Mannari C, Origlia N, Scatena A, et al. BDNF level in the rat prefrontal cortex increases following chronic but not acute treatment with duloxetine, a dual acting inhibitor of noradrenaline and serotonin re-uptake［J］. Cellular and molecular neurobiology, 2008, 28（3）: 457-468.

［47］Sidhu I S. Role of catecholaminergic and cholinergic drugs in management of cognitive deficits in adults with traumatic brain injury: a systematic review［J］. Journal of Neurology Neurosurgery & Psychiatry, 2014, 85（8）: e3.

［48］Oldenbeuving A W, De K P L M, Jansen B P W, et al. A pilot study of rivastigmine in the treatment of delirium after stroke: a safe alternative［J］. BMC neurology, 2008, 8: 34.

［49］Guirado R, Perez-Rando M, Sanchez-Matarredona D, et al. Chronic fluoxetine treatment alters the structure, connectivity and plasticity of cortical interneurons［J］. The international journal of neuropsychopharmacology, 2014, 17（10）: 1635-1646.

［50］Hanson N D, Owens M J, Nemeroff C B. Depression, antidepressants, and neurogenesis: a critical reappraisal［J］. Neuropsychopharmacology : official publication of the American College of Neuropsychopharmacology, 2011, 36（13）: 2589-2602.

［51］Guo Y, He Y, Tang B, et al. Effect of using fluoxetine at different time windows on neurological functional prognosis after ischemic stroke［J］. Restorative neurology and neuroscience, 2016, 34（2）: 177-187.

［52］Giacino J T, Whyte J. Amantadine to improve neurorecovery in traumatic brain injury-associated diffuse axonal injury: a pilot double-blind randomized trial［J］. The Journal of head trauma rehabilitation, 2003, 18（1）: 4-6.

［53］Rao V L, Dogan A, Todd K G, et al. Neuroprotection by memantine, a non-competitive NMDA receptor antagonist after traumatic brain injury in rats［J］. Brain research, 2001, 911（1）: 96-100.

［54］Rossi S, Hallett M, Rossini P M, et al. Safety, ethical considerations, and application guidelines for the use of transcranial magnetic stimulation in clinical practice and research［J］. Clinical neurophysiology : official journal of the International Federation of Clinical Neurophysiology, 2009, 120（12）: 2008-2039.

［55］Neville I S, Hayashi C Y, El Hajj S A, et al. Repetitive Transcranial Magnetic Stimulation （rTMS）for the cognitive rehabilitation of traumatic brain injury（TBI）victims：study protocol for a randomized controlled trial［J］. Trials，2015，16（1）：440.

［56］Zaninotto A L，El-Hagrassy M M，Green J R，et al. Transcranial direct current stimulation （tDCS）effects on traumatic brain injury（TBI）recovery：A systematic review［J］. Dementia & neuropsychologia，2019，13（2）：172-179.

［57］Li S，Zaninotto A L，Neville I S，et al. Clinical utility of brain stimulation modalities following traumatic brain injury：current evidence［J］. Neuropsychiatric disease and treatment，2015，11：1573-1586.

［58］Dhaliwal S K，Meek B P，Modirrousta M M. Non-Invasive Brain Stimulation for the Treatment of Symptoms Following Traumatic Brain Injury［J］. Frontiers in psychiatry，2015，6：119.

［59］Biffi E，Beretta E，Cesareo A，et al. An Immersive Virtual Reality Platform to Enhance Walking Ability of Children with Acquired Brain Injuries［J］. Methods of information in medicine，2017，56（2）：119-126.

［60］Hashimoto D A，Petrusa E，Phitayakorn R，et al. A proficiency-based virtual reality endoscopy curriculum improves performance on the fundamentals of endoscopic surgery examination［J］. Surgical endoscopy，2018，32（3）：1397-1404.

［61］Ortiz-Catalan M，Sander N，Kristoffersen M B，et al. Treatment of phantom limb pain（PLP） based on augmented reality and gaming controlled by myoelectric pattern recognition：a case study of a chronic PLP patient［J］. Frontiers in neuroscience，2014，8：24-25.

［62］Winstein C J，Stein J，Arena R，et al. Guidelines for Adult Stroke Rehabilitation and Recovery：A Guideline for Healthcare Professionals From the American Heart Association/American Stroke Association［J］. Stroke，2016，47（6）：e98-e169.

［63］Aida J，Chau B，Dunn J. Immersive virtual reality in traumatic brain injury rehabilitation：A literature review［J］. NeuroRehabilitation，2018，42（4）：441-448.

［64］Wang L，Wang X，Su H，et al. Recombinant human erythropoietin improves the neurofunctional recovery of rats following traumatic brain injury via an increase in circulating endothelial progenitor cells［J］. Translational stroke research，2015，6（1）：50-59.

［65］Mahmood A，Lu D，Yi L，et al. Intracranial bone marrow transplantation after traumatic brain injury improving functional outcome in adult rats［J］. Journal of neurosurgery，2001，94（4）：589-595.

［66］Werner J K，Stevens R D. Traumatic brain injury：recent advances in plasticity and regeneration［J］. Current opinion in neurology，2015，28（6）：565-573.

［67］Andelic N，Bautz-Holter E，Ronning P，et al. Does an early onset and continuous chain of rehabilitation improve the long-term functional outcome of patients with severe traumatic brain injury?［J］. Journal of neurotrauma，2012，29（1）：66-74.

［68］Lim D A，Alvare-Buylla A. The Adult Ventricular - Subventricular Zone（V-SVZ）and Olfactory Bulb（OB）Neurogenesis［J］. Cold Spring Harbor Perspectives in Biology，2016，8（5）：a018820.

［69］Hu Q，Manaenko A，Xu T，et al. Hyperbaric oxygen therapy for traumatic brain injury：bench-to-bedside［J］. Med Gas Res，2016，6（2）：102-110.

第四篇
颅脑损伤模型与鉴定技术

第二十一章
颅脑损伤研究的动物与尸体模型

2007—2014 年美国国家创伤数据库研究数据在非偶然创伤中 15 岁以下儿童共 678 503 名，其中诊断为创伤性脑损伤的比例占 50%。在德国，每年 82 万创伤者有 26.6 万人为创伤性脑损伤。我国每年因创伤性脑损伤死亡约 10 万人，伤残在百万人以上，其损伤呈现跨度大、范围广、频率高等特点。颅脑损伤是由于意外性或非意外性创伤所引起的持续性脑损伤，主要包括头皮血肿、头皮裂伤、头皮撕脱伤构成的头皮损伤和颅盖、颅底骨折构成的颅骨损伤以及由脑震荡、弥漫性轴索损伤、脑挫伤、脑裂伤等原发性脑损伤和硬膜外血肿、硬膜下血肿、脑内血肿、脑水肿、脑疝形成等继发性脑损伤。目前，国内外学者分别利用数字模型、物理模型、动物模型、尸体头颅和志愿者试验，以及颅脑损伤深度调查等方法对创伤性脑损伤开展了广泛而又深入的研究，其中，动物模型与尸体模型是颅脑损伤研究的重要手段，动物实验研究有利于阐明创伤性脑损伤原发性、继发性损伤机制及病理生理学过程，能够实现跨尺度颅脑损伤的生物学响应研究，为诊断及治疗和防护提供依据。而尸体模型虽然缺乏头部冲击后的病理生理反应，但能够更好地反映损伤时的物理致伤参数，从而为接下来的计算机仿真技术、多刚体动力学分析和有限元方法提供模型验证基础，新鲜尸体头颅是损伤生物力学研究领域中较好的头部代用品。本章将从颅脑损伤动物、尸体模型的造模机制、造模方法、模型特点和模型应用等方面进行简要介绍。

第一节　颅脑损伤的动物模型特点及其生物学意义

一、颅脑损伤动物模型特点

（一）可复制性

可复制性是颅脑损伤动物模型的最基本要求。研究颅脑损伤首先必须复制动物模型，无论是急性损伤还是慢性损伤、原发性损伤还是继发性损伤，复制模型是第一步，也是最重要的，若损伤复制不成功，后续研究将无法进行。

（二）按需要取样

动物颅脑损伤试验必须严格遵照动物实验伦理开展相关试验，尽可能减少动物实验的数量。颅脑损伤的动物模型作为人类颅脑损伤的"复制品"，可按研究者的需要在不同时间点采集各种样品或分批处死动物收集标本，以了解疾病发生发展过程，这是临床难以办到的。

（三）可比性

真实损伤事件一般为意外发生，在同一时期内很难获得一定数量的样本。动物模型不仅在群体数量上容易得到满足，而且可以在方法学上严格控制试验条件。在对饲养条件及遗传、微生物、营养等因素严格控制的情况下，通过物理、化学或生物因素的作用，限制试验的可变因子，并排除研究过程中其他因素的影响，取得条件一致的、数量较大的模型材料，从而提高试验结果的可比性和重复性，使所得到的成果更准确、更深入。

二、颅脑损伤动物模型的生物学意义

一个好的颅脑损伤模型应再现性好，能复制出所要研究的颅脑损伤，动物颅脑损伤表现应与人类颅脑损伤相似。同时，动物背景资料完整，生命周期满足试验需要。任何一种颅脑损伤的动物模型都不能全部复制出人类颅脑损伤的所有表现，复制率高，专一性好，即一种方法只能复制出一种模型。动物毕竟不是人体，模型试验只是一种间接性研究，只可能在一个局部或一个方面与人类颅脑损伤相似。所以，模型试验结论的正确性是相对的，最终还必须在人体上得到验证，复制过程中一旦发现与人类颅脑损伤不同的现象，必须分析差异的性质和程度，找出异同点，以正确评估。

第二节　颅脑损伤的动物模型分型

一、自发性脑出血模型

（一）大鼠尾状核自体血注入

尾状核是大鼠脑内最大核团，易于立体定位，且尾状核属基底核，基底核是人类高血压脑出血最好发的部位，故大鼠等动物脑出血模型多选择尾状核区。具体造模过程：①大鼠麻醉后，固定，左股部切开，分离暴露股动脉，用细 PE 管行股动脉插管。②大鼠俯卧固定于定向仪上，调整立体定向仪，使门齿沟平面低于耳间线平面 2.4 mm，前囟与后囟在同一平面上。③头皮正中切开，分离骨膜，30% 过氧化氢溶液止血，暴露前囟及冠状缝，按大鼠立体定向图谱所示尾状核中心坐标，在前囟前 0.5 mm，中线旁开 3 mm 处，颅骨垂直钻孔，保留硬膜完整。④从股动脉抽血 0.2 mL，用微量注射器抽血 50~60 μL 后固定于定向仪微推进器上，从颅骨表面垂直穿刺约 6 mm 即达尾状核。缓慢注入 50 μL 动脉血入脑，并留针 3~5 min 后退针，骨蜡封闭骨孔。大鼠脑容量约 2 mL，注血 5 μL 即相当于人脑 40 mL 的出血量，较接近临床实际。自体血注入稍快时，血流易顺针道反流进入蛛网膜下隙或硬膜下隙，且血肿易破入脑室，血肿形态及大小重复性稍差，故控制注血速度在本模型制备上极为重要。该模型可以用于模拟高血压脑出血的发病机制、病理过程及药物研发。

（二）胶原酶诱导脑出血

胶原酶是一种金属蛋白酶，可以分解细胞间质及血管膜上的胶原蛋白，使血管壁受损引起渗血，进而血液逐渐积聚融合，形成血肿。具体造模过程：①麻醉大鼠。②大鼠俯卧固定于定向仪上，调整立体定向仪，使门齿沟平面低于耳间线平面 2.4 mm，前囟与后囟在同一平面上。③头皮正中切开，分离骨膜，30% 过氧化氢溶液止血，暴露前囟及冠状缝，按大鼠立体定向图谱所示尾状核中心坐标，在前囟前 0.5 mm，中线旁开 3 mm 处，颅骨垂直钻孔，保留硬膜完整。④抽取胶原酶 0.25~0.5 μL，溶入 0.9% 氯化钠液 2 μL 中，用微量注射器抽取固定于定向仪微推进器上，从颅骨表面垂直穿刺约 6 mm 即达尾状核，缓慢注入脑，并留针 3~5 min 后退针，骨蜡封闭骨孔。血肿的大小及形成速度由胶原酶的注入量决定，国内任泽光等对传统的 Rosenberg 法进行了改良，用胶原酶加微量肝素联合注射诱导脑出血，可以用于模拟高血压脑出血的发病机制、病理过程及药物研发。

（三）微气囊充胀模型

利用微气囊充气，模拟脑出血后的机械性占位效应，充胀一定时间后，再使微气囊去充胀，模拟外科手术清除血肿。具体造模过程：将 50 μL 体积的微气囊通过立体定向仪置入尾状核后，在 20 s 内使气囊充胀，模拟脑出血后的机械性占位效应，充胀一定时间后，再使微气囊去充胀，模拟外科手术清除血肿。该法与临床脑出血仍有一定差异，主要是仅机械性地模拟了脑出血的占位效应，对出血灶的代谢效应无法反映，但有不需股动脉插管、制备简单、快速、重复性好、易标准化的特点，是脑出血占位效应及清除占位后继发性损害研究的有效模型。

（四）蛛网膜下隙出血

蛛网膜下隙出血（subarachnoid hemorrhage，SAH）主要并发症是脑血管痉挛。近年研究显示，创伤性 SAH 也是影响重型颅脑损伤患者预后的重要因素之一。一般认为蛛网膜下隙出血模型应符合以下原则：①动物出血后症状与人类似。②制作容易，费用低廉。③所用动物血管变异少，尽可能接近人类。④可控制诱发的脑血管痉挛情况。⑤有动脉壁的器质性损害。⑥有急性颅内压增高。⑦蛛网膜下隙应有足够的血凝块。⑧有较恒定的脑特定部位的损害。⑨可进行慢性实验。目前尚缺乏较为理想的模型，使用的动物种属较多，制备方式多种多样，有单次出血也有多次出血。一般认为，急性实验可采用大鼠，而慢性实验多利用大中型动物。

（五）枕大池自体血注入模型

在枕大池注入自体血，血液可流入蛛网膜下隙，模拟蛛网膜下隙出血。具体造模过程：①股动脉插管。②大鼠俯卧位固定于立体定向仪上。③纵行切开头颈部皮肤，分离枕大孔及环枕筋膜。④用可限制穿刺深度的细针穿刺枕大池，抽出脑脊液 0.1 mL 左右。⑤缓慢注入自体动脉血 0.2~0.3 mL。⑥用医用胶封闭穿刺孔并缝合切口。⑦动物头低尾高位固定 20~30 min。枕大池注血法可采用大鼠、兔、猫、犬、猪、猴及狒狒等多种动物，方法简单，可随意控制出血速度及注血量，效果确切，重复性好，动物死亡率低。利用大动物可通过脑血管造影观察血管痉挛情况，必要时可两次注血，诱发慢性血管痉挛。本方法关键在于枕大池穿刺的深度、注血量及注血速度，适用于发病机制的探讨以及神经保护药物的研发。

另外，家兔蛛网膜下隙出血后症状性血管痉挛模型也可通过在枕大池注入自体血，血液可流入蛛网膜下隙，模拟蛛网膜下隙出血。预先结扎家兔双侧颈总动脉，以减少基底动脉痉挛后前循环的代偿作用，2 周后，无神经功能障碍者通过枕大池两次注入自体动脉血，大部分家兔出现了程度不等的神经功能障碍，饮食量减少，尤以出血后 4~5 d 为重，该模型可用于蛛网膜下隙出血的脑血管损伤机制研究。

二、头部冲击致脑损伤动物模型

（一）自由落体冲击模型

根据自由落体原理，使下落物体撞击置于硬膜上的金属垫片造成局限性脑损伤，改变重物质量和下落高度可控制致伤程度。按自由落体原理做成打击器，由撞杆、下落撞击锤、外周套管三部分组成。撞杆头端直径 4.5 mm、高度 3 mm，撞击锤重量和高度根据脑损伤程度调节。大鼠腹腔注射麻醉后，将大鼠头部三点固定于立体定向仪上。碘伏、乙醇消毒后铺无菌巾，沿头皮中线矢状位切开皮肤约 2 cm，然后逐层切开浅筋膜，分离骨膜至颅骨，以前囟尾侧 2 mm、矢状缝左侧 2 mm 的左侧大脑皮质后肢运动区域为中心，开一直径为 5 cm 的圆形骨窗，硬膜保持完整。撞击锤沿一定高度的外周套管下落撞击已置于骨窗硬膜上的撞杆，撞击后牙托粉封闭骨窗，缝合头皮。目前已有很多改良方法，如采用材料力学原理对自由落体模式脑损伤进行定量分级；采用电磁铁控制开关，对模型的稳定性进行加工改制。自由落体冲击模型具体有以下优点：

（1）该模型与临床脑外伤力学机制最相似，可充分模拟临床局灶性创伤性脑损伤及脑水肿，对损伤机制、生物学效应及相关疾病的生理药效学研究有重要价值，适合于定性研究。

（2）装置简单，操作简便，实用经济且稳定性及重复性较好，致伤力准确，适合于定量研究。

（3）局灶性脑损伤及脑水肿性质与临床上创伤性脑损伤相似，病理变化特点符合脑损伤患者的临床表现。

（4）试验对象广泛，便于定量研究和长时间观察。但颅骨开窗后不能观察到骨折，且人为减压措施对急性脑水肿形成、硬膜外血肿占位效应的观察有一定影响，与临床闭合性脑损伤发生机制有所不同。

自由落体脑损伤是一种机械性损伤，其致伤机制与临床中常见的闭合性颅脑加速伤类似，由于损伤部位局限和所造成的局部脑损伤性质与临床上见到的脑挫（裂）伤相似，被国内外大多数研究者用于脑损伤的分子机制研究。但该模型也具有一定的局限性，模型通过撞击物重量与其自由落体高度进行分组，不能代表脑所受的外力，难以复制出脑损伤与外力的线性关系，且该模型易出现二次反弹损伤，动物脑损伤死亡率较高，稳定性和重复性不理想。

（二）加速或减速伤模型

加速或减速运动使全脑组织承受惯性负荷作用，产生剪应力／牵张力，使神经元／神经纤维受到牵拉，临床上闭合性颅脑损伤如 DAI、脑挫裂伤或硬膜下血肿都与这种作用机制有关。脑弥漫性轴索损伤模型装置，由驱动弹簧、扳机和旋转角限位孔等组成。使用时装置固定在一个稳固的实验台上，将麻醉动物置放于此装置上，躯干与实验台呈 20° 角俯卧其上，选定旋转角度。当动物麻醉苏醒（以动物在装置上挣扎为标志）后，选择挣扎间歇期按动扳机，致头颅旋转受伤。该装置主要用于大鼠，部件适用于大鼠的固有参数为：横向杆间距 5 cm，驱动弹簧（钢丝直径 4 mm，内径 32 mm，弹簧圈数 6）；驱动体重 0.3 kg 以下大鼠头颅在冠状面旋转 90°，用时 < 2.09 ms；脑表面线速度 5.649 m/s，线加速度 1 354.1 m/s，脑角速度 753.1 m/ms，角加速度 1.806×10^{5} m/ms。优点：模型简单、易于操作、致伤特殊；不足：麻醉刚清醒即进行致伤，由于此时麻药的作用还未完全消失，动物的心血管功能、应激性等尚未完全恢复。该模型可特异地用于弥漫性轴索损伤的病理机制、发展过程及治疗药物研究。

（三）液压冲击伤模型

直接利用液压冲击致脑损伤，大鼠液压颅脑损伤模型由圆形液柱、打击架、示波器及压力传感器构成，圆柱两端分别连接活塞和压力传感器，在密闭的管道系统内充满 37 ℃生理盐水，液体将打击力传递给脑组织，打击力大小由打击锤高度调节并显示于示波器上。该模型主要特点是受外界影响因素小、客观定量、可重复性好，能复制出较理想的分级脑损伤，在峰压 ≥ 3.0 ATM 时可复制出脑干损伤模型。但液压颅脑损伤模型的致伤机制与人类真实颅脑损伤机制不尽一致，易导致下位脑干和颈髓上段损伤，并且该仪器复杂，价格昂贵，国内基本都是自行研制组装。该方法的外力作用于整个颅腔内容，由于液体流变特性受颅腔几何形态和脑异质性影响，冲击液体的力学特点变异大，不适合于颅脑损伤的生物力学研究，最常用于直接脑变形损伤的模型，可用于病理学、生理学、药理学等研究。

（四）可控皮质撞击模型

该模型通过高速运动的空气产生的冲击力作用于脑组织，造成一定程度的损伤。将动物麻醉后固定，于头顶部开一骨窗，硬脑膜保持完整，紧贴硬脑膜垂直安装压缩气击装置，通过压缩气机器产生高速运动的空气冲击硬脑膜下的脑皮质，引起皮质损伤。脑损伤的程度可通过精确控制气流速度和形变大小两个参数来衡量，由于该方法参数可控，重复性较高，可较精确地复制分级脑损伤，因此较液压冲击伤模型更具有潜在的优势。此模型的应用范围较广泛。受个体差异因素影响较小，可复制临床上伴随颅骨变形的脑外伤及皮质压缩。不足之处是设备昂贵和试验精度要求高，试验同时需要高速摄像技术测气击速度，且其致伤机制与实际不尽一致。该模型广泛应用于神经元细胞死亡的复杂分子与基因机制分析以及改善脑外伤的治疗措施研究。

（五）负压式脑创伤模型

20 世纪 90 年代，Mahmood 等人建立的负压性脑创伤模型，主要由支架、吸管、注射器管、弹簧圈、压力感受换能器、示波器等构成。当注射器管内由于弹簧的张力后退时，产生的负压传送到吸管的开口，由于吸管的开口受到大鼠硬膜的密封，负压作用于硬膜及其下的脑组织，产生脑组织的损伤，压力通过感受器在示波器上表达为可视的压力波。此模型负压伤组织损伤明确，所制造的损伤局限于负压打击部位的皮质和皮质下的局部组织，该模型适用于局灶性的浅表创伤性脑损伤的研究，不适用研究动物认知和运动功能。

（六）颅脑爆炸伤模型

由于伊拉克、阿富汗、叙利亚等战争，军人头部受伤的比例一直在上升。在伊拉克自由行动中的一个作战地点研究表明，有 78% 受伤是由简易爆炸装置引起。越靠近爆炸地点，爆炸性颅脑损伤（blast traumatic brain injury，bTBI）的伤势往往越重。值得注意的是，即使是较小的 bTBI 也会产生长期或迟发性认知、神经精神症状。为了有助于更好地理解 bTBI 以降低军人的发病率、死亡率，许多 bTBI 实验室正在模拟类似于爆炸物产生的爆炸波。即将动物置于激波管中，并暴露于由气压或爆炸引起的爆炸波中。爆炸波会损害大脑血管、神经元、神经胶质细胞、BBB，导致小胶质细胞激活和神经炎症。和其他损伤模型一样，bTBI 也会出现脑室扩大、灰/白质萎缩、轴突损伤、细胞凋亡等病理结果。

2000 年，Axelesson 等人用猪进行颅脑爆炸伤试验。他们观察到猪在脑损伤后均出现呼吸暂停、心率减慢、平均动脉压降低等脑干抑制现象。这些特征性的病理生理变化是由于爆炸冲击波直接作用于动物头颅，使脑干及更高级的控制中枢受到损伤所致。犬颅脑 bTBI 制作方法为：用电雷管与导爆索相连接，试验时以干电池引爆电雷管，通过导爆索从爆炸源球心起爆。引爆时将爆炸球分别悬于距致伤动物右颞顶部不同但适当距离处，对距离爆心不同位置的动物致伤。点爆炸源装药量稳定，爆炸参数明确，爆炸能量可控制；球形炸药以柔性导爆索传爆，起爆点位于炸药中心的柔性导爆索末端，产生的冲击波为球形，压力场分布为各向同性，接近爆炸性武器产生的冲击波；爆炸时火药完全燃烧不产生碎片，无爆炸残余物，能较真实地模拟爆炸时的原发效应。该模型成功地屏蔽了其他因素的干扰，致伤因素单纯，其最大的优点是可以通过调整炸药球的装药量（炸药当量）或调节动物与爆心距离（致伤能量）来模拟不同程度的颅脑爆炸损伤。

（七）其他颅脑损伤模型

穿透性弹道式脑损伤模型（penetrating ballistic-like brain injury models，PBBI）是一种穿透性创伤性脑损伤大鼠模型，通常是由于高能量弹头和冲击波造成，在脑部形成一个暂时的空洞，空洞体积是弹头本身大小的许多倍。应用真空性脉冲、微量注射酵母多糖、脂多糖、乳胶等诱导脑组织空腔化，机械吸引硬脑膜等不同形式机械力诱导皮质损伤。该模型对研究脑挫伤病理解剖学及治疗方法具有一定的价值。

三、颅脑损伤动物模型的构模标准

目前，因试验动物种属差异和致伤模型不同，且伤情的评判标准不一，至今仍无一种公认的较为完善的可制作多种类型脑损伤的动物模型。用行为学和病理学特点作为制备创伤性颅脑损伤模型的标准似乎更加合理，但是没有同格拉斯哥昏迷评分（GCS）一样被广泛认可的动物评分方法。任何能够可靠地复制创伤性颅脑损伤的模型都必须符合一些特定的标准：所用试验动物要有一定的要求（年龄、性别、种系的遗传背景、生理环境、昼夜节律）；打击致伤部位和损伤程度都必须能够严格控制；伤害程度必须是可以定量的，而且可以在不同的实验室复制出来。随着对颅脑损伤机制的了解和研究的不断深入，人们越来越趋向于外力定量准确、可复制分级颅脑损伤的模型。理想的动物模型应具有以下几个方面的特点：与临床产生的脑损伤机制相近；试验受个体差异的影响小，重复性好；建立的模型适用范围较为广泛；模型复制简单，设备要求不高，可进行脑损伤生物力学评价。

第三节　颅脑损伤的尸体模型

在汽车安全研究领域，具备尸体试验能力的研究团队集中分布在美国与欧洲，如美国韦恩州立大学、弗吉尼亚大学和法国交通科学与技术研究院等，在国内申请人依托单位具备尸体动静态冲击试验能力。1977 年 Nahum 利用未防腐欧美人尸体头颅测得颅内压冲击响应，2001 年 Hardy 获取了脑组织动态冲击的运动轨迹，试验结果至今仍为头颅力学模型验证的依据。尸体试验是假人模型拟人度评价的金标准，但尸体标本无法观察冲击造成的颅内出血。随着法医学虚拟解剖的不断发展，离体血管造影可以实现对尸体头颅血管损伤的观察。另外，尸体标本的组织降解会对颅脑力学特性产生影响，但未防腐尸体可以最大限度地降低尸体和活体颅脑力学特性的差异。因此，未防腐尸体头颅结合颅脑血管造影是研究损伤生物力学响应的最理想试验方法。

损伤生物力学的四个重要的研究方向分支是损伤机制、力学响应、损伤耐受和损伤评价，而尸体试验是颅脑损伤生物力学研究的重要试验方法。损伤生物力学的尸体试验研究最早开始于美国韦恩州立大学的 Lissner 教授和 Gurdjian 博士，两人于 1939 年开展了坠落金属球致伤人体颅骨的碰撞试验，主要为了明确颅骨骨折和脑损伤的损伤机制。Lissner 教授和 Gurdjian 博士是碰撞生物力学研究的先驱，同时，该研究也是第一次为提示产生颅骨骨折所需要的撞击力提供了试验数据。随后的研究中，McElhaney 结合动物和尸体试验数据开发了著名的韦恩头部耐受曲线（Wayne State tolerance curve，WSTC）（图 21-1），该曲线为汽车安全现行法规中头部损伤准则（head injury criterion，HIC）提供了重要基础。

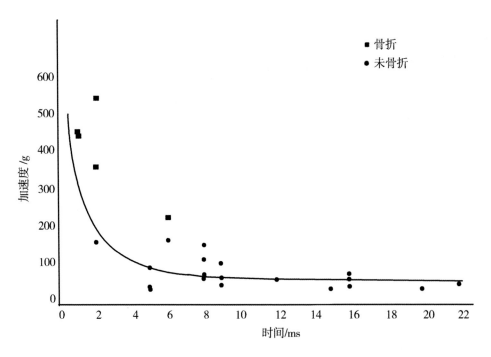

图21-1　韦恩头部耐受曲线

除了 Lissner 教授和 Gurdjian 博士外，Ommaya 与其同事也开展了类似的研究，主要目的是阐明颅脑损伤的机制。由于前期受到测试技术和手段的限制，研究人员主要将头部加速度和颅内压力作为预测颅脑损伤的重要指标。说到尸体头颅碰撞试验不得不提2001 年 Hardy 在韦恩州立大学所开展的尸体头部碰撞试验，该研究是关于脑组织运动变形测量的代表性新鲜尸体头颅实验结果（图 21-2）。该研究通过高速 X 光机检测试验前植入新鲜尸体头部脑组织的 NDTs 标志物，再利用图像处理的方法首次对完整颅骨内脑组织运动过程进行精确的可视化分析，研究结果已为国内外头部有限元模型验证提供重要数据，并被广泛引用。

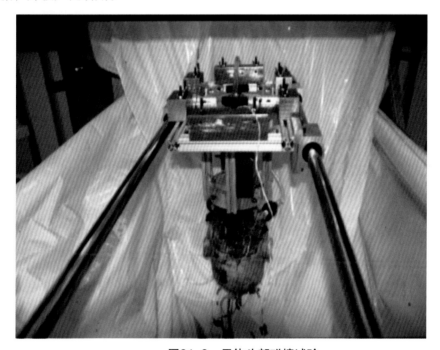

图21-2　尸体头部碰撞试验

第四节　制备颅脑损伤动物模型系列生物撞击设备

20 世纪 60 年代末期，出现了简易的重力或气体驱动重锤撞击动物的装置。而在神经创伤研究中采用了一种液体冲击模型，即通过密闭管道中的液体将重锤的作用力传递给脑组织造成的损伤。随着研究的不断深入，人们注意到对生物体作用力的变化和精确控制是动力学效应研究中的关键，在撞击伤研究中需要建立一种理想的试验装置和模型，因此国内外研究机构相继研制了系列生物撞击装置。

一、竖式生物撞击机

（一）可控生物系统撞击机

1974 年瑞典学者研制成功可控生物系统撞击机并运用到撞击伤试验研究中。该机的结构主要由塔体和撞击平台两部分组成。塔体装有垂直管道和导向索，重锤可在重力加速度作用下沿管道和导向索垂直落下。撞击平台部分包括钢制框架、二次锤、二次锤运动限位器和动物支撑架。撞击机的工作原理是：重锤从不同高度沿导向轨下落—驱动二次锤向下运动—撞击动物—致伤。通过调整重锤的高度（0.1~25 m）和质量（2~10 kg）得到不同的撞击速度（1~20 m/s）和撞击能量；调整动物支撑架的高度及其与二次锤的相对位置来改变压缩程度；通过更换二次锤撞击头来得到不同的撞击形状和撞击面积。此外，在二次锤上安装有滑动式机械电位移传感器和加速度传感器，可分别记录到二次锤运动位移、体臂变形位移和二次锤撞击加速度三个参数的时间变化曲线。通过动物支撑架上的力传感器可记录撞击传递给机体的压力脉冲。该机的优点是重锤的质量变化范围很大，适合大动物撞击伤的试验研究；但由于驱动方式的限制，撞击速度较低、撞击过程较长且撞击时程随高度而变化，从而难以控制撞击时相。

（二）竖式气、液动生物撞击机

因驱动方式的不同衍生出了多种类型的竖式生物撞击机，除了依靠重力驱动的自由落体式撞击机外，现在广泛采用由高压气体驱动的竖式撞击机。由于有动力驱动，不需要重锤从很高的位置落下就可以产生较高的撞击速度，所以撞击机的体积大大缩小。驱动方式主要包括气体驱动和液体驱动两种，两种机器的结构和工作原理基本相同。该类型的撞击机主要由气体或液体通路、高压活塞、撞击锤（活塞）、测试装置和动物致伤台组成。活塞缸被活塞分为上、下两个腔，高压气体或液体进入上腔，推动活塞向下运动撞击动物，下腔内的气、液体经管路排出。在结构上活塞和撞击锤融为一体，活塞杆的头端演变成了撞击头，并可根据需要把撞击头做成方向盘等所需形状，以便更直接地模拟机动车不同部位所致交通伤的发生过程。在活塞缸下腔头端装有吸能软垫，以阻止活塞继续向下运动，调节撞击压缩幅度。在上腔尾部装有位移测定装置，监测活塞的移动过程。在动物致伤架的平台下方装有力传感器，用于记录撞击过程中机体载荷受力过程和机体输出的压力脉冲。由于气体具有压缩性，在活塞运动初期高压气体驱动活塞向前加速运动，随后逐渐变成匀速运动。而用液体驱动活塞时，活塞以恒定的运动速度撞击动物。竖式气、液动生物撞击机速度范围一般为 5~20 m/s。

二、水平式生物撞击机

水平式生物撞击机大部分以高压空气驱动撞击锤运动。1978 年美国密歇根州生物医学部机动车研究实验室的 Viano 等人使用气体驱动式撞击机。该机的主体部分是气炮

（与上述的高压气缸类似），启动触发装置时预充于高压腔内的高压气体驱动活塞向前高速运动撞击二次锤，二次锤向前运动撞击动物（或其他模拟物）。活塞向前运动的距离为 10 cm，二次锤重 23.4 kg，由导向绳索悬吊，向前运动的距离为 20 cm。动物致伤架较竖式撞击机做了较大改进，一种形式是动物受撞击时可携带固定动物的小车一起沿滑轨向前滑动，另一种形式则是放置动物的滑车吊在可滑动的轨道框架上，直接撞击框架时，动物因惯性作用与滑动框架做逆向运动，撞击到固定在框架上的模拟方向盘引起损伤。

三、国内研制的几种生物撞击机

第三军医大学野战外科研究所于 1990 年在国内首先研制成功了 BIM-Ⅰ、BIM-Ⅱ、BIM-Ⅲ 型生物撞击机系列，为撞击伤的研究提供了良好的试验手段。

（一）BIM-I 型立式生物撞击机

该机由撞击塔、缓冲台和动物致伤架三个部分组成，总重约 6 000 kg。撞击塔由角钢焊接而成，外包防风薄板形成封闭结构（图 21-3）。撞击锤质量以 0.5 kg 增量逐步增加，最大质量为 50 kg，下落高度在 0.5~36.5 m 之间可调。撞击锤升高到预定高度时可

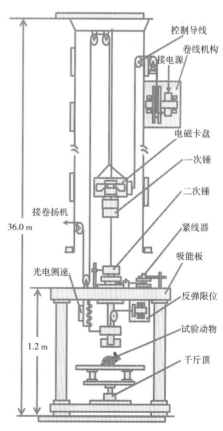

图21-3　BIM-Ⅰ型立式生物撞击机

注：左. 实物照片；右. 示意图

自动触发缓冲装置，使撞击锤沿垂直导向钢丝下落并撞击二次锤。

缓冲台由重约 1 000 kg 的台面、支撑台面的立柱、缓冲板及二次锤组成，主要功能是控制撞击压缩量和吸收撞击时产生的巨大能量。该机的最大撞击速度为 26 m/s，可模拟的瞬间撞击速度为 90 km/h。动物致伤架可灵活地固定动物，通过对其水平和垂直方向位置的调整，可实现对撞击部位和撞击压缩幅度的准确控制，BIM-Ⅰ型立式生物撞击机设计有反弹限位机构，可有效避免动物遭受二次打击。

（二）BIM-Ⅱ型水平式生物撞击机

该机主要由高速气炮、二次锤、动物致伤架、滑轨系统和测速系统等组成，总重量约 2 000 kg（图 21-4）。高速气炮的贮气舱可承压 25 MPa，实际工作压力 ≤ 10 MPa，气动阀开启时间约为 2 ms，炮膛内径 50 mm，长 1 300 mm，炮弹出膛时的最大初速度可达 90 m/s，可模拟速度 ≤ 320 km/h 的撞击条件，通过二次锤能准确控制撞击压缩幅度。利用二次锤座作限位器，使发射的炮弹不能完全脱离炮膛，以避免炮弹与其他物体相互作用而损坏，炮弹可重复使用。为了适应不同种类动物撞击伤研究需要，炮弹和二次锤均有不同长度、不同质量可供选用，也有几种不同形状的撞击头可供选用。

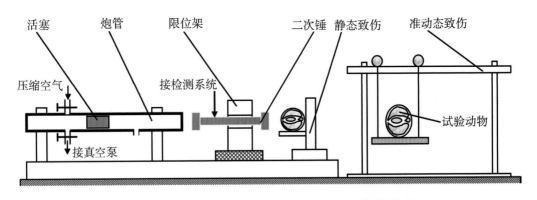

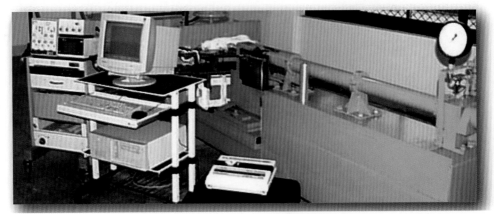

图21-4　BIM-Ⅱ型水平式生物撞击机
注：上图.示意图；下图.实物照片

测速系统由测速台、激波管、光敏元件、显示屏、信号放大接收电路和分析处理软件组成，测定二次锤运动速度的误差 ≤ 1 mm/s，完全满足生物试验的测速精度要求。依托动物致伤架和固定方式的不同可将撞击方式分为静态和准动态两种。准静态撞击方式采用固定的动物致伤架，动物受撞击时不能向前移动。在以生物力学测试为主的试验中，需要在动物体上布放许多传感器，因而大多采用准静态撞击方式。动态撞击方式致伤架的主体结构是滑轨系统，由水平滑轨、支架、滑车等组成，有效长度为 3.5 m，高1.9 m。将动物固定在滑车上，直接用二次锤撞击，动物受到撞击后可带动滑车一起向前运动。如在滑轨的前端安装挡板，动物向前抛掷、运动后可撞击挡板，造成加速度伤合并减速度伤的动物模型。这种致伤方式可模拟行人被撞击抛掷后与路面或其他固定物发生二次撞击的条件。

（三）BIM-Ⅲ多功能小型生物撞击机

该机是一套集柔性撞击、刚性撞击和细胞损伤于一体的多功能致伤装置及简易伤情评估系统。采用空气动力学原理、微弱信号检测技术和机电一体化的方法研制而成，通过更换撞击头可实现柔性撞击、刚性撞击和细胞损伤，可对眼、脑、肺和细胞进行损伤试验研究（图 21-5）。该机通过微机对致伤参数进行精确控制，可实时测试致伤参数，并对损伤前后的神经功能进行评估。具有操作简便、定量可控、重复性好、应用广泛等特点，可用于复制小动物不同部位、不同种类和不同程度的损伤模型。

图21-5　BIM-Ⅲ多功能小型撞击机（实物照片）

（四）减速伤致伤装置

运动的物体撞击静止的试验对象，使其沿着外力的作用方向做加速运动，损伤发生于试验对象被撞击的同时。减速性损伤则指运动的试验对象撞击到静止的物体，试验对象骤然减速时发生的损伤。在临床实际中，因缺乏足够的缓冲距离，减速性损伤一般较重，受力侧和对侧均可发生损伤，且往往以对侧损伤为重。研制减速伤致伤模型，首要解决的问题是使试验对象获得一定的初速度，其次是解决试验对象的固定问题。谭源福等人以橡皮筋收缩提供动力设计了一种用于开展颅脑减速伤研究的装置，并用此装置研制了兔颅脑减速伤致伤模型（图21-6）。该装置由转板（A）、转轴（O）、弹力带（F）和支架（B）等四部分组成，转板的2/3处通过转动轴固定于桌边，转板可360° 旋转，转板前端开有 40 mm×200 mm 的凹槽可嵌放动物头部。转板后端系有 600 mm 长的弹力带数根。水平位置下，弹力带松弛，转板前端中部安放于缓冲垫（E）上使之处于水平位置，支架上直径为 35 mm 的撞砧（C）突入转板凹槽内 5 mm。转板转为垂直位时，弹力带拉长处于高张力状态，并通过一拉钩（G）使转板位置固定。松开拉钩，转板即在弹力带拉动下迅速回复至水平位，此时，嵌于转板凹槽中的兔头即受撞于撞砧而致颅脑减速伤，致伤力的大小可通过改变弹力带的根数来调整。撞击后瞬间，转板受阻于缓冲垫而反弹，此时，要用手迅速托住转板，以避免二次致伤。

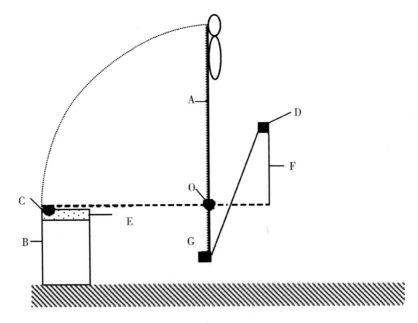

图21-6　减速伤致伤装置

注：A.转板；B.支架；C.撞砧；D.弹力带固定处；E.缓冲垫；F.弹力带；G.固定拉钩；O.转轴

　　该装置是根据势能与动能转化原理研制的一种减速伤致伤装置，试验对象的初速度由坠落高度来进行控制。本装置由滑动导轨（A）、动物固定台车（E）、基座（G）、砧板（C）及支架（B）等部分组成（图21-7）。滑动导轨安装于固定的上下基座之间，由四根钢丝组成，其松紧程度由下方基座处的钢丝预紧拉索调节。动物固定台车沿导轨滑动的自由行程为 7.0 m，行程高度由标尺（D）标示。

　　台车四周安装的滚动轴承使台车沿滑动导轨自由上下滑动。动物固定在动物台车上，头部由支架托起，使其预定位置正对撞砧。动物固定台车和基座之间放置缓冲块，根据缓冲块特性如弹性系数、厚度来对台车与基座之间撞击产生的减速度进行调节，也起到保护台车的作用。依托该装置除进行了系列兔颅脑减速伤致伤试验外，还开展了物理模型的减速伤致伤试验。

（五）实车碰撞试验

　　国外在大型的交通事故 / 交通伤试验研究中，以真实的汽车作为致伤工具，以动物或假人装置为受试对象，逼真地模拟汽车与行人相撞、车与车相撞、车与其他固定物相撞时人员所受到的机械力作用情况，并通过多维高速摄像及各类传感器进行详细记录和分析。国内多家机构也具备开展实车碰撞

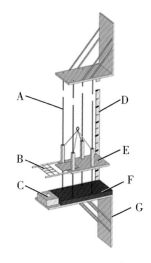

图21-7　减速伤致伤装置
注：A. 导轨；B. 支架；C. 砧板；D. 标尺；
E. 动物固定台车；F. 缓冲块；G. 基座

图21-8　轨道式生物碰撞试验平台
注：A. 碰撞试验楼；B. 跑道；C. 碰撞大厅；D. 碰撞试验准备

试验的条件，并进行了大量汽车实车碰撞试验，实车碰撞试验数据可靠，真实性强，是防护设备验证或评估有关安全标准的可靠手段。但不足之处是需要较大的场地，费用昂贵，不适用于开展大量重复的生物实验研究。鉴于以上原因，笔者所在科室建立了"以生物台车试验为主，兼顾汽车碰撞试验"的轨道式生物撞击实验室，其目的是逼真模拟各种交通伤的发生过程，进一步开展创伤发生机制、防护与救治的研究，实验室于2003年破土动工，轨道式生物碰撞试验平台于2004年建成并投入使用（图21-8）。

本实验室可开展台车碰撞试验和汽车整车碰撞试验（包括正面碰撞、偏置碰撞、侧面碰撞和追尾试验等）；碰撞条件符合美国 FMVSS 及欧洲 EEC 和我国 CMVDR294 等相关法规的基本要求，当碰撞速度 ≤ 64 km/h 时，速度控制精度 ≤ ±2%，最大牵引加速度不超过 0.5 g，平均牵引加速度不超过 0.3 g；最大碰撞速度可达 120 km/h（图22-8）。轨道式生物碰撞试验平台由场地设施、轨道系统、电机牵引及控制系统、测试系统、照明系统和生物台车等部分组成。

第五节　展　望

碰撞试验、事故调查和模拟仿真是颅脑损伤机制研究的重要手段，由于颅脑解剖结构异常复杂，难以依靠某种试验方法获取颅脑在外力载荷下全面的响应参数，不同研究手段和模型也各有利弊。通过真实颅脑损伤事故深度调查往往能够获取人体的详细损伤细节，但是真实颅脑损伤案例存在致伤变量多、参数不可控等问题。数字模型具有精细化的解剖结构，为颅脑损伤力学评价提供了新的方法和理论，国外开发了众多欧美人头部有限元（FE）模型，如 GHBMC、THUMS、SIMon、DSNM 和 WSUHIM 等，国内也开发了国人头颅数字模型，但几乎全部头颅 FE 模型的验证均采用欧美人尸体试验数据。试验研究是颅脑冲击损伤生物力学的重要基础，用于试验研究的模型包括人体物理模型、尸体模型和动物模型。物理模型稳定性好，避免了生物材料的个体差异，主要适用于理论研究。

由于医学伦理、试验条件和试验难度等原因，尸体头颅冲击试验无法大规模开展。动物实验可以控制损伤水平，从而直接观察载荷对机体造成的生理或病理反应，是探讨颅脑损伤生物学效应的较好方法，然而动物实验中的人体等效问题制约了应用，因此，不同的颅脑损伤研究方法均存在各自优缺点。笔者重点从颅脑损伤生物力学的角度来进行展望。首先，研究方法上，如何结合不同研究方法的优点开展颅脑损伤的机制及防护研究是需要关注的问题，同时，需要利用多学科交叉融合的方法解决颅脑损伤机制研究和防护问题。其次，研究方向上，随着生物信息、生物力学、数字法医、大数据处理、机器学习、智能传感等先进技术的不断发展，传统针对普遍人群的创伤性脑损伤防护需要不断向针对个体的人性化颅脑损伤防护的需求进步。同时，针对颅脑损伤组织、器官、细胞、分子、基因的宏观—细观—微纳观跨尺度生物力学性能改善也是值得关注的问题。此外，也有必要从颅脑解剖结构改变和损伤失能的对应关系方面，以及颅脑损伤后不同时相点的颅脑病理学、病理生理学、生物化学、光谱学等多维度信息采集也值得深入研究。

（李奎 陆军军医大学；王金明 司法鉴定科学研究院）

参考文献

［1］王正国.现代交通医学［M］.重庆：重庆出版社，2011.

［2］王正国.创伤学基础与临床［M］.武汉：湖北科学技术出版社，2007.

［3］顾兵，程翔，金建波，等.脑缺血动物模型及其实验治疗学应用［J］.中国临床药理学与治疗学，2010，15（9）：1074-1080.

［4］Ginsberg M D. Adventures in the pathophysiology of brain ischemia: penumbra, gene expression, neuroprotection: the 2002 Thomas Willis Lecture［J］. Stroke, 2003, 34（1）: 214-223.

［5］Dijkhuizen R M, Singhal A B, Mandeville J B, et al. Correlation between brain reorganization, ischemic damage, and neurologic status after transient focal cerebral ischemia in rats: a functional magnetic resonance imaging study［J］. J Neurosci, 2003, 23（2）: 510-517.

［6］Hattori K, Lee H, Hurn P D, et al. Cognitive deficits after focal cerebral ischemia in mice［J］. Stroke, 2000, 31（8）: 1939-1944.

［7］闫峰，吉训明，罗玉敏.多种实验动物脑出血模型的制作［J］.实验动物科学，2009，26（1）：38-40，51.

［8］李俐涛，尹静，张祥建.脑出血模型［J］.河北医科大学学报，2006，27（5）：496-498.

［9］Rosenberg G A, Mun-Bryce S, Wesley M, et al. Collagenase-induced intracerebral hemorrhage in rats［J］. Stroke, 1990, 21（5）: 801-807.

［10］高成，陈会荣，刘相参，等.三种方法制作大鼠蛛网膜下腔出血模型［J］.中国微侵袭神经外科杂志，2008，13（9）：409-411.

［11］Prunell G F, Mathiesen T, Diemer N H, et al. Experimental subarachnoid hemorrhage: subarachnoid blood volume, mortality rate, neuronal death, cerebral blood flow, and perfusion pressure in three different rat models［J］. Neurosurgery, 2003, 52（1）: 165-176.

［12］Grticke I, Hoffmann K, Lscher W. Behavioral alterations in the pilocarpine model of temporal lobe epilepsy in mice［J］. Exp Neurol, 2007, 207（2）: 329-349.

［13］李力仙，王天佑，钟震宇.自由落体和液压致大鼠脑损伤的对比研究［J］.中华实验外科杂志，1999（5）：447-448.

［14］陈风华，万新，方加胜，等.大鼠液压冲击脑外伤模型的病理学分级研究［J］.湖南医科大学学报，2000（2）：194-196.

［15］王清华，徐如祥，李良平，等.大鼠不同程度脑损伤模型的建立［J］.创伤外科杂志，2000（1）：42-44，22.

［16］Kitazawa M，Medeiros R，Laferla F M. Transgenic mouse models of Alzheimer disease：developing a better model as a tool for therapeutic interventions［J］. Curr Pharm Des，2012，18（8）：1131–1147.

［17］Sturchler–Pierrat C，Abramowski D，Duke M，et al. Two amyloid precursor protein transgenic mouse models with Alzheimer disease–like pathology［J］. Proc Natl Acad Sci USA，1997，94（24）：13287–13292.

［18］Van D D，D'Hooge R，Staufenbiel M，et al. Age–dependent cognitive decline in the APP23 model precedes amyloid deposition［J］. Eur J Neurosci，2003，17（2）：388–396.

［19］Beckmann N，Schuler A，Mueggler T，et al. Age–dependent cerebrovascular abnormalities and blood flow disturbances in APP23 mice modeling Alzheimer's disease［J］. J Neurosci，2003，23（24）：8453–8459.

［20］Chishti M A，Yang D S，Janus C，et al. Early–onset amyloid deposition and cognitive deficits in transgenic mice expressing a double mutant form of amyloid precursor protein 695［J］. J Biol Chem，2001，276（24）：21562–21570.

［21］Dudal S，Krzywkowski P，Paquette J，et al. Inflammation occurs early during the Abeta deposition process in TgCRND8 mice［J］. Neurobiol Aging，2004，25（7）：861–871.

［22］Lai A Y，McLaurin J. Inhibition of amyloid–beta peptide aggregation rescues the autophagic deficits inthe TgCRND8 mouse model of Alzheimer disease［J］. Biochim Biophys Acta，2012，1822（10）：1629–1637.

［23］Romberg C，Horner A E，Bussey T J，et al. A touch screen–automated cognitive test battery reveals impaired attention，memory abnormalities，and increased response inhibition in the TgCRND8 mouse model of Alzheimer's disease［J］. Neurobiol Aging，2013，34（3）：731–744.

［24］Herzig M C，Winkler D T，Burgermeister P，et al. Abeta is targeted to the vasculature in a mouse model of hereditary cerebral hemorrhage with amyloidosis［J］. Nat Neurosci，2004，7（9）：954–960.

［25］Herzig M C，Eisele Y S，Staufenbiel M，et al. E22Q–mutant Abeta peptide（AbetaDutch）increases vascular but reduces parenchymal Abeta deposition［J］. Am J Pathol，2009，174（3）：722–726.

［26］Nahum A M，Smith R，Ward C C. Intracranial pressure dynamics during head impact［C］// Proc of the 21st Stapp Car Crash Conference. warrendale，PA. SAE paper 770922，1977：339–366.

［27］Hardy W N，Foster C D，Mason M J，et al. Investigation of Head Injury Mechanisms Using Neutral Density Technology and High–Speed Biplanar X–ray［J］. Stapp car crash journal，2001，45：337–368.

［28］Gurdjian E S，Lissner H R，Webster J E，et al. Studies on experimental concussion：relation of physiologic effect to time duration of intracranial pressure increase at impact［J］. Neurology，1954，4（9）：674–681.

［29］Marjoux D，Baumgartner D，Deck C，et al.Head injury prediction capability of the HIC，HIP，SIMon and ULP criteria［J］. Accident Analysis and Prevention，2008，40（3）：1135–1148.

［30］魏泓. 医学动物实验技术［M］. 北京：人民卫生出版社，2016.

［31］Thompson A B，Gayzik F S，Moreno D P，et al. A paradigm for human body finite element model integration from a set of regional models［J］.Biomed Sci Instrum. 2012，48：423–430.

［32］Watanabe R，Katsuhara T，Miyazaki，et al.research of the relationship of pedestrian injury to collision speed，car–type，impact location and pedestrian sizes using human FE model（THUMS version 4）［J］. Stapp car crash journal，2012，56：269-321.

［33］Takhounts E G，Eppinger R H，Campbell J Q，et al. On the development of the SIMon finite element head model［J］. Stapp Car Crash Journal，2003，47：107-133.

［34］Yang K H，Hu J，White N A，et al. Development of numerical models for injury biomechanics research：A review of 50 years of publications in the Stapp Car Crash Conference［J］. Stapp car crash journal，2006，50：429-490.

［35］Zhang L，Yang K H，Dwarampudi R，et al. Recent advances in brain injury research：a new human head model development and validation［J］. Stapp Car Crash Journal，2001，45：369-394.

［36］Ruan J S，Khalil T，King A I . Dynamic Response of the Human Head to Impact by Three-Dimensional Finite Element Analysis［J］. J Biomech Eng，1994，116（1）：44-50.

［37］King Albert I，Yang King H，Hardy Warren N. Recent firsts in cadaveric impact biomechanics research［J］. Clinical anatomy（New York，N.Y.），2011，24（3）：294-308.

第二十二章
数字化颅脑损伤模型

人颅脑结构复杂，既包括坚硬的颅骨，也包括柔软的脑组织。柔软的脑组织被颅骨和其他软组织包裹，正常情况下一般不会发生较大的变形。脊髓、神经和血管经由颅骨上的孔、隙与大脑相连。由于解剖学特点，我们难以直接观察头部受外力作用后的响应过程（如撞击引起的变形），而数字化人脑模型和非侵入性技术是检测大脑负荷响应的关键工具。除颅骨和脑组织外，眼睛、鼻子、耳朵等软组织在外力作用过程中也能吸收和耗散能量，从而影响大脑的损伤响应。

数字化颅脑损伤模型在研究颅脑损伤机制及预测损伤的发生方面具有极大的应用潜力，能够使损伤防护措施发展进步。首先，数字化颅脑模型可重建和预测外力所致的头部损伤，如头皮和肌肉撕裂伤、颅骨骨折、脑挫伤以及血管破裂（如硬脑膜下血肿等）。其次，数字化模型可通过计算力学响应过程来研究颅内占位性疾病（如脑室肥大、小脑扁桃体下疝畸形）的占位效应所致的慢性脑损伤机制，为疾病的诊治提供依据。再次，计算能力和模型分辨率的提高能够更加准确地得到颅脑所有区域的综合应力/应变响应过程及数据，而传统的物理测量因受限于传感器不易安装、传感器干扰颅脑的力学特性等不足，一般仅能测量少数部位的力学响应结果。最后，结合数字化颅脑模型重建的初始力学响应结果与生物学损伤过程，有助于我们理解和预测脑神经元损伤的力学生物学机制（如轴突损伤、树突活化和细胞损伤）。脑神经元损伤是造成各类神经症状（如记忆力减退、执行功能障碍和情绪控制缺乏）的直接原因，然而目前从生物力学响应到神经、精神症状等临床症状间的联系尚无深入的认知，因此研究力学生物学机制至关重要。

由此，高质量经过验证的人颅脑数字化模型，为研究和理解机械世界与生物世界之间的联系提供了一种全新有效的路径，有助于各类颅脑损伤生物力学机制和力学生物学机制的研究，为法医损伤学研究的深入开展开辟了新的路径。

第一节　三维解剖结构

人头部的解剖结构复杂，对开发高质量的完整人颅脑模型造成极大困难。建模人员既要精通数字化建模技术，也要了解颅脑解剖结构，以及损伤与解剖结构间的关系。建模的精度（模型细节程度以及模型主要力学特征）与研究目的、问题有关，因此建模前必须明确研究问题，如预计运动性脑损伤中颅骨不会明显变形致直接的脑变形损伤，则建模过程中可将简化的刚性颅骨模型联合可变形的脑组织模型模拟头部运动所致的脑损伤过程。然而，当研究钝性或爆炸性颅脑损伤时，单纯的颅脑加速度数据已难以重建损伤响应结果，此时需要考虑颅骨变形、应力波传导等机制，建模时就应构建可变形的颅骨模型。

尽管颅骨及颅腔对脑组织具有较强的保护作用，但脑损伤仍是常见的损伤类型。在美国每年约170万人因脑损伤而受到影响。此外，现代神经科学研究表明，传统意义上对头部的轻微打击可能会引起大脑的长期损害，某些情况下甚至会持续一生，但这种轻微打击经常被有意无意地忽视。因此，研究机械力的作用与大脑对应的损伤响应机制至关重要。基于对这些响应机制的理解，我们可以制定出更合理的策略，研制有效的防护装备来预防颅脑损伤的发生。这有助于颅脑损伤的临床诊治，也有助于法医对致伤方式的鉴定。因此，理解人颅脑解剖结构有助于理解颅脑损伤和机械性外力生物力学响应的关系。

一、颅骨的解剖结构

颅骨由8块脑颅骨和15块面颅骨构成（图22-1）。脑颅骨之间存在天然裂隙，成年后紧密融合形成颅缝。因颅缝的融合使其强度与颅骨一样坚固，因此在成人颅脑模型中一般不需要构建颅缝结构。但是，由于颅缝尚未完全融合以及颅缝强度不足等原因，儿童的颅脑模型必须建立颅缝结构。成人颅骨呈"三明治"结构，其内表面和外表面为致密的皮质骨，两层皮质之间为孔隙状的骨小梁，通过医学影像学技术扫描颅骨并将影像信号转换为对应的弹性模量，可以建立颅骨不同部位的特定材料属性。但是，研究人员尚未就影像信号与骨骼材料属性间的相关准确性达成共识，因此目前的颅骨模型一般将颅骨分成骨皮质和骨小梁两部分。

1. **颅骨的窦和腔**　颅骨内主要有四个鼻旁窦：额窦、筛窦、蝶窦和上颌窦（图22-2）。鼻窦结构会直接影响面部和额部的生物力学响应过程，但由于工程量限制、窦腔曲面复杂性及构建相应六面体网格的困难性，建模者倾向于简化或忽略鼻旁窦和腔隙结构。例如，在模拟额部的水平方向撞击时，额窦对能量在骨骼中如何传导起关键作用；在爆炸的冲击中，鼻窦会明显影响应力波的传播。如果颅骨有限元模型中缺乏窦腔

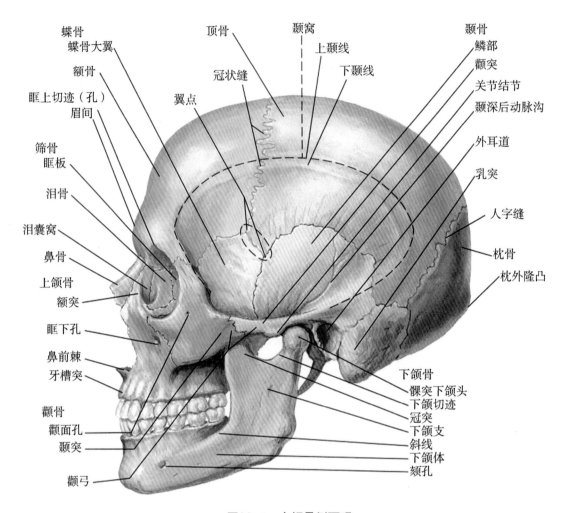

图22-1 人颅骨侧面观

结构，则会使颅骨模型过于刚硬，影响脑组织生物力学响应的准确性。

2. **颅骨的孔和管** 颅骨基本组成一个密封结构，将脑组织包裹其中，但颅骨上还存在大量的孔、管，供脑血管和神经进出颅腔（图22-3），例如，最大的枕骨大孔，是脑干向下延续与脊髓相连的部位，有限元颅脑模型中应当建立枕骨大孔，其会影响脑干的约束方式。对于其他较小的开口，如果不是研究的目标区域，在建模时可以忽略。在研究视神经损伤或颅底骨折机制的情况下，建模时就应构建颅底孔、管的详细模型。

二、脑的解剖结构

1. **灰质和白质** 大脑皮质呈暗灰色，又称灰质（图22-4），灰质中包含大量神经元、神经胶质细胞（支持神经元）、毛细血管（人体最小的血管，内径 7~9 μm）、神经

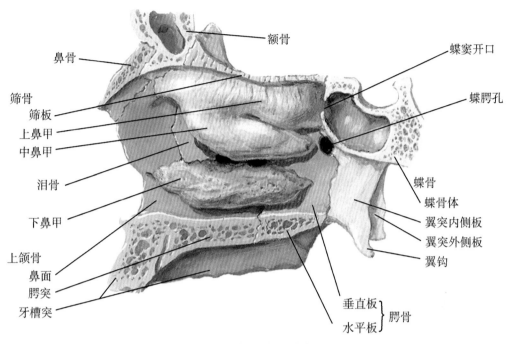

图22-2 颅骨窦腔结构

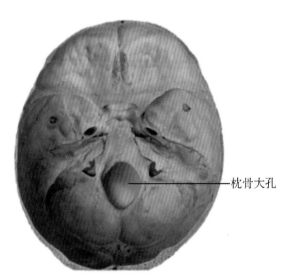

图22-3 颅底解剖结构

纤维（由无髓轴突形成）、神经元树突以及神经胶质细胞的分支。白质主要由带髓鞘的轴突组成，因髓鞘颜色较浅而得名。由于灰质和白质的成分差异较大，其材料属性不同，因此在有限元脑组织模型中将其设置为两种不同类型的材料。

2. 脑的结构 脑的结构极其复杂（图22-5），主要结构分为大脑、小脑和脑干三部分。小脑通常建模成一个整体，脑干由中脑、脑桥和延髓组成。大脑包含诸如皮质、

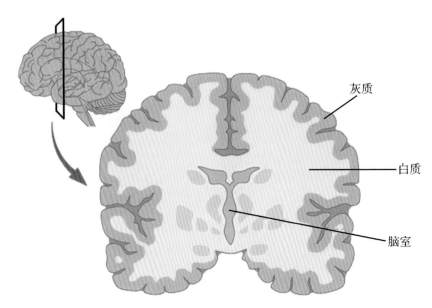

图22-4 脑冠状面灰质和白质的分布

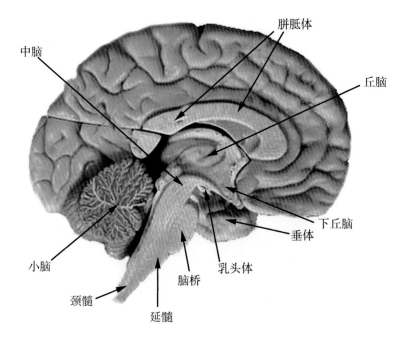

图22-5 脑主要结构（包括大脑、胼胝体、丘脑、中脑、脑桥、延髓和小脑）

海马、丘脑、胼胝体和其他较小结构，在开发颅脑损伤生物力学模型时，可用灰质的平均材料属性来表明这些小丘脑等结构的力学特性。

3. 脑室 脑组织内部包括一整套室管系统，脑室内充盈脑脊液成分（CSF）。脑室系统主要包括两侧侧脑室、第三脑室和第四脑室，各脑室相互连通，第三脑室和第四脑室由中脑导水管连接（图22-6）。脑室内容纳的脑脊液对应力波的传导具有明显的影

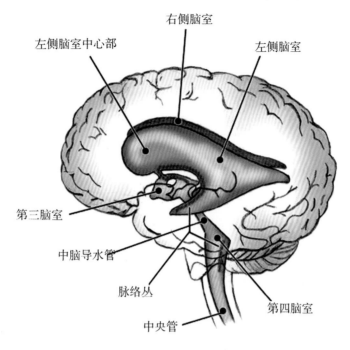

图22-6　脑室系统

响，因此需要对其进行建模，并将其视为类流体材料。

4. **脑－颅骨交界面和上矢状窦**　大脑和颅骨之间的间隙通常填充了脑脊液（图22-7）。脑－颅骨交界面是一个复杂的结构，由外至内分别为颅骨、硬脑膜、蛛网膜、软脑膜及脑组织，硬脑膜固定于颅骨的内表面，软脑膜紧密覆盖于大脑表面，蛛网膜连接于软脑膜和硬脑膜之间，脑脊液在软脑膜和蛛网膜之间流动。需要强调的是，软脑膜和蛛网膜之间的蛛网膜下隙分布大量细分支状小梁和血管，具有一定的抗剪切性能。如果将交界面构建为无抗剪切力的流体结构，则与解剖学特点不吻合。此外，蛛网膜和硬脑膜之间存在蛛网膜边界细胞和硬脑膜边界细胞，边界区域的脑血管破裂可引起急性硬脑膜下血肿。

除了薄的 CSF 层外，交界面内的上矢状窦沿着大脑顶部向前后方向延伸（图22-7），其较大的体积和内部的流体特性对生物力学响应具有一定影响，建模时通常需要重建此结构。

5. **桥静脉和脑血管**　桥静脉穿透软脑膜、蛛网膜，到达硬脑膜下，连接浅表脑静脉和上矢状窦。桥静脉的数量因统计方法和文献的不同，平均为 11 对。桥静脉对大脑的冲击性运动具有一定的约束作用，因此人颅脑有限元模型建模过程中应对桥静脉进行仿真。除桥静脉外，脑血管系统主要包括围绕并深入脑组织的脑动脉和脑静脉建模。脑底血管环连接到两侧颈内动脉和椎动脉进入颅脑在脑底形成 Willis 环，并向脑动脉供血，血液由脑静脉循环回颈内静脉。脑血管系统影响生物力学的响应过程，在建模方面

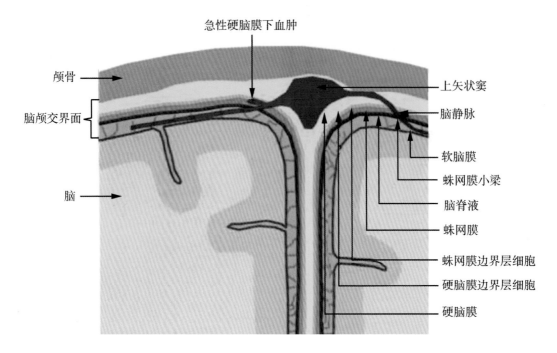

图22-7　脑-颅骨交界面细节示意图

存在以下难题：第一，血管的几何外形明显比脑组织复杂，如何确定建模的精细程度及高质量的有限元网格划分均存在困难（图22-8）。第二，血液是非牛顿流体，在外力载荷下可能会产生冲击性血流而造成损伤，但由于几何结构和材料属性的复杂性，通过有限元法模拟整个脑三维血管系统仍然具有明显的挑战性。第三，从材料属性来说，脑血管的强度远高于脑组织，在脑组织内充当了增强纤维网络的功能，在外力载荷作用下，可能因血管和脑组织不同的生物力学响应而造成特殊的脑损伤。但到目前为止，大多数三维颅脑有限元模型均没有对脑血管系统建模。

　　6. 大脑镰和小脑幕　大脑镰和小脑幕对脑不同解剖部位的分割和固定发挥着重要作用（图22-9）。镰状韧带将两侧大脑半球分开，而小脑幕将大脑和小脑分开。大脑镰和小脑幕的强度比脑组织高数百倍，并且与刚性的颅骨紧密相连，因此，这些韧带结构对脑组织的约束起重要作用，如头部的大幅度旋转对脑组织的变形提供了限制作用，防止脑组织产生损伤。因此，对颅脑的有限元建模必须考虑大脑镰和小脑幕的结构。

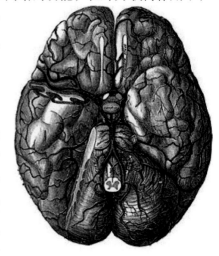

图22-8　脑底血管系统示意图

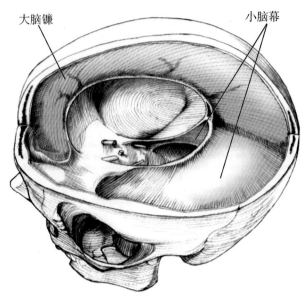

图22-9　大脑镰和小脑幕

三、颅骨外软组织、眼和耳

（一）头部肌肉和皮肤

颅骨外侧覆盖头皮，由外至内主要分为皮肤、筋膜、帽状腱膜和骨膜层，结构致密，是人体皮肤中较厚的部分，可达 0.5 cm。头皮是具有一定抗压和抗拉伸的弹性组织，对冲击载荷具有缓冲作用，对颅骨和脑组织起保护作用，进行数字化模型建模时应考虑头皮的材料属性。各种肌肉包裹面颅骨及颞骨，对冲击载荷起到一定的缓冲作用，建模时可以将这些肌肉组合在一起模拟为一块软组织。但是，针对特殊的研究目的（如面部手术），需要建立具有被动和主动特性的肌肉精确模型。

（二）眼

在研究颅骨或脑损伤机制时，可将眼睛简化为一块弹性材料，为仿真计算提供惯性。但在研究眼球直接打击伤或冲击波损伤时，就应当使用详细的眼睛模型。详细的眼数字化模型应当构建主要的解剖结构（图 22-10），包括睫状体、角膜、结膜、瞳孔、巩膜、玻璃体、晶状体、房水、视网膜、眼部肌肉等，并设置相应的边界条件。Stitzel 等人的开拓性工作是开发高质量眼球数字化模型的重要参考。

（三）耳

颅脑数字化模型一般不考虑听力系统的建模，但如果要研究耳部损伤或外伤性耳鸣等生物力学机制问题，则需要构建详细的耳朵模型。听力系统的解剖结构和几何外形（图 22-11）可根据医学影像数据重建，但精细鼓膜和听神经细胞则难以建模及仿真，目前尚无公开报道的用于研究听力系统钝性损伤机制的精细耳朵模型。

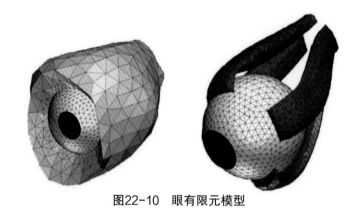

图22-10　眼有限元模型

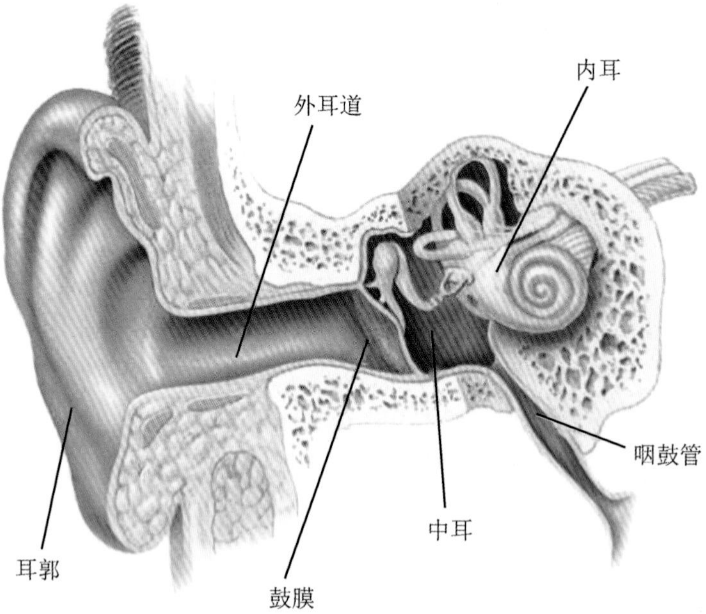

内耳

外耳道

咽鼓管

耳郭

鼓膜

中耳

图22-11　耳的解剖结构

第二节　头部组织材料模型与材料属性

　　不同的材料具有不同的属性，典型的工程材料（如钢和铝）属性已得到全面的研究并广泛应用，但对于人体组织等生物材料的属性数据相对不全、差异性较大，结果还在持续验证和完善中。商业化的有限元软件包中一般都包含大量的材料模型，可供用户选择使用，如LS-DYNA材件包［LSTC，美国的材料类键字（MAT）］中具有100多种材料模型，并且允许自定义材料模型的使用，以补充默认材料库的不足。

材料属性与拉伸或压缩的应变率直接相关，因此，缺乏应变率的单一模型不足以用于所有工况的分析。对于不同类型的工况，需要对应的材料模型和属性才能得到准确的仿真结果。例如，线弹性材料模型足以确定结构设计的功效并估计载荷下结构破坏的风险，但若研究汽车碰撞的吸能过程，则需要弹塑性材料模型；大多数模拟柔软生物组织的高速撞击生物力学响应（例如，棒球运动员被快球击打的响应）过程，则需要应用应变率相关的黏弹性材料模型。

本构方程是根据应力-应变关系描述材料宏观性质的数学模型，可通过应变能密度相对于应变的微分来确定应力-应变关系。但只有试验数据才能提供本构模型所需的应力-应变关系。此外，本构方程中的常数也需要试验数据进行推导，以定义材料的力学特性。下面介绍几种代表性的工程材料和生物组织的材料模型以及人颅脑模型中常用的材料模型，并总结部分常用的材料参数，供读者参考。除了此处的基本材料模型信息外，建议读者参考各种有限元软件手册中的相关介绍。

一、常见的材料模型

1. **线性弹性材料模型** 线性弹性模型的主要特征表现为去除外部载荷后材料变形按原路径返回，加载和卸载的应力-应变曲线一致，没有残余变形，应力与应变呈直线关系。非线性弹性材料表现为非线性的应力-应变关系。尽管现实的材料大多非线性且无弹性，但在低应力水平下，线性弹性本构方程广泛用于计算固体材料的应力-应变关系。

对于"非弹性"材料，一些人认为，任何不符合弹性材料定义的材料都被视为非弹性材料。因此，刚性材料、塑性材料（plastic material）、不可压缩材料（incompressible material）、应变硬化（strain hardening）、应变软化（strain softening）和黏弹性材料（viscoelastic materials）都可以归类为非弹性材料。在使用"非弹性"一词时，我们真实的意图是表示现实世界材料的复杂性。当进行有限元分析时，这些"非线性"材料可简化为近似弹性材料进行分析。

大多数研究人员认为"很小"的应变点可应用无穷小应变理论，无须明确定义其幅度大小，而杨金海（King H. Yang）认为在特殊情况下，合适的"较小"的拉伸幅度不能超过5%。请注意，在5%拉伸时，工程应变为5%，真实应变（true strain）为4.762%，真实应变的自然对数为4.879%。在所有市售软件包中，后处理软件允许用户输出任何应变测量值。

图22-12为典型低碳钢在拉伸状态下的理想应力-应变曲线。尽管曲线相当复杂，但在应变相对较小的地方存在线性区域，该区域曲线的斜率称为杨氏模量（Young's modulus），表示材料的刚度。目前，所有示例中都使用了这种材料属性，在失效风险的

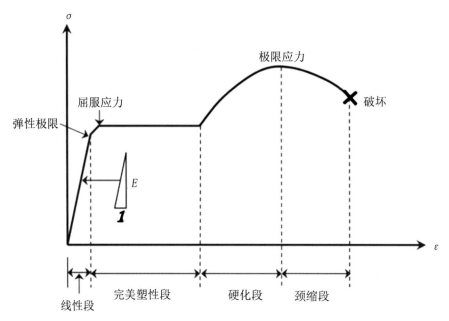

图22-12　低碳钢应力-应变曲线

问题中，通常使用线性弹性材料模型来预测峰值载荷下的峰值应力，如果峰值应力与屈服应力之比高于预先设定的安全系数（设计应力与屈服应力之比），则认为该结构安全。一般而言，发动机部件的安全系数为6~8，桥梁部件5~7，钢结构建筑4~6等。对于核电站和太空飞行器，所需的安全系数更高。请注意，即使所有组件的设计安全系数均为n，但整个系统的安全系数可能小于n，因为组装可能降低安全系数。

应力－应变曲线最初为线性（线性区域），直至达到弹性极限。线性区域斜率称为杨氏模量E，在标记为屈服应力的点上，低碳钢的应变值约为1.25%，这种理想化的材料表现为完全塑性，经过屈服应力和相应的屈服应变点后，材料进入应变硬化区，当通过极限应力点后，试样的直径开始收缩，材料进入颈缩阶段。

线性弹性材料模型适合生物系统中的硬组织建模，如研究运动过程中股骨或胫骨的力学响应时，可将骨骼表示为线性弹性材料，因为长骨在运动过程中的应变远低于屈服应变。除杨氏模量外，还需要泊松比（poisson ratio）的参数值。弹性试样承受单轴载荷时，载荷方向和垂直载荷方向上均会变形。泊松比定义为横向正应变与轴向正应变的比值。根据定义，几乎所有材料的泊松比均为正，范围为0~0.5，而Roderic Lakes教授发现了在某些人造泡沫材料中可能会出现负值的泊松比。

近似零泊松比的材料，其轴向载荷时无横向膨胀或收缩的现象（如低密度泡沫、软木和骨质疏松的骨小梁）。实际应用的泊松比几乎为零的材料是密封葡萄酒瓶的软木塞，软木塞必须易于插入瓶中或从瓶中取出时基本无横向收缩或膨胀。

对于表现出几乎不可压缩性的橡胶材料和脑组织，其泊松比近似于0.5。初学者一般认为钢不可压缩而橡胶可压缩，这种误解在于对概念理解不清。不可压缩材料定义为加载时体积没有变化的材料，尽管橡胶在加载时形状会发生很大变化，但其体积不变，所以是不可压缩材料。体积应变定义为体积变化除以原始体积，泊松比为0.5仅表示材料体积守恒。与软木塞不同，橡胶不能用作酒瓶封口器，因为插入封口器所需的压缩力会引起较大的侧向膨胀而堵塞瓶口。

为了测量泊松比，我们可以简单地将两个应变计连接到轴向加载的样品上，第一个应变仪沿轴向对齐，第二个应变仪垂直于第一个应变仪。

对于各向同性的线性弹性材料，只需要杨氏模量和泊松比两个常数就可完整地描述材料属性，并可以根据这两个常数计算其他所有常数，如剪切模量、体积模量。对于正交各向异性线性弹性材料，需要9个材料常数才能完整描述该材料。它们是三个杨氏模量、三个泊松比，以及三个剪切模量。后文中将更详细地介绍正交各向异性材料模型。

2. 弹性 - 塑性材料　在车辆防撞设计中，许多组件都设计了双重功能，如汽车底盘主要为其他零件提供结构支撑和固定点，但也是主要的安全组件，用于碰撞能量的吸收。根据应力 - 应变曲线下的面积可计算应变能。因为屈服应变值（屈服点处的应变值）小，所以应力 - 应变曲线的弹性部分吸收的碰撞能量极其有限，而塑性部分吸收的能量比弹性部分大得多，能够有效吸收碰撞过程中的巨大动能（图22-13）。因此，吸能材料应包括弹性和塑性部分。图22-13A 显示了低碳钢和铝合金的理想应力 - 应变曲线，可理想化地简化为弹塑性材料（图22-13B）。除了杨氏模量和泊松比外，还需要屈服应变（应力）和切线模量才能完全定义弹塑性行为。

3. 超弹性材料　理想的超弹性材料可承受很大的变形，且消除负载后可以完全恢

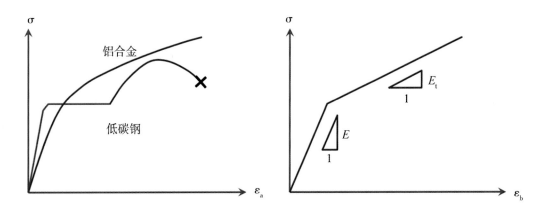

图22-13　A. 低碳钢和铝合金的特征应力-应变响应曲线；B. 理想化的弹塑性材料曲线，这些材料能够承受吸收更多能量的大型塑性变形

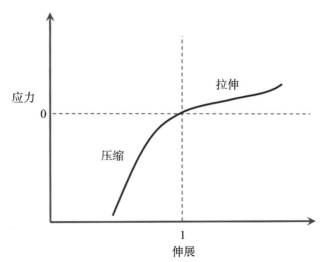

图22-14 超弹性材料的典型应力拉伸图
（材料在单向压缩下的刚度通常比在拉伸作用下的刚度大）

复原状（图 22-14）。典型的超弹性材料是橡胶和海绵。硫化橡胶的聚合物链之间形成了交联键，这使其能够从大变形中完全复原。超弹性材料通常用于轮胎、发动机支架和汽车的某些吸能泡沫建模，以吸收和降低冲击能量。

大多数软件包中都提供了几种基于不同方程的超弹性模型，如 Arruda-Boyce 超弹性橡胶模型、Blatz-Ko 超弹性橡胶模型、Mooney-Rivlin 不可压缩超弹性橡胶模型和超黏弹性橡胶模型。由于超弹性材料实际上几乎不可压缩，因此其体积模量明显比剪切模量高。因此，所需的最关键参数是剪切模量与时间或加载速率的关系。

4. 黏弹性材料模型　黏弹性材料在负载下同时具有黏性和弹性特征。车辆减震器是典型的黏弹性结构部件。减震器减少冲击并吸收能量，而弹簧则将部件重新恢复到原始位置。黏弹性材料具有三个主要特征：蠕变、应力松弛和滞后。蠕变用于描述载荷达到恒定状态后黏弹性材料的持续变形（图 22-15A）。在恒定变形下，应力松弛描述了黏弹性材料内部应力的持续减小（图 22-15B）。滞后（图 22-15C 中的阴影区域）描述了黏弹性材料在加载和卸载曲线中的差异以及所耗散的能量。基于这三个特性，很容易理解，受到较高速率加载的材料将比较低速率加载的材料具有更高的峰值应力（图 22-15D）。加载速率越高，应力松弛越小，因此峰值应力也越高。

黏弹性材料性能可以通过适当布置弹簧和减震器来近似表示。一些常用的弹簧减震器模型是 Kelvin-Voigt 模型（弹簧和减震器并联）和 Maxwell 模型（弹簧和减震器串联）。常用的黏弹性材料模型是基于 Herrmann 等人报道的线性黏弹性材料，该材料是在静水压力下将线性黏弹性材料和弹性材料叠加而制成。与超弹性材料一样，黏弹性材料具有非常高的体积模量。因此，黏弹性材料的行为最好通过其剪切变形来描述。

由于脑组织水分含量很高，因此大脑被归类为几乎不可压缩的材料。超弹性和黏

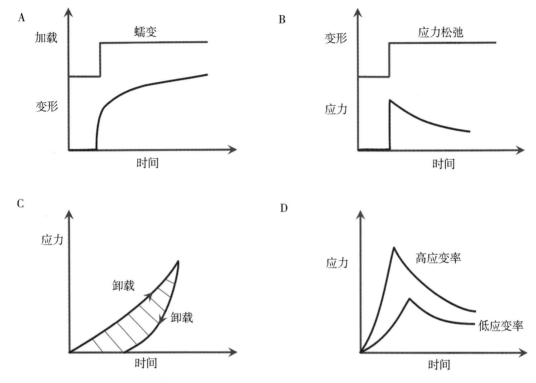

图22-15　黏弹性材料的特性包括：A. 蠕变；B. 应力松弛；C. 滞后；D. 高加载速率对黏弹性材料产生的峰值应力要高于低加载速率

弹性材料模型都已用于模拟大脑的力学响应。与单轴拉伸相比，脑组织在单轴压缩时具有更高的刚度。此外，Jin 等人报道脑组织具有载荷率依赖性（loading-rate-dependent）。目前线性黏弹性材料模型、超弹性黏弹性材料模型和各向异性超弹性黏弹性材料模型均已用于脑组织的建模。

5. **正交各向异性材料**　正交各向异性材料的基本特征是相互垂直的三个轴具有不同的材料属性。典型的正交各向异性材料如木材和连续纤维增强的复合材料。共需要九个材料属性描述此类材料：三个方向的弹性模量、剪切模量和泊松比。

正交各向异性材料的特例是横向各向同性材料。在这类材料中，横截面两个垂直轴的弹性模量相同，而沿轴向的弹性模量不同。典型的横向各向同性材料包括单向纤维增强复合材料、轧制钢棒和人体长骨。根据沃尔夫理论，长骨将沿重力方向生长，这就是长腿骨骼横向各向同性的原因，人股骨和胫骨在轴向上的弹性模量比在横切面两个方向上的弹性模量要高。因此，人类长骨经常建模为横向各向同性的材料。

6. **泡沫材料**　泡沫材料通常用于吸收压缩能量，但很难承受拉伸或剪切载荷。至关重要的是，此类材料的性能通常取决于加载速率。典型泡沫材料的应力－应变曲线非常复杂，并且与材料种类和空隙密度密切相关。

聚氨酯泡沫具有最初的弹性屈服区、后续的平台压实区以及最后的致密化区（图22-16）。相反，聚乙烯泡沫具有最初的低刚度区域，随后是致密化区域，韧带的特征行为与聚乙烯比较相似。第三种泡沫材料是聚苯乙烯，其初始刚度非常高，经过一定的应变幅度后会变低。

聚乙烯和聚氨酯泡沫是最常见的泡沫材料，一般使用聚氨酯泡沫作为车内的填充材料，以减轻汽车事故中人头部与车内部件碰撞的严重程度。此外，聚苯乙烯泡沫经常用作汽车保险杠和护膝垫的填充材料来吸收大量冲击能。

有很多其他的工程材料被做成蜂窝状，以在变形过程中吸能的同时承受几乎恒定的应力。如具有泡沫状细胞状结构的人松质骨可以使用泡沫材料本构模型进行建模，Carter等人于1980年报道了松质骨的拉伸应力 – 应变曲线，具有与典型的聚氨酯泡沫几乎相同的材料特性。

图22-16所示的几种泡沫材料缺乏典型的应力 – 应变曲线，每种不同类型的泡沫材料都需要一组特定的本构方程来描述其行为，且数据只能来自试验结果。描述泡沫材料模型所需的材料常数高度依赖于材料模型的选择。

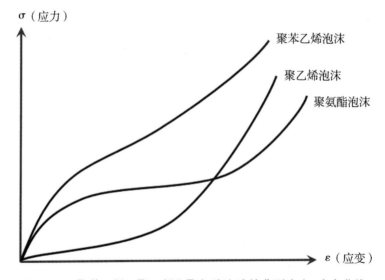

图22-16　聚苯乙烯、聚乙烯和聚氨酯泡沫的典型应力-应变曲线

注：人骨小梁的拉伸行为类似于聚氨酯泡沫。许多生物软组织表现得像聚乙烯泡沫，在破坏点之前仍为线性变化区域

二、头部组织的材料模型

定义头部材料的主要问题在于确定脑组织的材料属性，大脑的材料力学行为特点类似于非线性的黏弹性材料。以下为几种常用的模拟脑组织的材料模型。

在确定大脑材料模型时，首要任务是在复杂和简单的模型之间做出权衡，在体现所有物理特性的前提下提高计算效率和稳定性。例如，对于需要经常在极端条件下使用有限元模型的用户而言，搭载复杂材料模型计算稳定性较差，可能弊大于利。

1. **脑的材料模型**　Prony 系列线性黏弹性材料模型可用于模拟大脑的黏度。脑组织的材料试验一般施加拉伸、压缩、剪切或整体压缩载荷，剪切测试最常用，因为它与脑的临界剪切变形直接相关，可测量即时应力和随时间变化的应力松弛。剪应力－时间关系可用 Prony 系列材料模型拟合：

$$G(t) = G_\infty + N \sum_{i=1}^{N} G_i \exp(-t/\tau_i) \tag{22-1}$$

其中，G_∞ 表示长期剪切模量，G_i 和 τ_i 分别表示剪切模量和相关的松弛常数。

大脑组织非线性可通过几种本构模型表示。在理解这些模型之前，需要引入几个基本概念。左 Cauchy-Green 变形张量（left Cauchy-Green tensor），用 B 表示，是形变梯度和横向形变梯度的乘积，具有三个记为 I 的不变量，λ 是拉伸参数，J 是变形梯度的决定因素（行列式）。

$$I_1 = tr(B) = \lambda_1^2 + \lambda_2^2 + \lambda_3^2$$
$$I_2 = \frac{1}{2}\left[(trB)^2 - tr(B)^2\right] = \lambda_1^2\lambda_2^2 + \lambda_2^2\lambda_3^2 + \lambda_3^2\lambda_1^2 \tag{22-2}$$
$$I_3 = \det B = J^2 = \lambda_1^2\lambda_2^2\lambda_3^2$$

在将大脑表示为各向同性，不可压缩的材料时，可以将 λ_1、λ_2 和 λ_3 编写如下。

$$\lambda_1\lambda_2\lambda_3 = 1$$
$$\lambda_1 = \lambda \tag{22-3}$$
$$\lambda_2 = \lambda_3 = 1/\sqrt{\lambda}$$

对于压缩和拉伸，不变量可以写为：

$$I_1 = \lambda^2 + 2\lambda^{-1} \qquad I_2 = \lambda^{-2} + 2\lambda \tag{22-4}$$

对于剪力，其中 λ 等于 1，不变量 I 可以表示为：

$$I_1 = I_2 = 3 + \gamma^2 \tag{22-5}$$

其中，γ 是标称剪切应变。

为了表示非线性，文献中已有各种构造模型。我们需要做的就是导出表示压缩、拉伸和剪切的工程应力方程。根据工程应力方程，就可通过拟合试验数据的方式来计算材料属性参数。试验数据一般用应力和应变表示。

（1）Gent（1996）。根据 Gent 的研究，应变能函数记为等式 22-6a。在单轴压缩/拉伸模式下，与拉伸参数有关的工程应力 T（engineering stress）记为等式 22-6b。在剪切模式下，工程应力记为等式 22-6c，与名义剪切应变有关。μ 和 J_m 是要计算的两个材料参数。

$$W = -\frac{\mu}{2}J_m \ln\left(1 - \frac{I_1 - 3}{J_m}\right) \tag{22-6a}$$

$$T = \frac{\mu J_m}{J_m - \lambda^2 - 2\lambda^{-1} + 3}(\lambda - \lambda^{-2}) \tag{22-6b}$$

$$T_s = \frac{\mu J_m \gamma}{J_m - \gamma^2} \tag{22-6c}$$

（2）Fung（1967）。Fung 模型包含剪切模量 μ，常数 b 和常数 e（等式 22-7a）。在单轴压缩、拉伸模式下，工程应力 T 记为等式 22-7b，与拉伸系数 λ 有关。在剪切模式下，工程应力记为等式 22-7c，与剪切标称应变 γ 有关。

$$W = \frac{\mu}{2b}\left[e^{b(I_1-3)} - 1\right] \tag{22-7a}$$

$$T = \mu e^{b(\lambda^2 + 2\lambda^{-1} - 3)}(\lambda - \lambda^{-2}) \tag{22-7b}$$

$$T_s = \mu \gamma e^{b\gamma^2} \tag{22-7c}$$

（3）Mooney（1940）。在 Mooney-Rivlin 模型中，弹性应变能 W 是 I_1、I_2、C_1、C_2 的函数（等式 22-8a 和 22-8b）。在单轴压缩或拉伸载荷作用时，工程应力 T 记为 Eq（22-8c），与拉伸参数 λ 有关。在剪切载荷作用时，工程应力记为等式 22-8d，与剪切标称应变（公称应变）γ 有关。

$$W(I_1, I_2) = C_1(I_1 - 3) + C_2(I_2 - 3) \tag{22-8a}$$

$$\mu = 2(C_1 + C_2) \tag{22-8b}$$

$$T = C_1(2\lambda - 2\lambda^{-2}) + C_2(2 - 2\lambda^{-3}) \tag{22-8c}$$

$$T_s = 2(C_1 + C_2)\gamma \tag{22-8d}$$

（4）Ogden（1997）。Ogden 模型中的应变能函数由剪切模量和常数（公式 22-9a）组成。在单轴压缩或拉伸载荷作用时，工程应力记为等式 22-9b，与拉伸参数 λ 有关。在剪切载荷作用时，工程应力记为等式 22-9c，与剪切参数 γ 有关。

$$W = \frac{2\mu}{\alpha^2}(\lambda_1^\alpha + \lambda_2^\alpha + \lambda_3^\alpha - 3) \tag{22-9a}$$

$$T = \frac{2\mu}{\alpha}\left[\lambda^{\alpha-1} - \lambda^{-(\frac{\alpha}{2}+1)}\right] \tag{22-9b}$$

$$T_s = \frac{\mu}{\alpha}\frac{1}{\sqrt{1+(\gamma^2/4)}}\left[\left(\frac{\gamma}{2}+\frac{1}{\sqrt{1+(\gamma^2/4)}}\right)^\alpha - \left(-\frac{\gamma}{2}+\frac{1}{\sqrt{1+(\gamma^2/4)}}\right)^\alpha\right] \tag{22-9c}$$

2. **颅骨、肌肉和头皮的材料模型**　对大多数轻度脑外伤病例，可以使用简单弹性模型来定义变形很小且未达到屈服点的颅骨。在涉及颅骨的塑性变形和破坏的情况下，可通过屈服应力来定义塑性特性，达到初始屈服后应力可以通过切线模量来定义。在LS-DYNA中，切线模量是屈服后应力-应变曲线的斜率。在ABAQUS中，定义了两个或多个屈服应力和塑性应变的表格输入，并且可以通过将两个应力之差除以两个应变之差来计算切线模量。同样，在LS-DYNA或ABAQUS等软件中可以指定压缩或拉伸加载条件下的不同响应，并且可以指定失效应变（failure strain）来定义骨骼的破坏。肌肉、软组织和头皮材料通常认为是不可压缩的软质材料，一般使用和大脑相同的材料模型。

三、头部组织材料属性

多年的头部组织（尤其是脑组织）试验测量为建模人员提供了大量的数据。但是，由不同研究者提供的巨大数据库在脑组织材料属性方面存在很大差异。例如，脑组织的弹性模量为几千帕至几百千帕。在2010年，Chatelin等人全面总结了近50年的大脑材料数据。

不同研究者对颅骨和头部软组织的材料测试结果相对一致。骨皮质的弹性模量（颅骨的内、外板）一般从几吉帕到几十吉帕不等，颅骨板障内的骨小梁弹性模量从几十兆帕到几百兆帕不等。表22-1提供了常见的头部材料参数示例，在该示例中，脑组织为线性黏弹性材料，在极端撞击条件下具有计算稳定性。

表 22-1　头部材料属性

黏弹性材料				
解剖结构	密度 /（kg/m³）	体积模量 /GPa	短时剪切模量（short-time）/GPa	长时剪切模量（long-time）/GPa	延迟系数（decay constant）
面部组织	1 100	0.005	0.000 34	0.000 14	0.000 03
头皮	1 100	0.02	0.001 7	0.000 68	0.000 03

续表

弹性材料			
解剖结构	密度 / (kg/m³)	杨氏模量 / GPa	泊松比
膜	1 100	0.031 5	0.031 5
皮肤	1 100	0.01	0.45
硬脑膜	1 100	0.031 5	0.35
大脑镰，软脑膜	1 100	0.012 5	0.35
蛛网膜	1 100	0.012	0.35
小脑幕	1 100	0.031 5	0.3
上颌窦，蝶窦，筛窦	1 100	0.001	0.3

线性弹塑性材料						
解剖结构	密度 / kg/m³	杨氏模量 / GPa	泊松比	屈服应力 / GPa	切向模量 / GPa	失效弹性应变
桥静脉	1 130	0.03	0.48	0.001 43	0.012 2	0.25
脑颅骨皮质	1 500	10	0.25			
面颅骨皮质	1 500	6	0.25			
脑颅骨松质	1 000	1	0.22			
面颅骨松质	1 000	06	0.22			

第三节　头部模型的验证

一、数字化模型验证概述

1. **数字化模型验证的基本概念和意义**　根据 ASME（American Society of Mechanical Engineers，美国机械工程师协会）的说法，验证是将有限元模拟结果与实际试验数据进行比较，从而量化有限元模型预测结果的准确性。这种办法非常矛盾，如果可以进行试验，为什么还需要计算机仿真？一些说法认为经过验证的模型可以代替昂贵的真实试验，从而节省时间和经费。但这同时也表明尽管进行了一些真实的验证，但有限元模型的许多应用情景还是缺乏准确真实的试验数据支持。此外，有限元模型通常用于成本过高或无法进行试验的情况，因此，要对有限元模型进行全面的有效性验证不切实际。大多数有限元模型只能部分验证，而完全验证几乎不可能实现。

2. **数字化模型验证的局限性**　一个值得注意的问题是，真实的试验往往仅提供有限的测量值（例如，某些位置的破坏应变、最大力、最大挠度、峰值加速度等），而有限元模型则可以得到包括应力在内的大量响应变量，并且可以在模型中的任何位置进行真实试验无法进行的测量。因此，仅此一条就说明有限元模型的全面验证不切实际。

在计算力学时，如果仅涉及人造材料，数字模型验证较容易实现，因为人造材料所需的试样容易获取。而对于生物组织，由于伦理道德方面的限制，很难获得测试样本，并且样本的力学性能通常受到年龄、性别、个体差异以及样本保存条件的影响，且与试验应变率直接相关。目前的共识是，与模型相关的所有验证案例都需要详细记录在案，以便后续用户在使用前决定是否愿意投入资源以验证模型是否适用于其他未验证的加载条件。

根据可用于模型验证的试验数据集的数量，模型验证过程可以分为三个级别。最简单的方法是用确定性模型所做的一组预测结果与试验数据进行比较。第一级验证用来识别材料属性参数的有限元模型，这种模型的验证试验往往具有高度的可重复性。第二级验证是用一组确定性模型的预测结果与试验中获得的数据区间（data corridors）或分布函数进行比较。通过第二级验证，我们即可认为材料属性、加载条件和边界条件的定义比较完善，但是试验数据的可重复性尚不高。第三级验证是将试验获得的累积分布函数（cumulative distribution function，CDF）与基于概率方法的有限元模型预测结果相匹配。例如，在有限元分析中，由于材料属性、边界条件和加载条件的不确定性引起的变化。显然，高级模型验证的成本会成倍增加。

为了对复杂系统（例如，受到冲击的人体或精细汽车有限元模型）建模，应以分级的方式进行模型验证，从组件级别（例如，人的股骨或汽车中的悬架系统），到子系统级别（例如，下肢或可折叠的转向柱和安全气囊保护系统），再到整个系统级别（例如，整车身或整汽车）。同样，使用分层方法验证汽车模型比验证人体模型要容易得多，因为可以为了模型验证而生产完全相同的汽车。相反，没有两个人完全一样，而且对受试者进行损伤程度重的测试不符合伦理道德要求。虽然为了评估碰撞安全性能并提供试验数据而进行汽车碰撞试验非常昂贵，但汽车制造商仍愿意投入所需的资金以履行法律义务和企业承诺。无论如何，都不可能进行足够的试验以得到人体对撞击的响应数据（涵盖性别、年龄、身体部位和合适载荷率的所有组合）。

根据大多数已发表的文献，在试验中看到的变化可以归因于年龄、性别、人体测量学和材料属性的差异。但目前除了年龄和性别因素外，还没有针对其他影响因素进行专门的研究，例如，冲击试验时发现了股骨骨折，研究人员并不会常规报告某些与骨折相关的数据，如中轴直径、股骨总长度和骨骼质量。因此，文献中提供的大多数数据并未提供足够的背景信息以充分验证有限元模型。

为仿真试验条件而开发的有限元模型往往具有不确定性。也就是说，使用单个模型来模拟相同试验方案下的所有测试，尽管它们之间的年龄、性别和身体活动程度存在差异，但为了使模型预测的数据与试验测得的数据相匹配，可以手动反复试验或通过优化技术来调整材料属性（或其他相关参数），直到获得可接受的匹配效果为止。当加载条件发生变化时，使用这种"调整"方法开发的模型可能会产生问题，只有那些使用分层方法验证的有限元模型才能在载荷和边界条件超出验证范围时仍保持稳定的结果。

3. **量化模型的验证程度**　若要使数值模型可信且具有预测能力，需要通过上述一系列严格的验证过程进行评估。建模者需要对模型与用于验证模型的试验数据匹配程度进行定量评估，而不是定性评估。在许多出版物中，诸如"模型得到充分验证"或"模型与试验数据高度吻合"之类的语言是定性评估。量化的验证结果可以使模型的用户能够在模型应用到开发保护设备及其他目的之前，确定模型验证的程度。美国国防部、美国航空航天学会、美国机械工程师协会以及美国能源部的高级仿真和计算（advanced simulation and computing）计划，已经研究了用于大型数值模型验证的基本概念及方法。然而，目前还没有普遍接受用量化方法来确定模型验证的程度，这多归因于试验结果的多变性和不确定性，并且许多用于验证的试验数据缺乏试验时的详细测试条件。

一般来说，现代试验使用多个电子传感器（在人体的不同部位进行仪表化测量）来记录试验数据。这些传感器包括加速度计、力传感器、压力计、位移传感器等，最终得到相应的结果，如 g、kN（或 lb）、kPa（或 psi）。此外，高速摄像机用于运动学信息的记录，通过静态照片和时程图对模拟结果与试验数据进行比较，确定模型验证的程度。在确定数值模型的可靠性和预测能力时，不能将这种主观图形比较视为定量化比较。使用具体的数值估计模型预测数据与试验数据之间的差异，对模型有效性进行定量评估，消除主观性或使其最小化。

二、人体头部有限元模型的验证

用于模型验证的高质量试验数据大多数来源于死后尸体（postmortem human subjects，PMHSs）试验数据。本小节分类举例说明常见的用于验证头部模型的尸体试验。

1. **脑部压力**　Nahum 等人于 1977 年使重新加压的 PMHS 的前额受到刚性冲击器的冲击。冲击速度为 4.36~12.95 m/s。在第 37 号试验中，详细的接触力和头部加速 - 时间曲线得到了报道，而其他试验的曲线图则缺乏数据，然而，以 37 号试验的加速度曲线作为基线，匹配其他试验的峰值加速度从而生成变形后的加速度曲线，为 FE 头部模型提供加载条件。冲击力、头部加速度和脑压力如图 22-17 所示。

Trosseille 等人于 1992 年进行了 PMHSs 试验，测量了脑压数据。在这项研究中，PMHS 头部装有 12 个加速度计阵列，以测量头部的整个三维运动学数据。微型压力传感器放置在蛛网膜下隙和心室系统中，以测量颅内和心室压力。将 PMHS 悬吊在座位，通过重量为 23.4 kg 的撞击器以 7 m/s 的速度撞击面部区域，其中 MS428-2 案例在冲击部位和对冲部位的脑压如图 22-18 所示。

2. **脑运动**　Hardy 等人分别于 2001 年和 2007 年对 PMHSs 头部进行了一系列全面的冲击测试。冲击测试用独特的高速双平面 X 射线系统与不透射线的低密度或中密度

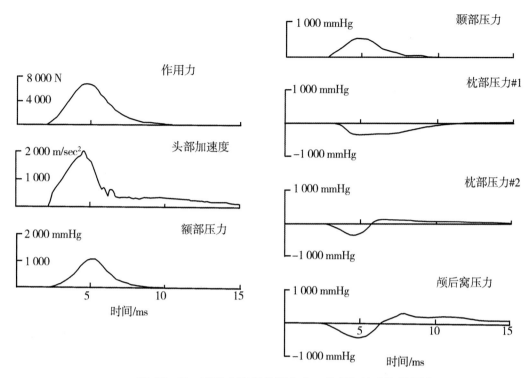

图 22-17 试验中获得的撞击力、头部加速度和脑压力

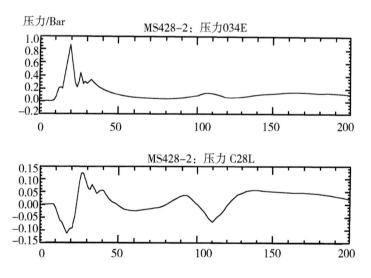

图22-18 正面碰撞试验中冲击部位和对冲部位的脑压力曲线

目标物（neutral density targets，NDTs）综合监测系统测量头部不同区域的颅骨、大脑间的相对运动。多年来，Hardy 及其同事收集并分析了与头部重心或偏心对齐的矢状、冠状和水平撞击的测试结果，其数据对于验证人的有限元模型至关重要。利用这些数据，建模人员可以将模型预测的节点位移与试验中发现的节点位移进行比较（图 22-19）。

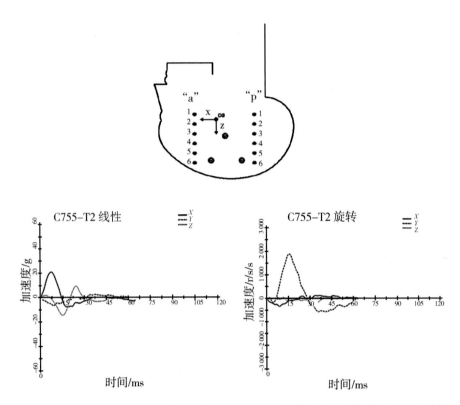

图22-19　在撞击过程中测量大脑标记物的位置，以及通过试验测量到线性加速度和旋转加速度

为了提供全面的验证结果，建模人员可将模型预测的轨迹与试验数据进行比较，并将模型预测的位移–时间曲线与试验数据进行比较（图 22-20）。

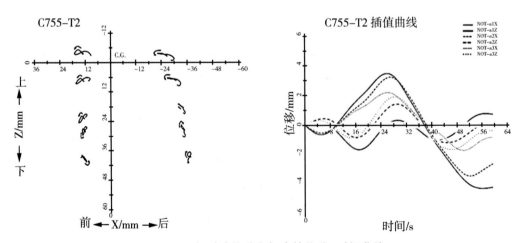

图22-20　相对脑位移和相应的位移-时间曲线

需要强调的是，脑压力（扩张反应）和脑运动（偏斜反应）是分离的反应。因此，仅验证脑压力并不能确保模型在脑运动中预测的准确性，反之亦然。研究人员在应用人头部模型预测两种响应以分析真实的事故之前，应先验证头部模型压力和运动响应的有效性。

3. **颅骨的响应**　Yoganandan 等人对尸体头部进行了六次准静态负载（2.5 mm/s）和六次动态负载（7.1~8.0 m/s）测试。在所有测试中，尸体头部均安装在单独的模具上。动态试验包括四个垂直冲击、一个前向有角度的冲击和一个枕骨冲击的动态试验（图22-21）。使用半径为 48 mm 的半球形铁砧打击颅骨使其骨折，并记录其冲击速度。一次正面撞击后，观察到多处上颌骨 LeFort Ⅲ 型骨折（上颌骨与颅骨完全分离）；一次枕骨撞击后，观察到人字点上方的圆形骨折；在四个垂直冲击中，出现从顶骨到额骨右眶的线形骨折，多处穿过顶骨、额骨和颞骨的骨折，双侧顶骨骨折，顶骨周围见圆形裂缝。Hodgson 等人使用 10 磅（4.536 kg）撞击器进行了尸体额骨撞击试验。用钢缆牵引撞击器，用避震绳悬挂尸体躯干部，颈部略微伸出。使用简化的颈部约束的倒置头来模拟实验过程（图 22-22），圆柱形撞击器的半径分别为 25.4 mm、7.93 mm，长度均为 165.1 mm，将 Endevco 2222D 加速计安装在与撞击部位相对的撞击器上，将冲击加速度与冲击器质量（4.536 kg）相乘得到冲击力。该试验使用 25.4 mm 的撞击器进行了六项测试，撞击速度从 2.74 m/s 到 3.35 m/s，结果表明眶上孔附近容易产生线性骨折。

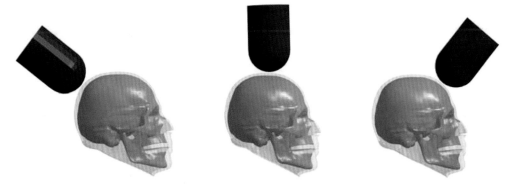

图22-21　头部在垂直方向、枕部和额部撞击，头部固定在底部（附着物未显示）

4. **面部响应**　Nyquist 等人于 1986 年对 11 具尸体进行了面部撞击试验，以坐位的姿势，调整头部的眼耳平面与水平面对齐。采用直径为 25 mm，质量为 32 kg 或 64 kg 的刚性圆棒冲击器，以 2.8 m/s 至 7.2 m/s 的冲击速度，撞击鼻部（图 22-23）。将单轴加速计安装在撞击器和尸体枕骨上。结果表明三种加载情况（编号 20、29 和 34）可适用于模型验证。

Allsop 等人于 1988 年进行了一系列的尸体撞击试验，以确定颅骨、颧骨和上颌骨的变形响应。将未防腐的尸体头颅面朝上安装在个性化的石膏基座上，将 14.5 kg 半圆

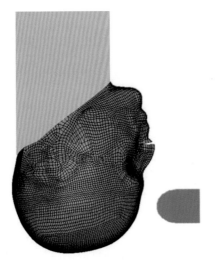

图22-22 模拟实验的简化示意图

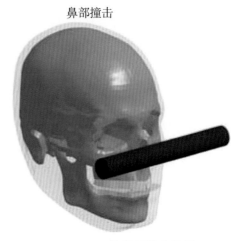

鼻部撞击

图 22-23 尸体鼻部撞击设置

形冲击棒从 305~610 mm 的高度自由下落至颧骨和上颌骨区域，颧骨的冲击力作用于眶下缘下方 10 mm 处，上颌冲击力作用于前鼻棘下方 10 mm 处（图 22-24）。

除了从人类尸体试验中获取生物力学数据外，现代医学影像技术能满足研究人员测量活体志愿者的脑组织形变的需求。为保证志愿者的安全，试验只能加载轻微的、无伤害的致伤条件，但这些数据仍有利于我们了解生前的脑组织遭受冲击时所产生的形变特征。根据这些轻微加载数据验证的人头模型进一步验证中度到重度载荷的尸体试验数据。

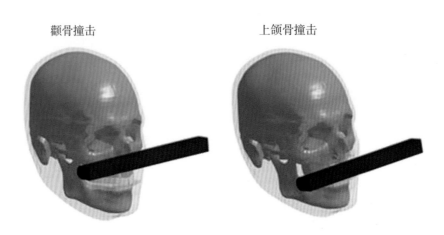

颧骨撞击   上颌骨撞击

图 22-24 颧骨（左）和上颌骨（右）的撞击设置

注：与颧骨撞击相比，用于上颌骨撞击的撞击棒在鼻子下方更远。

第四节 常见的头部模型

本节中将对过去多年的有限元模型发展做简要综述。

Chan 等人于 1974 年公开发表了第一个人类头部有限元模型。该模型将头部简化为一个轴对称的椭球体，用黏弹性材料表示颅骨和大脑的特性。为研究剪切应力是否会损伤脑血管和脑实质，模拟了不同持续时间的直接撞击作用，并计算脑组织内部的剪切形变。此外，该模型还用于研究颅底负压，以验证空穴效应所致脑损伤的假设。

Shugar 等人于 1975 年提出了较早期的头部有限元模型以模拟颅骨和大脑，认为颅骨和大脑组织具有线性弹性材料特点，以分层结构模拟颅骨，并在脑和颅骨之间增加了流体层以模拟蛛网膜下隙。该模型中脑组织的泊松比假定为 0.5（作者并没有说明原因，但是这显然与线弹性材料模型相矛盾）。结果表明该模型高估了动态应变，甚至达到了真实试验观察值的 3~10 倍，压力测量值的相位和振幅与真实试验结果不符。该模型测试了颈部连接处的四个边界条件（固定、铰接、滑动和自由），所采用的求解器是 Taylor 于 1974 年在加州大学伯克利分校开发的有限元分析程序（FEAP）。

在 1975—1982 年，海军建设指挥部中心（美国）（Naval Construction Battalion Center，NCBC）和加州大学圣地亚哥分校（UC San Diego）的 Ward 博士及其同事开发了大脑模型，并将其应用于几种冲击场景。由 Bathe 等人在 UC Berkeley 开发的结构分析程序（SAP）首次被用于结构工程弹性分析（EASE），后来被用作求解器。

1975 年，Ward 和 Thompson 开发了大脑三维线弹性模型，用于模拟前额部冲击试验。该模型模拟了硬脑膜压迹、脑室和脑干结构。Roller 认为线性弹簧可模拟大脑与颅骨的连接结构，因此该模型不包括颅骨和脑脊髓液（CSF）。该模型通过真实的试验，验证头部屈伸运动时在脑干处静态测量得到的振幅和固有频率。基于模拟结果，作者认为没有大脑、小脑和大脑镰的颅脑模型无法正确预测脑干的偏转。Ward 在 1982 年的报告中指出，动态载荷下，该模型预测的皮质位移过大，需要在脑－颅界面添加约束条件，且脑组织的杨氏模量应增加 10 倍，以降低皮质位移值。

Ward 和 Thompson 发表的模型下调了杨氏模量，能够较准确地预测颅内压，并通过 Nahum 等人的 37 号测试数据验证（37 号测试被许多研究人员用于头部模型的验证）。1979 年，Nahum 等人对闭合性颅脑损伤和头盔对大脑的保护作用进行了研究。

目前，该模型基于矢状面对称，不能用于模拟侧向冲击。1980 年，Nahum 等人将半脑模型扩展为全脑模型，并在侧向冲击载荷下，比较了真实测量的和新模型预测的硬脑膜下压力。他们在 6 具尸体上进行了 9 次试验，包括 1 个防腐的尸体（4 个测试）和 5 个未防腐尸体（每个尸体一个测试）。仅用一次测试对比了模型预测的与试验测量的颅内压。作者指出，模型预测与试验数据不符，与之前报道的额部和枕部的冲击试验结果也不符。次年，Nahum 等人在一具尸体上进行了一系列带 / 不戴头盔的颅脑侧向撞击试验，报道了头部的线加速度和角加速度以及相应的硬脑膜下压力，此试验使用了Nahum 在 1980 年的有限元颅脑模型，比较了模型预测的数据与第二具尸体测量的数据。值得注意的是，尽管在第二具尸体上只进行了一次测试，但在同一测试条件下，试验记录的大脑响应与从第一个尸体测得的响应大相径庭。该模型的压力梯度模式与正面碰撞相比不明显，作者认为这种差异是由于正面碰撞中没有看到的线性加速度的三个分量的组合所致。作者还认为运动情况下大脑镰和小脑幕对脑结构的限制起重要作用。

根据过往大脑建模方面的经验，Ward 于 1982 年认为不应将大脑视为不可压缩材料，并提出了一种特异性的简化积分方案，即对膨胀（体积）部分使用简化积分，对变形（剪切）部分使用完全积分，并结合几乎不可压缩的脑材料使用。他总结了以下特点：A. 如果大脑模型包含硬脑膜褶、大脑镰、小脑幕、枕骨大孔以及脑的可压缩性，则该模型可以准确预测大脑组织的应力和位移；B. 大脑产生的应力和应变滞后于颅骨的应力、应变；C. 冲击部位和对冲部位的脑挫伤与线性加速度引起的压力变化有关；D. 硬脑膜下出血由高剪切应变引起；E. 脑震荡的发生时间和持续时间与脑响应的大小有关；F. 预测了脑 – 颅界面、脑干和小脑的最大剪切应变。

在接下来的十年中，几乎没有新的用于研究头部和脑部损伤的有限元模型。这一时期恰逢商业化非线性有限元代码的开发和发布时期，包括一系列模型网格划分软件以及图形和动画工具软件。此外，随着计算机的进步，用户可在建立有限元模型时使用更多的单元和材料类型。

1993 年，Ruan 等人基于 Shugar 等人报道的原始几何形状，建立了人头部三维有限元模型。该模型包括头皮、三层颅骨、脑脊液、硬脑膜、大脑镰等结构。大脑和头皮使用线性黏弹性材料，头部的其他组织为弹性材料。模型的验证方面，对比了 Nahum 等人的 37 号测试的冲击力、头部加速度和颅内压数据。在直接冲击载荷下，发现头部损伤指数（head injury criteria，HIC）与颅内压、头部加速度与颅内压之间存在相关性。Zhou 等人进一步完善了 Ruan 等人开发的模型，并赋予灰质和白质不同的材料属性。此外，还增加了脑室旁和矢状位的 10 对桥静脉结构，当这些静脉的拉伸超过其耐受极限时，可模拟硬脑膜下出血。为了节约计算时间，其使用了单层颅骨模型。Nahum 等人的37 号测试中，颅内压用于该模型的验证，该模型在剪切应力模式中变化很大，但颅内压计算值未受影响。

Al-Bsharat 等人于 1999 年用有限元模型来模拟物理凝胶材料，并测试其建模能力。该模型采用了一层具有低剪切模量的固体元素来表示 CSF。基于 Nahum 37 号测试的颅内压数据以及其他可信的峰值压力，验证大脑模型。然而，该模型预测的大脑和颅骨之间的相对位移远低于 King 等人报道的试验数据。为解决这个问题，Al-Bsharat 等人研究了多种脑 – 颅滑动界面的定义方法以确定模拟脑脊液运动的最佳方式，研究发现在大脑和颅骨之间添加滑动界面，即在软脑膜和蛛网膜之间建立界面，可以使模型预测的大脑运动与高速 X 线系统测量的位移相吻合，同时颅内压预测值也可通过验证。作者不仅基于 37 号测试报告的冲击部位和对冲部位压力 – 时间曲线验证了该模型，而且还将模型预测结果与 Nahum 测试的压力峰值和头部加速度峰值进行了验证，确认了该模型的有效性。

Zhang 等人于 2001 年构建了一个新模型，即韦恩州立大学头部损伤模型（Wayne State University Head Injury Model，WSUHIM），该模型能够模拟直接和间接冲击损伤，以 200 g/s^2 和 12 000 rad/s^2 的平移和旋转加速度进行损伤预测。该模型虽然仅由三维实体单元和二维矩形单元组成，但具有精细的网格，包括详细的面部骨骼的解剖学结构，并且已经完成尸体试验数据的验证。这些数据包括 Nahum 和 Trosseille 等人报道的颅内压和脑室压力数据、King 和 Hardy 等人的脑 – 颅交界面相对位移数据以及 Nyquist 和 Allsop 的面部冲击响应数据。

人脑组织由散布在细胞基质中的神经元、轴突、小动脉、毛细血管和小静脉组成，但上述模型均未详细复制这些复杂的解剖结构。考虑到血管和其他结构引起的拖带效应，在 WSUHIM 和其他模型中使用的大脑材料属性通常高于以人或动物尸体为样本测量的数据。但是，建立包含脉管系统的三维脑模型仍是头部建模的重大挑战。Zhang 等人于 2002 年开发了一个模拟主要脑动脉的二维平面应变模型，他们发现这些血管确实增加了大脑实质局部的强度，从而一定程度上提高了头部受撞击时的承受能力。

脑模型也被计划用于一些规则和标准的制定。NHTSA 计划可以基于假人试验仪虚拟计算大脑应变来升级颅脑损伤标准（HIC），这是 FMVSS 208 当前要求的。输入头部运动学的 6 个参数（3 个线速度和 3 个角速度），使用刚性的颅骨简化模型可节约运算时间，仅需要在计算机上运行 2 h 或更短的时间。NHTSA 模型最初是由 DiMasi 等人开发，后来由 Bandak 和 Eppinger 修改以接受 6 个运动学参数输入，该模型仅包含大脑，并且具有非常厚的大脑镰（平均 7 mm），以避免低长宽比的劣质网格，将杨氏模量减小约 10 倍，抵消增加的大脑镰厚度带来的影响。该模型设置了脑 – 颅骨交界面，并设定了该界面的断裂剪切和拉伸载荷。该模型认为弥漫性轴索损伤的风险与脑容量变化超过损伤阈值的比例成正比，因此将大脑中的累积应变作为一种新的损伤指标。该模型对损伤的预测与文献不一致的是前后旋转负荷比内外侧旋转负荷更具有伤害性。

2003 年，Takhounts 等人报道了 NHTSA 模型的更新版，将其命名为"SIMon（simulated injury monitor，模拟损伤监测器）"。开发者测试了包括 Ogden 橡胶和 Mooney-Rivlin 橡胶在内的几种非线性材料模型，并得出结论：①线性黏弹性材料模型是最为理想的材料模型。②如果使用线性黏弹性材料，可在 LS-DYNA 中实现。脑组织剪切模量（10.3 kPa）减少到 NHTSA 模型剪切模量的三分之一。将模型预测结果与试验获得的颅骨 – 大脑位移比对，开发者进一步将剪切模量降低至 2.4 kPa，但剪切模量过低会导致模型不稳定，因此其他计算结果均来自剪切模量为 10.3 kPa 的模型。该模型的研究表明完全积分单元太僵硬，而选择缩减积分（selective reduced integration，SRI）方案可能导致具有剪切锁定。因此，作者采用简化积分方案，同时使用黏性沙漏来减少单元的不稳定性；尽管沙漏能与内能比率非常高（200% ~ 300%），但作者坚持该比率对模型稳定性的重要意义。通常认为该比率超过 10% 就会导致结果不准确，但作者认为，SIMon 模型在数值上比测试过的其他方法更为稳定，因此沙漏能与内能的高比率无可厚非。许多来自动物实验的运动学数据按比例缩放到人类并应用于 SIMon 模型。基于模型预测的反应和动物伤害结果的逻辑回归，作者得出了三个伤害阈值以估计三种不同类型损伤相关的风险：A. Bandak 和 Eppinger 提出的累积应变损伤测量指标（cumulative strain damage measure，CSDM）与弥漫性轴索损伤（DAI）的相关性为 50%，最大主应变达到 15% 时，弥漫性轴索损伤概率为 55%。B. 使用扩张性损伤测量指标（dilatation damage measure，DDM）来预测损伤阈值 < –100 kPa 的脑挫伤的发生，C. 建议相对运动损伤测量指标（relative motion damage measure，RMDM）预测急性硬脑膜下出血的阈值为 1。

20 世纪 90 年代，欧洲开发了几种头部模型。法国 Trosseille 等人进行了上述头部碰撞试验，他们使用了由 Lighthall 等人于 1989 年开发的二维矢状平面模型，考察了材料属性对模型响应预测的影响。此外，基于拳击志愿者的头部运动学数据建立模型损伤阈值。1996 年，Turquier 等人验证了 Willinger 等人在斯特拉斯堡大学（University of Strasbourg）开发的头部模型，并对 Trosseille 等人的硬脑膜外压力数据提出异议。1 年后，Kang 等人报道了另一种模型，并基于 Nahum 等人报道的颅内压试验数据进行了模型验证，其使用戴头盔的 Hybrid Ⅱ 头部模型模拟了一系列摔跌试验，重建了一名摩托车手头部受到冲击的情形（该摩托车手的右颞叶严重挫伤，枕叶小脑幕挫伤和蛛网膜下隙出血），将运动学指标最相关且撞击位置和头盔破坏与现实案例最为匹配的加载条件用于预测颅内损伤响应，表明剪应力与右颞脑挫伤之间的相关性最好。

在荷兰，Claessens 等人于 1997 年基于美国国家医学图书馆提供的可见人体数据（visible human data）创建了粗网格模型，由于大脑和颅骨直接耦合，因此该模型无法预测 Nahum 等人报道的颅内压数据。当大脑和颅骨之间添加一层无摩擦的接触界面后，该模型与试验数据的关联性增加。同一篇文章中还报道了一个更详细的模型，包括大脑镰、小脑幕和脑干等。尽管缺乏脑 – 颅骨间相对运动的试验数据，但作者认为大脑和颅骨间的连接方式介于刚性耦合和自由界面之间且更接近自由界面。Brands 等人对这种建模进一步探究，将 Claessens 的模型转换为使用简化积分方案的 MADYMO（version5.4.1）模型。在尝试了物理凝胶模型后，最终将非线性"应变软化"黏弹性模型用于人脑模型。该模型在枕骨大孔施加一定的限制，限制了脑组织通过枕骨大孔的移动。尽管如此，当施加相同的载荷条件时，该模型预测的最大剪切应变仍是 Bandak 和 Eppinger 报道的 10 倍，作者将这种应变增加归因于模型仿真中使用的低剪切模量和"应变软化"

效果。

Kleiven 于 2002 年报道了由 Kleiven 和 Von Holst 开发的模型。它包含了部分脊髓、简化的颈椎以及周围的肌肉，材料属性与头部相应组织相同，颅内压、颅脑相对运动和颅骨 – 脑相互作用均被考虑。大脑是基于 Mendis 等人于 1995 年使用的超弹性 Mooney–Rivlin 线性黏弹性本构模型模拟。作者没有使用简化积分方案，而是使用了 SRI 方案，颅骨和大脑之间的相对运动受材料属性的影响。他们发现 Donnelly 和 Medige 报道的平均剪切属性产生了模型预测的相对位移，该位移与 Hardy 等人报告的试验数据相吻合。在使用固定连接时，测得的颅内压与预测的颅内压之间具有最佳的相关性。1 年后，Takhounts 等人（2003）对 SRI 方案、Mooney–Rivlin 材料模型和绑定交界面结合的方案提出了质疑。

表 22-2 列出了 1975—2003 年在 Stapp 中发布的头部模型的规格和功能。在这些模型中，元素数量从 207 个至 314 500 个单元不等。表 22-3 列出了头皮和颅骨材料的属性。Zhang 等人使用的颅骨皮质骨材料属性比其他人低得多，作者认为是为了正确预测面部骨骼的变形，且较厚的皮质骨需要较低的材料值。请注意，将头部模型用于头部运动学研究时，不需要头皮和颅骨的属性即可计算出颅内响应。表 22-4 列出了研究人员使用的各种材料的硬脑膜特性。

表22-2 1975—2003年在Stapp中发表的头部有限元模型

节点数 / 单元数	构成	参考文献
600/800	三层颅骨（外板、中膜、内板）、蛛网膜下隙、脑	Shugar（1975）
207 个沿矢状面对称的单元，正面和枕部撞击	大脑、小脑、脑、脑室、硬脑膜	Ward 和 Thompson（1975）Nahum 等人（1977，1979）
NA/434	与上述相同、三维结构侧向撞击	Nahum 等人（1980，1981）
510/437	2D 矢状面模型	Trosseille 等人（1992）
6 080/7 351	头皮、三层颅骨、脑脊液、硬脑膜、大脑镰和大脑	Ruan 等人（1993）Ruan 和 Prasad（1994）
17 656/22 995	头皮、颅骨、硬脑膜、大脑镰、小脑幕、软脑膜、脑脊液、静脉窦、脑室、大脑（灰质和白质）、小脑、脑干和矢状面旁桥静脉	Zhou 等人（1995）
4 436/5 400	颅骨、大脑镰、小脑幕、蛛网膜下隙、大脑、脑干	Turquier 等人（1996）
11 939/13 208	颅骨、镰状体、幕、蛛网膜下隙、头皮、大脑、小脑、脑干	Kang 等人（1997）
基础模型：2 257/1 756自由界面模型：2 859个节点	颅骨、脑、面部	Claessens 等人（1997）Brands 等人（2002）
13 300/12 126（Brands修改：14 092 个单元）	颅骨、大脑镰、小脑幕、大脑、小脑、脑干	

续表

节点数 / 单元数	构成	参考文献
32 898/41 354	头皮、三层颅骨、硬脑膜、大脑镰、小脑幕、软脑膜、脑脊液、静脉窦、脑室、大脑（灰质和白质）、小脑、脑干和矢状面旁桥静脉	Al-Bsharat 等人（1999）
32 898/41 354	头皮、三层颅骨、硬脑膜、大脑镰、小脑、软脑膜、矢状窦、横窦、脑脊液、大脑半球（白质、灰质）、小脑、脑干、侧脑室、第三脑室、桥静脉	Zhang 等人（2001）
19 350/18 416	头皮、颅骨、脑、脑膜、脑脊液、桥静脉、脑干、脊髓、颈椎	Kleiven（2002）
10 475/7 852	颅骨、大脑、硬脑膜、脑脊液、大脑镰、桥静脉	Bandak 和 Eppinger（1994）、Takhounts 等人（2003）

表 22-3　颅骨的材料属性

骨皮质		
杨氏模量	泊松比	参考文献
13.8 GPa	0.25	Shugar（1975）
12 GPa	NA	Ruan 等人（1993） Zhou 等人（1995）
15 GPa	0.21	Kang 等人（1997）
12.2 GPa	0.22	Al-Bsharat（1999）
6 GPa	0.25	Zhang 等人（2001）
15 GPa	0.22	Kleiven（2002）
板障		
杨氏模量	泊松比	参考文献
13.8 GPa	0.25	Shugar（1975）
4.5 GPa	0	Kang 等人（1997）
1.3 GPa	0.22	Al-Bsharat 等人（1999）
0.56 GPa	0.3	Zhang 等人（2001）
1.0 GPa	0.24	Kleiven（2002）
复合颅骨		
杨氏模量	泊松比	参考文献
4.46 GPa	0.21	Ward（1982）
6.5 GPa	0.2（简化模型）；0.22（精细模型）	Claessens 等人（1997）
头皮		
杨氏模量	泊松比	参考文献
16.7 GPa	0.42	Kang 等人（1997）
1.0 GPa	0.45	Zhang 等人（2001）
16.7 GPa	0.42	Kleiven（2002）

表 22-4　硬脑膜材料属性

硬脑膜 / 大脑镰 / 小脑幕			
杨氏模量	泊松比	备注	参考文献
31.5 GPa	0.48	–	Ward 和 Thompson（1975）
31.5 GPa	0.45	–	Nahum 等人（1979，1981） Ward（1982） Turquier 等人（1996） Claessens 等人（1997） Kleiven 和 Hardy（2002） Brand 等人（2002）
31.5 GPa	0.45	–	Ruan 等人（1993），Zhou 等人（1995），Al-Bsharat 等人（1999），Zhang 等人（2001）
31.5 GPa	0.23	–	Kang 等人（1997）
3.45 GPa	0.45	由于模型中使用了较大的厚度，所以 E 被减小了	Takhounts 等人（2003） Bandak 和 Eppinger（1994）

　　Zhou 等人率先使用不同属性来表示脑白质和灰质，发现这样可以使 DAI 发生在灰白质交界处。因为白质的神经纤维成分较多，因此假定白质比灰质硬 60%。Al-Bsharat 等人（1999）选择了一组比 Zhou 等人更低的模量值，这是由于 1995 年以后有新的大脑材料属性数据出现（表 22-5、表 22-6）。

表 22-5　不同模型中均质脑组织模型的材料属性

模量（E 杨氏模量，G 剪切模量）	泊松比或衰减常数	体积弹性模量	备注	参考文献
$E = 10.3$ kPa $G = 3.45$ kPa	0.5	–	–	Shugar（1975）
$E = 66.7$ kPa	0.48	–	–	Ward 和 Thompson（1975）
$E = 667$ kPa	0.48	–	–	Nahum 等人（1979）
$E = 667$ kPa	0.499（< 3 ms） 0.49~0.499 （3~8 ms） 0.49（> 8 ms）	–	–	Nahum 等人（1980，1981）
$E = 650$ kPa	0.48~0.49	–	–	Ward（1982）
$E = 307$ kPa	0.499 6	–	压缩	Ruan 等人（1993）
$G_0 = 528$ kPa，$G_\infty = 168$ kPa	$\beta^* = 0.035$ ms^{-1}	–	剪切 - 线性黏弹性	Ruan 和 Prasad（2001）

续表

模量（E 杨氏模量，G 剪切模量）	泊松比或衰减常数	体积弹性模量	备注	参考文献
G_0=34.5 kPa，G_∞=17.3 kPa	τ^*=0.01sec	1.86 GPa	–	Bandak 和 Eppinger（1994）
E＝240 kPa	0.49	–	–	Trosseille 等人（1992）
E＝675 kPa	0.48	–	压缩	Turquier 等人（1996）
G_0＝528 kPa，G_∞＝168 kPa	β^*=0.035 ms^{-1}	–	剪切 – 线性黏弹性	
G_0＝49 kPa，G_∞＝16.7 kPa	β^*=0.145 ms^{-1}	1.125 GPa	–	Kang 等人（1997）
E＝1 MPa	0.48	大脑和小脑	–	Claessens 等人（1997）
Mooney–Rivlin Hyperelastic/Viscoelastic	0.499 999~0.499 999 97			Kleiven 等人（2002）
Mooney–Rivlin 3rd order 4–mode	–			Brands 等人（2002）
G_0＝10.3 kPa，G_∞＝5 kPa	τ^*=0.01sec	0.56 GPa	–	Takhounts 等人（2003）
G_0＝2.4 kPa，G_∞＝1.2 kPa	τ^*=0.01sec	0.56 GPa	匹配大脑运动数据	Takhounts 等人（2003）

注：*衰减常数对于不同的求解器有不同的单位。在 LS-DYNA 中，衰变常数 τ 的单位是 s；而在 Pam-Crash 或 Radioss 中的常数 β 的单位是 ms^{-1}。

表 22-6　不同模型中非均质脑的材料属性

模量（E 杨氏模量，G 剪切模量）	衰减常数 β	体积弹性模量	脑材料	参考文献
G_0=43 kPa，G_∞=8 kPa	β=0.5 ms^{-1}	2.19 GPa	白质	Al–Bsharat 等人（1999）
G_0=33 kPa，G_∞=6 kPa	β=0.5 ms^{-1}	2.19 GPa	灰质	Al–Bsharat 等人（1999）
G_0=10 kPa，G_∞=2 kPa	β=0.08 ms^{-1}	2.19 GPa	白质，小脑	Zhang 等人（2001）
G_0=12.5 kPa，G_∞=2.5 kPa	β=0.08 ms^{-1}	2.19 GPa	灰质	Zhang 等人（2001）

表 22-7　不同模型中蛛网膜下隙和脑脊液的材料属性

模量（E 杨氏模量，G 剪切模量）	泊松比	体积弹性模量	参考文献
–	0.5	2.1 MPa	Shugar（1975）
E = 200 Pa	0.499 99	–	Troseille 等人（1992）
E = 12 kPa	0.49	–	Turquier 等人（1996）
G = 500 Pa	0.499 9	2.19 GPa	Al–Bsharat（1999）

表 22-8　不同模型中脑干的材料属性

模量（E 杨氏模量，G 剪切模量）	泊松比	体积弹性模量	参考文献
$E = 100$ Pa	0.48	–	Ward 和 Thompson（1975）
$E = 1$ MPa	0.4	–	Claessens 等人（1997）
$G_0 = 22.5$ kPa，$G_\infty = 4.5$ kPa	$\beta = 0.08$ ms^{-1}	2.19 GPa	Zhang 等人（2001）
超弹性／黏弹性；比他们使用的大脑属性硬 80%	–	–	Kleiven（2002）

表 22-9　不同模型中脑室的材料属性

杨氏模量	泊松比	体积弹性模量	备注	参考文献
0.98 Pa	0.48	–	第四脑室	Ward 和 Thompson（1975）
33.3 kPa*	0.48	–	第三脑室	Ward 和 Thompson（1975）
500 Pa	–	2.19 GPa	–	Zhang 等人（2001）
	0.5	2.1 GPa		Kleiven（2002）

注：* 该值低于文献报道的值，是为了满足用较大尺寸的元素来表示第三脑室，然而这一数值远远高于第四脑室。

表 22-7 至表 22-9 分别列出了脑脊液（或蛛网膜下隙）、脑干和脑室的材料属性，由于上述组织水分含量高，因此所有材料属性都非常相似，除了 Claessens 等人（1997，他们采用了一种更具压缩性的材料来代表脑脊液）。

21 世纪后，随着计算机计算能力的进一步提高，人体有限元模型进一步精细化和整体化，拥有更精细的组织结构和更高质量的网格。全身模型以 THUMS（Total Human Model for Safety）和 GHBMC（Global Human Body Models Consortium）为代表。

THUMS 是由丰田汽车公司研发，并且不断地在上一代的基础上迭代更新，迄今为止更新至第 6 代，第 6 代 THUMS 模型是在第 4 代 THUMS 模型的基础上进一步开发的，添加了可主动收缩的肌肉单元。2008 年发布的 THUMS 模型已具备了相当精细的解剖结构，包括主要内脏器官和大血管在内。其头颈部联合模型由 Kimpara 等人（2006）建立，由于流固耦合的技术瓶颈，该模型参考 Zhang（2001）等人的方法，用实体单元模拟脑脊液，在软脑膜、脑脊液、蛛网膜和硬脑膜之间设定交界面（图 22-25）。该模型使用 LS-DYNA 中绑定 – 失效（binding-failure）接触定义脑脊液、硬脑膜和软脑膜的连接，该接触方式可模拟两个相邻曲面之间的相对滑动，当法向拉应力超过失效准则时，接触将会失效。在硬脑膜和蛛网膜之间以及大脑、小脑和周围组织之间建立绑定 – 失效界面，模拟无摩擦的滑动、大脑和颅骨的分离、硬脑膜和颅骨的固定。该模型所用的材料参数和验证实验见表 22-10 和表 22-11。

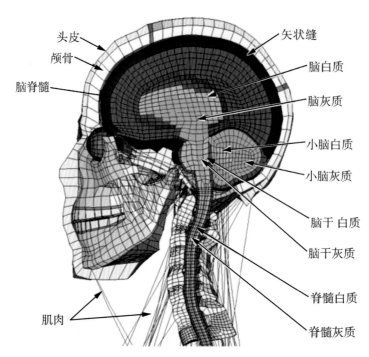

图22-25　THUMS模型头部

表 22-10　THUMS 模型头部模型生物组织材料属性

			密度（kg/m³）	杨氏模量 E/MPa	泊松比	屈服应力/MPa	极限应力/MPa	参考文献
颅骨	额骨	皮质	2 120	11 000	0.22	48		Yamada（1970）Wood（1971）Abe 等人（1996）
		骨小梁	1 000	100	0.22	0.35		
	顶骨、颞骨	皮质	2 120	11 000	0.22	48		
		骨小梁	1 000	1 000	0.22	4.8		
	面骨	皮质	2 120	11 000	0.22	48		
		骨小梁	1 000	200	0.22	0.7		
	颅骨缝		2 120	13 000	0.22	12		Naruse（1993）
脑	CSF		1 000	$1.60e^{-04}$	0.49			Galford 和 McElhaney（1970）McElhaney 等人（1973）Al–Bsharat 等人（1999）Willinger（2003）Zhang 等人（2002）Zhang 等人（2002）
	鼻窦		1 000	1	0.49			
	软脑膜		1 000	1.1	0.4		0.4	
	蛛网膜		1000	1.1	0.4		0.4	
	脑脊膜		1 000	31.5	0.45		0.2	
	小脑幕		1 133	31.5	0.45		1	
	硬脑膜		1 133	31.5	0.45		1	
	大脑镰		1 133	31.5	0.45		1	

续表

		密度 / (kg/m³)	模量 K / MPa	模量 K / MPa		参考文献
				G_0/GPa	G_∞/GPa	
大脑	白质	1 000	2 160	0.012 5	0.006 1	Galford 和 McElhaney
	灰质	1 000	2 190	0.010	0.005	
小脑	白质	1 000	2 160	0.012 5	0.006 1	McElhaney 等人（1973） Nakamichi 等人（2001）
	灰质	1 000	2 190	0.010	0.005	
脑干	白质	1 000	2 190	0.023	0.004 5	Zhang 等人（2002） Tokhounts 等人（2003）
	灰质	1 000	2 190	0.010	0.005	

表 22-11　THUMS 模型头部模型验证中涉及的 PMHS 实验数据

	实验条件	参考文献
头和脑	头部撞击	Nahum 等人（1977） Troseille 等人（1992） Hardy 等人（2001）
头和颈部	颈部屈曲和颈部轴向压缩	Pintar 等人（1995） Thunnissen（1995）

　　GHBMC 整体模型头部部分由 Wayne State Univercity 生物工程中心开发，该模型的几何模型基于计算机断层扫描（CT）和磁共振成像（MRI），基于特征的多块技术（featurebased multiblock technique）开发六面体脑网，该头部模型共有 270 552 个单元。脑模型包括大脑、小脑、脑干、胼胝体、脑室和丘脑，脑外结构包含了桥静脉、大脑镰、脑脊液、软脑膜、蛛网膜、硬脑膜、颅骨以及软组织等解剖结构（图 22-26）。脑 - 颅骨截面设置为绑定接触（tied contact）。用黏弹性模型模拟脑组织的力学行为，用黏弹性模型、弹性模型及线性弹塑性模型模拟软组织、静脉及鼻窦，具体材料参数见表 22-12。经过 35 个真实试验来验证模型的有效性，包括脑压力、脑运动、颅骨响应、面部响应等方面的验证（表 22-13）。

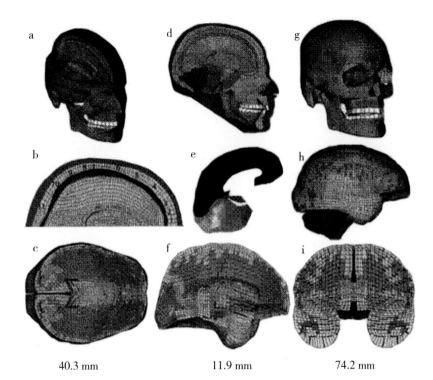

40.3 mm   11.9 mm   74.2 mm

图22-26 GHBMC模型头部

注：a. 暴露脑的头部模型等距视图；b. 11根桥静脉；d. 头部模型正中矢状面视图；e. 大脑镰和小脑幕；g. 颅骨和面部骨骼；h. 脑；c. f. i. 脑的三种视图（水平位、矢状位、冠状位）

表 22-12 GHBMC 头部模型软组织、静脉、鼻窦及脑组织的材料属性

黏弹性材料模型				
部位	密度（kg/m³）	体积弹性模量 /GPa	短时剪切模量 /GPa	长时剪切模量 /GPa	衰减常数
面部组织	1 100	0.005	0.000 34	0.000 14	0.000 03
头皮	1 100	0.02	0.001 7	0.000 68	0.000 03
大脑灰质、小脑、丘脑、脑干、基底核	1 060	2.19	6.0	1.2	80
脑脊液、脑室	1 040	2.19	0.5	0.1	80
胼胝体、大脑白质	1 060	2.19	7.5	1.5	80

弹性材料模型		
部位	密度 /（kg/m³）	杨氏模量 /GPa	泊松比
膜组织	1 100	0.031 5	0.315
皮肤	1 100	0.01	0.45
硬脑、大脑镰	1 100	0.031 5	0.35
软脑膜	1 100	0.012 5	0.35
蛛网膜	1 100	0.012	0.35
小脑幕	1 100	0.031 5	0.3
上颌窦、蝶窦、筛窦	1 100	0.001	0.3

续表

线性弹塑性材料模型					
部位	密度 / （kg/m³）	杨氏模量 /GPa	泊松比	屈服应力 /GPa	切向模量	失效塑性应变
桥静脉	1 130	0.03	0.48	0.004 13	0.012 2	0.25

表 22-13　GHBMC 头部模型验证用到的实验数据

模型建立目标	参考文献	描述	模型建立用到的实验数目	加载情况数目
脑压力	Nahum（1977）	前部撞击额头试验 ID：36，37，38，43，44，45	6	6
	Trosseille（1992）	前部撞击试验 ID：MS 428-2	1	1
脑运动或压力	Hardy（2001）	矢状面，抵消 CG 试验 ID：C383-T3，C755-T2	2	2
	Hardy（2007）	矢状面，忽略 CG 试验 ID：C241-T1，C241-T6	2	2
		冠状面，抵消 CG 试验 ID：C380-T4，C393-T4	2	2
		冠状面，忽略 CG 试验 ID：C380-T3	1	1
		水平面，抵消 CG 试验 ID：C380-T5	1	1
颅骨响应	Yoganandan（1995）	前部 45° 撞击，头部约束试验 ID：8	1	1
		垂直撞击，头部约束试验 ID：7，9，11，12	4	4
		枕部 35° 撞击，头部约束试验 ID：10	1	1
	Hodgson（1970）	前部水平撞击尸体试验：1504，1536，1581，1582，1589，1615	5	3
面部响应	Nyquist（1986）	鼻部撞击试验 ID：20，29，34	3	3
	Allsop（1988）	颧骨撞击试验，头部约束	8	1
	Allsop（1988）	上颌骨撞击试验，头部约束	6	1
脑挫伤	Nahum（1976）	前部撞击试验	6	6
总计			49	35

第五节　展　望

展望未来，通过开发和应用高质量的头部模型更好地了解颅脑损伤机制还需要进行大量工作，包括：①提高模型的预测能力；②开发模型的损伤评估功能；③了解机械载荷后的生物学响应后果；④深入研究多尺度、多物理领域，以更好地将力学与损伤联系起来。

为了提高模型的预测能力，我们需要开发更全面、解剖结构更详细的人体头部模型，如颅骨和大脑之间复杂的交界面（包括硬脑膜、蛛网膜、脑脊髓、软脑膜以及脑膜之间的各种边界细胞）被证明在张力和剪切载荷下具有非线性黏弹性。但是，由于计算能力的限制以及模型的不稳定性，目前最先进的几种头部模型均使用接触算法将颅骨与大脑直接相连，这种简化可能不会影响大脑深部损伤响应的预测，但它限制了模型预测损伤的能力，特别是在脑－颅骨交界面的损伤（如血管损伤引起的硬脑膜下出血）。除颅骨－大脑交界面外，复杂的三维脑血管系统（包括动脉、小动脉、毛细血管、小静脉和静脉）在头部模型中还没有完整呈现。另外，脑内部的轴突纤维建模也不完善，预测轴突在相关脑损伤中的应用和有效性还需要进一步研究。今后，需要增加更多解剖学细节的形式来改进头部建模，但详细的解剖学结构、计算的稳定性、计算的效率和全面有效的验证等对建模会产生巨大的成本。因此，在构建高质量大脑生物力学数据时，研究人员相互协作以开发和共享高质量的头部模型是非常可取的。随着开发的人头部模型有效预测颅脑损伤响应的准确率逐渐提高，关于伤害评估功能的研究则需进一步地探讨，该功能可用于解释模型结果和预测实际颅脑损伤风险。

尸体颅脑损伤实验缺乏生物学反应，不能代表大多数的脑损伤，因此需要进行人活体实验。大量研究表明基于应变的损伤评估法可以预测脑损伤，但最新的一项研究表明，基于主应变的最大损伤评估功能可预测 335 例非损伤性病例中约 80 例的脑震荡和 14 例的弥漫性轴索损伤，提示目前迫切需要改进损伤预测功能。尽管人类志愿者为活体实验做出了巨大的贡献，从而为脑损伤（如脑震荡的风险）预测提供了许多有价值的数据，但是观察活体脑响应的方法仍然有限，因此进行动物实验并基于实验数据创建有限元模型变得至关重要。我们可以将动物头部模型预测的最大主应变值的最大区域与经过组织学方法彻底检查的脑损伤区域进行对比，如果模型预测和组织学观察结果相符，则可以认为最大主应变是有效的损伤预测因子，如果不匹配，则可以评估其他的损伤预测因子，如压力或应变率。例如，使用海马体（包括 CA1，CA2，CA3 和 DG）的高清三维鼠头模型，证明最大主应变值与特定区域的海马细胞死亡相关，据此我们可以假设最大主应变可用来预测海马损伤。此类型的研究将有助于开发更准确地针对特定区域的损伤评估功能，有助于通过人头部有限元模型更好地预测人头部损伤。

脑作为精细的生物器官，对各种级别（宏观、微观、细胞和分子级别）的撞击均可做出相应的响应。传统的头部模型可以在神经组织内预测压力和拉力，但缺乏神经精细结构的反应数据，因此，能够预测轴突拉伸的精细模型用处极大。除各种响应级别外，大脑在受到撞击后可具有生物电和生化激活反应，因此将应变/应力耦合到生物电和生化方程的多物理模型能够更好地研究这些激活机制。此外，脑组织中充盈大量液体，如血管中的血流、脑室中的脑脊液以及胞外空间的液体，由于外伤和疾病引起液体运动，加上运动对附近血管和神经元细胞的剪切负荷，都可能造成脑损伤。总体上，头部有限元模型应以有限元方法为基础，构建成多级别、多物理场的可计算模型，在脑损伤相关的研究中采用多学科合作的方式将更加重要。

（李正东　邹冬华　司法鉴定科学研究院）

参考文献

［1］Haines D E, Harkey H L, Al-Mefty O. The "subdural" space: a new look at an outdated concept［J］. Neurosurgery, 1993, 32（1）: 111-120.

［2］Lakes R. Foam structures with a negative Poisson's ratio［J］. Science, 1987, 235（4792）: 1038-1040.

［3］Arruda E M, Boyce M C. A three-dimensional constitutive model for the large stretch behavior of rubber elastic materials［J］. Journal of the Mechanics and Physics of Solids, 1993, 41（2）: 389-412.

［4］Blatz P J, Ko W L. Application of finite elastic theory to the deformation of rubbery materials［J］. Transactions of the Society of Rheology, 1962, 6（1）: 223-252.

［5］Mooney M. A theory of large elastic deformation［J］. Journal of applied physics, 1940, 11（9）: 582-592.

［6］Rivlin R S. Large elastic deformations of isotropic materials IV. Further developments of the general theory［J］. Philosophical transactions of the royal society of London, 1948, 241（835）: 379-397.

［7］Ogden R. Non-linear elastic deformations［M］. New York: Halsted Press, 1984.

［8］Herrmann L R. A numerical procedure for viscoelastic stress analysis［C］//Seventh Meeting of ICRPG Mechanical Behavior Working Group, Orlando, FL, 1968.

［9］Jin X, Zhu F, Mao H, et al. A comprehensive experimental study on material properties of human brain tissue［J］. Journal of biomechanics, 2013, 46（16）: 2795-2801.

［10］Mao H, Zhang L, Jiang B, et al. Development of a finite element human head model partially validated with thirty five experimental cases［J］. Journal of biomechanical engineering, 2013, 135（11）: 111002.

［11］Kleiven S. Predictors for traumatic brain injuries evaluated through accident reconstructions［J］. Stapp car crash J, 2007, 51: 81-114.

［12］Sahoo D, Deck C, Willinger R. Brain injury tolerance limit based on computation of axonal strain［J］. Accident Analysis & Prevention, 2016, 92: 53-70.

［13］Wolff J. The law of bone remodelling［M］. Berlin Heidelberg: Springer Verlag, 1986.

［14］Gibson L J, Ashby M F. Cellular solids: structure and properties［M］. 2nd ed. Cambridge: Cambridge University Press, 1999.

［15］Zhu F, Jiang B H, Yang K H, et al. Crushing behavior of SKYDEX® material［J］. Key Engineering Materials, 2013, 535: 121-124.

［16］Carter D R, Schwab G H, Spengler D M. Tensile fracture of cancellous bone［J］. Acta Orthopaedica Scandinavica, 1980, 51（5）: 733-741.

［17］Gent A N. A new constitutive relation for rubber［J］. Rubber chemistry and technology, 1996, 69（1）: 59-61.

［18］Fung Y C. Elasticity of soft tissues in simple elongation［J］. American Journal of Physiology-Legacy Content, 1967, 213（6）: 1532-1544.

［19］Chatelin S, Constantinesco A, Willinger R. Fifty years of brain tissue mechanical testing: from in vitro to in vivo investigations ［ J ］ . Biorheology, 2010, 47（5-6）: 255-276.

［20］Yang K H, Mao H, Wagner C, et al. Modeling of the brain for injury prevention ［ M ］ //Neural tissue biomechanics. Springer, Berlin, Heidelberg, 2011: 69-120.

［21］Kleiven S. Finite Element Modeling of the Human Head ［ D ］ . KTH, Stockholm, 2002.

［22］Nahum A M, Smith R, Ward C C. Intracranial pressure dynamics during head impact ［ R ］ . SAE Technical Paper, 1977.

［23］Trosseille X, Tarriere C, Lavaste F, et al. Development of a FEM of the human head according to a specific test protocol ［ J ］ . SAE transactions, 1992, 101（6）: 1801-1819.

［24］Hardy W N, Foster C, Mason M J, et al. Investigation of head injury mechanisms using neutral density technology and high-speed biplanar X-ray ［ J ］ . Stapp Car Crash J, 2001, 45: 337-368.

［25］Hardy W N, Mason M J, Foster C D, et al. A study of the response of the human cadaver head to impact ［ J ］ . Stapp car crash journal, 2007, 51: 17-80.

［26］Yoganandan N, Pintar F A, Sances Jr A, et al. Biomechanics of skull fracture ［ J ］ . Journal of neurotrauma, 1995, 12（4）: 659-668.

［27］Bass C R, Yoganandan N. Skull and facial bone injury biomechanics ［ M ］ //Accidental injury. Springer, New York, 2015: 203-220.

［28］Hodgson V R, Brinn J, Thomas L M, et al. Fracture behavior of the skull frontal bone against cylindrical surfaces ［ R ］ . SAE Technical Paper, 1970.

［29］Nyquist G W, Cavanaugh J M, Goldberg S J, et al. Facial impact tolerance and response ［ C ］ . 30th Stapp Car Crash Conference, 1986.

［30］Allsop D L, Warner C Y, Wille M G, et al. Facial impact response—a comparison of the Hybrid III dummy and human cadaver ［ C ］ . 32nd Stapp Car Crash Conference, 1988.

［31］Bayly P V, Cohen T S, Leister E P, et al. Deformation of the human brain induced by mild acceleration ［ J ］ . Journal of neurotrauma, 2005, 22（8）: 845-856.

［32］Feng Y, Abney T M, Okamoto R J, et al. Relative brain displacement and deformation during constrained mild frontal head impact ［ J ］ . Journal of the Royal Society Interface, 2010, 7（53）: 1677-1688.

［33］Ji S, Zhu Q, Dougherty L, et al. In vivo measurements of human brain displacement ［ J ］ . Stapp Car Crash J, 2004, 48: 227-237.

［34］Ganpule S, Daphalapurkar N P, Ramesh K T, et al. A three-dimensional computational human head model that captures live human brain dynamics ［ J ］ . Journal of neurotrauma, 2017, 34（13）: 2154-2166.

［35］Chan H S. Mathematical model for closed head impact ［ J ］ . SAE Transactions, 1974, 18: 3814-3825.

［36］Shugar T A. Transient structural response of the linear skull-brain system ［ C ］ //Proceedings: Stapp Car Crash Conference. Society of Automotive Engineers SAE, 1975, 19: 581-614.

［37］Bathe K J, Wilson E L. Stability and accuracy analysis of direct integration methods ［ J ］ . Earthquake Engineering & Structural Dynamics, 1972, 1（3）: 283-291.

［38］Ward C C, Thompson R B. The development of a detailed finite element brain model ［ J ］ . SAE Transactions, 1975: 3238-3252.

［39］Ward C C. Finite element models of the head and their use in brain injury research ［ R ］ . SAE

Technical Paper, 1982, 26: 71-85.

[40] Nahum A M, Smith R, Raasch F, et al. Intracranial pressure relationships in the protected and unprotected head [C]. 21st Stapp Car Crash Conference, 1979.

[41] Nahum A, Ward C, Raasch E, et al. Experimental studies of side impact to the human head [C]. 24th Stapp Car Crash Conference, 1980.

[42] Nahum A, Ward C, Schneider D, et al. A study of impacts to the lateral protected and unprotected head [C] //Proceedings: Stapp Car Crash Conference. Society of Automotive Engineers SAE, 1981, 25: 241-268.

[43] Khalil T B, Viano D C. Critical issues in finite element modeling of head impact [C]. 26th Stapp Car Crash Conference, 1982.

[44] Ruan J S, Khalil T B, King A I. Finite element modeling of direct head impact [C]. Stapp Car Crash Conference, 1993.

[45] Zhou C, Khalil T B, King A I. A New Model Comparing Impact Responses of the Homogeneous and Inhomogeneous Human Brain [C]. 39th Stapp Car Crash Conference, 1995.

[46] Al-Bsharat A S, Hardy W N, Yang K H, et al. Brain/skull relative displacement magnitude due to blunt head impact: new experimental data and model [C]. 43rd Stapp Car Crash Conference, 1999.

[47] King A I, Yang K H, Hardy W N, et al. Challenging problems and opportunities in impact biomechanics [J]. ASME-PUBLICATIONS-BED, 1999, 42: 269-270.

[48] Zhang L, Yang K H, Dwarampudi R, et al. Recent advances in brain injury research: a new human head model development and validation [J]. Stapp Car Crash Journal, 2001, 45: 369-394.

[49] Watanabe R, Miyazaki H, Kitagawa Y, et al. Research of collision speed dependency of pedestrian head and chest injuries using human FE model (THUMS version 4) [J]. Accident Reconstruction Journal, 2012, 22 (1): 31-40.

[50] Zhang L, Bae J, Hardy W N, et al. Computational study of the contribution of the vasculature on the dynamic response of the brain [J]. Stapp Car Crash Journal, 2002, 46: 145-164.

[51] DiMasi F, Tong P, Marcus J H, et al. Simulated head impacts with upper interior structures using rigid and anatomic brain models [M] //The finite element method in the 1990's. Springer, Berlin, Heidelberg, 1991: 333-345.

[52] Takhounts E G, Eppinger R H, Campbell J Q, et al. On the development of the SIMon finite element head model [R]. Stapp car crash journal, 2003, 47: 107-133.

[53] Bandak F A, Eppinger R H. A three-dimensional finite element analysis of the human brain under combined rotational and translational accelerations [C]. Stapp Car Crash Conference, 1994.

[54] Lighthall J W, Melvin J W, Ueno K. Toward a biomechanical criterion for functional brain injury [C] //Proc 12th Int. Techn Confon Experimental Safety Vehicles, 1989: 627-633.

[55] Turquier F, Kang H S, Trosseille X, et al. Validation study of a 3D finite element head model against experimental data [J]. SAE Transactions, 1996: 283-294.

[56] Willinger R, Taleb L, Pradoura P. Head biomechanics: from the finite element model to the physical model [C] //Proceedings of the International Research Council on the Biomechanics of Injury conference. International Research Council on Biomechanics of Injury, 1995, 23: 245-259.

[57] Kang H S, Willinger R, Diaw B M, et al. Validation of a 3D anatomic human head model and

replication of head impact in motorcycle accident by finite element modeling ［C］. 41st Stapp Car Crash Conference，1997.

［58］Claessens M，Sauren F，Wismans J. Modeling of the human head under impact conditions：a parametric study ［C］. 41st Stapp Car Crash Conference，1997.

［59］Brands D W A，Bovendeerd P H M，Wismans J. On the potential importance of non–linear viscoelastic material modelling for numerical prediction of brain tissue response：test and application ［J］Stapp Car Crash Journa，2002，46（1），103–121.

［60］Keliven S，Holst H. Consequences of Reduced Brain Volume Following Impact in Prediction of Subdural Hematoma Evaluated with Numerical Techniques［J］. Traffic Injury Prevention，2002，3：303–310.

［61］Mendis K K，Stalnaker R L，Advani S H. A constitutive relationship for large deformation finite element modeling of brain tissue ［J］. ASME. J Biomech Eng，1995. 117（3）：279–285.

［62］Donnelly B R，Medige J. Shear properties of human brain tissue ［J］. ASME. J Biomech Eng，1997，119（4）：423–432.

［63］Ruan J，Prasad P. The effects of skull thickness variations on human head dynamic impact responses ［J］. Stapp Car Crash Journal，2001，45：395–414.

［64］Kleiven S，Hardy W N. Correlation of an FE model of the human head with local brain motion：consequences for injury prediction ［J］. Stapp car crash journal，2002，46：123–144.

［65］Kato D，Nakahira Y，Atsumi N，et al. Development of human–body model THUMS Version 6 containing muscle controllers and application to injury analysis in frontal collision after brake deceleration ［C］//Proceedings of the International IRCOBI Conference. IRCOBI Council，Athens，Greece. 2018.

［66］Kimpara H，Nakahira Y，Iwamoto M，et al. Investigation of anteroposterior head–neck responses during severe frontal impacts using a brain–spinal cord complex FE model ［J］. Stapp car crash journal，2006，50：509–544.

［67］Yamada H，Evans F G. Strength of biological materials ［M］. Williams & Wilkins，1970.

［68］Wood J L. Dynamic response of human cranial bone ［J］. Journal of biomechanics，1971，4（1）：1–12.

［69］Abe H，Hayashi K，Sato M. Data book on mechanical properties of living cells，tissues，and organs ［M］. Tokyo：Springer，1996.

［70］Naruse F，Ichikawa Y，Mizutani H，et al. Biomechanical study on mid–third facial fracture stress analysis using a finite element method（FEM）［J］. Japanese Journal of Oral Biology，1993，35（4）：297–311.

［71］Galford J E，McElhaney J H. A viscoelastic study of scalp，brain，and dura ［J］. Journal of biomechanics，1970，3（2）：211–221.

［72］Willinger R，Baumgartner D. Human head tolerance limits to specific injury mechanisms ［J］. International journal of Crashworthiness，2003，8（6）：605–617.

［73］McElhaney J H，Melvin J W，Roberts V L，et al. Dynamic characteristics of the tissues of the head ［M］//Perspectives in biomedical engineering. Palgrave Macmillan，London，1973：215–222.

［74］Nakamachi E，Yamamoto H，Okuyama T. The Experiment and EE crash analysis of human head and evaluation of damage ［C］// The proceedings of the JSME annual meeting，2001，1：91–92.

［75］Pintar F A，Yoganandan N，Voo L，et al. Dynamic characteristics of the human cervical spine［C］.

39th Stapp Car Crash Conference，1995.

[76] Thunnissen J G M，Wismans J，Ewing C L，et al. Human volunteer head-neck response in frontal flexion：a new analysis [C]. 39th Stapp Car Crash Conference，1995.

[77] Nahum A M，Smith R W. An experimental model for closed head impact injury [C]. 20th Stapp Car Crash Conference，1976.

[78] Sanchez E J，Gabler L F，McGhee J S，et al. Evaluation of head and brain injury risk functions using sub-injurious human volunteer data [J]. Journal of neurotrauma，2017，34（16）：2410-2424.

[79] Mao H，Elkin B S，Genthikatti V V，et al. Why is CA3 more vulnerable than CA1 in experimental models of controlled cortical impact-induced brain injury? [J]. Journal of neurotrauma，2013，30（17）：1521-1530.

[80] Zhu F，Gatti D L，Yang K H. Nodal versus total axonal strain and the role of cholesterol in traumatic brain injury [J]. Journal of neurotrauma，2016，33（9）：859-870.

第二十三章

颅脑材料参数检测研究

　　创伤性颅脑损伤是法医病理学最常见的机械性损伤类型之一，在暴力性死亡中占首要位置。脑组织是人体最脆弱的器官之一，是创伤性颅脑损伤高死亡率和高致死率的重要原因。为了更好地理解创伤性颅脑损伤的机制，目前已开发了包含详细人体头部解剖特征的头颅有限元模型，以研究多种载荷条件下的颅脑内部动态响应机制，取得了较好的效果。然而，这些模型的仿真度在很大程度上取决于用于模拟生物组织材料参数的准确性，但是由于世俗伦理道德等的限制，头颅材料力学参数检测至今仍很缺乏，颅脑有限元模型依然不够精准。因此，有必要对外力作用下颅脑组织的材料参数及其本构进行更为系统的研究。材料参数是建立精确度较高的人体模型从而进一步研究颅脑损伤的重要基础。然而，复杂的解剖结构和特异的力学性能目前仍然是人体模型材料参数研究的一个瓶颈。因此，详细准确的颅脑材料参数检测成为目前颅脑生物力学研究的迫切需要。

　　目前，针对颅脑材料参数检测的实验研究在宏观上主要以拉伸、压缩、剪切、弯曲以及冲击试验为主，细观和微纳观上主要以微型计算机扫描、电镜扫描、纳米压痕和划痕试验为主。实验对象主要以动物、人的尸体和生物工程材料为主。动物和人的尸体虽然能够真实反映生物体的力学性能，但受到伦理学和不可重复性等方面的限制；生物工程材料能够弥补两者的限制，但依然需要通过人的尸体材料来验证其有效性和科学性。本文结合国内外颅脑生物力学参数检测研究现状，归纳总结了成人及儿童颅脑材料参数的研究现状，为进一步进行颅脑生物力学研究提供更为详细的数据，为建立宏观和微观上更接近于人体的标准化仿真模型提供参考。

第一节　颅脑材料参数检测的对象及方法

　　目前针对颅脑材料参数检测的研究对象主要包括头皮、颅骨（是否附有骨膜、是否含有骨缝）、硬脑膜以及大脑、小脑、脑干等脑组织。头皮和硬脑膜等软组织具有一定的韧性和弹性，对颅骨和脑组织具有一定的保护作用，主要通过拉伸试验进行性能的研究。颅骨的力学性能测试主要包括冲击试验、三点弯曲试验和纳米压痕试验。研究通常利用所测得的弹性模量、最大应力、最大应力下的应变、抗弯强度，以及屈服强度等材料参数来评价颅骨的力学性能。脑组织在受到外力加载时，会产生一系列复杂的损伤运动，如拉伸、压缩和剪切等。准确地模拟脑组织损伤过程中的受力情况，更有利于得出符合实际情况的损伤结果，从而测得脑组织的一系列材料力学参数。然而，大部分试验对试验对象均会产生很大的破坏力，导致试验样品无法重复。目前，拉伸试验、冲击试验、弯曲试验和压缩试验等的试验对象均是动物或者人的尸体，但动物不能完全替代人体。尸体虽然能够提供与活人几近相同的几何解剖结构和解剖学特征，但是尸体试验不能观测样本由于受到载荷引起的生理病理学变化，并且动物试验和尸体试验都受到伦理学和可重复性的限制。头颅有限元模型的建立能够弥补前两者的缺陷，但是生物保真度高的人体模型的建立又需要在宏观和微观上获得尽可能多、尽可能精确的颅脑结构以及力学性能数据。因此，颅脑材料参数检测对于建立生物保真度更高的头颅有限元模型十分重要。

创伤性颅脑损伤有关成人的研究已经取得了一定的成果，然而对于儿童的颅脑损伤力学性能检测却非常有限。目前儿童头颅有限元模型参数多为将已经获得的成人力学参数进行一定比例的缩放，然而目前的研究已经表明颅脑力学性能与年龄并不是呈简单的线性关系，按比例缩放所获得的儿童头颅有限元模型并不准确，对儿童颅脑材料参数的检测显得尤为迫切。

第二节　不同类型颅脑材料参数检测的研究现状

一、头皮

头皮是覆盖于颅骨之外的软组织，在解剖学上可分为五层：皮层、皮下层、帽状腱膜层、腱膜下层、骨膜层。头皮位于头部最外面，在头部遭受撞击/打击时，头皮是第一个受力的组织。头皮具有较强的韧性和弹性，因此，在受到外力作用时，头皮能够明显地吸收和分配外力，对颅骨以及脑组织有一定的保护作用。Gurdjian等人的尸体试验研究表明，头部在没有头皮的情况下所受的冲击力比头皮存在的情况下高出35%。也有一些研究者使用数值和数学模型进行试验，结果表明头皮能够通过增加接触面积和撞击持续时间来降低冲击力的强度。此外，头皮还具有滑动特性，通过在颅骨上自由滑动来减少撞击的严重程度。Trotta等人利用在撞击过程中，头皮－颅骨摩擦和头皮－头盔摩擦的系数检测来确定头盔内衬板与尸体头颅之间的滑动特性，开发或修改头部冲击标准测试的头盔形式，从而得到更真实的头部碰撞仿真模型并优化设计头盔。

不同个体头皮的解剖结构大致相同，但不同年龄、性别以及部位的头皮厚度存在差异，且头皮每层结构的组织构成比例也不一样。除了结构上的差异外，头皮的力学性能与物种、应变速率、位置、性别和年龄有关。Antonia 等人对人和猪头皮组织在动态应变速率下的力学特征进行了试验，发现猪头皮的弹性模量和极限拉伸强度几乎是人头皮的两倍，但是猪和人头皮在断裂时的拉伸强度没有显著差异。Antonia 等人根据拉伸试验证明，头皮的机械行为不同于身体其他部位的皮肤，如背部和腹部，在低应变速率（0.005/s）下，其响应是各向异性的，但在高应变速率（15~100/s）下，是各向同性的。Falland-Cheung 等人发现不同部位的头皮力学性能存在差异。头皮不同区域的弹性模量和拉伸强度值有所不同，这些结果突出了人类头皮的异质性。研究还发现头皮的机械性能与性别有关，女性枕部头皮弹性模量高于男性，但男性额顶区头皮的弹性模量比女性高。此外，试验还表明头皮的力学性能与性别和年龄存在相关性，女性的弹性模量和拉伸强度随年龄增长而下降，然而男性并没有表现出这样的变化规律。李明杰等人对48 只雄性大鼠头皮组织形态和生物力学参数的增龄性变化进行了研究。将 48 只健康雄性 SD 大鼠按出生天数分为 2 周、4 周、6 周、8 周、17 周、26 周、52 周和 104 周组，测量了大鼠头皮厚度（表 23-1），取头皮组织进行 HE 染色，在显微镜下观察其组织形态特征（图 23-1，图 23-2）。结果显示，在 2~26 周，不同年龄组大鼠头皮随年龄增长逐渐增厚。26 周后头皮变化幅度减小，厚度趋于稳定。根据表 23-1 的测量结果，结合组织的形态观察，采用 SPSS 22.0 软件进行统计分析，结果表明：表皮与真皮的比值与年龄无相关关系（$r = 0.100$，$P > 0.05$），各组大鼠头皮的表皮、真皮、皮下组织及总厚度均与年龄呈正相关。研究利用电子万能材料试验机检测了头皮的拉伸生物力学参数，初始阶段，头皮组织的拉伸力随位移增大而逐渐增大，当拉伸力达到最大后急剧减小，最终试件断裂（图 23-3），表 23-2 列举了各组大鼠头皮极限载荷、拉伸强度和弹性模量。研究认为，各组大鼠头皮极限负荷、拉伸强度随年龄增长呈逐渐增大趋势，弹性模量呈先增大后变小趋势，差异具有统计学意义（$P > 0.05$）。结合形态学观察与生物力学检测的结果，大鼠头皮的真皮、表皮、皮下组织的厚度及总厚度、头皮的极限载荷和拉伸强度均与年龄呈正相关，可为年龄推断提供参考。其他研究也通过各种试验研究了不同因素对头皮力学性能的影响，了解头皮组织的力学性能和参数对于更好地理解和模拟头部撞击损伤、头颅有限元模型建模材料属性及参数设定意义明显。

表 23-1 各年龄组大鼠头皮厚度的变化（$n=6$，$\bar{x} \pm s$）

鼠龄 /周	大鼠头皮各层组织厚度				
	总 /μm	表皮 /μm	真皮 /μm	皮下组织 /μm	表皮与真皮比值 /%
2	391.70 ± 31.87	15.90 ± 1.68	305.09 ± 8.95	29.53 ± 1.63	5.21 ± 0.55
4	441.17 ± 20.92[1]	23.85 ± 6.23	349.00 ± 10.94[1]	45.24 ± 7.21	6.88 ± 1.92[1]
6	713.10 ± 44.16[1, 2]	29.88.1.52[1]	601.23 ± 29.46[1, 2]	58.87 ± 21.24[1]	4.97 ± 0.18[2]
8	829.6 ± 42.38[1-3]	30.31 ± 5.23[1, 2]	724-57 ± 43.27[1-3]	51.98 ± 9.88	4.22 ± 0.87[2]
17	869.4 ± 26.01[1-4]	23.80 ± 3.58	675.32 ± 48.01[1-4]	123.7 ± 19.69[1-4]	3.55 ± 0.65[1, 2]
26	959.7 ± 18.12[1-5]	20.45 ± 3.21[3, 4]	715.91 ± 21.31[1-3, 5]	204.92 ± 9.12[1-5]	2.85 ± 0.41[1-3]
52	940.3 ± 16.09[1-5]	50.82 ± 9.40[3-6]	758.98 ± 46.89[1-3, 5]	152.59 ± 5.99[1-6]	6.76 ± 1.49[1, 3-6]
104	926.6 ± 33.34[1-5]	53.49 ± 7.11[3-6]	652.27 ± 13.14[1-4, 6, 7]	224-8 ± 33.62[1-7]	8.20 ± 1.12[1, 3-6]

注：1. 与 2 周组比较，$P < 0.05$；2. 与 4 周组比较，$P < 0.05$；3. 与 6 周组比较，$P < 0.05$；4. 与 8 周组比较，$P < 0.05$；5. 与 17 周组比较，$P < 0.05$；6. 与 26 周组比较，$P < 0.05$；7. 与 52 周组比较，$P < 0.05$。

表 23-2 各年龄组大鼠头皮生物力学参数的变化（$n=6$，$\bar{x} \pm s$）

鼠龄 / 周	大鼠头皮生物力学参数		
	极限载荷 /N	拉伸强度 /MPa	弹性模量 /MPa
2	2.14 ± 0.65	0.51 ± 0.13	2.18 ± 2.16
4	3.78 ± 1.34	1.43 ± 0.64	4.65 ± 2.56
6	10.95 ± 4.49	1.89 ± 1.05	4.61 ± 2.91
8	21.94 ± 6.96[1-3]	4.01 ± 1.34[1-3]	10.48 ± 3.04[1-3]
17	36.91 ± 10.18[1-4]	4.97 ± 1.87[1-3]	10.11 ± 3.26[1-3]
26	33.58 ± 8.30[1-4]	4.53 ± 1.92[1-3]	7.22 ± 3.77[1]
52	40.25 ± 9.54[1-4]	4.75 ± 1.22[1-3]	6.48 ± 1.86
104	44.52 ± 12.76[1-4]	5.36 ± 0.97[1-3]	9.51 ± 3.11

注：1. 与 2 周组比较，$P < 0.05$；2. 与 4 周组比较，$P < 0.05$；3. 与 6 周组比较，$P < 0.05$；4. 与 8 周组比较，$P < 0.05$。

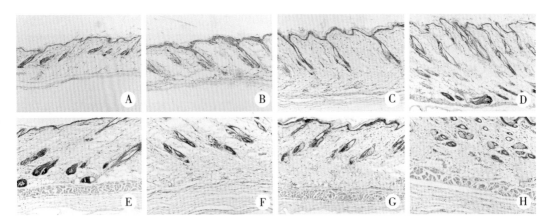

图23-1 各组大鼠头皮的组织学变化（HE，×100）

注：A. 2周；B. 4周；C. 6周；D. 8周；E. 17周；F. 26周；G. 52周；H. 104周

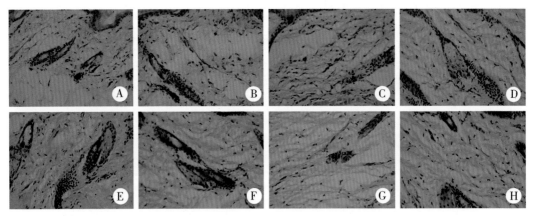

图23-2 各组大鼠头皮的真皮层变化（HE，×400）

注：A. 2周；B. 4周；C. 6周；D. 8周；E. 17周；F. 26周；G. 52周；H. 104周。

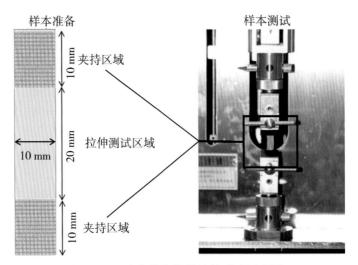

图23-3 头皮单向纵轴拉伸试验示意图

二、颅骨

对颅骨进行动态冲击试验，能够直观地模拟交通事故、高速撞击、爆炸等作用力的损伤，但是在冲击试验中很难测量断裂位置的颅骨应变数据，并且，在评估碰撞危险因素时，需要测量撞击面积，这在颅骨碰撞试验中也是难以实现的。由于伦理学和颅骨样本的不可重复性，绝大多数车辆碰撞试验采用动物以及人体有限元模型进行试验。与其他模型碰撞试验相比，有限元模型能够准确地反映断裂位置的颅骨应变数据以及撞击面积，然而有限元模型的生物仿真度又是需要突破的另一个重要问题。

目前，已经有许多研究人员将有限元模型与人体颅骨试验相结合，但是完整的人体有限元模型试验所得出的结果与分离的头部模型试验的结果存在差异，提示人体有限元模型其他部位的存在会影响头部撞击的结果。Mazdak 等人的研究也表明，利用离体的颅骨进行碰撞试验，不考虑人体其他部位对颅骨的影响，整体的人体运动对颅骨的影响依然非常显著。

李曼等人探讨了温度、性别及压缩速率对大鼠颅骨的极限载荷、压缩强度及压缩模量 3 个生物力学参数的影响。研究选取健康 SD 大鼠 54 只，24 只雄性大鼠均分为 –4 ℃、4 ℃、25 ℃及 65 ℃温度组，12 只大鼠（雌雄性各半）均分为雄性组和雌性组，18 只雄性大鼠均分为 1 mm/min、5 mm/min 及 10 mm/min 压缩速率组，采用电子万能材料试验机检测各组大鼠颅骨极限载荷、压缩强度、压缩模量等参数。结果表明，–4 ℃组大鼠颅骨的极限载荷、压缩强度及压缩模量参数均值分别高于 4 ℃、25℃及 65 ℃组（$P < 0.05$），4 ℃组大鼠颅骨的极限载荷、压缩强度参数均高于 65 ℃组（$P < 0.05$）（图 23–4）。雄性组大鼠颅骨的极限载荷和压缩强度参数均值均高于雌性组（$P < 0.05$）（图 23–5）。不同压缩速率组大鼠颅骨的极限载荷和压缩强度参数比较差异均有统计学意义（$P < 0.05$），但压缩模量参数比较差异无统计学意义（$P > 0.05$）；10 mm/min 组大鼠颅骨的极限载荷和压缩强度参数高于 1 mm/min 组（$P < 0.05$），其余速率组间的差异均无统计学意义（$P > 0.05$）（图 23–6）。

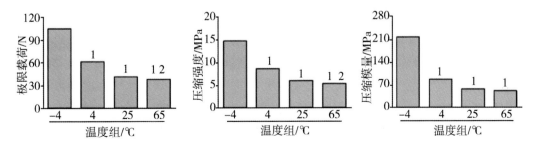

图23-4　不同温度组大鼠颅骨生物力学参数的比较

注：1. 与 –4 ℃组比较，$P < 0.05$；2. 与 4 ℃组比较，$P < 0.05$

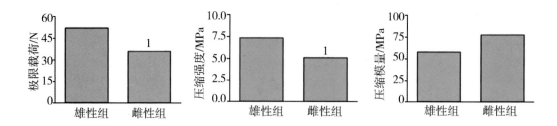

图23-5 不同性别组大鼠颅骨生物力学参数的比较

注：1. 与雄性组比较，$P < 0.05$

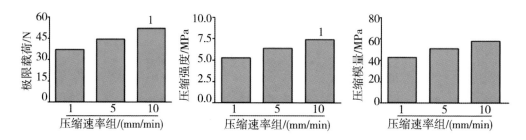

图23-6 不同压缩速率组大鼠颅骨生物力学参数的变化

注：1. 与 1 mm/min 速率组比较，$P < 0.05$

Davis 等人对 6 岁儿童尸体颅骨进行了四点弯曲试验，研究了应变率和颅骨结构对颅骨和颅缝弹性模量及失效性能的影响，研究表明有效弹性模量易受到颅骨结构的影响，且由于颅骨内板、外板、板障三层结构的中间层为多孔层，因此得到的弹性模量可能与真实弹性模量不相符。AJAM 等人研究认为骨小梁体积百分比与弹性模量成正比关系。AJAM 等人通过动态三点弯曲试验研究了成人颅骨取样位置、颅内变异以及形态参数等对颅骨力学性能的影响，结果表明左右顶骨的弹性模量、最大应力等力学参数没有显著差异，但不同的颅骨取样位置对最大应力和弹性模量有显著的影响。Auperrin 等人通过三点弯曲试验对成人颅骨的厚度、表观密度、表观弹性模量进行了测量，发现左右顶骨的厚度、表观密度无显著差异，且表观弹性模量也呈矢状对称分布，但不同位置的颅骨厚度、表观密度和表观弹性模量差异显著，额骨最厚，颞骨最薄；颞骨的表观密度最高，顶骨的表观密度最低；颞骨的表观弹性模量最高；表观弹性模量与厚度和密度显著相关。李曼等人从 7 具新鲜冷冻的婴幼儿尸体（1.5 岁 ±0.5 岁）中提取颅骨和颅缝标本，通过三点弯曲试验检测、计算了颅骨和骨缝试件的极限应力、弹性模量和极限应变等力学参数。结果表明，额骨极限应力和弹性模量均高于顶骨，冠状缝与矢状缝在极限应力、弹性模量或极限应变上无差异，额骨和顶骨的极限应力和弹性模量高于矢状缝和冠状缝，颅骨与颅缝极限应变比较大小刚好相反。Lee 等人将三点弯曲试验与 Micro-

CT扫描试验相结合，从宏观和细观结构特征以及骨膜是否附着对人颅骨力学性能的影响进行分析，发现裸骨与附软组织标本颅骨的平均厚度并没有显著差异，甚至附有骨膜的一侧颅骨比裸骨还要薄，但是附着骨膜和硬脑膜对人颅骨标本的弯曲模量和弯曲强度均有显著影响。

AJAM和Auperrin等人均认为左、右顶骨标本的厚度、表观密度、表观弹性模量无显著差异，颅骨密度与弹性模量呈正相关。但是Lee等人的研究结果表明颅骨可能是不对称的，这种差异可能是数据分析的结果与现实的一个混淆因素。然而，颅骨具有复杂的解剖学结构和特异的力学性能，并且以往对颅骨力学性能的研究主要是从宏观上进行测试并分析，许多研究人员也在不断尝试将三点弯曲试验与其他新的技术进行结合，从而探究颅骨细观、微观结构与力学性能之间的关系。Auperrin等人利用CT扫描技术证实了颅骨厚度和表观密度与表观弹性模量的关系；Lee等人通过微型计算机断层扫描对颅骨显微结构与力学性能的关系进行了研究。李曼等人将压缩试验与micro-CT扫描相结合，检测右侧颅盖骨的极限载荷、压缩强度、压缩模量等材料参数及颅骨厚度、骨密度、骨体积、骨小梁厚度等骨质参数，探讨了大鼠颅骨材料参数和骨分析参数二者之间的关系及与年龄的相关性。该研究将48只健康雄性SD大鼠按年龄分为2周、4周、6周、8周、17周、26周、52周和104周组，每组6只。各组大鼠过量麻醉致死后分离头部，使用牙托粉制成模具固定头颅，去除颅顶部软组织暴露颅盖骨。通过KD Ⅱ–0.2型材料试验机（深圳市凯强利试验仪器有限公司）压缩颅盖骨。万能材料试验机自带软件KPTest Ver B 4.3ch（深圳市凯强利试验仪器有限公司）自动输出极限载荷、压缩强度、压缩模量等材料参数。压缩试验完成后，采用ZKKS–CT小动物Micro-CT系统扫描颅骨样本，并用三维医学图像处理及分析系统（3D medical image processing and analyzing system，3DMed）对颅骨顶部中段全层进行3次厚度测量，肉眼观察各组图像，对比分析其颅缝闭合情况及骨折类型。采用Pearson相关性分析对极限载荷、压缩强度和压缩模量与年龄之间的相关性进行分析。结果表明，各组大鼠颅骨极限载荷、压缩强度和压缩模量组间差异均具有统计学意义（表23–3），极限载荷、压缩强度和压缩模量在26周前均呈明显增大趋势，与年龄呈明显正相关。极限载荷、压缩强度、压缩模量均在52周组时降低，但在104周时又上升（与26周组相比，差异无统计学意义，$P > 0.05$）。各年龄组大鼠颅骨骨质参数结果如表23–4所示，颅骨骨密度、骨体积、骨小梁厚度和颅骨厚度总体组间差异均具有统计学意义（$P < 0.05$）。从表中可看出，随年龄增长，骨密度、骨体积和骨小梁厚度在2~52周组范围内均呈增大趋势（骨小梁厚度26周组稍降低），与年龄呈正相关（r分别为0.965、0.963、0.913，$P > 0.05$）；52周后稍降低。大鼠颅骨的冠状缝、矢状缝和人字缝均随着年龄的增长表现为宽→窄→融合变化趋势。骨折类型也存在差异，2周组未见明显骨折线，但受压缩侧与对侧相比可见明显骨缝分离，4~104周组均可见明显凹陷性骨折痕迹，且随着年龄增长，凹陷程度逐渐加重，直至出现孔状骨折。大鼠颅骨的矢状面扫描图显示，随着大鼠年龄的增长，颅骨厚度逐渐增大。骨折形态方面，2~4 周组仅见颅缝分离，6~104 周组则出现粉碎性骨折，骨折形态呈"口小底大"的"火山口"样外观（图 23-7、图 23-8）。大鼠颅骨材料参数与骨质参数的相关性分析表明，大鼠极限载荷、压缩强度、压缩模量均与骨密度、骨体积、骨小梁厚度、颅骨厚度呈正相关（$P < 0.05$）（表 23-5）。

表 23-3　各年龄组大鼠颅骨的材料参数增龄性变化

组别	极限载荷 /N	压缩强度 /MPa	压缩模量 /MPa
2 w	5.62 ± 1.33	0.80 ± 0.19	9.68 ± 1.64
4 w	11.05 ± 2.41	1.56 ± 0.34	16.91 ± 3.93
6 w	22.91 ± 6，85	3.24 ± 0.97	55.14 ± 19.10
8 w	28.30 ± 9.19	4.00 ± 1.30	80.61 ± 31.39
17 w	44.91 ± 11.92[1, 2]	6.35 ± 1.69[1, 2]	127.93 ± 26.70
26 w	68.41 ± 7.71[2, 3]	9.68 ± 1.09[2, 3]	210.13 ± 113.48[2]
52 w	61.01 ± 22.57[3]	8.63 ± 3.19[3]	168.97 ± 102.27
104 w	65.08 ± 24-35	9.21 ± 3.59	245.23 ± 109.42

注：1. 与 6 周组比较，$P < 0.05$；2. 与 8 周组比较，$P < 0.05$；3. 与 17 周组比较，$P < 0.05$

表 23-4　各年龄组大鼠颅骨的影像学参数增龄性变化

组别	骨密度 /（mg/mm³）	骨体积 /mm³	骨小梁厚度 /mm	颅骨厚度 /mm
2 w	103.15 ± 1.96	1.30 ± 0.47	0.11 ± 0.02	0.20 ± 0.02
4 w	155.60 ± 3.27[1]	2.59 ± 0.181	0.19 ± 0.03[1]	0.21 ± 0.01
6 w	233.99 ± 7.89[1, 2]	4.09 ± 0.34[1, 2]	0.22 ± 0.02[1]	0.27 ± 0.01[1, 2]
8 w	279.41 ± 15.41[2, 3]	4.54 ± 0.32[2]	0.28 ± 0.02[2, 3]	0.37 ± 0.03[2, 3]
17 w	290.61 ± 18.48[3]	5.73 ± 0.38[3, 4]	0.36 ± 0.03[3, 4]	0.44 ± 0.02[3, 4]
26 w	365.91 ± 15.53[4, 5]	7.63 ± 0.36[4, 5]	0.33 ± 0.03[4]	0.51 ± 0.03[4, 5]
52 w	600.62 ± 26.39[5, 6]	11.20 ± 0.66[5, 6]	0.51 ± 0.03[5, 6]	0.90 ± 0.03[5, 6]
104 w	469.58 ± 23.64[6, 7]	10.36 ± 0.49[6, 7]	0.37 ± 0.03[7]	0.79 ± 0.05[6, 7]

注：1. 与 2 周组比较，$P < 0.05$；2. 与 4 周组比较，$P < 0.05$；3. 与 6 周组比较，$P < 0.05$；4. 与 8 周组比较，$P < 0.05$；5. 与 17 周组比较，$P < 0.05$；6. 与 26 周组比较，$P < 0.05$；7. 与 52 周组比较，$P < 0.05$

表 23-5　大鼠颅骨材料参数与骨质参数相关性

组别	骨密度 /（mg/mm³）	骨体积 /mm³	骨小梁厚度 /mm	颅骨厚度 /mm
极限载荷	0.886	0.923	0.786	0.911
压缩强度	0.886	0.923	0.786	0.911
压缩模量	0.907	0.941	0.816	0.926

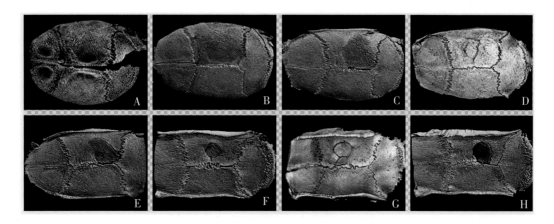

图23-7　各年龄组大鼠颅骨骨折的影像学差异（冠状位）

注：A. 2周组；B. 4周组；C. 6周组；D. 8周组；E. 17周组；F. 26周组；G. 52周组；H. 104周组

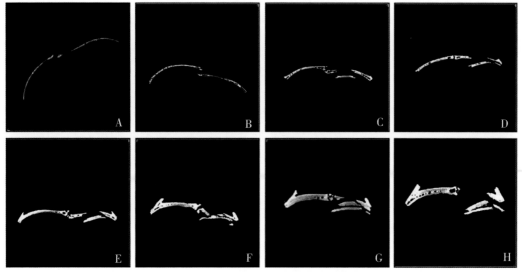

图23-8　各年龄组大鼠颅骨微观结构的影像学变化（矢状位）

注：A. 2周组；B. 4周组；C. 6周组；D. 8周组；E. 17周组；F. 26周组；G. 52周组；H. 104周组

　　纳米压痕试验具有压入样品尺寸小、空间位置分辨率高、对样品的形状和大小无特殊要求以及不损伤样品等优点。同时，纳米压痕试验能够在微观水平上测量骨的结构、受力的变化情况以及影响骨微观变化的材料参数。因而，其备受广大研究工作者的青睐。目前，国内外关于纳米压痕试验的对象主要集中在动物实验及人体四肢骨的研究。Mieloch 等人采用纳米压痕试验对膝关节软骨的硬度和弹性模量进行了测量，为膝关节软骨的纳米力学特性提供了深入的见解，为个性化软骨移植提供了参考依据，使其与天然组织特性的力学特性相兼容。Luo 等人为探讨年龄对骨骼力学性能和微观结构各向异性的影响，以犬的股骨皮质骨为研究对象，发现犬股骨的皮质骨纳米结构的力学性能因年龄、样品方向、解剖部位和个体的不同而不同。

李曼等人进一步将三点弯曲试验与纳米压痕试验相结合，检测人的尸体颅骨不同部位的骨片的材料力学参数，发现左额骨、左顶骨和右冠状缝之间的厚度、极限荷载、极限荷载作用下形变、极限荷载下应变和弹性模量差异显著（$P < 0.05$），并且额骨的弯曲强度和弹性模量均大于顶骨。同时，纳米压痕检测结果显示，左额骨的普氏硬度和弹性模量明显高于冠状缝；进一步对人尸体顶骨各分区（左上顶、左侧顶、左后顶）力学参数检测发现，侧顶除厚度和极限载荷低于上顶外，极限载荷作用下的形变、弯曲强度及弹性模量均高于上顶，后顶的各项力学参数介于上顶与侧顶之间。为了进一步明确颅骨内板、板障和外板"三明治"结构中各层次的力学参数差异，本课题组利用纳米压痕技术分别对左额顶和冠状缝各层次（内板、外板和板障）进行检测，发现板障的弹性模量高于内板和外板，而普氏硬度在不同层次之间差异不具有统计学意义。因此，本课题组认为人颅骨生物力学特性在微观层面与位置和结构有关，在构建精细化的人头部/颅骨有限元模型时，应考虑不同部位、不同分区、不同层次的颅骨材料的力学特性差异，并对其进行分别赋值。

三、硬脑膜

硬脑膜是一厚而坚韧的双层膜，外层为骨膜层，内层为脑膜层。硬脑膜主要由胶原纤维和少量弹性纤维组成，因而拉伸变形时具有韧性和弹性。在创伤性脑损伤和脊髓损伤的动物模型中，机械性外力通常先直接传递到硬脑膜，再损伤内部的脑组织。硬脑膜是中枢神经系统（CNS）的最外层和最坚固的结缔组织，充当大脑和脊髓的保护膜。硬脑膜在创伤性脑损伤发生过程中能够降低剪切力、颅内压并且减轻爆炸载荷下脑的动态响应。因此，有关硬脑膜力学性能的研究对于生物力学的研究至关重要。

尽管硬脑膜在创伤性脑损伤中起着非常重要的作用，但是对于硬脑膜的研究仍然是缺乏的，无论是关于实体硬脑膜还是有限元模型。许多研究人员会忽略对人类硬脑膜模型的研究，可能是因为缺乏人硬脑膜生物力学基础数据，其原因之一可能是由于人体硬脑膜研究样本的获得较为困难。有关硬脑膜的解剖结构的研究目前仍存在一定的争议，尤其是纤维的走向。Dorian等人的研究表明，硬脑膜的组成在厚度上是不均匀的，胶原纤维主要分布在内层，致密且有序。但是，内层和外层的胶原纤维走向没有明显差异。

李明杰等人收集了148例尸体检验的硬脑膜样本并按死后6 h、12 h、18 h、24 h、30 h、36 h、48 h、60 h、72 h、84 h、96 h分组，统一制作成4.0 cm×1.0 cm的A、B两块试件（图23-9）。测量A试件厚度后应用电子万能材料试验机对硬脑膜进行纵向单轴拉伸试验，检测其极限载荷、最大应力变形、抗拉强度、弹性模量、断裂力等生物力学参数，分别拟合厚度和生物力学参数值与PMI的回归方程，并通过验证组验证

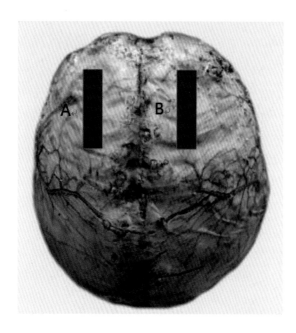

图23-9　硬脑膜A、B试件取材部位示意图

PMI预测值与实际值之间的差异。结果表明，随着PMI的延长，极限载荷、弹性模量、断裂力3个参数均呈降低趋势，总体比较差异具有统计学意义，与PMI呈负相关；抗拉强度呈降低趋势，但与PMI无相关性；最大应力变形未见明显变化趋势，与PMI无相关性。B试件经10%中性甲醛溶液固定后制备组织切片，HE染色后观察其形态学变化。结果表明，死后6~96 h，随着PMI的延长，硬脑膜从淡红色、有光泽逐渐变为灰色、无光泽；镜下硬脑膜厚度逐渐减小，胶原纤维呈现从排列清晰逐渐变为相互融合，细胞核数量逐渐变少（图23-10）。随着PMI的延长，硬脑膜平均厚度呈时序性下降趋势，与PMI呈负相关。

Galford等人分别从左颞部、右颞部和额部区域取硬脑膜进行试验，结果表明不同部位硬脑膜力学性能不具有统计学差异。Maikos等人利用偏振光显微镜对大鼠硬脊膜和硬脑膜进行了研究和比较，显示硬脊膜的结构倾向于轴向排列，而硬脑膜没有显示出优先排列方式，同时也证明了硬脊膜的弹性蛋白含量高于硬脑膜。Zwirner等人通过从73具尸体中获得的人类颞侧硬脑膜，研究了2~94岁年龄段人硬脑膜在张力下的力学特性，根据试验得出人硬脑膜的弹性模量、极限拉伸应力和最大应变随着年龄的增加而降低；硬脑膜的力学性能在性别之间没有显著差异；硬脑膜的弹性模量随着死亡时间的延长而增大，极限拉伸载荷会随着时间的延长而减小，这可能是由于人死后细胞自溶和蛋白分解导致的。另外，根据试验得出人硬脑膜的弹性模量、极限拉伸应力和最大应变随着年龄的增加而降低。

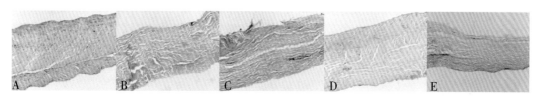

图23-10　硬脑膜组织随PMI的时序性变化（HE，×100）

注：A. 6 h；B. 24 h；C. 48 h；D. 72 h；E. 96 h。

李明杰等人对 284 例成人硬脑膜按照年龄分为 0~10 岁组、11~20 岁组、21~30 岁组、31~40 岁组、41~50 岁组、51~60 岁组、61~70 岁组和 > 70 岁组，将硬脑膜标本统一于左、右额部距冠状缝 3 cm、距中线 3 cm 处切取 4.0 cm × 1.0 cm 的试件各一块，比较了不同年龄和性别的人尸体额部硬脑膜厚度（表 23-6）。结果显示，无论 J 男性还是女性，额部硬脑膜的厚度均随年龄增加呈现先增厚后变薄的趋势。男性、女性各年龄组额部硬脑膜厚度差异均具有统计学意义，且各年龄组男性额部硬脑膜厚度均大于女性。测量各样本厚度后，在 KDⅡ-0.2 微机控制万能材料试验机上进行单轴拉伸试验，检测、计算极限载荷、拉伸强度、弹性模量等参数，并对各年龄组人尸体额部硬脑膜生物力学参数进行比较。结果表明，不同年龄组的人尸体额部硬脑膜的极限载荷、拉伸强度、弹性模量等各项生物力学参数均服从正态分布，符合总体方差齐性。结果显示，各年龄组人尸体额部硬脑膜的极限载荷、拉伸强度及弹性模量参数均呈现先增大后减小趋势。此外，除 21~30 岁组和 41~50 岁组女性额部硬脑膜极限载荷大于男性外，其余各年龄组男性额部硬脑膜极限载荷参数均大于女性。0~10 岁组、11~20 岁组、21~30 岁组和 61~70 岁组、> 70 岁组男性硬脑膜拉伸强度大于女性，而其余三组小于女性。21~30 岁组和 31~40 岁组男性硬脑膜弹性模量参数小于女性，其余各组男性额部硬脑膜弹性模量参数均大于女性（表 23-7 至表 23-9）。对人尸体额部硬脑膜厚度与各生物力学参数进行相关性分析（表 23-10），各组男性额部硬脑膜平均厚度与极限载荷参数呈正相关（$P < 0.05$），而与拉伸强度和弹性模量参数无关系（$P > 0.05$），各组女性额部硬脑膜平均厚度与极限载荷、拉伸强度和弹性模量参数均呈正相关关系（$P < 0.05$）。上述研究结果与 Zwirner 等人对颞侧的硬脑膜的试验结果有所不同。Zwirner 等人认为硬脑膜的力学性能在性别之间没有显著差异。李明杰等人的研究则显示，在 21~30 岁组和 41~50 岁组中所测得的极限载荷，在 31~40 岁组、41~50 岁组和 51~60 岁组中的拉伸强度以及在 21~30 岁组中的弹性模量女性大于男性，其他测试组中，额部硬脑膜的厚度、极限载荷、拉伸强度和弹性模量男性均大于女性。此外，Zwirner 等认为在准静态试验条件下测试硬脑膜的各种特性不需要考虑硬脑膜的位置和性别，但是应该考虑年龄对硬脑膜力学特性的影响。然而，我们的研究提示，除了年龄因素，也应该考虑性别对硬脑膜厚度及生物力学参数的影响。

表 23-6　不同年龄和性别的人尸体额部硬脑膜厚度随年龄变化情况（mm，$\bar{x} \pm s$）

性别	0~10 岁	11~20 岁	21~30 岁	31~40 岁	41~50 岁	51~60 岁	61~70 岁	> 70 岁
男性	0.37 ± 0.13	0.38 ± 0.15	0.41 ± 0.09*	0.47 ± 0.11*	0.52 ± 0.16*	0.45 ± 0.13*	0.43 ± 0.14	0.39 ± 0.09
女性	0.30 ± 0.08	0.31 ± 0.08	0.36 ± 0.13*	0.41 ± 0.11*	0.44 ± 0.11	0.43 ± 0.12	0.33 ± 0.10*	0.32 ± 0.05

注：*$P < 0.05$，与上一组比较。

表 23-7 不同年龄和性别的人尸体额部硬脑膜极限载荷随年龄变化情况（N, $\bar{x} \pm s$）

性别	0~10 岁	11~20 岁	21~30 岁	31~40 岁	41~50 岁	51~60 岁	61~70 岁	> 70 岁
男性	24.17 ± 7.74	32.58 ± 9.86*	37.82 ± 12.94*	44.70 ± 11.45*	43.32 ± 10.51	37.82 ± 11.17*	28.32 ± 11.41*	26.19 ± 8.61*
女性	19.61 ± 4.17	24~91 ± 8.44*	41.43 ± 7.75*	41.04 ± 10.73	42.47 ± 10.06	39.66 ± 11.35	27.84 ± 7.47*	24~25 ± 3.97

注：*$P < 0.05$，与上一组比较。

表 23-8 不同年龄和性别的人尸体额部硬脑膜拉伸强度随年龄变化情况（MPa, $\bar{x} \pm s$）

性别	0~10 岁	11~20 岁	21~30 岁	31~40 岁	41~50 岁	51~60 岁	61~70 岁	> 70 岁
男性	8.31 ± 4.32	10.81 ± 4.12	11.15 ± 4.40	10.39 ± 2.94	10.13 ± 3.11	9.15 ± 3.02	9.14 ± 4.09	8.41 ± 2.68
女性	5.86 ± 2.91	7.41 ± 2.92	10.97 ± 2.04*	11.52 ± 2.00	10.37 ± 3.82	10.18 ± 3.83	7.04 ± 2.67*	6.83 ± 2.20

注：*$P < 0.05$，与上一组比较。

表 23-9 不同年龄和性别的人尸体额部硬脑膜弹性模量随年龄变化情况（MPa, $\bar{x} \pm s$）

性别	0~10 岁	11~20 岁	21~30 岁	31~40 岁	41~50 岁	51~60 岁	61~70 岁	> 70 岁
男性	32.90 ± 15.05	42.85 ± 12.29*	43.21 ± 12.84	45.49 ± 12.63	43.70 ± 14.27	41.67 ± 13.27	38.16 ± 14.09*	33.83 ± 9.61*
女性	26.02 ± 8.37	36.45 ± 15.03*	45.27 ± 11.29*	45.69 ± 14.19	43.35 ± 16.43	40.30 ± 14.27	28.98 ± 6.02*	28.25 ± 4.28

注：*$P < 0.05$，与上一组比较。

表 23-10 人尸体额部硬脑膜厚度与生物力学参数相关性分析

参数		极限载荷		拉伸强度		弹性模量	
		r	P	r	P	r	P
厚度	男性	0.813	0.014	0.273	0.512	0.627	0.096
	女性	0.898	0.002	0.844	0.008	0.768	0.026

四、脑组织

脑组织是最敏感脆弱的器官之一，脑组织受到不同方向或不同类型的力撞击时，如压缩、剪切、拉伸等，会发生脑震荡、硬膜下血肿、脑挫伤、弥漫性轴索损伤等创伤性颅脑损伤。由于脑组织试验材料难以获取，并且涉及伦理学问题，许多研究人员以猴子、猪、牛、兔、鼠等动物为试验对象研究脑组织的力学性能。另外，为了更好地了解创伤性颅脑损伤的机制，一些研究人员通过建立有限元模型，研究各种载荷的动态响应，尤其是剪切试验和无限制压缩试验。但是，有限元模型生物保真度高度依赖于准确的生物组织材料参数。因此，系统地研究创伤性颅脑损伤导致的脑组织损伤力学特性尤其重要。

在过去的研究中，针对脑组织的力学特性的研究有很多。Prange 等通过一系列的动物实验发现人脑的力学性能和动物脑组织的力学性能具有显著的差异，并通过测试得出人脑组织的刚度是猪脑的 1.3 倍。然而，Nicolle 等人却认为人和猪的脑物质机械性能没有明显的差异。Pervin 等通过对猪、牛、羊等动物的研究，发现种类和性别对脑组织的动态机械反应没有明显的影响，而且动物的脑组织材料获取较为方便。因此采用猪等动物的脑组织作为试验材料，获取生物力学性能的材料参数从而建立有限元头部模型在一定程度上是可取的。Nicolle 等人对人与猪的灰质和白质进行了比较，认为灰质是没有任何的方向性的，而白质具有一定的方向性。Rashid 等人认为这样的测试结果可能与脑组织的各向异性、组织结构的不均匀以及测试条件的不同有关。除了对结构层面的脑组织机械性能进行研究之外，有关脑组织力学性能与测试条件和年龄的研究也有许多。Badar、Atsutaka 等人通过压缩试验、剪切试验和拉伸试验研究了不同应变率下脑组织的机械行为。Badar 进行了一系列应变速率为 30/s、60/s、90/s 的拉伸、压缩和剪切试验，研究了脑组织分别在紧张状态、受压以及剪切等情况下的力学性能，结果均表明了脑组织随应变速率增加而变硬。儿童大脑的有限元模型大多是将成人的大脑模型进行一定比例的缩放。然而，许多研究证明，脑组织的各项力学参数与年龄并不能呈现出一定的线性关系。因此，一些研究人员对儿童的脑组织生物力学特性进行了研究。但由于儿童脑组织材料的获取更加困难，因此，许多研究人员将幼猪作为试验对象进行研究。Kim 等人使用 MRI 对 2 周到 1 岁的 33 例正常婴儿进行了纵向成像，表明在 6 个月前的婴儿大脑中，灰质的生长是各向异性的，并且在空间上是不均匀的。Zhao 等人对 4 周幼猪的脑干组织进行了三种动态拉伸试验，均得出脑干组织随着应变速率的增加而变硬。Li 等人对 8 周龄的幼猪大脑、小脑和脑干进行了 0.1/s、1/s 和 50/s 的应变速率下的拉伸和剪切试验，在剪切和拉伸试验条件下，小脑和大脑的刚度没有明显差异，但在受压条件下，小脑的刚度大于大脑。并且，脑组织的机械性能表现出明显的应变率依赖性。Kim 和 Zhao 等人的研究都表明了幼猪以及儿童的脑组织特性具有一定的特殊性，与成人脑组织特性的差异需要我们不断地去探索。然而，就目前的研究而言，儿童的脑组织材料的获取更为困难，这也是研究人员采用猪等动物作为研究对象，并不断地研究动物与人力学特性之间的异同点的原因。这也为建立生物保真度更高的儿童有限元模型提供了可能。

第三节　展　望

目前，关于颅脑材料参数的检测研究在三点弯曲试验、压缩试验、拉伸试验等宏观检测层面已经取得了较大成就。随着计算机科学、影像学技术以及生物力学水平的快速发展，颅骨材料的微结构特征以及材料参数的检测变得重要。纳米压痕试验可以从微观结构层面检测骨的力学特性及其参数，为颅脑材料尤其是颅骨的力学参数检测开辟了新的空间。此外，目前大部分研究都集中于成人，关于儿童的颅脑材料参数数据仍然有限。在未来的研究过程中，将宏观、细观和微纳观层次上的材料参数进行结合，并且对不同年龄段的人群颅脑材料参数进行个性化检测研究，对于建立符合人体解剖结构和力学特性的头颅有限元模型，进一步探究颅脑损伤生物力学机制具有重要意义。

（汪家文　吴君　贵州医科大学）

参考文献

［1］Hyder A A, Wunderlich C A, Puvanachandra P, et al. The impact of traumatic brain injuries: A global perspective［J］. NeuroRehabilitation, 2007, 22（5）: 341-353.

［2］官凤娇. 冲击载荷下的生物组织材料参数反求及损伤研究［D］. 湖南大学, 2011.

［3］Gurdjian E S. Recent advances in the study of the mechanism of impact injury of the head-a summary［J］. Clinical Neurosurgery, 1972, 19: 1-42.

［4］Vandenabeele F, Creemers J, Lambrichts I. Ultrastructure of the human spinal arachnoid mater and dura mater［J］. Journal of anatomy, 1996, 189（Pt 2）: 417-430.

［5］Takhounts E G, Crandall J R, Darvish K. On the importance of nonlinearity of brain tissue under large deformations［J］. Stapp car Crash J, 2003, 47: 79-92.

［6］Nicolle S, Lounis M, Willinger R. Shear Properties of Brain Tissue over a Frequency Range Relevant for Automotive Impact Situations: New Experimental Results［J］. Stapp Car Crash J, 2004, 48: 239-258.

［7］赵玮, 阮世捷, 李海岩. 应用于头部损伤生物力学研究的三维有限元模型发展概况［J］. 中国生物医学工程学报, 2011, 30（1）: 110-119.

［8］汪家文, 黄江, 李正东, 等. 儿童颅脑损伤生物力学研究进展［J］. 法医学杂志, 2016, 32（6）: 448-451.

［9］Antonia T, Dimitris Z, Guido D B, et al. The Importance of the Scalp in Head Impact Kinematics［J］. Annals of Biomedical Engineering, 2018, 46（6）: 831-840.

［10］Chan H S. Mathematical model for closed head impact［C］// Stapp Car Crash Conference, 1974.

［11］Hardy C H, Marcal P V. Elastic Analysis of a Skull［J］. Journal of Applied Mechanics, 1973, 40（4）: 838-842.

［12］Khalil T B, Goldsmith W, Sackman J L. Impact on a model head-helmet system［J］. International Journal of Mechanical Sciences, 1974, 16（9）: 609-625.

［13］Trotta A, Ní Annaidh A, Burek R O, et al. Evaluation of the head-helmet sliding properties in an impact test［J］. Journal of Biomechanics, 2018, 75: 28-34.

［14］Trotta A, Annaidh A N. Mechanical characterisation of human and porcine scalp tissue at dynamic strain rates［J］. Journal of the Mechanical Behavior of Biomedical Materials, 2019, 100: 103381.

［15］Falland-Cheung L, Scholze M, Lozano P F, et al. Mechanical properties of the human scalp in tension［J］. Journal of the Mechanical Behavior of Biomedical Materials, 2018, 84: 188-197.

［16］李明杰, 王杰, 夏冰, 等. 大鼠头皮组织形态和生物力学参数的增龄性变化［J］. 贵州医科大学学报, 2020, 45（4）: 402-407.

[17] Vander V M, Stuhmiller J, Ho K, et al. Statistically and biomechanically based criterion for impactinduced skull fracture [J]. Annual proceedings Association for the Advancement of Automotive Medicine, 2003, 47: 363–381.

[18] Mazdak G, Ugo G, Lorenzo I, et al. Influence of the body on the response of the helmeted head during impact [J]. International Journal of Crashworthiness, 2011, 16 (3): 285–295.

[19] 李曼，李明杰，李俊豪，等．大鼠颅骨生物力学参数的影响因素 [J]．贵州医科大学学报，2021, 46 (2): 137–142.

[20] Davis M T, Loyd A M, Shen H Y, et al. The mechanical and morphological properties of 6 year-old cranial bone [J]. Journal of Biomechanics, 2012, 45 (15): 2493–2498.

[21] Motherway J A, Verschueren P, Van der Perre G, et al. The mechanical properties of cranial bone: The effect of loading rate and cranial sampling position [J]. Journal of Biomechanics, 2009, 42 (13): 2129–2135.

[22] Auperrin A, Delille R, D Lesueur, et al. Geometrical and material parameters to assess the macroscopic mechanical behaviour of fresh cranial bone samples [J]. Journal of Biomechanics, 2014, 47 (5): 1180–1185.

[23] Wang J W, Zou D H, Li Z D, et al. Mechanical properties of cranial bones and sutures in 1–2–year–old infants [J]. Medical science monitor: international medical journal of experimental and clinical research, 2014, 20: 1808–1813.

[24] Lee J, Ondruschka B, Falland–Cheung L, et al. An Investigation on the Correlation between the Mechanical Properties of Human Skull Bone, Its Geometry, Microarchitectural Properties, and Water Content [J]. Journal of Healthcare Engineering, 2019, (Pt2): 1–8.

[25] Alexander SL, Rafaels K, Gunnarsson CA, et al. Structural analysis of the frontal and parietal bones of the human skull – ScienceDirect [J]. Journal of the mechanical behavior of biomedical materials, 2019, 90: 689–701.

[26] 李曼，李明杰，黄江，等．大鼠颅骨材料力学和骨质参数的增龄性变化 [J]．法医学杂志，2021, 37 (1): 1–6.

[27] Mieloch A A, Richter M, Trzeciak T, et al. Osteoarthritis Severely Decreases the Elasticity and Hardness of Knee Joint Cartilage: A Nanoindentation Study [J]. Journal of Clinical Medicine, 2019, 8(11): 1865.

[28] Casanova M, Balmelli A, Carnelli D C, et al. Nanoindentation analysis of the micromechanical anisotropy in mouse cortical bone [J]. Royal Society Open Science, 2017, 4 (2): 160971.

[29] Luo C, Liao J, Zhu Z, et al. Analysis of Mechanical Properties and Mechanical Anisotropy in Canine Bone Tissues of Various Ages [J]. BioMed research international, 2019, 2019: 3503152.

[30] MacManus D B, Pierrat B, Murphy J G, et al. Protection of cortex by overlying meninges tissue during dynamic indentation of the adolescent brain [J]. Acta biomaterialia, 2017, 57: 384–394.

[31] Gu L, Chafi M S, Ganpule S, et al. The influence of heterogeneous meninges on the brain mechanics under primary blast loading [J]. Composites Part B Engineering, 2012, 43 (8): 3160–3166.

[32] Zhaoyang L, Yunhua L. A QCT–Based Nonsegmentation Finite Element Head Model for Studying Traumatic Brain Injury [J]. Applied Bionics and Biomechanics, 2015, 2015: 1–8.

[33] Moore D F, J é rusalem A, Nyein M, et al. Computational biology – modeling of primary blast

effects on the central nervous system［J］. Neuroimage, 2009, 47: T10–20.

［34］Runza M, Pietrabissa R, Mantero S, et al. Lumbar Dura Mater Biomechanics: Experimental Characterization and Scanning Electron Microscopy Observations［J］. Anesthesia & Analgesia, 1999, 88（6）: 1317–1321.

［35］Dorian C, Alexandre C, Jean–Marc A, et al. Histological and biomechanical study of dura mater applied to the technique of dura splitting decompression in Chiari type I malformation［J］. Neurosurgical Review, 2010, 33（3）: 287–294.

［36］李明杰, 王杰, 夏冰, 等. 硬脑膜厚度及生物力学参数时序性变化在死亡时间推断中的应用［J］. 法医学杂志, 2020, 36（2）: 199–203.

［37］Galford J E, Mcelhaney J H. A viscoelastic study of scalp, brain, and dura［J］. Journal of Biomechanics, 1970, 3（2）: 211–221.

［38］Maikos J T, Elias R A I, Shreiber D I. Mechanical properties of dura mater from the rat brain and spinal cord［J］. Journal of neurotrauma, 2008, 25（1）: 38–51.

［39］Zwirner J, Scholze M, Waddell J N, et al. Mechanical Properties of Human Dura Mater in Tension–An Analysis at an Age Range of 2 to 94 Years［J］. Scientific Reports, 2019, 9（1）: 16655.

［40］李明杰, 李曼, 敖立冬, 等. 人额部硬脑膜生物力学参数的增龄性变化研究［J］. 中国法医学杂志, 2020, 35（6）: 608–612, 617.

［41］Hrapko M, Dommelen J A, Peters G W, et al. The mechanical behavior of brain tissue: Large strain response and constitutive modeling［J］. Biorheology, 2006, 43（5）: 623–636.

［42］Nicolle S, Lounis M, Willinger R, et al. Shear linear behavior of brain tissue over a large frequency range［J］. Biorheology, 2005, 42（3）: 209–223.

［43］Cheng S, Bilston L E. Unconfined compression of white matter［J］. Journal of biomechanics, 2007, 40（1）: 117–124.

［44］Pervin F, Chen W W. Dynamic mechanical response of bovine gray matter and white matter brain tissues under compression［J］. Journal of Biomechanics, 2009, 42（6）: 731–735.

［45］Prange M T, Meaney D F, Margulies S S. Defining brain mechanical properties: effects of region, direction, and species［J］. Stapp car crash journal, 2000, 44: 205–213.

［46］Pervin F, Chen W W. Effect of inter–species, gender, and breeding on the mechanical behavior of brain tissue［J］. NeuroImage, 2011, 54: S98–102.

［47］Arbogast K B, Margulies S S.A fiber–reinforced composite model of the viscoelastic behavior of the brainstem in shear［J］. Journal of Biomechanics, 1999, 32（8）: 865–870.

［48］Badar R, Michel D, Gilchrist M D. Mechanical characterization of brain tissue in compression at dynamic strain rates［J］. Journal of the Mechanical Behavior of Biomedical Materials, 2012, 10: 23–38.

［49］Miller K, Chinzei K.Mechanical properties of brain tissue in tension［J］. Journal of Biomechanics, 2002, 35（4）: 483–490.

［50］Atsutaka T, Sadayuki H, Kazuaki N, et al. Mechanical Characterization of Brain Tissue in High–Rate Extension［J］. Journal of Biomechanical Science and Engineering, 2008, 3（2）: 263–274.

［51］Rashid B, Destrade M, Gilchrist M D.Mechanical characterization of brain tissue in simple shear at dynamic strain rates［J］. Journal of the Mechanical Behavior of Biomedical Materials, 2013, 10: 23–28.

［52］Rashid B，Destrade M，Gilchrist M D.Mechanical characterization of brain tissue in tension at dynamic strain rates［J］.Journal of the Mechanical Behavior of Biomedical Materials，2014，33：43-54.

［53］Kim J C，Wang L，Shen D，et al. Biomechanical Analysis of Normal Brain Development during the First Year of Life Using Finite Strain Theory［J］.Scientific Reports，2016，6：37666.

［54］Zhao H，Yin Z，Li K，et al. Mechanical Characterization of Immature Porcine Brainstem in Tension at Dynamic Strain Rates［J］.Medical science monitor basic research，2016，22：6-13.

［55］Li Z，Ji C，Li D，et al. A Comprehensive Study on the Mechanical Properties of Different Regions of 8-week-old Pediatric Porcine Brain under Tension，Shear，and Compression at Various Strain Rates［J］.Journal of Biomechanics，2020，98：109380.

第二十四章

颅脑损伤的影像学检查

第一节　X线检查技术

虽然当前各种影像学仪器设备日新月异，技术手段越来越先进，但先进的技术几乎总和高昂的成本、苛刻的条件以及烦琐的程序相伴随。相反，作为传统的常规X线检查以其经济、便利、快捷等优势仍然在临床医学中广为应用，特别是从宏观和整体角度来观察与了解骨骼病变的情况时，常规X线摄片仍具有独特的优势。近年来，高清晰度的计算机X射线摄影（computed radiography，CR）和数字X线摄影（digital radiography，DR）在临床推广应用，使X线摄影检查越发具有了实用意义。

一、X线影像形成的原理

X线之所以能使人体在荧光屏或胶片上形成影像，一方面是基于X线的特性，即其穿透性、荧光效应和摄影效应，另一方面是基于人体组织之间有密度和厚度的差别。由于存在这种差别，当X线透过人体各种不同组织结构时，它被吸收的程度不同，所以到达荧光屏或X线片上的X线量就有差异，从而形成黑白对比不同的影像。因此，X线影像的形成应具备以下三个基本条件：首先，X线应具有一定的穿透力，这样才能穿透被照射的组织结构；其次，被穿透的组织结构必须存在着密度和厚度的差异，这样在穿透过程中被吸收后剩余下来的X线量才会有差异；再次，这个有差别的剩余X线量，仍是不可见的，还必须经过显像这一过程，例如，经X线照片或荧光显像，才能显示出具有黑白对比或层次差异的X线影像。X线穿透密度不同的组织时，密度高的组织吸收的X线多，密度低的组织吸收的少，因而剩余X线量就出现差别，使胶片感光或通过计算机处理（CR或DR）而形成黑白对比的X线图像（图24-1）。

二、X线技术在颅脑损伤或病变中的应用

目前，X线检查技术在颅脑损伤中应用范围较小，仅可以观察颅骨明显骨折、颅内异物及积气情况，对于细微骨折及颅内损伤或病变情况无法准确诊断。

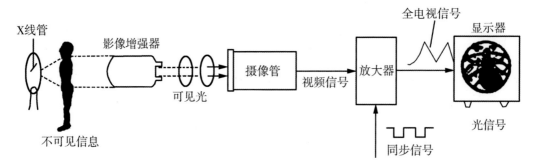

图24-1　X线图像形成原理示意图

第二节　数字减影血管造影

数学减影血管造影（digital subtraction angiography，DSA）是 20 世纪 80 年代继 CT 之后出现的一种医学影像学新技术，它将影像增强技术、电视技术和计算机技术与常规 X 线血管造影相结合，是数字 X 线成像技术之一，目前已广泛应用于临床。

一、DSA 的基本设备和原理

DSA 基本设备包括 X 线发生器、影像增强器、电视透视、高分辨力摄像管、模 / 数转换器、电子计算机和图像存储器等（图 24-2）。

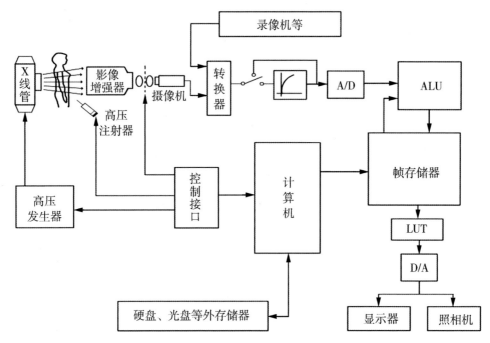

图24-2　DSA系统结构图

DSA 系统的基本功能是将对比剂注射前、后的两帧图像进行相减。造影前的图像称为基础显像（base-line imaging），广义地说，基像不一定是造影前的图像，造影过程中的任何一幅图像都可以作为基像。注入对比剂后的图像称为造影原像（live image），广义地说，原像是指要从中减去基础显像，所以任何图像都可以作为原像。一幅理想的减影图像的获得，常常还需要一系列的处理，常见的处理有对数变换处理、时间滤波处理和对比度增强处理。

根据不同的使用目的，DSA 系统数字减影可以有多种不同方法，主要分为时间减影法和能量减影法（又称双能减影）等。时间减影法是大部分 DSA 系统通常采用的减影方法，简要介绍如下：经导管向血管内快速注入对比剂，在对比剂到达要检查的血管之前、血管内对比剂浓度处于高峰和对比剂被廓清这一段时间内，检查部位进行连续成像，如每秒成像一帧，共得图像 10 帧。在这一系列图像中，取一帧图像作为基础显像（通常为血管内不含对比剂的图像）和一帧含对比剂的图像作为原像，用这同一部位的两帧图像的数字矩阵，经计算机行数字减影处理，使两个数字矩阵中代表骨骼和软组织的数字被抵消，而代表血管的数字则保留，再经数字—模拟转换器转换为没有骨骼和软组织而只有血管的图像。因用作基础显像和原像的两帧图像称为减影对，是在不同时间所得，故称为时间减影法。

二、DSA 成像方式

DSA 成像方式分为两种：静脉注射数字减影血管造影（intravenous DSA，IVDSA）和动脉注射数字减影血管造影（intraarterial DSA，IADSA）。

（一）IVDSA

IVDSA 是经肘前的静脉（一般是贵要或正中静脉）置入导管或套管针注射对比剂进行 DSA 检查，包括非选择性和选择性两种。非选择性 IVDSA 为经静脉注射对比剂流经肺循环到体循环后使动脉显影的方法，主要用于主动脉及其主干疾患的诊断，如大动脉炎、主动脉缩窄和颈动脉体化学感受器瘤等。选择性 IVDSA 为将导管头置于受检静脉或心腔内注射对比剂的方法，常用于上、下腔静脉疾患和累及右心、肺动脉、肺静脉等先天性心血管畸形的诊断。

IVDSA 的优点是可经周围静脉注射对比剂，操作方便，但缺点是检查区的血管同时显影，互相重叠，对比剂用量也较多，因此目前已较少应用，仅在动脉插管困难或不适于 IADSA 时采用。

（二）IADSA

IADSA 分为选择性和非选择性两种，一般经股动脉或肱动脉穿刺插管，其中将导管头置于靶动脉之主动脉近端注射对比剂做顺行性显影称为非选择性 IADSA，而将导管头进一步插入靶动脉的主干或分支内造影者称为选择性或超选择性 IADSA。

由于对比剂直接注入靶动脉或接近靶动脉处，稀释少，即使使用较低浓度、较少剂量的对比剂，IADSA 仍比 IVDSA 显示细小血管清晰，故目前 IADSA 检查已取代了大部分 IVDSA。

三、脑血管 DSA

利用 DSA 技术可以选择性地进行颈内动脉、椎动脉或颈外动脉血管造影，用于显示相应的脑动脉及其分支血管分布、位置、形态、管径、周围供血以及静脉回流等情况。在颅脑损伤中，可以应用 DSA 对脑外伤导致假性动脉瘤的位置、形态及管径破裂等进行准确检查。

第三节　计算机体层成像

计算机体层成像（computed tomography，CT），是利用 X 线束对人体某个部位进行扫描，取得信息后再经计算机模 / 数转换等处理，从而获得重建图像（图 24-3）。1963 年美国科学家 Cormack 发明了用 X 线投影数据重建图像的数学方法，1969 年英国工程师 Hounsfield 设计制造了第一台头颅 CT 机，1972 年 CT 应用于临床，此后至今，CT 设备经历了很大发展，从普通 CT 到螺旋 CT，从单排螺旋到多排螺旋、双源 CT 等，扫描速度和分辨率均明显提高，单圈覆盖范围越来越广，每扫描一次可同时获得 4~16 幅

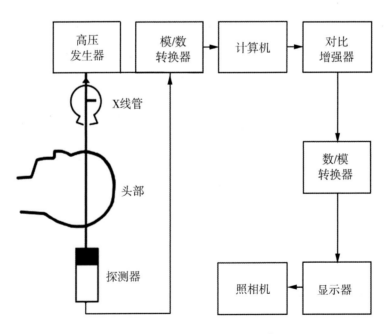

图24-3　CT图像形成原理示意图

甚至更多图像。同时，由于采集信息的不断增加，以及计算机后处理技术的不断进步，CT 三维重建广泛运用于临床，螺旋 CT 容积扫描以及强大的后处理功能使病变的显示和诊断变为可能。

一、CT 发展概况

自伦琴于 1895 年发现 X 线以来，这种不可见的射线逐步被人们认识，且被广泛地应用在医学领域。普通 X 线影像是把具有三维立体解剖结构和密度的组织，借助于某种介质（如胶片、荧光屏等）以二维影像的方式表现出来，但影像相互重叠，相邻的器官或组织之间厚度和密度差别较小时，边缘不锐利，对 X 线的吸收不明显，则不能形成对比而构成有诊断意义的图像。体层摄影虽然在某种程度上解决影像重叠问题，但从其原理看是通过管球与胶片之间相对运动而使层面以外的组织结构变模糊，其成像的方式决定了形成的影像边缘锐利度差，影像不清晰。

CT 装置的出现实现了影像诊断的一个飞跃，解决了普通 X 线摄影不能解决的很多问题。通过对被曝射物体进行扫描可以测量出正常组织与病变组织或者不同的病变组织之间的 X 线吸收系数（或衰减系数），用于定量分析，可以把组织间的微小 X 线差异表现在图像上，即不仅有不同密度的器官、组织或病变的横断面影像，而且有反映各自对 X 线吸收多少的数据，即吸收系数，最终以 CT 值的形式量化了某一组织对 X 射线吸收的多少。由于图像是来自吸收系数的转换，因此，通过计算机进行图像处理，使图像的密度或灰度可调节到近于对某些组织或病变进行观察的密度，不像 X 线照片各部位影像的灰度不能调节。CT 图像是真正的横断面图像，近些年发展起来的多排 CT 甚至可以直接提供任意斜面的图像，密度分辨率高，可直接显示 X 线照片无法显示的器官和病变。

（一）螺旋 CT

20 世纪 80 年代末 90 年代初，CT 装置经过改进，出现了螺旋 CT 扫描（spiral CT scan，或称 helical CT scan）。它是在旋转式扫描的基础上，依赖于滑环技术与扫描床平行直线匀速移动而实现的。滑环技术的出现改变了以往的 CT 供电方式，使得 X 线发生系统的供电只经电刷和滑环完成，克服了传统 CT 扫描时球管做往复旋转运动，电缆易缠绕的弊端，可使 X 线管做单向连续旋转并进行连续扫描，明显提高扫描速度。在扫描期间，机器连续旋转，X 射线连续产生，在连续取样的同时床以一定的速度沿纵轴匀速前进或后退。球管旋转和连续动床同时进行，使 X 线扫描的轨迹呈螺旋形，并且是连续的，没有间隔时间。不像普通 CT 扫描那样，隔一层面再扫一层，有扫描间隔时间；而螺旋 CT 由于是连续扫描，可使整个扫描时间大大缩短，且可得到扫描区域的容积数据，不再是某一层面的采集数据。螺旋 CT 的一个重要特点是可进行回顾性重建，可重建任意层面的图像，而且重建的三维图像比普通 CT 清晰。

螺旋 CT 由于扫描时间明显缩短，所以为不合作患者的扫描带来了便利，对于某一个部位一屏气即可完成扫描，从而容易清除呼吸运动带来的层面位置变化，避免层面遗漏或重叠。适合于运动器官如肺与肝的动态扫描，还可进行计算机体层血管成像（CT angiography，CTA）。CT 骨三维成像（3-D bone reconstruction）可以去除皮肤、肌肉、血管、内脏等结构，清晰显示骨的结构，适用于肋骨、骨盆、股骨、颅骨、脊柱等部位复杂性和隐匿性骨折的诊断，对显示骨肿瘤、骨病、骨髓炎的病变范围、累及程度和临床分期有很大帮助。

（二）多排螺旋 CT

多排螺旋 CT（multi-detector CT，MDCT）出现在 1998 年，是基于多排探测器技术的成熟而出现的球管一次曝光可以同时获得多个层面（4~64 层）图像数据的成像系统。多排螺旋 CT 与单排螺旋 CT 的根本差异在于探测器的排数及其排列方式。单排螺旋 CT 的探测器在 Z 轴方向只有单行排列，层面的厚度单纯依靠准直器调节，X 线束集中在探测器的中心，使所有的探测器都处于激发状态，目标扫描层面外的探测器易接收散射线，部分容积效应明显，图像的清晰度和锐利度下降。多排螺旋 CT 沿 Z 轴方向探测器呈多行排列，分为固定阵列和可变阵列，数以千计的探测器与多个数据系统相连，从而可以选择不同层面的厚度。在驱动系统上多排螺旋 CT 多采用磁悬浮技术电磁驱动使扫描机架的旋转速度明显增快，最快的旋转速度可以达到每周 0.3 s，提高了时间分辨率。

二、CT 基本结构与成像原理

CT 主要由扫描装置、计算机系统和图像显示与存储传输系统组成。

（一）扫描装置

1. X 射线管（X-ray tube）　CT 扫描所使用的 X 射线管与一般 X 线球管相似。一般采用旋转阳极球管，球管焦点较小，热容量较大，目前多层螺旋 CT 球管的标准配置已达 6~7 兆热力单位。

2. 探测器（detector）　它的作用是接收衰减后的 X 线并将其转化成为电信号。可分为气体和固体两种。新一代 CT 均已采用新型固体探测器。

3. 准直器（collimator）　准直器位于球管前方，其作用是通过可调节宽度的窗口使 X 线保持为一定厚度的扇形束状穿过扫描层，调节窗口的宽度可变换 X 线束（即扫描层）的厚度。

准直器分为两种，一种为 X 射线管侧准直器，又称前准直器，它使发射出的 X 线束尽量保持准直。另一种是探测器侧准直器，又称后准直器，它使探测器所接收的 X 线保持准直。

4. 扫描架（gantry）　内装沿轨迹运动的 X 线球管，球管对面是成排的探测器（或与球管同时运动，或固定在扫描架上），两者之间是扫描孔，球管（或与探测器一起）

围绕扫描孔旋转并发射 X 线，对位于扫描孔内的被扫描物体进行扫描。扫描架可向前后倾斜，以利与扫描物体成一定角度进行扫描，目前扫描架的倾斜已可达 25°~30°。

5. **滑环（slip ring）** 滑环时代之前，含有 X 线球管的旋转部分与包括高压发生器在内的静止部分之间的馈电和信号传输是靠电缆来完成的，电缆的有限长度限制了球管的旋转运动，使球管的运动只能是双向往返式，这样，常规 CT 只能间歇性扫描而无法在球管连续向一个方向旋转基础上进行连续扫描。所谓滑环技术，就是用类似发电机上电刷围绕固定的滑环旋转，代替电缆来进行馈电和信号传输。省却了电缆，使球管可以朝一个方向连续旋转进行连续扫描。

6. **扫描床（table）** 可作垂直和平行两相运动的平台，上载被扫描物体，扫描时调整好高度，并将被扫描物体送入扫描孔，到达预定扫描位置。扫描床的移动精度目前可达 0.5 mm。

（二）计算机系统

CT 扫描所用的计算机系统具有高速运算、大量数据储存和检索的功能，由中央处理器（central processing unit，CPU）、主储存装置、辅助储存装置、显示器、操作台及图像工作站等组成。

（三）图像显示与存储传输系统

传统的图像显示与存储传输主要依靠磁盘、光盘及照相机打印胶片进行。传统的图像显示与存储传输系统日积月累存储保管，体量庞大，给查找和调阅带来诸多困难，丢失影片和资料情况时有发生，已无法适应现代医院对如此大量和大范围医学影像的管理要求，采用数字化影像管理方法来解决这些问题已经得到公认。计算机和通信技术的发展为数字化影像的存储和传输奠定了基础。目前一般应用影像存储与传输系统（picture archiving and communication systems，PACS）和放射信息系统对图像进行存储传输。

1. **影像存储与传输系统（PACS）** PACS 是医疗信息网络的重要组成部分。通过 PACS 可实现影像设备的网络互连，实现各种不同设备的影像统一存储和管理，实现实时、远程的诊断、会诊，可以节省存放胶片的费用和空间，并能进一步充分使用原始数据增加后期应用制作研究等功能。实现彻底的无胶片放射和数字化放射科，已经成为医疗现代化不可阻挡的潮流。PACS 通过多年来的发展，许多供应商已经能够提供成熟的商业化产品。从低端到高端，从 mini-PACS 到 Full-PACS 全系列解决方案推出，无须设计方案，只需像选择设备一样去挑选适合应用的产品。如何选择应考虑以下几点：①图像处理速度；②图像存储空间；③无损压缩技术；④安全性。

2. **放射信息管理系统（RIS）** RIS 提供放射科整体流程和操作的控制管理，承担并执行各种医学影像环境内常规工作流程的任务和角色。主要有两种工作站来完成相关任务。

（1）检查登录工作站：该工作站可以单独将相关检查信息提前预登录，或者透过 HIS 将信息直接移植到 RIS 中，执行检查任务时间表的预安排，通过工作列表（worklist）将被检查者的相关信息直接送到相关影像设备，大大方便了使用，加快了速度，节省了时间。

（2）诊断报告工作站：诊断报告工作站是放射科医生调用图像以及写报告的主要工具。一般采用方便、快捷的诊断报告模块编辑，用户可根据需要产生任意数目和类别的诊断报告工作站模块，并实现图文报告合一。诊断报告工作站应该选用双屏和三屏技术，其中至少应包含 1 个以上专用图像显示器，除注意空间分辨率外，更应该关心密度分辨率——灰度的阶级。

三、CT 图像特点

CT 图像是由一定数目从黑到白不同灰度的像素按矩阵排列所构成的灰阶图像。这些像素反映的是相应体素的 X 线吸收系数。像素越小，数目越多，构成的图像越细致，即空间分辨率高。普通 CT 的空间分辨率不如 X 线图像高。

CT 图像是以不同的灰度来表示的，反映器官和组织对 X 线的吸收程度。因此，与 X 线图像所示的黑白影像一样，黑影表示低吸收区，即低密度区，如肺部；白影表示高吸收区，即高密度区，如骨骼。但是 CT 与 X 线图像相比，有较高的密度分辨率。因此，人体软组织的密度差别虽小，吸收系数多接近于水，也能形成对比而成像，这是 CT 的突出优点。所以，CT 可以更好地显示由软组织构成的器官，如脑、脊髓、肺及部分脏器等，并在良好的解剖图像上显示出病变的影像。

X 线图像可反映正常与病变组织的密度，如高密度和低密度，但没有量的概念。CT 图像不仅以灰度显示其密度的高低，还可用组织对 X 线的吸收系数说明其密度高低，具有一个量的标准。实际工作中不要吸收系数，而换算成 CT 值，用 CT 值说明密度，单位为 HU（Hounsfield Unit）。将吸收系数（μ值）换算成 CT 值的换算公式如下：

$$CT 值 = (\mu M - \mu W) / \mu W \times \alpha$$

式中 α 为分度因数（scaling factor），用 Hounsfield 单位，分度因数为 1 000，μM 为受测物质的吸收系数，其中骨皮质的吸收系数为 2.0，空气的吸收系数为 0，μW 为水的吸收系数，为 1.0。代入公式得水的 CT 值为 0 HU，脂肪的 CT 值为 –90 ~ –70 HU。人体中密度最高的骨皮质吸收系数最高，CT 值为 +1 000 HU，而空气的密度最低，为 –1 000 HU。人体中密度不同的各种组织的 CT 值则居于 –1 000 ~ +1 000 HU 的 2 000 个分度之间。人体软组织的 CT 值为 20~50 HU。

四、窗口技术（窗宽与窗位）

窗口技术是 CT 检查中用以观察不同密度的正常组织或病变的一种显示技术，包括窗宽（window width）和窗位（window level）。由于各种组织结构或病变具有不同的 CT 值，CT 本身能够分辨约 2 000 个甚至更多的灰阶，而人眼在上述全灰度标尺范围内，只有当两个像素的灰度相差 60 HU 时才能分辨出它们之间的黑白差，这相当于在全灰度范围内把从全黑到全白的灰阶分成 33 个级差。所以，必须有一种技术来调节人眼与灰阶显示之间的差别，这种方法在 CT 中被称为窗口技术或窗宽、窗位调节。欲观察某一组织结构细节时，应选择适合观察该组织或病变的窗宽和窗位，以获得最佳显示。

窗宽是 CT 图像上显示的 CT 值范围，在此 CT 值范围内的组织和病变均以不同的模拟灰度显示。采用窗宽技术使 CT 值高于此范围的组织和病变，无论高出程度有多少，均以白影显示，不再有灰度差异；反之，低于此范围的组织结构，不论低的程度有多少，均以黑影显示，也无灰度差别。这样用白或黑覆盖了不需要观察部位的 CT 值。增大窗宽，则图像所示 CT 值范围加大，显示具有不同密度的组织结构增多，但各结构之间的灰度差别减少，对比度降低，观察图像的层次相对增多。减小窗宽，则显示的组织结构减少，而各结构之间的灰度差别增加，对比度明显增加，相应观察图像的层次减少。如观察脑的窗宽常为 -15 ～ +85 HU，即密度在 -15 ～ +85 HU 范围内的各种结构如脑和脑脊液间隙均以不同的灰度显示。高于 +85 HU 的组织结构如骨质及颅内钙化，其间虽有密度差，但均以白影显示，无灰度差别；而低于 -15 HU 组织结构如皮下脂肪及乳突内气体均以黑影显示，其间也无灰度差别。

窗位是窗的中心位置。采用不同的窗位，可以得到相应不同位置的窗宽。同样的窗宽，由于窗位不同，其中所包括 CT 值范围的 CT 值也有差异。例如，窗宽同为 100 HU，当窗位为 0 HU 时，其 CT 值范围为 -50 ～ +50 HU；如窗位为 +35 HU 时，则 CT 值范围为 -15 ～ +85 HU。通常，欲观察某一组织结构及发生的病变，应以该组织的 CT 值为窗位。例如，脑质 CT 值约为 +35 HU，则观察脑组织及其病变时，选择窗位以 +35 HU 为妥。

由上可见，同一 CT 扫描层面，由于选择不同的窗宽和窗位可获得各种观察不同组织结构的灰阶图像。例如，同一 CT 扫描层面用两个不同窗技术所取得的两幅颅脑图像，当选择窗宽为 100 HU、窗位为 +35 HU 时，脑组织结构及其病变显示效果最佳，而骨质变化显示不清；当提高窗位为 +300 HU、窗宽为 800 HU 时，则可清楚显示出颅骨结构，而脑组织结构及其病变显示不佳。因此，为显示欲观察的组织及其病变，应在 CT 操作台上选择适当的窗宽与窗位，并用多幅照相机加以记录。一旦摄成胶片，图像的灰度即不能改变。

五、CT 分辨率

CT 分辨率是判断 CT 性能和图像质量的重要指标，掌握 CT 的各种分辨率，有利于了解 CT 的各种性能和提高图像的质量。

（一）空间分辨率（spatial resolution）

又称高对比分辨率，是指某一物体与其周围介质的 X 线吸收差异较大时，CT 装置对该物体结构微小细节影像的识别能力。常用的表示方法是能分辨最小圆孔直径的大小（mm），或者用每厘米内的线对数的多少（LP/cm）。空间分辨率与探测器孔径的宽窄及相互之间排列的距离大小有关，探测器的孔径越窄和相互之间排列的距离越小，扫描后得到的图像空间分辨率越高。另外，空间分辨率还与图像重建中采用的卷积滤波函数形式、像素大小、被检物体吸收系数的差别以及 CT 装置本身的噪声等因素有关。通过选择较薄的扫描层厚、采用较大的扫描矩阵减小像素可以相应地提高空间分辨率。

（二）密度分辨率（density resolution）

又称低对比分辨率，是指某一物体与其周围介质的 X 线吸收差异较小时，CT 装置对该物体的密度微小差别的识别能力。常用百分数表示。如某设备的密度分辨率为0.35%，即表示两物质的密度差大于 0.35% 时，该设备能够将它们分辨出来。密度分辨率与被检物体的大小、X 线剂量、噪声等因素有关。通过加大 X 线剂量，即增加探测器吸收的光子数，提高其信噪比，相对降低其噪声或者增大被检物体的几何尺寸可以提高密度分辨率。CT 装置的密度分辨率明显高于 X 线照片，它可以分辨 X 线照片所无法分辨的组织，虽然两个相邻的软组织密度差别不大，仍可以形成密度对比而形成影像。

空间分辨率和密度分辨率密切相关且相互制约，空间分辨率与像素的大小有关。矩阵大、像素小、数目多、图像清楚，空间分辨率提高，但是在 X 线源总能量不变的条件下，每个单位容积（体素）所得的光子却按比例减少，致使密度分辨率下降，噪声加大，使密度差异微小的组织不易区分。如果保持原来的密度分辨率，则需要增加 X 线源的能量。这样，就需要提高 CT 的 X 线发生装置的性能和考虑患者所接受的射线剂量。

（三）时间分辨率（temporal resolution）

为单位时间内可采集影像最多帧数，反映出单一层面的成像时间及可连续采集影像的能力，由于多排螺旋 CT 的出现，旋转一周的时间缩短到 300~500 ms，重建算法相应改变，计算机的重建速度和容量的加大，时间分辨率已经提高到几十毫秒。随着时间分辨率的不断提高，CT 装置真正可以扫描心脏、大血管等动态器官，得到高质量的图像。

（四）Z 轴分辨率及 Z 轴覆盖率

在 CT 扫描方式出现螺旋扫描后，由于多平面和三维的成像质量提高，出现了应用上的一个新的概念即纵向分辨率，也称为 Z 轴分辨率。纵向分辨率的含义是扫描床移动方向或人体长轴方向的图像分辨细节的能力。它表示了 CT 机多平面和三维成像的能力。扫描的最薄层厚决定 Z 轴方向的分辨能力，目前最薄的采集层厚已经达到 0.4 mm，选择最薄的层厚扫描目的在于真正实现各向同性体素采集，从而达到最佳的各类重建效果。纵向分辨率的高与低，其结果主要涉及与人体长轴方向有关的图像质量，例如，矢状或冠状位的多平面图像重组。

六、三维重组技术原理与方法

CT 三维重组技术是指在工作站上应用计算机软件将螺旋扫描所获得的容积数据进行后处理，重建出直观的立体图像。主要后处理重建包括多平面重建和曲面重组、容积再现技术、最大密度投影、表面阴影显示等。

（一）多平面重组（multiplanar reformation，MPR）和曲面重组（curved planar reformation，CPR）

MPR 是将扫描的容积数据，按照需要画线并重新组合成冠状位、矢状位和曲面图像。MPR 仍是二维图像，但它能从不同角度反映观测目标的解剖关系，而且保留了像素的 CT 值信息，可以进行密度测量。曲面的 MPR 图像可以了解复杂目标的解剖结构。CPR 是指在容积数据的基础上，沿着感兴趣区器官画一条曲线，计算指定曲面的所有 CT 值，并以二维图像形式显示出来，如肋骨、冠状动脉等的 CPR 可清晰显示其全貌。

（二）容积再现（volume rendering，VR）

VR 又称容积再现，是将容积数据按照 CT 值分别定义为不同的色彩、灰阶和透明度，采用三维显示扫描范围内的各种结构，人为改变体素的亮度和对比度，可以在不失真的情况下改变组织与周围的对比度，突出目标的形态。通过不同的颜色可以更好地区分不同的组织器官，通过改变透明度可以更形象地显示不同组织和器官的三维关系。由于保留了全部原始的断层数据，目标的三维现实层次更丰富、形态更准确逼真。但是，也正是由于采用了全部数据，没有给特定目标确定表面界限，使得三维的距离、角度和容积的测量无法实现。

（三）最大密度投影（maximum intensity projection，MIP）

MIP 是将扫描的容积数据按照密度变化的比率，提取与周围密度对比最大的部分来进行投影，在投影方向上仅保留 CT 值最大的像素而忽略掉 CT 值较低的像素，这样形成的二维投影就是最大密度投影，多应用于肋骨、鼻骨和血管成像。这种方法由于使用了计算机自动提取模型，目标简化，突出目标与周围的对比，目标的三维关系显示清晰，目标的形态准确，失真小，可信度高，但对于复杂的关系，由于相互遮盖，很难做出前后等的位置判断。

（四）表面阴影显示（shaded surface display，SSD）

SSD 是将连续平面图像形成的三维模型，按照不同 CT 值或 CT 值范围形成多组界面，并以光照和投影的方式显示不同界面的关系。通过计算扫描范围内组织表面的所有相关像素的 CT 值，保留所选 CT 阈值范围内的像素影像，将超出阈值范围的像素做透明处理，从而形成阈值范围内的组织表面影像。其优势在于图像直观立体，目标的三维关系明确清晰。其缺点是在大量的原始数据中仅保留了简单的界面关系，而内部信息丢失，无法进行内部结构的进一步分析。同时由于器官的界面是人为规定的、由 CT 值范围确定的，造成明显失真，因而其不能反映形态复杂器官的实际情况，形态受主观影响大，可重复性较差。

七、CT 在颅脑损伤或病变中的应用

（一）平扫（pain scan, non-contrast scan）

平扫又称为常规扫描或非增强扫描，是指不用对比剂增强或造影的扫描。扫描方位多采用横轴位，扫描基线采用眦耳线或上眶耳线，层厚 8~10 mm；检查颅脑以及头面部病变时可加用冠状位扫描，扫描定位线尽量垂直于鞍底。

CT 平扫对于颅骨骨折、急性颅脑外伤、急性颅内出血（包括硬脑膜外出血、硬脑膜下出血、蛛网膜下腔出血、脑出血等）、脑梗死、脑积水等情况可以做出准确诊断。

（二）增强扫描（enhanced scan）

增强扫描是指血管内注射对比剂后再进行扫描的方法。目的是提高病变组织同正常组织的密度差，以显示平扫上未被显示或显示不清的病变，通过观察病变有无强化及强化类型，有助于病变的定性。

增强扫描有利于评价颅内病变中血脑屏障破坏程度以及颅内肿瘤血供情况，常用于平扫显示不清、疑有等密度病灶或定性困难病变，颅内肿瘤、血管畸形、炎症等病变大多需要进行增强扫描。

（三）CT 血管成像（CT angiography，CTA）

CT 血管成像采用静脉灌注的方式注入含碘对比剂 80~100 mL，当对比剂流经靶区血管时，利用多层螺旋 CT 进行快速连续扫描，再经多平面及三维 CT 重组获得血管成像。其最大优势是快速、无创，并可多平面、多方位、多角度显示动脉系统、静脉系统，观察管腔、管壁及病变与血管的关系。该方法操作简便、易行，一定程度上可取代有创的血管造影。目前，CTA 的诊断效果已接近数字减影血管造影（DSA），可作为筛查动脉狭窄与闭塞、动脉瘤、血管畸形等血管病变的首选方法。

（四）CT 灌注成像

CT 灌注成像不同于动态扫描，它是在静脉快速灌注对比剂时，对感兴趣区层面进行连续 CT 扫描，从而获得感兴趣区时间 - 密度曲线。它利用不同的数学模型，计算出各种灌注参数值并赋予不同的灰阶或伪影，从而可得到直观的 CT 灌注图，因此能更有效并量化地反映局部组织血流灌注量的改变，对明确病灶的血液供应具有重要意义（图 24-4）。

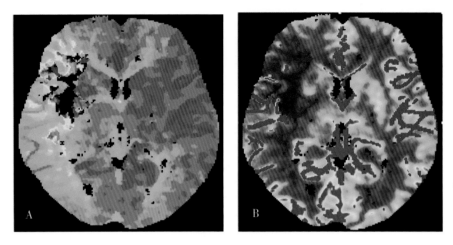

图24-4　CT灌注成像

注：最大峰值时间参数图 A 及局部脑血流量参数图 B 显示右颞叶脑缺血灶

（五）CT 三维重组技术

如前所述，CT 三维重组技术包括 MPR、VR、SSD 等，可以多方位、立体显示颅脑正常及病变情况，可以用于观察颅骨骨折、颅骨病变及颅骨缺损等（图 24-5）。

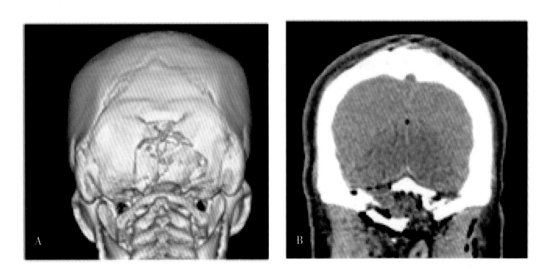

图24-5　头颅 CT影像

注：三维重组图像 A 及冠状位 MPR 图像 B 显示枕骨粉碎性骨折

第四节　磁共振成像

　　磁共振成像（magnetic resonance imaging，MRI）是利用人体内一定的原子核在外加磁场及射频脉冲作用下产生磁共振信号，然后经计算机处理而产生图像的。MRI 目前主要依靠氢原子核发射的信号而成像，这是因为氢原子核（质子）具有最强的磁矩，而且在人体中的含量也最丰富。参与 MRI 成像的因素较多，决定 MRI 信号强度的参数至少有 10 个以上，只要有 1 个参数发生变化，就可在 MRI 信号上得到反映，因此 MRI 具有极大的临床应用价值，检查范围基本覆盖了全身各系统。骨骼肌肉系统的各种组织有不同的弛豫参数和质子密度，故 MRI 图像具有良好的天然对比，可很好地显示骨关节和软组织的解剖形态，且可多平面成像，因而能显示 X 线和 CT 不能显示或显示不佳的一些组织和结构，如关节软骨、韧带、椎间盘和骨髓等。MRI 能很好地分辨各种不同的软组织，对软组织的病变较 CT 敏感，能很好地显示软组织水肿、骨髓病变、肌腱和韧带的变性等病理变化。MRI 具有非常高的软组织分辨率，对轻微骨挫伤、脊髓神经根及软组织损伤具有非常高的敏感性，特别适用于脊柱骨折的检查，在对新鲜及陈旧损伤的鉴别中具有独到的应用价值。然而，其空间分辨率不高，因此对骨折线的显示效果不如 CT 和 X 线检查。

一、MRI 基本原理

　　在旋转射频磁场 B1 的作用下，平衡状态下的氢质子发生共振吸收，氢质子宏观磁化矢量吸收能量由低能级（平行主磁场的位置）跃迁至高能级（垂直于主磁场的位置）。当射频脉冲停止后，该磁化矢量又从高能级回到低能级，这种由高能状态回到低能状态的过程被称为弛豫（relaxation），所用时间就是弛豫时间。与 X 线和 CT 等成像原理不同，MRI 主要是利用质子密度和质子的弛豫时间的差异成像，尤其弛豫时间更为重要。因为质子在人体中的差异仅 10%，但弛豫时间却各不相同。它可反映分子水平上的差别，从而发现人体生物化学和生理学的早期病变，这样就不仅能从传统病理解剖学的基础上发现疾病，而且能更早地发现人体内生理、生化的改变。

　　T1 弛豫，又称纵向弛豫，一般将 T1 定义为沿主磁场方向的纵向磁化恢复约 63% 所需时间。在 T1 加权像中，组织的对比度就是由组织的 T1 值决定的，T1 值较短的组织信号较强，如脂肪；而 T1 较长的组织信号较弱，如脑脊液。T2 弛豫，又称横向弛豫，其实质是在射频脉冲停止后，质子又恢复到原来各自相位上的过程。T2 为横向弛豫时间常数，它等于横向磁化由最大值衰减至 37% 时所经历的时间。

二、磁共振加权成像

不同组织的 T1 值、T2 值和质子含量（密度）各异，这是常规 MRI 显示解剖及病变的基础。利用 MR 加权成像技术能充分显示组织间的差别。所谓加权即重点突出某方面特性的意思。MRI 成像过程中，组织的各种特性（如质子密度、T1 值、T2 值）均对图像的信号强度有贡献，调整成像参数使图像主要反映组织的某方面特性，而尽量抑制组织其他特性对 MRI 信号强度的影响，就是"加权"图像。T1 加权像（T1 weighted image，T1WI）就是重点突出组织纵向弛豫的差别，T2 加权像（T2 weighted image，T2WI）则重点突出不同组织的横向弛豫差别，质子密度加权成像（proton density weighted imaging，PDWI）则主要反映不同组织的质子密度差别。

三、MRI 图像特点

（一）影响 MR 信号强度的因素

影响 MR 信号强度的因素很多，归纳起来主要有两个方面：一是组织本身的特性，包括质子密度、T1 值、T2 值等；二是设备和成像技术参数，包括主磁场场强、所用序列、成像参数（如重复时间 TR、回波时间 TE、激发角度）等。另外如果是流动液体，流动也将影响其 MR 信号强度。下面先假设主磁场场强确定的情况下，以自旋回波序列为例来说明静止组织 MR 信号强度的影响因素。组织的 MR 信号强度（signal intensity，SI）可用下式来表示：

$$SI = K \cdot N(H) \cdot e^{(-TE/T2)} \cdot \left[1 - e^{(-TR/T1)} \right]$$

上式中 SI 为信号强度；K 为常数；N(H) 是质子密度；e 为自然常数，等于 2.718，281 828 459 04；TE 为回波时间；TR 为重复时间；T2 为组织的 T2 值，T1 为组织的 T1 值。从式中可以看出：

（1）质子密度越大，组织信号越强。

（2）T1 值越短，组织信号越强。

（3）T2 值越长，组织信号越强。

（4）TE 越短，组织信号越强。

（5）TR 越长，组织信号越强。

（6）当 TE 很短（远小于 T2），则 $e^{(-T1/T2)}$ 约等于 1，这时组织信号强度不受 T2 值的影响，即基本删除了 T2 效应，得到的是 T1 加权像或质子密度加权成像（proton density weighted imaging，PDWI）。

（7）当 TR 很长（远小于 T1），则 $e^{(-TR/T1)}$ 约等于 1，这时组织信号强度几乎不受 T1 值的影响，即基本删除了 T1 效应，得到的是 T2 加权像或 PDWI。

（8）如果 TR 很长（远小于 T1），同时 TE 很短（远小于 T2），则组织信号强度不受 T1 值影响，也不受 T2 值影响，而仅与 N（H）有关，得到的只是 PDWI。

（二）MRI 图像的特点

1. **灰阶成像与多参数成像**　同 CT 一样，MRI 图像是重建的灰阶成像。具有一定 T1 弛豫时间、T2 弛豫时间和质子密度差别的各种器官组织，包括正常与病变组织，在 MRI 上呈不同灰度的黑白影。MRI 所显示的解剖结构逼真，在清晰的解剖影像背景上显现出病变影像，使病变同解剖结构关系明确。

MRI 的图像虽然和 CT 图像一样也以不同灰度显示，但反映的是 MR 信号强度的不同或弛豫时间 T1 与 T2 的长短；而 CT 图像，其灰度反映的则是组织密度。

MRI 的图像如主要反映组织间 T1 的差别，为 T1WI；如主要反映组织间 T2 的差别，为 T2WI；如主要反映组织间质子密度的差别，则为 PDWI。这样，同一层面就有 T1WI、T2WI 和 PDWI 三种图像。因此，MRI 是多参数成像，而 CT 成像只有密度一个参数。分别获得 T1WI、T2WI 和 PDWI 有助于显示正常组织解剖细节和信号变化。

在 T1WI 上，脂肪的 T1 短，MR 信号强，影像白（亮）；脑与肌肉 T1 居中，影像灰；脑脊液 T1 长，影像黑；骨与空气含氢量少，MR 信号弱，影像黑（暗）。在 T2 WI 上，则与 T1WI 不同，如脑脊液 T2 长，MR 信号强而呈白影。

应当指出，在描述 MRI 图像的黑影与白影时，不论在哪种加权像上，都用信号的高低来表达，高信号表达白影，中等信号表达灰影，低信号表达黑影。也常用 T1 或 T2 的长短来描述，用短 T1 和长 T2 表达白影，短 T1 是指 T1WI 上呈高信号的白影，而长 T2 是指 T2WI 上呈高信号的白影，用长 T1 和短 T2 表达黑影，长 T1 指 T1WI 上呈低信号黑影，而短 T2 则指 T2WI 呈低信号黑影。

2. **三维成像**　MRI 可获得人体横断面、冠状面、矢状面及任何方向断面的图像，有利于病变的三维定位；普通 CT 则难以做到直接三维显示，需采用重组的方法才能获得冠状面或矢状面图像以及三维重组立体图。

3. **正常组织的 MRI 信号特点**　MRI 的信号强度变化是组织多种特征参数变化的结果，它所反映的病理生理基础较 CT 更广泛，具有更大的灵活性。MRI 信号强度与组织的弛豫时间、氢质子密度、血液或脑脊液流动、化学位移及磁化率有关，其中弛豫时间，即 T1 和 T2 时间，对图像对比起着重要的作用，是区分正常组织、病理组织及组织特性的主要诊断基础。

（1）自由水和结合水：人体 MRI 主要对象实际上是水分子，人体组织中 8% 的水存在于细胞内，15% 存在于组织细胞外间隙，5% 存在于血浆中。MRI 对组织中水的变化非常敏感。人体组织中的水有自由水和结合水之分。所谓自由水是指分子游离而不与其他组织分子相结合的水，自由水的自然运动频率很高，明显高于质子的运动频率。而在大分子蛋白质周围也依附着一些水分子，形成水化层，这些水分子被称为结合水，结合水由于依附于大分子，其自然运动频率将明显降低而更接近于质子的运动频率。因此自由水的 T1 值很长，而结合水可使组织的 T1 值缩短。组织中如自由水的成分增加，在 T1WI 将表现为信号强度降低，如脑水肿等。如果是结合水的比例增加，则可表现为信号强度相对增加，甚至表现为高信号。

认识自由水与结合水的特点，有助于认识病变的内部结构，有利于诊断的定性。例如，MRI 较 CT 更能显示脑软化。脑软化在显微镜下往往有较多由脑实质分隔的小囊组成，这些小囊靠近蛋白质表面的膜状结构，具有较多的结合水，故 T1 缩短，其图像比 CT 显示得更清楚，所以 MRI 所见较 CT 更接近于病理所见。

（2）脂肪、骨髓：脂肪组织的 T1 短、T2 长、PD 密度高，根据信号强度公式，质子密度大和 T1 值小，其信号强度大，故不论在 T1WI、T2WI 和 PDWI 图像上均呈高信号，与周围长 T1 组织形成良好对比，尤其在使用短 TR 检查时，脂肪组织的分界线明显，信号高、呈白色。但随着 TR 的延长，在 T2WI 图像上脂肪信号有逐渐衰减降低的趋势，这是脂肪抑制技术的基础；倘若为质子密度加权像，此时脂肪组织仍为高信号，但周围组织的信号强度增加，使其对比度下降。

骨髓内因含有较多的脂肪成分，在 MR 扫描图像上亦呈高信号，和脂肪组织信号有相似的特征。

（3）肌肉、肌腱和韧带：肌肉组织所含的质子明显少于脂肪和脊髓，它具有较长的 T1 和较短的 T2 值，在 T1WI、T2WI 和 PDWI 上均呈中等强度信号（黑灰或灰色）。肌腱和韧带组织含纤维成分较多，其质子密度低于肌肉，其信号强度较肌肉组织略低。

（4）骨骼、钙化：骨骼和钙化内含大量钙质，水分含量甚少、氢质子很少，在 T1WI、T2WI 和 PDWI 图像上均呈信号缺如的无（低）信号区。MRI 检查对钙化不如 CT 敏感，小的钙化不易发现，大的钙化还需与铁的沉积等现象相鉴别。

（5）软骨：软骨组织分为纤维软骨和透明软骨。纤维软骨其组织内的质子密度明显高于皮质，且组织具有较长的 T1 和较短的 T2 弛豫特征，该处信号强度比骨髓和钙化略高，但因其具有一定的质子密度，故在 T1WI、T2WI 上信号强度不高，呈中低信号；透明软骨含水 75%~80%，且 T1 和 T2 较长，PD 高，故在 T1WI 上因 T1 值较长，呈较低信号；而在 T2WI 和 PDWI 图像上因 T2 值长，信号呈中等灰色信号。

（6）椎间盘：椎间盘在 T1WI 呈低信号，不能区分髓核和纤维环；在 T2WI 外侧纤维环呈低信号，其余部分均呈高信号。随年龄增长，椎间盘在 T2WI 上信号有所降低。

（7）脊髓和脊神经：脊髓位于脑脊液中，脊髓与神经根呈中等信号。脊髓上端与延髓相连，下端为脊髓圆锥。出生时圆锥位于第 3 腰椎水平，随年龄增长，逐渐上移至成人的第 1 腰椎水平。脊髓圆锥以下，腰骶部神经根形成马尾。终丝是连接圆锥和硬膜囊最下端的线状结构，与马尾神经信号相等而难以区别。

4. 常见基本病理变化的 MRI 信号特点　不同的病理及病变组织具有不同的质子密

度、液体流速以及 T1 和 T2 弛豫时间，在实际技术中采用不同的脉冲序列，将表现不同的信号强度，掌握这些变化特征有助于病变的定性诊断。

（1）水肿：无论何种类型水肿，细胞内或组织间隙内的含水量增加，均使 T1 值和 T2 值延长，PD 值降低，故在 T1WI 和 PDWI 上水肿区呈较低信号，而在 T2WI 图像上则呈明显的高信号。

（2）出血：出血在中枢神经系统疾病中常见，按出血部位可分为硬膜下、蛛网膜隙、脑内及脑室内出血。它们均有一个甚至多个基础疾病，如外伤、变性血管病、血管畸形、肿瘤或炎症。MRI 在显示出血、判断出血原因以及估计出血时间方面有独特作用，其中以脑内血肿 MRI 信号演变最具有特征性。较多血液由血管内溢出后，在局部脑组织内形成血肿。随着血肿内血红蛋白的演变以及血肿的液化、吸收，MRI 信号也发生一系列变化。

血肿的信号强度随血肿期龄而发生变化，氧合血红蛋白释放出氧气后转化为去氧血红蛋白，最终变为正铁血红蛋白，还原铁转化为氧化铁，最后经吞噬后，形成含铁血黄素。故血肿的 MRI 表现为四期，即超急性期、急性期、亚急性期（早期、中期、后期）和慢性期。超急性期表现为 T1WI 低信号，T2WI 高信号；急性期表现为 T1WI 稍低信号，T2WI 低信号；亚急性期早期表现为 T1WI 高信号，T2WI 低信号；亚急性晚期表现为 T1WI 和 T2WI 均呈高信号；慢性期时血肿中心 T1WI 等信号，T2WI 高信号，血肿周边 T1WI 稍低信号，T2WI 低信号。

（3）变性：不同组织的变性机制不同，所以 MRI 表现不一。变性组织内脱水，如椎间盘变性，富含蛋白质和水分的弹性椎间盘组织水分减少，且纤维结缔组织增多，组织内的质子密度减少，在 T2WI 上其信号强度不升高反而降低。

（4）坏死：坏死组织的 MRI 信号强度随组织类型不同和坏死的内容物不同而异。坏死病变早期由于含水量增加，呈长 T1 和长 T2 信号改变，即在 T1WI 上呈低信号，T2WI 上为高信号；修复期水肿消退，肉芽组织增生，肉芽组织内包含大量的新生血管和纤维结缔组织，其质子密度较正常组织高，且有稍长 T1 和稍长 T2 的信号特征，即表现为 T1WI 低信号，T2WI 高信号；晚期纤维化治愈后，由于质子密度降低，呈长 T1 和短 T2 信号特征，即 T1WI 和 T2WI 均呈低信号。

（5）梗死：梗死后由于血供中断，组织表现为缺血缺氧，继发水肿、变性、坏死和囊变等病理变化，晚期以纤维化、钙化而修复。急性期由于水肿使 T1 和 T2 均延长，所以 MRI 图像上在 T1WI 上呈低信号，在 T2WI 上呈高信号；亚急性期梗死在 T1WI、T2WI 上表现为高信号。后期纤维组织增生修复，水肿消退，T1WI、T2WI 上均呈低信号。

四、MRI 常用的成像序列

MRI 成像的高敏感性是基于正常组织和病理组织弛豫时间 T1 与 T2 的不同，并受质子密度、脉冲系列的影像，常用的脉冲序列有以下六种。

（一）自旋回波脉冲（spin-echo pulse，SE）序列

是在 90° 脉冲结束后施加 180° 的复相脉冲，别除了主磁场不均匀造成的横向磁化矢量衰减。SE 序列结构简单，图像具有良好的信噪比和组织对比，对磁场的不均匀敏感性低，磁化率伪影少，是 MRI 检查的经典序列。其缺点是成像时间较长（尤其是 T2）。目前，SE 序列用于获取 T1WI 的标准序列（图 24-6A），较少用于 T2WI 和质子密度成像。T1WI 采用 TR 500 ms，TE 20 ms。

（二）快速自旋回波（fast SE，FSE）序列

与 SE 序列不同之处在于，FSE 序列在每个重复时间（TR）周期的 90° 脉冲后施加多个 180° 脉冲，分别对应不同的相位编码，并产生图像，因此明显缩短了数据采集时间。FSE 序列的主要缺点是图像的模糊效应，受模糊效应影响和 T2 弛豫的污染，FSE-T1WI 图像质量不如 SE-T1WI，因此一般不作为常规 T1WI，但可用于 T1 对比要求低的部位（如脊柱、大关节、骨与软组织）。所以，通常情况下，用 FSE 序列 T2WI（图 24-6B）代替 SE 序列 T2WI。

（三）反转恢复（inversion recovery，IR）序列

采用 180°、-90°、-180° 三种脉冲组合形式构成，即在 SE 序列前施加一个 180° 反转预脉冲。其特点为具有较强的 T1 对比，短的反转时间（inversion time，TI）反转恢复序列，同时具有强的 T2 对比，还可根据需要设定 T1，饱和特定组织产生特征性对比的图像，如短反转时间反转恢复（short T1 inversion recovery，STIR）序列、液体抑制反转恢复（fluid attenuated inversion recovery，FLAIR）序列等。STIR 序列主要用于 T2 加权像的脂肪抑制（图 24-6C、图 24-6D），对创伤、感染和转移性病变的诊断很有

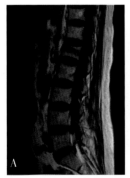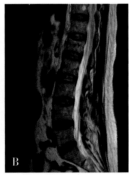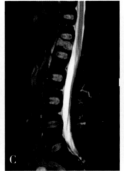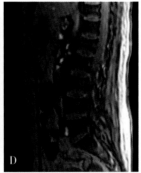

图24-6　第1腰椎椎体压缩性骨折

注：A、B、C、D 分别为 T1WI、T2WI、T2 STIR 和 GRE，其中 T2 STIR 显示骨髓水肿更敏感，呈明显高信号

价值。FLAIR 即黑水序列（图 24-7），可以有效地抑制液体脑脊液的信号，对蛛网膜下隙出血和脑实质病变等显示敏感。

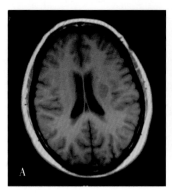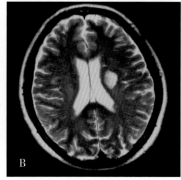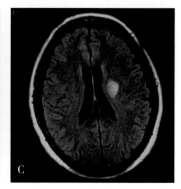

图24-7　左侧放射冠脑梗死
注：A.T1WI 示左侧放射冠片状稍低信号影；B.T2WI 呈高信号；C.FLAIR 呈明显高信号

（四）梯度回波（gradient echo，GRE）序列

采用小角度激励脉冲，纵向弛豫所需时间明显缩短，成像速度明显提高。GRE 序列对磁场不均匀性敏感，故容易检出能造成局部磁场不均匀的病变（如出血等）。血流在 GRE 序列上常呈高信号，无需对比剂即可显示血管结构。常规 GRE 和扰相 GRE（又称 FLASH）是临床上最常用的 GRE 序列。扰相 GRE-T2WI 主要应用于出血病变和大关节病变（特别是半月板损伤）的检查，常作为首选序列。

（五）磁敏感加权成像（susceptibility weighted imaging，SWI）

是一种增强 MRI 对比的新方法，提供了 T1WI、T2WI、质子密度以及扩散程度之外的另一种对比度。与常规 MRI 仅利用了组织的幅度信息不同，SWI 将相位信息和幅度信息融合，形成独特的图像对比。SWI 能充分显示组织之间内在的磁敏感特性的差别，如显示血流缓慢的静脉血、出血（红细胞不同时期降解成分）、铁钙沉积等。SWI 对脑外伤小灶性出血的检出很敏感，呈斑点状低信号，具体应用有：显示脑弥漫性轴索损伤（diffuse axonal injury，DAI）伴出血（图 24-8），脑微灶性出血，小血管畸形诊断。

（六）功能磁共振成像

功能磁共振成像（functional MRI，fMRI）是在常规磁共振成像基础上迅速发展起来的一种新的成像技术，可提供器官的功能信息，它包括 MR 扩散成像、灌注成像、波谱以及血氧水平依赖磁共振成像等。弥散加权成像（diffusion weighted imaging，DWI）是目前唯一能够无创检测活体组织内水分子扩散运动的 MR 功能成像方法。其基本原理是在 T2WI 的 180° 脉冲前后加上两个对称的扩散敏感梯度脉冲。第一个梯度脉冲引起所有质子失相位，第二个梯度脉冲使相位重聚。对于扩散运动较低的水分子（如缺血早

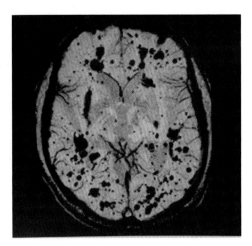

图24-8　磁敏感加权成像（SWI）

注：脑外伤患者，SWI 示脑实质内多发小灶性出血，呈圆点状低信号

期脑组织内细胞间水分子），第一个梯度脉冲引起的质子失相位能被第二个梯度脉冲重聚，故信号并没有降低，DWI 上呈高信号；对于扩散运动较快的水分子（如脑室内脑脊液），第一个梯度脉冲引起质子失相位后离开了原来的位置，不能被第二个梯度脉冲重聚，导致信号降低，DWI 上呈低信号。生物体内的水分子扩散运动与多种因素有关，表观扩散系数（apparent diffusion coefficient，ADC）是反映水分子扩散运动高低的指标。根据 ADC 的大小可形成 ADC 图。同一组织在 DWI 图与 ADC 图上的灰度正好相反（图24-9）。DWI 在临床上主要应用于（超）急性脑梗死的诊断，与常规 T1WI 和 T2WI 相比，DWI 可更早、更准确地发现梗死灶的异常信息。从常规 MRI 显示的多发性脑梗死中区

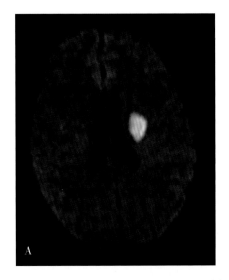
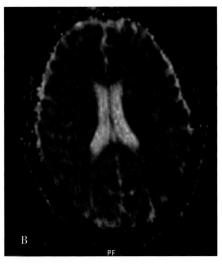

图24-9　脑梗死DWI与ADC

注：A.左侧放射冠脑梗死，DWI 呈明显高信号；B.ADC 图与 DWI 灰度正好相反

别急性病灶，DWI 上急性病灶呈明显高信号，而陈旧性病灶则表现为较低信号。对于脑弥漫性轴索损伤中没有出血的病灶，DWI 呈明显高信号（图 24-10），能大大提高检出率。灌注加权成像（PWI）主要反映组织中血流动力学信息；MR 波谱（MRS）能够无创地检测活体组织内化学物质、反映组织代谢信息；血氧水平（BOLD）依赖 MR 成像是通过刺激周围神经，激活相应皮层中枢，使中枢区域的血流量增加，进而引起血氧浓度及磁化率的改变而获得的。

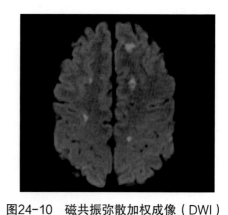

图24-10　磁共振弥散加权成像（DWI）

注：脑外伤患者，弥漫性轴索损伤，DWI 示双侧额顶叶皮层下多发小灶性高信号影

五、MRI 在颅脑损伤中的应用

（一）成像方法

常规采用横轴位、矢状位扫描，根据病变部位辅以冠状位成像。常用 SE 序列 T1WI 及 FSE T2WI，也可以采用快速自旋回波（FSE）序列及梯度回波（GRE）序列。液体抑制反转恢复（FLAIR）序列用得较多，脂肪抑制技术会选择性使用。检查时一般横轴位、矢状位及冠状位采用 4~5 mm 层厚，垂体或听神经病变多采用 2~3 mm 层厚。增强扫描采用静脉团注法注入钆喷酸葡胺，剂量为 0.1~0.2 mmol/kg。

（二）平扫

适用于绝大多数颅脑病变。MRI 显示大脑灰白质对比明显优于 CT，T1WI 上解剖结构显示较好，T2WI 上发现病变敏感，FLAIR 像较 T2WI 发现病变的敏感性较高，脂肪抑制序列图像常用于颅内含脂肪病变，对于小病灶如垂体微腺瘤需采用高分辨率 MR 成像。

（三）增强 MRI

用于鉴别病变与正常组织、病变与水肿，显示微小病变如垂体微腺瘤及小转移病灶，了解病变的血供情况及血脑屏障的破坏程度。增强扫描可提供更多的诊断信息，为病变定位诊断提供依据；然而，增强 MRI 并不是颅脑创伤检查的常规操作。早期研究表明，脑膜损伤（脑膜强化）通过 T2 加权像的 FLAIR 序列进行检测会更敏感。

（四）MRA 及 MRV

主要采用 TOF 法和 PC 法。常用于脑血管病的筛查，如脑血管变异，脑动脉狭窄、闭塞，脑动脉瘤、动静脉畸形和静脉血栓等，也可以用于显示肿瘤与血管的关系。

（五）特殊的 MRI 技术

1.SWI　用于脑血管畸形、脑出血、脑外伤、脑瘤、顺磁性物质沉积等中枢神经系统病变诊断，尤其对细小静脉、小出血灶和神经核团解剖结构的显示具有较大的优势。已有研究表明 SWI 较常规 MRI 在检测脑外伤患者病变的大小、容积和出血分布上敏感性要高出 3~6 倍。

2.DWI　显示早期脑梗死的敏感性较高，可在梗死发生后 1~6 h 内显示病灶，临床上常用于早期及超急性期脑梗死的诊断和鉴别诊断。

3.DTI 及 DTT　DTI 能无创性显示活体白质及白质束走行，当白质受到破坏时，DTI 常用相对各向异性或各向异性分数来定量分析，对轻度脑外伤相关的轴突显微结构损伤非常敏感。DTT 则是用来显示各白质束的走行，它可帮助判定脑内病变对白质束及其走行的影响。

4.PWI　可反映脑组织微循环血流动力学状态，了解脑灌注情况，主要用于脑缺血。目前认为，单用 DWI 来评价缺血半暗带往往会低估缺血程度，与磁共振灌注成像（PWI）相结合更能准确地反映脑缺血程度，反映脑组织损害状况，指导临床进行有效治疗。

5.MRS　可用于脑内外肿瘤的鉴别、胶质瘤恶性程度的分级诊断、脑瘤放疗后复发与坏死的鉴别诊断、AIDS 患者脑内病变性质的鉴别诊断、缺氧脑病的严重程度及预后的判断、精神疾患的辅助诊断等方面。MRS 在早期重型颅脑损伤中弥漫性轴索损伤的临床诊断上具有明显优势。

第五节　超声检查

一、基本原理

超声检查（ultrasonography）是根据声像图特征对疾病进行诊断。超声波是机械波，是声波的一种，具有反射、散射、衰减及多普勒效应等物理特性，通过各种类型的超声诊断仪，将超声发射到人体内，在传播过程中遇到不同组织或器官的分界面时，将发生反射或散射形成回声，这些携带信息的回声信号经过接收、放大和处理后，以不同形式将图像显示于荧光屏上，即为声像图，观察分析声像图并结合临床表现可对疾病做出诊断。

二、相关概念

(一)超声波

超声是指频率超过人耳听觉范围,即 > 20 000 Hz 的声波。能传播声波的物质叫介质。临床上常用的超声频率在 2.2~10 MHz。

(二)反射与折射

声波在人体组织内按一定方向传播的过程中遇到不同声阻抗的分界面,即产生反射和折射,可利用超声波的这一特性来显示不同组织界面、轮廓,分辨其相对密度。

(三)分辨力和穿透力

超声具有纵向和横向分辨力,纵向分辨力与超声频率有关,频率越高,纵向分辨力越高;横向分辨力与声束的宽窄有关,声束变窄,可提高横向分辨力。

(四)声能的吸收与衰减

超声波在介质传播过程中其声能逐渐减少,称为衰减。在人体组织中衰减的一般规律是:骨组织>肝组织>脂肪>血液>纯液体。其衰减对特定介质来说是常数,超声通过液体几乎无衰减,而致密的骨化、钙化和结石,衰减值特别大,其后方减弱以至消失,出现声影。

(五)超声波的人体生物效应

超声波在人体组织中被吸收后转化为热能,使局部升温,并向周围组织传导。另外,超声波对人体组织还有空化作用和机械作用。超剂量超声波照射会对人体组织产生一定的损伤,临床应用中应注意超声波照射的剂量和时间,根据不同个体和检查器官限制在安全范围内。

(六)多普勒效应

多普勒效应(Doppler effect)是指发射声源与接收器之间存在相对运动时,接收器收到的频率因运动而发生变化的物理现象。发射频率与接收频率之间的差值称为频移,与运动速度成正比。根据这一原理,多普勒技术可用于测量血液速度、血流方向及血液的性质(层流或湍流)。多普勒超声即根据这一效应研制,分为频谱多普勒和彩色多普勒血流成像两大类。

三、图像特点

(一)回声强度

通常把人体组织反射回声强度分为四级,即高回声、等回声、低回声、无回声。对后方伴有声影的高回声,也称为强回声。

1. **强回声**　如骨骼、钙化、结石和含气的肺组织,超声图像上形成非常明亮的点状或团块状回声,后方伴声影。但小结石、小钙化点可无声影。

2.**高回声**　如血管壁、脏器包膜、瓣、肌腱、组织纤维化等，高回声与强回声的差别是高回声不伴后方回声影。

3.**中等回声**　如肝、脾、胰实质等，表现为中等强度的点状或团块状回声。

4.**低回声**　又称弱回声，为暗淡的点状或团块状回声，典型低回声为脂肪组织。

5.**无回声**　病灶或正常组织内不产生回声的区域，典型者为尿液、胆汁、囊肿液和胸腹腔漏出液。

6.**暗区**　超声图像上无回声或仅有低回声的区域，称为暗区，又可分为实性暗区和液性暗区。

7.**声影**（sound shadow）　由于障碍物的反射或折射，声波不能到达的区域，即强回声后方的无回声区，称为声影，见于结石、钙化及致密软组织回声之后。

（二）超声图像的分析与诊断

1.**定位**　超声检查中为明确脏器或病变的方位，通常以体表解剖标志或体内重要脏器为标志标明方位，定位观察还应包括病变位于某脏器或脏器的某一部位。

2.**大小**　脏器及病变组织的大小测量，通常测三维径线的最大值即前后径、上下径及左右径，亦可测量面积和周径。

3.**外形**　脏器的形态轮廓是否正常、有无肿大或缩小；如是占位性病变，其外形是圆形、椭圆形、分叶形或不规则形。

4.**边缘轮廓**　脏器或肿块有无边界回声、是否光滑完整、有无模糊中断及边缘回声强度如何，对病变性质的鉴别以及了解肿瘤的生物学活性等均有一定意义。

5.**内部结构特征**　应注意观察内部回声的强度大小、分布是否均匀、回声形态如何以及结构是否清晰。

6.**后壁及后方回声**　根据不同的后壁及后方回声，可对病变性质做进一步鉴别。

7.**周围回声及毗邻关系**　根据局部解剖判断病变与周围结构的关系，有无压迫移位、粘连或浸润，周围组织结构内有无异常回声，有无局部淋巴结肿大和继发性管道扩张。

8.**位置及活动度**　脏器位置是否偏移，固有的活动规律是否存在。病变的确切位置，是否随体位变动或呼吸运动而移动。

9.**量化分析**　包括对脏器或病变进行径线、面积、体积等测量，以及应用多普勒超声观察病变或脏器内部的血流分布、走行及形态，对有关血流动力学参数进行测量。

四、在颅脑损伤或病变中的应用

（一）新生儿颅脑损伤或病变

对囟门未闭的婴幼儿进行超声检查，可观察其脑内结构，了解是否存在先天发育畸形、缺氧脑损伤及颅内出血等。不同胎龄出生的新生儿，由于脑的发育成熟度差异很大，颅内出血的原因、部位和病理改变各不相同，因而超声图像的显示也不同。根据出血部位不同颅内出血可分为四种类型：脑室周围–脑室出血、硬脑膜下出血、蛛网膜下隙出血、小脑出血。

（二）脑血管疾病的检查

经颅多普勒超声（transcranial Doppler，TCD）检查是一项无创性的脑血管疾病检查方法。经过检测颈部及颅内动脉血流速度的变化，分析其血流动力学改变，有助于了解头颈部血管病变的情况。临床上主要用于高血压、脑动脉硬化及椎基底动脉供血不足的病例，对鉴别耳源性眩晕与椎基底动脉供血不足性眩晕有重要意义。

第六节　放射性核素显像

放射性核素显像（radionuclide imaging）技术是临床核医学中的主要内容，包括心、脑、肺、肝、脾、胰、甲状腺、肾上腺、骨、睾丸和肿瘤显现等。主要有单光子发射计算机断层成像（singlephoton emission computed tomography，SPECT）和正电子发射断层成像（positron emission tomography，PET），可局部和全身显像。

一、基本原理

放射性药物引入人体内后，与脏器或组织相互作用，参与体内的代谢过程，被脏器或组织吸收、分布、浓聚和排泄。放射性核素在自发衰变过程中能够发射出射线，如 γ 射线。射线能够被 γ 照相机等显像仪器定量检测到并形成图像，从而获得核素或核素标记物在脏器和组织中的分布代谢规律，达到诊断疾病的目的。

脏器或组织摄取显像剂的机制很多，主要包括：合成代谢，如甲状腺刺激显像等；细胞吞噬，如肝胶体显像和淋巴显像；循环通道，如放射性核素心血管造影、放射性核素脑脊液显像等；选择性浓聚，如亲肿瘤显像或放射免疫显像；选择性排泄，如肾动态显像等；通透弥散，如肺通气/灌注（V/Q）显像；细胞拦截，如热变形红细胞脾显像；化学吸附，如体层骨显像；特异性结合，如放射免疫显像、受体显像等。

二、显像技术

(一)静态显像

当显像剂在脏器组织或病灶内达到分布平衡时所进行的显像称为静态显像(static imaging)。多用来观察脏器和病变的位置、形态、大小和放射性分布,也可根据一定的生理数学模型,计算出一些定量参数,定量研究脏器的局部功能和局部代谢。

(二)动态显像

显像剂引入人体后以一定的速度连续或间断地多幅成像,用以显示显像剂随血流流经、灌注脏器,被脏器不断摄取与排泄或在脏器内反复充盈和射出等过程所造成的脏器内放射性在数量或位置上随时间而发生的变化,称为动态显像(dynamic imaging)。

(三)局部显像

局部显像(regional imaging)指显影范围仅限于身体某一部位成某一脏器的显像,是最常用的显像方式。

(四)全身显像

显像装置沿体表从头到脚匀速移动,依序采集全身各部位的放射性并显示成为一幅影像称为全身显像(whole body imaging)。常用于全身骨显像、探寻肿胀或炎症病灶,有重要临床价值。

(五)平面显像

将放射性显像装置的放射性探头置于体表的一定位置,显示某脏器的影像称为平面显像(planar imaging)。由于平面影像为放射性的叠加,因此可掩盖脏器内部局部放射性分布的微小。

(六)断层显像

断层显像(section imaging 或 tomography)是用特殊的放射性核素显像装置在体表自动连续或间断地采集众多体位的平面影像数据,再通过计算机重建成为各种断层影像。断层影像在一定程度上避免了放射性的重叠,能够比较准确地显示脏器内放射性分布的真实情况,有助于检出较小的病变和进行较为精确的定量分析。

(七)阳性显像

阳性显像(positive imaging)又称"热区"显像(hot spot imaging),指在静态显像上以放射性增高为异常的显像,如亲梗死灶显像、肝血池显像、骨髓显像、放射免疫显像等。这种显像较易发现异常病灶。

(八)阴性显像

阴性显像(negative imaging)又称"冷区"显像(cold spot imaging),指在静态上以放射性减低为异常的显像,如心肌灌注显像、肝显像、肾显像等。

三、在颅脑损伤或病变中应用

（一）γ 照相机的脑池显像

用于交通性脑积水及脑脊液漏的诊断、脑脊液分流术的评价及随访。

（二）SPECT 脑血流灌注显像

用于缺血性脑血管病及颅脑损伤后的血流灌注及功能受损范围的评价、脑瘤的灌注情况评价、癫痫病灶的辅助定位诊断、脑死亡的诊断、精神疾患的辅助诊断等。

（三）PET

可以评价脑内的葡萄糖代谢、氧代谢和蛋白质代谢等。主要应用于脑瘤恶性程度的分级判断、癫痫病灶的辅助定位诊断及术前评价，痴呆、锥体外系疾病如帕金森病等的诊断和精神疾患的辅助诊断等。

（万雷　司法鉴定科学研究院）

参考文献

[1]郭启勇.实用放射学［M］.3 版.北京：人民卫生出版社，2007.

[2]金征宇，龚启勇.医学影像学［M］.3 版.北京：人民卫生出版社，2015.

[3]李果珍.临床 CT 诊断学［M］.北京：中国科学技术出版社，1994.

[4]周纯武.放射科诊疗常规［M］.北京：中国医药科技出版社，2012.

[5]Schweitzer A D，Niogi S N，Whitlow C J，et al. Traumatic Brain Injury：Imaging Patterns and Complications［J］.Radiographics，2019，39（6）：1571–1595.

[6]Song，S S. Advanced Imaging in Acute Ischemic Stroke［J］.Seminars in Neurology，2013，33（5）：436–440.

[7]张敬，张云亭.CT 灌注成像技术的临床应用［J］.临床放射学杂志，2001，20（10）：803–806.

[8]隋邦森，吴恩惠，陈雁冰.磁共振诊断学［M］.北京：人民卫生出版社，1994.

[9]韩鸿宾.临床磁共振成像序列设计与应用［M］.2 版.北京：北京大学医学出版社，2007.

[10]Henninger N，Sicard K M，Li Z，et al. Differential recovery of behavioral status and brain function assessed with functional magnetic resonance imaging after mild traumatic brain injury in the rat［J］.Crit Care Med，2007，35（11）：2607–2614.

[11]Sigmund G A，Tong K A，Nickerson J P，et al. Multimodality comparison of neuroimaging in pediatric traumatic brain injury［J］.Pediatr Neurol，2007，36（4）：217–226.

[12]Thomas B，Somasundaram S，Thamburaj K，et al. Clinical applications of susceptibility weighted MR imaging of the brain-a pictorial review［J］.Neuroradiology，2008，50（2）：105–116.

[13]沈天真，陈星荣.神经影像学［[M］.上海：上海科学技术出版社，2004.

[14]Tong K A，Ashwal S，Holshouer B A，et al. Hemorrhagic shearing lesions in children and adolescents with posttraumatic diffuse axonal injury：improved detection and initial results［J］.

Radiology，2003，227（2）：332-339.

［15］阮晓花.磁共振（MR）扩散张量成像（DTI）在轻型颅脑损伤患者诊断中的价值［J］.现代医用影像学，2020，29（10）：1866-1868，1911.

［16］黄力，王秀河，刘斯润，等.MR 表观扩散系数图在脑梗死演变诊断中的价值［J］.中华放射学杂志，2004，38（2）：139-143.

［17］祝斐，杨勇，钱锁开，等.MRI 及磁共振波谱对弥漫性轴索损伤的临床诊断优势［J］.临床神经外科杂志，2015，12（4）：241-244.

［18］任卫东，常才.超声诊断学［M］.3 版.北京：人民卫生出版社，2013.

［19］安锐，黄钢.核医学［M］.3 版.北京：人民卫生出版社，2015.

第二十五章
颅脑损伤时间推断

　　损伤时间推断是法医实践中的一项重要工作内容。因头部遭受暴力作用导致头部损伤或死亡的案例，需要法医学工作者根据受害人的颅脑损伤表现及损伤修复过程的变化，客观、准确地推测暴力作用发生的时间，从而为重建犯罪现场、缩小侦查范围、确定犯罪嫌疑人提供参考依据。其包括生前伤和死后伤的鉴别，也包括颅脑损伤形成时间的推断。此外，在人体伤残鉴定工作中，法医工作者时常需要根据被鉴定人的颅脑损伤表现，评估其与某次暴力作用发生的时间相关性，进而确定两者因果关系，为司法诉讼提供客观证据。因此，准确地推断颅脑损伤的形成时间，具有重要的法医学意义。

第一节　概　述

　　颅脑损伤包括头皮损伤、颅骨骨折、硬脑膜外出血、硬脑膜下出血、蛛网膜下隙出血、脑挫伤及弥漫性轴索损伤等多种表现形式。颅脑损伤时间推断的基础是通过上述颅脑损伤的修复动态变化规律，探究其与损伤时间的相关性，进而为相关案件的法医学鉴定提供客观依据。

　　20世纪30年代，就有学者开始关注新鲜与陈旧性硬脑膜下血肿的病理学差异。20世纪70年代开始，以慕尼黑大学Eisenmenger教授及吕贝克大学Oehmichen教授为代表的德国法医学专家，开始通过利用在实践工作中收集的大量颅脑损伤案例标本，系统地进行颅脑损伤时间推断的法医学研究。早期的研究主要是通过HE染色、Perl's染色、Van Gieson染色等检测损伤脑组织中神经元、胶质细胞、红细胞、白细胞、含铁血黄素及胶原纤维等细胞及细胞外基质成分的动态变化规律。20世纪80年代以后，免疫组织化学技术迅速发展，逐渐成为法医学损伤时间推断研究领域的主流应用技术。以德国埃尔朗根－纽伦堡大学Hausmann教授为代表的多国法医学专家利用该技术，对颅脑损伤后多种效应细胞的细胞标记物及损伤修复相关活性成分的动态表达规律进行了广泛研究，进一步丰富了颅脑损伤时间推断的参考信息。进入21世纪以后，多重免疫荧光染色、Western Blotting、Immunoassay、Real-time PCR 等多种分子病理学和分子生物学新技术被广泛应用于损伤时间推断的领域，但绝大多数相关试验正处于基于颅脑损伤动物模型的基础研究阶段，尚缺乏针对人体损伤组织的相关研究。近年来，德国莱比锡大学 Ondruschka 教授，利用电化学发光免疫分析（ECLIA）方法检测了头部外伤后死者脑脊液及血清中一系列生化指标的动态表达规律，为颅脑损伤时间推断开辟了新的研究方法。

目前，大部分研究都是基于颅脑损伤组织标本进行的相关研究。对于活体状态下的颅脑损伤，影像学检查是最理想的技术手段。早在 20 世纪 70 年代，影像学专家已经通过分析 CT 检查中硬脑膜下血肿的影像学密度评估其大概的形成时间。之后，随着影像学新技术的发展，因 MRI 对早期出血和水肿具有良好成像效果，并可反映血红蛋白动态变化规律的特点，逐渐受到重视。近年来，还有学者通过弥漫张量成像（DTI）检测探讨弥漫性轴索损伤的影像学变化规律，进而来推断损伤时间。目前，通过影像学指标来反映颅脑损伤形成时间已取得了一定的研究进展，但其准确性尚待进一步提高。

第二节　颅脑损伤时间推断

颅脑损伤包括头皮损伤、颅骨骨折、硬脑膜外出血、硬脑膜下出血、蛛网膜下隙出血、脑挫伤及弥漫性轴索损伤等多种表现形式，针对头皮损伤和颅骨骨折的形成时间的研究几乎属于空白，大部分研究集中于颅内损伤和出血。

一、硬脑膜外出血损伤时间推断

硬脑膜外出血（extradural hemorrhage，EDH）是指颅骨内板与硬脑膜间的出血，常可导致血肿形成。最常见于脑膜中动脉破裂，也可见于静脉窦破裂或颅骨板障静脉破裂。短时间形成的血肿呈红色果酱样；受伤 10 d 以上者，血肿呈黑红色，内有褐色液化，外有褐色肉芽组织包裹，可形成纤维包膜，并可有钙化形成。显微镜下观察，在损伤的几个小时内即可看到中性粒细胞从血管内渗出到受损组织中。随着损伤修复的进展，小的血肿可能被完全吸收，但大的血肿只会部分消退，在最初的 48 h 内，血肿由血凝块组成，伤后 2 周内逐渐液化呈囊性的、充满液体的中心并且持续存在。

有学者应用影像学成像技术推断硬膜外出血的形成时间。Petrovic 等通过 MRI 测量血液样本 T1、T2 弛豫时间随出血时间的变化规律，发现出血后血液的代谢状态对 MRI 参数变化具有重要意义，T1 和 T2 的变化与出血经过时间具有相关性，出血后高铁血红蛋白的形成，以及红细胞裂解产生的游离高铁血红蛋白的再吸收造成的水稀释和含铁血黄素沉淀物等均会对 MRI 信号产生影响。冉慕光等应用影像学技术研究实验动物模型脑损伤出血时间推断的研究发现，脑出血后 CT 和 MRI 检测的出血信号均随出血后时间变化，血肿体积及血肿吸收率均随时间出现规律性，而 MRI 能更准确地反映出血经过时间，尤其是亚急性和慢性期血肿含铁病灶的变化，提示 CT 和 MRI 的变化来推断脑损伤出血的发生时间。陈唯唯等发现椎管内硬膜外出血的影像学表现存在一定的规律性，急性期血肿的最佳成像方式是 CT，亚急性期血肿的最佳成像方式是 MRI 压脂序列 T1WI。急性期血肿 CT 图像上呈高密度，MRI T1WI 上呈低信号，T2WI 上呈高信号；亚急性血肿 T1WI 上呈高信号，T2WI 上呈低或高信号；慢性期血肿 T1WI 和 T2WI 上多呈低信号。

二、硬脑膜下出血损伤时间推断

硬脑膜下出血（subdural hemorrhage，SDH）是硬脑膜与蛛网膜之间腔隙的出血，通常由桥静脉损伤所致。硬脑膜下出血以急性为主，也可迁延发展为血肿，根据形成时间分为急性（3 d 以内）、亚急性（3 d 至 3 周）和慢性（3 周以上）三种。急性出血表现为新鲜暗红色凝固血液，无机化、无包膜形成；亚急性血肿表现为血肿液化，凝块渐变为棕色，镜下见红细胞逐渐崩解，巨噬细胞浸润及含铁血黄素沉积；慢性血肿形成机化的纤维包膜。出血后 24 h，红细胞完好或裂解最小，并可观察到 48 h；48 h 后至 1 个月可见明显的红细胞溶解或混合性出血；出血后 12 h 可观察到中性粒细胞，并在一周内逐渐消失。在大多数病例中，中性粒细胞数量随出血经过时间而变化，24~72 h 之间中性粒细胞数量逐渐增多，之后开始减少；在出血后 48~96 h 内淋巴细胞数量增多，96 h 达峰值，之后开始减少；巨噬细胞和含铁血黄素细胞可分别在出血后第 1 天和第 3 天出现，巨噬细胞在 3 d 后出现的数目较多，并可持续 1 个月；出血后 6 d 可观察到部分新生血管，并持续发展至第 70 天。1 周左右见血肿周边出现由成纤维细胞及纤维细胞组成的包膜（新生膜），包膜厚度随时间延长逐渐变厚；血肿 1~3 个月，纤维包膜开始玻璃样变，甚至形成钙化。2014 年，Van den Bos 等运用 HE 染色、弹性纤维染色、Perl's 染色、免疫组织化学等方法（图 25-1）对红细胞、白细胞、纤维蛋白、细胞核碎片等各指标因素进行聚类分析，并制成表格（表 25-1），提供了每个指标因素的最早发生时间，也给出了特殊情况下鉴别这些特征的建议，取得较好的时间推断效果，建立了推断硬膜下血肿形成时间的多指标体系。

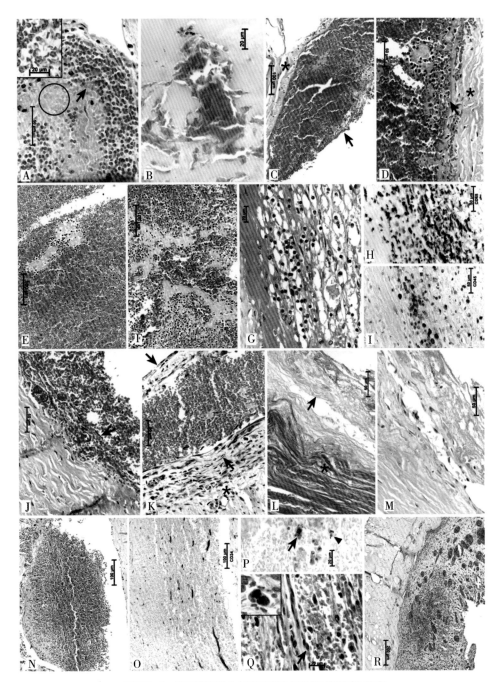

图25-1 硬膜下出血后不同时间组织病理学改变

注：A.红细胞失去正常形态，轮廓略微模糊，红细胞苍白（箭头），并开始液化（圆圈），插图显示具有正常形状和轮廓的红细胞；B.蓝粉色淡染纤维蛋白内的红细胞液化；C.蛛网膜侧的纤维蛋白层（箭头），星号标记硬脑膜；D.硬脑膜（星号）侧的纤维蛋白层（箭头）；E.血凝块内少量白细胞浸润；F.血凝块内大量白细胞浸润；G.血凝块单核细胞浸润；H.血凝块中的巨噬细胞（CD68）；I.血凝块中的淋巴细胞（CD45）；J.成纤维细胞（箭头）进入血凝块；K.硬脑膜（星号）下的新生膜（箭头），中间有硬膜下出血；L.硬脑膜（星号）下纤维蛋白层（黄色）内有少量胶原蛋白（箭头）形成（EVG染色）；M.与L同一区域的HE染色；N与O.同一部位毛细血管增生比较，HE染色（N）与CD34（O）；P.蓝染含铁血黄素细胞（箭头）和棕黄色的胆红素（三角）（Perl's铁染色）；Q.褐色的含铁血黄素细胞（箭头），插图显示被吞噬的红细胞；R.新生膜内具有不同口径的血管和新鲜再出血。

表 25-1　SDH 的组织病理学变化规律

组织学特征	发生时间
液态 SDH	0 至 24 h（< 12 h 显著）
新鲜完整红细胞（SDH 初期）	0 h 至 12 d
硬脑膜和蛛网膜侧见纤维蛋白层	3 h 至 14 d
粒细胞浸润	2 h 至 45 d（< 10 d 显著）
淋巴细胞浸润（CD45）	6 h 至 12 d
红细胞正常形状或轮廓消失	10 h
巨噬细胞浸润（CD68）	12 h 至 9 d（> 1 d 显著）
成纤维细胞进入血凝块	15 h 至 12 d（> 7 d 显著）
红细胞被吞噬（SDH 初期）	15 h 至 10 d
硬脑膜侧存在噬铁细胞（普鲁士蓝染色）	16 h 至 30 d（> 4 d 显著）
新生血管内皮细胞成巢（CD34）	15 h（> 2 d 显著）
细胞核碎裂	21 h 至 14 d
红细胞液化	3~7 d
红细胞苍白	4 d（6~8 d 显著）
无细胞边界的游离铁（普鲁士蓝染色）	4 d
毛细血管增生	5 d
新生膜 ≤ 1/2 硬脑膜厚度	7 d
血凝块中成纤维细胞带状排列	7 d
胶原纤维开始沉积（EVG 染色）	7 d
内、外两层新生膜融合	7（> 55 d 显著）
大的毛细血管形成	7~120 d
中型薄壁血管	8 d
胆红素沉积	9 d（< 100 d）
新生膜全层中存在噬铁细胞	10 d
新生纤维膜	10 d
新生膜达到硬脑膜厚度	14 d
再出血	19 d
新生膜玻璃样化	27 d

此外，国内外众多学者将影像学等方法运用到损伤时间推断中，取得了一定进展。Rao 等人用 CT 上的 Hounsfield 单位测量（HU）研究颅脑损伤幸存者的硬脑膜下出血（SDH）的创伤后经过时间，发现硬脑膜下血肿的 CT 值与创伤后经过时间相比有统计学意义。Lee 等人通过回顾性分析 446 例硬脑膜外血肿的 CT 表现，发现 7 d 内 SDH 密度高密度约为 98.6%，8~22 d 时低密度占 45.7%、等密度占 42.9%、高密度占 11.4%；22 d 以上 SDH 等密度为 86.7%，急性 SDH 的密度通常为高密度，在 3 周内变为低密度。硬

脑膜下血肿导致的 CT 影像异常在受伤后数小时即可显现，急性期高密度硬脑膜下血肿到混合密度的演化时间一般在 1~3 d，低密度影像可在出血后数天内重复出现。MRI 尤其是弥散加权成像，在检测非出血性实质异常和识别硬膜下混合血肿较 CT 效果更好。也有学者研究了 CT 和磁共振成像随时间改变与出血后时间间隔的关系，发现 SDH 后随着血液凝集，血清析出形成的上清液成分的信号与脑脊液的信号差别不大，无法提供关于创伤日期的信息，而 SDH 血凝块沉积物的信号，特别是 T1WI 和 FLAIR 序列上的信号，显示了与时间的相关性，可以用来确定创伤的经过时间。罗思敏等应用 MRI 研究试验犬脑损伤出血受死后变化影响的表现，发现 1~6 h 内 MRI 表现为血肿 T1WI、T2WI 低信号，12 h 后 MRI 表现为血肿 T1WI 低信号、T2WI 等低信号、36 h MRI 表现为血肿 T1WI、T2WI 等低信号，60 h 后由于组织腐败，血肿消失，MRI 信号无法辨别，提示利用 MRI 检查脑损伤出血可能受到死后变化的影响，影像学检查可以为法医临床学实际检案提供侦查线索和诉讼证据。

三、蛛网膜下隙出血损伤时间推断

蛛网膜下隙出血（subarachnoid hemorrhage，SAH）是因蛛网膜下隙脑沟中血管破裂，血液进入蛛网膜下隙所致，是脑外伤最常见的表现之一。通过对蛛网膜下隙出血时间进行研究，能够为脑损伤时间推断提供新的解决方案。因而对蛛网膜下隙出血微观变化时间进行研究，可以为蛛网膜下隙出血时间推断提供参考。研究发现出血后 24 h 至 24 d 红细胞完整或轻度溶解，24 h 后出现溶解或混合性出血，出血发生后即可观察到纤维蛋白、血小板结构；4~16 h 中性粒细胞反应增强，3 d 左右达到高峰，随后开始逐步被淋巴细胞和巨噬细胞取代，个别情况 17 d 仍能检出中性粒细胞；淋巴细胞的高峰出现在 72~96 h，巨噬细胞最早在出血后 12 h 出现，但一般在出血后 3 d 出现；含铁血黄素细胞最早在出血后 3 d 出现，通常 6~7 d 较常见，新生血管在出血后 6 d 开始，可持续到 70 d；出血后 3 d 时脑膜中可见成纤维细胞增生，10 d 时观察到纤维化，35 d 时见胶原沉积明显。

SAH 的组织病理学改变与红细胞、淋巴细胞、巨噬细胞的数量，含铁血黄素细胞、成纤维细胞增生和胶原纤维形成，以及有无新生血管等显著相关，综合分析组织病理学特征随时间的变化规律，是推断 SAH 出血时间的参考标准。研究表明通过蛛网膜下隙出血的影像学所见也可确认出血的时间范围，对蛛网膜下隙出血进行 CT 扫描时可见：急性期出血，脑室、脑池、脑裂及脑沟内显示线样、条状高密度灶或呈脑室、脑池、脑裂及脑沟内高密度铸型征象；亚急性期和慢性期 CT 检查不能显示出血直接征象。MRI 扫描则表现为：急性期常规 MRI 扫描序列不能显示出血的直接征象，FLAIR 序列可显示急性蛛网膜下隙出血为高信号征象，但其敏感性远不如 CT 检查敏感、清楚。因而 CT 检测能清楚显示急性蛛网膜下隙出血的直接征象，并且诊断准确、可靠。

四、脑挫伤时间推断

脑挫伤（cerebral contusion）是指受伤局部软脑膜完整而脑皮质浅层出血和（或）挫碎的一种常见原发性脑损伤。当发生钝器击打、交通事故、高坠以及与其他物体碰撞时，因脑组织与颅骨相对运动不一致或者受剪切力的影响而发生挫伤。当脑挫伤发生时脑组织会发生形态学变化，且具有一定的时序性：伤后几分钟内神经元颜色暗淡，胞体变长，树突尖端呈波浪状；伤后 1 h 左右会出现红色神经元并且在伤后长时间存在；伤后 12 h 嗜酸性神经元细胞膜和核膜模糊，细胞出现崩解；2~5 d 出现轴突肿胀；第 4 天可见新生血管；第 5 天开始挫伤周围出现反应性星形胶质细胞。脑挫伤后会伴有炎症反应，而炎症细胞的变化则可以为损伤时间推断提供参考。通过对脑挫伤导致死亡以及非颅脑损伤死亡案例的人体组织研究表明，与未发生颅脑损伤的对照组织相比，脑挫伤后 1 d 至 4 周，在皮质挫伤位置附近可检测到胶质纤维酸性蛋白（GFAP）阳性的星形胶质细胞的数量显著增加，对于损伤后早期炎症反应的研究发现，脑挫伤后 10 min 左右就可以检测到 CD15 阳性的粒细胞，而皮质挫伤区在伤后 1.1 d、2 d、3.7 d 分别可以检测到 LCA、CD3、UCHL1 阳性的单核白细胞。除此之外，目前使用较多的指标还有 S100 蛋白、热休克蛋白 70（HSP70）、C-FOS、神经元特异性烯醇化酶（NSE）、细胞凋亡相关蛋白、Bcl-2、NOS1 和 NOS2、环氧合酶（COX-1 和 COX-2）、碱性成纤维细胞生长因子（bFGF）、增殖细胞核抗原（PCNA）等。

Kobek 等人的研究进行了神经丝（neurofilament，NF）形态计量分析，按照伤后存活时间将案例分为即刻死亡组，以及伤后 12 h、24 h、2 d、3 d、4 d、5 d、6 d、7 d 死亡 9 个亚组，结果发现与对照组相比，神经丝的面积分数随着损伤经过时间的延长有显著下降趋势；与对照组比较，12 h 和 24 h 后神经丝面积分数的平均值明显降低；颅脑损伤后 2~4 d 内神经丝面积分数的平均值无显著差异，但较前一时期明显降低；伤后 5~7 d，神经丝面积分数平均值进一步降低，表明脑挫伤部位 NF 的形态计量学分析可以成为脑挫伤时间推断的一种较有价值的方法。Oerter 等人对钠 - 葡萄糖共转运蛋白作为损伤时间标记物的可行性进行了研究，结果显示正常脑组织仅有少量钠 - 葡萄糖耦联转运体 1（SGLT1）蛋白表达，创伤后 52 h 脑组织 SGLT1 蛋白表达增高，72 h 达高峰，挫伤区 SGLT1 表达较对侧区明显增强，SGLT2 表达变化与 SGLT1 相似。脑挫伤后 < 10 min、7 h、20.5 h、52 h 的脑组织标本中，挫伤区 SGLT1 的表达显著升高且高于伤后 72 h 损伤区；SGLT2 在伤后 7 h、52 h 和 72 h 的脑组织样本中的表达显著升高，在其余时间点，随着存活时间的延长，挫伤区 SGLT1 和 SGLT2 的表达差异无统计学意义。Hausmann 等人对颅脑损伤死亡案例进行了大量的研究，首先对 104 例创伤性脑损伤患者皮质区血管在伤后 30 周内的变化进行了分析，使用免疫组化技术分别对层黏连蛋白、Ⅳ型胶原、肌腱蛋白（tenascin）、血栓调节蛋白和因子Ⅷ进行检测，发现与对照

组相比因子Ⅷ、肌腱蛋白或血栓调节蛋白分别在伤后 3 h、1.6 d、6.8 d 于血管表达显著增加，而层黏连蛋白和Ⅳ型胶原结果表明其在未损伤脑组织的血管内皮细胞中也呈规律性表达。同时发现伤后 7 d 在皮质损伤周边区神经胶质细胞内肌腱蛋白表达异常，在伤后 14 d，大多数病例（约 75%）呈阳性，在超过 4 周的皮质挫伤中，检测呈阴性；在伤后存活 22 h 至 6 d 的 28 例案件中有 7 例波形蛋白（vimentin）为阳性；伤后 6 d 至 4周在损伤皮质中均发现大量的波形蛋白阳性的神经胶质细胞。在皮质挫伤中 α1- 抗胰凝乳蛋白酶（α1-ACT）最早于伤后 3.1 h 表达，伤后 1~13 d，约 69%（36 例中的 25 例）的案例在受损病变附近发现阳性染色。在此基础之上，Hausmann 等人又对 MIB-1 进行了免疫组化的检测，发现伤后 3 d 在皮质挫伤处细胞核内可见 MIB-1 阳性染色。在伤后3~6 d，50% 的病例有阳性反应，伤后 7~14 d 在皮质挫伤处均可检测到 MIB-1 阳性细胞，4 周左右可在挫伤周边区发现一些阳性细胞；闭合性脑损伤患者脑内血管 MIB-1 免疫染色呈弱阳性，在创伤后的 1~4 周，挫伤周围区血管系统的 MIB-1 染色较正常区域更强；挫伤时间＞ 3 d 时，在皮质挫伤附近的巨噬细胞内可见明显的 MIB-1 表达。Zoril等人针对儿童脑挫伤做了专门研究，将 29 例案例分为新生儿、婴儿、1~5 岁、5~10 岁、10~15 岁、15~18 岁 6 组，其中 25 例有明显的颅骨骨折，27 例观察到脑膜损伤，在外伤后立即死亡的患者中，脑挫伤以外的脑组织微观变化很小，没有继发性反应；创伤后4 d，在血管周围和神经周围出现水肿与神经元凋亡、星形胶质细胞活化和血管周围巨噬细胞浸润；损伤后 7 d，脑挫伤灶周围组织出现神经元和神经胶质细胞的死亡，脑实质呈海绵状；此外，距损伤较远部位还发现了孤立的出血灶；损伤 9 d，挫伤灶处神经元凋亡严重，小胶质细胞反应强烈，可见微小出血灶甚至血管血栓形成。Hausmann 与Dreßler 等人通过对人体检材的研究发现，皮质挫伤在伤后 45 min 可检测到凋亡神经细胞，挫伤后 1 d 左右神经细胞凋亡达到高峰，并持续至少 22 周。伤后 2 h 至 12 d，挫伤区可见大量 TUNEL 阳性凋亡神经元。伤后 80 min，皮质神经元可出现 Caspase-3 阳性反应；凋亡的胶质细胞最早出现在伤后 110 min，在伤后 120 min 至 4 d，通常可检测到凋亡的胶质细胞。与对照组比较，颅脑损伤患者脑细胞凋亡显著增加。

随着我国法医学领域有关脑挫伤时间推断研究工作的进行，已有较多文献对此方面研究进行了报道。神经上皮干细胞蛋白（nestin）是一种胚胎时期表达中间丝蛋白，主要存在于胚胎时期的中枢神经系统，胚胎晚期被胶质纤维酸性蛋白（GFAP）、神经丝蛋白（NF）等中间丝蛋白所代替。正常成年哺乳动物脑内 nestin 阳性神经前体 / 干细胞仅存在于侧脑室的室管膜下区（SVZ 区）和海马齿状回颗粒下层（SGZ 区）。贾冬梅等人研究发现，大鼠脑挫伤后 0.5 h 至 7 d，挫伤灶周围、伤侧海马齿状回及胼胝体 nestin阳性细胞逐渐增加，伤后 14 d 在挫伤周围仍有弱表达，到 28 d 恢复到正常水平；海马齿状回及胼胝体在 14~28 d 仍有较低水平表达，这表明 nestin 在挫伤灶周围、伤侧海马齿状回及胼胝体的表达与脑挫伤经过时间存在明显相关性，并且在伤后半小时表达明显增强，因而脑损伤后 nestin 表达的时序性变化可望作为推断早期脑损伤时间的指标。通过制造大鼠脑挫伤模型，分别于脑挫伤后 1 h、3 h、6 h、12 h、1 d、3 d、7 d 取材，严治等人发现伤后 6 h，TNF-α 阳性细胞数达第一高峰；在伤后 3 d，阳性细胞数达到第二高峰，且伤后 3 d 阳性细胞数＞伤后 6 h 阳性细胞数。吴旭、陶陆阳等人还通过建立大鼠脑挫伤模型对脑损伤后 GFAP、增殖细胞核抗原（proliferating cell nuclear antigen, PCNA）和 COX-2 的表达进行了研究，结果表明 GFAP 于伤后 3 h 表达增加，PCNA 于伤后 12 h 表达增加，且分别于伤后 7 d、4 d 达峰值。而 COX-2 的 mRNA 和蛋白分别于伤后 15 min、30 min 表达增加，mRNA 于伤后 1 d 达峰值，伤后 2 d 略下降，至第 3 天达第二高峰；蛋白于伤后 2 d 达高峰，伤后 3 d 略下降，第 4 天达另一高峰，且至 15 d 时仍呈高表达，提示 COX-2 可用于推断脑损伤后 15 min 至 15 d 的损伤形成时间，为法医学脑损伤形成时间的推断提供了新的指标。褚洋等人通过改良的自由落体装置建立小鼠脑挫伤模型，研究胱硫醚 β 合成酶（cystathionine β-synthase, CBS）在脑挫伤后皮质中不同时段的表达变化，结果表明 CBS 在正常皮质中有表达，损伤后表达逐渐减弱，损伤 3 d 后阳性表达明显减少，7 d 恢复到正常水平。黄代新等人运用液压冲击制作脑挫伤模型研究损伤后碱性成纤维细胞生长因子（bFGF）及其受体（FGFR1）的表达及其时序性变化，发现大脑皮质及脑干在冲击伤后，bFGF 及 FGFR1 在伤后 1~3 d 达峰值；海马区冲击伤后，bFGF 及 FGFR1 在伤后 1 d 达峰值。郭晓冲等人应用大鼠脑挫伤模型研究了大鼠脑挫伤修复过程中 MMP-3 表达的时序性变化规律，结果表明伤后 6 h 脑组织出现 MMP-3 阳性染色，24 h 内染色逐渐增强，5 d 阳性细胞数及染色强度均达高峰，随之下降，于伤后 14 d 仍有少量 MMP-3 表达。陈京伟等人研究表明，在小鼠未受损脑皮质中仅少量细胞呈 2 型大麻素受体（cannabinoid type 2 receptor, CB2R）阳性表达；脑挫伤后 CB2R 阳性细胞率升高，于伤后 12 h 和伤后 7 d 达到高峰，而后下降并逐渐恢复至正常水平；CB2R 阳性神经元于伤后 12 h 达高峰；CB2R 阳性星形胶质细胞数量于伤后 7 d 达到高峰。郭相伸等人应用人脑挫伤标本研究细胞特异性 Nrf2 的表达，发现人脑挫伤后 1~3 d，Nrf2 阳性的神经元最多；脑挫伤后 5~7 d，Nrf2 阳性的星形胶质细胞最多；脑挫伤后 5~7 d，Nrf2 阳性的小胶质细胞数量达峰值。经过上述研究，对于脑挫伤损伤时间推断提供了大量的参考指标。

五、弥漫性轴索损伤时间推断

弥漫性轴索损伤（diffuse axonal injury，DAI）是指由原发性或继发性损伤所导致的白质广泛轴突损伤，多见于因钝性外力所导致的颅脑损伤，也可由缺血缺氧或代谢障碍导致。轴索由神经元的轴突和长树突构成，与其外包绕的髓鞘共同组成神经纤维，参与神经兴奋的传递等重要功能。DAI 根据损伤原因可以分为以下几类：创伤性轴索损伤；代谢性轴索损伤；血管性轴索损伤；其他原因导致的轴索损伤。其中创伤性轴索损伤是最为常见的损伤类型，患者常于损伤后意识丧失并陷入不同程度的昏迷。

20 世纪 50 年代，Strich 首先通过 Glees 银染色技术在严重创伤后痴呆患者中描述了脑白质的弥漫性轴索损伤。随着免疫组织化学技术的发展和淀粉样前体蛋白（APP）标记的出现，DAI 损伤时间推断的研究逐渐拉开了帷幕。Oehmichen 于 20 世纪 90 年代应用免疫组织化学方法对闭合性脑损伤案例中的人脑组织检材进行检测，发现 β–APP 最早能够在损伤后 105 min 被检测到，而伤后 30 d 几乎消失殆尽。不久后，Wilkinson 等人报道称在损伤 1 h 后便能够检测到 β–APP，并且通过观察 β–APP 标记的肿胀轴突的大小发现伤后 3 h β–APP 阳性标记的损伤轴突轻度肿胀，而在 15 d 轴突肿胀明显，轴突肿胀的平均大小与损伤时间之间有很强的正相关关系，轴突膨胀的平均大小在受伤后约 85 h 达到稳定。除此之外，他们还发现各时间段损伤轴突的最小值十分稳定，这可能反映了继发性损伤的持续影响。但英国学者 Leclercq 等人对这一结果提出了挑战，他们发现即使应用了一系列的免疫组织化学修复处理，在损伤时间小于 3 h 的案例中也无法检测到损伤标志物 β–APP，β–APP 阳性轴突膨胀面积在相似生存时间的不同病例之间存在较大差异，因此认为仅通过对人类死后材料轴突肿胀的形态学测量来确定损伤的准确时间并不准确。2007 年，Hortobágyi 等人提出最早可在严重脑挫伤后 35 min 的案例中检测到 β–APP 阳性染色。2018 年，Romero 等人对颅脑损伤死亡案例进行了研究，将案例按照伤后存活 2 h 内存活 2~24 h、存活 24 h 至 30 d、存活超过 30 d 进行分组，发现伤后即会出现轴突串珠样改变，其密度和直径会随存活时间的增加而增高，这些变化开始于灰质，在创伤后 2 h 可以在血管周围和出血区被观察到；24 h 后，白质中出现串珠状轴突，最终导致细胞崩解。另外，β–淀粉样前体蛋白标记物在损伤后 2 h 开始弱表达，24 h 内可出现弥漫性表达，提示为原发性创伤性损伤。相关标记物持续高表达，到第 26 天时白质内出现 "Z" 字形串珠状轴突，提示出现继发性缺氧性损伤。所有这些随时间推移发生的变化有助于推断损伤时间，并对区分脑损伤后长期存活和立即死亡的病例提供参考。

大量研究显示创伤性脑损伤能够导致 DAI，并且在损伤的白质中能够发现小胶质细胞的活化与聚集。因此，Oehmichen 等人通过小胶质细胞标志物 CD68 与损伤轴突标志物 β–APP 观察人脑检材中轴索损伤与小胶质细胞反应之间的关系，并且发现在损伤后 96 h 内中度弥漫性增多的小胶质细胞主要存在于正常白质中，而轴突损伤区小胶质细胞数量的增加最早可在伤后 5 d 后观察到，而小胶质细胞聚集成簇现象最早在伤后 6 周出现。我国学者陈宗云等人采用 DAI 动物模型进行了免疫组织化学染色，研究 NGF 在轴索损伤后随时间的表达变化，发现伤后 1 h NGF 阳性细胞数目开始逐渐增多，12 h 达高峰，呈强阳性持续至 48 h，伤后 3 d 开始下降，7 d 后基本回至正常水平。实时荧光定量 PCR 技术是一项用于检测 mRNA 的常用技术，被广泛应用于神经病理学在内的许多领域当中，日本学者 Iino 在 2003 年发表的文章中应用 Real-time PCR 技术于伤后不同时间段检测大鼠 DAI 模型中轴索损伤标志物神经元特异性烯醇化酶（NSE）、β–APP 衔接蛋白 FE65 的 mRNA 表达量变化，其中 FE65 的 mRNA 表达在伤后半小时明显升高，伤后 1 h 达到峰值，12 h 逐渐降至对照组水平，24 h 再次升高，并最终在 48 h 减少；NSE 基因表达在损伤后 24 h 达到峰值。

　　临床中常规的影像学技术虽然能够将白质与灰质相区分，但却无法显示白质中神经纤维的走向，难以应用于轴索损伤的评估。而 DTI 能够反映白质中水分子弥散的方向依赖特性，显示大脑白质纤维的结构和各向异性特征，从而在不造成机体创伤的前提下了解大脑白质结构的变化。2007 年，Mac Donald 等人应用 DTI 成像模式在动物实验中对轴索损伤进行评估，结果显示相对各向异性、轴向扩散率以及径向弥散率在创伤后 6 d 至 4 d 显著降低，径向弥散度无显著变化；伤后 1~4 周，相对各向异性依旧降低，轴向弥散率、径向弥散率以及平均弥散率升高。2013 年，李上勋等人应用 DTI 在伤后不同时间段检测大鼠的胼胝体、双侧外囊、内囊和锥体束，发现各向异性分数、轴向扩散率均显著降低，他们的结果证明了 DTI 能够作为评价早期 DAI 的辅助工具，但在将 DTI 应用于法医学实践前仍需要大量研究来证明这种方法的有效性与准确性。

　　傅里叶变换红外光谱是一种将计算机技术与红外光谱相结合的分析鉴定方法，能够检测多种大分子（包括蛋白质、脂类、碳水化合物和核酸）的化学变化，在生物、医学、材料等各个领域得到了广泛应用。2015 年，张吉开始探索傅里叶变换红外光谱在外伤性轴索损伤中的应用价值，发现通过对蛋白质构象、脂质与蛋白质比例以及化学基团含量的分析能够将损伤后不同时间段的损伤组区分开来。此后进一步探索在弥漫性轴索损伤时间推断中的应用，发现伤后不同时间组胼胝体的蛋白质、脂质和碳水化合物的生物化学变化明显，集中表现在脂质中的 CH_3，CH_2，$C=C$ 和 $C=O$ 含量；α 螺旋、β 折叠以及 β 转角蛋白质构象；碳水化合物的 $C=O$ 含量。光谱分析结果与免疫组织化学检测所得结果相吻合（伤后 24 h 轴突损伤程度最重），并用偏最小二乘法成功验证了上述生化改变差异用于预测不同损伤时间组的有效性，傅里叶变换红外光谱的多变量分析克服了传统组织学方法的主观性、低重复性等缺点，在整体上对轴突的损伤程度进行评估，为突破 DAI 损伤时间推断研究瓶颈开辟了新的道路。

第三节　展　望

　　在法医学领域，颅脑损伤时间推断是损伤时间推断这一重要科学问题的核心组成部分，研究的主要内容也是通过一系列组织病理学及分子生物学标志物的时序性变化规律推测颅脑损伤发生的时间，进而为司法实践提供客观证据。颅脑损伤的表现形式多样，目前的研究多数集中于硬脑膜下血肿和脑挫伤，对其他类型损伤的研究相对较少。

目前已有的研究成果中，对颅脑损伤发生时间的阶段划分跨度偏大，需要进一步细化才能更好地应用于法医学实践。2000年以来，国内学者针对此问题展开了一系列的科学研究，但绝大多数研究仍处于基础研究阶段，尚待进一步转化应用才能指导实践。

近年来，随着神经科学的研究进展，以氧化应激、细胞凋亡、自噬、铁死亡等为代表的生物学事件在脑损伤和疾病发展进程中的作用日益凸显。以此为契机，深入探讨相关调控因子的动态表达规律，并在人体标本中加以验证，有望为法医学颅脑损伤时间推断提供更精细的参考指标。在技术层面，近年来光谱分析、质谱成像以及基因组学、蛋白组学、代谢组学等技术的快速发展为法医学损伤时间推断带来了新的机遇。通过多技术联合应用，将得到的大数据进行人工智能分析以获取更加精确的损伤时间推断结果是本领域的前沿发展方向。这一趋势同样适用于颅脑损伤形成时间的研究，通过多组学技术联合使用，系统检测血肿或损伤脑组织内mRNA、microRNA、蛋白质、小分子代谢物等分子生物学指标的动态变化图谱，结合脑组织的光谱吸收峰数据和分子空间分布特征信息，进行人工神经网络、随机森林、偏最小二乘回归分析等人工智能算法分析，有望得到更加精确的损伤时间推断结果。以上述研究思路为导向，深入开展颅脑损伤形成时间的研究，相信未来本领域的研究成果必将会有一个质的飞跃，并将助力"精准法医学损伤时间推断"这一目标的实现。

（赵锐　王林林　中国医科大学）

参考文献

［1］Oehmichen M，Raff G.［Time-dependent histomorphological changes of cortical contusion areas following brain concussion］［J］. Beitr Gerichtl Med，1978，36：291-294.

［2］Ondruschka B，Pohlers D，Sommer G，et al. S100B and NSE as useful postmortem biochemical markers of traumatic brain injury in autopsy cases［J］.Journal of Neurotrauma，2013，30（22）：1862-1871.

［3］Sieber M，Dreßler J，Franke H，et al. Post-mortem biochemistry of NSE and S100B：A supplemental tool for detecting a lethal traumatic brain injury?［J］. Journal of forensic and legal medicine，2018，55：65-73.

［4］Ondruschka B，Schuch S，Pohlers D，et al. Acute phase response after fatal traumatic brain injury［J］. International journal of legal medicine，2018，132（2）：531-539.

［5］Ondruschka B，Woydt L，Bernhard M，et al. Post-mortem in situ stability of serum markers of cerebral damage and acute phase response［J］. International Journal of Legal Medicine，2019，133（3）：871-881.

［6］Scotti G，Terbrugge K，Melancon D，et al. Evaluation of the age of subdural hematomas by computerized tomography［J］. Journal of neurosurgery，1977，47（3）：311-315.

［7］冉慕光，雷俊杰，邓素芳，等.脑损伤出血时间与尸体影像学检查的相关性分析.［J］.齐齐哈尔医学院学报，2016，37（15）：1938-1939.

［8］陈唯唯，叶海琪，陈骞蓝，等.椎管内硬膜外出血的影像学诊断和检查策略.［J］.放射学实践，2018，33（12）：1307-1311.

［9］丛斌.法医病理学［M］.5版.北京：人民卫生出版社，2016.

［10］Van den Bos D，Zomer S，Kubat B. Dare to date：age estimation of subdural hematomas，literature，and case analysis［J］. International journal of legal medicine，2014，128（4）：631-640.

［11］Rao M G，Singh D，Khandelwal N，et al. Dating of Early Subdural Haematoma：A Correlative Clinico-Radiological Study［J］. Journal of clinical and diagnostic research：JCDR，2016，10（4）：C1-C5.

［12］Lee K S，Bae W K，Bae H G，et al. The computed tomographic attenuation and the age of subdural hematomas［J］. Journal of Korean medical science，1997，12（4）：353-359.

［13］Delteil C，Kolopp M，Capuani C，et al. Histological dating of subarachnoid hemorrhage and retinal hemorrhage in infants［J］. Forensic Science International，2019，303：109952.

［14］张晓莹，张光宇，周玉林.单纯外伤性蛛网膜下腔出血的法医学临床鉴定时机［J］.复旦学报（医学版），2017，44（S1）：63-65.

［15］Loberg E M，Torvik A. Brain contusions：the time sequence of the histological changes［J］. Medicine，Science and the Law，1989，29（2）：109-115.

［16］Hausmann R，Rieß R，Fieguth A，et al. Immunohistochemical investigations on the course of astroglial GFAP expression following human brain injury［J］. International Journal of Legal Medicine，2000，113（2）：70-75.

［17］Hausmann R，Kaiser A，Lang C，et al. A quantitative immunohistochemical study on the time-dependent course of acute inflammatory cellular response to human brain injury［J］. International Journal of Legal Medicine，1999，112（4）：227-232.

［18］苗国华，张惠芹，叶懿.免疫组织化学技术在推断颅脑损伤时间中的应用［J］.中国人民公安大学学报（自然科学版），2006（4）：29-33.

［19］Kobek M，Jankowski Z，Szala J，et al. Time-related morphometric studies of neurofilaments in brain contusions［J］. Folia neuropathologica，2016，54（1）：50-58.

［20］Oerter S，Förster C，Bohnert M. Validation of sodium/glucose cotransporter proteins in human brain as a potential marker for temporal narrowing of the trauma formation［J］. International Journal of Legal Medicine，2019，133（4）：1107-1114.

［21］Hausmann R，Betz P. The time course of the vascular response to human brain injury-an immunohistochemical study［J］. International Journal of Legal Medicine，2000，113（5）：288-292.

［22］Hausmann R，Betz P. Course of glial immunoreactivity for vimentin，tenascin and alpha1-antichymotrypsin after traumatic injury to human brain［J］. International journal of legal medicine，2001，114（6）：338-342.

［23］Hausmann R，Betz P. The course of MIB-1 expression by cerebral macrophages following human brain injury［J］. Legal Medicine，2002，4（2）：79-83.

［24］Zorilă A L，Zorilă M V，Marina M C，et al. Evaluation of brain injuries in children deceased due to head trauma［J］.Rom J Morphol Embryol，2017，58（4）：1417-1428.

［25］Hausmann R，Biermann T，Wiest I，et al. Neuronal apoptosis following human brain injury［J］. International Journal of Legal Medicine，2004，118（1）：32-36.

［26］Dreßler J，Hanisch U，Kuhlisch E，et al. Neuronal and glial apoptosis in human traumatic brain injury［J］. International Journal of Legal Medicine，2007，121（5）：365-375.

［27］贾冬梅，何光龙，周亦武，等.大鼠脑挫伤后巢蛋白表达与脑挫伤经过时间的关系［J］.法医学杂志，2006（3）：161-164，156.

［28］严治，孙小丽，胡玉莲，等.大鼠脑挫伤后脑与其他器官组织中TNF-α表达的比较［J］.法医学杂志，2012，28（4）：261-264.

［29］吴旭，王保捷，张国华，等.大鼠脑损伤后COX-2表达变化的时间规律性研究［J］.法医学杂志，2004（1）：4-6，8-69.

［30］陶陆阳，汪德文，刘萍，等.人脑挫伤后GFAP、PCNA的法医病理学研究［J］.法医学杂志，2000（3）：137-138，140-193，190.

［31］褚洋，韩国宪，王尧淇，等.CBS在脑挫伤后损伤时间推断中的作用［J］.法医学杂志，2017，33（3）：221-224，231.

［32］黄代新，张林，吴梅筠，等.大鼠液压冲击脑损伤后bFGF及其受体FGFR1的表达［J］.法医学杂志，2004（2）：65-67，137.

［33］郭晓冲，李如波，梁红霞，等.大鼠脑挫伤后基质金属蛋白酶3的表达［J］.法医学杂志，2009，25（1）：1-5.

［34］陈京伟，王鹏飞，张孟周，等.小鼠脑挫伤后CB2R的表达变化与损伤时间的关系［J］.法医学杂志，2019，35（2）：136-142.

［35］郭相伸，温书恒，董雯雯，等.人脑皮质挫伤后不同细胞Nrf2的表达［J］.法医学杂志，2019，35（3）：273-279.

［36］Snyder V S，Hansen L A. A Conceptual Overview of Axonopathy in Infants and Children with Allegedly Inflicted Head Trauma［J］. Academic Forensic Pathology，2016，6（4）：608-621.

［37］Gorrie C，Oakes S，Duflou J，et al.Axonal injury in children after motor vehicle crashes：extent，distribution，and size of axonal swellings using beta-APP immunohistochemistry［J］. Journal of neurotrauma，2002，19（10）：1171-1182.

［38］Strich S J.Diffuse degeneration of the cerebral white matter in severe dementia following head injury［J］. Journal of Neurology，Neurosurgery & Psychiatry，1956，19（3）：163-185.

［39］Oehmichen M，Meissner C，Schmidt V，et al. Axonal injury-a diagnostic tool in forensic neuropathology? A review［J］. Forensic science international，1998，95（1）：67-83.

［40］Wilkinson A E，Bridges L R，Sivaloganathan S.Correlation of survival time with size of axonal swellings in diffuse axonal injury［J］. Acta Neuropathologica，1999，98（2）：197-202.

［41］Leclercq P D，Stephenson M S，Murray L S，et al.Simple morphometry of axonal swellings cannot be used in isolation for dating lesions after traumatic brain injury［J］. Journal of neurotrauma，2002，19（10）：1183-1192.

［42］Hortobágyi T，Wise S，Hunt N，et al.Traumatic axonal damage in the brain can be detected using beta-APP immunohistochemistry within 35 min after head injury to human adults［J］. Neuropathology and applied neurobiology，2007，33（2）：226-237.

［43］Romero Tirado M D L A，Blanco Pampin J M，Gallego Gómez R.Dating of Traumatic Brain Injury in Forensic Cases Using Immunohistochemical Markers（I）：Neurofilaments and β-Amyloid Precursor Protein［J］. The American journal of forensic medicine and pathology，2018，39（3）：201-207.

［44］Oehmichen M，Theuerkauf I，Meissner C . Is traumatic axonal injury（AI）associated with an early microglial activation? Application of a double-labeling technique for simultaneous detection of microglia and AI［J］. Acta Neuropathologica，1999，97（5）：491-494.

［45］陈宗云，汪静宇，李永宏.大鼠弥漫性轴索损伤后NGF表达［J］.法医学杂志，2008（3）：

172-174.

［46］Iino M, Nakatome M, Ogura Y, et al.Real-time PCR quantitation of FE65 a beta-amyloid precursor protein-binding protein after traumatic brain injury in rats［J］. International journal of legal medicine, 2003, 117（3）: 153-159.

［47］Mac Donald C L, Dikranian K, Bayly P, et al. Diffusion Tensor Imaging Reliably Detects Experimental Traumatic Axonal Injury and Indicates Approximate Time of Injury［J］. The Journal of neuroscience : the official journal of the Society for Neuroscience, 2007, 27（44）: 11869-11876.

［48］Li S, Sun Y, Shan D, et al.Temporal profiles of axonal injury following impact acceleration traumatic brain injury in rats-a comparative study with diffusion tensor imaging and morphological analysis［J］. International Journal of Legal Medicine, 2013, 127（1）: 159-167.

［49］Zhang J, Huang P, Wang Z, et al. Application of FTIR spectroscopy for traumatic axonal injury: a possible tool for estimating injury interval［J］. Bioscience Reports, 2017, 37（4）: BSR20170720.

［50］Zhang J, Liu L, Mu J, et al.Chemical Analysis in the Corpus Callosum Following Traumatic Axonal Injury using Fourier Transform Infrared Microspectroscopy: A Pilot Study［J］. Journal of Forensic Sciences, 2015, 60（6）: 1488-1494.

［51］Van den Bos D, Zomer S, Kubat B. Dare to date: age estimation of subdural hematomas, literature, and case analysis［J］. International journal of legal medicine, 2014, 128（4）: 631-640.

第二十六章
生物标志物在创伤性脑损伤中的应用

创伤性脑损伤是青壮年致残、致死的主要原因之一。临床上，创伤性脑损伤的诊断主要依赖于外伤史、伤后临床表现及影像学检查，常用格拉斯哥昏迷评分（GCS）评估急性颅脑损伤的严重程度。而颅内结构性损伤则通过影像学方法证实，但上述方法对于轻型颅脑损伤或者颅脑损伤早期诊断存在不足，极易造成漏诊，也难以对损伤程度以及颅脑损伤转归和预后进行精准评估。通过对颅脑损伤后的血液或者脑脊液中相关特异生物标志物的检测来辅助颅脑损伤的诊断和病情评估是目前临床关注的热点。理想的脑损伤生物标志物应具有高度的特异性和敏感性，同时具有伤后立即释放、伤后早期即可检出以及检测快速便捷等特点。

以往科学研究已经做了大量工作，例如，近十年来颅脑损伤标志物的研究热点S100钙结合蛋白β（S100-β）和神经元特异性烯醇化酶（NSE）已成为临床上常用的检测急性颅脑损伤的生物学标志物，但仍存在特异性差、半衰期长、受溶血影响大等不足。科研工作者一直没有停止探究的脚步，寻找特异敏感的颅脑损伤生物学标志物用于颅脑损伤的早期诊断、治疗和预后评估一直是临床研究的热点。现将近十多年来出现的有代表性的创伤性脑损伤生物标志物进行综述。

第一节 神经丝蛋白

运动神经元轴索由三种骨架蛋白构成：肌动蛋白微丝、微管蛋白和中间丝纤维。神经丝蛋白（neurofilament protein，NFP）属于第Ⅳ型中间丝纤维，是中间丝纤维的主要组成成分，同时也是轴索细胞骨架的主要成分蛋白，对于维持轴突形态、信号转导以及轴浆运输发挥重要作用。NFP主要由68 kDa的神经丝蛋白轻链（neurofilament light chain，NF-L）、150 kDa的神经丝蛋白中间链（neurofilament medium chain，NF-M）及190~210 kDa的神经丝蛋白重链（neurofilament heavy chain，NF-H）三种蛋白亚基及中枢神经系统的α内连接蛋白、周围神经系统的外周蛋白组合而成。其中NF-L是神经丝蛋白中最重要的组成成分，特异性表达于轴索和轴突，外力所致轴突损伤是引起颅脑损伤的主要因素，也是颅脑损伤后预后不良的决定因素之一。轴索损伤后 NF-L 释放入细胞外液，它在 CSF 中变化敏感，且容易被检测，被认为是轴索损伤的生物标志物。Zanier 等人发现动脉瘤性蛛网膜下隙出血（ASAH）的患者，脑脊液中 NF-L 含量为 60~2 688 pg/mL（中位数 643 pg/mL），较正常人（< 12 pg/mL）明显升高。2015 年 Al 等人首次观察到创伤性脑损伤患者血清 NF-L 水平对患者预后具有评估价值，与 S100-β 不同，NF-L 可能反映了不同的病理生理过程。2016 年另一项研究得出相似的结论，他们观察了 72 例创伤性脑损伤患者血清 NF-L 水平，与对照组相比明显升高，且在诊断颅脑损伤的 ROC 曲线中，入院患者 NF-L 的 AUC 为 0.99（S100-β 为 0.96），在颅脑损伤后 12 d AUC 增加至 1.00（S100-β AUC 为 0.65），相比较 S100-β 而言，NF-L 对于颅脑损伤的预后评估能力更强。国内学者李全春对 100 例急性创伤性脑损伤患者进行了研究，以探讨血清 NF-L 水平预测急性创伤性脑损伤患者临床预后的应用价值。研究发现，观察组颅脑损伤后当天、1 d、2 d、3 d、4 d、6 d、8~9 d 和 10~12 d 血清 NF-L 平均显著高于对照组，在发生急性颅脑损伤后很快可以从患者血清中检测到 NF-L，且在患者入院后至 12 d 呈迅速升高趋势，这可能与颅脑损伤后继发的颅内高压和低氧血症有关。相关分析显示观察组颅脑损伤当天血清 NF-L 水平与 CT 分级呈显著正相关，CT 分级越高，对应的 NF-L 水平也越高。而同时检测常用的颅脑损伤标志物 S100-β 蛋白也显示其在急性脑损伤后患者血液中的急速升高，但是随着时间的推移，血清 S100-β 蛋白水平不断下降，到受伤后第 6 天血清 S100-β 蛋白水平与对照组无显著差异，进一步分析结果显示 S100-β 蛋白与患者颅脑损伤的 CT 分级无相关性。相比较而言，NF-L 更能反映患者的颅脑损伤程度。同时该研究还观察到入院当天血清 NF-L 预测急性创伤性脑损伤的 AUC 就已达 0.99，且在入院后 6 d AUC 上升到 1.00，预测患者死亡风险的灵敏度和特异度分别达到 71%、88%，预后的灵敏度和特异度分别是 86%、56%，灵敏度和特异度都较高，检测血清 NF-L 水平有利于敏感预测急性创伤性脑损伤后神经元损伤的严重程度。

对于轻型颅脑损伤，如脑震荡，NF-L 检测也具有较高的敏感性。瑞典学者观察了 14 例业余拳击运动员血清 NF-L 的水平，发现拳击比赛后 7~10 d NF-L 血清含量明显高于其比赛后休息 3 个月时的水平和正常人水平，拳击运动员即使比赛后休息 3 个月血清 NF-L 的水平仍高于正常人。同时发现业余拳击运动员血清 NF-L 的水平与头部受到打击次数有关，受到打击次数多的（> 15 次）或比赛中被打击出现过眩晕的运动员 NF-L 的水平明显高于受到打击次数少的运动员。该研究还观察了 35 例瑞典冰球运动员，比赛中脑震荡后 1 h NF-L 的水平也明显升高。上述两组不同运动员的研究结果提示，对于脑震荡，血清 NF-L 可能是一种敏感的标志物，可用于诊断。

需要注意的是，在健康人群中血清 NF-L 水平随年龄的增长而增加，与反映脑萎缩的脑实质容量分数密切相关，这反映了血清 NF-L 水平的年龄相关性，可能与神经退行性病变有关，如作为反应创伤性脑损伤的生物标志物需考虑年龄因素对检验结果的影响。

神经丝蛋白中间链（NF-M）在维持 NF 的形态上也发挥着关键作用，神经元轴突的直径则是由其决定的。NF-M 代谢以及合成的改变与颅脑损伤以及某些神经系统疾病有关，检测血液或脑脊液中 NF-M 含量也可用于疾病的早期诊断及预后判断。2015 年有学者首次观察了脑损伤时脑脊液及血清中 NF-M 的含量变化，发现脑出血患者脑脊液 NF-M 含量明显高于脑梗死患者及正常人水平；而血清中 NF-M 的含量正常人的范围为 0.26~8.57 ng/mL（中位数 2.29），脑出血患者为 0.97~42.4 ng/mL（中位数 10.8），重型颅脑损伤患者为 3.48~45.4 ng/mL（中位数 14.7），可以看出脑出血患者和重型颅脑损伤患者血清中 NF-M 含量明显升高。研究同时发现，68 例轻型颅脑损伤患者伤后 6 h 中有 30 例（44%）亦存在血清中 NF-M 含量明显升高的现象，但这些患者还存在其他多发伤，推测血清中 NF-M 还可能来源于外周神经系统。

神经丝蛋白重链（NF-H）在神经元胞体或树突中多表现为去酸化形式，而在神经元轴索中，NF-H 则被大量磷酸化为磷酸化神经丝蛋白重链（phosphorylated neurofilament heavy chain，pNF-H）。一旦轴索损伤变性，大量 pNF-H 可被释放到脑脊液或血液中，从而被检测出来，也可作为评价轴索损伤及损伤程度的生物学标志物，与颅脑损伤有着重要的联系。揭园庆等人将 113 例创伤性脑损伤患者列为观察组（诊断为脑挫裂伤，伴发不同程度的蛛网膜下隙出血、颅骨骨折、颅内血肿），于伤后 6 h、12 h、24 h、3 d、5 d、7 d 采取静脉血离心制备血清标本，对 pNF-H 浓度进行了测定，同时分析 pNF-H 与格拉斯哥昏迷评分（GCS）及格拉斯哥预后评分（GOS）的关系。结果发现，观察组各时间点血清 pNF-H 浓度均明显高于对照组，且在观察组中，pNF-H 浓度与颅脑损伤严重程度呈正相关，颅脑损伤后 24 h 的血清 pNF-H 水平与 24 h 的 GCS 及 6 个月后 GOS 呈负相关。上述说明 pNF-H 血清水平与创伤性脑损伤病情严重程度及早期预后密切相关，提示测定血清 pNF-H 水平可作为创伤性脑损伤损伤程度判断和预后预测的生物学指标。Gatson 等人的研究也发现，轻型创伤性脑损伤患者伤后第 1 天和第 3 天血清 pNF-H 水平显著升高，且与 GCS 评分呈负相关，另外发现伤后第 1 天 CT 有阳性表现的轻型创伤性脑损伤患者血清 pNF-H 水平高于 CT 表现阴性的患者。近期有学者采用了三种大鼠颅脑损伤模型：可控性皮质撞击模型（CCI）、液体冲击损伤模型（FPI）及穿透性弹道脑损伤模型（PBBI），观察到伤后 24 h 脑脊液和血清 pNF-H 水平与假手术组相比均显著升高，其中在 PBBI 模型中伤后 4 h 血清 pNF-H 即明显升高，伤后 24 h 达到高峰（50~200 pg/mL），但却低于 CCI 模型和 FPI 模型（500~1 000 pg/mL），这可能与 CCI 模型和 FPI 模型造成的颅脑损伤程度更严重有关。

第二节　神经胶质纤维酸性蛋白

神经胶质细胞原纤维酸性蛋白（glial fibrillary acidic protein，GFAP）是一种Ⅲ型中间丝状蛋白，以单体形式存在，参与胶质细胞骨架成分的构成，因只在星形胶质细胞中表达，被认为是一种星形胶质细胞特异性细胞标志物。星形胶质细胞在中枢神经系统生理病理过程中发挥重要作用，由于在脑组织特异性的表达与释放，当颅脑损伤后星形胶质细胞的结构功能受到破坏，血清 GFAP 浓度会明显升高，而其他部位损伤不会引起血清 GFAP 浓度升高，从而使其成为创伤性脑损伤生物标志物而发挥诊断及预后评估的作用。

以往动物研究证实大鼠重型创伤性脑损伤后 1 h 血清中 GFAP 水平同 S100-β 和 NSE 一样显著升高，高峰期存在于伤后 1 h，而 NSE 在伤后 6 h 才达到高峰。随后临床研究发现重型创伤性脑损伤患者（GCS ≤ 8 分）入院时血清 GFAP 水平较正常参考值升高 4.6 倍，颅脑损伤程度越重，血清 GFAP 水平越高，预后越差。有学者进行了更细致的研究，他们观察了 59 例重型创伤性脑损伤（GCS ≤ 8 分）患者，发现其中 58 例患者血清中 GFAP 显著升高，于伤后第 1 天水平最高，随时间的推移缓慢下降，与以往研究一样，血清 GFAP 水平越高的患者预后越差。同时发现，单纯创伤性脑损伤患者和伴有多发伤创伤性脑损伤患者血清 GFAP 无明显差别，说明 GFAP 作为诊断标志物特异性较好，其他部位多发伤不会干扰颅脑损伤的诊断。类似的临床研究也发现创伤性脑损伤患者入院当天 GFAP 血清浓度急剧上升，达到均值 6.77 pg/mL，而非颅脑损伤的患者则基本达不到检测限（均值为 0.7 pg/mL），入院第 2 天创伤性脑损伤患者血清 GFAP 浓度均值为 2.17 pg/mL，浓度大小与创伤性脑损伤患者死亡率密切相关。另一项研究发现与传统的创伤性脑损伤生物标志物 S100-β 和 NSE 相比，GFAP 具有更高的敏感性和特异性。

对于轻型创伤性脑损伤，GFAP 也表现出不错的敏感性和特异性。有学者观察了 25 例轻型创伤性脑损伤青少年患者和 20 例四肢骨折青少年患者，结果发现，就诊时轻型创伤性脑损伤青少年患者血清 GFAP 明显高于四肢骨折患者，而另一个创伤性脑损伤标志物泛素羧基末端水解酶 L1（UCH-L1）则未见明显异常。近期国内学者林靖等人采用液压冲击法制备大鼠轻型创伤性脑损伤模型，观察到损伤后 1 d 免疫组化染色显示皮质区 GFAP 阳性星形细胞明显减少，伤后 1 d、3 d、7 d 均观察到反应性增生的星形细胞，形态上表现为胞体肥大，细胞突起模糊不清，表明在轻型颅脑损伤的急性期发生了星形细胞破坏及胶质反应。同时伤后 1 d 血清中 GFAP 水平也明显增加，而在伤后 3 d 和 7 d 血清 GFAP 水平回落至正常水平。上述情况说明对于轻型创伤性脑损伤，血清中也出现 GFAP 水平的快速升高，表现出不错的敏感性。但也有观点认为对于轻型颅脑损伤 GFAP 诊断及预后评估价值有限，94 例轻型创伤性脑损伤患者就诊时血清 GFAP 平均水平为（0.25 ± 1.08）ng/mL，其中 59 例（63%）患者血液中检测不到 GFAP，虽然 CT 检查异常者 GFAP 水平明显高于 CT 检测正常者，MRI 示轴索损伤者 GFAP 水平明显高于无轴索损伤者，但经多元分析 GFAP 并不能对预后进行预估。

有学者还对 GFAP 稳定性进行了研究，他们提取了 20 例创伤性脑损伤患者的血液标本后，将全血及血清冷藏于 4~5 ℃ 环境中 72 h，发现 GFAP、UCH-L1 及 S100-β 这三种生物标志物均十分稳定，仍具有诊断价值。

第三节　泛素羧基末端水解酶 L1

泛素羧基末端水解酶 L1（ubiquitin C-terminal hydrolase-L1，UCH-L1）又称蛋白基因产物 9.5，是一种由 223 个氨基酸构成的低分子量（24 kDa）泛素蛋白水解酶，特异性高表达于脑与生殖细胞，其生理作用在于清除错误折叠的蛋白质，与神经退行性疾病、生殖细胞的发育及肿瘤发生有关。当发生创伤性脑损伤时，神经元受损后大量 UCH-L1 从神经元内逸出进入脑脊液，并可通过脑脊液循环回吸收入静脉血或通过受损的血脑屏障入血，血液中 UCH-L1 浓度也迅速升高。科研人员采用 LC-MSMS 蛋白质组学分析技术发现，大鼠皮质撞击损伤后 48 h 受损皮质内 UCH-L1 含量升高 2 倍。另有动物实验证实，中型和重型创伤性脑损伤大鼠伤后 2 h 脑脊液和血清中 UCH-L1 含量即明显升高，一直持续至 48 h，提示其可作为敏感的标志物用于创伤性脑损伤的诊断。临床研究也发现，41 例重型创伤性脑损伤（GCS ≤ 8 分）患者脑脊液 UCH-L1 含量（均值 44.2 ng/mL）在伤后各个时间点（6 h、12 h、24 h、48 h、72 h、96 h、120 h、144 h 及 168 h）较 25 例对照组脑脊液含量（均值 2.7 ng/mL）均明显升高，UCH-L1 含量越高，死亡率越高，预后越差。随后的研究进一步证实重型创伤性脑损伤患者伤后各个时间点血清中 UCH-L1 含量明显升高，与损伤程度密切相关，表现出良好的敏感性和特异性。国内学者也有类似发现，创伤性脑损伤患者血清 UCH-L1 水平与颅脑损伤程度呈正相关，损伤越重，含量越高，且随时间推移而逐步升高，入院后 7 d 逐渐下降，入院时间不同、预后不良患者血清 UCH-L1 水平均高于预后良好患者，血清 UCH-L1 预测颅脑创伤患者预后的灵敏度、特异度均较高，有望用于损伤程度和预后的评估。

随着新技术的出现，血清 UCH-L1 检测时间越来越短，灵敏度越来越高，Singh 等学者应用金纳米粒子表面等离子体共振技术（surface plasmon resonance of gold nanoparticles）完成了血清 UCH-L1 的检测，检测灵敏度达到 0.5 ng/mL，较传统 ELISA 方法步骤更少，用时更短，能将轻型创伤性脑损伤与中重型创伤性脑损伤进行区分。

也有研究证实，蛛网膜下隙出血的患者脑脊液 UCH-L1 也有变化，Lewis 等人观察了 30 例脑动脉瘤破裂的蛛网膜下隙出血患者，脑脊液中 UCH-L1 明显升高，部分患者持续至患病后 2 周，预后也较差。2016 年 Kiiski 等人研究也有类似结论，动脉瘤性蛛网膜下隙出血患者出血 24 h 内预后好的患者与预后不好患者血清 UCH-L1 水平无明显差别，但出血 5 d 后血清 UCH-L1 水平仍明显升高者则预后较差。

学者们对轻型颅脑损伤 UCH-L1 的诊断价值也进行了相关研究。Papa 等人观察了 325 例轻中型创伤性脑损伤患者（318 例轻型，GCS 12~15 分；7 例中型，GCS 9~12 分），发现血液中 UCH-L1 水平明显高于创伤对照组，血液中 UCH-L1 水平创伤性脑损伤后快速上升，在 8 h 时达到峰值，48 h 内稳定下降，直至第 7 天，且 CT 扫描损伤阳性 UCH-L1 水平明显高于扫描阴性患者。国内学者也有类似的发现，对于轻型创伤性脑损伤（GCS 13~15 分），血清 UCH-L1 水平也高于正常人，且颅脑损伤 CT 检查阳性患者血清 UCH-L1 水平比 CT 检查阴性患者更高，提示血清 UCH-L1 水平可以反映患者的病情，评价颅脑损伤的严重程度。但也有不同观点，对于青少年，轻型创伤性脑损伤患者与四肢骨折患者血清 UCH-L1 水平并无明显差别。也有学者认为血清 UCH-L1 浓度与轻型颅脑损伤患者预后不存在明显相关性，UCH-L1 浓度判断患者预后仍需联系患者颅脑 CT 情况做出判断。

第四节　α 突触核蛋白

α 突触核蛋白（α-synuclein）是一种由 140 个氨基酸构成的突触蛋白，由位于 4 号常染色体上包含 7 个外显子的单基因（SNCA）编码，广泛存在于中枢神经元及周围神经元中。生理状态下，α 突触核蛋白主要以游离单体的形式或与膜结合的单体形式存在，主要定位于突触前末梢和神经元的线粒体膜，发挥着抑制细胞凋亡、调节葡萄糖水平、调制钙调蛋白活性、抗氧化活性、神经元分化等作用，参与了帕金森病等疾病的病理过程。脑脊液 α 突触核蛋白水平可反映突触和线粒体功能障碍的进展，并与脑损伤后神经细胞凋亡等继发性损伤机制相关。

2011 年 Su 等人率先观察了 47 例重型创伤性脑损伤（GCS < 8 分）未成年患者（4 周至 16 岁）脑脊液 α 突触核蛋白的变化，发现伤后 6 d 内各时间点脑脊液 α 突触核蛋白水平均明显高于对照组，1~3 d 时增高约 5 倍，而 4~6 d 时则增高大于 10 倍。有学者对成年创伤性脑损伤患者进行了类似研究，观察到重型创伤性脑损伤患者（GCS ≤ 8 分）伤后 24 h 内脑脊液 α 突触核蛋白水平较对照组明显升高（4.09 ng/mL VS 1.32 ng/mL），在伤后第 3 天时下降，随后继续明显升高，于第 8 天达到高峰。国内学者采用 ELISA 方法检测了 92 例创伤性脑损伤患者和 60 例健康人脑脊液 α 突触核蛋白和血清 S100-β 蛋白水平，发现创伤性脑损伤患者在伤后 1 d、3 d、5 d、7 d 脑脊液 α 突触核蛋白和血清 S100-β 水平均明显高于对照组，伤后 1 d GCS 越低，脑脊液 α 突触核蛋白水平越高，且随着病情加重，脑脊液 α-突触核蛋白水平越高，预后越差。上述研究提示 α 突触核蛋白可作为反映颅脑损伤程度及判断预后的早期临床观察指标之一，为临床评估和创造医疗干预增加机会。

第五节　α-Ⅱ血影蛋白及其降解产物

血影蛋白（spectrin）最早发现于红细胞内，是一种细胞膜骨架蛋白，对于维持细胞膜的稳定、结构及形状起重要作用。血影蛋白是由 α 亚基和 β 亚基通过疏水键相互作用组成的异源二聚体蛋白，在脑组织中表达量为总蛋白的 2%~3%。α-Ⅱ血影蛋白（α-Ⅱ-spectrin）是 α 亚基的一种亚型，大量存在于神经元的轴突和突触前末梢，是钙蛋白酶（calpain）和天冬氨酸特异性巯基蛋白酶-3（Caspase-3）的酶作用底物。创伤性脑损伤发生时可引发 Ca^{2+} 平衡改变，并激活包括 calpain 和 Caspase-3 在内的 Ca^{2+} 依赖酶，可分解 α-Ⅱ血影蛋白形成裂解产物（α-Ⅱ-spectrin breakdown products，SBDPs）。根据电泳质量特征，将其裂解产物分别命名为 SBDP150（calpain 裂解产生）、SBDP145（calpain 裂解产生）和 SBDP120（Caspase-3 裂解产生）。正常人由于血脑屏障和脑细胞的完整性，脑脊液及血液中的 SBDPs 的水平极低，但当发生创伤性脑损伤时，SBDPs 可由损伤的脑组织细胞转移到脑脊液及血液中，使其成为能够反映脑组织损伤的生物标志物。

大鼠创伤性脑损伤模型研究发现，在颅脑损伤后 2 h、6 h、24 h 测得脑脊液中 SBDPs（SBDP145、SBDP150）水平明显升高；损伤 24 h 后，经 MRI 检查大鼠颅脑，发现 T2 像与 CSF 中的 SBDPs 水平呈显著相关性，即损伤面积越大，SBDPs 水平越高。也有研究对创伤性脑损伤患者脑脊液中 SBDPs 水平变化进行了观察。Pineda 等人采用 Western Blotting 的方法发现重型创伤性脑损伤患者（GCS ≤ 8 分）伤后脑脊液中的 SBDPs 水平较对照组显著升高，创伤性脑损伤患者 CSF 中迅速出现 SBDPs，SBDP150 和 SBDP145 的峰值出现在伤后 6 h，在伤后 24~72 h 逐渐下降，相应地，SBDP120 在伤后 6 h 也明显升高，一直持续至伤后 120 h，但随着时间推移一直保持着一个相对平稳的变化趋势。随着检测手段的变化，Stefania 等人采用 ELISA 的方法做了类似的研究。该研究纳入 40 例重型创伤性脑损伤患者（GCS ≤ 8 分），伤后每 6 h 采集脑脊液一次，一直持续至伤后 7 d，结果发现伤后各个时间点脑脊液中 SBDP145 和 SBDP120 与对照组相比均明显升高，但两者的表现形式不尽相同，SBDP145 峰值出现在伤后 6 h，随着时间的延长而逐渐下降，但 SBDP120 则随着时间的延长而缓慢升高，峰值出现在伤后 138 h（第 5 天），同时发现 SBDPs 含量与预后密切相关，SBDPs 含量越高，则预后越差。国内学者也有类似观点，陈炼等人也采用了 ELISA 方法检测 40 例重型创伤性脑损伤（GCS ≤ 8 分）患者伤后 6 h、12 h、24 h、1 d、2 d、3 d、4 d、5 d、6 d、7 d 脑脊液中 SBDP145 和 120 浓度，发现不同时间点颅脑损伤组脑脊液 SBDP145 和 SBDP120 浓度均明显高于对照组，SBDP145 的最大峰值出现较早，在伤后 6 h 达最高峰，持续时间长，减低缓慢直至伤后 7 d，而 SBDP120 变化缓慢，直到伤后 5 d 才达峰值，同时发现不同时间点伤后 3 个月死亡的颅脑损伤患者脑脊液的 SBDP145 和 SBDP120 浓度明显高于生存的患者，入院时 GCS 6~8 分患者脑脊液中 SBDP145 的浓度明显低于入院时 GCS 3~5 分的患者，而 SBDP120 的浓度两者之间无明显变化。上述研究提示，颅脑损伤患者 CSF 中 SBDPs 水平与颅脑损伤的严重性和患者预后有明显关系，对创伤性脑损伤患者颅脑损伤的程度和死亡风险的评估有很大的帮助。关于不同 SBDPs 峰值出现时间和含量变化趋势不同的原因与作用的裂解酶不同有关，calpain 和 Caspase-3 可能参与了不同的神经元死亡过程。与 Caspase-3 相比，在创伤性脑损伤急性期的细胞凋亡或坏死过程中 calpain 可能发挥更重要的作用，而在后期 Caspase-3 发挥的作用更多一些，使得两者的裂解产物峰值出现时间和含量变化趋势出现不同。

关于创伤性脑损伤患者血液中 SBDPs 含量变化的研究目前较少。有学者观察了儿童创伤性脑损伤患者（15 岁以下）入院当日血清 SBDP145 含量，各型创伤性脑损伤患者与对照组相比未见明显差别，但作者认为这可能与样本量太少有关。国内学者卜晓敏等人采用酶联免疫吸附法检测了 43 例重型颅脑损伤患者（GCS ≤ 8 分）、43 例轻型颅脑损伤患者（GCS > 12 分）和 43 例常规体检正常者血清 SBDP145 和 SBDP120 水平，入院当日立即采集血液样本，发现三组之间血清 SBDP145 水平无明显差异；与健康对照组相比，重型颅脑损伤和轻型颅脑损伤组的血清 SBDP120 水平均显著升高，但重型颅脑损伤和轻型颅脑损伤组之间无明显差异，且对头颅 CT 阴性和阳性患者的分辨有一定的准确度，SBDP120 有望成为轻型脑外伤辅助诊断生物标志物。

在动脉瘤性蛛网膜下隙出血时，SBDPs 水平也会发生变化。Lewis 等人采用 Western Blotting 的方法检测了 20 例动脉瘤性蛛网膜下隙出血患者脑脊液中 SBDPs 水平变化，发现 SBDP145、SBDP150 和 SBDP120 水平均明显升高。随后进一步研究亦发现类似情况，而且进一步比较发现即使 GCS 为 15 分的患者，三种 SBDPs 与对照组相比也明显升高，SBDP145 和 SBDP150 区分患者与对照组的 AUC 为 1.0，SBDP120 区分患者与对照组的 AUC 为 0.95，死亡患者 SBDP145 和 SBDP150 水平明显高于存活患者，提示 SBDPs 可作为标志物评估此类患者的预后。

第六节　纤维蛋白原样蛋白 2

纤维蛋白原样蛋白 2（fibrinogen-like protein 2，FGL2），又称纤维介素 2，是 FGL2 基因最初克隆自细胞毒性 T 淋巴细胞，其编码的糖蛋白与纤维蛋白原的 β 和 γ 链具有 36% 的同源性，因此被认为是纤维蛋白原超家族成员。FGL2 有蛋白膜连接型 FGL2（mFGL2）和分泌型 FGL2（sFGL2）两种类型，mFGL2 有促凝作用，主要在活化的巨噬细胞和血管内皮细胞表面表达，而 sFGL2 是由调节性 T 细胞分泌的效应分子，并被调节性 T 细胞高表达，无促凝作用，但发挥重要的免疫调节作用。

研究发现，缺血再灌注损伤的大鼠脑组织中 FGL2 mRNA 和蛋白表达明显升高，同时血 FGL2 水平也升高，表明受损的脑组织很可能也是 FGL2 的来源之一。近年研究报道血清中 FGL2 的变化，对颅脑损伤患者的病情发展及预后评估也具有指导意义。颅脑创伤后所继发的炎症因子大量表达是导致患者病情恶化的因素之一，其升高的幅度越大，脑损伤程度越严重，预后亦越差。2019 年 Chen 等人研究了 114 例重症颅脑创伤患者（GCS < 9 分），以入院 30 d 为观察终点，根据血 FGL2 中位数 254 ng/mL 将入选患者分为高浓度组和低浓度组，比较两组患者的总生存时间，发现颅脑损伤后 6 h 血 FGL2 的浓度即显著升高，组间比较发现，颅脑创伤患者血 sFGL2 较对照组明显升高，且与 GCS 呈负相关，高血 FGL2 浓度组患者的总生存期明显短于低浓度组患者，表明血 FGL2 浓度升高可作为重型颅脑创伤患者严重程度和预后的可靠生物标志物。国内学者的研究也得到了类似的结果。韦梅等人回顾性分析 81 例重型颅脑创伤患者的临床资料，发现重型颅脑创伤患者血 FGL2 浓度与 GCS 呈负相关，FGL2 越高，颅脑创伤患者的 GCS 越低，伤情严重程度越大，预后越差，死亡组患者的血 FGL2 浓度明显高于存活组，并且采用 ROC 曲线分析发现入院时 FGL2 浓度可有效预测颅脑创伤患者的死亡。

第七节　肿瘤坏死因子样弱凋亡诱导物

肿瘤坏死因子样弱凋亡诱导物（TNF-like weak inducer of apoptosis，TWEAK）是由 249 个氨基酸组成的 II 型膜蛋白，属肿瘤坏死因子家族，近来已明确其是一种具有多种生理病理功能的细胞因子。TWEAK 在细胞内质网合成后被弗林蛋白酶水解成具有生物学特性的由 156 个氨基酸构成的可溶性片段，成纤维细胞生长因子诱导早期反应蛋白 14（Fn14）被证实为 TWEAK 的受体。TWEAK 广泛表达于各种组织和器官，如大脑、心脏、血管等，正常生理状态下细胞少量表达 TWEAK 及 Fn14，在组织损伤修复时细胞可大量表达。TWEAK 通过与其受体的结合而发挥促炎作用、促进血管再生及调节细胞增殖、肥大、凋亡等生物学功能。

在颅脑损伤的情况下，TWEAK 及其受体发挥的作用也受到了关注。Inta 等人观察到，脑卒中患者血清 TWEAK 含量明显升高，而免疫组化观察到梗死区及梗死边缘区脑组织 Fn14 表达明显增多，提示 TWEAK 及 Fn14 可能参与了缺血性脑损伤。国内学者刘忠伟采用大鼠脑出血模型观察到，脑组织中 TWEAK 蛋白在出血后 3 h、4.5 h、6 h 表达明显上调，并在 6 h 达到高峰，在出血后的 24 h 和 48 h 表达仍维持在较高水平并开始趋于向正常水平缓慢回落，出血后 7 d 表达明显下降，但仍高于对照组。同时该研究通过注射 TWEAK 抑制剂发现，Anti-TWEAK 单克隆抗体能明显降低大鼠出血同侧基底核的脑水肿，上述情况表明 TWEAK 可能参与了脑出血后脑水肿的形成。近年的研究也表明 TWEAK 有望成为生物标志物用于颅脑损伤的诊断和病情的评估。Tang 等人观察了 114 例颅脑损伤患者，与对照组相比，血清中 TWEAK 水平显著升高，且与血清中 C 反应蛋白呈正相关，与 GCS 和 GOS 评分呈负相关，颅脑损伤 6 个月内死亡患者 TWEAK 水平明显高于存活患者，预后较差患者高于预后良好患者。在 114 例患者中，32 例（28.1%）患者死亡，60 例（52.6%）患者预后较差，血清中 TWEAK 水平高于中位数 3.35 ng/mL 患者，总生存时间少于低于中位数 3.35 ng/mL 患者，经 ROC 分析，血清中 TWEAK 水平对于 6 个月死亡率及不良预后具有较高的预测性能，血清 TWEAK 作为炎症性生物标志物在重型颅脑损伤的评估中发挥一定作用。

第八节　微 RNA

微 RNA（miRNA）是一类由 21~23 个碱基组成的非编码单链 RNA 分子，通过互补与靶基因 mRNA3'- 非编码区（3'-UTR）结合，抑制靶基因蛋白翻译或诱导 mRNA 的降解，从而负向调节靶基因转录后水平。以往研究表明 miRNA 可以通过调节蛋白质的表达来调节细胞的分子活动，约 30% 的 mRNA 翻译过程会受到调控，而一个 miRNA 具有调节数百种基因表达的潜能，在生长、发育、分化、增殖、调亡、损伤等多种细胞和生物学过程中都具有广泛的调节作用。血清中游离的 miRNA 具有稳定性高、特异性好的特点，自 2008 年 Lawire 等人首次发现弥漫性大细胞淋巴瘤患者血清中 miR-21 水平与肿瘤有无复发等密切相关后，血清 miR-21 成为第一个被发现的 miRNA 血清标志物，开启了对游离 miRNA 作为某些疾病或损伤血清标志物的研究。

目前在颅脑损伤领域，关于 miRNA 所发挥的调节作用尚处于研究起步阶段，但已有相关研究发现 miRNA 可能参与了颅脑损伤后继发性损伤，并有望成为生物标志物用于颅脑损伤的诊断。动物实验中，雷平等人采用 miRNA 芯片技术发现，大鼠颅脑损伤 6 h 后，在大脑皮质中即有 136 个 miRNA 表达，其中 2 倍以上差异表达上调有 13 个，2 倍以上差异表达下调有 14 个，其中 miR-21 在创伤性颅脑损伤后 6 h、24 h、48 h 和 72 h 4 个伤后时间点上均高表达。与此同时，Redell 等人也发现大鼠颅脑损伤后海马组织中有 50 个 miRNA 表达显著下调，35 个 miRNA 表达显著上调，这些表达变化的 miRNA 可能参与了颅脑损伤后的生理病理过程，如信号转导、转录调节等。Anuj 等人则观察到，小鼠在受到轻型颅脑损伤后血清中 9 个 miRNA 表达上调，4 个 miRNA 表达下调。

那么在创伤性颅脑损伤患者中，颅脑损伤后血液和脑脊液中 miRNA 是否有变化呢？2010 年，Redell 等人首先对创伤性颅脑损伤患者血液中 miRNA 的变化进行了观察。其采用芯片技术发现重型创伤性颅脑损伤患者（GCS ≤ 8 分）损伤后（68±8）h 时，血清中 52 个 miRNA 表达发生变化，其中 33 个表达下调及 19 个表达上调，同时还发现 8 个只表达在创伤性颅脑损伤患者血清中。进一步通过定量 RT-PCR 及 RUC 曲线分析发现，miR-16、miR-92a 和 miR-765 有望成为敏感的创伤性颅脑损伤生物标志物（AUC

值分别为 0.89、0.82、0.86）。2012 年，有学者发现 let-7i 有望成为新的颅脑损伤标志物。Let-7 家族是最早被发现、脑组织含量丰富的 miRNA，尤其是在海马和大脑皮质含量尤为丰富，let-7i 是其家族的成员之一。以往研究表明，let-7i 与多种肿瘤的发生、发展及预后有着密切的关系。而此次研究发现在冲击波所致大鼠轻型颅脑损伤模型中，血清和脑脊液中 let-7i 在损伤后 3 h 及 24 h 时含量均明显上调，考虑表达上调的 let-7i 来源于损伤的脑组织。近年来，国内学者构建了一种新颖、敏感的分析方法——DNA-AgNC 荧光探针技术，可在 1 h 内简便快捷地完成血清中 Let-7i 含量的检验，为 let-7i 的快速检测提供了技术支持。

2016 年，Bhomia 等人进行了更为细致的观察。他们发现轻中型创伤性颅脑损伤（MMTBI）患者、重型创伤性颅脑损伤患者及骨伤患者组与正常对照相相比，血清中分别存在 39 个、37 个和 33 个 miRNA 表达上调。为了进一步证明 miRNA 的诊断特异性，将 MMTBI 组和 STBI 组与骨伤患者组进行了比较，发现 MMTBI 组和 STBI 组分别存在 18 个和 20 个 miRNA 表达上调，其中有 10 个 miRNA（即 miR-151-5p，miR-195，miR-20a，miR-328，miR-362-3p，miR-30d，miR-451，miR-486，miR-505，miR-92a） 在 MMTBI 和 STBI 均表达上调。值得关注的是，以往证实在重型创伤性颅脑损伤患者血清中明显升高可作为标志物的 miR-92a，在 MMTBI 患者血清中表达也明显上调，而 miR-16 对于创伤性颅脑损伤则特异性较差，在骨伤患者组表达也明显增多。作者随后又对 STBI 患者脑脊液中这 10 个 miRNA 进行了检测，发现与对照组相比，其中 4 个 miRNA（即 miR-328，miR-362-3p，miR-451，miR-486）表达出现了明显上调。作者认为检测血清中该组 10 个 miRNA 表达情况，有助于轻型创伤性颅脑损伤的诊断和评估。经过大量临床创伤性颅脑损伤患者的验证，其有望成为轻型创伤性颅脑损伤的生物标志物。2019 年，国内学者顾浩等人通过检索 GEO 数据库与创伤性颅脑损伤相关的外周血基因芯片报告，通过 R-Studio 软件分析得出 145 个差异表达的 miRNA，依据预设标准得到 miRNA 上调 79 个、下调 66 个；通过生物信息学方法筛选得出 580 个靶基因，这些靶基因主要参与细胞增殖负性调控、转换生长因子 β 受体信号通路负性调控等通路。

除血液、脑脊液这些常见的检测标本中 miRNA 含量发生变化外，颅脑损伤后唾液中 miRNA 含量变化也受到研究人员关注。人体唾液中含有与血浆非常相似的分子物质，血浆中的蛋白质、DNA 和 RNA 通过水通道、直接扩散和细胞间隙进入唾液腺并分泌到唾液中，故唾液可以作为血浆的代替品，反映机体内的分子动态变化，且相对于传统的检测标本唾液具有采集方便、无创等优点，有望成为新的标本来源用于颅脑损伤生物标志物 miRNA 的检测。Valentina 等人分析了遭受脑震荡的橄榄球运动员唾液，与对照组相比，所检测的 65 个炎症蛋白未有明显变化，但却发现 5 个 miRNA（miR-27b-3p，let-7i-5p，miR-142-3p，miR-107，miR-135b-5p）表达明显增多。这些 miRNA 可能参与损伤后的细胞死亡、神经再生、轴索修复等过程，通过检测唾液中 miRNA 有助于脑震荡的评估。Hicks 等人则观察了儿童脑震荡患者，从脑脊液和唾液中发现了 6 个 miRNA（miR-182-5p， miR–221–3p，mir–26b–5p，miR–320c，miR–29c–3p，miR–30e–5p）同时表达明显增多，这些唾液中的 miRNA 都可能成为潜在的标志物用于轻型创伤性颅脑损伤的诊断。

第九节　展　望

　　目前，临床已经越来越重视对创伤性脑损伤生物标志物的研究，这些标志物可从多个角度反映创伤性脑损伤各个阶段病理性损伤的变化过程，有助于创伤性脑损伤的早期诊断、指导治疗和预后评估。法医学有其自身学科特点，研究对象、关注问题角度等多方面与临床截然不同，哪些创伤性脑损伤生物标志物可用于法医学实践中，解决法医学实际问题，仍需法医工作者在今后的工作中进行验证和总结。由于生物标志物的检测会受到标志物的理化特性的限制，同时创伤性脑损伤发病过程复杂多变，选择几种生物标志物联合应用，可能会有更好的实用价值。

（毕海涛　河北医科大学）

参考文献

［1］ Kuhle J，Plattner K，Bestwick J P，et al. A comparative study of CSF neurofilament light and heavy chain protein in MS［J］. Mult Scler，2013，19（12）：1597–1603.

［2］ Zanier E R，Refai D，Zipfel G J，et al. Neurofilament light chain levels in ventricular cerebrospinal fluid after acute aneurysmal subarachnoid hemorrhage［J］. J Neurol Neurosurg Psychiatry，2011，82（2）：157–159.

［3］ Al Nimer F，Thelin E，Nyström H，et al. Comparative assessment of the prognostic value of biomarkers in traumatic brain injury reveals an independent role for serum levels of neurofilament light［J］. PLoS One，2015，10（7）：e0132177.

［4］ Shahim P，Gren M，Liman V，et al. Serum neurofilament light protein predicts clinical outcome in traumatic brain injury［J］. Sci Rep，2016，6：36791.

［5］ 李全春. 血清神经丝蛋白轻链多肽水平预测急性颅脑损伤患者临床预后的研究［J］. 神经损伤与功能重建，2019，14（2）：104–106.

［6］ Shahim P，Zetterberg H，Tegner Y，et al. Serum neurofilament light as a biomarker for mild traumatic brain injury in contact sports［J］. Neurology，2017，88（19）：1788–1794.

［7］ Mattias V，Niklas N，Ann D，et al. Levels and Age Dependency of Neurofilament Light and Glial Fibrillary Acidic Protein in Healthy Individuals and Their Relation to the Brain Parenchymal Fraction［J］. PLoS One，2015，10（8）：e0135886.

［8］ Laser–Azogui A，Kornreich M，Malka–Gibor E. et al. Neurofilament assembly and function during neuronal development［J］. Curr Opin Cell Biol，2015，32：92–101.

［9］ Martínez-Morillo E，Childs C，García B P，et al. Neurofilament medium polypeptide（NFM）protein concentration is increased in CSF and serum samples from patients with brain injury［J］. Clin Chem Lab Med，2015，53（10）：1575-1584.

［10］Anderson K J，Miller K M，Gilmer L K.The Phosphorylated Axonal Form of the Neurofilament Subunit NF-H（pNF-H）as a Blood Biomarker of Traumatic Brain Injury［J］. Journal of Neurotrauma，2008，25（9）：1079-1085.

［11］Shea T B，Lee S . Neurofilament phosphorylation regulates axonal transport by an indirect mechanism：A merging of opposing hypotheses［J］. Cytoskeleton，2011，68（1）：589-595.

［12］揭园庆，余国峰.颅脑损伤患者血清神经丝蛋白 H 磷酸化亚型含量变化及其临床意义［J］. 全科医学临床与教育，2011，9（6）：623-625.

［13］Gatson J W，Barillas J，Hynan L S，et al. Detection of neurofilament-H in serum as a diagnostic tool to predict injury severity in patients who have suffered mild traumatic brain injury［J］. J Neurosurg，2014，121（5）：1232-1238.

［14］Yang Z，Zhu T，Mondello S，et al. Serum-Based Phospho-Neurofilament-Heavy Protein as Theranostic Biomarker in Three Models of Traumatic Brain Injury：An Operation Brain Trauma Therapy Study［J］. J Neurotrauma，2019，36（2）：348-359.

［15］Eng L F，Ghirnikar R S，Lee Y L. Glial fibrillary acidic protein：GFAP-thirty-one years（1969-2000）［J］. Neurochem Res，2000，25（9-10）：1439-1451.

［16］Pelinka L E，Kroepfl A，Schmidhammer R，et al. Glial fibrillary acidic protein in serum after traumatic brain injury and multiple trauma［J］. J Trauma，2004，57（5）：1006-1012.

［17］Woertgen C，Rothoerl R D，Wiesmann M，et al. Glial and neuronal serum markers after controlled cortical impact injury in the rat［J］. Acta Neurochir Suppl，2002，81：205-207.

［18］Vos P E，Lamers K J，Hendriks J C，et al. Glial and neuronal proteins in serum predict outcome after severe traumatic brain injury［J］. Neurology，2004，62（8）：1303-1310.

［19］Nylén K，Ost M，Csajbok L Z，et al. Increased serum-GFAP in patients with severe traumatic brain injury is related to outcome［J］. J Neurol Sci，2006，240（1-2）：85-91.

［20］Lumpkins K M，Bochicchio G V，Keledjian K，et al. Glial fibrillary acidic protein is highly correlated with brain injury［J］. J Trauma，2008，65（4）：778-782.

［21］Honda M，Tsuruta R，Kaneko T，et al. Serum glial fibrillary acidic protein is a highly specific biomarker for traumatic brain injury in humans compared with S-100B and neuron-specific enolase［J］. J Trauma，2010，69（1）：104-109.

［22］Lynn B，Zhang N H，Leach J，et al. Are UCH-L1 and GFAP promising biomarkers for children with mild traumatic brain injury?［J］. Brain Inj，2016，30（10）：1231-1238.

［23］林靖，张炜，郑小强，等.大鼠轻型颅脑损伤后神经胶质病理改变与血清 GFAP 水平［J］. 中国微侵袭神经外科杂志，2018，23（4）：184-187.

［24］Metting Z，Wilczak N，Rodiger L A，et al. GFAP and S100B in the acute phase of mild traumatic brain injury［J］. Neurology，2012，78（18）：1428-1433.

［25］Rezaii P G，Grant G A，Zeineh M M，et al. Stability of Blood Biomarkers of Traumatic Brain Injury［J］. J Neurotrauma，2019，36（16）：2407-2416.

［26］Wilkinson K D，Lee K M，Deshpande S，et al. The neuron-specific protein PGP 9.5 is a ubiquitin carboxyl-terminal hydrolase［J］. Science，1989，246（4930）：670-673.

［27］Kobeissy F H，Ottens A K，Zhang Z，et al. Novel differential neuroproteomics analysis of traumatic brain injury in rats［J］. Mol Cell Proteomics, 2006, 5（10）: 1887-1898.

［28］Liu M C, Akinyi L, Scharf D, et al. Ubiquitin C-Terminal Hydrolase-L1as a Biomarker for Ischemic and Traumatic Brain Injury in Rats［J］. Eur J Neurosci, 2010, 31（4）: 722-732.

［29］Linda Papa, Linnet Akinyi, Ming Cheng Liu, et al. Ubiquitin C-terminal hydrolase is a novel biomarker in humans for severe traumatic brain injury［J］. Crit Care Med, 2010, 38（1）: 138-144.

［30］Mondello S, Linnet A, Buki A, et al. Clinical utility of serum levels of ubiquitin C-terminal hydrolase as a biomarker for severe traumatic brain injury［J］. Neurosurgery, 2012, 70（3）: 666-675.

［31］蔡伦, 范明波, 李俊, 等. 颅脑创伤患者血清 Tau、UCH-L1 的水平变化及其临床意义［J］. 山东医药, 2018, 58（43）: 77-80.

［32］Singh G P, Nigam R, Tomar G S, et al. Early and rapid detection of UCHL1 in the serum of brain-trauma patients: a novel gold nanoparticle-based method for diagnosing the severity of brain injury ［J］. Analyst, 2018, 143（14）: 3366-3373.

［33］Lewis S B, Wolper R, Chi Y Y, et al. Identification and preliminary characterization of ubiquitin C terminal hydrolase 1（UCHL1）as a biomarker of neuronal loss in aneurysmal subarachnoid hemorrhage［J］. J Neurosci Res, 2010, 88（7）: 1475-1484.

［34］Kiiski H, Tenhunen J, Ala-Peijari, et al. Increased plasma UCH-L1 after aneurysmal subarachnoid hemorrhage is associated with unfavorable neurological outcome［J］. J Neurol Sci, 2016, 361: 144-149.

［35］Papa L, Brophy G M, Welch R D, et al. Time Course and Diagnostic Accuracy of Glial and Neuronal Blood Biomarkers GFAP and UCH-L1 in a Large Cohort of Trauma Patients With and Without Mild Traumatic Brain Injury［J］. JAMA Neurol, 2016, 73（5）: 551-560.

［36］邝兆威, 贾健, 符宏建. 轻型颅脑损伤患者血清泛素 C 末端水解酶 L1 水平变化情况分析 ［J］. 河南医学研究, 2016, 25（6）: 977-978.

［37］赵艳晶, 李莲娣, 王莹, 等. 轻型颅脑损伤患者血清标志物 GFAP-BDPs、UCH-L1、NSE 水平与预后的相关性［J］. 中国老年学杂志, 2018, 38（13）: 3077-3080.

［38］Su E, Michael J, B Stephen R, et al. α-Synuclein Levels Are Elevated in Cerebrospinal Fluid following Traumatic Brain Injury in Infants and Children: The Effect of Therapeutic Hypothermia［J］. Dev Neurosci, 2011, 32（5-6）: 385-395.

［39］Mondello S, Buki A, Italiano D, et al. α-Synuclein in CSF of patients with severe traumatic brain injury［J］. Neurology, 2013, 80（18）: 1662-1668.

［40］揭波盛, 张宏. 脑脊液 α-突触核蛋白水平与颅脑损伤患者预后的关系［J］. 全科医学临床与教育, 2014, 12（6）: 630-632.

［41］Ringger N C, O'Steen B E, Brabham J G, et al. A novel marker for traumatic brain injury: CSF alpha II-spectrin breakdown product levels［J］. Journal of Neurotrauma, 2004, 21（10）: 1443-1456.

［42］Pineda J A, Lewis S B, Valadka A B, et al. Clinical significance of alphaII-spectrin breakdown products in cerebrospinal fluid after severe traumatic brain injury［J］. Journal of Neurotrauma, 2007, 24（2）: 354-366.

［43］Stefania M, Steven A, Robicsek A G, et al. α II-Spectrin Breakdown Products（SBDPs）: Diagnosis and Outcome in Severe Traumatic Brain Injury Patients［J］. J Neurotrauma, 2010, 27（7）: 1203-1213.

［44］陈炼, 邢泽刚. 重型颅脑损伤患者脑脊液 SBDPs 的水平变化［J］. 中国临床神经外科杂志, 2014, 19（6）: 354-357.

［45］Rachel P，Berger R L，Hayes R R，et al. Serum Concentrations of Ubiquitin C-Terminal Hydrolase-L1 and αⅡ-Spectrin Breakdown Product 145 kDa Correlate with Outcome after Pediatric TBI［J］. J Neurotrauma，2012，1，29（1）：162-167.

［46］卜晓敏，宋佳希，樊春荔，等. 颅脑损伤患者血清 αⅡ 血影蛋白裂解产物（SBDPs）水平检测的临床意义［J］. 现代检验医学杂志，2017，32（1）：9-11，15.

［47］Lewis S B，Velat G J，Miralia L，et al. Alpha-Ⅱ spectrin breakdown products in aneurysmal subarachnoid hemorrhage：a novel biomarker of proteolytic injury［J］. J Neurosurg，2007，107（4）：792-796.

［48］Linda P，Kimberly R，Francesca S，et al. Evaluation of alpha-Ⅱ-spectrin breakdown products as potential biomarkers for early recognition and severity of aneurysmal subarachnoid hemorrhage［J］. Sci Rep，2018，8（1）：13308.

［49］Liu H，Yang P S，Zhu T，et al. Characterization of fibrinogen-like protein 2（FGL2）：monomeric FGL2 has enhanced immunosuppressive activity in comparison to oligomeric FGL2［J］. Int J Biochem Cell Biol，2013，5（2）：408-418.

［50］Zhang P，Cao F，Xiong N，et al. flg2 as a potential biomarker of acute cerebral ischemic-reperfusion injury［J］. Microvasc Res，2015，99：36-42.

［51］Chen T J，Ji M X，Tao Z Q，et al. The relationship between serum fibrinogen-like protein 2 concentrations and 30-day mortality of patients with traumatic brain injury［J］. Clin Chim Acta，2019，489：53-57.

［52］韦梅，董婷婷，刘翠，等. 纤维蛋白原样蛋白 2 及中性粒细胞 / 淋巴细胞比值在重型颅脑创伤者的预后价值［J］. 临床急诊杂志，2019，20（8）：635-640.

［53］Inta I，Frauenknecht K，Dörr H，et al. Induction of the cytokine TWEAK and its receptor Fn14 in ischemic stroke［J］. J Neurol Sci，2008，275（1-2）：117-120.

［54］刘忠伟. TWEAK 蛋白在出血后大鼠脑组织中的表达及在脑水肿中的作用研究［J］. 中国医药指南，2015，13（36）：36-37.

［55］Tang B，Zhong Z，Qiu Z，et al. Serum soluble TWEAK levels in severe traumatic brain injury and its prognostic significance［J］. Clinica Chimica Acta，2019，495：227-232.

［56］Benjamin P L，Christopher B B，David P. Conserved Seed Pairing，Often Flanked by Adenosines，Indicates that Thousands of Human Genes are MicroRNA Targets［J］. Cell，2005，120（1）：15-20.

［57］雷平，张建宁，张亮，等. 利用 miRNA 芯片筛选大鼠颅脑创伤后皮层差异表达的 miRNA［J］. 中华神经外科杂志，2009（12）：1138-1141.

［58］Redell J B，Liu Y，Dash P K. Traumatic brain injury alters expression of hippocampal microRNAs：Potential regulators of multiple pathophysiological processes［J］. Journal of Neuroscience Research，2009，87（6）：1435-1448.

［59］Anuj S，Raghavendar C，Erin S B，et al. Identification of Serum MicroRNA Signatures for Diagnosis of Mild Traumatic Brain Injury in a Closed Head Injury Model［J］. PLoS One，2014，9（11）：e112019.

［60］John B，R edell，Anthony N M，Norman H W，et al. Human Traumatic Brain Injury Alters Plasma microRNA Levels［J］. J Neurotrauma，2010，27（12）：2147-2156.

［61］Balakathiresan N1，Bhomia M，Chandran R，et al. MicroRNA let-7i is a promising serum biomarker for blast-induced traumatic brain injury［J］. J Neurotrauma，2012，29（7）：1379-1387.

［62］Li X M，Han L M，Guo Y D，et al. Rapid detection and cellular fluorescence imaging of the TBI biomarker let-7i using a DNA－AgNC nanoprobe［J］. New J Chem，2019，43（21）：7997-8004.

［63］Bhomia M，Balakathiresan N S，Wang K K，et al. A Panel of Serum MiRNA Biomarkers for the Diagnosis of Severe to Mild Traumatic Brain Injury in Humans［J］. Scientific Reports，2016，6：28148.

［64］顾浩，冯东福. 重型颅脑损伤病人外周血 miRNA 生物信息学分析［J］. 中国临床神经外科杂志，2019，24（12）：749-751.

［65］Valentina D P，Edoardo P，Marco R，et al. Salivary MicroRNAs：Diagnostic Markers of Mild Traumatic Brain Injury in Contact-Sport［J］. Frontiers in Molecular Neuroence，2018，11：290.

［66］Hicks S D，Johnson J，Carney M C，et al. Overlapping MicroRNA Expression in Saliva and Cerebrospinal Fluid Accurately Identifies Pediatric Traumatic Brain Injury［J］. J Neurotrauma，2018，35（1）：64-72.

第二十七章
光学相干断层扫描的应用

随着生物医学工程的进步，磁共振成像（magnetic resonance imaging，MRI）、功能磁共振成像（functional magnetic resonance imaging，fMRI）、正电子发射断层显像（positron emission tomography，PET）、脑电图（electroencephalography，EEG）、事件相关电位（event-related potential，ERP）和近红外光谱（near infrared spectroscopy，NIRS）等脑成像技术在神经科学基础研究和临床诊疗中对脑形态和功能变化的可视化、量化和理解等方面发挥着越来越重要的作用，但这些技术或多或少存在以下局限性：时空分辨率较低、费用昂贵、需要使用对比剂、探测深度较浅、不适合啮齿动物大脑成像、局限于表面二维图像等。因此，在神经科学与法医学研究领域，亟须具有微米级空间分辨率和良好时间分辨率的无创性、无须标记、相对经济的活体成像方法。

光学相干断层扫描（optical coherence tomography，OCT）也称为光学相干层析技术，是 20 世纪 90 年代中期引入的一种新型非接触性无创光学干涉测量成像技术，其工作原理基于不同组织对光的反向散射特性不同，通过低相干性光干涉测量仪比较反射光波和参照光波，测定反射光波的延迟时间和反射强度并计算它们的重叠或干涉，分析不同组织的结构及其距离，然后经计算机处理成像并以伪彩或灰度形式显示组织的断面结构。

OCT 将半导体和超快激光技术、超灵敏探测、精密自动控制和计算机图像处理等多项技术结合，可进行微米级的横断面成像，尤其是在生物组织活体检测和成像方面具有诱人的应用前景，被认为是继 X 射线、CT 和 MRI 检查之后的又一重大技术突破。因此，短短 20 多年就迅速成为眼科学、心脏病学、胃肠病学、泌尿科学、皮肤病学、牙科学等领域的一种非接触、无创性、新型光学影像诊断技术，在基础和临床神经科学领域的价值也逐渐受到重视。OCT 成像技术具有如下优势：①可提供高质量图像，轴向分辨率 $1\sim10\,\mu m$，甚至可达到亚微米（$0.5\,\mu m$）分辨率；②成像速度快（可提供毫秒级的时间分辨率）；③无标记成像（不需要任何对比剂即可获得良好的大脑皮质图像）；④费用低廉；⑤可提供额外的检测功能，复杂的 OCT 成像策略可提供额外的功能检测和组织结构信息，如多普勒 OCT 可观测血流量，双折射 OCT 可显示组织结构的排列特征。

第一节　光学相干断层扫描技术概述

　　经典的 OCT 系统包含一个低相干宽带光源，发出的光经过 50：50 的耦合器，然后将光分为参考臂和样品臂（各 50%），参考臂将光发射到参考镜上，样品臂（也称为信号臂）将光发送到目标分析物，样品臂还包含一个物镜，可使光聚焦到样品组织上（如大脑、视网膜和颈动脉等被测物体），然后从组织结构反向散射的光信号与高反射（＞95%）移动参考镜反射的参考光信号重新叠加，产生由光探测器检测到的干涉图像。轴向平移参考镜可得到样品的轴向深度分布特征，在样品臂对光束进行横向扫描，可以得到样品的二维横截面分布特征，经计算机处理和加工后可重建样品组织的横截面二维（2D）或三维（3D）图像（图 27-1）。更为复杂的 OCT 系统还包括 CCD 摄像机和衍射光栅等结构。

　　OCT 扫描技术包括两种类型：时间域 OCT（time domain OCT，TD-OCT）和频域 OCT（fourier domain OCT，FD-OCT）。FD-OCT 可分为扫频光源 OCT（SS-OCT）和光谱域 OCT（SD-OCT）两种方案，典型的 SD-OCT 方案与 TD-OCT 方案非常相似（图 27-1），不同之处在于，图 27-1 中的移动参考镜被固定，检测器替换为低损耗光谱仪，该方案可提供更详细的组织微结构信息。SD-OCT 方案具有较高的 OCT 扫描捕获率、灵敏

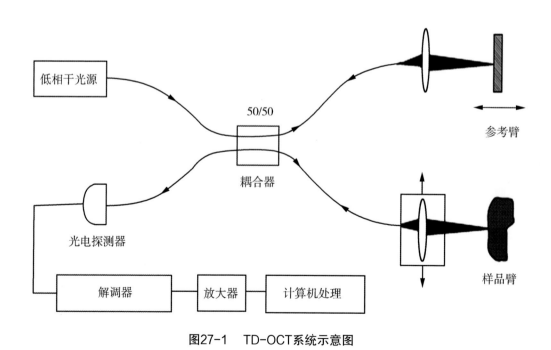

图27-1　TD-OCT系统示意图

度、信噪比（SNR）及组织深度穿透性，有助于提高各种功能 OCT 技术方法的灵敏度。此外，基于 OCT 原理的复杂方案进一步促进了 OCT 功能的扩展，如多光谱 OCT（MC-OCT）、偏振灵敏 OCT（PS-OCT）、多普勒 OCT（D-OCT）、动态 OCT（dyc-OCT）、二次谐波 OCT，以及最近的分子成像真彩色光谱 OCT（METRiCS OCT）、光学微血管造影（OMAG）等技术也逐步被应用于神经科学研究领域。表 28-1 简要归纳了目前在神经科学研究中应用的一些 OCT 技术的基本原理（表 27-1）。

表 27-1　神经科学研究中目前应用的 OCT 技术基本原理

OCT 技术	基本原理
时间域 OCT（TD-OCT）	参考臂上的移动镜将干涉信号集中在固定的多普勒频率，锁相放大器在该频率后进行相干解调，可检测到光从样品散射产生的干涉条纹
频域 OCT（FD-OCT）	在参考臂内以固定的光程长度同时从整个样本深度获取数据
多普勒 OCT（D-OCT）	通过检测粒子散射光的频移来测量运动粒子的速度
偏振灵敏 OCT（PS-OCT）	测量样品暴露在多重偏振光下产生的双折射
光谱域 OCT（SD-OCT）	利用波长相关的吸收和光散射特征来阐明功能

　　OCT 扫描技术在检测过程中不需要特殊的样品制备过程，成像过程也不需要接触被成像的组织，设备产生的激光是对人眼安全的近红外线，一般不会对生物组织样本造成伤害，但其同样存在扫描深度不够的局限性，现有 OCT 技术仅能扫描生物组织表面下 2~3 mm 的深度（深度越大，光线无散射的射出表面的比例就越小，导致无法检测）。因此，OCT 技术对人脑进行无创的整体性结构成像目前仍然是不可能的，尚难以替代 CT、MRI 等扫描技术。

第二节　光学相干断层扫描技术在神经科学研究中的应用

　　目前，CT、MRI 和 PET 等扫描成像方法虽然可以提供良好的大脑图像，但缺乏实时成像所需的细胞 / 神经元水平的空间分辨率和成像速度，而 OCT 技术在一定程度上弥补了上述不足，其实时成像速度可提供神经纤维的高分辨率横断面和体积图像。表 27-2 对比了 OCT 技术与其他神经成像技术的时空分辨率差异，选择一种或多种成像技术应根据检测目的加以权衡。

表 27-2   OCT 与其他神经成像技术的时空分辨率比较

成像技术	空间分辨率	时间分辨率
磁共振成像（MRI）	mm，超高场可达到亚毫米	可跟踪纵向变化
功能磁共振成像（fMRI）	mm	s
磁共振波谱（MRS）	cm	min
正电子发射断层扫描（PET）	mm	min
单光子发射计算机断层扫描（SPECT）	cm	min
脑磁图描记术（MEG）	cm	ms
脑电图（EEG）	cm	ms
事件相关电位（ERP）	cm	ms
近红外光谱（NIR）	cm	ms
光学相干断层成像（OCT）	μm	ms

一、OCT 与神经解剖学成像

OCT 技术具有微米级空间分辨率，成像深度可达 2~3 mm，弥补了 MRI、超声、共聚焦显微镜和双光子显微镜等技术的不足，在啮齿类动物脑成像研究方面具有独特优势。Watanabe 等人利用 SS-OCT 系统实现了大鼠嗅球（OB）分层组织的体内三维可视化，而在此之前，采用 MRI 或共聚焦显微镜等方法难以清晰显示体内 OB 的深度结构，因为这些方法无法满足同时提供微米级空间分辨率和可达几毫米深度的成像标准。Chong 等人提供的一种体内无创性 OCT 成像平台，空间分辨率为 1.7 μm，可对活体小鼠大脑皮质下深部区域进行成像（图 27-2）。图 27-2A 为分辨率 1.7 μm 的最大强度投影显示皮质下结构（包括海马体）的横断面 OCT 图像，图 27-2B 为同一小鼠使用 OCT 血管造影方法和最大强度投影显示深部白质区域的微血管系统的 OCT 图像。该成像平台还有望

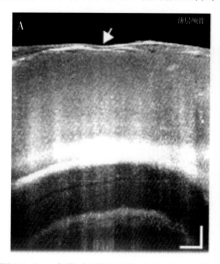
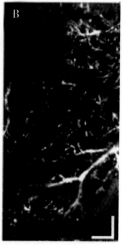

图27-2   小鼠皮质下结构（A）和白质脉管系统（B）的OCT图像

用于监测老年痴呆和皮质下痴呆（包括血管性痴呆）的啮齿动物模型的疾病进展和病理生理学改变。此外，大鼠体感皮质的折射率可采用全场 OCT 技术（FF-OCT）进行测量，活体啮齿动物单髓鞘纤维也可采用 OCT 技术进行非创伤性无标记成像，而以前只能采用耗时的有创性组织学方法。

目前，神经元如何与固定通路和动态回路进行相互协调和沟通，并形成复杂的感知、思维、情感和运动的相关机制仍未完全阐明。因此，了解神经连接显得尤为重要，而微米级的大脑 OCT 成像技术极有可能在该领域发挥重要作用。Nakaji 等人的研究证实偏振灵敏 OCT（PS-OCT）可对脑中微米级神经纤维通路进行成像。近年来，采用多对比 OCT（MC-OCT）和系列光学相干扫描仪（SOCS）对人类与非人类的灵长类大脑神经元纤维的投射定向和连接体特征进行定量研究也成为近年的热点。Barry 等人提出体外人脑成像自动连续 PS-OCT（as-PSOCT）平台具有 3.5 μm 的平面分辨率，可用于研究人类神经元纤维的投射和定向，虽然该技术需要进一步提高图像采集率，但该方法将有望增进对正常的人类大脑结构和功能的理解，以及从细胞级分辨率水平观察神经系统疾病对脑的影响。

二、OCT 与神经生理学成像

OCT 技术是第一个公认的可用于纵向监测大鼠和小鼠脑血流（cerebral blood flow，CBF）的高分辨率成像方法，是研究活体啮齿类动物 CBF、皮质充血、毛细血管灌注、细胞内运动、氧饱和度、血红蛋白浓度、能量代谢等结构和功能变化的关键手段。多普勒 OCT（D-OCT），又称光学相干多普勒断层成像（ODT），在无创微血管成像中显示出巨大的应用前景，被广泛用于研究啮齿类动物大脑中 CBF 的绝对测量，其获取的数据对研究脑功能激活、脑血管生理学变化及动物模型药理学辅助检测均具有较大参考价值。Chen 等人开发的 1.3 μm 高速扫描源 ODT（SS-ODT）系统可检测急性可卡因摄入后脑深部的高速微循环血流变化，该成像技术有助于理解不同皮质和区域以及不同血管树中脑功能、行为和脑血流动力学之间的复杂关系。Park 等人将 ODT 应用于脑血管高分辨率造影和 CBF 速度（CBFV）定量，通过脑窗在体内监测慢性可卡因暴露引起的神经血管变化，该方法可用于观测药物成瘾等脑疾病动物模型的神经血管功能改变。光学相干微血管造影术（OMAG）已用于对颅盖骨完整小鼠的脑膜毛细血管微循环进行无标签体内成像。Merkle 等人利用动态 OCT 研究了小鼠体感皮质全深度微脉管系统的毛细血管传输时间分布，认为该技术有助于解释血氧水平依赖的功能性磁共振成像（BOLD-fMRI）反应的时间动力学。

三、OCT 与神经活动成像

神经网络中的神经活动主要以通过神经传输和生成的动作电位（action potential，

AP）为特征。当神经受到外部输入或神经之间的内部通信刺激时，即可产生动作电位。精确地记录和刺激大脑的特定功能区域需要具有高空间分辨率的神经探头方能实现，虽然现有的神经活动记录方法有诸多优点，但也存在一定的局限性，如微电极技术易受电刺激和神经记录引起的环境电噪声和伪影的影响，难以可靠地记录慢性神经活动，EEG、ERP、脑磁图及热成像技术的时间和空间分辨率有限，PET、fMRI 的时间分辨率低，体积大，且价格昂贵；而高时空 OCT 技术可以用于大脑活动的功能成像，特别是使用小型的、价格较低的检测系统即可对单个神经元进行成像。Yeh 等人采用功能性 OCT 扫描仪检测了从鱿鱼中分离出的无髓鞘神经的横截面神经活动。Watanabe 等人利用 SS-OCT 引导电极穿透神经组织实现了体内神经记录，提示 SS-OCT 穿透系统可能有助于神经组织的体内微注射研究。有学者认为，OCT 技术将使研究人员能够以高时空分辨率比较 AP 传播过程中局部结构和功能的变化，并作为现有电生理学的替代或辅助工具。

第三节　光学相干断层扫描技术在神经系统疾病与损伤评估中的应用

20 多年来，OCT 技术在临床上主要应用于眼科领域，其对视网膜成像的高分辨能力是一般检查方法难以比拟的，对黄斑部多种疾病（如水肿、裂孔、前膜、劈裂、神经上皮及色素上皮脱离、玻璃体视网膜牵拉等）的诊断均具有重要参考价值。在 OCT 以伪彩形式显示的组织断面结构图像上，视网膜前界的红色高反射层是视网膜神经纤维层，后界的红色高反射层相当于视网膜色素上皮层和脉络膜毛细血管层，这一层次在视神经盘处缺如；其后则为均匀的弱反射区，相当于脉络膜深层和巩膜；在视网膜后界红色高反射层的前面有一暗层为视锥、视杆细胞层；再向前是中散射层，为视网膜的中、内层组织，而在视网膜前界的红色高反射层前面是无反射的玻璃体，两者的对比非常鲜明；黄斑区表现为视网膜局部特异性变薄，中央的凹陷区域即为中央凹（图 27-3）。外伤性黄斑裂孔表现为黄斑区视网膜神经上皮全层缺失，孔周围视网膜增厚，网膜下可伴有积液，伴或不伴玻璃体后脱离（图 27-4）。

视网膜和大脑的胚胎起源相同，因为其具有轴突无髓鞘和胶质细胞浓度低的特点，被称为研究神经元和轴突的"相对真空"，提供了一个进入和观察神经系统的独特窗口。早期研究表明，一些神经系统疾病在视网膜神经纤维层（retinal nerve fiber layer，RNFL）也会发生病理变化，通过眼部检查收集视网膜的病理改变信息并建立相应模型，有可能为神经退行性变、神经保护和修复提供有价值的生物标志物，而视网膜 OCT 检查技术

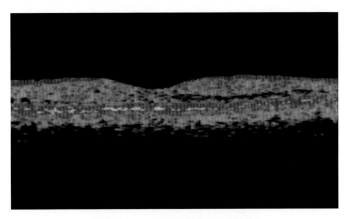

图27-3　正常视网膜OCT成像

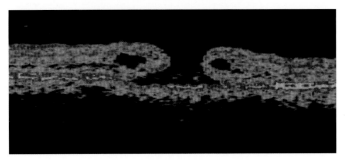

图27-4　黄斑裂孔OCT成像

有可能成为一种无创、可重复检测轴突变性及评价潜在神经保护剂效果和安全性的有效手段。目前，已有多种中枢神经系统疾病采用OCT技术对大脑或视网膜的病理变化、寻找临床诊断标志物及药物试验与开发等进行研究，如多发性硬化（MS）、帕金森病（PD）、肌萎缩侧索硬化（ALS）、亨廷顿病、肝豆状核变性、癫痫、脑肿瘤、脑外伤、阿尔茨海默病（AD）、精神分裂症、心境障碍等。

一、OCT 与神经退行性疾病

OCT技术可以生成视网膜内部结构的高分辨率横断面或三维图像，故可以直接观察和测量视网膜神经纤维层（RNFL）厚度与黄斑体积。MS是最早采用OCT技术进行研究的中枢神经系统退行性疾病，RNFL变薄和黄斑的改变在一定程度上反映炎症、脱髓鞘（球后）、轴突变性和神经元变性在MS发病中的机制，故OCT技术在预测MS病程和判断治疗效果方面具有较高的临床价值。利用SS-OCT研究MS患者视神经盘周围乳头状脉络膜厚度，发现与健康受试者相比，MS患者视神经盘周围的脉络膜变薄。乳头状脉络膜组织呈同心状，随视神经距离的增加而增厚。Montolío等人将114例随访10年的MS患者建立基于常微分方程的数学模型，将OCT测量获得的RNFL厚度变化与 MS 患者残疾状态量表分数相联系，发现中枢神经系统损害从 MS 开始累积，大部分 RNFL 变薄发生在显著性残疾出现之前，该模型对 RNFL 厚度演变的预测可准确反映 10 年临床数据所揭示的进展，认为 RNFL 厚度可以作为一个可靠的反映 MS 病程的生物标志物，预测患者 MS 的进展，并促进患者选择特异性治疗。研究发现，AD 与 SD-OCT 测量的视网膜内部变薄有关。认知障碍和视网膜退化在 PD 早期阶段就可能发生，Yıldız 等人采用 OCT 技术和智力测验评估患者的视网膜变性与认知功能，发现随疾病的发展，两者间存在显著的平行关系，认为 OCT 检查结果可作为 PD 患者神经变性的指标。Kim 等人的研究发现，额颞叶痴呆（FTD）患者采用 SD-OCT 测量的视网膜层厚度变化与简易精神状态检查（MMSE）存在中度相关性，视网膜持续变薄可反映病情进展程度。而一项对 32 038 名 40~69 岁的英国居民进行 OCT 检测 RNFL 厚度及认知测试的前瞻性、多中心研究发现，在没有神经退行性疾病的个体中，较薄的 RNFL 与较差的认知功能相关，今后发生认知能力下降的风险更高。

Uchida 等人采用 HD-OCT 对诊断为 AD、轻度认知功能损害（MCI）、非 AD 性痴呆及 PD 等慢性神经退行性疾病患者的双眼黄斑进行扫描，利用软件对包括椭圆体区映射和外层核层指标在内的视网膜外层参数进行评价，发现视网膜外层厚度的测量结果无显著组间差异，而认知功能损害程度和椭圆体区与视网膜色素上皮体积相关。Wong 等人对自动光谱域光学相干断层扫描（SD-OCT）视网膜分割软件与人工纠正分割之间的一致性进行研究，采用 SD-OCT 对黄斑进行扫描，分别测量四层视网膜（全视网膜、视网膜神经纤维层、视网膜内层和视网膜外层）的平均体积和厚度，发现自动化软件生成和观察者校正的视网膜平均厚度与体积有很好的一致性（ICC > 0.98）。由于 OCT 研究大多针对单一参数，有研究认为其不能很好地区分 AD 和非 AD 痴呆（仅有 40%），将 OCT 检查得到的视网膜数据作为常规诊断神经退行性疾病的金标准在临床上仍面临着挑战，今后的研究应该将 OCT 检测的数据与 MRI 和其他临床测试结果（如物理评估、认知测试）相结合，利用软件和人工智能等技术进行综合分析。

二、OCT 与脑损伤

Kelman 等人对退役的橄榄球球员的视网膜厚度进行 OCT 测量，发现 RNFL 变薄（较对照组薄 4 μm）可能与重复性脑外伤导致的大脑白质损伤和神经变性存在关联性，认为 OCT 技术可用于筛查接触性运动的运动员脑外伤相关神经变性。Childs 等人利用 OCT 技术对拳击运动员的视网膜变化进行研究，发现其黄斑和 RNFL 密度显著变薄，OCT 检测结果有可能在临床上作为轻型创伤性脑损伤和 / 或头部遭受重复撞击后神经病理学改变的候选生物标志物。利用模式视网膜电图（pERG）和 OCT 技术评估冲击性脑损伤对视网膜和视神经功能及结构的影响，发现 OCT 检查可作为爆炸损伤造成的视网膜神经节细胞反应衰退的无创性检测替代测试，但难以量化。

OCT 血管造影技术已被用于研究颅脑损伤后蛛网膜下隙出血及血运重建，甚至用于评估创伤性脑损伤后血运重建中可溶性环氧化物水解酶（sEH）基因缺失的治疗效果。此外，利用 OCT 血管造影非侵袭性绘制 CBF 长时间变化的能力有助于理解与创伤性脑损伤恢复相关的复杂机制。蛛网膜下隙在调节颅内压（intracranial pressure，ICP）和维持大脑细胞外环境方面发挥着关键作用，创伤性脑损伤导致的蛛网膜下隙出血可引起严重的并发症，相关机制尚不明确。利用 OCT 血管造影技术研究延髓腹内侧区（rostral ventromedial medulla，RVM）在调节静息期脑灌注和大鼠试验性蛛网膜下隙出血（subarachnoid hemorrhage，SAH）中的作用，结果表明，RVM 有助于 SAH 后脑灌注的恢复。RVM 失调可导致 SAH 后出现急性灌注缺损。蛛网膜下隙的血凝块可损害脑脊液（cerebrospinal fluid，CSF）的流动，在 SAH 后的早期（24 h）增加了 ICP 和受损的皮质灌注。Siler 等人发现，SAH 后微血栓阻断脑脊液的流动，以依赖 ICP 和独立 ICP 的方式导致皮质灌注的早期下降，早期给予组织纤溶酶原激活物（tPA）可部分恢复脑脊液流量，降低 ICP，改善皮质灌注。

术中指导是开展神经外科手术的关键。自微电极记录（microelectrode recording，MER）和术中 MRI（iMRI）引入以来，术中神经外科指导取得了显著进展。MER 是一种通过观察独特的神经元放电模式来定位大脑核的精确工具，但它也增加了灾难性颅内出血的风险，需要长时间的操作，并且不能针对脑白质的轨迹进行定位。相比之下，iMRI 能够定位不同的组织（病变、细胞核和白质轨迹）并避免出血。然而，iMRI 成像存在空间分辨率低（1 mm）、成像速度慢（10 min）、成本高等问题。OCT 技术是一种很有前途的术中实时导航工具，因为它可以实时成像脑核、病灶、纤维轨迹、脑血管，可以检测出重要的组织标志物，用于神经外科导航。OCT 技术可用于胶质母细胞瘤和其他类型的胶质肿瘤切除的术中指导并检测残留肿瘤。Assayag 等人（2013）利用 FF-OCT 术中对脑膜瘤、脉络膜丛乳头状瘤、胶质瘤、血管周细胞瘤进行了临床诊断和评估。据报道，OCT 技术还成功用于血管神经外科、脊髓外科，甚至其他神经外科干预如深部脑刺激（deep brain stimulation，DBS）治疗。

三、OCT 的局限性与应用前景

OCT 技术作为一种高速、低成本的微米级成像方法，其目前仍然存在一定的局限性：①穿透深度有待提高：OCT 检查的穿透深度一般为 2~3 mm，虽然优于显微镜下的成像方法，但比 MRI、fMRI 和 PET 等现有的神经成像方法都要差，限制了 OCT 技术在动物模型脑成像方面的潜力，利用 OCT 技术进行非侵入性的活体人脑成像仍缺乏可能性。②视野较为局限：典型的 OCT 系统横向分辨率约 10 μm，景深约 0.15 mm，使其在临床血管造影中的接受度并不高。③设备仍比较笨重：虽然 OCT 系统比 MRI、fMRI、PET 设备要小，但比近红外光谱等其他光学设备的体积更大，便携性差。因此，OCT 检查不适合对自由活动动物的神经活动或功能变化进行成像。

虽然 OCT 技术在成像深度、视野、系统微型化等方面仍存在限制，难以完全替代 MRI、EEG 和 PET 等现有的神经科学成像方式，但其作为现有方法的辅助或补充工具，一定会在神经成像、神经外科、神经病学、神经病理学及法医学等领域发挥更加重要的作用。

第四节　光学相干断层扫描技术展望

未来的新一代 OCT 成像技术应加快成像速度，提高成像分辨率，增大成像深度，减小仪器体积，降低仪器成本。此外，优化 OCT 影像的软件算法，与人工智能相结合也是发展的必然趋势，如偏振敏感 OCT（PS-OCT）的技术能够运用处理算法将光信号极化，以产生视觉对比度更高的影像。高清晰度影像可呈现龋齿中的小洞或微小的结节及肿瘤。此外，未来的 OCT 技术有可能在检查眼部极为细小的血管时应用，如 OCT 可使用多普勒成像技术绘制血流量图，并估计血流速度，其原理与超声波类似，但是分辨率更高，可用于糖尿病以及某些眼部疾病的早期诊断。

OCT 技术是临床检查视网膜、前房及眼表的常规手段。法医临床学鉴定实践中因交通事故、工伤及人身伤害等因素导致血管和眼科病变的相关案件中，利用 OCT 技术进行视网膜检查已经成为公认的客观标准之一。OCT 检查也被用于研究分析婴儿摇晃综合征中视网膜信号异常。在冠状动脉疾病和心源性猝死的研究中，OCT 技术可以作为法医实践中的辅助诊断工具。但总的来看，OCT 技术目前在法医学领域应用仍较少，与传统的组织学检查或尸检相比，其具有无须前处理（物理、化学处理）、无创、三维成像、高分辨率等特性，在尸体冠状动脉分析、活体以及死后法医眼科学与颅脑损伤的检测、法医昆虫学、个体识别等研究领域具有较好的应用前景。部分学者预测，OCT 技术在不久的将来可能部分取代传统尸检，虚拟组织学检查将会成为法医学今后的一种常规诊断手段。

（刘子龙　华中科技大学）

参考文献

［1］Linden D E. The challenges and promise of neuroimaging in psychiatry［J］. Neuron，2012，73（1）：8-22.

［ 2 ］Ibne M M. Optical Coherence Tomography: Basic Concepts and Applications in Neuroscience Research ［ J ］. J Med Eng, 2017, 2017: 3409327.

［ 3 ］Baran U, Wang R K. Review of optical coherence tomography based angiography in neuroscience［ J ］. Neurophotonics, 2016, 3 (1): 010902.

［ 4 ］Huang D, Swanson E A, Lin C P, et al. Optical coherence tomography ［ J ］. Science, 1991, 254 (5035): 1178-1181.

［ 5 ］刘兴本. 法医临床学实验指导 ［ M ］. 2 版. 北京: 人民卫生出版社, 2016.

［ 6 ］Böhringer H J, Lankenau E, Stellmacher F, et al. Imaging of human brain tumor tissue by near-infrared laser coherence tomography ［ J ］. Acta Neurochir(Wien), 2009, 151 (5): 507-517.

［ 7 ］Voo I, Mavrofrides E C, Puliafito C A. Clinical applications of optical coherence tomography for the diagnosis and management of macular diseases ［ J ］. Ophthalmol Clin North Am, 2004, 17 (1): 21-31.

［ 8 ］Lee S Y, Hong M K. Stent evaluation with optical coherence tomography ［ J ］. Yonsei Med J, 2013, 54 (5): 1075-1083.

［ 9 ］Bouma B E, Tearney G J, Compton C C, et al. High-resolution imaging of the human esophagus and stomach in vivo using optical coherence tomography ［ J ］. Gastrointest Endosc, 2000, 51 (4 Pt 1): 467-474.

［ 10 ］Zagaynova E V, Streltsova O S, Gladkova N D, et al. In vivo optical coherence tomography feasibility for bladder disease ［ J ］. J Urol, 2002, 167 (3): 1492-1496.

［ 11 ］Welzel J, Reinhardt C, Lankenau E, et al. Changes in function and morphology of normal human skin: evaluation using optical coherence tomography ［ J ］. Br J Dermatol, 2004, 150 (2): 220-225.

［ 12 ］Colston B W Jr, Everett M J, Da Silva L B, et al. Imaging of hard- and soft-tissue structure in the oral cavity by optical coherence tomography ［ J ］. Appl Opt, 1998, 37 (16): 3582-3585.

［ 13 ］Boppart S A. Optical coherence tomography: technology and applications for neuroimaging ［ J ］. Psychophysiology, 2003, 40 (4): 529-541.

［ 14 ］Greenberg B M, Frohman E. Optical coherence tomography as a potential readout in clinical trials［ J ］. Ther Adv Neurol Disord, 2010, 3 (3): 153-160.

［ 15 ］Kut C, Chaichana K L, Xi J, et al. Detection of human brain cancer infiltration ex vivo and in vivo using quantitative optical coherence tomography ［ J ］. Sci Transl Med, 2015, 7 (292): 292ra100.

［ 16 ］Yaqoob Z, Wu J, Yang C. Spectral domain optical coherence tomography: a better OCT imaging strategy ［ J ］. Biotechniques, 2005, 39 (6 Suppl): S6-S13.

［ 17 ］Li B, Wang H, Fu B, et al. Impact of temporal resolution on estimating capillary RBC-flux with optical coherence tomography ［ J ］. J Biomed Opt, 2017 Jan 1, 22 (1): 16014.

［ 18 ］Magnain C, Augustinack J C, Reuter M, et al. Blockface histology with optical coherence tomography: a comparison with Nissl staining ［ J ］. Neuroimage, 2014 Jan 1, 84: 524-533.

［ 19 ］Zafar S, McCormick J, Giancardo L, et al. Retinal Imaging for Neurological Diseases: "A Window into the Brain" ［ J ］. Int Ophthalmol Clin, 2019, 59 (1): 137-154.

［ 20 ］Wang H, Zhu J, Reuter M, et al. Cross-validation of serial optical coherence scanning and diffusion tensor imaging: a study on neural fiber maps in human medulla oblongata ［ J ］. Neuroimage, 2014, 100: 395-404.

［ 21 ］You J, Du C, Volkow N D, et al. Optical coherence Doppler tomography for quantitative cerebral blood flow imaging ［ J ］. Biomed Opt Express, 2014, 5 (9): 3217-3230.

［ 22 ］Merkle C W, Srinivasan V J. Laminar microvascular transit time distribution in the mouse somatosensory cortex revealed by Dynamic Contrast Optical Coherence Tomography [J]. Neuroimage, 2016, 125: 350–362.

[23]Leahy C, Radhakrishnan H, Srinivasan V J. Volumetric imaging and quantification of cytoarchitecture and myeloarchitecture with intrinsic scattering contrast [J]. Biomed Opt Express, 2013, 4 (10): 1978–1990.

[24]Robles F E, Wilson C, Grant G, et al. Molecular imaging true–colour spectroscopic optical coherence tomography [J]. Nat Photonics, 2011, 5 (12): 744–747.

[25]Kim J, Brown W, Maher J R, et al. Functional optical coherence tomography: principles and progress [J]. Phys Med Biol, 2015, 60 (10): R211–R237.

[26]Fan Y, Xia Y, Zhang X, et al. Optical coherence tomography for precision brain imaging, neurosurgical guidance and minimally invasive theranostics [J]. Biosci Trends, 2018, 12 (1): 12–23.

[27]Nakaji H, Kouyama N, Muragaki Y, et al. Localization of nerve fiber bundles by polarization–sensitive optical coherence tomography [J]. J Neurosci Methods, 2008, 174 (1): 82–90.

[28]Watanabe H, Rajagopalan U M, Nakamichi Y, et al. In vivo layer visualization of rat olfactory bulb by a swept source optical coherence tomography and its confirmation through electrocoagulation and anatomy [J]. Biomed Opt Express, 2011, 2 (8): 2279–2287.

[29]Chong S P, Merkle C W, Cooke D F, et al. Noninvasive, in vivo imaging of subcortical mouse brain regions with 1.7 μm optical coherence tomography [J]. Opt Lett, 2015, 40 (21): 4911–4914.

[30]Binding J, Ben Arous J, Léger J F, et al. Brain refractive index measured in vivo with high–NA defocus–corrected full–field OCT and consequences for two–photon microscopy [J]. Opt Express, 2011, 19 (6): 4833–4847.

[31]Ben Arous J, Binding J, Léger J F, et al. Single myelin fiber imaging in living rodents without labeling by deep optical coherence microscopy [J]. J Biomed Opt, 2011, 16 (11): 116012.

[32]Wang H, Zhu J, Akkin T. Serial optical coherence scanner for large–scale brain imaging at microscopic resolution [J]. Neuroimage, 2014, 84: 1007–1017.

[33]Cense B, Miller D T, King B J, et al. Measuring polarization changes in the human outer retina with polarization–sensitive optical coherence tomography [J]. J Biophotonics, 2018, 11 (5): e201700134.

[34]Du C, Pan Y. Optical detection of brain function: simultaneous imaging of cerebral vascular response, tissue metabolism, and cellular activity in vivo [J]. Rev Neurosci, 2011, 22 (6): 695–709.

[35]Radhakrishnan H, Srinivasan V J. Compartment–resolved imaging of cortical functional hyperemia with OCT angiography [J]. Biomed Opt Express, 2013, 4 (8): 1255–1268.

[36]Lee J, Radhakrishnan H, Wu W, et al. Quantitative imaging of cerebral blood flow velocity and intracellular motility using dynamic light scattering–optical coherence tomography [J]. J Cereb Blood Flow Metab, 2013, 33 (6): 819–825.

[37]Srinivasan V J, Sakadzić S, Gorczynska I, et al. Quantitative cerebral blood flow with optical coherence tomography [J]. Opt Express, 2010, 18 (3): 2477–2494.

[38]Chen W, You J, Gu X, et al. High–speed swept source optical coherence Doppler tomography for deep brain microvascular imaging [J]. Sci Rep, 2016, 6 (1): 38786.

[39]Park K, You J, Du C, et al. Cranial window implantation on mouse cortex to study microvascular change induced by cocaine [J]. Quant Imaging Med Surg, 2015, 5 (1): 97–107.

［40］Li Y，Baran U，Wang R K. Application of thinned-skull cranial window to mouse cerebral blood flow imaging using optical microangiography［J］. PLoS One，2014，9（11）：e113658.

［41］Kim S A，Jun S B. In-vivo Optical Measurement of Neural Activity in the Brain［J］. Exp Neurobiol，2013，22（3）：158-166.

［42］Yeh Y J，Black A J，Landowne D，et al. Optical coherence tomography for cross-sectional imaging of neural activity［J］. Neurophotonics，2015，2（3）：035001.

［43］Watanabe H，Rajagopalan U M，Nakamichi Y，et al. Swept source optical coherence tomography as a tool for real time visualization and localization of electrodes used in electrophysiological studies of brain in vivo［J］. Biomed Opt Express，2011，2（11）：3129-3134.

［44］Frohman E M，Fujimoto J G，Frohman T C，et al. Optical coherence tomography：a window into the mechanisms of multiple sclerosis［J］. Nat Clin Pract Neurol，2008，4（12）：664-675.

［45］Graves J S. Optical Coherence Tomography in Multiple Sclerosis［J］. Semin Neurol，2019，39（6）：711-717.

［46］Garcia-Martin E，Jarauta L，Pablo L E，et al. Changes in peripapillary choroidal thickness in patients with multiple sclerosis［J］. Acta Ophthalmol，2019，97（1）：e77-e83.

［47］Montolío A，Cegoñino J，Orduna E，et al. A mathematical model to predict the evolution of retinal nerve fiber layer thinning in multiple sclerosis patients［J］. Comput Biol Med，2019，111：103357.

［48］Yıldız D，Pekel N B，Yener N P，et al. Assessment of Neurodegeneration by Optical Coherence Tomography and Mini-Mental Test in Parkinson's Disease［J］. Ann Indian Acad Neurol，2019，22（2）：212-216.

［49］Kim B J，Grossman M，Song D，et al. Persistent and Progressive Outer Retina Thinning in Frontotemporal Degeneration［J］. Front Neurosci，2019，13：298.

［50］Ko F，Muthy Z A，Gallacher J，et al. Association of Retinal Nerve Fiber Layer Thinning With Current and Future Cognitive Decline：A Study Using Optical Coherence Tomography［J］. JAMA Neurol，2018，75（10）：1198-1205.

［51］Uchida A，Pillai J A，Bermel R，et al. Outer Retinal Assessment Using Spectral-Domain Optical Coherence Tomography in Patients With Alzheimer's and Parkinson's Disease［J］. Invest Ophthalmol Vis Sci，2018，59（7）：2768-2777.

［52］Wong B M，Cheng R W，Mandelcorn E D，et al. Validation of Optical Coherence Tomography Retinal Segmentation in Neurodegenerative Disease［J］. Transl Vis Sci Technol，2019，8（5）：6.

［53］Thomson K L，Yeo J M，Waddell B，et al. A systematic review and meta-analysis of retinal nerve fiber layer change in dementia，using optical coherence tomography［J］. Alzheimers Dement（Amst），2015，1（2）：136-143.

［54］Wicki C A，Hanson J V M，Schippling S. Optical coherence tomography as a means to characterize visual pathway involvement in multiple sclerosis［J］. Curr Opin Neurol，2018，31（5）：662-668.

［55］Kelman J C，Hodge C，Stanwell P，et al. Retinal nerve fibre changes in sports-related repetitive traumatic brain injury［J］. Clinical and Experimental Ophthalmology，2020，48（2）：204-211.

［56］Childs C，Barker L A，Gage A M，et al. Investigating possible retinal biomarkers of head trauma in Olympic boxers using optical coherence tomography［J］. Eye Brain，2018，10：101-110.

［57］Mohan K，Kecova H，Hernandez-Merino E，et al. Retinal ganglion cell damage in an experimental rodent model of blast-mediated traumatic brain injury［J］. Invest Ophthalmol Vis Sci，2013，54（5）：3440-3450.

［58］Osiac E，Bălşeanu T A，Cătălin B，et al. Optical coherence tomography as a promising imaging tool for brain investigations [J]. Rom J Morphol Embryol, 2014, 55 (2 Suppl): 507–512.

[59] Jia Y L, Alkayed N, Wang R K. Potential of optical microangiography to monitor cerebral blood perfusion and vascular plasticity following traumatic brain injury in mice in vivo [J]. J Biomed Opt, 2009, 14 (4): 040505.

[60] Van Gijn J, Kerr R S, Rinkel G J. Subarachnoid haemorrhage [J]. Lancet, 2007, 369 (9558): 306–318.

[61] Cetas J S, Lee D R, Alkayed N J, et al. Brainstem control of cerebral blood flow and application to acute vasospasm following experimental subarachnoid hemorrhage [J]. Neuroscience, 2009, 163 (2): 719–729.

[62] Siler D A, Gonzalez J A, Wang R K, et al. Intracisternal administration of tissue plasminogen activator improves cerebrospinal fluid flow and cortical perfusion after subarachnoid hemorrhage in mice [J]. Transl Stroke Res, 2014, 5 (2): 227–237.

[63] Assayag O, Grieve K, Devaux B, et al. Imaging of non–tumorous and tumorous human brain tissues with full–field optical coherence tomography [J]. Neuroimage Clin, 2013, 2: 549–557.

[64] Doustar J, Torbati T, Black K L, et al. Optical Coherence Tomography in Alzheimer's Disease and Other Neurodegenerative Diseases [J]. Front Neurol, 2017, 8: 701.

[65] Langwinska–Wośko E, Litwin T, Szulborski K, et al. Optical coherence tomography and electrophysiology of retinal and visual pathways in Wilson's disease [J]. Metab Brain Dis, 2016, 31 (2): 405–415.

[66] Napoli P E, Nioi M, d'Aloja E, et al. The Bull's eye pattern of the tear film in humans during visual fixation on en–face optical coherence tomography [J]. Sci Rep, 2019, 9 (1): 1413.

[67] Napoli P E, Nioi M, Iovino C, et al. Ocular surface and respiratory tract damages from occupational, sub–chronic exposure to fluorspar: case report and other considerations [J]. Int Ophthalmol, 2019, 39 (5): 1175–1178.

[68] Cheshire E C, Malcomson R D, Joseph S, et al. Post–mortem imaging of the infant and perinatal dura mater and superior sagittal sinus using optical coherence tomography [J]. Int J Legal Med, 2017, 131 (5): 1377–1383.

[69] Muni R H, Kohly R P, Sohn E H, et al. Hand–held spectral domain optical coherence tomography finding in shaken–baby syndrome [J]. Retina, 2010, 30 (4suppl): S45–S50.

[70] Michaud K, Grabherr S, Jackowski C, et al. Postmortem imaging of sudden cardiac death [J]. Int J Legal Med, 2014, 128 (1): 127–137.

[71] Morgan B, Adlam D, Robinson C, et al. Adult post–mortem imaging in traumatic and cardiorespiratory death and its relation to clinical radiological imaging [J]. Brit J Radiol, 2014, 87 (1036): 20130662.

[72] Nioi M, Napoli P E, Mayerson S M, et al. Optical coherence tomography in forensic sciences: a review of the literature [J]. Forensic Sci Med Pathol, 2019, 15 (3): 445–452.

第二十八章

脑-颈髓轴索损伤的解剖和取材新方法及其应用

　　轴索损伤是最常见的一类神经系统损伤，脑震荡性损伤及其他各类颅脑损伤均可发生单纯性或伴发性的弥漫性轴索损伤（diffuse axonal injury，DAI）和局限性轴索损伤（local axonal injury，LAI）。其中，脑 – 颈髓部位是弥漫性轴索损伤的最好发部位。1992年于晓军等人提出脑震荡的病理基础应为轻度脑干和脑室周边网状结构轴索损伤，特别是神经网络最脆弱的中继站——突触结构损伤，可合并不同程度的血脑屏障、神经元、胶质细胞等多部位、多成分、多类型损伤。同时认为，单纯的脑干生命中枢血管持续性痉挛亦可导致脑震荡急性死亡。迄今，轴索损伤鉴定依然是法医的难点和热点问题，除影像学诊断研究外，也有免疫组化和多组学研究，但仍存在检出率低、观察的损伤类型少的普遍性问题。基于长期的脑震荡及其轴索损伤动物实验研究和法医病理学尸检实践，认为现行的传统尸检最大周径开颅和脑干组织横断面取材法，不适于轴索损伤的检查，极大地妨碍了轴索损伤的常规尸检取材及其病理组织学观察。本章介绍一套可有效地提高脑干 – 脊髓轴索损伤检出率和准确性的病理学尸体解剖取材方法。

第一节　动物模型实验研究

　　1989—2019 年 SD 大鼠脑震荡性打击模型 980 只，参见于晓军等人自制金属单摆式机械打击装置造模，大鼠固定于平台，头上仰 45°，用重 1 500 g、半径（R）15 cm铁质单摆自起始角 135°、后摆动角 65° 自由落下打击大鼠枕外隆凸处，根据能量守恒原理计算，大鼠的头部吸收能量约 2.35 J。将大鼠的大脑 – 脑干 – 颈髓 – 小脑联合解剖取材。

　　（1）解剖方法：正中纵行剪开头部 – 颈项部皮肤，剥离、暴露颅骨，离断颈椎远端，骨钳咬除颅骨、颈椎，剪断脑、颈髓神经，联合提取大脑 – 脑干 – 颈髓 – 小脑，常规固定。

（2）取材方法：联合正中纵向切开大脑－脑干－颈髓－小脑，切取3 mm厚组织块，常规固定（图28-1）。

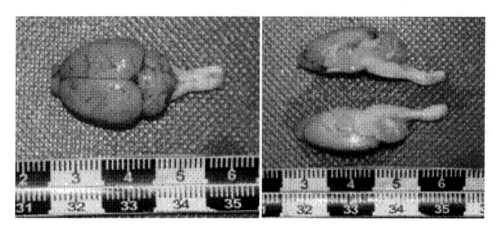

图28-1　大鼠全脑-颈髓联合提取

（3）各类型颅脑损伤的发生率：980例大鼠动物模型中，DAI发生率约77.6%，其中，死亡128例，死亡率13.1%（表28-1）。

表28-1　980例大鼠颅脑损伤类型发生率统计表

损伤类型	硬脑膜外血肿	硬脑膜下出血	蛛网膜出血	脑挫裂伤	颈髓损伤	轴索损伤
例数	15	28	85	67	60	760
发生率/%	1.5	2.9	8.7	6.8	6.1	77.6

注：表中不同类型的颅脑损伤存在一个案例同时有多种损伤类型的情况（以下各表同）

第二节　法医病理学尸检应用

从1989—2001年吉林医学院法医学教研室、2001—2018年汕头大学司法鉴定中心受理法医病理学尸检案例，筛选全脑组织完整、固定良好，无明显自溶腐败的颅脑损伤195例，年龄0~87岁，平均年龄39.1岁±18.9岁，男149人、女46人，男女比例约为3：1。人体常规最大径开颅取脑＋后路"Y"形脑干－颈髓－小脑二步解剖取材法如下：

步骤一：常规尸体仰卧位前路颅骨最大径开颅，"∧"形切断丘脑下部与中脑上端交界处，提取左右大脑半球（图28-2），常规固定和取材。

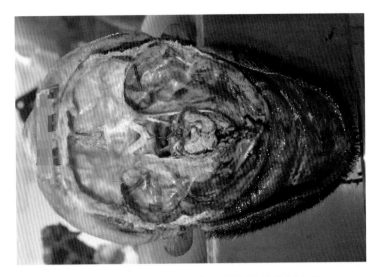

图28-2　人体常规最大径开颅取脑后的颅底观

步骤二：后路"Y"形联合锯开枕骨 – 颈椎（或整个脊椎）解剖法。翻转尸体俯卧位，正中纵向切开、分离顶 – 枕 – 颈项部头皮、皮下软组织，充分暴露枕骨 – 颈椎（或全脊椎）棘突及其两侧椎弓板。同时，观察枕颈部皮肤、皮下组织损伤和枕骨 – 颈椎骨折情况。先常规锯开颈椎左、右椎弓板，再以左、右枕髁（枕骨大孔横径两端）– 左、右小脑半球最外侧连线呈"Ⅴ"形锯开枕骨，取下枕骨 – 颈椎后部，暴露并观察小脑半球 – 脑干 – 颈髓硬膜，剪除小脑幕及硬脑膜，联合提取脑干 – 颈髓 – 小脑，常规固定（图28-3）。

图28-3　人颅脑后路"Y"形解剖法，小脑-脑干-颈髓背面观

步骤三：脑干－颈髓－小脑组织联合取材法。联合纵行正中切开脑干－颈髓－小脑，切取正中旁一侧或两侧的 5 mm 厚组织块。于脑桥中下部横断 2 个组织块，分别包括中脑－脑桥中上部－上髓帆－小脑脚及其周边小脑组织 1 块、脑桥中下部－下髓帆－小脑脚及其周边小脑组织－延髓－颈髓上部 1 块（图 28-4、图 28-5）。

图28-4　人体脑干-颈髓-小脑联合取材及其正中切面

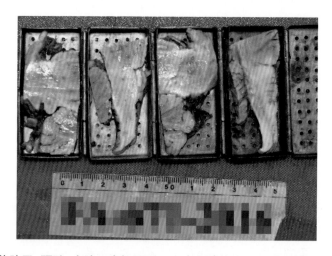

图28-5　人体脑干-颈髓-小脑正中切面后，左右侧脑桥中下部横断取材的4个组织块

第三节　常规组织切片染色及轴索损伤基本病变

各组织检材块，常规 HE、嗜银染色（Glees 神经纤维染色），生物显微镜（Leica DM2000，Germany）常规观察组织病理形态变化。

1. 各类型颅脑损伤的发生率

（1）195 例颅脑损伤人体尸检案例中，打架斗殴类 102 例，意外摔跌和磕碰类 38 例，交通事故类 23 例，高坠伤 18 例，损伤原因不明的 14 例（表 28-2）。

表 28-2　195 例颅脑损伤类型发生率统计表

损伤类型	硬脑膜外血肿	硬脑膜下出血	蛛网膜出血	脑挫裂伤	颈髓损伤	轴索损伤
例数	11	30	109	67	10	144
发生率 /%	5.6	15.4	55.9	34.4	5.1	73.8

（2）195 例颅脑损伤人体尸检案例包含开放性颅脑损伤 19 例和闭合性颅脑损伤 176 例，后者依据我国闭合性颅脑损伤分类法，结合案例临床、病理资料分为轻型、中型、重型和特重型四类（有重合损伤）。其中轻型 28 例，中型 96 例，重型 39 例，特重型 13 例（表 28-3）。

表 28-3　195 例颅脑损伤分类中轴索损伤发生率

分类	开放性颅脑损伤	闭合性颅脑损伤			
		轻型	中型	重型	特重型
DAI 发生例数	8	21	84	25	6
DAI 发生率 /%	42.1	75	87.5	64.1	46.2

2. 轴索损伤的常规组织病理学改变　按伤后相关损伤类型出现的时间顺序，同时，证实了常规 HE 和嗜银染色可见轴索损伤的病变类型包括：①伤后立即，神经纤维束聚集或弥散的节段性波浪状扭曲、变形、断裂、增粗，呈深嗜碱性染色、周隙扩大，排列紊乱（图 28-6，图 28-7）；②伤后立即，脑实质小血管痉挛，认为脑干生命中枢血管痉挛亦可构成脑震荡的死亡机制（图 28-8）；③伤后早期，围血管性出血和围血管性水肿，"红球细胞"聚集性增生（图 28-9）；④神经细胞皱缩及神经细胞球形肿胀；⑤神经纤维轴索断端收缩球（图 28-10，图 28-11）。

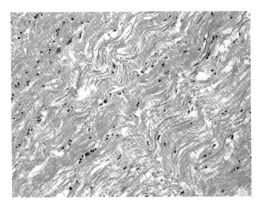

图28-6　人颅脑损伤死亡尸检，延髓下段神经纤维轴索大片波浪样扭曲（HE，×20）

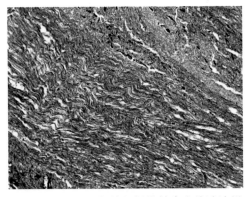

图28-7　延髓下段神经纤维轴索大片波浪样扭曲（Glees银染，×20）

各类颅脑损伤中，轴索损伤检出率达 70% 以上，呈小脑后极 – 脑干中下部的冲击部位，脑室周边中央区，枕极、颞极、额极对冲部位的弥散性、冲击性、对冲性、向心性分布特征。

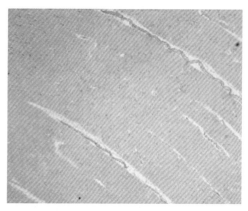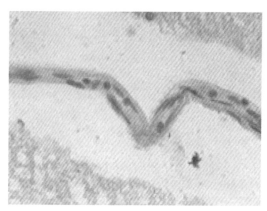

图28-8　人颅脑损伤死亡尸检，延髓中上部实质小血管痉挛扭曲（HE，×10/×20）

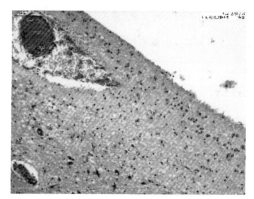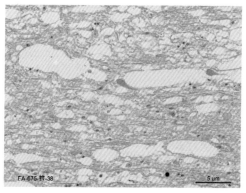

图28-9　人颅脑损伤死亡尸检，侧脑室壁围血管性出血、红球细胞聚集性增生，局部室管膜上皮脱落（HE，×20）

图28-10　人颅脑损伤死亡尸检，延髓中下段神经纤维轴索"收缩球"，周隙扩大，组织疏松水肿（HE，×40）

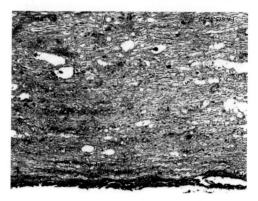

图28-11　人颅脑损伤死亡尸检，延髓中下段神经纤维轴索"收缩球"，周隙扩大，组织疏松水肿（HE，×10）

第四节 颈髓致死性损伤的检查

应用本前路大脑、后路"Y"形脑干－颈髓－小脑二步解剖取材法，尚可同时检查躯干背部皮下组织损伤，特别是发现潜在的致死性伤病（图28-12至图28-14），如交通事故常见的挥鞭伤（图28-15）。此外，我们还鉴定了一起颈髓神经鞘瘤致死案例（图28-16，图28-17）。

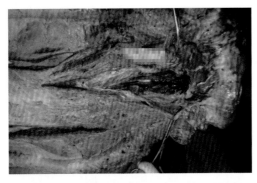

图28-12 剧烈扭转颈部死者尸检，颈部肌肉软组织挫伤出血

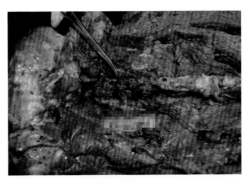

图28-13 剧烈扭转颈部死者尸检，多段颈椎骨折

图28-14 剧烈扭转颈部死者尸检，颈髓中下段扭转离断

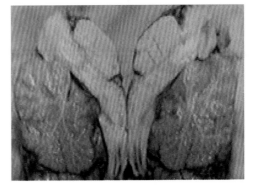

图28-15 交通事故致延髓下段-颈髓上段挥鞭伤

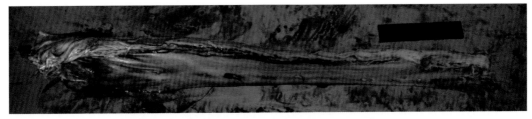

图27-16 颈髓中下部左后侧神经鞘瘤死亡尸检

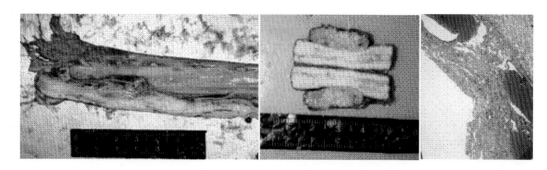

图28-17　颈髓中下部左后侧神经鞘瘤死亡尸检，颈髓中部左后侧约C3~C7节段颈髓神经鞘瘤，挤压颈髓凹陷，包膜出血

颅脑损伤是最常见的、致死致残率最高的一类机械性损伤类型。基于生物力学性状，脑组织呈液态黏弹性流体，脑组织的机械力传播类似于水波震荡式。由于神经纤维轴索沿细长的集束走行分布，最易遭受机械力牵拉而呈波浪样扭曲变形、断裂，因此，轴索损伤属于最常见颅脑损伤的基本类型，既可单独形成局限性或弥漫性轴索损伤，又可伴发于其他各类颅脑损伤的局部和周边。

由于脑干，特别是延髓中下部为上下行神经纤维束最集中部位，同时，延髓下部与颈髓上部位于活动度最大的颅骨－颈椎交界区，轴索损伤最常见、最典型。但是，迄今各类轴索损伤的试验研究和实际案例报道中检出率不高，仍为法医病理学鉴定难点及科研热点。

据此认为，迄今人颅脑损伤尸检的轴索损伤检出率低的根本原因，主要是一直沿用传统的脑组织解剖取材法，特别是"脑干横切法"。其主要弊端有：①传统的前路最大径开颅一体提取大脑－脑干－小脑法，取出处于狭窄小脑幕之下深部的脑干－小脑往往较困难，特别是很难深入枕骨大孔切取延髓下段和颈髓上段，不可避免地牵拉、扭曲、挤压，造成人为的脑组织损伤；②难以看到和取到最易发生"挥鞭伤"的延髓－颈髓交界区及颈髓上段的轴索损伤；③传统的中脑、脑桥、延髓分段横切，截断脑干神经纤维束，难以完整连续地观察到神经纤维长轴方向上特征性的各类轴索损伤。

笔者1989年至今进行了大量的大鼠脑震荡试验研究，基于大鼠全脑的大脑－脑干－小脑可以只切一张连续的纵行切片，为节省人力、财力、物力，没有进行横行的多部位阶段性切片。但却发现了这种解剖和取材方法，可以极大地提高各类轴索损伤改变的检出率，因此，才促使我们提出改良传统的人颅脑损伤的解剖、取材和观察方法，并长期应用于法医尸检实践，证实了这种新方法比传统的方法更具科学性、实用性、可行性和优越性。

本文介绍新方法，主要包括3个步骤：①传统的尸体仰卧位前路最大径开颅提取大脑；②尸体俯卧位最大范围锯开枕骨－颈椎椎弓板，联合提取小脑－脑干－颈髓；

③固定后，联合纵行正中切开脑干－颈髓－小脑，切取正中旁一侧或两侧的5 mm厚组织取材，再于脑桥中下部横断2个组织块，分别包括中脑－脑桥中上部－上髓帆－小脑脚及其周边小脑组织1块、脑桥中下部－下髓帆－小脑脚及其周边小脑组织－延髓－颈髓上部1块。大量实践证实，采用这种新的解剖－取材－观察方法，各类颅脑损伤中轴索损伤的检出率达73.8%，同时，亦可发现颈髓上段神经鞘瘤致死案例。这种新的解剖取材法可有效地克服传统的解剖取材法的弊端，具有明显的优越性：①后路解剖过程中，可同时观察致死性颈部深层软组织和颈髓上段损伤（一般认为C3~C4节段以上的高位颈髓损伤可致胸式和腹式呼吸活动同时丧失致死）；②最大限度地整体暴露脑干－颈髓－小脑，易于提取，避免造成人为损伤；③连续切取脑干－颈髓神经纤维束长轴组织检材，特别是易于发生剪切力损伤的"交接区"，如延髓－颈髓、脑干与小脑的上、下髓帆等不同组织结构的交界部位，避免了传统间断性取材的"抽样误差"，提高了轴索损伤的检出率和准确性。尽管，内囊区和胼胝体区也易于发生轴索损伤，同样可采用平行于神经纤维长轴方向取材，但这些部位的神经纤维均较纤细，常规光镜观察的轴索损伤病变均不如延髓和颈髓部位明显，且这些部位的中枢神经功能亦没有脑干重要。

　　综上，本文推荐的鉴定脑干轴索损伤解剖取材法，操作简单易行，便于普及推广，特别是经过了长期的动物实验和尸检实践的检验，符合基本的医学原理和颅脑损伤机制，为解决致死性脑干轴索损伤提供了科学的常规法医病理学检验新方法。同时，亦为轴索损伤的相关研究提供了新思路。

（于晓军　汕头大学）

参考文献

［1］Adams J H，Graham D I，Murray L S，et al. Diffuse axonal injury due to nonmissile head injury in humans：an analysis of 45 cases［J］. Annals of Neurology，1982，12（6）：557-563.

［2］于晓军，赵福弟，刘卯阳，等. 大鼠脑震荡模型的建立及病理学研究［J］. 法医学杂志，1992（3）：119-123，145，148-149.

［3］于晓军，肖飞，吴家馼，等. 大鼠闭合性弥漫性脑损伤脑血管铸型的扫描电镜观察［J］. 法医学杂志，1998（2）：65-66，122.

［4］于晓军，吴家馼，吴梅筠. 闭合性弥漫性脑损伤早期病理变化的实验研究（Ⅰ）［J］. 法律与医学杂志，1998（1）：27-29.

［5］于晓军，吴家馼，吴梅筠. 闭合性弥漫性脑损伤早期病理变化的实验研究（Ⅱ）［J］. 法律与医学杂志，1998（2）：79-82.

［6］Xiao-ping Lai，Xiao-jun Yu，Hong Qian，et al. Chronic alcoholism-mediated impairment in the medulla oblongata：a mechanism of alcohol-related mortality in traumatic brain injury？［J］. Cell

Biochemistry and Biophysics，2013，67（3）：1049-1457.

［7］李伟.CT、MRI在弥漫性轴索损伤法医学鉴定中应用价值分析［J］.中国法医学杂志，2016，31（1）：40-42，46.

［8］李如波，贾静涛，藤谷登，等.实验性脑弥漫性轴索损伤的组织病理学变化［J］.中国法医学杂志，2006（1）：1-4，65.

［9］赵敏珠，李红卫，朱士胜，等.基于超高效液相色谱－质谱技术的模式识别在弥漫性轴索损伤大鼠早期血浆代谢组学中的应用［J］.中华创伤杂志，2014，30（11）：1151-1155.

［10］王伯沄，李玉松，黄高昇，等.病理学技术［M］.北京：人民卫生出版社，2000.

［11］于晓军，肖飞，吴家敏，等.大鼠闭合性脑损伤酯化银和白蛋白组织化学研究［J］.法医学杂志，2001（2）：69-73，76.

［12］刘卯阳，于晓军，白山，等.用HE染色显示弥漫性轴索损伤早期改变的改良法［J］.吉林医学院报，1997，17（1）：19-20.

［13］中华人民共和国公安部.GA/T 147-2019法医学 尸体检验技术总则［S］.北京：中国标准出版社，2019.

［14］丛斌.法医病理学［M］.5版.北京：人民卫生出版社，2016.

［15］Xianxian Li，Guangtao Xu，Ruibing Su，et al. Intramedullary schwannoma of the upper cervical spinal cord：a case study of identification in pathologic autopsy［J］. Forensic Sciences Research，2017，2（1）：46-49.